Mare Albú
PHA
CES
quibet
FENNI
INCOLÆ
FENNINGIÆ
Sinus Codani pars, nunc Sinus Finnicus olim Uenedicus
Venedicus sinus
Scyri
Rube fl.
Chronus
Fennis Contermini Tæ
Chesinus fl.

Bodø
Sulitjelma
Sarek
Gällivare
Jokkmokk
Kolari
Sodankylä
Kandalakscha
Rovaniemi
Kemijärvi
Mo i Rana
Boden
Haparanda
Tornio
Kemi
Luleå
Piteå
Arvidsjaur
Oulu
Hailuoto (Karlö)
Raahe
Skellefteå
Lycksele
Vilhelmina
Umeå
Kokkola
Iisalmi
Kuopio
Joensuu
Steinkjer
Trondheim
Levanger
Storlien
Sylarna 1762
Östersund
Örnsköldsvik
Vaasa
Seinäjoki
Jyväskylä
Varkaus
Savonlinna
Mikkeli
Kramfors
Härnösand
Sundsvall
Hudiksvall
Ljusdal
Söderhamn
Tampere
Pori
Rauma
Lahti
Kouvola
Lappeenranta
Imatra
Wiborg
Leningrad
Kronstadt
Hämeenlinna
Riihimäki
Hyvinkää
Turku (Åbo)
Vantaa
Espoo
Helsinki (Helsingfors)
Kotka
Gävle
Falun
Borlänge
Mora
Siljansee
Ålandinseln (Ahvenanmaa)
Mariehamn (Maarianhamina)
Uppsala
Västerås
Stockholm
Eskilstuna
Örebro
Karlstad
Karlskoga
Oslo
Drammen
Hamar
Lillehammer
Gjøvik
Hønefoss
Molde
Dovrefjell
Snøhetta 2286
Galdhøpiggen 2469
Glittertind 2470
Jotunheimen
Finnischer Meerbusen
Bottnischer Meerbusen
Narva
Reval (Tallinn)
Paldiski
Dagö (Hiiumaa)
Ösel (Saaremaa)
Pernau (Pärnu)
Dorpat (Tartu)
Pleskau (Pskow)
Nowgorod
Luga
Estland
Livland
Riga
Rigaischer Meerbusen
Windau (Ventspils)
Libau (Liepāja)
Mitau (Jelgava)
Dünaburg (Daugavpils)
Schaulen (Šiauliai)
Ponewiesch (Panevežys)
Memel (Klaipėda)
Litauen
Kaunas
Wilna (Vilnius)
Minsk
Nyköping
Norrköping
Linköping
Motala
Jönköping
Gotska Sandön
Gotland
Visby
Västervik
Oskarshamn
Kalmar
Öland
Borgholm
Växjö
Karlskrona
Kristianstad
Göteborg
Borås
Uddevalla
Vänersborg
Halmstad
Varberg
Kattegat
Skagen
Frederikshavn
Ålborg
Århus
Randers
Viborg
Odense
Fünen
Kopenhagen
Helsingør
Helsingborg
Landskrona
Lund
Malmö
Ystad
Trelleborg
Simrishamn
Bornholm (Dän.)
Rønne
Ostsee
Danzig
Gdingen
Elbing
Königsberg
Tilsit
Insterburg
Gumbinnen
Allenstein
Marienburg
Stolp
Kolberg
Stettin
Swinemünde
Rügen
Stralsund
Rostock
Wismar
Lübeck
Kiel
Flensburg
Hamburg
Schwerin
Neubrandenburg
Deutsche Demokratische Republik
Berlin (West)
Berlin (Ost)
Potsdam
Brandenburg
Magdeburg
Hannover
Braunschweig
Frankfurt
Polen
Posen
Bromberg
Thorn
Graudenz
Warschau (Warszawa)
Białystok
Grodno
Brest
Pinsk
Baranowitschi
Weißrußland
Union der Sozialistischen Sowjetrepubliken
Ladogasee
Ingermanland

# Die Ostsee

## Natur und Kulturraum

Herausgegeben von

Jürgen Newig / Hans Theede

Husum

Umschlagbilder: Klaus-Jürgen Hofer, Kreidekliff nördlich von Saßnitz auf Rügen (vorne); Thomas Buchholz, Solings auf Vorwindkurs, Kieler Woche 1984 (hinten)

CIP-Kurztitelaufnahme der Deutschen Bibliothek

Die **Ostsee** : Natur u. Kulturraum / hrsg. von
Jürgen Newig ; Hans Theede. – Husum :
Husum Druck- und Verlagsges., 1985.
ISBN 3-88042-283-4

NE: Newig, Jürgen [Hrsg.]



Satz: Fotosatz Husum GmbH
Farblithos: Flensburger Klischee-Anstalt
Einband: Hunke & Schröder, Iserlohn
Druck: Husum Druck- und Verlagsgesellschaft,
Postfach 1480, D-2250 Husum

ISBN 3-88042-283-4

# Inhalt

# Wo de Ostsee-Wellen . . .

Wenn im deutschsprachigen Raum die Melodie erklingt, dann kann fast jeder mitsingen. Er wird fröhlich einstimmen in den Text: „Wo de Nordseewellen trecken . . .“ Kaum jemand kennt die Odyssee dieses Liedes, das von der Dichterin nie für die Nordsee geschrieben wurde.
Martha Müller-Grählert kam am 20. Dezember 1876 in Zingst auf der kleinen Halbinsel Darß im äußersten Westen Vorpommerns auf die Welt. Sie heiratete Dr. Max Müller, der 1905 einem Ruf als Professor für Tierzucht an die Universität Sapporo in Japan folgte und seine Frau auf diese Weltreise mitnahm. Die Vermählung konnte ihre Sehnsucht nach der Ferne stillen, aber das Heimweh nach dem kleinen Inselland Darß zog mit ihr. So entstand weitab von ihrer geliebten Heimat das Gedicht „Mine Heimat“.
Sie schickte es nach Deutschland an die „Meggendorfer Blätter“, eine damals vielgelesene nichtpolitische Familienzeitschrift, die es im Jahre 1907 das erste Mal abdruckte.
Zwei oder drei Jahre später schnürte ein Glasergeselle aus Flensburg sein Bündel, als er auf Wanderschaft in Richtung Schweiz auszog. Er legte die Verse zu seinem Gepäck, weil sie auch ihn mit seiner Heimat verbanden. An der Limmat angekommen, trat er in Zürich dem „Arbeiter-Männergesangverein“ bei, der von einem Thüringer Dirigenten geleitet wurde. Ihm vertraute er das Heimatgedicht an, und dieser, Simon Krannig, ließ es sich erst einmal ins Hochdeutsche übersetzen. Der Inhalt begeisterte ihn so sehr, daß er innerhalb einer halben Stunde eine Melodie komponierte. Der Glaser erlebte die Schöpfung noch mit, doch 14 Tage später erklangen die „Ostseewellen“ das erste Mal als Uraufführung an seinem Grabe. Ein paar plattdeutschsprechende Sangesbrüder widmeten sie dem Norddeutschen als letzten Gruß.
1910 erschien die Fassung – nicht im Walzertakt, sondern als zweistimmiges Kunstlied – in Schondorfs Verlag in Braunschweig. Ein Jahr später steht das Gedicht von Martha Müller-Grählert im „Plattdütschen Leederbook“ des Allgemeinen Verlages, und seitdem fehlt es in keinem Liedband mehr. 1914 kehrte die Heimatdichterin mit ihrem Mann aus Japan zurück. Ihre vertonten Verse hatten sich an der Ostsee nicht durchgesetzt, aber der geschäftstüchtige Soltauer Verleger Fischer-Friesenhausen entdeckte sie und ließ Versionen in Hochdeutsch, Nordsee- und Ostseeplattdeutsch auf Postkarten drucken. Als Nordseewellenlied verbreitete es sich so sehr schnell in ganz Friesland.
Viele Jahre mußten die Dichterin und der Komponist prozessieren, um endlich im Jahre 1936 die Urheberrechte zugesprochen zu bekommen. Martha Müller-Grählert, die sich von ihrem Mann getrennt hatte, lebte damals verarmt, aber durchaus nicht unglücklich in ihrem Sünnenkringel-Häuschen und starb fast blind am 19. 11. 1939 in einem Kreisaltersheim in Franzburg bei Stralsund. Ihr Grab auf dem Kirchhof in Zingst blieb jahrelang unbeachtet. Später stellte man dort ein steinernes Grabkreuz auf und versah ihre letzte Hüsung mit der Inschrift „Hier ist mine Heimat, hier bün ik tau Hus“.
Fischer-Friesenhausen war im Besitz der Verlagsrechte und gab zu dem Heimatschlager Noten für Akkordeon, Klavier und Orchester heraus. Als 1933 der Hallig-Film „Heimat am Meer“ anlief, wurde das Lied in der Nordseefassung zu einer Art Nationalhymne der deutschen Küstenbewohner. So ließ die Reederei Frisia in Norden-Norddeich, deren Dampfer nach Norderney und Juist fuhren, in dieser Zeit auch gern die Gäste durch das „Friesenlied“ begrüßen.
Die Melodie nahm ihren Weg um den ganzen Globus. Es existieren heute von dem Gedicht viele Sonderfassungen in verschiedenen Übersetzungen. Man singt das Lied nicht nur im Fassa-Tal im Bündner Land in ladinischer Sprache, auch die Franzosen kennen es als „Les Flots du Nord“. Die einstmals pommerschen Ostseewellen rauschen in Übersee in Australien, Nord- und Südamerika und sogar im Herzen des Schwarzen Erdteils, im Kongo, und nahezu in allen Ländern Europas.
Daß Martha Müller-Grählert ihr Gedicht einst voller Sehnsucht nach dem hohen blauen Seehimmel der pommerschen Ostseeküste schrieb, das Grollen der Brandung am Zingster Strand im Ohr hatte und an den heimatlichen weißen Dünensand dachte, weiß heute kaum noch jemand.

*Marianne Dwars*

Martha Müller-Grählert

## *Mine Heimat*

Wo de Ostseewellen
Trecken an den Strand,
Wo de gele Ginster
Bleuht in'n Dünensand,
Wo de Möwen schriegen
Grell in't Stormgebrus,
Da is mine Heimat,
Da bün ick tau Hus.

Well un Wogenruschen
Wir min Weigenlied,
Un de hogen Dünen
Seg'n min Kinnertied,
Seg'n uck mine Sehnsucht
Un min heit Begehr,
In de Welt tau fleigen
Oewer Land un Meer.

Woll het mi dat Leben
Dit Verlangen stillt,
Het mi allens geben,
Wat min Herz erfüllt,
Allens ist verswunden,
Wat mi quält un drew,
Hev nu Freden funden,
Doch de Sehnsucht blew.

Sehnsucht na dat lütte,
Stille Inselland,
Wo de Wellen trecken
An den witten Strand,
Wo de Möwen schriegen
Grell in't Stormgebrus,
Denn da is min Heimat,
Da bün ick tau Hus.

# Künstlerkolonien zwischen Flensburg und Memel

Die künstlerische Darstellung reiner Landschaft, etwa der Meeresküste, erscheint uns als eine Selbstverständlichkeit, zeitweilig galt sie geradezu als banal. Heute ist es kaum noch vorstellbar, daß noch bis zur Mitte des vorigen Jahrhunderts die deutsche Küstenlandschaft als öde, grausig und menschenfeindlich empfunden wurde. Vorläufer des sich wandelnden Naturgefühls waren die Landschaftsmaler.

Die Landschaft als selbständiges Bildthema ist eine der jüngsten Gattungen der Malerei; Vorstufen sind etwa Dürers Landschaftsaquarelle oder Bilder Altdorfers, in denen Szenen der christlichen Mythologie nur noch als Staffage wirken. Die Blüte der niederländischen Landschaftsmalerei im 17. Jahrhundert hat in Deutschland unmittelbar keine Wirkung, doch sie wird zur wichtigen Grundlage, als im 19. Jahrhundert das Thema ins Gesichtsfeld der deutschen Malerei tritt. Das Schönheitsideal wird zunächst von der Sehnsucht nach Italien geprägt. Hier und in den Alpen findet die Mehrzahl der Maler die Motive ihrer romantischen und „heroischen" Landschaftsbilder. Neu ist, daß sie dort Studien aus unmittelbarer Naturanschauung schufen, die in den Gemälden allerdings im Atelier in ein klassisches Kompositionsschema eingebunden wurden.

Ihren Gipfelpunkt hat die Romantik jedoch im Norden Deutschlands. Ihr kosmisches Naturgefühl findet seinen reinsten Ausdruck in Landschaften, in denen Erscheinungen der Tages- und Jahreszeiten, des Frühlings oder des Sonnenuntergangs als Gleichnisse menschlicher Seelenzustände aufgefaßt werden.

Caspar David Friedrich hat in seinen Landschaftsbildern die Abkehr von italienischen Einflüssen und der komponierten idealen Landschaft vollzogen — mit ihm findet die *Ostseeküste* Eingang in die Malerei: die Küste bei Greifswald und vor allem die Insel Rügen. Er blieb damit ein Einzelgänger, aber die Landschaftsmalerei als selbständiges Fach hielt neben der dominierenden Historienmalerei Einzug an den Akademien, 1836 in Düsseldorf, 1854 an der neugegründeten Karlruher Akademie, bald darauf in Weimar. Die Akademien waren für die weitere Entwicklung der Landschaftsmalerei und für die „Entdeckung" der Nord- und Ostseeküste durch die Künstler von großer Bedeutung. Von hier kamen die Maler, die sich in bis dahin unbeachteten, einsamen Fischerdörfern einfanden, um in ursprünglicher Landschaft und zwischen möglichst von der Zivilisation noch unverdorbenen Menschen zu leben und zu arbeiten. Der Begriff Künstlerkolonien — Künstlerorte wäre manchmal besser — trifft nur bedingt zu, doch haben diese Orte, zum Teil über einen längeren Zeitraum, viele Künstler angezogen (manche blieben auf Dauer) und ihre Arbeit geprägt. An der Ostsee sind es, von Westen nach Osten aufgezählt, Ekensund an der Flensburger Förde, Ahrenshoop auf dem Darß, Rügen mit Vilm und Hiddensee und Nidden auf der Kurischen Nehrung — Orte, die zur Zeit ihrer Bedeutung als Künstlerkolonien alle zum damaligen deutschen Kaiserreich gehörten.

Wesentlichen Anteil an der Entwicklung der nachromantischen Landschaftsmalerei haben die Maler von Barbizon, die Gruppe um Théodore Rousseau, der sich 1847 in dem Dorf am Rande des Waldes von Fontainebleau niedergelassen hatte. Gemeinsam war ihnen eine Naturauffassung, die im romantisch-emotionalen Landschaftsausschnitt, im Paysage Intime, ihren Ausdruck fand. Ihr besonderes Interesse galt der Wiedergabe des Lichts, der Atmosphäre, in noch tonigen Farben. Der Rückzug in die Natur ist wohl nicht denkbar ohne die zunehmende Industrialisierung, das Ausufern der großen Städte, die von den Künstlern, Malern wie Schriftstellern, als fragwürdig und häßlich empfunden wurden. Die Natur wurde zum Thema, als der Mensch sich immer mehr von ihr entfernte, zum Synonym für das verlorene Paradies. Die Landschaftsmaler waren Kinder der Großstadt.

Nach dem Vorbild von Barbizon entstanden Künstlerkolonien, kurz- oder längerdauernde Gruppierungen, bald an vielen Stellen in Europa, in Schottland, Dänemark und in Deutschland. Die ersten bildeten sich in Süddeutschland, noch in der Nähe der Akademien, und die Maler widmeten sich häufig Darstellungen aus dem Volksleben. Das Vordringen der Künstlerkolonien nach Norddeutschland fällt in das Jahrzehnt von 1870—1880, in die Zeit des Durchbruchs der Freilichtmalerei. Inselartige Lage, völlige Abgeschiedenheit zeichnet nun die meisten Orte aus.

Ein Sympton für die „Entdeckung" — wie es immer wieder heißt — der Küstenlandschaft war das Erscheinen des Prachtwerks „Küstenfahrten an der Nord- und Ostsee" von Edmund Hoefer, dessen Illustrationen 1875/76 Gustav Schönleber gezeichnet hatte, seit 1880 Professor für Landschaftsmalerei an der Karlsruher Akademie. Seine Schüler sind unter anderem auch in Ekensund nachzuweisen.

*Ekensund an der Flensburger Förde*

Der Ort Ekensund ist für einen Künstlerort eher untypisch, schon relativ früh kamen Maler hierher, aber sie haben das Leben hier nie bestimmt wie in anderen Dörfern.

Wie Rügen am Anfang der deutschen Landschaftsmalerei steht, so Ekensund am Beginn der dänischen: Christoffer Eckersbergs kleines Gemälde mit der Rennberger Ziegelei (1830) schlägt zum erstenmal das Thema an, das später die Maler hierherzog. In Ekensund und seiner Umgebung gab es im 19. Jahrhundert zahlreiche Ziegeleien, und der Zusammenklang von steilen roten Dächern, blauer (oder silbriger) Wasserfläche und bewegtem hohen Himmel, der Eckersbergs Bild kennzeichnet, hat seinen Reiz bis heute nicht verloren.

1864, zur Zeit des deutsch-dänischen Krieges, hatte der Übergang über den Sund eine gewisse strategische Bedeutung. Den Malern, die damals als Illustratoren an den Kriegsschauplatz entsandt wurden, entging das besondere Motiv nicht, und sie zeichneten den Hafen und die Ziegeleien. Der weitgereiste Altonaer Louis Gurlitt, Schüler der Kopenhagener Akademie, machte im gleichen Jahr die Ziegeleien am Sund zum Thema mehrerer Bilder. Genau genommen sind die Ziegeleibilder frühe Industriebilder, der aufsteigende Rauch ist auf vielen unübersehbar, doch erscheint er noch als malerisches Phänomen, die Ziegeleien in die Natur eingebettet.

Die eigentliche Künstlerkolonie wird in zwei fotografischen Gruppenporträts des ihr zugehörenden Fotografen Wilhelm Dreesen manifest, die 1882 und 1885 aufgenommen wurden und in der Zeitungsveröffentlichung „Die ‚Entdecker' Ekensunds" und „Malerkolonie Ekensund" betitelt sind. Auf dem ersten Bild sind die Maler aus Flensburg noch fast unter sich, auf dem zweiten sind weitere hinzugekommen, Freunde aus der Studienzeit in Karlsruhe, München, Düsseldorf und Weimar. Persönliche Beziehungen spielten naturgemäß eine große Rolle bei der Zusammensetzung dieser Künstlergruppen, viele Maler sind in mehreren Künstlerkolonien nachzuweisen. Walter Leistikow hatte den ersten künstlerischen Durchbruch mit einem 1887 gemalten Bild „Ziegeleien am Wasser", im gleichen Jahr noch war er auf Hiddensee. Mehr noch als durch die Bilder wurde Ekensund wahrscheinlich durch die einfühlsamen Fotografien von Dreesen bekannt, die seit 1890 in Lichtdruckmappen erschienen.

Der Berliner Otto H. Engel, der seit 1892 zu den Ekensundern ge-

hörte, erschloß einen weiteren Kreis von Motiven mit seinen Bildern von Fischern, Lotsen, der Fischereisiedlung Lagmai bei Sonnenuntergang oder einem Schiffsmaklerkontor. Er hat uns auch Zeugnisse des Gemeinschaftslebens der Künstler hinterlassen, Zeichnungen, die ein Künstlerfest dokumentieren oder – leicht ironisch – „de Malers in Ekensund" auf einer Postkarte: Maler an der Staffelei auf beiden Seiten des Sundes. Das Künstlerleben war vor allem auf die Sommermonate beschränkt, nur wenige wurden hier ansässig, wie Anton Nissen in Rinkenis, oder hatten ein Sommerhaus am Wasser, wie Alex Eckener.
1920 kam die Nordseite der Flensburger Förde an Dänemark. Der Höhepunkt der Künstlerkolonie lag weit zurück, ihr Ende war damit endgültig besiegelt. Doch es zeigt sich, daß vielleicht die Auswahl des Ortes, nicht aber die der Landschaft, dem Zufall unterliegt: Auf der Südseite, in Osterholz, hatte Erich Heckel 1913 für Jahrzehnte ein Refugium gefunden, dem viele bedeutende Landschaftsbilder zu verdanken sind, und in den siebziger Jahren unseres Jahrhunderts haben sich junge Künstler in verschiedenen Fördeorten angesiedelt. Die Zeit der Künstlerkolonien ist vorbei, die Maler sind der Landschaft treugeblieben.

*Ahrenshoop auf dem Darß*

Das Fischernest Ahrenshoop liegt an der Seeseite auf der waldreichen Halbinsel Darß, dort, wo sie in die schmale Landzunge des Fischlandes übergeht. Hier verlief bis 1945 die Grenze zwischen Pommern und Mecklenburg, doch bald bezogen die Maler auch die am Bodden gelegenen Fischlanddörfer Althagen und Niehagen auf der Boddenseite mit ein.
Ahrenshoop wurde wirklich von den Malern entdeckt, die auf der Suche nach bis dahin als häßlich und unscheinbar geltenden Landschaften waren – möglichst abgelegen sollten sie sein, noch ohne Sommerfrischebetrieb. Paul Müller-Kaempff, der erste Maler, der sich in Ahrenshoop niederließ, hat beschrieben, wie er den Ort 1889 beim ersten Besuch sah: „Gelegentlich einer Wanderung am Hohen Ufer lag plötzlich . . . zu unseren Füßen ein Dorf: Ahrenshoop. Wir hatten von seiner Existenz keine Ahnung und blickten überrascht auf dieses Bild des Friedens und der Einsamkeit. Kein Mensch war zu sehen, die altersgrauen Rohrdächer, die grünen Weiden und grauen Dünen gaben dem ganzen Bilde einen Zug tiefen Ernstes und vollkommener Unberührtheit . . . Hinter dem Dorf auf dem Schifferberg blickte der Kirchhof mit weißen und schwarzen Holzgittern und Kreuzen herüber, überwuchert vom goldblühenden Habichtskraute." Hier begeistert sich ein Maler über die Landschaft, die den Durchschnittsbürger eher erschreckte – und beschreibt zugleich seine Bilder. Noch der Text zu Hoefers Küstenfahrten schließt wie erleichtert: „Und nun geht es von dem armen Vorlande – denn schön sind der Darß und der Zingst nicht! – zur Küste hinüber." Die Schwermut der Landschaft, die fahlen Farben, die beschrieben werden, das erinnert an das Moordorf Worpswede, wo im gleichen Jahr sich eine Malergruppe niederließ und die wohl bekannteste deutsche Künstlerkolonie begründete.
Die Bilder der ersten Zeit in Ahrenshoop geben nicht einfach Meeresatmosphäre, wie die Freilichtmalerei an anderen Orten. Kargheit und Düsternis werden symbolisch gesteigert; Herbst- und Winterstimmungen herrschen vor. Ein beliebtes Motiv ist der Fischerfriedhof im Dünensand, in zum Teil riesigen Gemälden wird melancholische Stimmung monumentalisiert, zum Ärger der damaligen Kunstkritik.
Müller-Kaempff baute 1891 ein Haus in Ahrenshoop, 1894 errichtete er die Malschule St. Lukas. Überhaupt trugen die Malschüler, darunter viele Frauen, die an den Akademien noch nicht zugelassen wurden, zur kurzen Blüte einiger Künstlerkolonien bei. Zwischen 1894 und 1912 wurden in Ahrenshoop eine ganze Reihe von Künstlerhäusern gebaut, die teilweise im Typus den Fischerhäusern folgten und ebenso leuchtend rot oder blau gestrichen wurden. Selbstentworfene Möbel in einigen Häusern legen Zeugnis ab von dem Versuch, mit einem einheimischen Kunsthandwerk sich und der armen Fischerbevölkerung eine Lebensgrundlage zu schaffen. 1909 – inzwischen hatten die Maler auch ein bürgerliches Badepublikum nachgezogen – entstand der „Kunstkaten" als gemeinsames Ausstellungshaus.
Müller-Kaempff war zwar der Initiator der Künstleransiedlung, aber nicht der erste Maler in Ahrenshoop. Er traf dort auf Carl Malchin, der seit 1882 regelmäßig kam. Der Pommer Louis Douzette, der bei einer Studienreise nach Paris die Maler von Barbizon kennengelernt hatte, fand im urwaldartigen Darß „seinen Wald von Fontainebleau" und malte Bilder vom Waldinnern und nächtliche Boddenlandschaften, deren dunkle Tonigkeit von der Freilichtmalerei noch unberührt ist.
Der Darßwald war neben den altersgebeugten Katen und dem Fischerfriedhof ein Hauptthema der Malerei in Ahrenshoop. Meist erscheint im Hintergrund der silbrige Wasserspiegel des Boddens; Steilküste und bewegte See wie auch Darstellungen des Fischerlebens bleiben merkwürdig selten: die Maler, die sich hier einfanden, suchten eine stille und stimmungsvolle Landschaft.
Doch konnte diese Landschaft auch den Expressionisten Anregung bieten: Alexej Jawlensky malte im Frühjahr und Sommer 1911 auf dem Darß – unter anderem ein leuchtend blaues Fischergehöft. Erich Heckel war im gleichen Jahr dort, auf der Suche nach „seiner" Landschaft, die er an der Flensburger Förde zwei Jahre später finden sollte.
Der Erste Weltkrieg machte der Künstlerkolonie ein Ende, die mei-

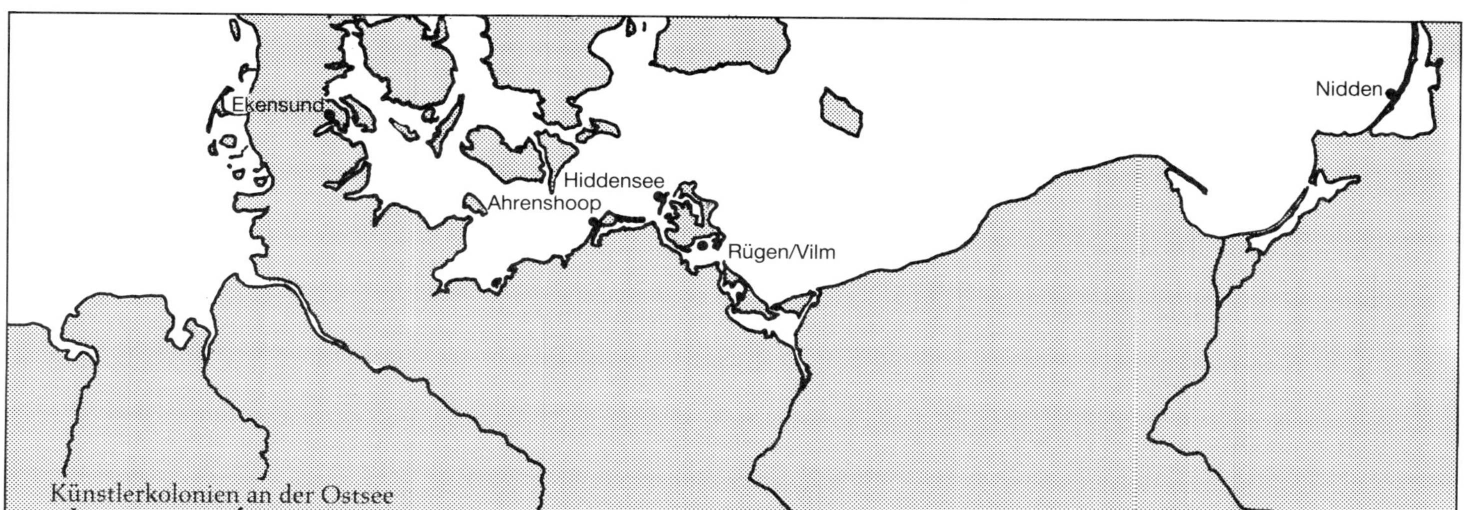

Künstlerkolonien an der Ostsee

Erich Heckel:
Boot am Ufer
(Hiddensee), 1912

sten Künstler zogen weg, aber Ahrenshoop behielt seinen besonderen Charakter und seine Anziehung auch für die nächste Generation von Künstlern und Schriftstellern. Denn neben den Malern waren es Dichter, Literaten, Musiker und Theaterleute, die alsbald die Künstlerorte bevölkerten, ihnen einen Hauch von der Mondänität der Großstadt brachten — und ihren Ruhm verbreiteten.
In der Zeit des Nationalsozialismus war der fast unzugängliche Landstreifen Zufluchtsort für manchen gefährdeten Künstler, darunter den Bildhauer Gerhard Marcks und den Maler Werner Gilles. Marcks hat die Umgebung seines Althäger Hauses in zarten Bleistiftzeichnungen festgehalten; Porträts in Bronze und als Radierung bezeugen seine Freundschaft mit dem in Ahrenshoop lebenden Alfred Partikel, dessen Bilder zwischen neuer Sachlichkeit und individuellem Ausdruck angesiedelt sind. Heute nennt sich Ahrenshoop „Bad der Kulturschaffenden der DDR", und die Tradition wurde in Freilichtsymposien junger Künstler wieder aufgenommen.

*Rügen, Vilm und Hiddensee*
Rügen hat einen besonderen Platz in der deutschen Landschaftsmalerei: Caspar David Friedrich fand hier einen nordischen Gegenpol zu Italien und den Alpen, den Themen romantischer Landschaftsmalerei, und seitdem suchten sich wechselnde Malergenerationen hier die ihren künstlerischen Absichten gemäßen Motive. Die Vielgestaltigkeit der Landschaft mit Kreidefelsen, Steilküsten, Buchten und Bodden, mit Wäldern und flachen Sandstränden bot wechselnden Strömungen der Landschaftsmalerei das Gesuchte. Außer Friedrich und seinem Freund Carus haben Karl Friedrich Schinkel und Karl Blechen in den ersten Jahrzehnten des 19. Jahrhunderts Rügenbilder gemalt. Doch sie kamen als Einzelgänger. Um 1830 geriet die Insel ins Blickfeld der Akademien. Der Berliner Marinemaler Wilhelm Krause machte mit seinen Schülern Studien für dramatische Meeresbilder, Düsseldorfer Genremaler nahmen sich der Fischer in ihren urtümlichen Trachten an. Friedrich Preller d. Ä., der mit klassizistischen Italienlandschaften begonnen hatte, wandelte sich in seinen Rügenbildern (er malte mehr als 100) zu einem romantischen Realisten. 1847, nach dem dritten Aufenthalt, schrieb er: „Ich werde meine Studien wohl in Zukunft hier machen, denn reicher habe ich nie ein Land gesehen, selbst Italien nicht . . ."
Preller hatte es vor allem der urwaldartige Eichenbestand auf dem Inselchen Vilm im Südosten von Rügen angetan: Eichen, Hünengräber und Meer beherrschen auch die Bilder seiner Schüler, mit denen er häufig wiederkehrte. Ein bestimmter Blick auf der Insel wurde „Prellerecke" genannt. So geht letzlich auf ihn die kleine Künstlerkolonie zurück, die sich um seinen Sohn Friedrich Preller d. J. bildete, als 1886 beim einzigen Haus auf der Insel ein Gästehaus für die Maler gebaut wurde. Für ihre Darstellungen bevorzugten sie stürmische Herbststimmungen.
Seit Friedrich immer wieder dargestellt worden ist der Blick auf das Kap Arkona, die Nordspitze von Rügen. In Eugen Dückers „Strandbild" (1885) erscheint sie im Hintergrund, nur als Andeutung jenseits einer weiten, schimmernden, stillen Wasserfläche. Eigentlich gibt das Bild einen flachen Strand mit großen Steinen wieder, einen anonymen Naturausschnitt; Hauptgegenstand sind vor allem Lichtstimmung und Atmosphäre, in Abstufungen von

Grautönen. Hier kündigt sich ein neues Stilempfinden an, das die Freilichtmalerei der folgenden Zeit vorbereitete und das auf die Landschaftsauffassung der Maler von Barbizon zurückgeht.
Stärker an landschaftlichen Formationen interessiert zeigt sich Walter Leistikow, der später durch die stilisierte Darstellung märkischer Seen bekannt wurde, in dem frühen Bild „Blick über das Dorf Vitt auf das Kap Arkona" (1886). Die Landschaft ist in weiter Überschau an einem sonnigen Tag gesehen, hinter einer Abbruchkante schmiegen sich die Dorfhäuser in eine Senke. Den abgestuften erdigen Tönen ist das Blaugrün der Wasserfläche entgegengestellt, das Ergebnis ist der Inbegriff eines Sommertages am Meer.
Im Jahr zuvor hatte Leistikow Studien auf Hiddensee gemacht, der Rügen westlich vorgelagerten schmalen Insel. Leistikow war mit Gerhart Hauptmann befreundet, der, damals noch unentschieden zwischen Bildhauerei und Dichtkunst, die Insel 1885 auf der Suche nach einem einsamen Refugium für sich entdeckte. Durch ihn wurde Hiddensee in den zwanziger Jahren unseres Jahrhunderts allgemein bekannt und zum mondänen Sommeraufenthalt Berliner Schauspieler, Intellektueller und Literaten.
Zunächst aber kamen die Maler, die Freilichtmaler, die ihre Bilder unmittelbar vor dem Motiv malten. Kurz nach der Jahrhundertwende wurden die ersten Künstler auf Hiddensee ansässig. Das erste und zugleich größte Künstlerhaus erbaute 1904 Oskar Kruse, der als Maler weniger bedeutend, aber vermögend und gastfreundlich war. Seit 1912 bildete das Haus des Architekten Hermann Muthesius, des Begründers des Deutschen Werkbundes, ein weiteres Zentrum.
Die Landschaft stellt sich in den Bildern dieser Zeit, in einer sich dem Impressionismus nähernden Freilichtmalerei, als betont schlichter Naturausschnitt dar: ein Stück Düne, der wandelbare Himmel über einem Streifen Strand und Wasser, die Fischerhäuser von Vitte und Neuendorf.
1910 erregten die Expressionisten Aufsehen in Berlin — nach der Zurückweisung ihrer Bilder auf der Ausstellung der Berliner Sezession, die impressionistischen Tendenzen folgte, gründeten sie die Neue Sezession und veranstalteten eine Gegenausstellung. Im gleichen Jahr malten zwei der Mitbegründer, Moriz Melzer und Harold Bengen, der hier 1907 impressionistisch begonnen hatte, auf Hiddensee. Küstenlandschaft, Fischerboote in leuchtend gegeneinandergesetzten Farbflächen und vor allem das Kardinalthema: der nackte Mensch in der Landschaft, der als ein Teil der Natur verstanden wird, sind der Beitrag des Expressionismus zu den Darstellungen von Hiddensee (eine ähnliche Thematik findet sich in Nidden, das etwa gleichzeitig seine Blütezeit erlebte). An den einsamen, vom Badebetrieb noch nicht berührten Stränden badeten die Maler und ihre Frauen und Freundinnen nackt — das dargestellte Naturgefühl konnte ganz real erfahren werden, in der prüden wilhelmischen Zeit!
Als Beispiel für die lapidare Landschaftsauffassung des Expressionismus ist hier ein Holzschnitt von Erich Heckel von 1912 ausgewählt, ein Boot am Steilufer im Norden von Hiddensee: Unvermittelt sind die aus einem unregelmäßig geformten Brett herausgeschnittenen Formen in strengem Schwarzweiß gegeneinandergesetzt.
Die Heckel nahestehenden Maler Max Kaus und Walter Gramatté haben im folgenden Jahrzehnt mit ihren Bildern das hier Begonnene fortgeführt: Kaus integriert seine nackten Gestalten in den Umriß der Steilküste, Gramatté sieht Insel, Menschen, Häuser als geschlossene, expressionistisch bewegte Welt.
Und auch für die Neue Sachlichkeit der zwanziger Jahre bot die gleiche Landschaft Ansatzpunkte: als Urlandschaft aus Wasser und Erde in den Bildern von Willy Jaeckel oder als bloßgelegte plastische Form in einem Blatt der Lithographienfolge „Hiddensee" (1927) von Alexander Kanoldt.
Schließlich hat auch der Bildhauer Ewald Mataré die Landschaft (wie zuvor Sylt) in Aquarellen und Holzschnitten gestaltet und Modelle für sein lebenslanges Thema Kuh gefunden.
Ein Teil der anregenden und gemischten Gesellschaft von Hiddensee hat sich nach dem Krieg auf Sylt — genauer in Kampen — wieder eingefunden.

*Nidden auf der Kurischen Nehrung*

Nidden liegt am weitesten von den Zentren der Malerei entfernt, doch daß es so schwer erreichbar, so ganz aus der Welt war, machte für die Maler gerade seinen Reiz aus.
Sie suchten ja nicht nur eine ursprüngliche Landschaft, sondern auch eine möglichst unverbildete Bevölkerung. Die kurischen Fischer, ihre schweren Kähne und eigenartigen Häuser sind von Anfang an ebenso gern gemalt worden wie die See, das Haff und die große Wanderdüne, die sich allerdings dem malerischen Zugriff eher entzog. Die inselartige Lage auf der schmalen Nehrung, zwischen zwei Wasserflächen unterschiedlichen Charakters, ist ähnlich wie in Ahrenshoop und auf Hiddensee.
Wie dort, liegen die Anfänge der Künstlerkolonie im Jahrzehnt zwischen 1880 und 1890. Seit 1867 gab es in Nidden den Gasthof Heinrich Blode, und hier mieteten sich Professoren der Königsberger Akademie ein und zogen Freunde und Schüler nach, zunächst fast alle Ostpreußen. Zur Regel gehörten abendliche Treffen im Künstlerzimmer bei Blode. Mittelpunkt dieses Kreises war Fritz Bischoff-Culm, der nach dem Studium in Königsberg, das damals recht konservativ ausgerichtet war, nach Berlin überwechselte und dem Impressionismus nahekam. Durch seine in Berlin gezeigten Bilder aus Nidden wird mancher Berliner Künstler zum Besuch bewegt worden sein. Der berühmteste ostpreußische Maler der Zeit, Lovis Corinth, ist wohl nur einmal dort gewesen, aber in seinem „Friedhof in Nidden" von 1893 ist ein Thema gewählt — der Blick über merkwürdig geformte Grabkreuze aufs Meer — der die Maler zu verschiedenen Zeiten (und etwa auch in Ahrenshoop) angeregt hat: blühende Natur und darin die Mahnung an die Vergänglichkeit des Menschen (Pechstein hat 1911, viel knapper, das gleiche gemalt).
Seinen Platz in der Geschichte der Malerei verdankt Nidden allerdings zwei Expressionisten, Mitgliedern der 1905 in Dresden gegründeten Künstlervereinigung „Brücke", die nicht zu einer Künstlerkolonie gehörten, nicht einmal gemeinsam kamen. Max Pechstein besuchte Nidden 1909 zum erstenmal, erlebte 1911 hier einen wahren Schaffensrausch, weil er endlich die gesuchte Einheit von Mensch und Natur fand. Er lebte mit den Fischern und malte große Bilder im Freien, Fischer bei der Arbeit und Akte in den Dünen. Karl Schmidt-Rottluffs Sommer in Nidden 1913 fällt ins Jahr der Auflösung von „Brücke"; seine Konturen sind härter, kantiger, aber die Glut der Farben und Wucht der Formen, denen die urtümlichen Kurenkähne entgegenkamen, machen seine Niddenbilder zu Höhepunkten des deutschen Expressionismus. Beide Maler haben die gefundenen Formulierungen auch in kraftvolle Holzschnitte umgesetzt.
Pechstein, der auch nach dem Ersten Weltkrieg wieder in Nidden arbeitete, hat mit seinem Werk die jüngeren Maler beeinflußt, unter ihnen Ernst Mollenhauer, der sich 1923 ganz in Nidden niederließ und später das Gasthaus Blode übernahm, das alte Zentrum der Malerbegegnungen, das weiter Mittelpunkt für eine Gesellschaft von Malern, Schriftstellern, Schauspielern und Wissenschaftlern blieb.
Als nach 1945 Nidden unerreichbar wurde, haben nicht wenige Maler das Verlorene ins Bild zu bannen gesucht. Mollenhauers „Dorfstraße in Nidden" steht hier als Beispiel.

*Christine Knupp-Uhlenhaut*

Lyonel Feininger, Die Ostsee, 1947

Otto H. Engel, Bei Sonnenuntergang, 1892

Max Pechstein, Sommer in den Dünen, 1911

Karl Schmidt-Rottluff, Fischerkähne auf dem Haff, 1913

Alex Eckener, Fahrt durch den Sund, 1912

Louis Douzette, Waldinneres (Darß), 1882

Alexander Kanoldt,
Hiddensee II, 1927

Alfred Partikel,
Bei der Wäsche, 1927

Caspar David Friedrich, Kreidefelsen auf Rügen, 1818

# Lübecker Backsteingotik

„Die Stadt ist volkreich . . . Und da nun die Pracht der Häuser viel zum Ruhm der Städte beiträgt, so ist von Lübeck zu sagen, daß es durchweg aus steinernen Häusern von mehreren Stockwerken besteht, deren Giebel wie Türme in die Luft ragen, und so ordentlich und gleichmäßig ist es gebaut, daß es scheint, als seien die Häuser alle gleichzeitig nach übereinstimmendem Plan aufgeführt. An Gleichmäßigkeit übertreffen sie alle Bauten Oberdeutschlands, an Schönheit und Pracht die Häuser von ganz Sachsen." So beschrieb Erasmus Sarcerius etwa 1535 das Bild Lübecks. Obwohl der Vorort der Hanse damals schon längere Zeit den Höhepunkt seiner Machtstellung hinter sich hatte, bot die Stadt noch immer ein einzigartiges Bild, das Staunen der Besucher erregend. Denn: Lübeck war eine steinerne Stadt, überragt von den sieben Türmen seiner fünf Hauptkirchen. Üblich waren aber solche steinernen Städte noch lange nicht, vielmehr herrschte Fachwerkbau vor. In Lübeck bestand indessen seit dem verheerenden Stadtbrand von 1276 das Gebot des Rates, die Umfassungsmauern der Häuser aus Stein zu errichten. Da Naturstein fehlte, wurde der aus Ton gebrannte Backstein das Baumaterial. Seitdem beherrscht das warme Rot des Ziegels das Bild der Stadt, mit dem Blau oder Grau des Himmels und des Wassers und dem Grün der Landschaft einen Dreiklang bildend.

Dieses einprägsame Architekturbild Lübecks mußte von größtem Einfluß auf die Nachbarstädte sein, zumal Lübeck mit dem Wendischen Quartier, zu dem an der Ostsee Wismar, Rostock, Stralsund und Greifswald gehörten, besonders verbunden war.

Dem Hauptort der Hanse kam also Vorbildcharakter zu, nicht nur für Allgemeines, sondern auch beispielsweise in der Architektur für bestimmte Bauten. Und da die Hanse ein Bund von Städten war, in dem die freien Bürger – unter ihnen wieder in besonderem Maß die Fernhandel treibenden Kaufleute – das Heft in der Hand hielten, galt natürlich das Hauptinteresse vor allem stadtbürgerlichen Unternehmungen, nicht etwa solchen der Kirche oder des etwaigen Landesherrn. In Lübeck waren derartige Vorhaben vor allem der Bau der städtischen Hauptkirche St. Marien und des Rathauses. Daneben wuchsen zwar noch andere wichtige Bauten empor, zum Beispiel der Dom des Bischofs. Diese standen aber zum Teil selbst unter dem Eindruck der bürgerlichen Hauptunternehmen oder, wie der Dom, sogar in Konkurrenz dazu.

Die Errichtung der St. Marienkirche als wichtigste städtische Kirche war von Anfang an eine Hauptaufgabe, die sich die Bürger stellten. Ebenso lag es in ihrer Absicht, den Dom zu übertrumpfen und damit ihre Unabhängigkeit und Macht vor dem ebenfalls in der Stadt residierenden Bischof zu demonstrieren. So wurde schon die romanische Marienkirche (errichtet um 1200) in größeren Ausmaßen als der Dom erbaut. Wichtige Impulse nach außen gingen aber erst von dem Nachfolgebau aus, einer frühgotischen Hallenkirche (um 1250 entstanden aus dem Umbau der romanischen Basilika). Sie wurde allerdings nie vollendet und ihrerseits von dem Bau einer hochgotischen Basilika (Beginn des Chorbaus in den 1260er Jahren) abgelöst.

Interessanterweise folgte der romanischen Basilika die frühgotische Hallenkirche und dieser dann eine hochgotische basilikale Kathedrale. Darin spiegelt sich der Bedeutungswandel, der den einzelnen Bautypen im Lauf der Zeit beigemessen wurde. Galt zunächst unter dem Eindruck bischöflicher Großbauten die Basilika – sie besteht aus höherem Hauptschiff, niedrigeren Seitenschiffen, Querhaus und Chor – als vornehmster Bautyp, so wandten sich die sich emanzipierenden Bürger im norddeutschen Raum später dem Hallentypus zu. Dieser entsprach zunächst offenbar mehr dem neuen bürgerlichen Selbstbewußtsein, denn die Bürger benutzten ihre Kirchen auch als Versammlungsort; sie bevorzugten daher eine ihren Zwecken und ihrem Selbstverständnis mehr entsprechende Bauform, als sie die Basilika darstellte mit der auf den Hochaltar ausgerichteten betonten Prozessionsstraße im Mittelschiff. Es war deshalb kein Wunder, wenn die in Lübeck entstehende St. Marienhalle begierig als Vorbild aufgegriffen wurde: Es entstand in Wismar der Hallenbau der dortigen St. Marienkirche, deren Westwerk nach Lübecker Vorbild die dortigen Kirchen St. Jürgen und St. Nikolai beeinflußte, und in Rostock die Hauptkirche St. Marien. Das Westwerk der letzteren wurde dann wieder Vorbild für dasjenige am Dom zu Riga (1270 begonnen). Möglicherweise gehörte auch die frühgotische Halle von St. Nikolai in Stralsund zu den Folgebauten der Lübecker St. Marienhalle. Von ihr ist jedoch kaum etwas erhalten, denn sie wurde – wie auch die Wismarer, Rostocker und Lübecker Kirche – bald abermals durch einen Neubau ersetzt, diesmal im hochgotischen Stil.

Was auch immer die Lübecker dazu brachte, nach der Mitte des 13. Jahrhunderts abermals einen Neubau in die Wege zu leiten: Es muß sie der Ehrgeiz getrieben haben, es den großen Herren gleichzutun und nicht hinter den Leistungen der aktuellen europäischen Architektur zurückzubleiben. Das vorbildhafte Zentrum war damals Frankreich, genauer, die Ile de France und die angrenzenden Landschaften Champagne, Picardie und Normandie. Der Baumeister, den die Lübecker mit ihren neuerlichen Plänen beauftragten, kannte diese Gegenden, besonders wohl aber die nordfranzösischen Küstengebiete. Es fällt nämlich auf, daß er den Grundriß des Kathedralchors von Quimper/Bretagne (begonnen 1239) übernahm und beim Entwurf des zweigeschossigen Aufrisses ohne Triforium – statt dreigeschossigem mit Triforium der klassischen Kathedralen – sich offenbar von normannischen Kathedralen wie Coutances inspirieren ließ.

Charakteristisch für den Chorgrundriß von Quimper war aber die Vereinfachung des Chorabschlusses vom 5/10- zum 5/8-Schluß und die Verschmelzung des Chorumgangs mit den Chorkapellen nach dem Vorbild von Soissons. Genau diese Anregung nahm der Lübecker Baumeister auf. Die Vorbilder waren jedoch so umzusetzen, daß sie dem heimischen Baugeschehen dienlich werden konnten. Ein besonderes Problem lag darin, daß die Vorbilder in Haustein ausgeführt waren, während der Lübecker Baumeister einen Weg finden mußte, seine Bauideen in Backstein auszuführen. Dies ist ihm gelungen. Er errichtete seinen Chor ganz in backsteingerechter Bauweise, indem er auf die Forderungen dieses Materials, das mit kleinen Steinformaten rechnet und auf eine begrenzte Zahl von Formsteinen angewiesen ist, einging. Überraschend dabei ist die Kühnheit der Konstruktion, wie D. Ellger feststellt: „Durch ein raffiniertes System innerer und äußerer Wandblenden werden die Wände zwischen dem konstruktiven Gerüst der Pfeiler und Vorlagen erleichtert und fast zu einer Membrane verdünnt. Die gegenseitige Versteifung der Schiffswände besorgen Spannmauern, ohne die Gewölbe zu belasten." Die Verwendung des Backsteins bedingte auch größere Flächenhaftigkeit der Wände und Verzicht auf überschwenglichen Zierat. Dadurch entstand gegenüber den Hausteinbauten der Eindruck größerer Blockhaftigkeit und monumentaler Schlichtheit; die großen Formen und Flächen erschienen betont.

Eine weitere bedeutende Eigenart des hochgotischen Baus von St. Marien ist der Verzicht auf ein Querhaus, auch wenn die Südervorhalle und die spätere Nordervorhalle (Totentanzkapelle) ein solches in Erinnerung bringen mögen. Es gibt daher keine Vie-

rung. So läuft der Fluß der Gewölbe ununterbrochen von Ost nach West durch. Dieses Fließen hat wiederum eine Entsprechung in den ungebrochen aufstrebenden Linien der Dienstbündel im Chor und im etwa zwischen 1315 und 1330 durch Meister Hartwich nach eigenem Plan, aber in einfühlsamer Angleichung an den Chor errichteten Langhaus.
All diese Charakteristika sind es, die mehr oder weniger auch die Nachfolgebauten von St. Marien im Ostseebereich kennzeichnen. Vor allem ist aber festzuhalten, daß der durch St. Marien/Lübeck eingeführte Typ der querhauslosen Basilika-Kathedrale von vielen von der Hanse beeinflußten und mit ihr in Verbindung stehenden Städten der Küste übernommen wurde. So wurden auch in Reval, wo man gar nicht mit Backstein baute, die beiden Kirchen St. Olai und St. Nikolai aus Hallen zu Basiliken umgebaut, ebenso der Dom.
Es ist nun keinesfalls so, daß das Schema von St. Marien/Lübeck unverändert übernommen wurde, vielmehr war man in den einzelnen Städten durchaus in der Lage, die Details selbständig zu bearbeiten. Erster Nachfolgebau ist wohl die (hochgotische) Ratskirche St. Nikolai in Stralsund gewesen (Beginn um 1270). Mit der mächtigen Doppelturmfront rivalisiert der Bau offen mit der Lübecker Kirche, deren allgemeinem Vorbild er folgt, sich aber doch bezüglich des Kapellenkranzes und anderer baulicher Einzelheiten (z. B. Pfeiler des Langhauses) als eigenständig erweist.
Interessanterweise folgten sogar Kirchenbauunternehmen des Klerus dem Vorbild der Lübecker Bürgerkirche: In Lübeck selbst entstand 1266 bis um 1335 der Hallenumgangschor des Doms auf dem regelmäßiger gestalteten Grundriß des basilikalen Umgangschores von St. Marien, jetzt aber mit voll ausgebildeten fünf Kapellen. In der benachbarten Bischofsstadt Schwerin wuchs noch vor 1270 der Dom empor, aber als Basilika mit Querhaus und wieder mit selbständig entwickelten Einzelheiten: die mit dem Umgang zusammenkomponierten fünf Chorkapellen wurden unter einem gemeinsamen Dach zusammengefaßt, und auf die Strebebögen des Außenbaus im Obergaden des Chors konnte verzichtet werden. In Doberan erbaute man die Zisterzienserklosterkirche, eine der edelsten norddeutschen Backsteinkirchen (begonnen 1294), bezeichnenderweise wieder mit Querhaus. Im Inneren kam es aber wegen der davorgesetzten doppelgeschossigen Arkaden wenig zur Wirkung und unterbrach somit den Fluß der Gewölbe nicht.
Noch im 13. Jahrhundert wurde dann die Hauptpfarrkirche St. Marien in Rostock (begonnen um 1290) in enger Anlehnung an das Lübecker Vorbild errichtet, nach dem Einsturz des noch nicht vollendeten Baus 1398 aber nach verändertem Plan mit Querhaus weitergeführt. Auch Wismar, zwischen Rostock und Lübeck gelegen, wollte hinter den hansischen Schwesterstädten nicht zurückbleiben. Hier wurde die Pfarrkirche der Marktstadt, St. Marien, 1339 nach dem Lübecker Vorbild begonnen (1945 zerstört und bis auf den Turm abgetragen), doch fand man hier der späteren Zeitstufe entsprechend wieder zu einer selbständigen Lösung: zum Beispiel sind Ober- und Untergeschoß nicht mehr mit durchlaufenden Diensten (dünne „Säulen" vor Innenwänden oder Pfeilern) zusammengefaßt, sondern durch die auf Konsolen aufsitzenden Dienste nur verklammert. Überdies ist das obere Geschoß jetzt höher und lastet auf dem unteren!
Die angeführten Stralsunder, Rostocker und Wismaraner Kirchen beeinflußten wieder weitere Kirchbauten in diesen Städten. Dadurch aber, daß man die Rigaer St. Petrikirche in Anlehnung an die Rostocker St. Marienkirche errichtete (1. Jahrzehnt 15. Jh.), blieb die Lübecker Marienkirche auch dort noch als ursprüngliches Vorbild spürbar. Als solches strahlte sie bis nach Schweden und Dänemark hinüber. In Malmö entstand in der 1. Hälfte des 14. Jahrhunderts St. Petri (mit Querschiff), in Kopenhagen die frühere Frauenkirche. Sogar auf das Langhaus der Kathedrale in Uppsala scheint der Bau der Lübecker Marienkirche eingewirkt zu haben.
Das Selbstbewußtsein und der Wille zur Repräsentation der Lübecker Bürger fanden jedoch nicht nur Ausdruck im Bau von St. Marien (und weiterer Kirchen), sondern auch in der Errichtung des Zentrums der städtischen Selbstverwaltung, des Rathauses (seit etwa 1226). Es ist hier nicht der Ort, auf die verwickelte, sich über Jahrhunderte hinziehende Baugeschichte einzugehen. Ihr Ergebnis war ein weitverzweigter vieltürmiger malerischer Komplex mit mehreren Hauptfronten, die dem Gebäude jeweils die Dominanz sicherten, sei es im Zusammenspiel mit den Häusern des Marktplatzes, mit denen der Breiten Straße oder des Marienkirchhofes. Obwohl in unmittelbarer Nachbarschaft zur Marienkirche gelegen, trat es zu dieser nicht in Konkurrenz, sondern bildete zusammen mit ihr ein eindrucksvolles Panorama und sicherlich eines der schönsten europäischen Stadtbilder. Es ist somit kein Wunder, daß auch die verschiedenen Fronten des Rathauses in anderen Städten Nachfolge fanden. Die eindrucksvollste Neuschöpfung in Anlehnung an das Lübecker Rathaus gelang wohl in Stralsund. Dort geht auch das Rathaus (Beginn um 1230, Front am Markt um die Mitte des 15. Jh.), wie in Lübeck, eine städtebauliche Verbindung mit der Hauptkirche (St. Nicolai) ein. Vorbild für die Marktfront war offensichtlich der Kriegsstubenbau des Lübecker Rathauses, (errichtet 1442–44 vom Ratsbaumeister Nikolaus Peck). Dennoch entstand wiederum keine Kopie, sondern eine selbständige Lösung, deren Wesen sich in einer größeren Zierlichkeit ausdrückt.
Die Schauwand des Rostocker Rathauses (Entstehung in mehreren Etappen von der Mitte des 14. Jh. bis zum Ende des 15. Jh.), von der heute wegen des barocken Vorbaus des Lübecker Stadtbaumeisters J. Petrini nur noch der obere Teil sichtbar ist, orientierte sich an einer anderen Front des Lübecker Rathauses, nämlich an der am Marienkirchhof gelegenen Nordfront (jetziger Zustand größtenteils Neubau von 1888/89 nach altem Vorbild). Doch auch im Rostocker Fall wird ersichtlich, daß man dem Vorbild keinesfalls sklavisch folgte und einen eigenen Charakter zu entwickeln verstand.
Es wäre noch weit mehr zu sagen über die Wirkung der Lübecker Backsteingotik im Ostseegebiet, beispielsweise bezüglich der Gestaltung der Stadttore. Hier muß jedoch genügen, abschließend festzustellen: Lübeck hat in seiner Blütezeit als Vorort der Hanse, die zeitlich mit der Epoche der Gotik zusammenfiel, die Architektur des Ostseegebiets nachhaltig beeinflußt. Bis auf den heutigen Tag ist dies erkennbar und spürbar geblieben.

*Björn R. Kommer*

Südflügel des Lübecker Rathauses, Front zur Breiten Straße, sogen. Kriegsstubenbau von 1442–44 mit durchbrochener Schildwand im Stil des Hauptbaues. Prunktreppe von 1594, erneuert 1894

Seite 20: St. Marienkirche und Marktplatz mit gotischem Rathaus, erkennbar an den vielen kleinen Türmchen in Lübeck (oben)

Blick in die gotischen Deckengewölbe des Chorteils (ca. 1260–1270/80) der St. Marienkirche (unten)

# Die Ostsee in der Literatur

„Den 23. Mai reiste ich aus Riga ab, und den 25. Mai ging ich in See", beginnt der junge Theologe sein „Journal meiner Seereise im Jahre 1769" rückblickend aus dem französischen Nantes. Er beschreibt die Hektik unmittelbar vor der Abreise: Anfang Mai hat er sein letztes Examen abgehalten, hat dann um seine Entlassung gebeten. Der russische Generalgouverneur hat ihn noch einmal eingeladen, hat versucht, ihn zum Bleiben zu bewegen, ihm die Aussicht auf ein hohes wohldotiertes Lehramt geboten. Er aber hat abgesagt. „Ich gefiel mir nicht als Gesellschafter, weder in dem Kreise, da ich war, noch in der Ausschließung, die ich mir gegeben hatte." Er weiß nicht genau, warum er eigentlich reisen möchte, möchte nur hinaus aus dem engen Riga, will in Kopenhagen Klopstock und Gerstenberg kennenlernen, denen er sich als Autor verpflichtet fühlt, will dann weiter über Hamburg nach Deutschland, mit dessen Bildungswelt er so engen Kontakt hat. Am Ende aber landet er – „ein großer Teil unsrer Lebensbegebenheiten hängt wirklich vom Wurf von Zufällen ab" – in Frankreich, trifft dort in Straßburg einen anderen jungen Reisenden, Goethe, wird dessen Gesprächspartner, Lehrer, Freund, Anreger.
Herders „Journal" ist weniger Logbuch einer Schiffsreise über die Ostsee als Dokument einer existentiellen Wandlung angesichts des Meeres. In kurzen Zügen skizziert der Bericht das Bild eines im Baltikum lebenden, im Geist der Aufklärung erzogenen deutschsprachigen Theologen, der auf einer Schiffsreise eine Art Offenbarungserlebnis hat:

„Was gibt ein Schiff,
das zwischen Himmel und Meer schwebt,
nicht für weite Sphäre zu denken!
Alles gibt hier dem Gedanken Flügel
und Bewegung und weiten Luftkreis!
Das flatternde Segel,
das immer wankende Schiff,
der rauschende Wellenstrom, die fliegende Wolke,
der weite unendliche Luftkreis!"

Die Empfindung des Meeres statt seiner Beschreibung, das Begreifen des Individuums als Summe seiner Eindrücke, die Darstellung der Welt als Erlebnis: Herders fragmentarische Reiseaufzeichnungen geben sich schon in ihrem rhapsodischen Stil als Dokumente einer neuen Epoche zu erkennen.
Aber über seine literar-geistesgeschichtliche Bedeutung als Dokument der Geniebewegung hinaus hat das „Journal meiner Seereise im Jahre 1769" auch noch in anderer Beziehung den Rang einer Pioniertat, erscheint hier doch zum erstenmal in der deutschen Literatur gewissermaßen der Topos einer nautischen Selbstfindung: Unsicher, fast auf der Flucht vor sich selbst besteigt ein junger Mann ein Schiff, überläßt sich den Eindrücken und der Stimmung des Meeres und gewinnt dadurch Klarheit über seine eigentliche Bestimmung. „Eine schaukelnde und still entzückte Stimmung erfüllte ihn (. . .). Und nun, da das Meer sich öffnete, sah er von fern den Strand, an dem er als Knabe die sommerlichen Träume des Meeres hatte belauschen dürfen, sah die Glut des Leuchtturms und die Lichter des Kurhauses, darin er mit den Eltern gewohnt. . . Die Ostsee! Er lehnte den Kopf gegen den starken Salzwind, der frei und ohne Hindernis daherkam, die Ohren umhüllte und einen gelinden Schwindel, eine gedämpfte Betäubung hervorrief, in der die Erinnerung an alles Böse, an Qual und Irrsal, an Wollen und Mühen träge und selig unterging . . .". Fast wie die Variation eines vorgegebenen Themas klingt, was 134 Jahre nach der Seereise des jungen Herder Thomas Mann seinen Tonio Kröger anläßlich einer Reise von Lübeck nach Dänemark erleben läßt. Die Nacht auf dem Meer wie der anschließende Aufenthalt in Gileleje, das hier Aalsgaard heißt, bringen die endgültige Gewißheit. Tonio Kröger, dem sich beim träumerischen Beobachten einer dänischen Festgesellschaft Erinnerung und Gegenwart ineinanderschieben, begreift und akzeptiert plötzlich seine Liebe zu den „Blonden und Blauäugigen" als Schicksal, und während von unten Tanzmusik zu ihm herauftönt, schreibt er seinen Brief an Lisawetha.
Nicht nur im Tonio Kröger gehören der „süße und triviale Dreitakt" des Lebens und das Meer zusammen. Der Pastorale am Öresund – Hugo Hartung variiert sie 1957 in seinem kleinen Roman „Wir Wunderkinder" – entsprechen „die schönen Sommerwochen" der Familie Buddenbrook in Travemünde, Tonys Sommerflirt mit Morten Schwarzkopf, die geruhsame Idylle der Lübecker Gesellschaft, die sich für die Dauer der Sommerferien herbeiläßt, sich jovial mit Fischern und Lotsen zu unterhalten: all dies ist mit anderen Namen, an anderen Orten geradezu zu einem Topos der Literatur des Ostseeraums geworden.
Der Stockholmer „Grosshandlare" geleitet genau wie Konsul Buddenbrook oder dessen Kopenhagener und baltischer Geschäftsfreund seine Familie hinaus in die Sommerfrische, wo er sich dann für die Dauer der Arbeitswoche von ihr verabschiedet, um zu seinen Geschäften in die Stadt zurückzukehren. Erst am Wochenende kommt er dann für ein paar sonnendurchflutete Tage wieder heraus. Allenfalls kann man an den unterschiedlichen Fortbewegungsmitteln erkennen, ob man sich an den nördlichen oder den südlichen Ostseeufern befindet. Während Konsul Buddenbrook mit dem Pferdegespann durch die Allee nach Travemünde fährt, benutzt der Stockholmer „Grosshandlare" das Dampfboot, das ihn aus der Arbeitswelt hinaus in die „Punschveranda" seines Sommerhauses in den Schären und den Schoß der Familie führt. Und nicht nur das soziale Milieu ist in den Schilderungen aus den Handelsstädten rund um die Ostsee häufig dasselbe, gelegentlich gehören sogar deren gesellschaftliche Repräsentanten ein und derselben Familie an. So kann etwa 1884 der dreizehnjährige Heinrich Mann von Lübeck aus in den großen Ferien eine Seereise nach St. Petersburg machen, wo er sich, wie dem Tagebuch zu entnehmen ist, stark von den religiösen Zeremonien der Gläubigen und den Baudenkmälern der Residenz beeindrukken läßt. Der ihm aber die Stadt zeigt und dafür sorgt, daß er sich im fernen Rußland fast wie zu Hause fühlt, ist sein Onkel Gustav Sievers, verheiratet mit Olga Mann aus Lübeck.
Indessen weckt das Tagebuch des jungen Heinrich Mann nicht nur die Erinnerung an die Belle Epoque einer „paßlosen" Zeit – dies vor allem erinnert später der sein „Zeitalter" besichtigende Flüchtling Heinrich Mann – sondern ganz entfernt auch die an die Hanse. Was die Buddenbrooks im Untertitel beziehungsreich-zweideutig als „Verfall" apostrophieren – der ökonomische Niedergang einer Familie, war ja zum Erscheinungszeitpunkt des Romans längst eine vollendete Tatsache für das diese Familie tragende soziale System internationaler Geschäftsbeziehungen. Die Liquidation dieses Systems durch den Ersten Weltkrieg stand freilich noch bevor. Aber die Agonie hatte sich schon über Hunderte von Jahren hingezogen.
Freilich, so glänzend diese Zeit einstmals gewesen ist, so bedeutsam sie für die Geschichte der Ostseeländer war, so spurlos ist sie in der Literaturgeschichte gewesen. Es gibt die mit kaufmännischer Gründlichkeit angelegten Archive, die Hansischen Urkundenbücher, die Dokumente der Hanserezesse von 1256–1430, man weiß, mit welchen Waren die hansischen Kaufleute reich wurden, kennt das Netz ihrer Handelsbeziehungen und politi-

schen Aspirationen, kann sich aufgrund der erhaltenen Dokumente ein Bild von ihrer Haushaltsführung machen, kennt die Familienstrukturen, weiß, wie die Schiffe ausgesehen haben, in denen sie ihre Waren über See transportierten. Das alles hat aber keinen Autor inspiriert, die Figur eines hansischen Kaufmanns der Blütezeit zu imaginieren, die Konflikte, Hoffnungen und Leidenschaften darzustellen, die einen Kaufmann dieser Zeit ja wohl auch kennzeichneten.

In der Literatur dominiert der Konkurrent des Kaufmanns, der Pirat. Das mag mit der romantisch-anarchistischen Aura zu tun haben, die Freibeuterei von jeher umgeben hat, diese vage utopische Vorstellung von Freiheit und Gleichheit, von Weite und Unabhängigkeit, die ja assoziativ auch dem Meer zugewiesen wird. Besonders die sagenhaften Gestalten Klaus Störtebekers und Godeke Michels sind immer wieder Gegenstand dichterischer Phantasie gewesen. Hans Leip hat einen dichten, romantisierenden Roman über „Godekes Knecht" geschrieben (1952), Wilhelm Lobsien einen eher auf jugendliche Leser zugeschnittenen Roman über „Klaus Störtebeker" (1976). Sozialistische Autoren fassen die historisch und soziologisch eigentlich sehr heterogen organisierten Seeräubergruppen des späten Mittelalters gern mit ihren modernen Vorstellungen vom Kollektiv und vom Proletariat zusammen. So wird etwa in KUBAs (Kurt Barthel) „Legende vom Klaus Störtebeker" (1960) der sagenhafte Piratenkapitän zum frühen Beispiel einer Art sozialen Rebellentums stilisiert. Ganz ähnlich versucht auch Willi Bredel in seinem Störtebeker-Roman „Die Vitalienbrüder" (1950) den egalistischen Aspekt der „Likedeelerei" zum Fundament einer frühsozialistischen Gesellschaftsauffassung zu machen. Bei Bredel ist Klaus Störtebeker, obgleich dem Namen nach eine sagenhaft-historische Figur, eigentlich eine utopische Gestalt, jemand, der an Land durch Tradition, Gesetze, soziale Schranken auf vielfache Weise daran gehindert ist, seine Vorstellung von einem menschlichen Leben zu verwirklichen und der aufs Meer getrieben wird, weil er sich dort die Verwirklichung aller seiner Träume erhofft. Obgleich der Autor dem Kampf seines Helden gegen die hanseatischen Pfeffersäcke klassenkämpferische Züge verleiht, spielt er doch unüberhörbar auch auf das andere große Motiv an, das sich von jeher mit der Literatur des Meeres verbindet: das Meer ist ein Territorium, auf dem andere Gesetze als an Land gelten, auf dem die Grenzen der Freiheit noch unbestimmt sind und erst noch definiert werden müssen, auf dem sich aber auch das Format des Einzelnen zeigen und bewähren muß, und das alles, obgleich traditionelle Autoritätsstrukturen vielleicht nirgends so deutlich zu Tage treten, wie gerade in der Gliederung und den Arbeitsaufgaben einer Schiffsmannschaft.

In der jüngeren deutschen Literatur ist vor allem Alfred Andersch als ein Autor zu nennen, der versucht hat, die dem Meer assoziativ innewohnende Dialektik von Freiheit und Grenze literarisch zu gestalten. Sein Roman „Sansibar oder der letzte Grund" (1955/56) spielt in der kleinen fiktiven Hafenstadt Rerik an der mecklenburgischen oder pommerschen Ostseeküste. Erzählt wird ein wichtiger Abschnitt im Leben von fünf Menschen, die aus verschiedenen Gründen zusammengeführt werden und deren Schicksal für eine Weile miteinander verknüpft wird: Die Jüdin Judith sucht abseits der großen und vermutlich wohlbewachten Hafenstädte nach einer Möglichkeit zur Flucht vor den Nazis. Aus dem gleichen Grund ist auch Gregor, der Funktionär der kommunistischen Partei nach Rerik gekommen. Der an der Machtlosigkeit des Wortes längst zum Zweifler gewordene Pfarrer Helander hängt die Entscheidung über seinen Glauben bzw. Unglauben gewissermaßen an den Erweis eines göttlichen Wunders. Er möchte eine Figur aus seiner Kirche nach Schweden in Sicherheit bringen, weil sie von den Nazis als entartete Kunst von der Vernichtung bedroht ist. Schließlich sind da noch Knudsen, ein Fischer und Eigner eines Fischkutters, und ein Junge, der bei ihm ausgebildet wird. Der Junge hat eine bescheidene Zukunftsperspektive vor Augen und träumt von der großen Freiheit seiner Abenteuerbücher, während Knudsen seine Ideale und seine Stärke längst im täglichen Kampf um seine von der Unterbringung in einer Anstalt bedrohten schwachsinnigen Frau verbraucht hat.

Das Buch schildert im Stil der Zeit eine existenzielle Grenzsituation, wobei das Meer, die Ostsee, auf die der Kutter schließlich ausläuft, die Funktion der Freiheit und der Bewährung erhält. Am deutlichsten wird dies aus der in erlebter Rede mitgeteilten Erlebniswelt des Jungen geschildert, aus der auch das Buch seinen Namen hat: „Er zog eine seiner Landkarten hervor und breitete sie aus, er hatte den Indischen Ozean erwischt und er las die Namen Bengalen und Chittagong und Kap Comorin und Sansibar und er dachte, wozu bin ich auf der Welt, wenn ich nicht Sansibar zu sehen bekomme und Kap Comorin und den Mississippi und Nantucket und den Südpol." Und obgleich ihm am Ende mit der Landung des Kutters in Schweden faktisch die Möglichkeit zum „Abhauen" und damit zur Verwirklichung seiner Träume gegeben wird, läßt sie der über Nacht auf See zum Realisten gewordene Junge ungenutzt verstreichen: „Erst wenn Knudsen abgefahren ist, dachte er, bin ich wirklich frei. Er fand den Weg leicht, zwischen den Stämmen herrschte ein diffuses graues Licht. (. . .) Der Junge sah, daß der Kutter noch immer dalag. Etwas weiter weg war das Meer blau, dunkelblau und kalt lag es unter einem grauen, einförmigen Himmel ohne Sterne. Der Kutter bewegte sich kaum, er war schwarz und still und wartete. Der Junge konnte sehen, daß Knudsen auf Deck saß, er saß auf der Wassertonne und rauchte.

Der Junge blickte nicht mehr in den Wald zurück, als er den Steg betrat. Er schlenderte auf das Boot zu, als sei nichts geschehen".

Angesichts des im immer gleichen Rhythmus der Jahreszeiten sich verändernden Meeres stellt sich vermutlich besonders leicht der Eindruck ein, „als sei nichts geschehen", obgleich sich eben doch alles verändert hat. Der Kontrast zwischen der scheinbaren Gleichförmigkeit im natürlichen Rhythmus und der ganz unbeeinflußt sich daneben vollziehenden menschlichen Katastrophe, hat immer wieder Autoren veranlaßt, ihren Bericht von menschlichem Schicksal mit einer authentisch erscheinenden Natur- und Witterungsschilderung zu beginnen: „Um 4.51 Uhr ging die Sonne auf. Ein leichter Ostwind strich über die seidige See und über die Wälder der Halbinsel Hela. Mit der Wärme lüftete sich der Dunst und man erkannte in der Ferne die Küstenlinie der Danziger Bucht. Es versprach ein strahlend schöner Tag zu werden: Dienstag, der 8. Mai 1945 . . ." So beginnt Fritz Brustat-Naval sein „Unternehmen Rettung" (1970), den Bericht vom Flüchtlingseinsatz der Kriegsmarine in der letzten Phase des Zweiten Weltkriegs, durch den 3 Millionen Deutsche aus den Ostgebieten über die Ostsee in den Westen gebracht wurden. Ganz ähnlich steht aber auch zu Beginn des dokumentarischen Romans „Legionärerna" von Per Olov Enquist (1968) ein Wetterbericht, der der erzählten Tragödie von der Auslieferung baltischer und deutscher ehemaliger Soldaten an die Sowjetunion durch die schwedische Reichsregierung zugleich Authentizität und dramatische Spannung verleihen soll.

Derselbe Effekt läßt sich aber auch erzielen, wenn man wie Hans Werner Richter in seinem Roman „Sie fielen aus Gottes Hand" (1949/50) den Schauplatz aus einer globalen Perspektive betrachtet und das Schicksal der Irene Zarinns aus Riga mit dem des Alexander Lewoll aus Estland und dem des Slomon Galperin aus Warschau miteinander verbindet. „Die Hand war nicht sichtbar, die die Dinge hielt. Die Erde drehte sich, ein Punkt unter Milliarden Punkten, und kreiste um die Sonne." Wer eine solche Perspektive wählt, will die zu berichtenden Vorgänge nicht erklären oder sie moralisch bewerten, weil er diese Begebenheit an sich für so unerhört hält, daß auch der moralisierende auktoriale Kommentar sie in ihrer Bedeutung nicht vergrößern kann. Dieselbe Wirkungsabsicht läßt sich übrigens auch aus der entgegengesetzten Erzählerperspektive erzielen, der großen Nähe zu Dingen und Vorgängen, der scheinbar totalen Faszination durch Fakten und Ereignisse, durch die, wie es etwa Grass an seinem Danziger Helden Oskar Mazerath („Die Blechtrommel", 1959) demonstriert hat, Geschichte überhaupt erst erzählbar wird.

Die Ostsee freilich spielt im Werk aller der zuletzt genannten Autoren eher eine marginale Rolle. Sie ist hier nur geographische Gegebenheit und hat für diese vor allem an Menschenschicksalen und historischen Ereignissen interessierten Autoren eher Episodencharakter. Sie bietet etwa, wie der schwedische Hafen Karlshamn in Wilhelm Mobergs Romanepos „Utvandrarna" (1949) die zufällig nächstgelegene Ausschiffungsmöglichkeit nach Amerika. Das Schicksal der dargestellten Menschen dagegen wird durch ganz andere Dinge beeinflußt.

Wenn es denn überhaupt so etwas wie „Ostseeliteratur" gibt, ist sie sicherlich eher außerhalb der trotz allem kontinental geprägten deutschen Literatur zu suchen. In Schweden etwa, wo ja die heute noch überall anzutreffenden Runensteine vom Schicksal der über das Meer fahrenden Wikinger berichten und das während seiner Großmachtzeit das Mare Balticum gern als „Schwedisches Meer" apostrophierte, spielt die Ostsee auch literarisch eine viel größere Rolle. Hier gibt es mit Autoren wie Emilie Flygare-Carlén („Rosen på Tistelön, Enslingen pa Johannisskäret, Ett Köpmanshus i Skärgården") und Astrid Kähr („Calmare Nyckel") nicht nur den maritimen Unterhaltungsroman als Gegenstück zur Alpen- und Bergwelt- faszinierten Trivialphantasie deutscher Unterhaltungsschriftsteller. Hier gibt es bis in jüngste Zeit hinein auch so etwas wie dichtende Seeleute oder zur See fahrende Autoren, denen man, wie etwa Evert Taube, den Rang eines Nationalskalden zubilligen muß. Man kann fast mit Ausgangspunkt von Göteborg im Westen als dem schwedischen Hafen zum Kattegatt und zum Atlantik hin auf der schwedischen Landkarte nach Süden am Öresund entlang und um die Küste Skånes herum, an Blekinge und Småland vorbei über Stockholm hinaus bis nach Roslagen wandern und für jede der genannten Landschaften und für jeden Hafen mindestens einen Autor nennen, in dessen Werk das Meer eine wichtige Rolle gespielt hat.

Von Göteborg aus etwa bestieg fast zeitgleich mit Herder auch ein schwedischer Pfarrer, Jacob Wallenberg (1746—1778), ein Schiff und ließ sich im Dienste der Ostindischen Kompanie über die Meere tragen. Während seine Uppsalienser Studienkollegen Sparmann und Solander gleichzeitig mit dem berühmten Captain Cook über die Weltmeere segeln und seltene Pflanzen und Tiere sammeln, beschreibt der Schiffsprediger Wallenberg den Alltag im Hafen und an Bord mit soviel humoristischem Realismus und soviel weltoffener Vorurteilslosigkeit, daß sich seine theologischen Nachlaßverwalter prüde zur Zensurierung seiner punsch- und schweißduftenden Drastik veranlaßt sahen. Aber wie Herder mit seinem Journal und, um einen anderen Ostseeanrainer zu nennen, Georg Forster mit seiner Beschreibung von Captain Cooks Weltreise literarische Meilensteine setzten, so ist auch Wallenbergs Roman „Min Son på Galejan" (1771) mehr als nur eine detaillierte Beschreibung des Alltags auf See aus der Sicht eines selbst für das 18. Jahrhunderts erstaunlich weltzugewandten Geistlichen. Es ist in Wirklichkeit die Beschreibung einer „sentimental Journey", und der Ich-Erzähler des Romans gibt sich mit seiner gebildeten, humorvoll gemilderten Empfindsamkeit als ein naher Verwandter des Tristram Shandy, Esq aus England zu erkennen.

Von Göteborg, aus dessen Nähe er stammt, nahm auch Evert Taube seinen Ausgang. Dieser auch nach seinem Tode noch legendäre Troubadour, Maler, Dichter und Darsteller seiner selbst hat es auf unnachahmliche Weise verstanden, teils eigene Erfahrungen als Seemann und Reisender, teils Projektionen des schwedischen Nationalcharakters so miteinander zu verbinden, daß bei den umjubelten öffentlichen Auftritten dieser urschwedischen Institution nicht recht zu erkennen war, ob der Beifall dem Urheber des blonden, charmant naiven und gemütvollen Fritjof Andersson galt oder dem Publikum selbst, das sich in dieser fiktiven Gestalt dargestellt fand. Taube hat wie kein anderer mit seinen Gesängen von Fritjof Andersson („Fritjof Anderssons Visbok" 1929) oder den „Ballader i Bohuslän" (1943) die Verbundenheit des Schweden mit dem Meer besungen. Viele seiner Texte und Melodien sind, obgleich oder gerade weil sie den ganzen Vorrat bekannter Seemannsklischees intelligent ausschöpfen, geradezu zu schwedischen Volksliedern geworden. Seine Autobiographie „Jag kommer av ett brunsand'hav" (1952), die im Titel auf die Meeresmetapher im Psalm 555 des schwedischen Gesangbuches anspielt, vermittelt deutlicher noch als die Lieder und Balladen das Bild eines sich trotz aller Weltgewandtheit vor allem als Schweden empfindenden Autors.

Dieser scheinbar paradoxe Zug einer unruhig auf die Ferne gerichteten Sehnsucht und einer immer wieder der Heimat sich versichernden Bodenständigkeit ist trotz der Fehden schwedischer Intellektueller gegen die „Idyllik" regionaler Autoren ein Zug, der schwedische Literatur bis in unsere Zeit hinein auszeichnet. So kommt es, daß die auch das Meer und die Küste umfassende Dichtung Gustaf Ullmans- seine Gedichtsammlungen „Västkust" und „Caprifol" erschienen 1903 bzw. 1905 — lediglich als „südschwedischer Provinzialismus" (Brandell) apostrophiert wird, obgleich sie auf Nichtschweden durchaus repräsentativ für schwedische Lyrik dieser Zeit wirkt.

Am deutlichsten tritt dieses Motiv seeverbundener Bodenständigkeit in der Dichtung des 1983 verstorbenen Gabriel Jönsson zutage. Dieser Autor, dessen Leben nicht nur durch die beiden Pole von „kustland und betland" (Küsten- und Rübenlandschaft) bestimmt war, wie er eine 1975 erschienene autobiopgraphische Betrachtung überschrieb, lebt geradezu von der poetischen Spannung zwischen der See und dem Land. In einem Fischerdorf am Öresund geboren, wurde Jönsson von der bei schwedischen Küstenbewohnern früher nicht gerade seltenen Lebenserfahrung einer Doppelexistenz als Kleinbauer und Fischer geprägt. Er hat seine Begrenzung einmal auf folgende Weise ausgedrückt: „Ich habe nur Bilder von 30 km Erde/und Erinnerung von zwei Stücken Strand." Dennoch wurden die stark von maritimen Metaphern geprägten Gedichte seiner ersten Sammlung „Flaskpost" bei ihrem Erscheinen 1920 nicht nur von südschwedischen Rezensenten als Erneuerung des schwedischen Naturgedichts gepriesen. Wie Taube von den Fremdenverkehrsvereinen Göteborgs und Stockholms gern für ihre Touristenwerbung exploitiert wird, so Jönsson von denen in Skåne. Besonders sein Gedicht „Vid Vakten", das etwas sentimental die Liebe eines aus der Ferne an sein Mädchen denkenden Seemanns besingt, wird, da der Name der Insel Ven fällt, gern in diesem Zusammenhang benutzt.

Geschichten aus dem Leben des Volkes, die den Autoren teils von der Ortsbevölkerung selbst erzählt worden sind, teils von den Autoren aufgrund ihrer intimen Kenntnis der örtlichen Gegebenheiten authentisch „erfunden" wurden, sind besonders an der schwedischen Ostseeküste immer wieder anzutreffen. Den Abschluß dieses kurzen Blickes auf die „Ostseeliteratur" soll deshalb die Erwähnung zweier Autoren bilden, die vielleicht stärker noch als alle bisher genannten das schwedische Kontingent dieses Genres bereichert haben. Der eine dieser Autoren ist August Strindberg, der andere Albert Engström.

Strindberg, der wie Engström nicht nur Dichter, sondern auch Maler des Meeres war — einige seiner expressionistischen Sturmbilder sind heute im Nationalmuseum in Stockholm zu sehen — ist vor allem während seines selbstgewählten „Exils" in Frankreich und der Schweiz zum Schilderer der Stockholm vorgelagerten Schärenwelt und ihrer Bewohner geworden. Aber so stark die Romane „Hemsöborna" (1887) und „Skärkarsliv" (1888) auch Heimweh- und Sehnsuchtsdichtungen sind, so wenig sentimental und subjektiv ist die Attitüde des Autors seiner Jugendlandschaft gegenüber. Erst in dem Roman „I havsbandet" (1890) läßt sich so etwas wie die Präokkupation durch die eigene Person und ihre Probleme erkennen. In den beiden erstgenannten Werken hingegen ist das ganze auktoriale Interesse auf die Schärenbevölkerung und die erfundene Handlung konzentriert. Mit dem Sinn des Dramatikers für das Charakteristische wird schon im ersten Abschnitt des Romans eine knappe Exposition der Handlung geliefert und die Erzählweise des Autors erkennbar: realistische Genreschilderung im Detail, Komik der Situation, schnelles Erzähltempo, ein Erzähler, der hinter seiner Erzählung zurücktritt: „Er kam wie ein Schneeschauer an einem Aprilabend und trug eine Geneverflasche an einem Riemen um den Hals. Clara und Lotten sollten ihn mit dem Boot an der Brücke von Dalarö abholen. Aber es dauerte Ewigkeiten, bis sie ins Boot kamen. Erst sollten sie zum Kaufmann und eine Tonne Teer kaufen und zur Apotheke, um Salbe für das Schwein zu holen, und dann sollten sie zur Post wegen einer Freimarke und zu Fia Lövström in Kroken, um den Hahn gegen eine halbes Pfund Nägel zum Bootsbau zu leihen, und zum Schluß waren sie im Gasthaus gelandet, wo Carlsson sie zu Kaffee und Kuchen eingeladen hatte. Und dann kamen sie endlich ins Boot, aber Carlsson wollte steuern, aber das konnte er nicht, denn er hatte noch nie in seinem Leben einen Rahsegler gesehen, und deshalb schrie er, sie sollten das Focksegel hissen, das es nicht gab." So beginnt die Geschichte von Carlsson, dem Inländer, der nach Hemsö gekommen ist, um sich nach dem Tod des alten Flod um dessen Äcker, Vieh und Witwe zu kümmern. Und im selben humoristischen Ton wird das komische Epos von Land und Leuten in den schwedischen Schären zu Ende erzählt.

Strindberg, der Sohn des gescheiterten Dampfschiffkommissionärs, schildert das Milieu seiner Jugendzeit in den Schären mit der Liebe und Genauigkeit des Kenners und zugleich mit dem objektivierenden Humor des weitgereisten Gebildeten. Seine Schilderung ist zwar sprachlich zur genaueren sozialen Charakterisierung von Personen und Milieu gelegentlich dialektal bzw. phonetisch eingefärbt. Die Darstellung des Geschilderten als humoristisch jedoch ergibt sich aus der Perspektive des Angehörigen einer anderen Sozialklasse, der zwar liebe- und verständnisvoll beobachtet, aber bewußt für ein Publikum schreibt, dem er das Beobachtete humorvoll-überlegen „erklärt".

Auch Albert Engström ist ein humorvoller Schilderer der Schärenwelt in Roslagen. Aber sein Humor ist weniger erklärend und vermittelnd als grell und gelegentlich karikierend und grob. Wo Strindberg ein Stück naturalistische Wirklichkeitsdarstellung liefert, ist Engströms Darstellung subjektiv verzogen, wie die Zeichnungen, die er zu seinen meist kürzeren Texten anfertigte. Auch als Literat geht er vom visuellen Eindruck aus, erfaßt die bildhafte Pointe eher als die intellektuelle. Einen guten Eindruck von Engströms Prosa liefert der Beginn seines Buches über „Gotska Sandön" (1926), ein ökonomisch relativ wertloses Eiland mit einem reichen Vogelleben und großartig karger Natur. „Ich kam an Land", schreibt Engström, „und beging die Insel wie ein Sakrament. Ich habe niemals so viel wie dort gearbeitet, und ich fing sogleich an, ergriffen von der Schönheit, der Stille, dem Ernst, der Freude. Das Wilde, das Unberührte, nahm mich gefangen, Meer und Wald verkrampften mir zunächst die Kehle, aber ich entschloß mich zu ermannen und mein Werkzeug vorzunehmen, denn hier wollte ich leben und arbeiten." Ein wenig von der Stimmung, die Engström von seinem ersten Betreten von Gotska Sandön schildert, teilt sich dem Touristen heute mit, wenn man das Atelier Engströms auf der Insel Väddö in Roslagen besucht: ein einfaches Holzhaus auf einem ansonsten völlig kahlen Felsen direkt am Wasser. Der Blick aus dem Fenster verstärkt den Eindruck, sich auf einem Schiff zu befinden.

Allerdings hat Engström sein Atelier weniger dazu benutzt, die ständig wechselnden Licht- und Farbverhältnisse vor seinem Fenster in immer neuen impressionistischen Meisterwerken festzuhalten. Vielmehr hat er es wohl eher aufgesucht, um hier über „Adel, Präster, Smugglare, Bönder" nachzudenken (= Adel, Priester, Schmuggler, Bauern), die er alle mit spitzer Feder malte und über die er immer wieder neue und höchst ironische Anekdoten in seiner Zeitschrift „Strix" zu berichten wußte, wobei in seinen Plaudereien auch stets politische Untertöne mitschwingen, so, wenn er sich mit den Antiroyalisten über den Adel und mit den Sozialisten über die Priesterschaft lustig macht. Ernst, wenn auch auf sehr unterhaltsame Weise, ist es ihm nur, wenn er sich mit den einheimischen Kraftmeiern und Stammtischphilosophen beschäftigt, mit denen sich dieser lebensfrohe Schärenhomer gern zusammensetzte, um Seemannsgarn zu spinnen oder über Kapitän Söderboms spirituellen „Waren" die wichtige Frage zu erörtern, wer eigentlich der stärkere gewesen sei, der vielbewunderte schwedische Heldenkönig Karl XII., Herkules oder der ebenfalls beim Gelage anwesende Gustav Mattson.

So rousseauistisch Engström die Schönheit von Roslagen beschrieben, so scharf er die Besonderheit des dort lebenden Menschenschlags herausgearbeitet hat, so fern und abgelegen, so provinzionell und hinterwäldlerisch irreal scheint doch wiederum seine Produktion aus einem anderen Aspekt heraus. Sie ist so ausschließlich auf diesen Teil der schwedischen Küste konzentriert, daß sie sich darin schier verloren hat. Engström starb 1940, und es scheint, als habe er in den letzten Jahren seines Lebens nicht mehr allzu häufig aus seinem Atelierfenster geschaut. Sonst hätte er ja wohl die Rauchfahnen der am Horizont vorüberziehenden Kriegsschiffe wahrnehmen müssen.

Daß die Geschichte auch einem Autor wahrnehmbar ist, der scheinbar nur der Betrachtung der unbeweglichen Natur und ihres Rhythmus hingegeben ist, läßt sich gut aus der Produktion des den Öresund besingenden Gabriel Jönsson erkennen. Im Todesjahr Engströms schrieb er das Gedicht *Juni 1940:*

| | |
|---|---|
| Hängend auf der Harfen Spitze | Slokande på hässjans spjut |
| zieht der Klee die Flügel ein. | fäller klövern vingen. |
| Seine Süße wird verwehen | all des sötma skall ta slut, |
| wie jetzt Länder wohl vergehen | ljuva länder plånas ut, |
| die vom Stoß getroffen bluten; | blödande av stingen. |
| — Freude stellt sich nirgends ein. | — Glädje känner ingen. |

*Gerd Müller*

Seite 25: Kreidefelsen von Möns Klint (Ostseite der Insel Mön in Dänemark)

Seite 26: Der kleine Fischerhafen von Holm in Schleswig an der Schlei

Seite 27: Heiligenhafen mit dem Naturschutzgebiet Graswarder im Vordergrund (vom Meer aufgeschüttetes System von Nehrungshaken). Im Hintergrund rechts das Ferienzentrum Heiligenhafen. Die Halbinsel wird umgeben von einem Saum untermeerischer Sandriffe, die auf dem Bild gut erkennbar sind.

Seite 28: Granitküste des Bottnischen Meerbusens (Finnland). Das früher hier liegende Gletschereis hat die Felsen zu weichen Formen abgeschliffen.

# Wikingerschiffe, Koggen und andere Schiffstypen

In der Ostsee begegneten sich seit jeher verschiedene Kulturen und damit auch verschiedene Schiffsbautechniken. Schon früh wendete man die Technik der Klinkerbeplankung an. Sie ist dadurch gekennzeichnet, daß die Kanten der oberen Planken die unteren überlappen (siehe Abbildung). Die Klinkerbeplankung stand im Gegensatz zur Schiffsbauweise des Mittelmeerraumes, wo man die Kraweelbeplankung vorzog, d. h. die Planken Stoß an Stoß fügte.

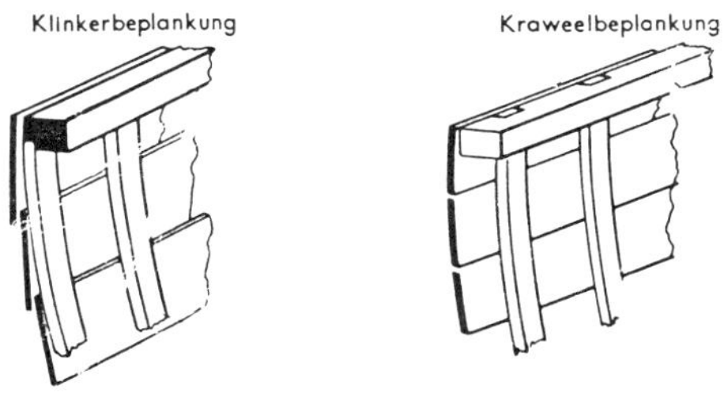

Abb. 1

Die Klinkerbautechnik hat vermutlich ihren Ursprung an den skandinavischen Küsten. Man kannte sie schon seit der frühen Eisenzeit. Die Schiffe wurden so gebaut, daß zuerst die Außenhaut des Schiffsrumpfes auf Kiel und Vordersteven angebracht und erst danach die tragenden Spanten und die übrigen Inneneinrichtungen eingebaut wurden.

*Die Wikingerschiffe und ihre Verwandten*
*Kriegsschiffe* gab es bereits vor den Wikingern. Schon das Nydam-Boot aus dem 3./4. Jahrhundert nach Christus, das man nördlich der Flensburger Förde gegenüber der Insel Alsen fand, muß diesem Typ zugeordnet werden, denn es bot (nach Jankuhn) an jeder Seite Platz für 18 Ruderer. Und solche Schiffe, die eine große Anzahl von Ruderern aufnehmen konnten, waren, wie D. Ellmers aus schriftlichen Quellen nachweisen konnte, in der Regel Kriegsschiffe. Das Nydam-Boot war fast 23 m lang und erreichte damit annähernd die Länge des Schiffes, mit dem über 1000 Jahre später Kolumbus nach Amerika segelte. Aber es war viel schmaler (nur 3,26 m) und niedriger – im mittleren Teil nicht viel höher als ein Meter – und lag vollbeladen nur einen halben Meter tief im Wasser. Die einzelnen Planken wurden durch Eisennieten verbunden und durch Wollstoff und eine zähklebrige Masse abgedichtet. Das Foto des Bootes zeigt recht gut die Klinkerbauweise und auch ein sehr auffälliges Detail: Das *rechts* am Heck (Hinterteil) des Schiffes angebrachte Steuerruder, eine Stellung, die lange Zeit ein Merkmal der Schiffe im Norden war. Deshalb nennt man noch heute die rechte Seite eines Schiffes: Steuerbord.
In der Umgebung des Nydam-Bootes lagen viele Waffen, was ebenfalls für den Typ des Kriegsschiffes spricht. Teilweise sind die Gegenstände erst später niedergelegt worden, wie z. B. die silbernen Schwertscheidenbeschläge mit ihren wunderbaren Ornamenten in „Kerbschnittmanier" (siehe Foto).
Dieser schlanke Schiffstyp hat Nachfolger in den Kriegsschiffen der Wikingerzeit. Allerdings waren diese mit einem Mast ausgestattet, der umgelegt werden konnte, wenn die Schiffe gerudert wurden.
Der Fahrzeugtyp ist auch aus der Epoche des Mittelalters bekannt. Bei Helgeandsholmen im Zentrum von Stockholm wurde zwischen anderen Wracks ein 22 m langes, schmales und schlankes Ruderboot mit 8 Ruderpaaren ausgegraben. Dieses Schiff hatte seinen Dienst im 13. oder 14. Jahrhundert versehen. Man kann es vergleichen mit dem kleinen Kriegsschifftyp in der Organisation der Seeverteidigung der Schweden während des Mittelalters, der sog. „Ledung"-Flotte. Diese Schiffsart mit 16 Rudern hieß „Skuta" in den mittelalterlichen Gesetzen, die die Vorschriften für die Ledungflotte niederlegten. Ein maßstabgetreuer Nachbau des bei Helgeandsholmen ausgegrabenen Schiffes ist fertiggestellt und wird jetzt erprobt (siehe Foto).
Diesem Typ von Ruderboot für den Transport vieler Menschen kann man in späteren Zeiten als Kriegsschiff begegnen. Die Galeeren in der schwedischen und russischen Marine vom 16. bis 18. Jahrhundert können als späte Nachfahren des gleichen Schiffstyps bezeichnet werden.
Vom 12. Jahrhundert an begann man, im Vorder- und Achterschiff Kastelle einzubauen, von denen aus die Soldaten Mannschaften auf feindlichen Schiffen angreifen konnten. Diese Kastelle wurden später zum Vorder- bzw. Achterdeck ausgebaut. Am Ende des Mittelalters wurden kleine Kanonen eingebaut, die als Schiffsartillerie dienten.
Auf der offenen Ostsee fuhren schon zur Wikingerzeit kleine und mittlere *Handelsschiffe* von 10 bis 20 m Länge, die in der von den Kriegsschiffen bekannten Klinkerbautechnik ausgeführt wurden. Als bedeutender Fundort für derartige Schiffe hat sich der alte Hafen von Kalmar an der südostschwedischen Küste – gegenüber der Insel Öland – erwiesen (siehe Ostseekarte). Diese Schiffe hatten ein kleines Achterdeck für den Rudergänger sowie ein Deck im Vorschiff. Der Laderaum war offen und der Schiffsrumpf durch mehrere Querbalken verstärkt. Auf dem Achterdeck befand sich oft ein Spill, mit dessen Hilfe die Segelstange hochgezogen wurde. Die frühesten Segelschiff-Zeichnungen stammen aus dem 6. Jahrhundert. Vor dieser Zeit kennt man nur Ruderboote. Wie die Abbildung zeigt, waren diese Handelsschiffe recht bauchig und hoch gebaut, um viele Waren aufnehmen zu können. Damit unterscheiden sie sich sehr von den schnittigen Kriegsschiffen. Es fällt auch auf, daß nunmehr ein Heckruder zur Steuerung des Schiffes verwendet wird. Heckruder erwiesen sich als viel praktischer im Vergleich zu den alten Seitenrudern, so daß sie sich ab 1200 schnell durchsetzten und heute noch bei allen modernen Schiffen üblich sind. Diese einmastigen Fahrzeuge wurden für den Handel entlang den Küsten der Ostsee eingesetzt und waren so ausgereift, daß sie

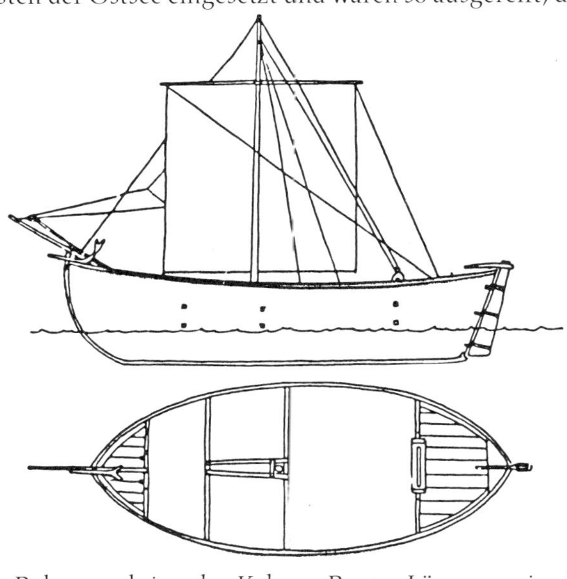

Abb. 2: Rekonstruktion des Kalmar-Boots: Länge maximal 11,2 m, Breite maximal 4,6 m, Tiefgang 1,1 m, Segelfläche etwa 25 $m^2$ (nach B. Landström)

– abgesehen von einigen Einzelheiten in der Takelung – noch lange Zeit von Bauern und Fischern bis zum Beginn unseres Jahrhunderts benutzt wurden.
Auch die Slawen und Pruzzen an der südlichen Ostsee bauten ihre Küstenschiffe nach den gleichen Prinzipien wie die Nordgermanen in Skandinavien. Nur der Fachmann kann an kleinen Details wie Holznägeln (statt Eisennieten) in den Klinkernähten oder an der Halterung der Masten die slawischen von den pruzzischen und wiederum beide von den skandinavischen Schiffen unterscheiden.

*Kleine Handelsschiffe mit flachem Boden*

Der Handelsverkehr über die Ostsee ist nicht denkbar ohne die vielen kleinen „Zubringer", die das Hinterland durch die Flüsse und Seen erschlossen. Die Bautechnik der Fahrzeuge auf Binnengewässern beruht letztlich auf den Einbäumen. Ursprünglich wurde der Einbaum der Länge nach gespaltet, und zwischen seine beiden Hälften wurden Bodenbretter eingefügt. Die verschiedenen Teile wurden mit Schnüren aus Lindenbaum-Bast verbunden. Die Schiffswände konnten durch eine oder zwei zusätzliche Planken erhöht werden, die an der oberen Kante der Einbaum-Hälften befestigt wurden. So entwickelten sich flachbodige Prahme und prahmartige Boote. Solche Fahrzeuge gab es in ganz Europa. Sie wurden auch benutzt entlang den Flüssen, die in die südliche Ostsee mündeten, z. B. an der Oder und der Weichsel. Einige Reste solcher Boote hat man in Häfen und Ankerplätzen der dänischen und schwedischen Ostseeküste gefunden, z. B. in Falsterbo in Südschweden. Der etwa 13 m lange Leichter stammt aus dem 14. Jahrhundert. Die Fundstelle war im Mittelalter ein Zentrum des Heringsfischfangs der südlichen Ostsee. Wahrscheinlich hat man mit diesem Leichter Fässer mit gesalzenen Heringen zu den großen, draußen auf Reede ankernden Koggen transportiert.

Abb. 3: Querschnitt durch ein prahmartiges Boot mit je einer angesetzten Planke (schematisch)

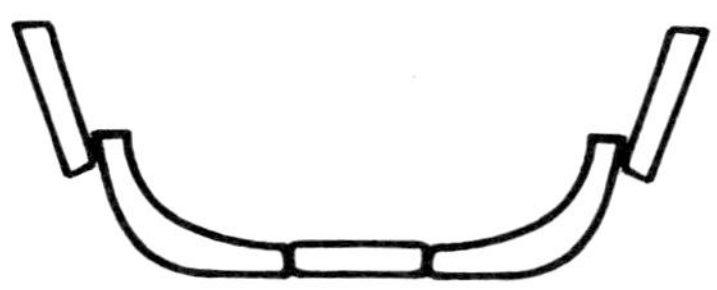

*Die Kogge*

Die Entwicklung der Kogge geschah an der Nordseeküste. Schon im 9. Jahrhundert wurden Schiffe urkundlich als Koggen bezeichnet. Die Koggen werden in dieser frühen Zeit bereits von den Friesen für ihre küstennahe Seefahrt zwischen der Rheinmündung und Nordfriesland benutzt worden sein. D. Ellmers zeigte, daß man vor allem im Schutz der Inselketten im Watt gefahren ist und die Kogge speziell auf die Wattverhältnisse abgestimmt hat. Dafür wurde der Boden im Prinzip flach gehalten – mit kraweel aneinandergefügten Bodenplanken. An beiden Schiffsenden war der Boden leicht angewinkelt, wie man es heute noch bei Elb-Ewern und anderen einfachen Wattschiffen findet. Diese Konstruktion erlaubt es, die Schiffe bei Ebbe flach auf das Watt aufzusetzen, ohne daß sie sich im Schlick festsaugen. In dieser Lage konnte das Schiff z. B. mit Pferdefuhrwerken be- oder entladen werden. Ein Fahrzeug dieses alten Typs zeigt eine Münze aus dem 9. Jahrhundert. Man erkennt auch zwei weitere wichtige Merkmale: Die steilen Vorder- und Achtersteven und den hochgezogenen Rumpf, beides typisch auch für die Koggen der späteren Zeit.
Wie kam nun die Kogge in die Ostsee? D. Ellmers nimmt wohl zu Recht an, daß die Friesen den ihnen so bekannten Schiffstyp nach Haithabu gebracht haben. Von dort aus verbreitete er sich mit dem Handel der Friesen über die ganze Ostsee. Auf die Abknickung der Schiffsenden konnte man bald verzichten, weil es in der Ostsee –

Abb. 4: Kogge mit abgeknicktem Boden auf einer Münze des 9. Jahrhunderts, geprägt in Haithabu (nach B. Malmer)
Kogge mit glattem Boden auf einer Münze des 9. Jahrhunderts, geprägt in Haithabu (nach B. Malmer)

wie an anderer Stelle dieses Buches näher ausgeführt wird – keine nennenswerten Gezeiten und damit auch kein Wattenmeer gibt. Zur Zeit der Hanse wurde die Kogge das wichtigste Transportschiff dieser Handelsmacht, so daß man sie auch als „Hansekogge" bezeichnete.
Der bekannteste und am besten erhaltene Fund einer mittelalterlichen Kogge wurde 1962 in der Weser unterhalb von Bremen gemacht. Die Kogge wurde im Deutschen Schiffahrtsmuseum in Bremerhaven aufgestellt (siehe Foto und Abbildung).
Erhalten ist ein 23,5 m langer und 7 m breiter Schiffsrumpf, dessen Bau auf 1379/80 A. D. datiert wird. Er ist mit starken Querbalken versehen, deren Enden über die Schiffswandseiten hinausragen. Er hat ein Deck ungefähr 1 m oberhalb der Querbalken. Das Achterdeck wurde auf Stützbalken oberhalb des Decks errichtet. Das Schiff war gerade erst gebaut worden, als es sank. Es sollte mit einem Mast und einem Rechtecksegel ausgestattet werden.
Die Bremer Kogge ist ein sehr gutes Beispiel für die mittelalterliche Kogge, die von der Hanse bei ihrem Handel in Nordeuropa benutzt wurde. Auch wenn das Schiff in Bremerhaven an der Nordsee gefunden wurde, so segelte dieser Schiffstyp doch zur gleichen Zeit entlang den Handelsrouten in der Ostsee. Mehrere Koggen aus dem 13. und 14. Jahrhundert sind in dänischen und schwedischen Gewässern entdeckt, geborgen und ausgegraben worden, wenn auch keine so gut erhalten ist wie die Bremer Kogge.

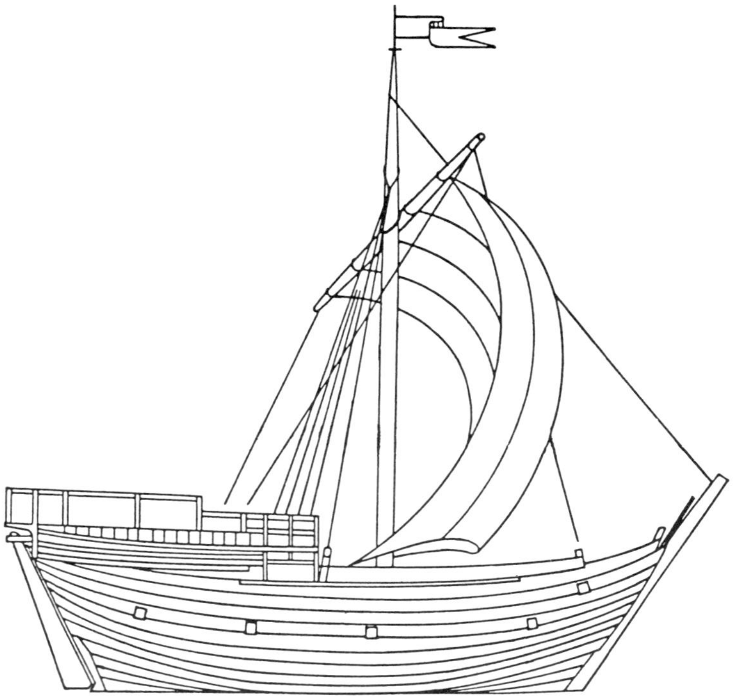

Abb. 5: Die Bremer Hansekogge von 1380

Die Kogge diente als Handelsschiff bis ins 15. Jahrhundert. Während des frühen 15. Jahrhunderts wurde sie langsam von größeren Schiffen, den „Holks“, verdrängt.

*Der Holk*

Schon während der Eisenzeit entwickelte sich an der Nordseeküste eine Bootsbautechnik, die später auch für Seeschiffe angewendet wurde. Die Fahrzeuge wurden ohne Kiel, aber mit breiter Bodenplanke gebaut. Der Schiffsrumpf war von vorn bis hinten gewölbt, und auch der Querschnitt erschien gerundet, so daß das ganze Fahrzeug den Eindruck einer Eierschale machte. Diesen Schiffstyp nannte man Holk. Der Holk wurde insbesondere für den Verkehr zwischen der Rheinmündung und England eingesetzt. Aufgrund seiner Form hatte er einerseits ein großes Fassungsvermögen, andererseits war er schwer und langsam. Dieser Schiffstyp hob sich sowohl von den schlanken Wikingerschiffen als auch von den Koggen mit ihrem flachen Boden und ihren geraden Steven deutlich ab. Der Holk wurde im Laufe der Zeit zu einem leistungsfähigen Großschiff, übernahm Elemente der Kogge (und auch umgekehrt) und konnte schließlich im 15. Jahrhundert der Hansekogge im Ostseeraum ernsthaft Konkurrenz machen, sie sogar ablösen. Das Schiff auf dem Danziger Siegel (siehe Abbildung) um 1400 ist denn auch keine Kogge mehr, sondern ein Holk!

Abb. 6: Das große Siegel der Stadt Danzig (um 1400) zeigt den damals modernsten Schiffstyp auf der Ostsee, den Holk. Gut zu erkennen sind das Steuerruder sowie das Vorder- und Achterkastell. Die Inschrift lautet: „Sigillum Burgensium in Dantzike.“ (nach H. Ewe)

*Dreimaster in Kraweelbauweise*

Im 15. Jahrhundert wurden die Schiffe immer größer. Sie brauchten jetzt mehrere Masten, um eine genügende Geschwindigkeit zu erlangen. Dazu reichte die Technik des Schalenbaus nicht mehr aus. Statt zuerst die Planken aneinanderzufügen und danach die Spanten einzuziehen, bediente man sich nun des Skelettbaus, d. h. man begann den Bau mit dem Kiel und den Spanten und fertigte erst dann die Außenhaut. Der Skelettbau als solcher ist an sich uralt, denn schon die Fellboote der Nordländer wurden so gebaut. Beim Holzbau jedoch setzte sich – für den Bereich der Nord- und Ostsee – der Skelettbau etwa um 1450 durch (nach D. Ellmers). Wir finden übrigens eine Parallele im modernen Hausbau. Im vorigen Jahrhundert mauerte man erst die Wände und legte dann die Decken- und Dachbalken ein. Bei modernen Wolkenkratzern in Stahlskelettbauweise wird zunächst die tragende Konstruktion

Abb. 7: Kraweelgebautes Dreimastschiff auf dem Danziger Siegel von 1582 (nach H. Ewe)

einschließlich der Deckenelemente erbaut und später die Fassade gleichsam „vorgehängt“. Und auch diese moderne Bauweise kannte man schon seit 2000 Jahren beim Friesenhaus und anderen Haustypen, deren tragende Konstruktion zuerst am Boden gefertigt und dann aufgerichtet wurde (daher die Bezeichnung „Richtfest“). Mit der Einführung von Dreimastern im 15. Jahrhundert brach auch für die Ostsee eine neue Zeit an. Solche in Kraweeltechnik (also mit stumpf aneinanderstoßenden Planken) gebaute Schiffstypen mit ihren nunmehr glatten Außenhäuten waren die Karavelle und die Galeone des 16. Jahrhunderts.

Im frühen 17. Jahrhundert erreichte der Bau von Dreimastern mit der schwedischen „Wasa“ einen Höhepunkt (siehe Foto). Mit über 50 m Länge, mehreren Decks und einer Großmasthöhe von 49 m über dem Kiel sowie einem Tiefgang von 5,5 Metern war es damals eines der größten Schiffe der Welt. Gustav II. Adolf ließ es – gleichsam als Symbol schwedischer Großmachtpolitik – erbauen. Es ist nicht ohne Tragik, daß dieses stolze und überaus reichhaltig verzierte Kriegsschiff (mit einem Löwen als Galionsfigur) bereits auf seiner Jungfernfahrt am 10. August 1628 kenterte und mit Mann und Maus versank. 1961 wurde es gehoben und in einem speziellen Museum (siehe den Beitrag über Stockholm) der Öffentlichkeit zugänglich gemacht.

*Carl Olof Cederlund*

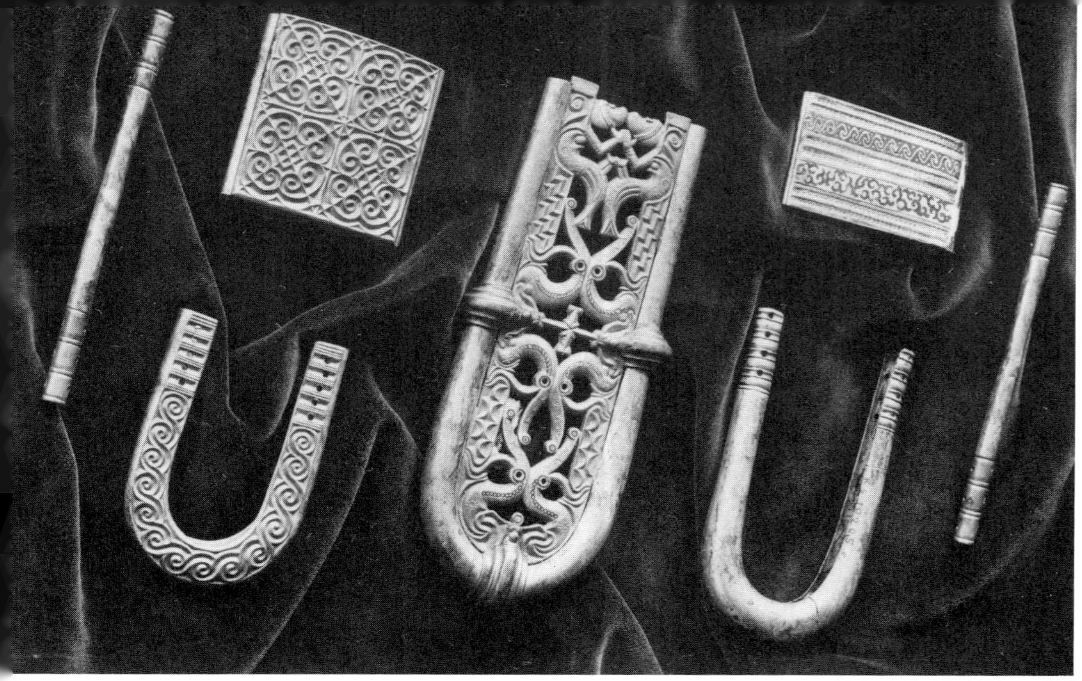

Schwertscheidenbeschläge und andere Schmucksachen (Silber, z. T. mit Goldauflage) aus dem 2. Nydamfund (um 450 n. Chr.); Landesmuseum für Vor- und Frühgeschichte in Schleswig

Das Nydamschiff, seegehendes Ruderboot aus einem Opfermoor des 4. Jahrhunderts n. Chr., Länge 23 m, Klinkerbeplanung, seitliches Heckruder; Landesmuseum für Vor- und Frühgeschichte in Schleswig

Kogge von 1380; 1962 in der Weser unterhalb von Bremen gefunden, Rumpf 23,5 m lang, Breite 7 m, Aufstellung und Präparierung im Deutschen Schiffahrtsmuseum in Bremerhaven

Maßstabgerechter Nachbau, „Krampmacken" genannt, nach Überresten eines Fischer- oder Transport-Boots aus dem frühen Mittelalter, gefunden auf Gotland. Oben links eingeklinkt: Felszeichnung eines ähnlichen Typs

Rekonstruktionsbild (B. Landström, 1980) der Wasa, des berühmtesten Symbols schwedischer Großmachtpolitik, erbaut 1628 durch König Gustav II. Adolf. Es war über 50 m lang, hatte mehrere Decks und 5,5 m Tiefgang. Kenterung bei der Jungfernfahrt, Hebung 1961

Rekonstruktion eines einmastigen Kaufmannschiffs des 13. Jahrhunderts. Ein Wrack dieses Typs wurde im Hafen von Kalmar (Schweden) gefunden.

Originalgetreuer Nachbau eines Ruderbootes, dessen Reste man nördlich des Schlosses von Stockholm, bei Helgeandsholmen, gefunden hat. Das Boot ist 22 m lang. Es stammt aus dem 13. – 14. Jahrhundert und besitzt schon ein Heckruder zur Steuerung. Ansonsten macht es mit seiner traditionellen Klinkerbeplankung noch einen recht altertümlichen Eindruck (siehe die Abbildung des 1000 Jahre älteren Nydambootes).

# Frühe Völker und Stämme an der Ostsee

Am Vorabend der Wikingerzeit, während des 6. – 8. Jahrhunderts n. Chr., waren in die Landschaften an der südlichen Ostseeküste Slawen eingewandert. Während des 3. – 6. Jahrhunderts hatten starke Bevölkerungskontingente der einst zwischen Elbe und Weichsel siedelnden germanischen Stämme (Langobarden, Sueben, Rugier, Burgunder, Goten, Gepiden, Wandalen u. a. ) nach und nach ihre Wohnsitze verlassen, um sich weiter im Süden oder Westen eine neue Heimat zu suchen. Auch Teile der sächsischen Bevölkerung Holsteins und Nordwestdeutschlands sowie Angeln und Jüten waren dem Drang in die Ferne gefolgt und hatten sich im 5. Jahrhundert in Britannien niedergelassen. In die entvölkerten, wenn auch nicht menschenleeren ostelbischen Gebiete zwischen Elbe und Weichsel rückten slawische Stämme nach, deren Urheimat nördlich der Karpaten und südlich des Pripjat, zwischen oberer Weichsel im Westen und dem Dnjepr im Osten gesucht wird.

Schon gegen Ende des 6. Jahrhunderts ist die Anwesenheit von Slawen an der Ostseeküste durch einen byzantinischen Chronisten bezeugt.

Bei ihrem Vordringen nach Nordwesten dürften die Slawen Ende des 6. Jahrhunderts Mitteldeutschland erreicht und um die Mitte des 7. Jahrhunderts in Mecklenburg und Holstein Fuß gefaßt haben.

Die slawische Expansion gelangte kaum über die Elbe hinaus nach Westen. Daran hinderten sie die Sachsen und Franken. Südlich der Sachsen erstreckte sich bis an die Saale, nach Vernichtung des Thüringer-Reiches im Jahre 531, der Machtbereich der Franken.

Noch im 1. Jahrhundert n. Chr. konnte der römische Schriftsteller Tacitus die Ostsee als „Mare Suebicum" – nach den Sueben, einem der größten germanischen Stammesverbände – bezeichnen, weil die Germanen damals den ganzen Küstensaum bis zur Danziger Bucht innehatten. Jetzt waren slawische Stämme Meeresanlieger geworden. Der Raum von der Kieler Förde bis zur Warnow in Westmecklenburg nahm der am weitesten nordwestlich vorgedrungene Stammesverband der Abodriten ein. Einen Teilstamm bildeten die Wagrier in Holstein. Deren Name ist von dem germanischen Wort vagr = Bucht abzuleiten und wahrscheinlich von der Vorbevölkerung übernommen worden.

Östlich schloß sich an die Abodriten der Verband der Wilzen mit vier Teilstämmen bis fast zur Oder an. Auf Rügen saßen die Ranen, die in der slawischen Schlußphase des 12. Jahrhunderts unter Führung ihrer Priesterschaft hartnäckigen Widerstand gegen die dänische Eroberung leisteten und mit ihrer Flotte gefährliche Gegner waren. Östlich der Oder erstreckten sich die Siedlungsgefilde der slawischen Pomoranen. Der Name leitet sich aus der slawischen Bezeichnung für Meer ab, po more = am Meer. An sie schlossen sich von der Danziger Bucht bis zur Rigabucht die seit altersher dort ansässigen baltischen Stämme an, während im heutigen Estland und rund um den finnischen Meerbusen bis hoch hinauf längs des Bottnischen Meerbusens die sprachlich nicht zu den indogermanischen Völkern zählenden finno-ugrischen Stämme beheimatet waren.

Die Ostseeslawen kamen früh mit den Skandinaviern in Kontakt, die manchenorts Handelsstützpunkte und vielleicht auch kleine militärische Brückenköpfe an der slawischen Küste unterhielten.

Die militärische und politische Organisation der einzelnen Slawenstämme gründete sich auf ein weit verzweigtes, stützpunktartiges Netz von Burgwällen als Sitze des Adels. Um sie herum lag ein Kranz offener Siedlungen. Sie bildeten kleine Gaue, die über die dichtbewaldeten Gebiete verstreut waren.

Wilzen wie Abodriten waren im 9./10. Jahrhundert in Teilstämme mit fürstlicher Spitze gegliedert. Der Hauptfürstensitz der Wagrier lag in Oldenburg, das in slawischer Zeit Starigard hieß. Der Stammesverband wiederum stand unter Samtherrschaft eines Art Großfürsten, ein Amt, das erblich war, aber der Bestätigung durch die Volksversammlung bedurfte.

Mit der slawischen Einwanderung nach Süd- und Ostholstein in der zweiten Hälfte des 7. Jahrhunderts war der Konflikt zwischen Abodriten und nordelbingischen Sachsen für fünf Jahrhunderte vorprogrammiert. Gleichermaßen mußten sie zwangsläufig als Küstenbewohner im westlichen Ostseeraum die Interessensphären der Dänen stören. Die Dänen, die in Jütland, auf den dänischen Inseln und in Schonen siedelten, werden historisch erstmalig im 6. Jahrhundert erwähnt. Die Anfänge ihrer Reichsbildung sind in Dunkel gehüllt, doch scheint diese ihren Ausgang von Schonen und Seeland genommen zu haben. Erst im 9. – 10. Jahrhundert bildete sich ein einheitliches Königreich heraus. Seit dem 8. Jahrhundert bestand offenbar ein Herrschaftsschwerpunkt im südlichen Jütland. Die Erbauung des Danewerks um 737 ist wahrscheinlich als Präventivmaßnahme gegen die drohende Slawengefahr zu verstehen. Durch die Lage zwischen den Meeren war Dänemark zu Beginn des 9. Jahrhunderts mit seinen Flottenaktionen in Richtung Friesland und England nicht nur nach Westen orientiert. Seine Herrschaftsansprüche erstreckten sich auch auf das westliche Ostseebecken und die abodritische Küste, wo es die Kontrolle über den Handelsplatz Rerik und wahrscheinlich über weitere Stützpunkte ausübte.

Diese politische Konstellation nutzte Karl der Große, der nach 30-jährigen Kämpfen mit den Sachsen sein Imperium bis an die untere Elbe vorgeschoben hatte, durch ein Bündnis mit den Abodriten. Sie unterstützten ihn im Jahr 789 in seinem Feldzug gegen die mit ihnen verfeindeten slawischen Wilzen; und mit ihrer Hilfe wurden 798 die nordelbingischen Sachsen besiegt, so daß er die Grenzen seines Reiches bis an die Eider vorverlegen konnte. Danach wurde er 812 Nachbar der Dänen. Unter den Nachfolgern Karls und mit dem Machtverfall des fränkischen Reiches lockerte sich

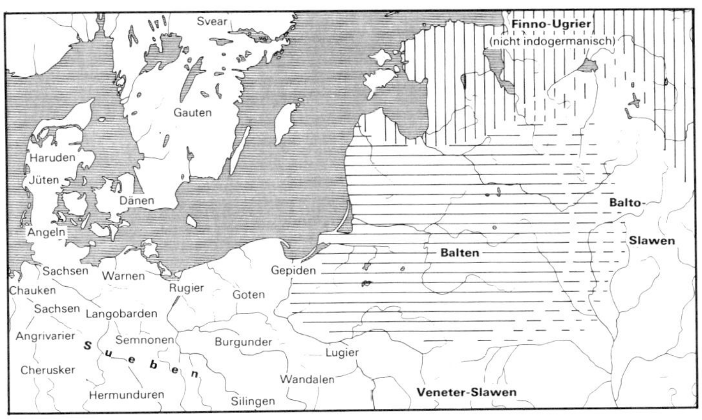


Abb. 1: Stämme des Ostseeraumes im 1. – 2. Jahrhundert n. Chr.

Seite 34: Dreimastbark „Gorch Fock", Segelschulschiff der Bundesmarine, gebaut 1958 auf der Werft Blohm + Voss in Hamburg, an der Blücherbrücke in Kiel

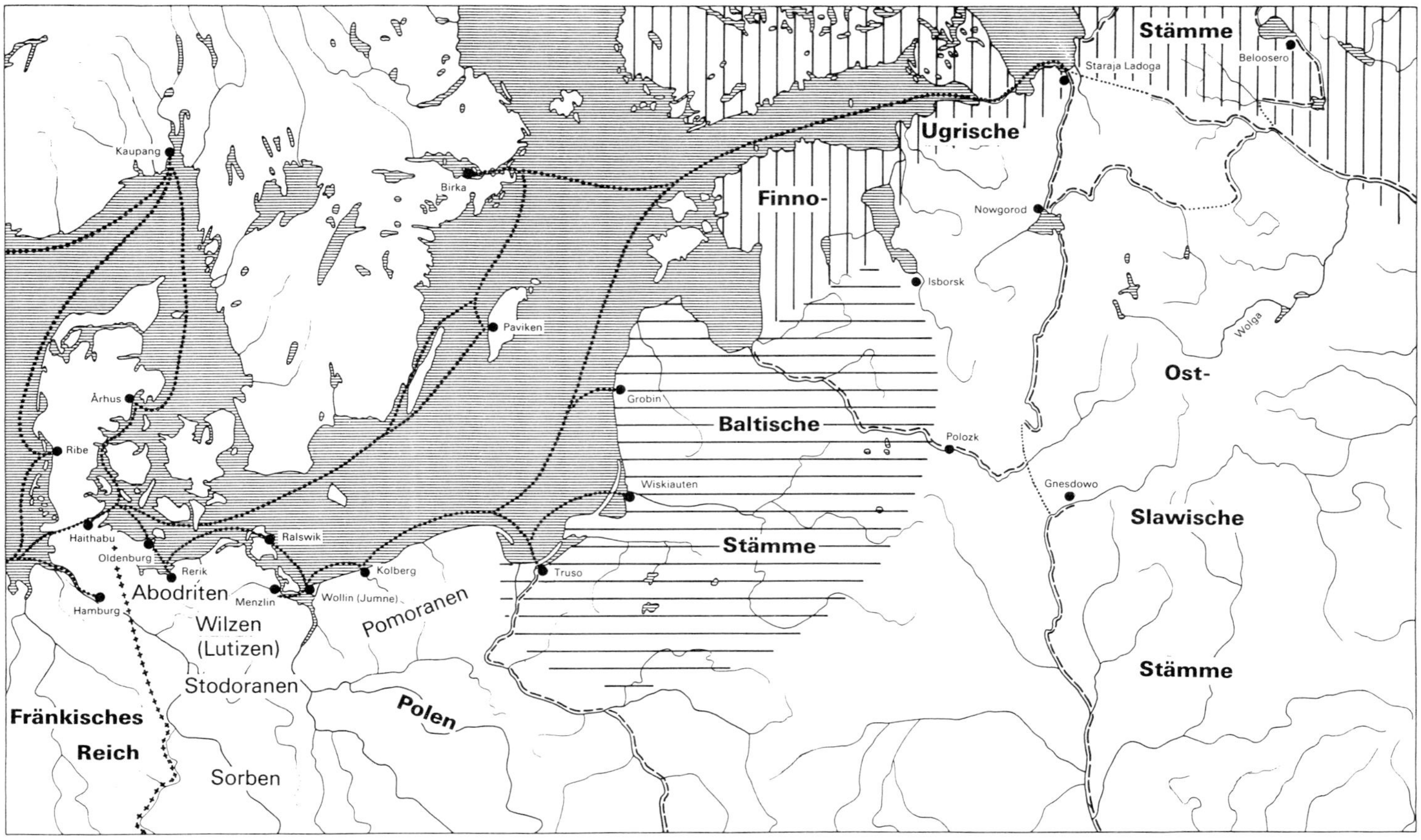


Abb. 2: See- und Flußhandelswege des 9./10. Jh. sowie frühe Hafenplätze an der Ostsee

das vasallische Abhängigkeitsverhältnis der Abodriten von den Franken mehr und mehr. In der zweiten Hälfte des 9. Jahrhunderts scheint es zu einer stärkeren politischen Annäherung der Abodriten an Dänemark gekommen zu sein. Erst im 10. Jahrhundert wurde unter den Ottonen die Oberhoheit über Abodriten und Wilzen erneuert und die Christianisierung der Slawen eingeleitet. Beides war nicht von Dauer. In Schwächeperioden des deutschen Reiches, wie nach 983, dem Todesjahr Otto II., erhoben sie sich gegen die Deutschen und überschritten räubernd und plündernd die Grenzen. Hamburg wurde wiederholt zerstört, 1032 fielen sie in Westholstein ein, und 1043 sowie 1066 stießen slawische Heerscharen sogar bis nach Jütland vor. So ist die Zeit des 9.–12. Jahrhunderts von wechselhaften Kämpfen zwischen Deutschen und Slawen erfüllt, in die nicht selten auch die Dänen eingriffen. Die wachsende Seegeltung der Slawen machte ihnen zu schaffen.

Den binnenländischen Polen und Böhmen gelang es im 10. Jahrhundert in enger politischer Anlehnung an das deutsche Reich und unter Annahme des Christentums, Staaten zu gründen. Auch die skandinavischen Völker schlossen sich nach anfänglicher politischer Zersplitterung und nach vorausgegangenen inneren Machtkämpfen im 10. Jahrhundert, nicht zuletzt unter dem Einfluß der ottonischen Reichsidee, zu dauerhaften Königreichen zusammen. Mit der Übernahme der christlichen Religion im 10./11. Jahrhundert vertiefte sich bei den Skandinaviern der Anschluß an die auf antiker Tradition fußende abendländische Kultur und Gesittung.

Anders verlief die Entwicklung bei den Ostseeslawen. In dieser Zwischenzone zwischen dem christlichen polnischen Staat und dem mächtigen deutschen Reich auf der einen Seite und den skandinavischen Königreichen auf der anderen Seite, verharrten die slawischen Ostseevölker länger in archaischen Verfassungszuständen und fanden nicht die Kraft, innerstammliche Rivalitäten zu überwinden und sich zu größeren Einheiten zusammenzuschließen. Die christliche Religion, die sich in Skandinavien als integrierende Kraft bei der Staatenbildung erwiesen hatte, stieß bei Abodriten und Wilzen auf Ablehnung. Seit ottonischer Zeit waren Heidenmission und deutsches Vorherrschaftsstreben in unheilvoller Weise miteinander verquickt. Nur vorübergehend gelang es dem christlichen Abodritenfürsten Heinrich um die Wende vom 11. zum 12. Jahrhundert von seiner Zentralresidenz Alt-Lübeck aus einen großräumigen Herrschaftsstaat bis zur Peene und Havel aufzurichten. Er zerfiel bald nach seinem Tode (1127). Danach setzte der Niedergang der slawischen Ostseeräume ein. Die ständigen Kämpfe mit ihren Nachbarn, aber auch Bruderkriege, hatten sie ausgezehrt, bis sie Ende des 12. Jahrhunderts als selbständiger politischer Faktor aus dem Kräftespiel um die Ostsee ausschieden. Noch in der Niedergangsphase verfügten sie mit ihren von Rügen, von der mecklenburgischen Küste und von Oldenburg aus operierenden Kriegsflotten, die den Handel lähmten und plündernd die dänischen Küsten heimsuchten, über eine schlagkräftige Waffe. 1128/29 und 1138 wurde Alt-Lübeck, damals noch Sitz eines Abodritenherrschers, überfallen und zerstört. Im Jahre 1147 belagerten Slawen mit ihrer Flotte das neue Lübeck. Eines der Hauptziele der deutschen Eroberung Wagriens in den Jahren 1138/39 und der 1147 und 1164 von den verbündeten Dänen und Deutschen tief nach Mecklenburg hinein vorgetragenen Feldzüge sowie der Eroberung Rügens durch die Dänen (1168) dürfte darin bestanden haben, die Küstenlandschaft zu gewinnen und damit die Seeherrschaft der Slawen zu brechen. Zum erstenmal standen die Deutschen an der Ostsee – sieht man von der Oberhoheit über Haithabu unter Heinrich I., Otto I. und II. ab. Und sie nutzten die Gunst der Stunde. Seit 1158 übernahm das von Heinrich d. Löwen geförderte Lübeck an Stelle von Schleswig immer mehr jene zentrale Mittlerfunktion für den Verkehr zwischen Nord- und Ostsee, zwischen Ostsee und festländischem Hinterland.

*Karl W. Struve*

# Wollin / Vineta im Lichte archäologischer Forschungen

Die schöne Legende über die versunkene Stadt Vineta ist ein Leitmotiv vieler literarischer Werke und musikalischer Schöpfungen in der Volkskultur und sogar in wissenschaftlichen Arbeiten geworden. Diese Legende hat besonders die Gedanken der Historiker und Archäologen angeregt. Mit der Suche nach Vineta wurde bereits im 18. Jahrhundert an verschiedenen Stellen begonnen, wo die mündliche Überlieferung und die Seemannstradition auf Unterwasserfunde und Konstruktionen hindeutete, wie z. B. bei Dammerow auf Usedom. Besonders im 19. und in den Anfängen des 20. Jahrhunderts haben zahlreiche Wissenschaftler systematische Forschungen unternommen, die sich um Wollin, das wir Polen „Wolin" schreiben, konzentrierten (R. Virchow, A. Stubenrauch, C. Schuchhardt). Mit systematischen Ausgrabungen wurde erst im Jahre 1934 begonnen, die bis 1939/40 dauerten (O. Kunkel, K. A. Wilde). Wolin liegt auf der Insel Wollin in der Odermündung, am Mündungsarm Dievenow (polnisch: Dziwna).

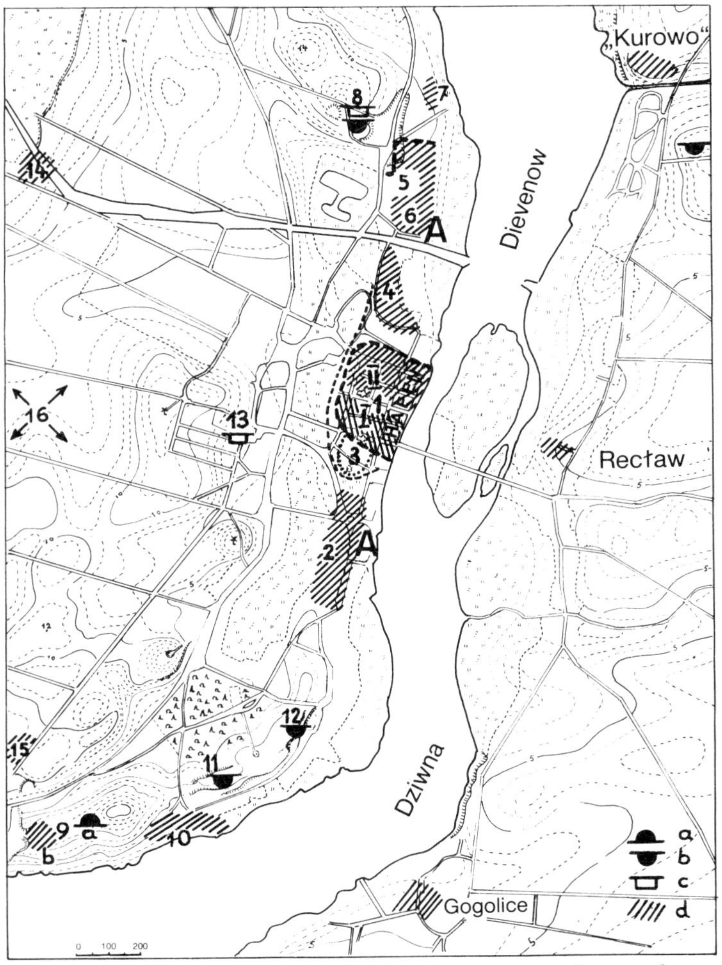


Abb. 1: Siedlungskomplex in Wolin vom 6.–12. Jh.; 1. älteste Siedlung und befestigtes Stadtzentrum mit Hafen; 2. Fischervorstadt und Anlegestelle (A); 3. „contina"-Tempel aus dem 12. Jh.; 4. „Garten"-Vorstadt; 5. Marktplatz im 12. Jh.; 6. Handwerker-Vorstadt „Silberberg" mit Anlegestelle (A); 7. Siedlung; 8. Gräberfeld Mühlenberg; 9. Siedlung, Hügelgräberfeld (a) und Lage des Leuchtturms „Vulkantopf" (Galgenberg); 10. Siedlung; 11. u. 12. Leichengräberfelder; 13. Skelettgräberfeld des 12. Jh. (Christianisierungszeit); 14. u. 15. Siedlungen; 16. Acker
a = Brandhügelgräber, b = Leichenbrandgräber, c = Skelettgräber, d = Kulturschicht

Die Ergebnisse dieser Forschungen deuteten auf das Bestehen eines großen Handwerks- und Handelszentrums im 9. bis 12. Jahrhundert hin, dessen älteste Schichten in bis zu acht Meter Tiefe reichten und teilweise unterhalb des Wasserstandes des Dievenow-Flusses lagen.
Im Zusammenhang mit dem Aufbau der im Zweiten Weltkrieg zerstörten Stadt Wolin wurden im Jahre 1952 Notausgrabungen begonnen, die seit 1954 bis heute im Rahmen des Forschungsprogramms des Historischen Instituts und Instituts der Materiellen Kultur der Polnischen Akademie der Wissenschaften durchgeführt werden (W. Filipowiak). Die vieljährigen Untersuchungen an zahlreichen Stellen der Stadt haben eine Menge von neuen Funden geliefert, die ein Bild der Entstehung und Entwicklung Wolins vom 6./7. bis zum 12. Jahrhundert ergaben.
Im 6./7. Jahrhundert entstand an einem Übergang des Dievenow-Flusses eine slawische Siedlung, deren Bewohner sich mit der Bedienung des Flußübergangs sowie mit Fischerei, Landwirtschaft und Viehzucht beschäftigten. Die Siedlungsgunst war groß, da hier der antike Landweg von Osten nach Westen verlief und sich mit den Wasserwegen der Oder und der Ostsee kreuzte. Die bedeutendsten Veränderungen in der Wirtschaft dieser Siedlung fanden im 7. bis 8. Jahrundert statt. Es folgte eine räumliche Ausdehnung durch weitere Bebauung, es entstanden Handwerksbetriebe zur Verarbeitung von Eisen, Holz, Bernstein, Leder und Geweihen. In der Bucht an der Dievenow gab es eine Anlegestelle für Boote. Die Siedlung entwickelte sich auf einer Sandplatte am linken Ufer der Dievenow (s. Abb. 1, Nr. 1), die nach Westen durch eine moorige Niederung (Signatur in Abb. 1: kleine Doppelstriche) begrenzt wurde.
In der ersten Hälfte des 9. Jahrhunderts breitete sich die Siedlung auf fast der gesamten Länge der Sandfläche aus. Sie besaß ein bedeutendes Wirtschaftspotential und nahm am Ostseehandel teil. Die Bedeutung dieser Siedlung muß groß gewesen sein. So heißt es, daß die Dänen um die Mitte des 9. Jahrhundert nach einem mißglückten Eroberungsversuch von Birka am anderen Ufer der Ostsee eine Stadt in Brand gesteckt hätten, deren Lage sich nur mit Wolin identifizieren läßt. Tatsächlich gibt es eine ausgeprägte Brandschicht im bebauten Teil Wolins aus dieser Zeit.

*Die Blütezeit von Wolin*

Kurz nach der Zerstörung begann der Wiederaufbau und schnelle Ausbau der Stadt über die gesamte Fläche der Sandplatte. Die Stadt wurde mit einem palisadengekrönten Wall umgeben; später wurden die Palisaden durch eine noch stabilere Holzpfostenkonstruktion ersetzt. Die innere Bebauung geschah durch Holzhäuser mit Flechtwerkwänden und einem Weichdach aus reetähnlichem Material. Man legte sogar befestigte Straßen an: Auf eine Rahmenkonstruktion wurden Bretter dicht an dicht aufgebracht. Sie ähnelten also Bootsstegen. Diese Straßen verliefen im rechten Winkel zum Dievenow-Fluß. Dort baute man jetzt freie Kaianlagen, die das Einlaufen von Schiffen mit größerem Tiefgang erlaubten. In Hafennähe entstand eine Werft. Aus der zweiten Hälfte des 9. Jahrhunderts läßt sich eine Haspel nachweisen, mit der man Boote auf das Land ziehen konnte, außerdem gab es eine Werkstatt zur Holzverarbeitung.
Im südlichen Teil der Stadt, auf einer größeren Anhöhe, entstand ein heidnischer Tempel, wo die örtliche Gottheit verehrt wurde (Abb. 1, Nr. 3), wahrscheinlich eine „eingesichtige" Gottheit. Dafür sprechen die vorgefundenen kleinen Holzidole. Der Tempel war viereckig mit einem umzäunten Hof und einem Pferdestall.

Das Pferd wurde für Prophezeiungen benutzt, ähnlich wie in Arkona, Retra und im benachbarten Stettin (Szczecin). Es handelt sich um einen typischen Ritus, der mit der slawischen Religion im Zusammenhang stand. Der Tempel wurde seit dem 9. Jahrhundert bis in die Anfänge des 12. Jahrhunderts benutzt, d. h. bis zur Christianisierung. Eine Hauptgottheit aller Westslawen war „Swantewit". Eine kleine Swantewit-Figur mit vier Gesichtern wurde in der Nähe des heidnischen Tempels, in einem abgebrannten Haus aus dem 9. Jahrhundert, aufgefunden – eine kleine Kostbarkeit im Fundgut von Wolin (siehe Foto).

Neben dem befestigten Zentrum entstanden im 9. und in den Anfängen des 10. Jahrhunderts die Vorstädte entlang dem Dievenow-Fluß: Im Süden eine Fischervorstadt mit Anlegestelle (spätere Fischervorstadt Wik), im Norden das Gartenviertel und etwas weiter, auf dem sogenannten „Silberberg", ein größeres Handwerkerviertel, das mit einem Holz-Erde-Wall befestigt war (Abb. 1). Dieses Stadtviertel wurde durch örtliche und fremde Handwerker aus anderen baltischen Zentren bewohnt; es besaß eine lockere Bebauung, in der Mehrzahl Werkstätten. Hier war eine bedeutende Geweihproduktion zu verzeichnen (z. B. in zwei Werkstätten über 39000 Abfälle und Halbprodukte). Es gab eine Hütten- und Schmiedeproduktion, ferner Schmuck- und Buntmetallherstellung sowie Holz-, Leder- und Bernsteinverarbeitung. In der Mitte dieses Stadtviertels befand sich ein Marktplatz und am Dievenow-Ufer, in der Bucht, eine mit Faschinen und Pfosten befestigte Anlegestelle.

Das Bild der Siedlung vervollständigten die zur Zeit noch erkennbaren und untersuchten Gräberfelder: das Hügelgräberfeld aus dem 8. bis 11. Jahrhundert auf dem „Galgenberg" und das zentrale Gräberfeld (die Leichenverbrennungs- und Skelettgräber) auf dem Mühlenberg aus dem 10. bis 12. Jahrhundert.

Das Handwerk und der Handel entwickelten sich auch im Stadtzentrum. Bemerkenswert ist das im südlichen Teil der Stadt gelegene Geweih- und Bernsteinviertel. Hier wurden massenweise Bernstein verarbeitet und verschiedene Schmucksachen hergestellt, die als Kunstgegenstände angesprochen werden können. Die zahlreichen Tiegel und Abgußformen bestätigen das Bestehen der Schmuckwerkstätte. Daneben wurde auch Weberei, Schuhmacherei, Töpferei (Glasurtöpfe) und Glasproduktion betrieben. Besonders aber entwickelte sich hier der lokale und weitreichende Handel. Abgesehen vom Tauschhandel zwischen der Stadt und dem Land bestand auch ein Handel mit der ganzen Welt, was nicht nur die Waagen und Gewichte, sondern auch die Funde von importierten Luxuswaren, Münz- und Schmuckschätze bekunden. Bemerkenswert sind die Erzeugnisse aus Skandinavien: die Gefäße und Abgußformen aus Speckstein, die baltischen Erzeugnisse, die Kessel aus dem Rheinland und die „friesischen" Kämme. Gefunden wurden auch ein bemaltes Ei aus Ruthenien, chinesische Seide und byzantinischer Brokat sowie Glasperlen aus dem Nahen Osten.

Abb. 2: Lage Wolins auf der Sandbankinsel. Die Kulturschicht unterhalb der Wasserlinie ist mit der Entwicklung einzelner Phasen des Hafens verbunden: A = Anlegestelle vom 6.–7. Jh.; $H_1$ = Hafen im 8.–11. Jh.; $H_2$ = Hafen im 12.–14. Jh.

Arabische Münzen (Dirham) und Schmucksachen treten in größeren Mengen auf. Als Zeichen von Wohlstand kann ein Schatz von etwa 11,5 kg angesehen werden, der Münzen und Schmuck enthielt und in das 10. Jahrhundert (nach 958) datiert ist. Der größte Teil des Münz- und Schmuckschatzes aus Wolin und Umgebung stammt aus dem 10. Jahrhundert, was beweist, daß die Stadt in dieser Zeit ihre größte Entfaltung erlebte. Im 10. Jahrhundert entstanden rund um die Stadt an beiden Flußufern die Satellitensiedlungen und bildeten damit einen ausgedehnten Siedlungskomplex mit etwa 8000 Einwohnern. Auf diese Weise ist Wolin eine der größten Städte an der Ostsee in dieser Zeit geworden.

Die Blütezeit dauerte bis in die erste Hälfte des 11. Jahrhunderts, wie die steigende Produktion, die Zahl der Importwaren und die Stadterweiterung beweisen. Aus dieser Zeit stammen die ersten Erwähnungen in den schriftlichen Quellen. Es zeigt sich das steigende Interesse für Wolin, seine wirtschaftliche Bedeutung und seine Rolle in dem Ostseeraum. Etwa um das Jahr 964/65 erwähnt Ibrahim Ibn Jakob eine Stadt „Weltaba"-Wolin. Er bemerkt, daß sie einen Hafen besitzt und mit Mieszko I. kämpft. Dagegen gibt Widukind im Jahr 967 an, daß die Bewohner durch den polnischen Herzog besiegt wurden. Infolgedessen ist Wolin ein Hafen des polnischen Staates geworden, was die neuen Stadtbefestigungen beweisen können. Dafür spricht auch die schnelle wirtschaftliche Entwicklung, verursacht durch die Öffnung eines neuen Marktes in Form des Hinterlandes, des Oder-Warthe-Gebietes. Die Stellung Wolins im Handel ist sichtbar z. B. im Zustrom von Halbbrakteaten (Münzen) aus Haithabu, von Specksteingefäßen aus Norwegen und umgekehrt, von frühpolnischen Schmuckgegenständen aus Silber von Großpolen nach Skandinavien. Der Chronist Thietmar von Merseburg gibt im Jahre 1007 an, daß auf dem Hof des deutschen Kaisers die Gesandten aus „civitas magna Livilni" erscheinen. Das hängt wahrscheinlich mit dem Versuch einer unabhängigen Politik der Stadt zusammen, die zu einer selbständigen kaufmännischen Republik aufgestiegen ist. Die Unabhängigkeit einer wirtschaftlich starken Stadt konnte sich gegenüber neuentstandenen Staatsorganismen nicht behaupten.

### *Allmählicher Niedergang von Wolin*

Im Jahre 1046 wurde Wolin durch Magnus den Guten überfallen. Er konnte zwar die Stadt nicht erobern, aber die Vororte wurden zerstört und wahrscheinlich auch die Umgebung.

Die Stadt hatte an den Folgen schwer zu tragen, konnte aber ihre Bedeutung halten. Dafür spricht auch der Bericht Adams von Bremen aus der Zeit um 1070, in dem er die Lage von „Jumne"-Wolin schildert, wo sich die sächsischen Ankömmlinge, Griechen und andere „Barbaren" anfinden. Er unterstreicht das Bestehen der geltenden heidnischen Sitten sowie die Toleranz gegenüber der christlichen Religion, die aber öffentlich nicht zu bekunden war. Adam von Bremen spricht von der Landverbindung Wolins mit

Hamburg, von der Schiffahrt aus Oldenburg-Schleswig nach Wolin und weiter nach Preußen. Er gibt an, daß die Fahrt von Wolin nach Nowgorod 14 Tage dauert und erwähnt auch einen „Vulkantopf", der von den Bewohnern „griechisches Feuer" genannt wurde. Es handelt sich wahrscheinlich um einen Leuchtturm (der erste an der Ostsee), erbaut nach griechischem Vorbild.
Der Feldzug von Erik Eiegod im Jahre 1098 zerstörte zum zweiten Mal die Vorstädte und die Umgebung Wolins, aber die Stadt erholte sich erneut. Sie war nunmehr ein Glied in der Kette der Städte an der Odermündung: Stettin (Szczecin), Cammin (Kamien), Usedom und Wolgast. Nach wie vor besaß sie ein großes Prestige; denn hier wirkte in den Jahren 1124 und 1128 auf Anregung des Herzogs Boleslaw Krzywousty die Mission von Bischof Otto aus Bamberg, und 1140 wurde hier der Bischofssitz gegründet (1140-1176?).
Eine entscheidende Bedeutung für das Schicksal der Stadt hatten die Ereignisse am Ende des 12. Jahrhunderts, als in den Jahren 1170 bis 1185 Wolin während der dänischen Feldzüge, besonders unter dem Bischof Absalon, mehrmals zerstört wurde. Wolin verlor endgültig seine große Bedeutung und versorgte seither nur noch den lokalen Markt. Die Hauptrolle im Ostseehandel übernahm Stettin (Szczecin).

*„Vineta"*

Wie die Forschungen erwiesen haben (R. Kiersnowski, 1950), stammt die Legende von Vineta aus der „Chronica Slavorum" (Slawenchronik) des Helmold von Bosau (um 1170), wo er Wolin ein Kapitel „De civitate Vineta" gewidmet hat. Der Name ist durch Verdrehen der Wörter Jumne-Wimne, Jumneta-Vimneta bis zu Vineta entstanden. Das beweist, daß Helmold aus älteren Quellen, unter anderem auch von Adam von Bremen, geschöpft hat. Es ist hervorzuheben, daß die ältesten Aufzeichnungen das sagenhafte Vineta in Wolin lokalisierten. Erst die Ausschmückungen der Sage in späteren Fassungen führten dazu, daß man Vineta auch an anderen Stellen der Ostseeküste gesucht hat.
Unsere Aufmerksamkeit beansprucht der Name „Jumne" oder „Jom", der auch in skandinavischen Quellen aus dem 11. Jahrhundert auftaucht (Feldzüge gegen die Woliner Seeräuber in den Jahren 1043 und 1098). Daraus entstand dann die romantische Legende von Jomsborg (Jomsvikingasage), die im 13. Jahrhundert aufgezeichnet wurde. Sie erreichte ihre literarische Form in Norwegen und Island. Die Vermutungen, wonach die wikingische Festung auf dem Silberberg in Wolin zu lokalisieren sei, fanden keine Bestätigung in den archäologischen Funden. Wahrscheinlich ist Jomsborg in Dänemark zu suchen. Es ist auch möglich, daß die engen dänisch-wolinischen Kontakte im 9. bis 11. Jahrhundert die zwei Jahrhunderte später aufgezeichnete Legende beeinflußt haben.
Die Bezeichnung „Jom" ist auch schon deshalb zu berücksichtigen, weil sie zur Quelle für die erwähnte Legende geworden ist. Laut Beurteilung der Historiker (G. Labuda) ist der Begriff baltischer Herkunft und bedeutet „Sandbank-Insel", was auch der topographischen Lage der Stadt entspricht. Dieser Name könnte auch auf die früheren und engen Kontakte Wolins mit den Balten hinweisen, worüber die archäologischen Funde Auskunft geben.
In dem kurzen Abriß der Geschichte Wolins erkennen wir seine Rolle und Bedeutung im Ostseebereich im Laufe des 6./7. bis 12. Jahrhunderts, das gegenseitige Durchdringen der Einflüsse der Kulturen. Die archäologischen Untersuchungen bestätigen die Größe der Stadt und die Bedeutung der Bezeichnung „opulentissima civitas Slavorum" (Helmold), die dem sagenhaften Vineta entsprechen kann.

*Wladyslaw Filipowiak*

Abb. 3: Bernsteinerzeugnisse: Perlen, Anhänger, Amulette; Wolin

Abb. 4: Anhänger (Amulett) mit drei Pferdeköpfen, Bernstein; Wolin, 10/11. Jh.

Abb. 5: Heiliges Pferd, Bronze, ehem. vergoldet; Wolin, 11. Jh.

Abb. 6: Figur des viergesichtigen Gottes Swantewit, Holz; Wolin, Ende 9. Jh.

Abb. 7: Drachenkopf aus Holz (Norwegen); Wolin-Stadt, Ende 10. Jh.

Abb. 8: Männerköpfchen, Bronze; Wolin, 11. Jh.

# Haithabu und die Handelsplätze der Wikingerzeit im Ostseeraum

In der Wikingerzeit (Ende 8. – Mitte 11. Jahrhundert) kam es – nicht zuletzt dank der schiffbautechnischen Entwicklung – zu einem sprunghaften Anstieg des Handels zwischen Westeuropa und Skandinavien, in den auch die übrigen Anrainer der Ostsee, slawische, baltische und finnische Stämme einbezogen wurden. Mit dem Vorstoß skandinavischer Händler und Krieger über die russischen Ströme in die Gebiete der Ostslawen und Finnen, zu den Wolgabulgaren und türkischen Chasaren an der unteren Wolga wurden Fernhandelsrouten eröffnet, die über das Schwarze Meer nach Byzanz und über das Kaspische Meer zu den arabischen Ländern Mittel- und Vorderasiens reichten (s. Karte, S. 36).

Auf den Zwischenstationen und an den Endpunkten der meistbefahrenen Routen erwuchsen, meist unter dem Schutz lokaler Machthaber, aus kleinen Händlertreffpunkten und Stapelplätzen die ersten größeren Handelsplätze des Nordens und Ostens. Dort ließen sich Handwerker nieder, um die ortsansässigen und durchreisenden Handelsleute und Schiffsbesatzungen zu versorgen oder um die eigenen Erzeugnisse in den Warenumlauf einzufädeln.

Politische Schutzmacht, die den Marktfrieden sicherte, Handel und Handwerk sind die kennzeichnenden Attribute frühstädtischer, nichtagrarischer Gemeinwesen, die sich nun an vielen Stellen des Ostseeraumes herausbildeten. Sie wurden zu einem prägenden Faktor mittelalterlichen Lebens.

Zu den bedeutendsten Handelsknotenpunkten der Wikingerzeit gehört das in den zeitgenössischen fränkischen, deutschen, angelsächsischen und altnordischen Quellen häufig erwähnte Haithabu oder Sliaswik, wie es in den westeuropäischen Chroniken genannt wird. Sogar der Bericht eines arabischen Reisenden, der Haithabu besuchte, liegt vor.

Haithabu verdankt seine Entstehung und wirtschaftliche Blüte der verkehrsgeographisch günstigen Lage am Ende der 40 km tief in das Land einschneidenden Schlei. Der Transithandel zwischen Nord- und Ostsee hatte nur eine 16 km lange Landstrecke bis zum Flußsystem von Treene und Eider zu überwinden. Das ersparte die zeitraubende und nicht ungefährliche Umfahrt durch das stürmische Skagerrak. Am Haddebyer Noor, einer seenartigen Verlängerung der Schlei, erinnert die mächtige, bis zu 11 m hohe halbkreisförmige Umwallung an die historische Bedeutung der Stadt. Sie umschließt eine Fläche von 24 ha. Das innere, 11 ha große Hafenbecken war durch ein mehrzeiliges Bollwerk aus Palisaden mit Verteidigungsplattformen und mit einem weiteren äußeren Sperrgürtel gegen Angriffe von der Wasserseite her gesichert. Bei den 1979/80 von K. Schietzel mit großem technischen Aufwand durchgeführten Hafenuntersuchungen stieß man auf die Pfeilerreihen mehrerer Anlegebrücken zum Ent- und Beladen der Schiffe und Unmengen von Schiffszubehör, darunter Tampen und Tauwerk, Fender, Dollen sowie Gebrauchsgegenstände aller Art bis hin zur Seemannskiste. Dabei wurde ein ursprünglich 24 m langes, schnittig gebautes Kriegsschiff, das brennend gesunken war, aus dem Schlamm geborgen. Die Geophysiker der Universität Kiel orteten weiter draußen auf der Reede das Wrack eines großen Handelsschiffes. Zu den sensationellsten Funden aus dem Hafenbekken gehören eine vollständig erhaltene Kirchenglocke und 43 bronzene Patrizen zur Herstellung von reich verzierten, kreuzförmigen und runden Schmuckstücken. Sie müssen einem Goldschmied gehört haben, der den berühmten Goldschatz von Hiddensee auf Rügen daraus anfertigte.

Haithabus Geschichte ist bunt und bewegt. Von Kämpfen um die Stadt, die mehrfach den Besitzer wechselte, zeugen die vor dem Wall gefundenen Runensteine. Die Entstehung Haithabus geht bis in das 8. Jahrhundert zurück. Bald nach 800 scheint der Dänenkönig Göttrik einen planmäßigen Ausbau zum Hafenort betrieben zu haben. Im Jahre 808 siedelte er Kaufleute zwangsweise von Rerik, einem Handelsplatz an der mecklenburgischen Küste, nach Haithabu um. Wahrscheinlich ist das alte Rerik, das bis heute nicht lokalisiert werden konnte, an der Wismarer Bucht zu suchen. Obwohl er selbst von Rerik Steuern einzog, zerstörte Göttrik den Ort. Rerik lag im Stammesgebiet der slawischen Abodriten.

Kurz vor 900 setzte sich eine schwedische Königsdynastie in Haithabu fest. 934 eroberte der deutsche König Heinrich I. den Ort und machte ihn tributpflichtig. Nach 983 fiel das Gebiet an Dänemark zurück. Auch in der Folgezeit muß Haithabu wiederholt in kriegerische Handlungen verwickelt worden sein. Im Jahre 1050 brannte der Norwegerkönig Harald Hårdråde die Stadt nieder. Nach einer nochmaligen Zerstörung durch ein slawisches Heer im Jahre 1066 verödete sie. Die geflüchteten Bewohner siedelten sich auf dem Boden des heutigen Schleswig an, wo schon in der Spätphase Haithabus im Bezirk um den Dom herum ein neuer Siedlungskern mit Bischofskirche entstanden war. Ein Jahrhundert lang setzte das heutige Schleswig als eine der bedeutendsten Hafenstädte an der Ostsee die Handelstradition der Vorgängersiedlung fort, bis dann das aufblühende Lübeck Schleswig den Rang ablief.

Neben seiner politischen und wirtschaftlichen Bedeutung war Haithabu schon früh Ausgangspunkt der christlichen Mission. Ansgar gründete 849 die erste Kirche, und seit 948 gab es ein Bistum Schleswig.

In einem unmittelbaren historischen und räumlichen Zusammenhang mit Haithabus Geschichte steht das Danewerk mit seinem eindrucksvollen Wallsystem. Die langgestreckten Erdwerke ziehen sich von Haithabu nach Westen hinüber bis zu den unwegsamen Flußniederungen der Treene. Sie riegelten die Landbrücke gegen Süden ab, kontrollierten eine alte Nord-Süd-Landverbindung und bildeten jahrhundertelang die Grenze zwischen Dänen und Deutschen.

Seit 1900 wurde in unregelmäßigen Abständen in und um Haithabu gegraben. Die großflächigen Untersuchungen leitete in den zehn Jahren vor dem zweiten Weltkrieg H. Jankuhn, und nach 1963 lagen sie in den Händen von K. Schietzel. Keine andere wikingerzeitliche Stadt ist so gründlich erforscht. Die Ausgrabungen vermitteln ein plastisches Bild vom Leben und Treiben in der eng bebauten, von Händlern, Fahrensleuten, Handwerkern, Fischern und Kriegern bevölkerten Ansiedlung. In der wassernahen, tiefer gelegenen „Altstadt", wo der hohe Grundwasserspiegel für einen guten Erhaltungszustand allen organischen Materials, insbesondere des Bauholzes, gesorgt hatte, konnte man zahlreiche, dicht bei dicht stehende, kleinere und größere, meist einräumige Wohn- und Wirtschaftsgebäude freilegen. Dazwischen waren Tonnen- und Kastenbrunnen als Trinkwasserbehälter in den Boden eingelassen. Die aus Bohlen- und Flechtwänden gebauten Häuser sind wiederholt abgebrannt, oftmals erneuert und überbaut worden. Dem scheinbaren Gewirr von Pfosten, Herden und Hausfundamenten liegt dennoch ein System zugrunde. Häuserzeilen, Hausfluchten, schmale Gassen und Zäune sind deutlich auf einen die Mitte der Stadt durchfließenden, kanalisierten Bach orientiert und lassen so die planmäßige Gründung erkennen. Die Konstanz der Bebauung und die Regelhaftigkeit der Grenzen spricht für festgefügte Besitzverhältnisse.

Zu den Kauffahrern aus aller Herren Länder gesellten sich Handwerker wie Schiffbauer, Zimmerer, Drechsler, Böttcher, Töpfer,

Glas- und Metallarbeiter, um entweder den vielfältigen örtlichen Bedarf zu befriedigen oder für den Export zu arbeiten. Die riesigen Fundmengen, die in Auswahl im neuen *Haithabumuseum* am Haddebyer Noor ausgestellt werden, spiegeln alle Bereiche gewerblicher Produktion wider, angefangen von einfachen bis zu kostbaren Schnitzarbeiten aus Holz, Knochen, Geweih, Walroßelfenbein oder Bernstein bis zu Fertig- und Halbfertigfabrikaten aus Eisen oder Edelmetall und feinsten, in Preßtechnik oder durch Guß hergestellten Schmuckformen. Fast unübersehbar ist die Zahl der bunten Glasperlen, dazu kommen solche aus Bernstein, Bergkristall oder Karneol, dessen Rohmaterial aus dem Kaukasus stammt. Es gibt unzählige halb zugerichtete oder verkaufsfertige Mühlsteine aus dem Rheinland, Specksteingefäße aus Norwegen, große Mengen von Leder und Lederschuhen, Leinen und Wollgeweben, darunter Kleidungsstücke von bisher unbekanntem Schnitt. Ein reicher Fundus an Waffen, an Werkzeugen, an Waagen, Gewichten und Zahlungsmitteln sagt vieles über die Tätigkeiten der Bewohner aus. Kochtöpfe, Vorratsbehälter, Truhenbeschläge und Schlüssel, Bratspieße, Kesselhaken, Löffel oder Sitzschemel, Würfel und Spielsteine vermitteln eine lebendige Vorstellung vom Alltagsleben. Die Unmengen von Tierknochen, bei denen solche von Haustieren überwiegen, Fischgräten sowie pflanzliche Überreste wie Getreide, Nüsse, Obstkerne und anderes verraten hohe Umsätze bei der Nahrungsmittelbeschaffung und der Verwertung.
Mehr oder weniger aufwendig ausgestattete heidnische Gräber-

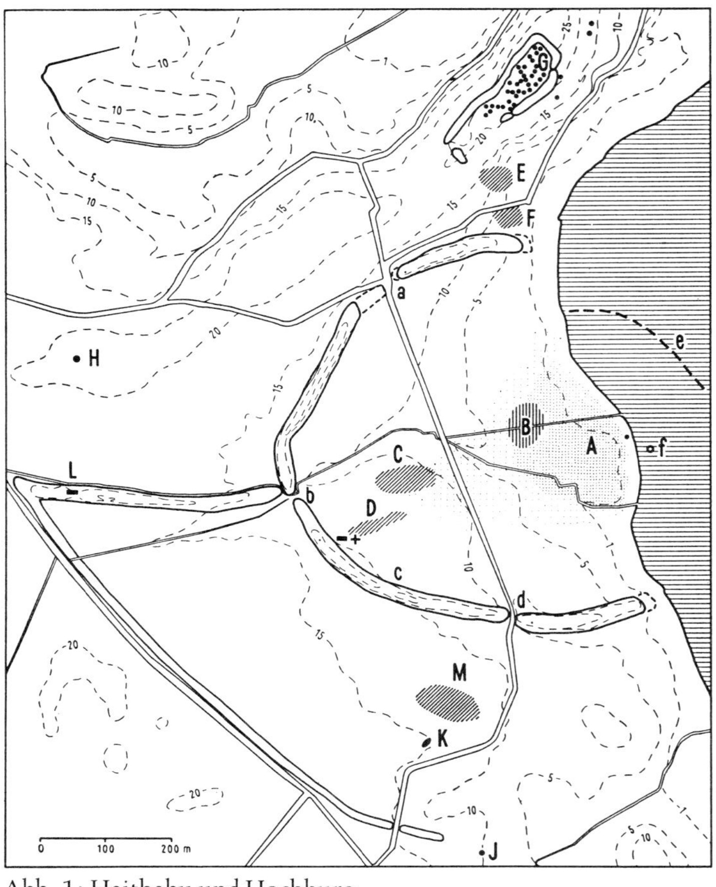


Abb. 1: Haithabu und Hochburg
A alter Siedlungskern des 9. Jahrhunderts; B Handwerkerviertel; C Friedhof und Sargbestattungen; D Friedhof mit Kammergräbern; E Bestattungen in Holzsärgen; F reiche Grabfunde; G Hügelgräber auf der Hochburg; H Svensberg; J Grabhügel; K Bootkammergrab; L Grab des 8. Jahrhunderts; M Friedhof des 8. und 9. Jahrhunderts, a) Nordtor, b) Wasserdurchlaß; c) „Svens Sturmloch" (altes Tor); d) Südtor; e) Hafenbefestigung; f) Bootsfund.
= Frauenbestattung des frühen 9. Jahrhunderts; + Brandgrab

gruppen innerhalb und außerhalb des Stadtwalles ergänzen das aus den Siedlungsschichten gewonnene Fundmaterial im Hinblick auf das Totenbrauchtum, aber auch in bezug auf die Bewaffnung und den Trachtenschmuck und geben damit Aufschluß über die soziale Gliederung. Die zahlreichen Gräber der bereits christianisierten Bewohner sind beigabenlos oder ärmlich ausgestattet.
Die wirtschaftliche Hochkonjunktur Haithabus fiel in die Zeit von 850 bis 980. Danach begann der allmähliche Niedergang. Als Zahlungsmittel diente Silber in gemünzter oder ungemünzter Form. Im Umlauf waren westeuropäische und orientalische Münzen. Im 9.–10. Jahrhundert prägte man zeitweise in Haithabu eigene Münzen, die besonders im Osten in Zahlung genommen wurden. Haithabu war der Hauptumschlagplatz für den lebhaften Transitverkehr vom Rheinland nach Schweden, das vornehmlich fränkische Waffen, Wein, Mühlsteine, rheinische Keramik- und Glaserzeugnisse, aber auch friesische Tuche importierte. Aus Skandinavien, hauptsächlich aus Schweden, bezog man Rohmaterialien, namentlich Eisenbarren, Felle und Pelze. Norwegen lieferte Walroßelfenbein, Speckstein und wohl auch Tran und Dörrfleisch. Daß der in jener Zeit in friesischer Hand liegende Salzhandel eine gewichtige Rolle spielte, darf angenommen werden. Als Hauptlieferant für Honig, Wachs, aber auch Roggen, kommen die slawischen Länder in Frage.
Als besonders gewinnbringend erwies sich der Handel mit Sklaven, von dem wiederholt in den Quellen die Rede ist. Der Bischof Rimbert, der Biograph und Nachfolger Ansgars, schildert, wie ihm in Haithabu ein Zug Sklaven begegnete, unter denen sich auch eine Nonne befand, die er dadurch freikaufte, daß er den Sklavenhändlern sein Reitpferd samt kostbarem Sattel und Geschirr überließ.
Haithabus Handel mit Norwegen wurde über das am Oslofjord gelegene Skiringsal (Kaupang) abgewickelt. Im 10. Jahrhundert entstand Århus.
Wichtigster Handelspartner in Skandinavien war das auf einer Insel im Mälarsee gelegene reiche Birka. Es bestand im 9. – 10. Jahrhundert und wurde dann durch das ebenfalls am Mälar liegende Sigtuna abgelöst. Birkas Stadtbild glich mit Burgberg und Stadtwall auffallend dem Haithabus. Birka unterhielt rege Handelsbeziehungen mit dem Odermündungsgebiet, dem baltischen und russischen Raum. Das dokumentiert sich in dem starken Zustrom orientalischer Münzen und Luxusgüter. Die Oberschicht kleidete sich nach Ausweis der Gräberfunde gerne in glitzernde golddurchwirkte Gewänder nach orientalischer Mode und in Seidenstoffe.
Als Zwischenstation und Verteilerzentrum gelangte die Insel Gotland zu großem Wohlstand. An die 700 Silberschatzfunde kennt man von dort. Das mittelalterliche Visby hatte offenbar mehrere Vorläufer. Ein nicht unbedeutender Platz war Paviken, 25 km südlich Visby, ein historisch anonymer Ort, der sich erst durch Ausgrabungen als Zentrum des Handels, Handwerks und einer Werftindustrie entpuppte, gegen Ende des 10. Jahrhunderts aber verödete.
So widersprüchlich es uns heute erscheint: Kriegerische Eroberungen und Handelsaktivitäten waren oft miteinander verkoppelt. Längs der ganzen südlichen und östlichen Ostseeküste entstanden in der Wikingerzeit und teilweise schon vorher kleine brückenkopfartige skandinavische Stützpunkte, die militärisch gesichert waren. So hatten sich zwischen 650 und 850 bereits Svear oder Gotländer bei Grobin, dem historischen Seeburg, unweit von Libau an der kurländischen Küste festgesetzt, wo es eine Burg mit Siedlung und Gräberfeld gibt.
Es scheint so, daß schon Ende des 8. Jahrhunderts, mit Sicherheit aber während des 9. und wohl auch noch im 10. Jahrhundert, die befestigte frühstädtische Ansiedlung von Staraja Ladoga, das in der russischen Nestorchronik des 11. Jahrhunderts erwähnte Aldeigjuburg, von Skandinaviern beherrscht wurde. Der Ort liegt

am Wolchow, unweit der Einmündung in den Ladogasee, der durch die Newa mit der Ostsee verbunden war. Die Holzhäuser und das reiche Fundgut, das seine Entsprechungen in Birka hat, gaben dem Ort im 9. und auch noch in der 1. Hälfte des 10. Jahrhunderts ein ganz skandinavisches Gepräge. Später erhielt die Stadt einen mehr slawischen Charakter. Staraja Ladoga (s. Karte S. 36) war das Tor für den Transithandel zur Wolga. Über diesen Weg strömte hauptsächlich das orientalische Silber in den Ostseeraum. Gegen Ende des 10. Jahrhunderts begann der Zustrom zu versiegen. Die Silberminen des Orients waren erschöpft.
Allein in Schweden fand man über 100 000 arabische Münzen; die meisten davon stammen von der Insel Gotland.
Vom 10. Jahrhundert an, und fortlaufend bis in die Hansezeit, übernahm dann Nowgorod mehr und mehr die Funktionen von Staraja Ladoga.
Andere Handelskolonien mit starkem skandinavischen Bevölkerungsanteil gab es im 9.–10. Jahrhundert in Wiskiauten an der Einmündung der Memel ins Kurische Haff und in Truso am Frischen Haff bei Elbing. Im Hinterland siedelten baltische Stämme.
An der südlichen Ostsee, dem Siedlungsbereich slawischer Stämme von Pommern bis nach Ostholstein war Wollin (Jumne) eine Drehscheibe des Handelsverkehrs (siehe den Beitrag über Wollin / Vineta auf S. 37). Über Wollin lief ein Großteil des Handels zwischen Skandinavien und dem slawischen Hinterland, insbesondere seit der Gründung des polnischen Staates im 10. Jahrhundert. Auf dem Landwege, so schreibt Adam von Bremen im 11. Jahrhundert, dauerte die Reise von Hamburg nach Jumne 7 Tage. Eine Seereise dorthin trat man entweder in Sliaswik (Haithabu) an oder in Starigard-Oldenburg. Wollin ist die einzige Stadt außer Nowgorod, die schon lange vor der Hansezeit den Weg einer Stadtrepublik beschritt. Ihre Unabhängigkeit verlor sie 1120 mit der Eingliederung in den polnischen Staat. Weiter oderaufwärts entwickelte sich Stettin seit dem 9. Jahrhundert zu einem frühen Gemeinwesen, und erst seit 20 Jahren weiß man durch umfangreiche Ausgrabungen, daß es an der unteren Peene bei Menzlin, unweit Anklam, im 9. und bis zur Mitte des 10. Jahrhunderts eine florierende Ansiedlung dänischer oder schwedischer Händler und Handwerker gab. In den letzten zwei Jahrzehnten wurde durch rege Ausgrabungen das mitten auf der Insel Rügen am Jasmunder Bodden entdeckte Ralswiek mit Hafenmolen und zahlreichen Schiffsliegeplätzen sowie etlichen Schiffswracks bekannt. An diesem geschützten, Ende des 8. Jahrhunderts angelegten Handelsplatz, zu dem ein Gräberfeld mit 400 Grabhügeln gehört und wo man erst kürzlich ein slawisches Heiligtum ausgrub, wurde eine nicht geringe skandinavische Bevölkerungskomponente nachgewiesen. Nicht selten nahmen slawische Fürsten skandinavische Krieger unter Vertrag, um sie als Degen zur Durchsetzung von Macht und Herrschaft zu benutzen. Das schon erwähnte Rerik an der abodritischen Küste wurde von dem Dänenkönig Göttrik kontrolliert.
Auch das slawische Oldenburg, das Adam von Bremen eine Seestadt nennt, verdankt seinen Aufstieg einer verkehrsgünstigen Lage an einem ehemaligen Meeressund.
Seine Verbindungen zum skandinavischen Raum spiegeln sich ebenfalls im Fundgut und in den Grabsitten wider. Die Anwesenheit skandinavischer Krieger oder Händler ist unter anderem durch 4 Tierrippen mit eingeritzten Runen zu belegen, von denen drei typische skandinavische Namen tragen. Noch bis in die 2. Hälfte des 12. Jahrhunderts hinein überfielen die Oldenburger Slawen mit ihren Schiffen die dänischen Inseln.
Wurde in der ersten Hälfte der Wikingerzeit der Ostseehandel von Schweden, aber auch von Dänen und Friesen beherrscht, so wetteiferten mit ihnen schon bald die Slawen. Deren Handels- und Kriegsschiffe glichen weitgehend den skandinavischen Schiffstypen.

Abb. 2: Rekonstruktion der Wallbefestigung der slawischen Fürstenburg von Oldenburg in Holstein

Nicht allen der hier genannten frühstädtischen Siedlungen war eine Lebensdauer bis ins hohe Mittelalter beschieden, weil die von den flachen Wikinger- und Slawenschiffen benutzten Häfen von den größeren und tiefer gehenden Koggen nicht mehr befahrbar waren. Andere Plätze, wie Alt-Lübeck, Kolberg oder Danzig, die ebenfalls mit ihren Wurzeln bis ins 9. / 10. Jahrhundert zurückreichen, erlangten erst am Ende der Wikingerzeit einige Bedeutung. Der Burgwall von Alt-Lübeck an der unteren Trave war sogar seit 1093 für reichlich drei Jahrzehnte Hauptresidenz der Abodritenfürsten. Vor dem Burgwall erstreckte sich die Handwerker- und Dienstmannensiedlung, und nahebei lag eine „nicht kleine Kaufmannskolonie" (Helmold v. Bosau) mit eigener Kirche. Sie wurde zur Keimzelle des neuen Lübeck, nachdem der Burgwall 1138 einer kriegerischen Zerstörung zum Opfer gefallen war und die Nachfolgesiedlung einige Kilometer flußaufwärts am heutigen Platz entstand.
Der in der Wikingerzeit auf den Ostseeraum übergreifende Urbanisierungsprozeß, an dessen Ende die voll entwickelte Stadt steht, leitete eine neue Zeit ein. Die veränderten Wirtschafts- und Lebensformen der Stadt zwangen dem damaligen Menschen eine neue Form der Gemeinschaft und damit eine neue Dimension des Denkens und Handelns auf.

*Karl W. Struve*

# Die Hanse – Mittler zwischen Ost und West

„Hanse" oder, in der latinisierten Form, „Hansa", ist die vermutlich beliebteste Anleihe, die die moderne Wirtschaft auf der Suche nach Namen für Firmen und Unternehmungen bei der Geschichte macht: seit vielen Generationen bedient man sich ihrer, in unveränderter Sympathie, mit Hoffnungen auf die Werbewirksamkeit wohl auch; mit Vorstellungen von Gemeinschaft, Vertrauen, kaufmännischer Verläßlichkeit, außenwirtschaftlicher Effizienz. Vielhundertmal taucht der Name nicht nur zur Bezeichnung von Versicherungs- und Reedereigesellschaften auf, sondern auch von Tankstellen, Großbäckereien und Kunststoffproduktionsfirmen, sowohl in den Städten der deutschen Küsten als auch im deutschen Süden, im Ausland und in Übersee.

*Der Begriff „Hanse"*

Das Wort „hanse" ist gemeingermanisch und findet sich bereits in den ältesten Schriftlichkeitszeugnissen unseres Sprachbereichs, so im Westgotischen und im Angelsächsischen, in beiden Fällen in der Bedeutung „Schar" oder „Gruppe". Im weiteren und allgemeineren Sinne schlägt diese Bedeutung bis zum heutigen Tage in dem finnischen Lehnwort „kansa" (Volk, Nation) durch, erscheint auch noch in unserem Verbum „hänseln", was eigentlich die Reinigungs- und Initiationsriten bei der Aufnahme eines Neulings in eine Gruppe oder Gemeinschaft bezeichnet (vgl. Äquatortaufe, „Gautschen" der Buchbinder u. ä.). Wie es im 12. Jahrhundert zu der speziellen Bedeutung „reisende Gruppe von Kaufleuten" gekommen ist, hat man noch nicht mit der wünschenswerten wissenschaftlichen Sicherheit klären können.

*Zeitstellung und Organisationsform der Hanse*

Gruppen reisender Kaufleute, vor allem solcher, die am Handel nach Visby (Gotland) interessiert waren, schlossen sich seit der Mitte des 12. Jahrhunderts mehr und mehr zusammen.

Seit dem 13. Jahrhundert wurde „Hanse" zur Bezeichnung einer großen, das ganze kontinentale Nordeuropa umfassenden Interessengemeinschaft niederdeutscher Kaufleute, deren Heimatstädte mit ihrer Rechtspflege und Rechtsprechung sowohl den persönlichen Schutz für diese Kaufleute als auch die wirtschaftspolitische Sicherung ihres Handels gewährleisteten.

Die Hanse hat niemals eine staatliche Organisationsform besessen und führte auch keine eigene Flagge; die Gemeinschaft ist deswegen auch nie als kriegführende Macht zu Wasser oder zu Lande aufgetreten. Letztlich sind es wohl einerseits die Gegebenheiten des Marktes, d. h. das Angebot von Waren in einer bestimmten Region und die Nachfrage in einer anderen Region, wo es diese Waren nicht gab, die der Hanse zum Erfolg verhalfen, andererseits aber auch die Zuverlässigkeit in der Abwicklung aller Handelsvorgänge, die der Hanse im Ausland ein so großes Ansehen sicherte. Dies war nur möglich auf der Basis eines festen Vertrauensverhältnisses der Hansekaufleute untereinander und der Respektierung der Wünsche der Handelspartner.

Die hansische Wirtschaftsgemeinschaft, angesichts der Verschiedenartigkeit ihrer Mitglieder ein durchaus nicht immer einmütiger, oft genug gar in sich zerstrittener Verband, hat ihre Probleme vor der Nachwelt nicht verborgen. Bei den in der Regel alle zwei Jahre, in Teilbereichen auch öfter stattfindenden Hansetagen versuchten sich die Vertreter der einzelnen Städte – die „Ratssendeboten" – ihrer gewiß nicht leichten Aufgaben zu entledigen, angesichts der grundsätzlichen und nach mittelalterlichen Vorstellungen auch unabänderlichen Selbständigkeit der einzelnen Städte dennoch zu gemeinschaftlichen, verbindlichen und dauerhaften Beschlüssen zu kommen – ein Bemühen, das bis zum heutigen Tage in den Hanserezessen, den manchmal mehrere hundert Seiten umfassenden Protokollen der Hansetage, nachgelesen werden kann. Ihren Rang in der Geschichte hat die hansische Gemeinschaft nicht durch mehr oder weniger gute, mehr oder weniger befolgte Gesetze, Statuten und Machtgebote erhalten, sondern durch die Möglichkeit zu auf die Dauer richtigen, der Wirklichkeit nordeuropäischer Wirtschaft und Kultur angemessenen Entscheidungen ihrer kaufmännisch-bürgerlichen Mitglieder.

*Die Hansekontore*

Dem Außenhandel der Hanse dienten die Hansekontore. Sie bedeuteten viel mehr als lediglich Verwaltungseinrichtungen. Es handelte sich um exterritoriale Gebiete innerhalb der gastgebenden Städte, ähnlich wie heute der Vatikan innerhalb Roms. Die Kontore waren zugleich Handelsniederlassungen, Freihäfen, Wohnghettos, Burgen und kleine wirtschaftspolitische Zentren. Alle gastgebenden Städte waren Handels-Zentren von europäischem Rang, und deshalb wurde hier auch Wirtschaftspolitik betrieben, nicht zuletzt von den Hansekaufleuten selbst.

Die vier großen Kontore der Hanse – der Stalhof in London, die Deutsche Brücke im norwegischen Bergen, das Hansehaus in Brügge bzw. Antwerpen und der Petershof in Nowgorod – haben stets als die bedeutendsten – nicht einzigen – Außenhandelsplätze gegolten. Nowgorod, im Ostseebereich gelegen, möge hier zugleich für die anderen stehen, zumal die Hansen selbst es gern als den „Brunnenquell des hansischen Wohlstandes" ansahen. Denn sie hatten es fertiggebracht, diesen bedeutenden Pelzmarkt und seine südöstlichen Beziehungen bis ins Kaspische (Wolga) und Schwarze Meer (Dnjepr) durch ihr Fernhandelsnetz mit dem Textil- und Mittelmeerwaren-Angebot zu Brügge in Verbindung zu bringen: dies auf dem Wege von Kotlin (Kronstadt), wo man sich zur Weiterfahrt versammelte, die Neva hinauf in den Ladogasee, dann, mit Treidlern durch die Wolchowstromschnellen bis Nowgorod am Ilmensee. Vom Ostseehafen Riga aus verlief in der Frühzeit ein Weg über Polock, Vitebsk und Smolensk ins innere Rußland; später benutzte man gern von Riga und Reval aus über Dorpat und Pleskau (Pskov) den Landweg nach Nowgorod. – Im Westen erreichten die Handelsrouten, auf denen hansische Kaufleute mit ihren Gütern verkehrten, die Shetlandinseln und Island, die iberische Halbinsel und das Mittelmeergebiet bis zu den afrikanischen Küsten.

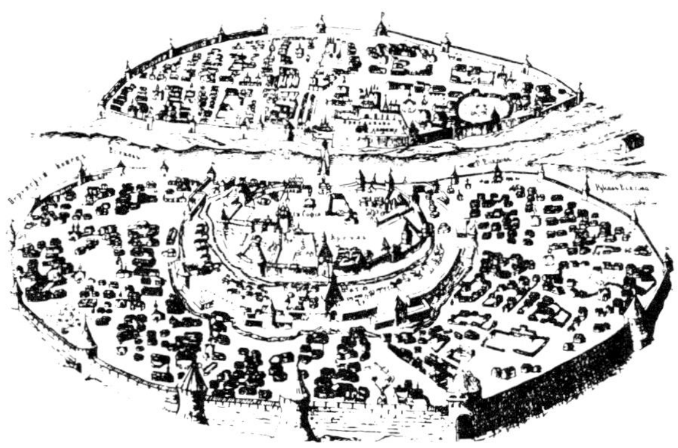

Abb. 1: Alte Ansicht von Nowgorod aus dem 16. Jahrhundert, dargestellt auf einer Muttergottes-Ikone. Oberhalb des Flusses liegt die Handelsseite, auf der einst der Petershof stand; unterhalb die sogenannte Sophienseite, die durch den Kreml beherrscht wird.

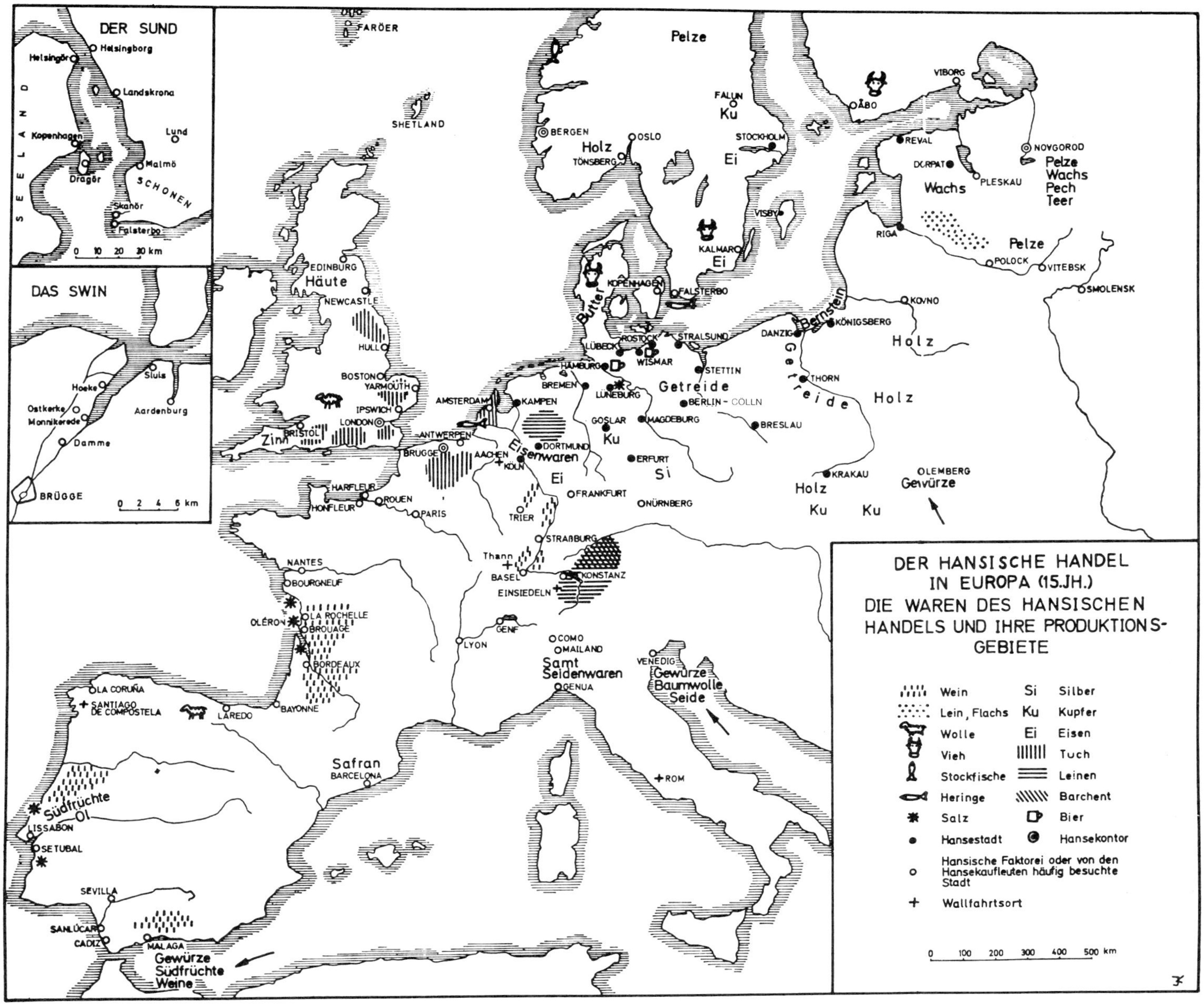


Abb. 2

*Hansestädte und Handelsdiplomatie*

Es geht in dem runden Halbjahrtausend bei den Mitgliedern dieser kaufmännisch-städtischen Interessen- und Rechtsgemeinschaft insgesamt um etwa 200 Städte — von denen zu ein und derselben Zeit freilich selten mehr als 70 genannt werden — und zwar in einem Bereich, der gekennzeichnet und begrenzt ist im Westen durch Dinant in Nordostfrankreich und die „zuiderseeischen" Städte Stavoren, Harderwijk, Kampen, Deventer und Zwolle, im Süden durch eine Linie, die Köln, Erfurt, Naumburg, Halle und Frankfurt/Oder (aber nicht Leipzig) einschließt und mit einem spitzwinkligen Ausläufer über die mittlere Oder und die obere Weichsel auch Breslau und Krakau erreicht, im Norden durch die deutschen Meeresküsten und im Nordosten gewissermaßen durch die Spitze des Keils mit Reval (Tallinn) unter Einschluß der binnenwärts gelegenen baltischen Städte Dorpat und Wenden, der „preußischen" Städte Königsberg, Braunsberg, Elbing, Thorn, Kulm, der pommerschen von Stolp bis Stargard, der brandenburgischen mit Berlin/Cölln und der niedersächsisch/sächsischen mit Magdeburg, Braunschweig, Aschersleben und Halle; dazu kamen im Norden Stockholm und Visby auf Gotland. Auch diese beiden skandinavischen Städte, auch Kaufleute aus Oslo und Lödöse (Göteborg), waren hansisch.

Die Hansestädte sind die Institutionen, die der Wirtschaftsdiplomatie den Boden ebnen halfen und der Hanse rechtlich den Rücken stärkten. Ein Blick auf die vielen großen Wirtschaftsverträge, die allein in der hansischen Frühzeit eine mehrstellige Zahl ausmachten, genügt, um sich eine Grundvorstellung des hansischen Handelsnetzes und Wirtschaftssystems zu verschaffen: angefangen bei einem Vertrag zwischen den Städten Hamburg und Lübeck vom Jahre 1241, der nach seinem Inhalt nur eine Vereinbarung zur Bewachung und polizeilichen Sicherung der die beiden Städte verbindenden Straße ist, nach seiner Bedeutung aber nicht mehr und nicht weniger bewirkte als die Sicherung des Übergangs über die einzige Landschwelle zwischen den Seewegen vom europäischen Nordosten bis zum atlantischen Westen. Ferner gab es zahlreiche Abkommen mit den nordeuropäischen Handelsmächten des ausgehenden Mittelalters von England und Flandern bis ins Baltikum. Schließlich existierten bedeutende Abmachungen mit den skandinavischen Ländern und unter ihnen besonders mit dem fischreichen Norwegen und dem Eisen- und Kupferlieferanten Schweden. Städtische Wirtschaftsdiplomatie: das war nichts anderes als die Diplomatie eben dieser Kaufleute, die in ihrer Funktion etwa als Mitglieder des städtischen Rates oder als dessen Beauftragte zugleich städtische Wirtschaftspolitik machten.

Was Austausch und Versorgung durch die Hanse für das spätmittelalterliche Nordeuropa bedeuteten, läßt sich an zwei Beispielen damaliger Außenhandelsbeziehungen darlegen. Das auf Getreidezufuhr dringend angewiesene Königreich Norwegen ist durch die Hansekaufleute mit den Getreideproduzenten Mecklenburg, Pommern, dem Ordensland und Polen in Verbindung gebracht und zugleich zum Versorger ganz Europas mit Stockfisch, einem besonders in der Fastenzeit überaus geschätzten, dauerhaften und hochwertigen Nahrungsmittel, gemacht worden. In ähnlicher Weise läßt sich der Rohstoffreichtum des östlichen Ostseegebietes in Beziehung setzen zu den Luxusgütern und Fertigwaren, die der Westen bot. Aus dem Osten kamen Wachs, Holzasche, Bernstein, Pelzwerk und Bauholz, darüber hinaus Pech und Teer. Wachs benötigte man für Votivgaben und Kerzen in Kirchen, Holzasche zum Einfärben von Tuch in die begehrte schwarze Farbe, den Bernstein verwendete man zur Herstellung von Rosenkränzen – „Paternostermaker" hießen in Lübeck und in Brügge die Produzenten solcher Bernstein-Rosenkränze. Die Waldprodukte schließlich dienten dem Schiff- und Hausbau in den teils von Natur holzarmen, teils schon frühzeitig kahlgeschlagenen Ballungsräumen (Rheinmündungsgebiet, England, auch Schleswig-Holstein als Hinterland mehrerer Großstädte) des europäischen Nordwestens. Die dafür aus dem Westen herbeigebrachten Güter – Stahlwaren, Seidengewebe, Schmuck, Juwelen, Gewürze – rufen nicht zufällig Erinnerungen an „Tausend und eine Nacht" in uns wach; sie kamen aus dem ostmittelmeerischen, arabischen Handelsbereich und wurden von dort über Norditalien auf Fluß- und Landwegen durch das östliche Frankreich nach Nordeuropa gebracht. Bei den großen Messen in der Champagne und, seit dem 13. Jahrhundert, in Brügge, standen sie für den Fernhandel zur Verfügung; die Hansen sind es gewesen, die sie nach Osten beförderten und von dort den rohstoff- und getreidearmen Westen versorgten.

Schließlich soll der Hering als wichtiges Handelsobjekt der Hanse nicht vergessen werden. Die südliche Ostsee war überreich an Heringen, die insbesondere am südlichen Öresund in großen Mengen gefangen wurden.

Der Hering war begehrt als wohlschmeckende, auch in der Fastenzeit kirchlich zugelassene Speise; zum transport- und lagerfähigen Massennahrungsmittel für ganz Europa wurde er aber erst durch die Hansekaufleute, die das Salz der Lüneburger Saline zum Pökeln nach Schonen brachten; der Stecknitz-(heute: Elbe-Lübeck-) Kanal, erster nordeuropäischer Wasserscheidenkanal (erbaut 1390–1398), verband zu diesem Zweck die Flüsse Ilmenau-Elbe-Trave für die Salzkähne bis nach Lübeck (Salzspeicher am Holstentor); von dort ging es weiter mit den wendigen, ostseebewährten Koggen (60–100 Tonnen, 6–10 Mann Besatzung) ins Fischfanggebiet.

Der Mangel an Salz im Norden erklärt sich übrigens aus der Tatsache, daß dort das kristalline Grundgebirge vorherrscht (siehe die Beiträge über Geologie und Küstenformen). Salzvorkommen sind grundsätzlich an Deckgebirgsschichten gebunden, wie sie im norddeutschen Tiefland mächtig ausgebildet sind.

*Der Hansekaufmann und sein Stand*

Schließlich wollen wir den Menschen nicht vergessen, den Hansekaufmann, den Träger des Hansebundes.

Zwar sind eine Reihe von Hansekaufleuten nach Namen und Familien bekannt – die Castorp, Brömse, Veckinchusen, Warendorp, Plescow und wie sie alle heißen, jedoch wäre es falsch, sie mit den Fuggern und Welsern, den italienischen Peruzzi, Datini, Medici gleichzusetzen. Die Großfirma des reichgewordenen Einzelnen, die Verwendung des Handelsgewinns zu politischen oder spekulativen Zwecken, das Überwechseln des Kaufmanns in das Fach des Bankiers und Finanziers sind niemals hansetypisch gewesen, wenn Erscheinungen dieser Art gewiß auch vorkamen. Der hansische Kaufmann bleibt im beweglichen, weitreichenden Kontakt mit zahlreichen Partnern, jedoch nie auf lange Zeit, er ist stets zur Heranziehung junger, aufsteigender Kräfte bereit. Handelsgewinn, das bedarf keiner weiteren Begründung, ist selbstverständlich von den Kaufleuten der Hanse wie von denen anderer Zeiten investiert worden: in Grundstücken, in Hausbesitz, in Schiffsanteilen; es ist aber für die Hansen charakteristisch, daß Investitionen stets nur kurzfristig, gewissermaßen zur vorübergehenden Sicherung des Handelsgewinns getätigt worden sind, um alsbald wieder liquides Kapital für den Fernhandel verfügbar machen zu können.

Hansekaufmann zu sein, setzte Bildung voraus. Von einer bestimmten Entwicklungsstufe des fernhändlerischen Betriebes an war das Lesen und Schreiben sowie eine gewisse allgemeine Bildung für den Kaufmann unentbehrlich. Denn sie war die Voraussetzung für zwei den Geschäftsbetrieb erweiternde und qualifizierende Neuerungen: die Geschäftsführung im Auftrag, das heißt die Betreibung eines fernhändlerischen Unternehmens durch mehr als eine Person und den damit gegebenen Zwang zur gegenseitigen Rechenschaftslegung, und Geschäftsführung auf Kredit, das heißt langfristige und auch langfristig zahlbare oder auf andere Handelsposten anrechenbare Güter. Seit der Mitte des 13. Jahrhunderts bemächtigte sich das Bürgertum mehr und mehr der Kunst des Lesens und Schreibens; mit den letzten Jahrzehnten dieses Jahrhunderts hörten die Fernkaufleute auf, einfach nur Begleiter ihrer Waren zum Verkauf und Einkäufer von neuen am auswärtigen Handelsort zu sein, und begannen, in gegenseitiger Vertretung von ferngelegenen Außenhandelsplätzen aus einander zuzuarbeiten. In der hansischen Handelsorganisation konnte ein Kaufmann die führende Position eines Principals, eines Firmenchefs, erlangen, seine Faktoren nach Ost und West, etwa nach Brügge und nach Nowgorod entsenden, durch sie an den Außenmärkten das Angebot überprüfen und schließlich zwischen Ost und West, Nord und Süd ein Großunternehmen betreiben. Ein solcher Außenhandelskaufmann hatte freilich zunächst lange Zeit, zehn oder mehr Jahre, in der Fremde als Mitglied einer der hansischen Kontorgemeinschaften und Beauftragter eines Principals seinen Geschäften nachzugehen, und konnte dann, hatte er Erfolg, als erfahrener Kaufmann zurückkehren, selbst eine Firma gründen und möglicherweise im Ratsstuhl seiner Heimatstadt die Spitze einer hansischen Karriere erreichen. Wir wissen, daß seit der Mitte des 13. Jahrhundert die Schulbildung nicht mehr nur für den geistlichen Beruf, sondern auch für den des Kaufmanns in Anspruch genommen wurde. Auch auf dem Gebiet der Baukunst hat sich der hansische Kaufmann und Bürger einer Formensprache bedient, die zuvor nur dem ersten, dem geistlichen Stand verfügbar gewesen war: der Typ der Kathedrale, der Bischofskirche, wurde in der Mitte des 13. Jahrhunderts zum Ausdrucksmittel bürgerlichen Raumgefühls und Repräsentationswillens.

Der letzte „Hansetag", abgehalten in Lübeck im Jahre 1669, mag als Schlußpunkt gelten. Und selbst danach blieb die Hanse in Form des Dreierbündnisses Lübeck, Hamburg, Bremen erhalten und wirkt, wie wir schon sahen, als „Etikett" weiter, und nicht zuletzt das „H" im Kraftfahrzeug-Kennzeichen dieser Städte erinnert an die ruhmreiche Vergangenheit.

*Klaus Friedland*

So stellt sich heute ein Laienmaler den Handel zur Hansezeit, etwa in Visby, vor.

# Die Ostsee als Wirtschaftsraum der Anrainerstaaten

Die Ostsee und ihre Küsten werden von den Anwohnern seit Jahrtausenden wirtschaftlich genutzt. Fische, Seehunde und Muscheln waren schon in der Steinzeit wichtige menschliche Nahrung. Auch als Verkehrsweg wurde die See schon bald verwendet; vorher dienten bereits die Strände als relativ leicht benutzbare Wege am Rande von undurchdringlichen Wäldern. Sogar die Ausbeutung „nicht-regenerierbarer Rohstoffe" ist von der Ostsee seit dem Altertum bekannt: Bernstein wurde bis in die Mittelmeerländer „exportiert". Und sicherlich hat man damals auch Müll in die Ostsee „eingebracht", freilich nur geringe und biologisch leicht abbaubare Mengen.

*Wirtschaftsraum*

Ein Wirtschaftsraum ist die Ostsee also schon seit langer Zeit, und auch die einzelnen Nutzungsarten sind alt. Ausmaß und Methoden der Nutzung haben sich allerdings geändert: Nach wie vor ist die Ostsee Nahrungsquelle, Verkehrsweg, Rohstofflieferant, aber der Fischfang wird mit hochseetüchtigen Booten betrieben, die Containerschiffe und fahrplanmäßigen Fähren erinnern nur noch schwach an die ersten Küstenfahrzeuge, und außer Bernstein und Kies gewinnt man neuerdings auch Erdöl aus der Ostsee. Die ersten unbedeutenden Abfälle, welche die Menschen ins Meer warfen, sind zu bedrohlichen Mengen von gefährlichen Schadstoffen geworden. Schließlich entwickelten sich die primitiven seewärts orientierten Gewerbe an den Küsten (Bau von Booten, Verarbeitung von Meeresbeute) zu modernen Werften und vielfältigen Hafenleistungen. Dazu kam als jüngste Branche der Fremdenverkehr.
Als Wirtschaftsraum der Anrainerstaaten kann die Ostsee naturgemäß erst angesehen werden, seit es an den Ufern Staaten gibt. Deren Zahl und Gestalt änderten sich im Laufe der Geschichte: Staaten bildeten sich, andere verschwanden, Binnenländer drangen bis zur Küste vor, Küstenstreifen wechselten den Besitzer. Zur Zeit hat die Ostsee sieben Anrainerstaaten, von denen zwei – Dänemark und Bundesrepublik Deutschland – der Europäischen Wirtschaftsgemeinschaft (EWG) angehören, drei – Deutsche Demokratische Republik, Polen und UdSSR – dem Rat für Gegenseitige Wirtschaftshilfe (COMECON) und zwei – Finnland und Schweden – der Europäischen Freihandelsassoziation (EFTA). Diese Zugehörigkeit zu verschiedenen internationalen Organisationen ist vor allem für die Stellung der beiden EWG-Länder in der Ostsee bedeutsam, denn die Gemeinschaft ist anstelle der Mitgliedstaaten für die Fischereipolitik und weitgehend auch für die Umweltschutzpolitik zuständig geworden.
Seit es Staaten an der Ostsee gibt, war das Meer für sie auch ein Wirtschaftsraum, weil sich aus der geographischen Lage zwangsläufig für alle Uferstaaten eine – vielleicht nur bescheidene – wirtschaftliche Orientierung zur See ergab. Die Ostsee ist aber auch von Schiffen fremder Staaten genutzt worden, für Seefahrt und Handel, aber auch für den Fischfang (Heringsfang), denn wie auf allen Meeren herrschte auch auf der Ostsee Meeresfreiheit. Alle Staaten – nicht nur die Anrainer – konnten die Hohe See nutzen. Ausgenommen war nur ein schmaler Streifen an der Küste, in dem die Uferstaaten Hoheitsrechte ausüben und wirtschaftliche Aktivitäten – besonders den Fischfang – den eigenen Staatsangehörigen vorbehalten. Die Breite dieses nationalen „Küstenmeeres" betrug in der Regel drei Seemeilen (daher: Drei-Meilen-Zone), jetzt sind es meist mehr. In der Ostsee beanspruchen Finnland und Schweden ein Küstenmeer von vier Seemeilen, die Sowjetunion, Polen und – seit Januar 1985 – die DDR eines von 12 Seemeilen.

*„Ausschließliche Nutzungsrechte" der Anrainerstaaten*

Neuerdings ist nun auch auf der Hohen See die Meeresfreiheit drastisch zugunsten der Anrainerstaaten eingeschränkt worden. Als die moderne Technik die Förderung von Erdöl und Erdgas aus den küstennahen Meeresgebieten ermöglichte, erwachte das Interesse der Uferstaaten an ausschließlichen Nutzungsrechten am benachbarten Meeresboden. Solche Rechte wurden ihnen dann in der Konvention über den Festlandsockel von 1958 zugestanden. Danach besitzt der Uferstaat auf dem Festlandsockel „Hoheitsrechte zum Zwecke der Exploration und Ausbeutung seiner natürlichen Ressourcen" (Art. 2 Abs. 1), und niemand darf ohne seine ausdrückliche Erlaubnis entsprechende Tätigkeiten ausüben (Abs. 2). Als Festlandsockel gilt grundsätzlich der Meeresboden bis zu 200 Meter Wassertiefe, mindestens aber bis zu 200 Seemeilen vor der Küste.
Da die Ostsee nur an wenigen Stellen tiefer als 200 Meter, nirgends aber breiter als 400 Seemeilen ist, wurde damit eine vollständige Aufteilung der Explorations- und Nutzungsrechte auf die Uferstaaten (unter Ausschluß fremder Staaten) in die Wege geleitet. Fraglich blieb nur die genaue Abgrenzung der Nutzungsgebiete zwischen den Ostseeanrainern.
Die Einschränkung der Meeresfreiheit durch die Festlandsockel-Konvention blieb nicht die einzige. Das war wiederum im wesentlichen eine Folge moderner Techniken. Auf dem Gebiet der Fischerei führten sie zu einer starken Erhöhung der Fänge, wodurch die Gefahr der Überfischung wuchs. Einige Uferstaaten, die von der Fischerei besonders abhängig sind, suchten deshalb den Fischfang über die Drei-Meilen-Zone hinaus zu reglementieren, einzuschränken, zu kontrollieren und dort die eigenen Fischer zu bevorzugen. Erste Versuche einiger südamerikanischer Staaten und Islands zur Errichtung von Fischereizonen wurden zwar noch nicht international anerkannt, aber seit etwa 1977 wird das Recht auf solche Zonen nicht mehr bestritten. Der Vertragstext der Dritten Seerechtskonferenz der Vereinten Nationen ermächtigt die Uferstaaten ausdrücklich, in einer Zone von 200 Seemeilen vor ihren Küsten (Ausschließliche Wirtschaftszone = Exclusive Economic Zone), die „lebenden oder nicht-lebenden Ressourcen" in ihrem Interesse auszubeuten (Art. 55 bis 58).
Damit ist in der Ostsee auch im Hinblick auf den Fischfang keine Hohe See mehr vorhanden. Fremde Fischer können nur mit Erlaubnis des jeweils zuständigen Küstenstaates in der Ostsee fischen. So bleibt von den klassischen Meeresfreiheiten, wie sie noch um die Mitte des Jahrhunderts bestanden, nur die Freiheit der Schiffahrt übrig, und gebietsfremde Schiffe verkehren weiterhin auf der Ostsee. Aber auch hier ist eine Einschränkung zu erwarten, die ebenfalls als Ergebnis der modernen Entwicklung angesehen werden kann. Aus verschiedenen Gründen hat sich die Umweltgefährdung durch Schiffe (besonders Tanker) stark erhöht. Bei mutwilligen Verschmutzungen und bei (Tanker-) Unfällen sind die Uferstaaten besonders betroffen, und deshalb wächst das Bestreben, die Schiffahrt vor ihren Küsten zu kontrollieren. Weil das nach geltendem Völkerrecht nur in den Hoheitsgewässern zulässig ist, wird an eine Ausweitung der bisherigen Drei-Meilen-Zone auf 12 bis 16 Seemeilen gedacht. Dabei gibt es durchaus gemischte Interessen: Die Bundesrepublik möchte zwar in der stark befahrenen südlichen Nordsee die Schiffahrt kontrollieren und hat deshalb dort stellenweise ihre Hoheitsgewässer auf 12 Meilen ausgedehnt, in der Ostsee dagegen betrachtet sie eine allgemeine Einführung von 12- oder 16-Meilen-Zonen mit Skepsis. Danach bleibt nämlich zwischen der dänischen Insel Falster und der DDR keine Hohe See

mehr übrig. Deutsche Schiffe können die mittlere Ostsee nur noch durch fremde Gewässer erreichen, und das Fahrwasser (Kadet-Rinne) liegt im Hoheitsgebiet der DDR.

Die neue Seerechtsentwicklung hat somit dazu geführt, daß die Uferstaaten, die früher lediglich aus geographischen, nicht aber aus rechtlichen Gründen die Hauptnutznießer der Ostsee waren, nunmehr das ausschließliche Recht zur Ausbeutung der Fischbestände und der mineralischen Rohstoffe erhalten haben. Die Nutzungsrechte wurden außerdem in Form von „Wirtschaftszonen" auf die verschiedenen Anrainerstaaten aufgeteilt. Dabei sind allerdings Abgrenzungsschwierigkeiten eingetreten. Es gibt nämlich kein allgemein akzeptiertes Prinzip für die Grenzziehung zwischen den Wirtschaftszonen benachbarter Küstenstaaten. Einigermaßen „gerecht" scheint die Abgrenzung mittels "Äquidistanz-Linien" (Mittel-Linien) zu sein, d. h. durch Linien, deren einzelne Punkte jeweils im gleichen Abstand vom Landgebiet der benachbarten Staaten liegen. Bei ungünstigem Küstenverlauf führt dieses System aber zu Ergebnissen, die für einzelne Küstenstaaten sehr nachteilig sind. Das ist z. B. an der Nordsee der Fall, wo sich nach dem Mittellinien-Prinzip für die Bundesrepublik Deutschland ein unverhältnismäßig kleiner Anteil am Festlandsockel ergibt, während der dänische Anteil bei etwas geringerer Küstenlänge fast dreimal so groß wäre. Die Bundesregierung wandte sich deshalb an den Internationalen Gerichtshof, und auf Grund von dessen Entscheidung wurde eine Korrektur vorgenommen, welche u. a. das Verhältnis zwischen Küstenlänge und Festlandsockel berücksichtigt.

Auch in der Ostsee ist für die Bundesrepublik dieses Verhältnis ungünstig. Zudem stehen wegen der gegenüberliegenden dänischen Inseln nur wenige Meilen für eine Wirtschaftszone zur Verfügung. Prinzipiell wurde im gesamten Bereich der Ostsee bei der Aufteilung des Festlandsockels das Mittellinien-Prinzip zugrunde gelegt. Wo einzelne benachbarte Staaten noch keine Vereinbarungen getroffen haben, lag das weniger am Grenzziehungsverfahren, als an der Frage, ob und in welchem Umfang für Inseln Anspruch

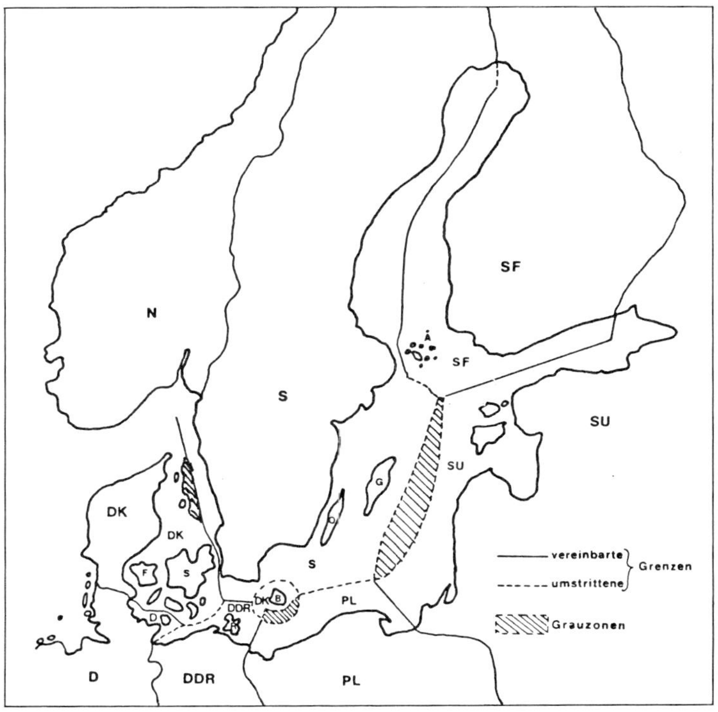


Abb. 1: Aufteilung der Ostsee (Festlandsockel, Fischereizonen, Wirtschaftszonen)

auf einen Anteil am Festlandsockel besteht. Streitig ist das vor allem zwischen Dänemark und Polen im Hinblick auf Bornholm, zwischen Schweden und der Sowjetunion im Hinblick auf Gotland und zwischen Dänemark und Schweden im Hinblick auf die Inseln im Kattegat. In diesen Fällen kam es zur Bildung von sogenannten Grauzonen, d. h. Meeresgebieten, deren Nutzung von zwei Anrainerstaaten gleichzeitig beansprucht wird.

Insgesamt ergab sich die in Abb. 1 gezeigte Aufteilung des Festlandsockels der Ostsee, die im wesentlichen auch die Fischereizonen und Wirtschaftszonen der Anrainerstaaten wiedergibt. Den größten Anteil erhielt Schweden mit mehr als 40 %, den kleinsten die Bundesrepublik. Auf sie entfielen noch nicht einmal 3 % der Gesamtfläche.

*Einzelne Nutzungsarten*

Die neue Seerechtsentwicklung betrifft vor allem den uralten Wirtschaftszweig der Fischerei und den modernen Meeresbergbau, die Schiffahrt dagegen ist nach wie vor nur im Küstenmeer der Hoheitsgewalt der Uferstaaten unterworfen.

Und naturgemäß hat die Veränderung des Regimes der Hohen See die meeresorientierten Tätigkeiten auf dem Festland (Hafendienstleistungen, Schiffbau, Fremdenverkehr) allenfalls indirekt beeinflussen können.

1. Für die Fischerei hat es schon lange vor der Einführung von Wirtschaftszonen in der Ostsee Versuche gegeben, durch internationale Absprachen den Fischfang zu reglementieren. Eine drohende Überfischung sollte durch Begrenzung der Fangmengen, Zuteilung von Fangquoten sowie Einschränkung von Fangmethoden und -zeiten verhindert werden. Das Ergebnis solcher Bemühungen war die „Konvention über die Fischerei und die Erhaltung der lebenden Ressourcen in der Ostsee und den Belten", die 1973 in Danzig von allen sieben Anrainerstaaten unterzeichnet wurde.

Die Konvention hat vor allem die Erhaltung, Mehrung und rationelle Nutzung der Fischbestände zum Ziel. Zu diesem Zweck setzt eine internationale Fischereikommission mit Sitz in Warschau für die einzelnen Fischarten Fangquoten fest, die sich Jahr für Jahr an den vom Internationalen Rat für Meeresforschung empfohlenen Höchstgrenzen orientieren sollten. In der Praxis wurden diese Grenzen allerdings auch überschritten, um den einzelnen Ostseeländern als ausreichend angesehene Quoten zuteilen zu können, was natürlich nicht dem Sinn der Quotenfestsetzung entsprach.

Die Quoten sind durch die Aufteilung der Ostsee in nationale Fischereizonen auch deshalb problematisch geworden, weil die jeweiligen Fischereiflotten ihre Quoten für Hering, Sprotten und Dorsch nunmehr nur noch in den nationalen Zonen fangen können. Insbesondere für die deutschen Fischer ist das schwierig, weil der Sektor, der sich nach dem Mittellinien-Prinzip für die Bundesrepublik ergab, sehr klein ist. Nach EG-Recht bilden freilich die Fischereizonen der Bundesrepublik und Dänemarks eine gemeinsame EG-Zone der Ostsee und können von den EG-Fischern gemeinsam genutzt werden. Auch die Fangquoten werden – wie in der Nordsee und im Kattegatt so auch in der Ostsee – von der EG-Kommission auf die einzelnen Mitgliedstaaten verteilt. (Zu den Einzelheiten über Fischerei siehe S. 205).

2. Für den Meeresbergbau gibt es keine EG-Zuständigkeit und auch keine Konvention der Ostseeanrainer. Deren Hoffnungen auf bedeutende Rohstoff-Funde waren bisher auch kaum berechtigt, wenn man vom Bernstein absieht. Dieser seit dem Altertum genutzte Rohstoff ist noch immer reichlich vorhanden und wird im Samland bergbaumäßig gewonnen. Dort liegt nach dem gegenwärtigen Wissensstand das bei weitem größte Bernsteinvorkommen der Welt (vgl. S. 66). Als weiterer seit langem genutzter Rohstoff aus der Ostsee ist der Kies zu erwähnen, zumal die Kiesgewinnung auf dem Festland (unter anderem aus ökologischen

Gründen) immer schwieriger wird. Kies, Sand und Steine werden auch in beachtlichem Umfang über die Ostsee zur Verwendung in anderen Uferstaaten verschifft.
Diese traditionellen Rohstoffe waren freilich nicht der Grund dafür, daß die Anrainerstaaten in der Ostsee ausschließliche Wirtschaftszonen einführten. Bei der Aufteilung des Meeresgrundes richteten sich die Erwartungen vielmehr auf Erdöl oder Erdgas. Nach den bisherigen Explorationsarbeiten gibt es auch mehrere Vorkommen im Untergrund der Ostsee, die aber alle relativ klein zu sein scheinen.
Aus Funden im Hinterland der südlichen Ostsee wird geschlossen, daß sich dort einige Felder unter dem Meeresboden fortsetzten. So erwartet die DDR unterseeische Lagerstätten nördlich von Mecklenburg und der Insel Usedom, Polen rechnet mit Funden vor Wollin und Hinterpommern. Probebohrungen vor der Halbinsel Hela sind erfolgreich verlaufen.
Besonders gute Aussichten auf Funde von Kohlenwasserstoffen dürften an der Küste des Baltikums bestehen. In der sowjetischen Provinz Kaliningrad sind mehrere Erdölfelder bekannt, die sich unter dem Meer fortzusetzen scheinen, in Litauen und Lettland ebenfalls. Diese Lagerstätten könnten sich mit einiger Wahrscheinlichkeit unter der mittleren Ostsee bis nach Schweden ausdehnen. Jedenfalls gibt es auf der schwedischen Insel Gotland einige Ölvorkommen. Dort werden zwar nur wenige Tonnen am Tag gefördert; die Aussichten auf weitere Ölfunde in der mittleren Ostsee bilden aber die wirtschaftliche Erklärung für den schwedisch-sowjetischen Streit um die Abgrenzung des Festlandsockels zwischen Gotland und dem Baltikum. Auch wenn die vermuteten Lagerstätten nicht sehr umfangreich sein sollten, könnte sich ihre Nutzung deshalb lohnen, weil sie nur in geringer Tiefe liegen und die Förderung deshalb kostengünstig wäre.
Das einzige Offshore-Ölfeld, das bereits produziert, ist das deutsche Feld Schwedeneck-See nördlich von Kiel (Abb. 2). Die Förderung wurde am 14. November 1984 begonnen. Als abbauwürdig gelten 2,5 Millionen Tonnen Rohöl, von denen ab 1986 jährlich 400 000 Tonnen gefördert werden sollen. Wegen der besonderen geographischen Situation — die Plattformen liegen nur vier Kilometer von dem Badeort Damp 2000 entfernt — mußte besondere Vorsorge getroffen werden, damit der Fremdenverkehr dort möglichst nicht beeinträchtigt wird. Eine wesentliche Behinderung der Schiffahrt ist, bei der Lage der Bohrinseln, nicht zu befürchten, und es scheint so, als seien die Nachteile für die Fischerei (nach Abschluß der Rohrverlegung) nur gering. So sind hier aus dem Zusammentreffen der Interessen von Ölförderung, Fremdenverkehr, Schiffahrt und Fischerei vermutlich keine besonderen Schwierigkeiten zu erwarten. Das Beispiel zeigt aber die Problematik der Konkurrenz von verschiedenen Arten der Meeresnutzung.

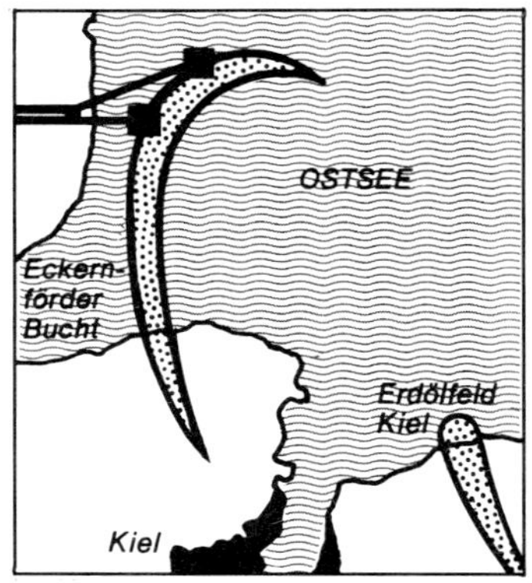

Abb. 2: Erdölfeld Schwedeneck-See

3. Die Schiffahrt ist (neben dem Kabellegen) die einzige wirtschaftliche Nutzung der Ostsee, die noch „frei" ist, jedenfalls jenseits des nationalen Küstenmeeres auf der Hohen See. Über sie wird in Abschnitt „Verkehr" (S. 55) berichtet. Hier sei nur der große Anteil des Fährverkehrs zwischen den Häfen an der Ostsee hervorgehoben. Er unterstreicht das gemeinsame Interesse am Wirtschaftsraum Ostsee, die enge Verknüpfung der Uferstaaten durch ihr Meer. Erwähnenswert erscheint auch, daß die Ostsee zwar vorwiegend mit den westlichen Meeren über die Belte, den Sund und den Nord-Ostsee-Kanal verbunden ist, immerhin aber auch Schiffsverbindungen mit dem Weißen Meer (über den Weißmeer-Kanal), dem Kaspischen Meer (über den Wolga-Balt-Kanal) und mit dem Schwarzen Meer (über den Wolga-Don-Kanal) bestehen (Abb. 3).
4. Die Ostsee als Wirtschaftsraum hat an ihren Küsten vielfältige meeresorientierte Tätigkeiten ausgelöst: Zur Fischerei gehören Häfen und Fischverarbeitungsbetriebe, zur Seefahrt ebenfalls Häfen mit Verkehrsanschlüssen ins Hinterland und zu beidem Werften und zahlreiche Dienstleistungsgewerbe.
Meeresorientiert sind auch Produktionsstätten, die sich bei der Zufuhr schwerer und sperriger Rohstoffe die billigen Transportkosten über See zunutze machen. So finden sich an der Ostseeküste Raffinerien und Stahlwerke, allerdings nicht in allen Uferstaaten. Gut ausgebaute Häfen dagegen gibt es rund um die Ostsee, in denen zwar vorwiegend eigene Exportgüter versandt und eigene Importgüter empfangen werden, die aber zum Teil auch dem Transit für Binnenländer dienen. In besonderem Umfang gilt das für die großen polnischen und DDR-Häfen und deren Transitverkehr mit der CSSR und Ungarn, allen voran Stettin/Swinemünde, wo auch erhebliche Mengen für die DDR umgeschlagen werden.
Der Schiffbau gehört zu den traditionsreichsten und wichtigsten Industriezweigen der Ostseeländer. Noch vor wenigen Jahren wurde auf den Werften dieses Raumes mehr als ein Viertel der gesamten Welttonnage gebaut. Der seither im westlichen Schiffbau schwelenden Werftenkrise versuchten die vier marktwirtschaftlichen Länder durch Modernisierung, Rationalisierung und Subventionen beizukommen, außerdem konzentrierte man sich auf den Bau von hochwertigen Spezialschiffen. Erhebliche Produktionseinschränkungen mit Verlusten von Arbeitsplätzen ließen sich aber nicht vermeiden.
Über den nach wie vor blühenden Erwerbszweig Fremdenverkehr wird in einem anderen Kapitel (S. 175) berichtet, über die mit der wirtschaftlichen Meeresnutzung zusammenhängenden Umweltverschmutzungen und ihre Bekämpfung ebenfalls (S. 249). Auf diesem Gebiet verdient die Zusammenarbeit der Anliegerstaaten hervorgehoben zu werden — ein Versuch, durch gemeinsame Anstrengungen den gemeinsamen Wirtschaftsraum zu schonen und zu pflegen, auch wenn er inzwischen in nationale Wirtschaftszonen aufgeteilt worden ist.

*Hans R. Krämer*

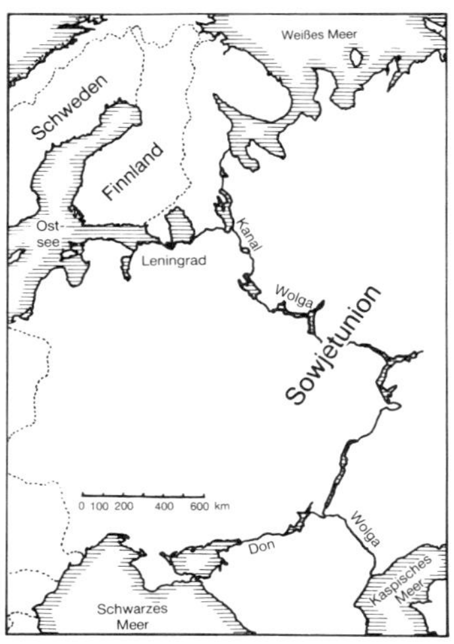

Abb. 3: Wolga-Balt-Kanal

TEXACO
wintershall

HDW-DOCK 2
ROLLSHIP
50

KRUPP

Flensburger Schiffbau-Gesellschaft,
Neubau im Trockendock

Schweißer am Neubau eines Schiffes auf den Howaldtswerken/Deutsche Werft AG

Seite 51
Erste deutsche Offshore-Förderung von Erdöl östlich des Ferienzentrums Damp 2000 aus dem Erdölfeld Schwedeneck-See

Seite 52/53
Blick auf die Howaldtswerke/Deutsche Werft AG mit Reparatur- und Neubaudocks und die Kieler Förde

# Verkehr auf der Ostsee

Die Bedeutung der Ostsee für den europäischen Handel war in der Vergangenheit viel größer als heute. Vom Warenaustausch im Ostseeraum profitierten schon die Wikinger, dann die Hanseaten, die Holländer und die Engländer. England und Holland, die im 17. Jahrhundert um die Seeherrschaft der Welt kämpften, holten aus den Ostseehäfen Leinen, Hanf, Teer, Kupfer, Eisen und Holz – also Rohstoffe im weitesten Sinne –, während die überseeischen Kolonien teure Luxusprodukte wie Zucker, Rum, Tabak, Kaffee usw. lieferten. Die damaligen Schiffe waren sehr klein und die Transportkosten hoch. Die Rohstoffe aus dem Ostseegebiet waren wichtig für Schiffbau und andere Schlüsselindustrien in Nordwesteuropa. Es ist kein Zufall, daß der Öresund auf englisch mit dem generischen Wort „Sound" bezeichnet wird. Es ist also der Sund schlechthin. Über einen längeren Zeitraum waren es vor allem holländische Schiffe, die den Öresund passierten. Wir wissen dies aus dänischen Listen, da Dänemark mehr als vier Jahrhunderte (1429–1857) lang eine Transitgebühr von den Schiffen bei Helsingör erhoben hat. Hamlets Schloß, das Schloß Kronborg, ist für diesen Zweck gebaut worden.
Der relative Bedeutungsrückgang der Ostsee in der Weltschiffahrt hängt vor allem mit zwei Entwicklungstendenzen der letzten Hälfte des vorigen Jahrhunderts zusammen:
a) Stahlsegler und Dampfer wurden größer als die alten Segelschiffe aus Holz und konnten daher billige Rohstoffe aus überseeischen Häfen holen, z. B. Salpeter aus Chile. Hamburg und Bremen hatten mit dem Übersee-Handel naturgemäß mehr zu tun als Lübeck und Danzig.
b) Eisenbahnen wurden gebaut und übernahmen einen immer größeren Anteil am Ost-Westhandel in Kontinentaleuropa, von Transporten, die früher mit Schiffen auf der Ostsee ausgeführt wurden. Mit der Eisenbahn, die einen „Nordseeterminal" hatte, war es möglich, sich dem Haus-zu-Haus-Verkehr anzunähern. Die LKWs nach dem Zweiten Weltkrieg haben für viele Transporte dieses Ideal Wirklichkeit werden lassen.
Die Schiffahrt auf der Ostsee ist natürlich – in absoluten Zahlen gesehen – immer größer geworden, da sich der Außenhandel aller Anrainerstaaten in den letzten Jahrzehnten stark erhöht hat. Dies zeigt sich sowohl in der Tonnage als auch in der Zunahme des Anteils am Bruttosozialprodukt. Die Schiffahrt hat sich den Strukturveränderungen des Außenhandels, der veränderten Konkurrenzsituation der Transportmittel und dem neuen Massentourismus angepaßt beim Schiffbau, beim Seetransport und in den Häfen. Der starke Anstieg des Außenhandelsvolumens hat zur Einführung größerer und schnellerer Schiffe geführt, besonders der Fährschiffe.
Die Küstenschiffahrt mit Stückgütern und Passagieren, die noch in der Zwischenkriegszeit sehr wichtig war, kann nicht mehr mit Eisenbahn, LKW und Flugzeug konkurrieren. Als die Eisenbahnlinien um die Mitte des vorigen Jahrhunderts gebaut wurden, war es anders. Sie wurden durch das Inland geführt, um nicht mit der übermächtigen Küstenschiffahrt in Konkurrenz zu geraten, z. B. Helsingfors-St. Petersburg, Stockholm-Boden.
Die von den Ostseehäfen ausgehenden Schiffahrtslinien zum Mittelmeer und nach Übersee waren für den Holzexport von Schweden und Finnland früher sehr wichtig, aber auch für den Import zu den großen Konsumtionszentren der beiden Länder. Derartige Schiffe und ihre Routen sind nach der Einführung von Container-(Lo/Lo- und Ro/Ro-)Schiffen nicht mehr zweckmäßig. In Skandinavien ist nicht Stockholm, sondern Göteborg – an der Westseite Schwedens – der große Container-Hafen geworden. Es lohnt sich nicht mehr, derart teure Schiffe nach Stockholm fahren zu lassen; es wird billiger, die Container mit Zug oder Lkw über Land in den Stockholmer Hafen zu transportieren – Stockholm wird also ein „trockener" Hafen. Die von der UdSSR und Polen ausgehenden Verbindungen nehmen dagegen zu.
Da man Skandinavien – mit Ausnahme von Jütland – von Süden her nur auf dem Seeweg erreichen kann – muß der Güter- und Passagierverkehr mit Zug, Bus, PKW und LKW zwischen Skandinavien und dem Kontinent Fähren benutzen. Sie sind ein Ersatz für Brücken und Tunnel. Beide Alternativen sind für den Öresund und den Großen Belt diskutiert, aber noch nicht beschlossen oder gar gebaut worden. Im Jahre 1984 hat eine Arbeitsgemeinschaft europäischer Industrieller einen Vorschlag präsentiert, um die europäischen Autobahnen- und Eisenbahnnetze zu verbessern und um Europa gegenüber Nordamerika und Japan konkurrenzfähiger zu machen. In Nordeuropa gibt es zwei fehlende Glieder, die die Reisezeit von Oslo nach Norddeutschland von 25 auf 10 Stunden reduzieren könnten: Das ScanLink-Projekt sieht Brücken/Tunnel über Öresund und Fehmarn Belt vor.
Der Zugverkehr spielt sich heute hauptsächlich über Helsingborg-Helsingör (Öresund), Nyborg-Korsör (Großer Belt) und Rödby-Puttgarden (Fehmarn Belt) ab. Die Brücken über den Kleinen Belt 1935 und nach Falster (Gedser) 1937 sind Vorgänger. Theoretisch wäre es ja möglich, den Landverkehr über Haparanda und Leningrad zu leiten, aber gut ausgebaute Fährverbindungen haben sich bisher als am günstigsten erwiesen. Fachleute aus Wirtschaft und Verkehr sind heutzutage der Meinung, daß auch Brücken und Tunnel durchaus rentabel sein könnten.
Die ersten Fähren zwischen Skandinavien und dem Kontinent wurden schon um die Jahrhundertwende eingesetzt. Sie waren Zugfähren, die Berlin mit Stockholm (Saßnitz-Trelleborg 1909) und Kopenhagen (Rostock, später Warnemünde-Gedser) bequem verbanden. Zwischen diesen Hauptstädten wurden Schlafwagen eingesetzt. Die Fähren brachten natürlich auch das nordische Eisenbahnnetz mit dem kontinentalen in Verbindung.
Die „Vogelfluglinie" zwischen Kopenhagen und Hamburg, direkteste und am stärksten frequentierte Verbindung zwischen Skandinavien und dem Kontinent, wurde 1963 mit der Fährlinie Rödby-Puttgarden eröffnet. Rund 4 Mio. Passagiere pro Jahr benutzen die großen Eisenbahnfähren der Deutschen Bundesbahn und der Dänischen Staatsbahnen. Diese Linie ist heute eine der verkehrsreichsten internationalen Verbindungen der Welt. Sie löste die Route Gedser-Großenbrode ab, die nach dem Krieg mit der Öffnung direkter Verbindungen zwischen Dänemark und der Bundesrepublik im Jahre 1951 eingerichtet worden war.
Die alte Route Gedser-Warnemünde blieb erhalten für Zugverbindungen mit Ost-Berlin und anderen Orten in den COMECON-Ländern, ebenso die Zugfährlinie Trelleborg (Schweden)-Saßnitz. Diese beiden Linien werden von den staatlichen Eisenbahnen der drei Länder betrieben und waren vor dem Zweiten Weltkrieg die dominierenden Routen für den Eisenbahnverkehr zwischen dem Norden und dem Kontinent. Sie werden auch von Spediteuren benutzt, die keine Zulassung für die Bundesrepublik Deutschland besitzen – für den Transitverkehr nach Österreich und Italien.
Um 1960 beginnt die große Expansion im Tourismus und damit die Zunahme des PKW- und Busverkehrs. Die LKWs erobern im europäischen Verkehr einen immer größeren Anteil der Stückgüter – auf Kosten von Eisenbahn und Küstenschiffahrt. Private Reedereien betreiben reine Autofähren, z. B. zwischen Gedser bzw. Trelleborg in Skandinavien und Travemünde in der Bundesrepu-

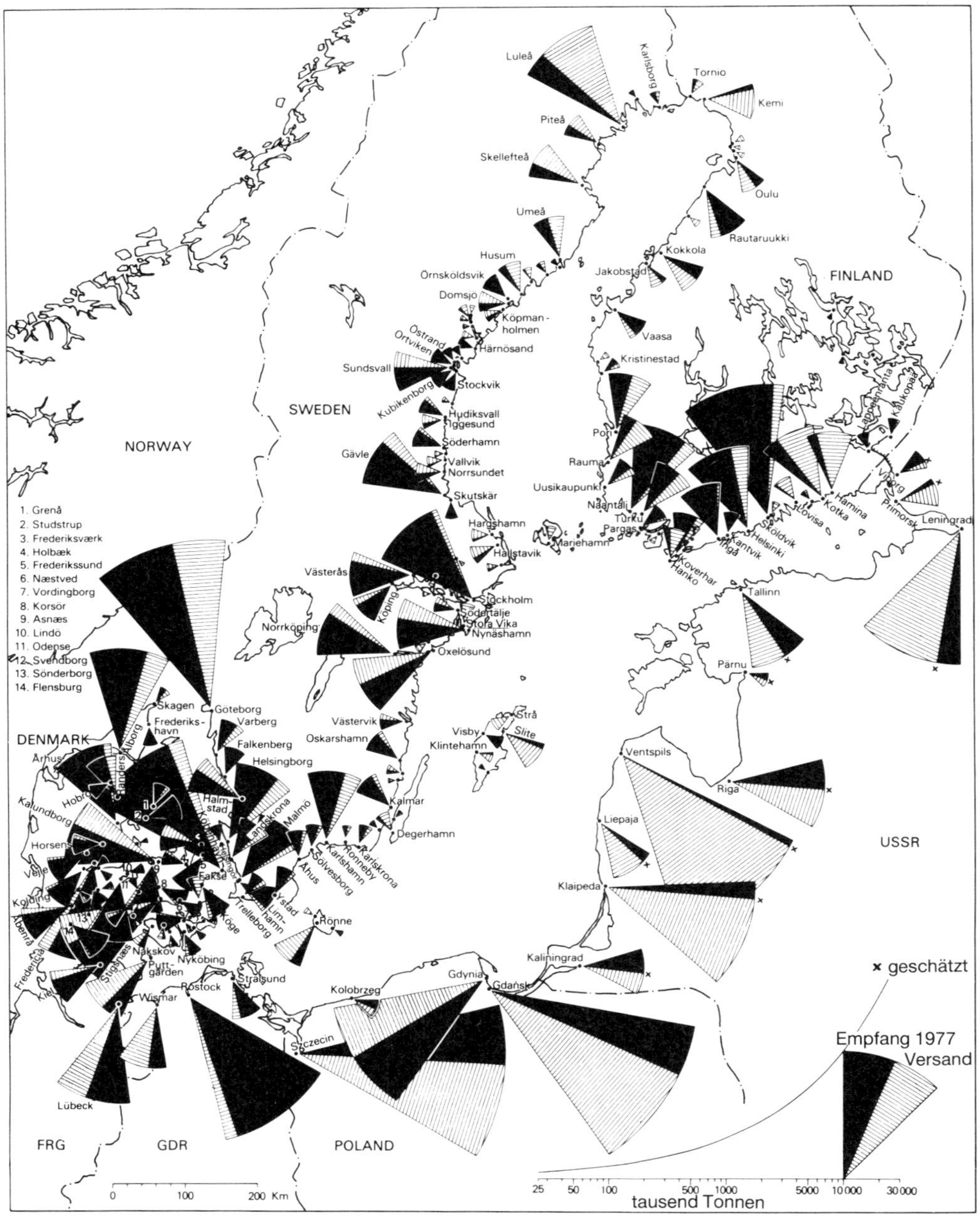


Die Häfen der Ostsee: Versand und Empfang im Jahre 1977. Zusammengestellt nach verschiedenen internationalen Quellen

blik Deutschland. Der Skandinavienkai in Lübecks Fährhafen Travemünde wird durch den Boom im Autoverkehr immer stärker frequentiert.

*Schweden und Finnland* – Typisch für die Küsten in Schweden und Finnland sind die vielen kleinen Häfen für den Holzexport. Sie sind häufiger im Bottnischen und Finnischen Meerbusen anzutreffen als an der eigentlichen Ostsee in Südschweden. Die Dampfsägewerke an den Mündungen der Flüsse, die durch die Nadelwälder fließen, waren in beiden Ländern seit der Mitte des vorigen Jahrhunderts Vorreiter der modernen Industrialisierung. Jedes Werk hatte seinen eigenen Kai, wo die Segelschiffe und Dampfer gesägtes Holz abholten.

Das Rundholz wurde auf den Flüssen und Seen zum Sägewerk transportiert. Kleinbauern arbeiteten im Winter im Wald, waren Flößer im Frühling und übten ihre eigentliche Tätigkeit nur im kurzen Sommer aus. Dies war ein soziales System, das mehr als ein Jahrhundert funktionierte – bis zum Ende der fünfziger Jahre. Dann kam die tiefgreifende Mechanisierung in der Waldwirtschaft: In kurzer Zeit wird alles verändert; große Maschinen holzen die Bäume ab, das Rundholz wird hydraulisch auf den LKW geladen und direkt ins Sägewerk an die Küste transportiert. Das Schnittholz wird paketiert, und die Holzpakete werden auf Paletten gestellt und mit Gabelstaplern versetzt.

Seit der Jahrhundertwende stagnierte die Holzproduktion mehr oder weniger, und die Zellulose-Industrie wurde zum expansiven Teil der Holzwirtschaft mit hohen Anteilen des Exportwertes in beiden Ländern. Die beiden Industrien leben in Symbiose; ein Drittel des Materials wird im Sägewerk zu Abfall und kann als Splitt in der Zelluloseindustrie genutzt werden. Kleinholz ging früher direkt ins Zellulose-Werk oder wurde als Grubenholz exportiert, überwiegend in britische Häfen. Jetzt wird auch Kleinholz von den Sägewerken nachgefragt, da Leimholz zu einer wichtigen Produktgruppe geworden ist. Leimholz vereint die Vorteile von Echtholz und Spanplatte. Man gewinnt durch das Leimen größere Flächen oder Längen. In Form von Dachbindern (z. B. bei Sport- und Werkshallen) ersetzt es sogar Stahlkonstruktionen.

Die Sägewerke in Südschweden waren traditionell klein und versorgten einheimische Industrien. Die Rückstände wurden als Brennholz verwendet. Jetzt werden sie mit dem LKW zur Zellulosefabrik an die Küste transportiert.

Finnland ist das einzige Land der Welt, das im Winter durch das Eis völlig isoliert ist. Seit den 1890er Jahren hat man Hanko und später auch Turku mit Eisbrechern offengehalten. Der Bau von Eisbrechern wurde eine finnische Spezialität, und seit den 1970er Jahren wurden diese Fahrzeuge so groß, daß man alle Häfen im Winter für eisgehende Tonnage offenhalten kann. Auch die schwedischen Häfen werden mit solchen Eisbrechern freigehalten.
Ab 1963 wurden Autofähren zwischen Hanko und Travemünde eingesetzt. Schon in den 1850er Jahren hatte man den Passagier- und Frachtverkehr von Turku, Helsinki und St. Petersburg nach Lübeck und später auch nach Stettin aufgenommen, und man brauchte nicht mehr über Schweden zu fahren, um den Kontinent zu erreichen. Eine neue Epoche im Passagierverkehr auf der Ostsee kam 1977 mit der gasturbinengetriebenen „Finnjet" zwischen Helsinki und Travemünde. Die Passage wurde mit der in Helsinki gebauten „Finnjet" von drei Tagen (mit dem Passagierschiff) und zwei Tagen (mit der Autofähre) auf 22 Stunden verkürzt (rd. 30 Knoten).
Im Jahre 1975 wurde sogar eine Eisenbahnfähre zwischen Hanko und Travemünde eingesetzt, die Waggons mit der Möglichkeit zur Spurbreitenänderung führte. Finnland hat die russische Spurweite, was auch in der Verbindung mit Schweden eine Komplikation bedeutet.
*UdSSR* — Unter den wichtigsten Handelspartnern der Sowjetunion sind einige Ostseeanrainerstaaten: die DDR, Polen, die Bundesrepublik Deutschland und Finnland. Dieser Handel wird zum großen Teil über Land abgewickelt. Der Außenhandel der Sowjetunion ist ganz extrem auf die Nachbarländer, vor allem den COMECON, ausgerichtet.
Aber die Ostsee ist trotzdem für die UdSSR sehr wichtig. Seit Anfang der 60er Jahre hat man eine Strategie für die Ausnutzung des Weltmeers entwickelt mit großen Investitionen in die Handels- und Kriegsmarinen und die Fischerei- und Forschungsflotten. Die sowjetische Trockenladungstonnage ist in den letzten zwei Jahrzehnten sehr stark gewachsen, und die Sowjetunion besitzt heute eine der größten Stückgutflotten der Welt. Ein Teil davon ist im „Crosstrade" eingesetzt, und auch die Linientonnage, die hauptsächlich von Ostseehäfen ausgeht, ist nur wenig mit dem nationalen Verkehr beschäftigt. Schiffahrt ist für die UdSSR eine Exportindustrie geworden.
Leningrad, Tallinn und Riga sind wichtige Stückguthäfen, die auch Container-Terminals haben. Die Balt-Orient-Linie hat wöchentliche Verbindungen mit 825—960-TEU-Schiffen in den Fernen Osten in Konkurrenz zu mehr als 30 Linien der „Far Eastern Freight Conference" und mit der in Taiwan beheimateten unabhängigen Reederei „Evergreen". Die Landbrücke von der Ostsee zum Pazifischen Ozean über die Transsibirische Eisenbahn ist zu einer konkurrenzfähigen Alternative für den Containerverkehr zwischen Europa und Japan geworden.
Leningrad und die Ostsee sind durch ein Binnenwasserstraßensystem mit drei Binnen-Meeren verbunden — Weißes Meer, Kaspisches Meer, Asowsches Meer. Die Binnenschiffe (von mehreren tausend Tonnen Tragfähigkeit) können theoretisch ganz Europa umfahren, konkurrieren aber nur bei bestimmten Gütern mit dem Landtransport, z. B. beim Export von Rundholz und Kohle aus Rußland.
Die großen sowjetischen Ölterminals an der Ostsee befinden sich in Ventspils (Windau) und Klaipeda (Memel). Finnland ist ein bedeutender Käufer dieses Öls, u. a. für die Raffinerien in Sköldvik und Naantali. Kohle wird über Leningrad und Tallinn exportiert.
*Polen und DDR* — Polen, die DDR und Finnland sind die „reinen" Ostseeanrainer — sie haben keine anderen Küstenstrecken. Die polnische Küste ist heute viel länger als vor dem zweiten Weltkrieg und hat zwei große Hafenkomplexe — Gdańsk-Gdynia (Danzig/Gdingen) und Szczecin (Stettin) — die schon früher wichtig waren, weil die Küste der heutigen DDR im Verkehrsschatten von Hamburg und Lübeck lag und erst in den letzten Jahrzehnten einen großen Hafen entwickelt hat — Rostock.
Die großen Häfen im Süden gewinnen ihre Bedeutung hauptsächlich durch den hohen Umschlag von Massengütern — vorwiegend von Kohle aus Polen und der UdSSR und Öl aus der UdSSR. In den beiden polnischen Hafenkomplexen dominiert die Kohleausfuhr, seit Polen einer der führenden Kohleexporteure der Welt wurde.
Gdynia (Gdingen) wurde Mitte der 20er Jahre auf polnischem Territorium gegründet, 20 km nördlich der damaligen Freien Stadt Danzig und durch Eisenbahn mit den polnischen Kohlegruben in Oberschlesien verbunden. Die alte Hansestadt Danzig an der Weichselmündung ist immer ein leitender Ostseehafen gewesen mit (unter anderem) bedeutendem Getreideexport. Auch Polen hat in den letzten Jahrzehnten eine Meeresstrategie entwickelt, die sich auf die Handelsmarine und den Schiffbau konzentriert. Die Ostseeküste ist in dieser Zeit das drittgrößte Industriegebiet des Landes nach Oberschlesien und Warschau geworden.
*Bundesrepublik Deutschland und Dänemark* — Am Zugang zur Ostsee liegen die Bundesrepublik Deutschland, Dänemark, die DDR und Schweden. Mit dem Nord-Ostsee-Kanal (Kielkanal) kontrolliert Deutschland seit 1895 den kürzesten Weg zwischen der Straße von Dover und der Ostsee für kleine und mittelgroße Schiffe. Der Kanal ist 99 km lang und 11 m tief und erlaubt die Passage für acht Meter tiefgehende Schiffe. Die Schleusen an beiden Enden sind 330 m lang, 45 m breit und 14 m tief, und der Kanal selbst ist an der Oberfläche 102 m breit und 44 m am Grund. Die lichte Höhe der sieben Brücken beträgt 42 m über dem Kanalwasser. Mehr als 60 000 Schiffe durchfahren den Kanal jedes Jahr, viel mehr als den Öresund, wo am südlichen Ende 30 000 registriert werden und am nördlichen 40 000. Der Große Belt wird von 20 000 Schiffen pro Jahr benutzt und der Kleine Belt von 10 000 — aber in der Tonnage unterscheiden sich die Zahlen sehr.
Der Nord-Ostsee-Kanal ist ein wenig tiefer als der Öresund, aber am tiefsten ist die IMCO-regulierte Transitroute durch den Samsö-Belt, Großen Belt (zwischen Fünen und Seeland), Fehmarn-Belt und die Kadet Rinne (nördlich von Rostock) mit einer Mindesttiefe von 17 m, die Schiffe von fast 150 000 dwt erlaubt.
Kopenhagen am untiefen Öresund ist nicht mehr das natürliche Zentrum für den Transithandel im Ostseeraum, wie es das vor Jahrhunderten war. Mit dem „Kielkanal" hat Hamburg seit der Jahrhundertwende seine Position stark verbessert. Kopenhagen ist nicht einmal mehr der größte Hafen am Zugang zur Ostsee. Das ist jetzt Rostock in der DDR. Aber für Zug- und Flugverbindungen ist Kopenhagen immer noch das unbestrittene Tor des Nordens.

*Gunnar Alexandersson*

Blick vom Institut für Meereskunde in Kiel auf die Kieler Förde mit einer Skandinavienfähre. Im Vordergrund die Forschungsschiffe „Littorina" und „Poseidon"

Die „Finnjet" im vereisten Hafen von Helsinki. Das 213 m lange Schiff wurde 1977 in Dienst gestellt. Es verkürzt die Fahrzeit auf der Route Travemünde-Helsinki von vorher 36 auf 22 Stunden. Die Durchschnittsgeschwindigkeit des gasturbinengetriebenen Schiffes beträgt rund 29 Knoten. Dadurch wird ein 24-Stunden-Takt für die einfache Fahrt im Sommerhalbjahr erreicht. Größe und Geschwindigkeit ersparen ein sonst notwendig gewordenes zweites Fährschiff. Dadurch rentiert sich auch der höhere Verbrauch an Treibstoff.

Eine Fährverbindung besonderer Art war am Ende des Zweiten Weltkrieges die „Seebrücke" zwischen den Häfen um Danzig und dem Westen. Rund drei Millionen Flüchtlinge wurden damals auf Schiffen aller Art in den Westen transportiert, eine großartige Leistung aller daran beteiligten Organisationen und Besatzungsmitglieder. Es entbehrt nicht der Tragik, daß sich in diesem Zusammenhang das größte Schiffsunglück aller Zeiten ereignete. Die „Wilhelm Gustloff", ein umgebautes KdF-Schiff, sank am 30. Januar 1945 nach drei feindlichen Torpedotreffern mit 6600 Menschen an Bord, darunter über 5000 Fauen und Kinder. Nur 1252 Menschen wurden gerettet.

Bild oben: Das Unglücksschiff „Wilhelm Gustloff", hier auf einer Reise im Jahre 1938.

Bild Mitte: Großer Andrang auf die Flüchtlingsschiffe herrschte Mitte Januar 1945 im Hafen von Pillau.

Bild unten: Die „Pretoria" gehörte zum ersten großen Flüchtlingsgeleit, das den Hafen von Pillau am 25. Januar 1945 verließ und unbeschadet in Kiel ankam.

Brücke über den Fehrmarnsund im Zuge der Vogelfluglinie zwischen Kopenhagen und Hamburg, der meistbenutzten Verbindung zwischen Skandinavien und Mitteleuropa

Im Kieler Hafen stehen neue Personenkraftwagen zur Verschiffung nach Skandinavien bereit.

„Eisstraßen" für Autos und Fußgänger verbinden im Winter die Inseln im finnischen Schärenmeer. Zerschneidet eine Fahrrinne von Schiffen den Weg – wie es hier der Fall ist – so wird die Rinne durch eine kleine Fähre für die Autos und Holzstege für die Fußgänger überbrückt.

Einfahrt in den Fährhafen von Travemünde

# Die Entstehung der Ostsee

Die Ostsee ist ein geologisch junges Meer. Die Geschichte der heutigen Ostsee begann mit dem Abschmelzen des Inlandeises der jüngsten Vereisung (Weichsel-Eiszeit) vor 15 000 bis 10 000 Jahren.

Vor dieser Weichsel-Vereisung gab es im Ostseeraum während vieler Perioden der Erdgeschichte Meere, aber bis weit in die Eiszeit hinein fehlte eine Trennung von Nordsee und Ostsee. Meere im Nordseeraum breiteten sich wiederholt über Norddeutschland weit in den Ostseeraum hinein nach Osten aus.

Zu den jüngeren Vorläufern gehören die Meere der Kreidezeit (140 bis 65 Millionen Jahre) und der Tertiärzeit (65 bis 2 Millionen Jahre). Im Kreidemeer wurde neben anderen Gesteinen auch die Schreibkreide abgelagert, die z. B. die großen Steilufer von Mön und Rügen bildet. Auch die in Norddeutschland und Dänemark weit verbreiteten Feuersteine und Schwefelkiesknollen entstammen den Kreideschichten.

Im Tertiärmeer entstanden Sande und Tone. In Ufernähe wuchsen ausgedehnte Wälder, die zu Braunkohle wurden. Aus dem Harz von Nadelbäumen bildete sich Bernstein, oft mit Einschlüssen von Insekten, die in diesen Wäldern lebten. Bei späteren Meeresüberflutungen und durch die Gletscher der Eiszeit wurden die Bernsteine ebenso wie die Feuersteine und Schwefelkiesknollen und alle anderen Gesteine umgelagert, so daß sie heute an zahlreichen Stellen gefunden werden können.

Die Schichten und Versteinerungen aus der Tertiärzeit zeigen eine ständige Abkühlung des Klimas an, die schließlich zu Beginn der Quartärzeit zur Ausbreitung von Inlandeis von Nordeuropa bis weit nach Süden, Südwesten und Südosten führte. Nach ersten Vorstößen von geringerer Ausdehnung drangen die Eismassen in zwei großen Vereisungen (Elster-Vereisung und Saale-Vereisung) über den ganzen Ostseeraum bis an den Nordrand der Mittelgebirge und ebenso bis weit in den Nordseeraum hinein vor.

Auch in der großen Zwischeneiszeit zwischen Elster- und Saale-Vereisung gab es einen Vorläufer von Nordsee und Ostsee, über dessen Ausbreitung wir nicht viel wissen. Diese Ablagerungen sind von der nachfolgenden Vereisung vielfach abgetragen und zerstört oder umgelagert worden.

Am Ende der Saale-Vereisung mit ihren verschiedenen Stadien vor etwa 100 000 Jahren war aber aus Eisrandlagen, den Endmoränen, die heutige Geest in Schleswig-Holstein und Jütland entstanden und bildete – ganz ähnlich wie heute – eine langgestreckte Halbinsel zwischen Nordseeraum und Ostseeraum. In der Eem-Zwischeneiszeit zwischen der Saale-Vereisung und der jüngsten, der Weichsel-Vereisung, gab es erstmals wie in der Gegenwart eine Nordsee und eine Ostsee, die über Skagerrak, Kattegat und Rinnen im Gebiet der dänischen Inseln miteinander in Verbindung standen.

Schon die eemzeitliche Ostsee bildete an der schleswig-holsteinischen Ostseeküste Förden, und verschiedentlich liegen die eemzeitlichen und die heutigen Förden auch an der gleichen Stelle. Nach Osten reichte das Eem-Meer mindestens bis in das Gebiet von Danzig. Sande und Tone dieses Meeres finden wir im Ostseeraum nirgends an der ursprünglichen Stelle, denn sie wurden während der jüngsten Vereisung, der Weichsel-Vereisung, wieder vom Inlandeis abgetragen und umgelagert. Schollen dieser Gesteine finden wir heute in vielen Kliffs, z. B. an der Flensburger Förde, auf Langeland oder auf Hiddensee.

Das Inlandeis der Weichsel-Vereisung hatte eine geringere Verbreitung als das Eis der beiden großen Vereisungen. Der Eisrand lag in Jütland, im Osten von Schleswig-Holstein, in Mecklenburg, in der Mark Brandenburg und in Polen. Erst mit dem Abschmelzen dieses jüngsten Inlandeises beginnt die Geschichte der heutigen Ostsee.

Beim Zurückweichen des Eisrandes wurde zunächst in vielen Bekken Schmelzwasser gestaut. Solche Eisstauseen waren auf der einen Seite durch den Gletscherschutt früherer Eisrandlagen, die Endmoränen, und auf der anderen durch den Eisrand begrenzt. Dieses Stadium war im Gebiet der Kieler Bucht und der Lübecker Bucht vor ungefähr 15 000 Jahren erreicht.

Der Gürtel von Eisstauseen folgte dem abschmelzenden Eisrand nach Norden und Nordosten. Vor etwa 12 000 Jahren lag der Eisrand in Schweden eben nördlich der Halbinsel Schonen, in Blekinge und am Kalmarsund, und vor etwa 10 000 Jahren am Nordrand des Billingen zwischen Vänern-See und Vättern-See sowie im Gebiet von Stockholm.

In den Eisstauseen entstanden charakteristische Ablagerungen, die Bändertone oder Warwentone. In Abständen von Millimetern bis höchstens wenigen Zentimetern wechseln helle, sandigere und dunkle, schluffig-tonigere Lagen. Sie bilden Jahresschichten. Die sandigen Lagen entstanden im Sommer, wenn große Eismassen abschmolzen und das schnell fließende Schmelzwasser auch sandige Körner transportieren konnte. Die schluffig-tonigen Lagen sind dagegen Winterschichten aus den Monaten mit nur geringer Wasserbewegung. In der Dicke der Lagen bilden sich vor allem unterschiedliche Sommertemperaturen ab. Verfolgung und Zählung der Jahresschichten sind eine wichtige Grundlage für die Altersbestimmungen.

Während das Gebiet der Kieler Bucht inzwischen weitgehend trokken lag und landfest war, hatte sich östlich der Darßer Schwelle allmählich ein großer Eisstausee, der *„Baltische Eisstausee"*, gebildet. Zur Zeit seiner größten Ausbreitung wurde er im Norden vom Eisrand begrenzt, der von der Nordspitze des Billingen über das Gebiet von Stockholm nach Südfinnland reichte (Abb. 1). Er nahm weite Gebiete der mittleren Ostsee ein.

Die weitere Entwicklung wird von einem komplexen Wechselspiel zwischen Landhebung, Landsenkung und Wasserstandsschwankungen bestimmt. Wir müssen unterscheiden:

1. Wasserstandsschwankungen im Weltmeer,
2. Wasserstandsschwankungen in Süßwasserseen,
3. Hebungen und Senkungen der Erdkruste als Folge langdauernder Vorgänge,
4. Hebungen und Senkungen der Erdkruste als Folge der Belastung und Entlastung bei wechselnden Eisbedeckungen.

Der Weltmeerspiegel und die Eismassen im Inlandeis und in den Gebirgsgletschern sind voneinander abhängig. Warmes Klima – vor allem in den Polargebieten und in den Hochgebirgen – bewirken das Schmelzen von Eis und einen Anstieg des Meeresspiegels, kaltes Klima führt zur Bindung von Wasser als Eis auf den Festländern. Entsprechend sinkt dann der Weltmeerspiegel ab. Während der größten Ausbreitung des würmzeitlichen Inlandeises lag der Wasserstand etwa 80 m tiefer als in der Gegenwart. Mit dem Abschmelzen des Eises begann ein schneller Wasseranstieg, und vor etwa 4000 Jahren lag der Meeresspiegel nur noch wenig unter dem heutigen Stand. Seitdem steigt er nur noch langsam weiter an.

Zusätzlich gab es zahlreiche kurzzeitigere klimatische Schwankungen, die für Jahrzehnte oder wenige Jahrhunderte stärkere Anstiegschübe oder auch ein vorübergehendes Absinken des Meeresspiegels zur Folge hatten. Die Oszillationen überlagern sich dem allgemeinen Verlauf und werden nur sichtbar, wenn aus einem begrenzten Gebiet viele gut datierte Beobachtungen zugänglich sind.

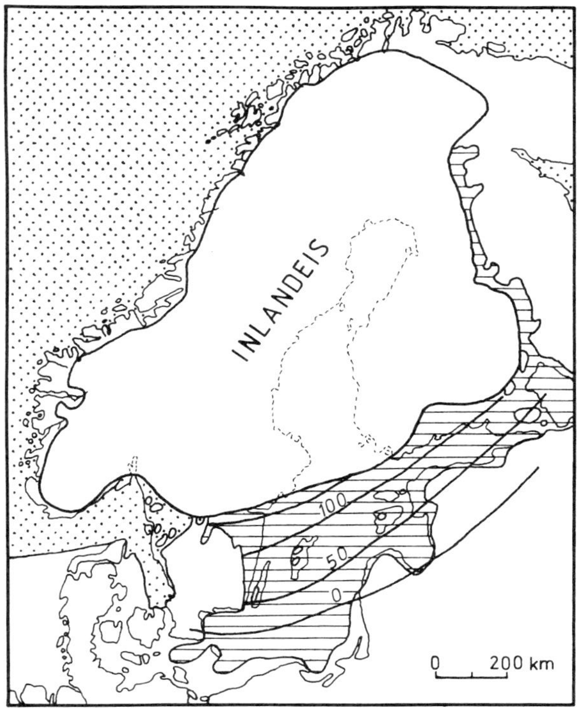


Abb. 1: Baltischer Eisstaussee

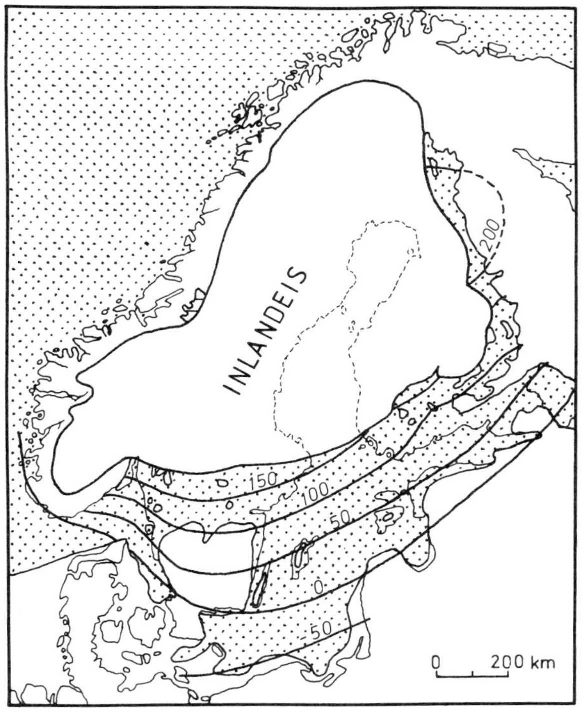


Abb. 2: Yoldia-Meer

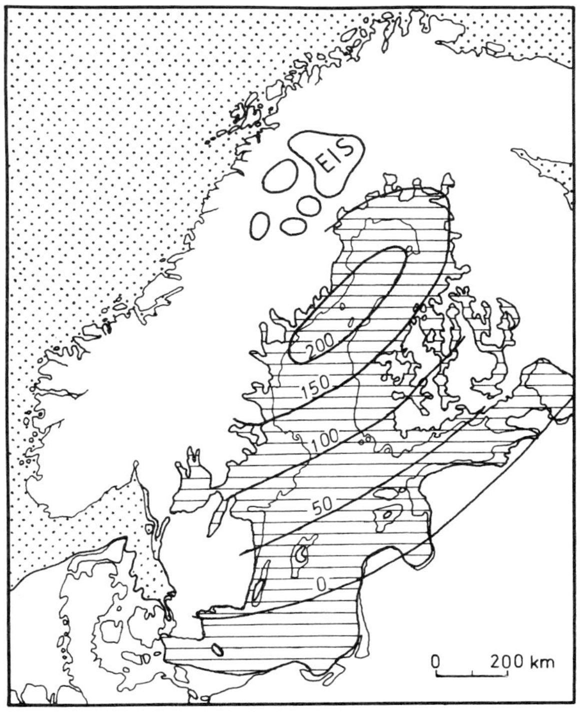


Abb. 3: Ancyclus-See

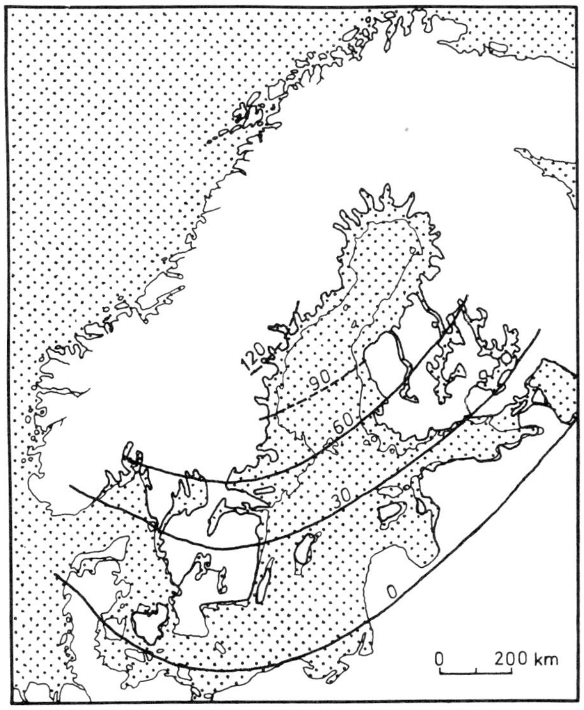


Abb. 4: Litorina-Meer

(Abbildungen nach Magnosson, Lundqvist und Regnell, 1963)

Diese weltweiten Schwankungen des Meeresspiegels werden als eustatische Wasserstandsschwankungen bezeichnet.

In Süßwasserseen, wie dem *„Baltischen Eisstausee"*, hängt der Wasserstand dagegen nicht vom Weltmeerspiegel ab, sondern vom Maß des Zuflusses, das durch die Eisschmelze sehr hoch war, und vom Maß des Abflusses, das während längerer Zeit durch stauende Höhenzüge und den Eisrand sehr eingeschränkt war.

Gleichzeitig mit diesen Veränderungen des Wasserstandes änderte sich auch die Höhenlage der Erdkruste. Der größte Teil Skandinaviens ist seit mehr als 600 Millionen Jahren ein Hebungsgebiet. Am stärksten werden die zentralen Teile herausgehoben. Mit Annäherung an die Randzonen nehmen die Beträge ab, und das vorgelagerte nordwestdeutsche Flachland ist seit mindestens 300 Millionen Jahren eine Senkungszone. Die absoluten Beträge dieser tektonischen Bewegung liegen in der Größenordnung von Millimetern im Jahrhundert, können aber örtlich und während kurzer Zeiten sehr viel höher sein.

Ihnen überlagert sich die Wirkung der Auflast des Inlandeises. Immerhin entsprach das würmzeitliche Eis dem Gewicht eines Gesteinspaketes von mehr als 1000 m. Unter dieser Last sank Skandinavien entgegen der langsamen tektonischen Hebung ein, und nach dem Abschmelzen stieg es wieder auf. Solche Ausgleichsvorgänge werden als isostatische Bewegungen bezeichnet. Diese isostatische Hebung überschreitet in Nordschweden und am nördli-

chen Bottnischen Meerbusen in der Nacheiszeit 300 m. Gegen die Randzone Skandinaviens nehmen auch diese Beträge ab.
Die isostatischen Hebungen und Senkungen sind mit Magmenbewegungen im Untergrund verbunden. Sie setzen deshalb gegenüber den Belastungen und Entlastungen mit erheblichen Verzögerungen ein. Für die Ostseegeschichte der letzten 10 Jahrtausende bedeutet dies:

1. Mit dem Beginn des Abschmelzens des Inlandeises begann sofort ein kräftiger eustatischer Wasseranstieg, während die isostatische Landhebung als Folge der Entlastung erst mit erheblicher Verzögerung einsetzen konnte.
2. Später ließ der eustatische Wasseranstieg allmählich nach, aber die isostatische Landhebung konnte über längere Zeit nachwirken.
3. Diesem langfristigen und großräumigen Zusammenspiel überlagern sich die kurzzeitigen Oszillationen des Wasserstandes und örtliche tektonische Bewegungen.

Die Aufwölbung des skandinavischen Schildes wird schon an den Strandlinien des *„Baltischen Eisstausees"* sichtbar. Die ursprünglich horizontalen Ufer mit ihren Kliffs und Strandwällen liegen heute in der Nähe des damaligen Eisrandes in 150 m Höhe, und auf einer Linie von Süd-Öland bis Estland noch in 50 m. Südlich einer Linie von Südost-Schonen bis Lettland finden sie sich dagegen unter dem heutigen Ostseespiegel (Abb. 1). Aber wie hoch lag der *„Baltische Eisstausee"* im Verhältnis zum Meeresspiegel?
Zu dieser Zeit erfüllte die nacheiszeitliche Nordsee nicht nur das Skagerrak, sondern auch Teile des Kattegat und einen breiten Uferstreifen in Westschweden mit einer über den südlichen Vänern-See bis an den Westrand des Billingen reichenden Bucht. Das Nordufer auch dieser Bucht wurde vom Eisrand gebildet. Der Weltmeerspiegel lag noch ungefähr 50 m tiefer als heute, aber die isostatische Hebung des Landes war noch sehr gering, so daß die tiefe Lage des Meeresspiegels mehr als ausgeglichen wurde.
Als sich der Eisrand vor rund 10 000 Jahren von der Nordspitze des Billingen löste, kam es zu einem katastrophalen Durchbruch. Das im *„Baltischen Eisstausee"* aufgestaute Wasser floß über ein noch heute im Gelände deutlich ausgeprägtes Tal in diese Meeresbucht ab. Die Strömung war so groß, daß tonnenschwere Gesteinsblöcke transportiert werden konnten. Demnach muß die Oberfläche des *„Baltischen Eisstausees"* bis mehrere 10 m über dem damaligen Weltmeerspiegel gelegen haben.
Während sich der eustatische Anstieg des Wasserstandes schnell fortsetzte, die isostatische Hebung des Landes aber noch gering war, konnte Meerwasser über Mittelschweden in den bisherigen Binnensee eindringen. Nahe der Meeresstraße wurde dieser salzig, in den übrigen Gebieten brackig. Dieses Ostseestadium wird als *„Yoldia-Meer"* bezeichnet, benannt nach der Muschel *Yoldia (Portlandia) arctica.*
Das Nordufer des *„Yoldia-Meeres"* wurde weiter vom – jetzt allerdings schnell zurückweichenden – Eisrand gebildet, der ungefähr einer Linie von Südnorwegen nach Südfinnland folgte. Mittelschweden, große Teile der Inseln Gotland und Öland, Südfinnland und Teile von Estland waren überflutet. Im Süden reichte das *„Yoldia-Meer"* nicht an die heutige Küste heran (Abb. 2).
Auch die Uferlinie des „Yoldia-Meeres" zeigt wieder eine deutliche Schrägstellung als Folge der seitdem erfolgten isostatischen Landhebung. Nahe am derzeitigen Eisrand in Mittelschweden erreicht sie über 150 m Höhe. Ein Anstieg um 50 m zeichnet sich in Nord-Öland, Nord-Gotland und Estland ab. Die Inseln Öland und Gotland beginnen, aus dem Meer aufzutauchen. In der Danziger Bucht sind die Strandbildungen dagegen in etwa 50 m Tiefe zu suchen (Abb. 2).
Schon während der Zeit des *„Yoldia-Meeres"* wurde die isostatische Hebung in Mittelschweden voll wirksam, und vor etwa 9250 Jahren hatte sich die Meeresstraße wieder geschlossen. Die Ostsee wurde erneut zu einem Binnensee mit Süßwasser, dem *„Ancylus-See"*, benannt nach der Süßwasserschnecke *Ancylus fluviatilis.*
Die Reste des Inlandeises schmolzen jetzt schnell ab, so daß dieser See bei gleichzeitigem Aufstau des Wassers das ganze Ostseebekken östlich der Darßer Schwelle einnehmen und weite Gebiete entlang der Küste von Schweden, Finnland und Estland überfluten konnte. Die höchsten *Ancylus*-Strandlinien finden sich am nördlichen Bottnischen Meerbusen in etwa 200 m Höhe. In Schonen und Litauen tauchen sie unter den heutigen Meeresspiegel ein (Abb. 3).
Der Abfluß des *„Ancylus-Sees"* erfolgte anfangs über Mittelschweden, bis dieser Weg durch die Landhebung verschlossen wurde. Stattdessen öffnete sich ein neuer Abfluß über den Fehmarn-Belt und den Großen Belt. Das Gebiet der westlichen Ostsee war seit dem Abschmelzen des Inlandeises Festland mit kleineren Seen und Mooren. In diese Landschaft schnitt sich der Abfluß des *„Ancylus-Sees"* als breites und tiefes Tal ein, das heute noch am Ostseeboden, teilweise unter jüngeren Ablagerungen, verfolgt werden kann.
Vor etwa 8000 Jahren hatte der eustatische Wasseranstieg einen Stand von 20 m unter dem heutigen Meeresspiegel erreicht. Nun konnte zunehmend Salzwasser über den Großen Belt, später auch über den Kleinen Belt und den Öresund in die Ostsee eindringen, und das *„Litorina-Meer"* entstand. Es erhielt seinen Namen von der Strandschnecke *Littorina littorea.* Der Wasseranstieg wirkte sich im Bereich der dänischen Inseln so stark aus, daß die bisherigen Schwellen überflutet werden konnten, war jedoch nicht stark genug, um im Bottnischen Meerbusen die isostatische Hebung zu überwinden. Hier dauerte die Landhebung gegenüber dem Meeresspiegel auch während der *Litorina-Transgression* kontinuierlich an, und die „Überflutung" bildete sich nur in der Verbrakkung des Süßwassers ab.
Diese „Salzwassergrenze" ist am nördlichen Bottnischen Meerbusen bis 120 m gehoben, die höchsten Strandlinien des *„Litorina-Meeres"* finden sich bei Stockholm in etwa 50 m Höhe, in Blekinge um 10 m und entlang einer Linie über die dänischen Inseln und Rügen im Niveau des heutigen Meeresspiegels (Abb. 4). Südlich dieser Grenze steigt der Wasserstand bis heute an.
Nach dem Nachlassen des eustatischen Wasseranstieges in den letzten 4000 Jahren konnte sich die isostatische Landhebung schon im Norden der dänischen Inseln wieder durchsetzen. Damit wurden auch der Große Belt, der Kleine Belt und der Öresund flacher. Der Wasseraustausch verringerte sich, und in der Ostsee setzte eine leichte Aussüßung ein. Diese Meerengen erwiesen sich so als die natürliche Begrenzung der Ostsee gegenüber Kattegat und Nordsee.
Mit der Verminderung des Salzgehaltes wanderten zunehmend Brackwasserorganismen ein, und die jüngsten Ostseestadien, die im geologischen Sinne eine Fortsetzung des *„Litorina-Meeres"* sind, werden nach der Brackwasserschnecke *Limnea ovata* als *„Limnea-Meer"* und der Sandklaffmuschel *Mya arenaria* als *„Mya-Meer"* benannt.
Die komplexen Auswirkungen von Hebungen, Senkungen und Wasserstandsschwankungen werden deutlich, wenn wir die Strandverschiebungen der letzten 8000 Jahre an verschiedenen Orten vergleichen: Gävle am nördlichen Bottnischen Meerbusen zeigt ständige Landhebung, auf Öland erfolgte erst ein Wasseranstieg und dann eine Heraushebung, und Travemünde ist durch ständigen Wasseranstieg gekennzeichnet. Die Vorgänge dauern, wie die Pegelaufzeichnungen im Ostseeraum zeigen, in der Gegenwart unverändert an und werden sich in den nächsten Jahrtausenden fortsetzen.

*Rolf Köster*

Große Teile der nördlichen Ostseeküste bestehen aus Fels, der sich vor mehr als einer halben Milliarde Jahren aus glutflüssigem Gesteinsbrei (Magma) durch Erkalten gebildet hat. Dabei erstarrten die einzelnen Mineralien als Kristalle. Der Fels auf diesem Foto besteht aus Granit, dem bekanntesten kristallinen Gestein, dessen drei Mineralien, Glimmer, Feldspat und Quarz, in der genannten Reihenfolge erkalteten, so daß der Quarz die noch verbliebenen „Lücken" im Gestein zu füllen hatte. Auffällig ist die abgerundete, teilweise nahezu polierte Oberfläche des Gesteins: Während der Eiszeit überfuhren Gletscher den Felsuntergrund und „hobelten" ihn ab. Die „Späne" gerieten mit dem Eis, das die scharfen Kanten abrundete, an die Ostseeküste und in das norddeutsche Tiefland. Als „Feldsteine" liegen diese Geschiebe zu Tausenden auf den Äckern. Gelegentlich haben sie als Findlinge mehrere Meter Größe. Wer am Strand ein Geröll aufsammelt und zerschlägt, wird in vielen Fällen kleine, unregelmäßige gegeneinanderstehende glänzende Flächen erkennen – ein untrüglicher Hinweis auf ein kristallines Gestein (oben).

Eine andere Gruppe von Steinen, die man häufig an der Ostsee findet, sind die Feuer- und Flintsteine. Der Name stammt daher, daß man durch Aneinanderschlagen Funken erzeugen kann, so daß z. B. das Pulver alter Flinten damit gezündet wurde. Flintsteine sind im allgemeinen grau, haben aber oft eine weißliche „Rinde" ausgebildet. Ihre äußere Form ist rundlich-knollig. Manche enthalten Versteinerungen, z. B. Seeigel, die nach dem Zerschlagen der Knolle sichtbar werden. Der Flint entstammt vor allem der vor 100 Millionen Jahren entstandenen oberen Kreide (siehe Beiträge über Dänemark und Rügen). Unser Foto zeigt die berühmten Feuersteinfelder der „Schmalen Heide" auf Rügen. Zur Steinzeit war der Flint sehr begehrt, weil sich daraus zahlreiche dauerhafte Werkzeuge herstellen ließen, z. B. Schaber, Pfeilspitzen oder Beile. Mit einer Klinge aus Flint kann man ein Stück Pappe mit einem einzigen Schnitt durchtrennen (Mitte).

Landhebung im Bereich der Åland-Inseln. In 100 Jahren hebt sich der Meeresboden um etwa einen halben Meter. Der gesamte hier erkennbare Kiesbereich war früher vom Ostseewasser bedeckt (unten).

# Bernstein – Schatz aus der Vergangenheit

Seit der Karbonzeit vor ca. 350 Millionen Jahren gibt es auf unserer Erde harzende Bäume. Wir können heute weltweit verstreut die gealterten Harze, die „Bernsteine“ dieser längst ausgestorbenen Baumarten finden. Der Wissenschaftler faßt sie zusammen als „Brennsteine“ (Kaustobiolithe).
Doch wenn wir im Ostseeraum vom „Baltischen Bernstein“, dem „Gold des Nordens“ reden, meinen wir immer den Succinit, das Harz der Bernsteinkiefer Pinus succinifera. Über 20 Millionen Jahre bildeten diese Kiefern im Erdzeitalter des Tertiärs vor 55–35 Mio. Jahren mit vielen anderen Baumarten, Sträuchern und Kräutern ausgedehnte Urwälder. Sie bedeckten nicht nur das heutige Ostseegebiet, sondern auch weite Teile von Nordeuropa. In diesen subtropischen Wäldern sammelten sich über lange Zeiträume die ausgetretenen Harze der absterbenden Kiefern in den Ablagerungen des Waldbodens.
Land und Meer sind aber im Laufe der Erdgeschichte ständig im Wandel. So auch in den folgenden Millionen Jahren, in denen ein breiter Meeresarm vom Westen in die Gebiete der Bernsteinwälder vordrang und sie überspülte. Der Waldboden wurde von den Wellen aufgearbeitet; die leichten, jetzt zu „Bernstein“ gealterten Harze wurden herausgespült und mit der Strömung abtransportiert. Große Mengen Bernstein müssen sich dann im heutigen Gebiet des Samlandes strömungsbedingt in einer Bucht vor ca. 30 Mio. Jahren angesammelt haben. Dort wurden sie zusammen mit Tonmineralien als sogenannte „Blaue Erde“ abgelagert.
In jüngerer Vergangenheit – vor 300 000 Jahren beginnend – schoben während der drei Eiszeiten gewaltige Inlandgletscher mächtige Erd- und Gesteinsmassen zusammen und hinterließen beim Abschmelzen die Moränenlandschaft in Nordeuropa. Das Schmelzwasser spülte auch leichten Bernstein heraus und nahm ihn mit auf den langen Weg über die Urstromtäler in die sich bildende Ost- und Nordsee. Im Meeresboden abgelagert, wird er heute wiederum bei Stürmen herausgewühlt und tanzt mit den Wellen an den Strand.
Wir finden den Bernstein nicht dort, wo er entstanden ist, sondern an den Standorten, wo er nach mehrfacher Wanderung letztlich abgelagert worden ist: An den Stränden der Ost- und Nordsee und auch überall im Lande, wo eiszeitliche Gletscher Ablagerungen hinterlassen haben. So wird verständlich, daß es nirgends auf der Welt ein ähnlich großes Bernstein-Gebiet gibt wie bei uns.
Diese Entstehungsgeschichte des Bernsteines erzählen uns die „Inclusen“, Einschlüsse im Bernstein, die wir oft erst mit der Lupe sehen. Außer Mulm, Rinden- und Waldbodenresten sind in den „gläsernen Harzsärgen“ teilweise sehr gut und bis in alle Einzelheiten erhaltene kleine Tiere und Pflanzenteile eingeschlossen, wie Fliegen, Mücken, Bienen, Wespen, Spinnen, Milben, Asseln, Tausendfüßler und viele andere sowie auch Teile von Moosen, Flechten, Farnen, Nadelbäumen und Blütenpflanzen. Es gibt Sammlungen mit weit über 100 000 Inclusen!
Die berühmte „Blaue Erde“ reicht als bernsteinführende Ablagerungsschicht weit in die Ostsee und wird ständig vom Meer aufgearbeitet – daher ist der „Auswurf“ auch heute noch an der Samlandküste groß. Sie liegt aber auch 30–50 m unter der Steilküste und wurde an verschiedenen Stellen im Tage- und Untertagebau abgebaut. Am bekanntesten ist das 1913 begonnene Tagebau-Bergwerk Palmnicken-Kraxtepellen, wo bis zu 650 t Bernstein pro Jahr gewonnen werden.
Kein Wunder, daß an der Ostseeküste, besonders an der Samlandküste, eine weitverzweigte Bernsteinverarbeitungsindustrie entstehen konnte mit weltweiten Absatzmärkten: Der „Natur“-Bernstein wurde verarbeitet zu vielfältigen Schmuck- und Gebrauchsartikeln, zu Hochzeits- und Ritualgeräten und Gebetsketten, aber auch zu herrlichen Schnitzereien, Intarsienarbeiten, figürlichen und anderen Kunstwerken. Ebensogut läßt sich „Echt“-Bernstein (Ambroid oder Preßbernstein) formen und polieren. Hierzu werden kleinere Bernsteinstücke und -abfall bei ca. 200° C (unter hohem Druck von 300–400 bar) in Rohformen gepreßt.
Auch heute noch ist der Schwerpunkt der Bernsteinverarbeitung das Samland geblieben, nur liegt es jetzt in der Sowjetunion, und die Orte heißen Jantarnyj, Klaipeda, Kaliningrad u. a.
Der Bernstein ist ein sehr leichter Stein (Spez. Gew. 1–1,1), der sich warm anfühlt. Von hellgelb bis dunkelrotbraun, fast schwarz, von glasklar bis milchigtrüb, undurchsichtig, weißschaumig, oft mit einer rissigen Verwitterungsschicht umgeben, strahlt er poliert in allen Farbvariationen. Sein Name kommt vom niederdeutschen Wort „bernen“ = brennen! Mit einem Streichholz angezündet, verbrennt er mit leuchtender, leicht rußender Flamme und aromatischem Duft. Er ist sehr widerstandsfähig gegen Säuren und Lösungsmittel – bei der Ätherprobe behält er seinen Glanz. Er läßt sich leicht bearbeiten, formen und polieren – und er ist beliebt schon seit der Altsteinzeit als Talisman, als Zauberstein mit geheimnisvollen Kräften, als Medizin für viele Krankheiten und als Ritual- und Kultgerät. In allen Kulturperioden wurde der Bernstein geschätzt und verwendet. Er diente auch nordischen Völkern als Tausch- und Zahlungsmittel. Daher das „Gold des Nordens“!

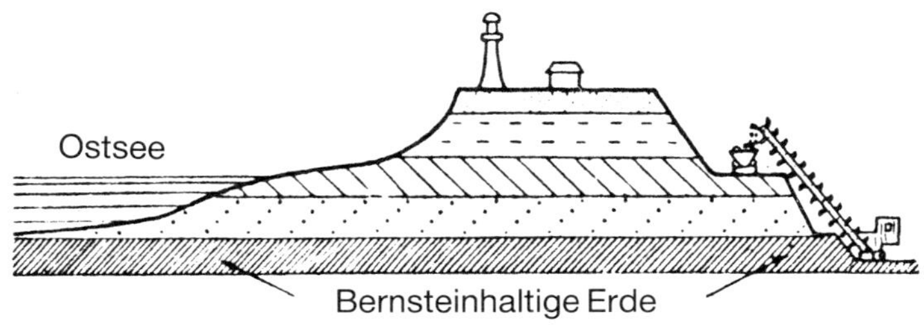


Im Mittelalter fand der Bernstein, verarbeitet zu Paternostern (Rosenkranz, Gebetskette) eigens durch die Zunft der Paternostermacher angefertigt, große Bedeutung und Beliebtheit. Der Deutsche Orden und später die Landesherren errichteten das „Bernsteinregal“ – die Abgabepflicht. Alle Bewohner der Ostseeküste mußten den Strandeid leisten, und viele „Galgenberge“ zeugen noch von den harten Strafen der früheren Bernsteingerichte. Genau wie früher aber erfreut auch heute noch jeder Bernsteinfund das Herz des Sammlers. Und jeder so farbige, geschliffene oder polierte Bernstein läßt die Geheimnisse dieses einmaligen, schönen Natursteins der Ostseeküste erahnen!

*Rule von Bismarck*

Gewinnung des Seebernsteins durch Schöpfen an der Samländischen Küste in früherer Zeit

Bernsteingewinnung im Tagebau an der Samlandküste bei Palmnicken durch Bagger

Spülen und Sortieren im Bernsteinwerk Palmnicken

Farbvariationen
des Bernsteins

Bernsteinincluse: Mücke mit
kleinen Luft- und Zellsaftbläschen

Steinzeitliches Amulett,
Schwarzort/Ostpreußen

Schwebende; Halbrelief, Bernstein auf Holzsockel; Höhe 21 cm, Königsberg 1930

Nachbildung der Kogge „Danzig" aus Bernstein; Höhe 38 cm, Länge 120 cm, Königsberg 1937

Paternoster-Gebetskette

# Küstenformen der Ostsee

Die Küsten der Ostsee weisen einen überaus großen Formenreichtum auf. In ihrem Erscheinungsbild, zu dem zahlreiche, meist landnahe gelegene Inseln gehören, unterscheiden sie sich stark von den meisten anderen Küsten Europas. Sie besitzen einen ganz spezifischen, sehr abwechslungsreichen Reliefcharakter.
In dieser morphologischen Vielgestaltigkeit werden die Leistungen mehrerer Entwicklungsvorgänge sichtbar, die von der voreiszeitlichen Landformung über eiszeitliche Abtragung und Ablagerung, nacheiszeitliche Vertikalbewegungen des Landes und Meeresspiegelschwankungen bis zu meeresbedingten (marinen), windbedingten (äolischen) und flußbedingten (fluviatilen) Prozessen reichen. Je nachdem, in welcher zeitlichen und räumlichen Kombination die einzelnen Formungsabläufe wirksam wurden, wie lange sie dauerten und wie intensiv sie waren, führten sie zur Ausbildung verschiedener Küsten. Diese unterscheiden sich grundlegend nach dem morphologischen Erscheinungsbild, dem Gesteinsaufbau und der räumlichen Anordnung. Im Kartenbild (S. 71) wird differenziert zwischen dem landschaftsgebundenen „Küstentyp" und der im unmittelbaren Grenzbereich zwischen Wasser und Land ausgebildeten Ufergestalt, der „Küstenform."
Im Verbreitungsmuster der Küstentypen spiegelt sich der Unterschied zwischen zwei morphologisch verschiedenartigen Formengruppen wider: Im schwedisch-finnischen Gebiet (überwiegend glazialer Abtragung) dominieren Küsten, die im alten, felsigen, kristallinen Grundgebirge (Gneise, Granite) ausgebildet sind. Im südlichen Randbereich dagegen, wo der junge eiszeitliche Schutt in Moränen abgelagert wurde, herrschen Lockergesteinsküsten vor. In dieser räumlichen Differenzierung kommt zugleich das unterschiedliche Verhalten der beiden Teilräume während des nacheiszeitlichen Eisrückganges zum Ausdruck: Die nördlichen Küstengebiete Dänemarks, diejenigen Schwedens und Finnlands gehören zum Bereich der „fennoskandischen" Landhebung, während die Küsten der südlichen und westlichen Ostsee der Landsenkung unterliegen.
Diese Vertikal- und Ausgleichsbewegungen sind eine Folge der Druckentlastung durch das Schwinden der Eisdecke. Sie wurden zeitlich in sehr komplizierter Weise vom phasenhaften (eustatischen) Anstieg des Meeresspiegels überlagert, wodurch sich unterschiedliche Voraussetzungen für die Küstenentwicklung ergaben. Generell herrscht im Norden Auftauchen, im Süden Überfluten vor. Nach Pegelmessungen beträgt die gegenwärtige Landhebung in der Breitenlage der Insel Gotland 1 mm/Jahr. Sie nimmt bis in den nördlichen Bottnischen Meerbusen auf 9 mm/Jahr zu. Mit anderen Worten: Der Meeresgrund hebt sich in 100 Jahren um fast einen Meter! Im südwestlichen dänischen Inselraum und im deutschen Küstenbereich herrscht dagegen eine Landsenkung von 1 mm/Jahr.
Überall dort, wo sich das Land schnell aus dem Meer heraushebt, bleibt den Formenbildungsvorgängen des Wassers nicht hinreichend genug Zeit, um die Küsten entscheidend umzugestalten. In ihrem morphologischen Erscheinungsbild sind deshalb fast unverändert die Landformen wiederzuerkennen, die schon vor oder während der Eiszeit ausgebildet worden sind. Die Feingliederung des Reliefs wird hauptsächlich durch den Charakter des anstehenden Felsgrundes bestimmt, dessen Formen wegen seiner hohen Widerständigkeit ohnehin nicht schnell durch marine Prozesse verändert werden können. Bei langsamer oder geringer Hebung und vor allem da, wo eine Sedimentdecke vorhanden ist, finden sich fossile (ehemalige) Strandwälle, Kliffs oder andere Formenelemente als Anzeichen früherer Meeresspiegelstände und Brandungseinwirkungen oberhalb der heutigen Küstenlinie, die selbst meist keine markanten Veränderungen aufweist. Im Gegensatz dazu wurden die im Glazialschutt der eiszeitlichen Moränen ausgebildeten Küsten der westlichen und südlichen Ostsee auf weite Strecken durch die Arbeit des Meeres umgestaltet.
Felsküsten treten in vier charakteristischen Formentypen auf (vgl. Tab. 1), nämlich als Schärenhof-Küste, Fjärd-Schären-Küste, Fjord-Küste und Kliffreihen-Küste.

Tab. 1: Küstentypen der Ostsee

| | |
|---|---|
| *Felsküsten* | |
| Durch freie Glazialerosion geformt, d. h. in verschiedene Richtung wirkende Abtragung bzw. Abschleifung des Gesteins durch das fließende Eis | Schärenhof-Küste |
| Durch freie und dirigierte Glazialerosion geformt | Fjärd-Schären-Küste |
| Durch dirigierte Glazialerosion geformt | Fjord-Küste |
| Strukturell, tektonisch oder marin gestaltet | Kliffreihen-Küste |
| *Meeresbodenküsten* | |
| Durch isostatische Hebung geprägt (z. T. Druckentlastung durch abschmelzendes Gletschereis) | Fjärd-Schären-Hebungsküste<br>Meeressediment-Hebungsküste |
| *Lockergesteinsküsten* (Glazialschuttküsten, meist Lehm oder Sand) | |
| Glazial akkumulativ (d. h. durch aufschüttende Wirkung des Eises) geprägt, marin überformt | Moränen-Küste<br>Förden- und Buchten-Küste<br>Bodden-Küste |
| Marin gestaltet | Ausgleichs-Küste<br>Nehrungs-Haff-Küste |
| Marin-äolisch (durch Meereseinfluß und Wind) gestaltet | Dünenwall-Küste |
| *Flußmündungen* | Delta-Küste |

Für die *Schärenhof-Küste* ist ein flachwelliges, im einzelnen aber sehr abwechslungsreiches „Buckelrelief" kennzeichnend, das sich unter dem Meeresspiegel fortsetzt. Infolgedessen ist der Rand des eigentlichen Festlandes in eine Vielzahl von Inseln und Halbinseln aufgelöst (vgl. Satellitenphoto S. 78), die wegen der Neigung der Landoberfläche gegen das offene Meer immer kleiner und flacher werden.
Das Grundbild dieser Reliefgestaltung ist durch eine alte, sehr lange vor der Eiszeit entstandene, flachwellige Rumpffläche bestimmt, die während der Eiszeit durch das Inlandeis überfahren und dabei durch freie Glazialerosion in eine typische Rundhöckerlandschaft umgestaltet wurde. Als das Felsbuckelrelief nach der Eisschmelze im Meer ertrank, entstand die Schärenhof-Küste mit ihren zahlreichen kleinen Inseln und Untiefen: Schären sind die aus dem Wasser ragenden Rundhöcker, die in Schweden und Finnland auf weite Strecken ausgedehnte Küstenhöfe bilden. Die Kuppen sind meist von den glazialen Ablagerungen, die auf dem Felsgrund ruhten, entblößt und von geröll- und moränenbedeckten Flächen umrandet.
Das Streichen und Fallen der kristallinen Gesteine sowie deren Kluftsysteme, also ihr Verlauf gegenüber den Himmelsrichtungen und ihre Neigung gegenüber dem Meeresspiegel, wirken sich

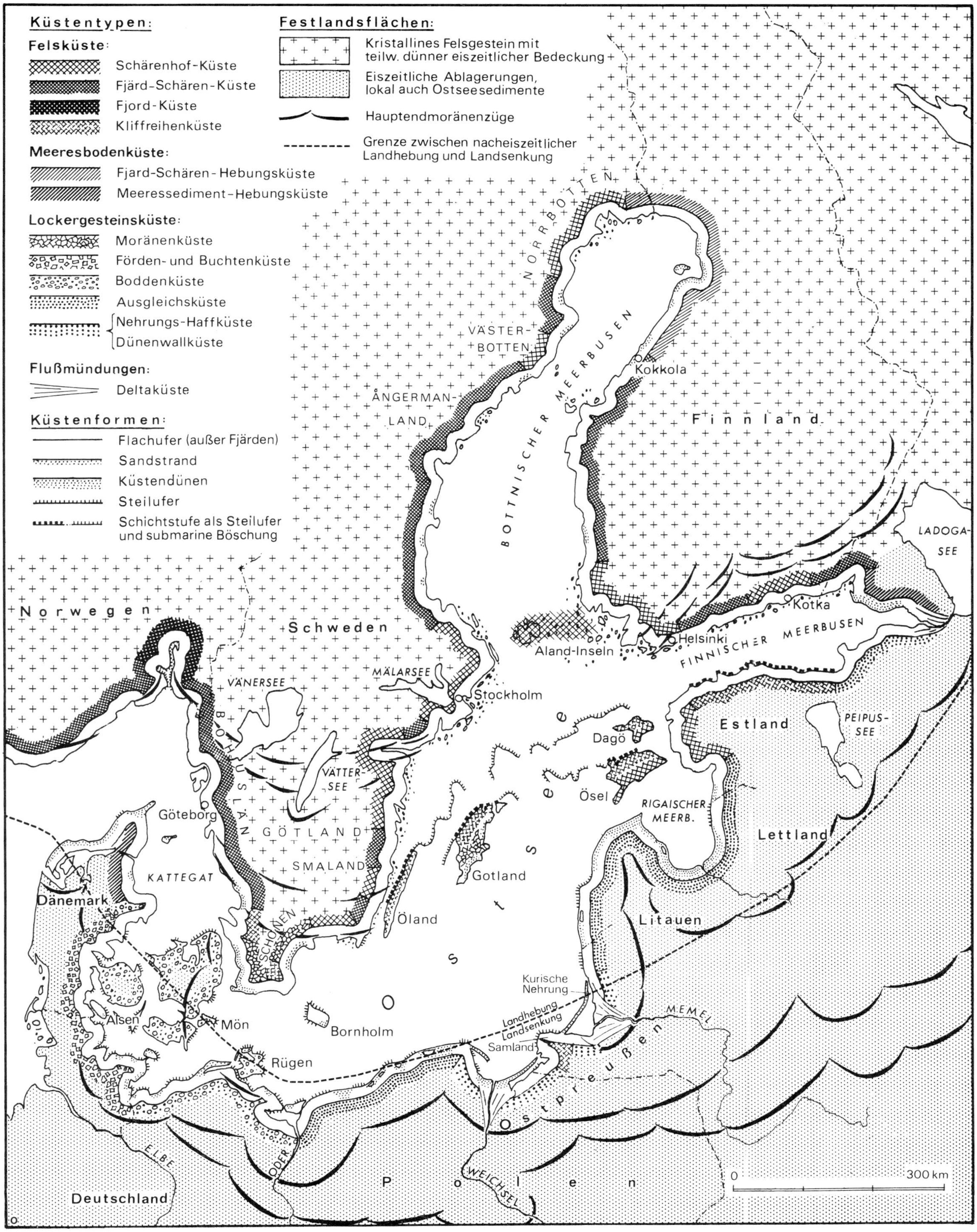
Küstentypen:
Felsküste:
Schärenhof-Küste
Fjärd-Schären-Küste
Fjord-Küste
Kliffreihenküste
Meeresbodenküste:
Fjard-Schären-Hebungsküste
Meeressediment-Hebungsküste
Lockergesteinsküste:
Moränenküste
Förden- und Buchtenküste
Boddenküste
Ausgleichsküste
Nehrungs-Haffküste
Dünenwallküste
Flußmündungen:
Deltaküste
Küstenformen:
Flachufer (außer Fjärden)
Sandstrand
Küstendünen
Steilufer
Schichtstufe als Steilufer und submarine Böschung
Festlandsflächen:
Kristallines Felsgestein mit teilw. dünner eiszeitlicher Bedeckung
Eiszeitliche Ablagerungen, lokal auch Ostseesedimente
Hauptendmoränenzüge
Grenze zwischen nacheiszeitlicher Landhebung und Landsenkung
NORRBOTTEN
VÄSTERBOTTEN
ÅNGERMANLAND
BOTTNISCHER MEERBUSEN
Kokkola
Finnland
LADOGA-SEE
Kotka
Helsinki
FINNISCHER MEERBUSEN
Aland-Inseln
Norwegen
Schweden
MÄLARSEE
VÄNERSEE
Stockholm
BOHUSLÄN
VÄTTERSEE
Dagö
Ösel
Estland
PEIPUS-SEE
RIGAISCHER MEERB.
Lettland
Göteborg
GÖTLAND
SMALAND
KATTEGAT
Gotland
Dänemark
SCHONEN
Öland
Litauen
Ostsee
Kurische Nehrung
MEMEL
Alsen
Mön
Bornholm
Landhebung
Landsenkung
Samland
Ostpreußen
Rügen
ELBE
ODER
WEICHSEL
Polen
Deutschland
0
300 km

deutlich in der Gestalt und Verbreitung der Inseln aus. Schären können jedoch auch aus eiszeitlichen Ablagerungen aufgebaut sein. Sie sind dann meist aus Drumlins, Osern oder Endmoränenwällen hervorgegangen, wie z. B. in Verlängerung der Salpausselkä-Moränen Südfinnlands oder im Falle der Drumlinlandschaft vor dem südlichen Västerbotten. Wo die Eiszeitablagerungen dem Meeresangriff ausgesetzt sind, finden sich auch Sandstrände und -riffe. Die Schärenhöfe zwischen Südwest-Finnland und der schwedischen Küste um Stockholm sind die am reichsten ausgebildeten Schärenhöfe der Ostsee. Die Anzahl der Inseln beträgt allein dort über 30 000.

Beim Typus der *Fjärd-Schären-Küste* treten als charakteristische Formenelemente zu den Schären noch langgestreckte, glazial überprägte und jetzt vom Meer überflutete Talunterläufe hinzu, die in Schweden als „Fjärd" bezeichnet werden. Wo die vorgelagerten Inseln eine größere Höhe erreichen wie etwa vor Ångermanland (Beispiel: Mjältön 235 m) und die schmalen Buchten mit hohen gebirgigen Ufern tief in das Land eindringen, zeigen die Reliefformen unverkennbare Ähnlichkeit mit dem Typus der echten Fjord-Küste, der im Randbereich der Ostsee durch den Oslo-Fjord repräsentiert wird. In der Tat entsprechen manche der schwedischen Fjärde — vor allem die von Bohuslän und Ångermanland — nach Form und Entwicklung dem morphologischen Habitus eines typischen Fjords, nämlich einem ertrunkenen glazialen Trogtal, weshalb sie mitunter auch in diese Kategorie eingeordnet werden. So zeigt beispielsweise der Gullmarenfjord, einer der großen Fjorde Bohusläns, mit 142 m Tiefe im Innern und einer nur 35 m unter dem Meeresspiegel liegenden Schwelle nach außen die typischen Züge der gerichteten (dirigierten) Gletschererosion, die bei der Ausformung dieser Buchten für alle echten Fjorde kennzeichnend ist.

Einen anderen Typus mit Steilreliefcharakter stellt die *Kliffreihen-Küste* dar. Am ausgeprägtesten kommt sie an den West- bzw. Nordwestküsten der Inseln des zentralen Ostseeraumes und in Nordestland vor. Dazwischenliegende untermeerische (submarine) Steilhänge geben zu erkennen, daß die genannten Küstenstrecken mit den submarinen Böschungen Glieder eines zusammenhängenden Reliefsystems sind. Es handelt sich dabei um eine im Meer ertrunkene Schichtstufenlandschaft. Die Steilküste der Inseln Öland, Gotland, Ösel und die nordestnischen Kliffreihen sind die widerständigen Traufseiten („Klint") der nach Osten bzw. Süden (gegen Litauen zu) einfallenden Gesteinsserien. Diese Reliefformen wurden lange vor der Glazialzeit unter festländischen Bedingungen angelegt und vom Gletschereis nicht wesentlich umgestaltet. An den Inselküsten, wo die Schichten flach in das Meer eintauchen, hat die Brandung teils ebenfalls, jedoch niedrige und unansehnliche Steilufer geschaffen, teils konnten sich hier — vor allem in Buchten — auch ausgedehnte Sandstrände entwickeln. Von den Traufseiten werden die Inselschelfe (z. B. auf der Westseite Gotlands) von ehemaligen „Landterrassen" gebildet, auf denen sich Zeugenberge als kleine Auslieger-Inseln — wie Stora und Lille Karlsö — erheben.

Neben diesen, strukturell bestimmten Kliffreihen-Küsten, finden sich an der Ostsee in sehr begrenzter Verbreitung kleinere Abschnitte des gleichen Küstentyps, die jedoch tektonisch entstanden sind. Hier haben wir es mit einer Verschiebung von Gesteinspaketen zu tun, die entlang von Verwerfungen stattfinden. Der Steilhang wird in diesem Fall durch eine oder ein ganzes System von Verwerfungsflächen gebildet. Dieser Küstentyp tritt in der Steilumrandung der Insel Bornholm und vor allem in Schonen auf, durch das im Grenzbereich zwischen Urgestein und jüngeren Ablagerungen eine Verwerfungszone von Nordwesten nach Südosten zieht. Dort haben sich eine Reihe von Grundgebirgsblöcken in Form von Horstschollen herausgehoben. Überall, wo diese das Meer treffen, entsteht die typische Verwerfungs-Kliff-Küste. Ein solcher Horst ist z. B. der Kullaberg, der wie ein riesiger Wellenbrecher gegen das Kattegat ins Meer hinaustritt. Kliffreihen-Küsten sind schließlich auch im glazialen Ablagerungsgebiet und zwar dort ausgebildet, wo mächtige Endmoränenwälle Landvorsprünge bilden, relativ lange den marinen Kräften ausgesetzt waren und durch die Brandung zurückgeschnitten wurden. Bestes Beispiel dafür ist die samländische Steilküste zwischen dem Frischen und Kurischen Haff, wo die Moränen allerdings über Aufragungen des voreiszeitlichen Untergrundes liegen.

Eine weitere Formengruppe stellen die sogenannten *Meeresbodenküsten* dar. Für sie ist charakteristisch, daß der Reliefcharakter durch aufgetauchten ehemaligen Meeresboden bestimmt wird; es sind Hebungsküsten, deren morphologische Gestalt nur in den Randgebieten der Landhebung eine Veränderung durch küstenformende Prozesse erfahren hat. Als *Fjärd-Schären-Hebungsküste* tritt dieser Typus am nordöstlichen Bottnischen Meerbusen auf. Da die Landhebung dort am schnellsten vor sich geht, bedeutet dies, daß die heutigen Küsten erst kürzlich aus dem Meer aufgestiegen und am wenigsten entwickelt sind. Kleinere Abschnitte in der Umrandung der Ostsee gehören zur *Meeressediment-Hebungsküste*. Wo sie vorkommt, wie beispielsweise in Nordost-Jütland oder am östlichen Finnischen Meerbusen, wurden Ostseeabsätze aus dem Wasser herausgehoben. Es handelt sich um späteiszeitliche Meerestone und Sande sowie räumlich anschließende junge Verlandungen, die flache, fast ebene Küstenebenen bilden.

Während die Meeresbodenküsten wegen ihres fleckenhaften Auftretens nur von untergeordneter Bedeutung sind, stellen die Lockergesteinsküsten neben den Felsküsten die wichtigste und am weitesten verbreitete Formengruppe dar. Dieser Küstentyp ist im Bereich der eiszeitlichen Ablagerungen am westlichen und südlichen Ostseerand der reliefbestimmende.

Die Lockergesteinsküsten können nach dem Grad des Meeres- oder Windeinflusses in folgende Relieftypen eingeteilt werden: relativ undifferenzierte Moränen-Küste, Förden- und Buchten-Küste, Bodden-Küste, Ausgleichs-Küste, Nehrungs-Haff-Küste und Dünenwall-Küste.

Die *Moränen-Küste* ist größtenteils flach, oftmals steinig und blockreich. Eine weite Verbreitung findet die Moränen-Küste auf der Halbinsel Schonen. Stellenweise, wenn auch wegen der Landhebung selten, kommen rezente Steilküsten vor. Wo Wellen und Strömungen das von der Brandung aufgearbeitete feinere Material der Moränen wieder ablagern, finden sich Sandstrände, so daß eine gewisse Tendenz zur Ausgleichs-Küste zu beobachten ist. Wandernde Sandbänke, wie vor der Landzunge von Falsterbo, der äußersten Südwestecke Schwedens, dokumentieren diesen Materialtransport in einem langsam aus dem Meer auftauchenden Küstenraum.

Die übrigen ausgeprägten Lockergesteins-Küsten im Senkungsgebiet der westlichen und südlichen Ostseeumrandung lassen einen eigentümlichen halbkreisförmigen Verlauf erkennen, wobei sich die Gesamtstrecke aus einer Reihe von Teilbögen mit dazwischenliegenden Vorsprüngen zusammensetzt. Charakteristisch für die drei westlichen Landvorsprünge ist, daß sie entweder selbst aus einer Insel bestehen (Alsen) oder ihnen eine Insel vorgelagert ist (Fehmarn, Rügen). Was die großräumigen Buchten angeht, so werden diese von Endmoränenwällen eingefaßt.

Die engen Beziehungen zum Glazialrelief werden vor allem im Typus der *Förden- und Buchten-Küste* deutlich, wie sie an der Ostsee-Seite Südjütlands und Holsteins ausgebildet ist (Satellitenbild S. 74). Die Förden sind überflutete schmale Zungenbecken oder unter dem Eis gebildete ehemalige Tunneltäler. Das zwischen Gletscher und Grundmoräne unter hydrostatischem Druck fließende Schmelzwasser hat wesentlich zur Vertiefung dieser keilförmig

in das Land eingreifenden Buchten beigetragen, die als hervorragende Naturhäfen gelten.
Die beiden mehr rundlichen und breiteren Buchten Ostholsteins – wie auch die östlich anschließenden – wurden durch größere Gletscherzungen geschaffen, die auch weiter in das Land eindrangen und beim Abschmelzen mehrere Rückzugsstaffeln hinterließen. Die entsprechenden Endmoränenzüge setzen sich untermeerisch fort. Die vorspringenden Bereiche z. B. der Außenförden, die verstärkt dem Angriff der Meereswellen unterliegen, hat die abtragende Wirkung des Meeres, Abrasion, zusammen mit anderen Formbildungsprozessen teilweise nachhaltig umgestaltet. In die Moränen wurden immer weiter zurückweichende Steilufer eingeschnitten, vor denen sich streckenweise oft blockreiche Sandstrände entwickelten. In Abhängigkeit von den Strömungsverhältnissen kamen Sand und Geröll auch vor einspringenden Buchten (z. B. Schlei-Haff, Bottsand an der Kieler Förde, Stein- und Graswader bei Heiligenhafen) in Form von kleinen Nehrungshaken zur Ablagerung. Im Innern vieler Förden, wo die Kraft der Wellen unbedeutend ist, gibt es demgegenüber noch zahlreiche Stellen mit einem allein der eisbedingten Formung entsprechenden Küstenrelief.
Ein weiterer Typus der Lockergesteinsküste ist die *Boddenküste*. Die Ostseeufer Mecklenburgs und Vorpommerns mit ihren landnahen Inseln (Satellitenbild S. 75) sowie die Küsten der dänischen Inseln gehören dazu. Bodden sind seichte Wasserflächen im Randbereich des Meeres. Bei Senkung des Wasserspiegels um nur wenige Meter würden sie trockenfallen, und man hätte eine Landschaft vor sich, deren Oberflächenformen einem flachwelligen und -buckligen Grundmoränenrelief entsprächen. Die Bodden-Küste ist folglich nichts anderes als eine ertrunkene jungeiszeitliche Landschaft mit Grund- und niedrigen Endmoränen, in die die ansteigende Ostsee eindrang und das unregelmäßig gestaltete Relief ausfüllte. Seewärts erscheint die Küste als Teil einer Ausgleichsküste mit Anlandungen in Form von Nehrungshaken. Diese gehen von vorspringenden Steilufern aus und können die Steilufer sogar untereinander verbinden oder isoliert aufragende Einzelkuppen zu einer größeren Insel (wie auf Rügen) vereinigen.
Die vollendete *Ausgleichs-Küste*, wie sie in Pommern (Satellitenbild S. 76) und am Rigaischen Meerbusen im Gebiet flach abfallender Grundmoränen herrscht, zeigt einen leicht geschwungenen, geglätteten Verlauf. Alle Vorsprünge wurden durch die Arbeit des Meeres landeinwärts zurückverlegt, während das abgetragene Material (vorwiegend Sand und Geröll) durch Wellen und Küstenströmungen weiter transportiert und vor einspringenden Buchten in Form sich verlängernder Nehrungen abgelagert wurde. Schließlich erreichten diese den nächsten Steiluferabschnitt und schlossen damit die abgeschnürte Bucht zu einem Strandsee ab, der allmählich aussüßt.
Wo die Nehrungen eine landschaftsbestimmende Dimension annehmen und nur kleine Öffnungen verhindern, daß die Mündungsbuchten großer Flüsse (Haffs) zu Strandseen werden, liegt der Relieftyp der *Nehrungs-Haff-Küste* vor. Dies ist in vollendeter Form an der ostpreußischen Küste der Fall (Satellitenbild S. 76/77). Hinter der Putziger (= Halbinsel Hela), Frischen und Kurischen Nehrung liegen jeweils große, gleichnamige Haff-Flächen.
Die Nehrungs-Küste Ostpreußens ist zugleich eine *Dünenwall-Küste*, denn die langgestreckten Halbinseln sind von mächtigen Wanderdünen bedeckt. Sie erreichen auf der Kurischen Nehrung eine Höhe von 70 m und sind bis zu 600 m breit. In geschichtlicher Zeit wurden von ihnen sieben Dörfer verschüttet.
Daß sich gerade in diesem südöstlichen Abschnitt der Ostseeküste derart mächtige Küstendünen entwickeln konnten, ist auf verschiedene Grundbedingungen zurückzuführen: In den marin aufgearbeiteten Moränen lag ein Materialreservoir geeigneter Körnung vor, bei vornehmlich auflandigen Winden bestanden günstige Strömungsbedingungen, um die Sande von dort in direkt angrenzende Küstengebiete ohne höhere Steilküsten zu tranportieren, und schließlich war eine ausreichende Dünenvegetation zum Sandfang vorhanden.
Küstendünen geringerer Dimension finden sich an zahlreichen, vornehmlich als Ausgleichs-Küsten entwickelten Abschnitten der südlichen und östlichen Ostseeumrandung. Sie grenzen meist an ausgedehnte Strände und sandige Küstenvorfelder, aus denen das Material für die Dünenbildung stammt.
Schließlich bilden Flußmündungen in Form von *Delta-Küsten* einen eigenen morphologischen Typ. Sie treten nur dort auf, wo sedimentreiche große Ströme in Gebieten der Landsenkung (Weichsel-, Memel-Delta) oder geringen Auftauchens (Newa-Delta) in die Ostsee münden.

*Heinz Klug*

Seite 74: Schleswig-holsteinische Fördenküste
Seite 75: Boddenküste um Rügen und Usedom
Seite 76 und 77: Ausgleichs-, Nehrungs- und Haffküste in Pommern und Ostpreußen
Seite 78: Schärenküste um Stockholm (mit vereinzelten Wolken)

# Küstenformen

Maßstab der Karten I und II 1 : 500 000

0 5 10 km

Bildmaßstab 1 : 500 000

(I) Fördenküste (II) Boddenküste

Bildmaßstab 1 : 500 000

# Küstenformen - Ausgleichs-/Nehrungs-/Haffküste

Bildmaßstab beider Aufnahmen 1 : 750 000

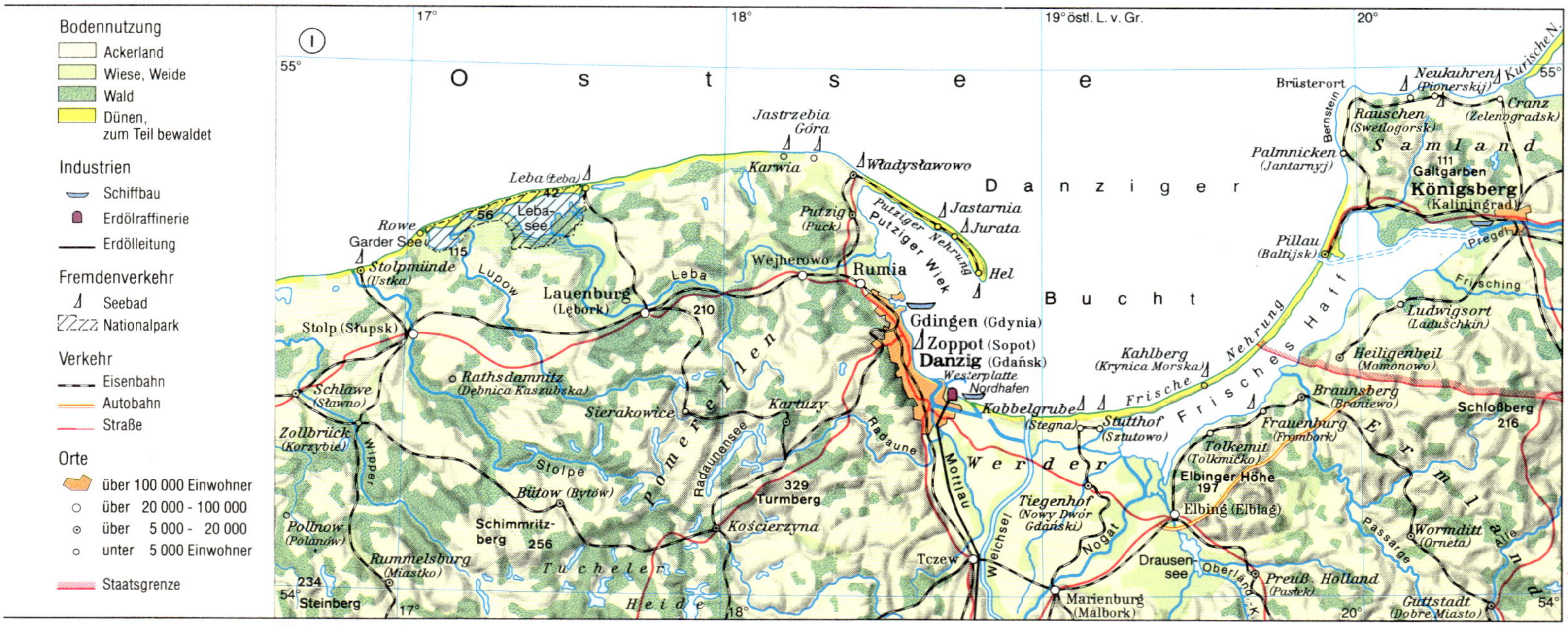


Maßstab 1 : 1 500 000
0 10 20 30 km

Ⓘ Oberflächenformen/Bodenbedeckung Ⓘⓘ Geologische Übersicht

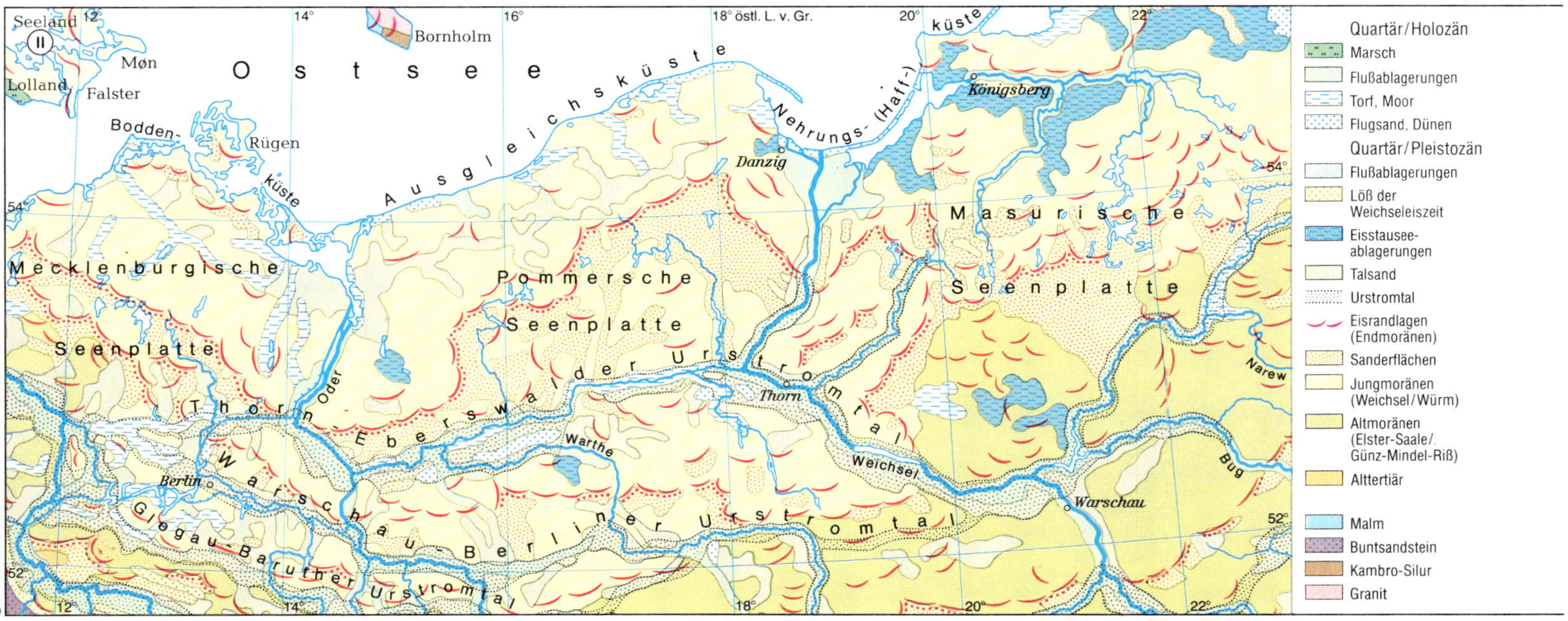


Maßstab 1 : 4 500 000
0 25 50 100 km

© westermann Sat Map®


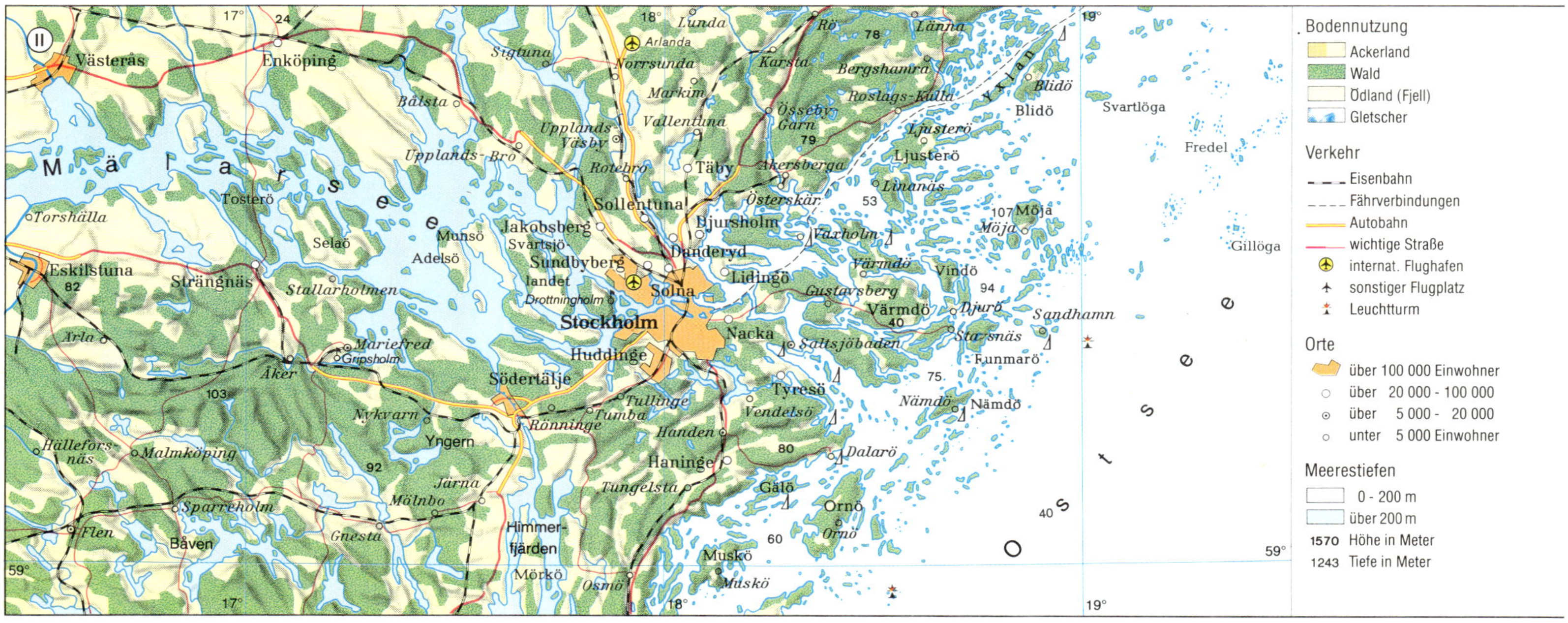

Västerås
Enköping
Sigtuna
Arlanda
Lunda
Norrsunda
Märsta
Bålsta
Mälaren
Upplands-Väsby
Upplands-Bro
Vallentuna
Täby
Åkersberga
Österskär
Ljusterö
Blidö
Svartlöga
Fredel
Gillöga
Torshälla
Eskilstuna
Strängnäs
Tosterö
Selaö
Munsö
Adelsö
Jakobsberg
Svartsjö
Sollentuna
Djursholm
Danderyd
Sundbyberg
Solna
Lidingö
Stockholm
Nacka
Huddinge
Södertälje
Värmdö
Vindö
Möja
Sandhamn
Saltsjöbaden
Tyresö
Nämdö
Dalarö
Haninge
Tungelsta
Gålö
Ornö
Utö
Muskö
Himmerfjärden
Mörkö
Gnesta
Flen
Malmköping
Hälleforsnäs
Mariefred
Gripsholm
Åker
Nykvarn
Yngern
Tullinge
Tumba
Rönninge
Järna
Mölnbo
Båven
Östersee
Bodennutzung
Ackerland
Wald
Ödland (Fjell)
Gletscher
Verkehr
Eisenbahn
Fährverbindungen
Autobahn
wichtige Straße
internat. Flughafen
sonstiger Flugplatz
Leuchtturm
Orte
über 100 000 Einwohner
über 20 000 - 100 000
über 5 000 - 20 000
unter 5 000 Einwohner
Meerestiefen
0 - 200 m
über 200 m
1570 Höhe in Meter
1243 Tiefe in Meter

# Hydrographische Besonderheiten der Ostsee

Die Ostsee ist ein Nebenmeer, das nur durch wenige enge und flache Meeresstraßen mit der Nordsee in Verbindung steht. Zwischen der Insel Seeland und der schwedischen Küste liegt der Sund als eine Öffnung, die beiden anderen sind der Große und der Kleine Belt; die Belte trennen die Insel Fünen von Seeland und Jütland.
Die Besonderheit der Ostsee liegt darin begründet, daß ihre Becken durch relativ flache Schwellen getrennt sind. Die größten Tiefen dieser Schwellen, die sogenannten Satteltiefen, sind maßgebend für den Wasseraustausch zwischen den einzelnen Becken.
Zur Nordsee hin bestimmen die Drogden-Schwelle im Sund und die Darßer Schwelle den Wassertransport. Die Drogden-Schwelle hat nur eine Satteltiefe von 7 m, läßt daher nur geringen Austausch zu. Der Große Belt hat zwar eine Satteltiefe von 26 m, aber weiter östlich — zwischen der Insel Falster und dem Darß — beträgt die Satteltiefe nur 18 m. Die Ostsee gleicht daher in vieler Hinsicht einem Binnensee. Andererseits weist sie aufgrund ihrer Längserstreckung von ca. 1500 km durchaus viele Charakteristika auf, die auch im offenen Meer gefunden werden.

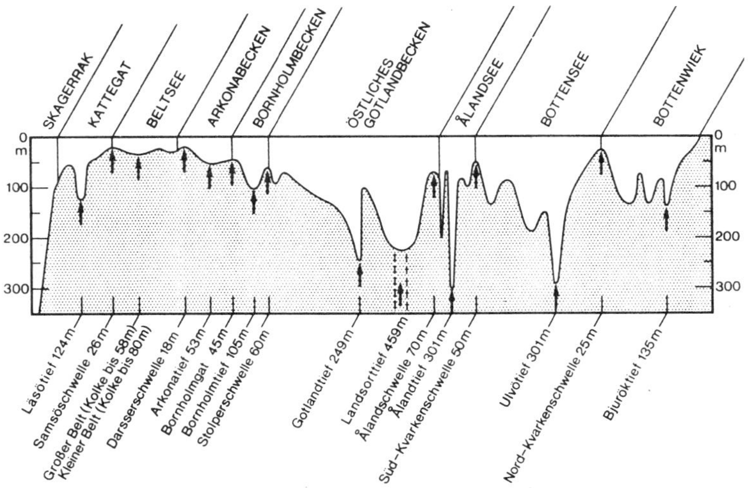


Abb. 1: Bodenprofil in der Längsachse der Ostsee mit Angaben der größten Tiefen der Becken und der Satteltiefen (in m). Lage des Schnittes s. Abb. 2

Abb. 1 zeigt das Bodenprofil der Ostsee vom Skagerrak bis zur Bottenwiek, dem nördlichsten Teil der Ostsee. Die Lage dieses Schnittes ist in Abb. 2 als gestrichelte Linie eingetragen. Die mittlere Tiefe beträgt nur 55 m. Das westliche Becken der Ostsee ist das Arkonabecken mit einer maximalen Tiefe von 50 m. Zwischen Bornholm und der schwedischen Küste steht es über das Bornholmgatt mit dem Bornholmbecken, dem Gebiet östlich von Bornholm, in Verbindung. Der Wasseraustausch zwischen diesem Becken und dem sich anschließenden Gotlandbecken erfolgt im wesentlichen durch die Stolper Rinne, die sich zwischen Stolper Bank (vor Pommern) und der Mittelbank (südlich von Öland) befindet. Die Schwellentiefe dort beträgt 60 m. Das Gotlandbecken ist das tiefste Becken der Ostsee mit ca. 250 m. Zum Finnischen Meerbusen steigt der Untergrund auf ca. 80 m an.
Der Wasseraustausch zum Bottnischen Meerbusen ist durch die Ålandinseln stark behindert. Im Norden engen die Kvarken den Wassertransport weiter ein.

Die Ostsee ist somit durch ausgeprägte Becken gekennzeichnet, die durch Schwellen voneinander getrennt sind und den Wasseraustausch in der Tiefe stark behindern.
Die Ostsee gehört dem humiden Klima an. Zwar halten sich Niederschlag und Verdunstung über der Ostsee das Gleichgewicht, aber von den Flüssen der umgebenden Länder gelangt viel Frischwasser in die See. 480 $km^3$ Süßwasser werden pro Jahr der Ostsee zugeführt. Die wesentlichste Zufuhr erfolgt durch Newa (87 $km^3$), Weichsel (34 $km^3$), Düna (24 $km^3$) und Oder (17 $km^3$). Auch die zahlreichen Flüsse Finnlands und Schwedens, die in den Bottnischen Meerbusen münden, tragen zu diesem Wasserhaushalt wesentlich bei. Als Folge dieser Zufuhr steigt der Meeresspiegel nach Osten und Norden um ca. 35 cm an, d. h. die Meeresoberfläche neigt sich vom Inneren der Ostsee zum Skagerrak. Die weitere Folge dieser Wasserzufuhr ist die Aussüßung der Ostsee. Verglichen mit der Nordsee, deren Salzgehalt bei 34—35 ‰ liegt, nimmt der Salzgehalt in der Ostsee von 20—30 ‰ in der Kieler Bucht auf ca. 10 ‰ in der zentralen Ostsee ab und erreicht im Bottnischen Meerbusen nur noch wenige Promille (Abb. 3).
Der Wasserüberschuß der Ostsee kann nicht ungehindert zur Nordsee abfließen. Dem salzarmen Ostseewasser steht im Kattegat das wesentlich salzreichere und damit schwerere Nordseewasser gegenüber. Dieses schiebt sich unter das Ostseewasser und dringt in der Tiefe durch die Belte und den Sund in die Ostsee ein. Ca. 740 $km^3$ Wasser aus dem Kattegat gelangen auf diese Weise in die Becken der Ostsee, und insgesamt fließen 1220 $km^3$ des leichteren, salzarmen Oberflächenwassers pro Jahr aus der Ostsee ab. Diese Strömung erfolgt im wesentlichen längs der schwedischen Küste nach Süden zum Sund und Großen Belt.

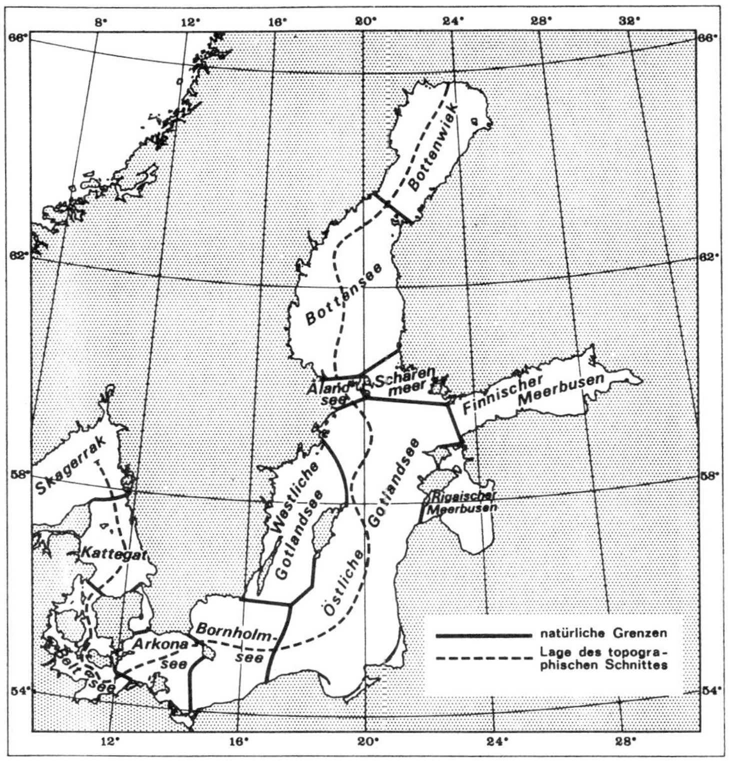


Abb. 2: Die natürliche Gliederung der Ostsee (nach Wattenberg, 1949) und die Lage des Längsschnittes (gestrichelt) von Abb. 1

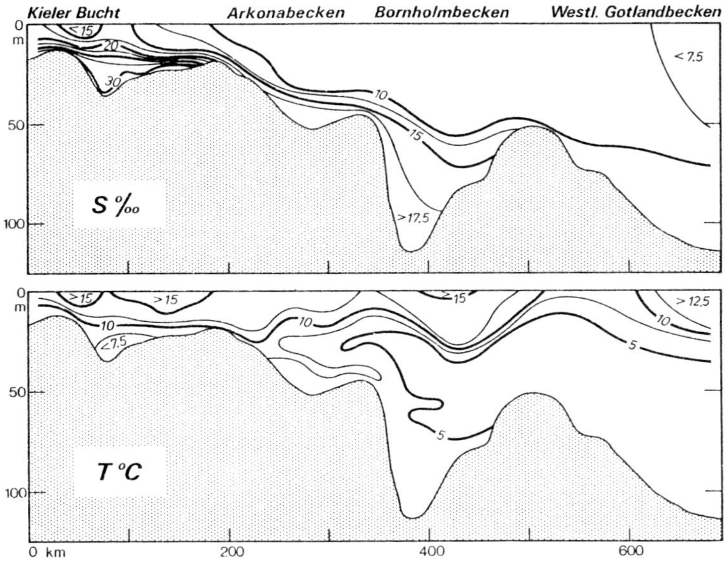


Abb. 3: Längsschnitte von Salzgehalt und Temperatur durch die Ostsee von der Kieler Bucht bis zum westlichen Gotlandbecken für den Sommer 1954 (nach Wüst und Brogmus, 1955)

Ein- und Ausstrom bedingen die charakteristische Wassermassenverteilung in der Ostsee (Abb. 3). In der Tiefe dringt das salzreiche Wasser aus dem Kattegat in die Ostsee vor, wobei es durch Vermischung mit Ostseewasser ausgesüßt wird. Dieses Bodenwasser hat ganzjährig Temperaturen unter 10° C. Nur die oberen winddurchmischten Schichten bis ca. 20 m Tiefe erwärmen sich im Sommer auf mehr als 15° C. Im Winter kühlt sich dieses salzarme Oberflächenwasser ab und sorgt für eine Durchmischung bis hinab zum salzreichen Bodenwaser. Die Dichte dieses Wassers ist jedoch aufgrund des Salzgehaltes so hoch, daß eine Durchmischung bis zum Boden nicht möglich ist. Man findet daher in der zentralen Ostsee das ganze Jahr über in Tiefen unter 30 m das kalte Winterwasser mit Temperaturen unter 5° C. Erst zum Boden hin steigt die Temperatur wieder an (salzreiches, schwereres Nordseewasser).

Die starke Schichtung aufgrund des relativ hohen Salzgehaltes des Bodenwassers wirkt sich im Mittel negativ auf das Leben in der Ostsee aus. Die absterbenden Planktonorganismen der oberen Schichten rieseln zu Boden und zehren in der Tiefe den Sauerstoff aus. Die tiefen Becken der Ostsee sind daher von Sauerstoffarmut gekennzeichnet. Bisweilen bildet sich sogar Schwefelwasserstoff, insbesondere in den Tiefen des Bornholm- und Gotlandbeckens. Während Stagnationsperioden kann die Sauerstoffzehrung jedoch auch die westliche Ostsee erfassen.

Die mittlere Strömung in der Ostsee wird vom Wasserhaushalt bestimmt: dem Einströmen salzreichen Wassers in der Tiefe und dem Ausstrom von Ostseewasser in den oberen Schichten. Die aktuellen Strömungen werden jedoch durch Wind und Wasserstandsschwankungen hervorgerufen. Bei westlichen Winden wird im Skagerrak und Kattegat Nordseewasser angestaut, gleichzeitig drückt der Wind das Wasser aus der westlichen Ostsee nach Osten. Ein Gefällestrom vom Kattegat in die westliche Ostsee durch Belte und Sund ist die Folge, der die gesamte Wassersäule erfassen kann. Bei Ostwind kann entsprechend der Ausstrom bis zum Boden reichen. Es sind die kräftigen Weststürme im Herbst und Winter, die sauerstoffreiches Wasser in die Ostsee bringen und damit zu einer Erneuerung des Bodenwassers in den tiefen Becken führen. Der verhängnisvolle Kreislauf liegt darin, daß jeder Einschub salzreichen Nordseewassers die Schichtung in den Becken der Ostsee verstärkt und die Durchmischung weiter erschwert.

In der offenen Ostsee beherrscht der Wind die Strömungsverhältnisse. Der Wind übt auf die Meeresoberfläche eine Schubspannung aus, die das Wasser in Windrichtung zu treiben versucht. Durch die ablenkende Kraft der Erdrotation erfolgt eine Versetzung nach rechts von der Windrichtung. Mit der Tiefe nimmt diese Strömung ab.

Die direkte Einwirkung des Windes beschränkt sich somit auf die oberen Schichten. Trifft der vom Wind erzeugte Strom auf Flachwassergebiete und die Küste, so stauen sich dort die Wassermassen an und führen zu einem Gefällestrom in die Regionen niedrigen Wasserstandes. Diese Strömungen können bis zum Boden reichen.

Entsprechend den variablen Windverhältnissen sind auch die Strömungen in der Ostsee stark veränderlich. Die Bodentopographie übt einen starken Einfluß aus und bedingt, daß die Strömung in Wirbel zerfällt. Diese können – wenn sie kaltes Wasser aus der Tiefe emporsaugen – direkt in den Satellitenaufnahmen der Oberflächentemperatur sichtbar werden. Auch während der Planktonblüte im Sommer können die Wirbel vom Satelliten aus beobachtet werden (siehe Seite 81).

Der Wind bedingt an den Küsten starke Temperaturänderungen im Sommer. Ablandiger Wind treibt das Oberflächenwasser von der Küste weg, und aus der Tiefe wird kaltes Wasser emporgesaugt. Die Badetemperaturen an der Küste können daher sehr stark variieren.

Ein weiterer Effekt des Windes sind die Seiches, die Eigenschwingungen der Ostsee. Die schmalen und flachen Verbindungen zur Nordsee erlauben den Wassermassen bei östlichem oder westlichem Wind nicht, zur Nordsee abzufließen bzw. von dort ungehindert in die Ostsee einzuströmen. In vieler Hinsicht verhält sich die Ostsee wie ein abgeschlossenes Becken. Wasser, das bei westlichen Winden im Osten angestaut wurde, schwappt bei Nachlassen des Windes nach Westen zurück. Dort kann es nicht durch die Meeresstraßen entweichen, sondern führt zu einem Stau in der westlichen Ostsee, von wo es wieder nach Osten strömt. Diese Schwingung hat eine typische Periode von 27 Stunden und kann zu erheblichen Wasserstandsschwankungen führen.

Im Winter sind weite Gebiete der Ostsee vereist. In der nördlichen Bottenwiek bildet sich im Mittel bereits im November das erste Eis, im Finnischen Meerbusen im Dezember. Der geringe Salzgehalt und der kontinentale Einfluß sind hierfür maßgebend.

In der westlichen Ostsee tritt in strengen Wintern die Eisbildung im Januar ein. Das Ende der Vereisung wird vom Wetter beherrscht. In der Bottenwiek reicht die Vereisung bis zum Mai, in der westlichen Ostsee dauert sie in der Regel nur 30 Tage. Das Eis wird in der Bottenwiek ca. 1 m dick.

Die Ostsee ist – im Gegensatz zur Nordsee – gezeitenarm. An der schleswig-holsteinischen Westküste beträgt der Unterschied zwischen Hoch- und Niedrigwasser 1,5–3,5 m; die Gezeitenwelle läuft dort vom Atlantik längs der englischen Ostküste nach Süden, längs der belgisch-niederländisch-deutschen Küste nach Osten und dann nach Norden zurück. Im Skagerrak ist der Tidenhub sehr gering. Die Ostsee ist trotz ihrer Ausdehnung zu klein, als daß Mond und Sonne direkte Gezeiten anregen könnten. Der geringe Tidenhub im Skagerrak pflanzt sich zwar in die Ostsee fort, die Gezeitenwelle wird jedoch in den Meeresstraßen zwischen Kattegatt und Ostsee stark gedämpft. In der westlichen Ostsee werden noch Hubhöhen von ca. 10 cm erreicht; in der übrigen Ostsee ist der Tidenhub kleiner als 5 cm.

Die Ostsee stellt daher ein gezeitenarmes, wenig durchmischtes Meer dar. Die starke Schichtung führt zu Sauerstoffarmut in der Tiefe, und die variablen Wetterlagen erzeugen ein stark veränderliches Strömungssystem, das nur im Mittel durch Einstrom in der Tiefe und Ausstrom an der Oberfläche gekennzeichnet ist.

*Wolfgang Krauß*

Satellitenaufnahme der Meeresoberfläche am 6. 7. 1983. Man erkennt deutlich Verwirbelungen des Wassers, z. B. oberhalb von Rügen.

# Sturmfluten und Küstenschutz

Die Küstenbewohner an der westlichen Ostsee, der sogenannten Beltsee, werden in unregelmäßigen Zeitabständen von Sturmfluten heimgesucht. Dabei werden Steilufer zertrümmert, Feststoffe gelöst, transportiert und sortiert. Es entstehen Schäden an Küstenanlagen und Schiffen. Deshalb bemüht man sich, solche Nachteile an besonders gefährdeten Küstenabschnitten zu mindern oder ganz zu verhindern. Der Küstenschutz steht also in unmittelbarer Beziehung zu den Sturmfluten. An der Ostsee würde sich eine Landschaftspflege zum Schutz gegen Hochwasser (Deiche) und gegen Landverluste erübrigen, wenn es hier keine Sturmfluten gäbe.
Die Schutzwerke, die insbesondere nach Sturmfluten für notwendig gehalten wurden, kamen zunächst ohne nähere Kenntnis der auf die Küste einwirkenden natürlichen Kräfte zustande. Man verfügte lediglich über subjektive Beobachtungen und Erfahrungen, die von Ort zu Ort recht unterschiedlich sein konnten. Deshalb blieb der Erfolg oftmals hinter den Erwartungen zurück.
Erst in den letzten Jahrzehnten sind bemerkenswerte Fortschritte zu verzeichnen, die einen gewissen Einblick in einzelne Faktoren der Naturkräfte, der Widerstandsfähigkeit verschiedenartiger Bodenstrukturen und des Sedimenttransports ermöglichen, ohne die ursächlichen Vorgänge an den Grenzschichten Wasser – Luft und Wasser – Boden sowie die Wirkungen künstlicher Eingriffe in das natürliche Kräftespiel bereits vollständig erfassen zu können. Das möglichst genaue Wissen um die Naturvorgänge an der Küste ist aber Voraussetzung für Entscheidungen auf dem Fachgebiet Küstenschutz, um eine sinnvolle Nutzung der Küstenbereiche bei weitgehender Schonung der Natur zu ermöglichen; nicht zuletzt, um Fehlinvestitionen und mehr oder weniger nachhaltige Rückschläge auszuschließen.
Es besteht kein Zweifel daran, daß die komplexen Verhältnisse an der Küste nicht für jedermann durchsichtig sein können. An der Lösung der vielschichtigen Probleme ist eine Reihe von Spezialwissenschaften beteiligt: Meteorologie, Ozeanographie, Geologie, Hydrologie, Geographie, Biologie, Physik, Chemie, Ingenieurwissenschaften. Ergebnisse der Grundlagenforschung helfen, die angewandte oder Zweckforschung des Küsteningenieurs abzusichern.
Die Küsteningenieure, die für die Gefahrenabwehr und für die Beseitigung von Schäden verantwortlich waren, haben im allgemeinen verhältnismäßig nützliche Vorkehrungen getroffen. Da jedoch die natürliche Küstendynamik noch weithin unbekannt war und die Ingenieure nach Sturmfluten immer recht schnell mit der Anlage von Hindernissen und Einbauten tätig werden mußten, wurde manches mit funktionellen und konstruktiven Mängeln geplant und ausgeführt.
Stürme erzeugen unter bestimmten Voraussetzungen leichte, schwere und sehr schwere Sturmfluten. Sie können als großräumige Naturereignisse nicht von Menschenhand beeinflußt werden. Weil die kosmisch bedingten Gezeiten in der Beltsee nur einen Tidenhub von maximal etwa zwanzig Zentimetern erreichen, sind diese für die Bewertung von Sturmfluten bedeutungslos. Von größerer Tragweite ist dagegen die Niveauverschiebung oder das säkulare Ansteigen des Meeresspiegels; es muß ein Maß von etwa 25 cm in hundert Jahren bei allen Planungen berücksichtigt werden. In entsprechender Größenordnung ist mit einer Erhöhung der Sturmflutwasserstände zu rechnen. Die Frage, welcher Anteil eventuell einer Küstensenkung zugeordnet werden sollte, spielt bei unserer Betrachtung eine nebensächliche Rolle.
In der westlichen Ostsee liegt der Scheitelwasserstand einer leichten Sturmflut in einem mittleren Häufigkeitsbereich zwischen

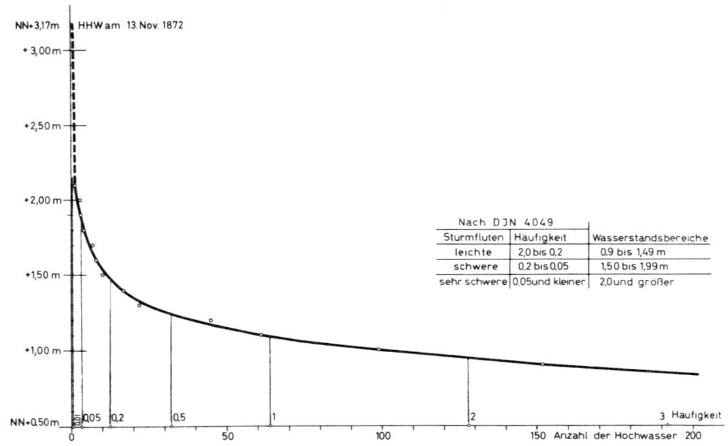


Abb. 1: Häufigkeiten der Hochwasserstände am Pegel Lübeck nach E. Stark 1950 und W. Rodloff 1972

zweimal im Jahr und einmal in fünf Jahren (Abb. 1 Wasserstandsbereich 0,9–1,49 m über Mittelwasser, MW). Eine schwere Sturmflut befindet sich mit dem höchsten Wasserstand im Häufigkeitsbereich zwischen 0,2 und 0,05, das heißt in fünf bis zwanzig Jahren einmal (Wasserstandsbereich 1,5–1,99 m über MW). Seltener als alle zwanzig Jahre ist mit einer sehr schweren Sturmflut zu rechnen; die Eintrittshäufigkeit ist geringer als 0,05 pro Jahr (Wasserstandsbereich 2,0 m und darüber).
Aus dieser Einteilung der Ostseesturmfluten wird deutlich: Je höher eine Sturmflut über den mittleren Wasserstand anschwillt, desto seltener ist sie. Eine exakte Sturmflutstatistik ist erst nach Inbetriebnahme von mehreren Küstenpegeln möglich geworden. Seit 1872 in Swinemünde und 1885 in Lübeck sowie später an allen Stationen werden die Wasserstandsganglinien durch Schreibpegel fortlaufend aufgezeichnet.
Am Lehrbeispiel der November-Sturmflut 1872 mit den höchsten je beobachteten Scheitelwasserständen, die außergewöhnlich gut von O. Baensch (1875) beschrieben worden ist, kann man die Entwicklung im einzelnen verfolgen. Von 28 Pegelstationen entlang der Küste zwischen Årösund und Memel wurden die beobachteten Wasserstände, Windrichtungen und Windstärken zusammengetragen und graphisch dargestellt.
Alle Sturmfluten an der westlichen Ostseeküste entstehen auf ähnliche Weise: mehrere Tage dauernde Südwest-Stürme drängen erhebliche Wassermassen in die östliche Ostsee hinein – und in der Beltsee herrscht Niedrigwasser. Da gleichzeitig in der östlichen Nordsee ein Wasserberg aufgestaut wird, strömt Nordseewasser vom Kattegat durch Sund und Belte – bei einem Gefälle von drei bis fünf Metern – in die Ostsee hinein. 1872 dauerte dies vom 31. Oktober bis zum 9. November (vergl. Abb. 2). Hört der Windschub auf, so strebt die schräg gestellte Wasserfläche der Ostsee in die Gleichgewichtslage zurück. Da das eingeströmte Nordseewasser nicht so schnell wieder zurückfließen kann, gibt es in der Beltsee Hochwasser. Verlagert sich das Sturmtief bis zur Windrichtung aus Nordost, und steigert sich dieser zum Orkan, dann kann beim Zusammentreffen dieser extremen Verhältnisse schnell eine schwere oder sogar sehr schwere Sturmflut entstehen, die meist mit einem ausgeprägten Brandungsstau verbunden ist.
An der Entstehung von Sturmfluten sind demnach meteorologische, hydrologische und morphologische Bedingungen beteiligt.

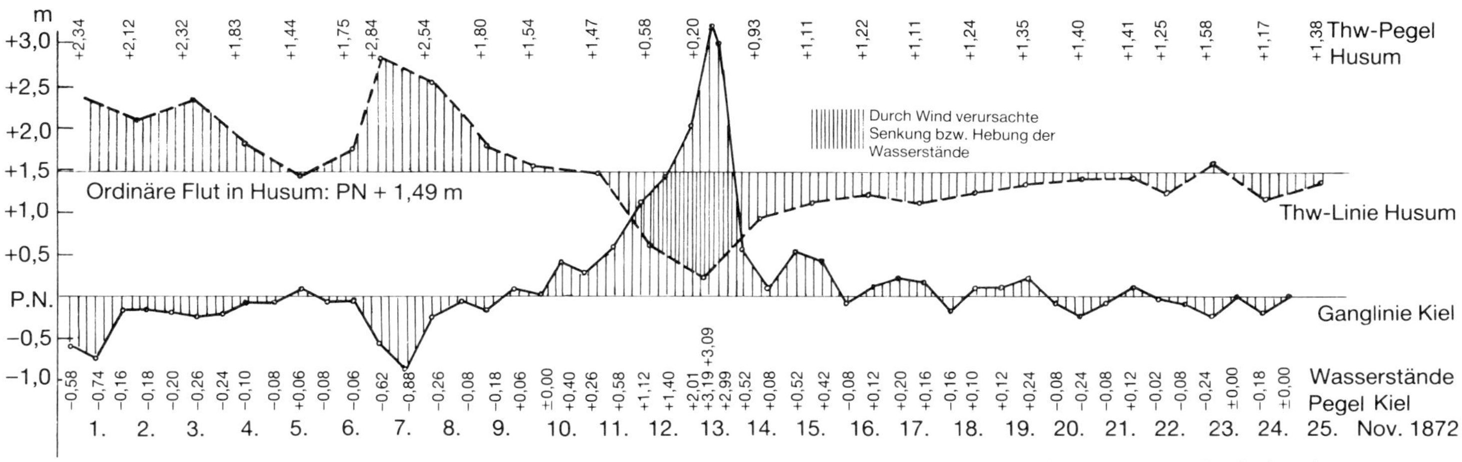


Abb. 2: Wasserstände vom 1. bis 24. November 1872 in Kiel (beobachtet um 6. 00 und 18.00 Uhr); zum Vergleich die Thw-Linie Husum aus den zwischen 6.00 und 18.00 Uhr eingetretenen Thw. PN = Pegelnullpunkt = NN −5,00 m. Thw = Tidehochwasserstand

„Nachdem es mehrere Tage stark aus Westen gestürmt hatte, sprang am 12. (Nov. 1872) der Wind nach Nordosten um. Bereits am Abend standen verschiedene Strände unter Wasser", berichtete ein Augenzeuge aus Eckernförde. „Es war ein großartiger Anblick, wie diese haushohen Wasserberge sich heranwälzten, beim Zurückfluten den Strand auf weithin entblößend. Dazu der heulende Sturm! Das Wasser stieg schnell und ging bald bis an unsere Haustür, die wir mit Säcken und Steinen zu dichten versuchten. . . . Etwas später schien das Wasser plötzlich zu fallen . . . Nur der Bruch des die Stadt mit dem jenseitigen Ufer verbindenden Dammes hatte . . . vorübergehende Erleichterung bewirkt. Bald wuchs die Flut mit erneuter Kraft . . . Verunglückt ist kein Mensch bei dieser Sturmflut . . . Am anderen Morgen war schönstes Wetter, und wir konnten die Zerstörungen in Augenschein nehmen (Abb. 4). In den Straßen war ein wirres Durcheinander; Seegras, Haustrümmer, Mobiliar, tote Kühe . . . und anderes mehr . . . 87 Häuser waren demoliert, über 100 mehr oder weniger beschädigt, alle 3 Brunnen versalzen und Eckernförde ohne Trinkwasser."

Voraussetzung für funktionell optimal zu gestaltende und wirtschaftlich zu bemessende Seebauten sind Kenntnisse über die Wellenkräfte bei Sturmfluten an den unterschiedlichen Küstenabschnitten. Um überhaupt einzelne Parameter des unregelmäßigen Seegangs, die sich gegenseitig beeinflussen und zum Teil überlagern, messen zu können, mußte man neuartige Geräte und Instrumente herstellen.

Das von kurzperiodischen Windwellen hervorgerufene Seegangsspektrum ist gekennzeichnet durch eine Vielzahl von Wellenscheiteln (-kämmen, -bergen, -zügen) und Wellentälern. Die Wellenhöhe wird aus deren lotrechtem Höhenunterschied gebildet; in der Beltsee hat man mit Höhen bis zu vier und fünf Metern zu rechnen. Die Wellenlänge von einem Wellenscheitel zum nächsten (maximal 70 bis 80 m) wird stark beeinflußt von der Wassertiefe; in der Nähe des Ufers treten verhältnismäßig kurze Wellen auf.

Unter Brandung versteht man die Gesamtheit der Vorgänge beim Brechen der Wellen. Der Küstenstreifen, in dem der wesentliche Teil der Wellenenergie umgewandelt wird und eine erhebliche Luftaufnahme stattfindet, heißt dementsprechend Brandungszone.

Vorstehende Hinweise lassen erkennen, mit welchen Schwierigkeiten die Wellenhydraulik zu tun hat, wenn Antworten auf bestimmte Fragen von wasserbaulichen Versuchen oder von hydrodynamischen Berechnungsverfahren und -theorien erwartet werden. Noch sind nicht alle Einzelheiten der natürlichen Vorgänge und Abhängigkeiten in den Wellen und beim Auflaufen von Wellen auf künstliche Hindernisse (z. B. auf Küstenschutzwerke) geklärt.

Je steiler die Unterwasserböschung und die Uferformen ausgebildet sind, desto härter prallen die Wellenstöße gegen das Ufer, diese lockern das Bodengefüge und bringen die fast senkrechte Wand eines Kliffs (Steilufer in Abb. 6) zum Einstürzen, bis zu mehrere Meter tiefe Brandungshöhlen können aus einem Steilufer herausgespült werden (Abb. 7). Die Widerstandskraft einer aus aufgewehtem Sand bestehenden Düne und einer Schutthalde aus Schlamm und lockerem Abbruchmaterial ist dagegen im Vergleich zu einem festen Geschiebemergelkliff sehr gering.

Nicht nur die Höhe, sondern auch die Dauer einer Sturmflut kann für die Aufarbeitung der Schutthalde und für den Angriff des Steilufers entscheidend sein. So erreichte zum Beispiel der Scheitelwasserstand der Sturmflut vom 24. bis 27. März 1898 nur 1,72 m über Mittelwasser, aber 74 Stunden lang tobte die Brandung bei einer Höhe von + 0,80 m MW; der Kliff-Fuß wird bei diesem Wasserstand bereits bespült.

In der Brandungsströmung, die hauptsächlich uferparallel gerichtet ist, findet sowohl eine Sortierung der Bodenteile als auch eine Fortbewegung der schwimmenden, im Wasser schwebenden, hüpfenden und rollenden Feststoffe statt. Findlinge und größere Steine bleiben liegen (Abb. 6), Gerölle werden über kurze Strecken transportiert (Abb. 8), Sandkörner über größere; Schwebstoffe sinken erst nach Beruhigung der Wassermassen meist in größere Tiefen der Ostsee ab.

Ähnlich komplex wie im Seegang spielt sich eine Wechselwirkung zwischen der Brandungsströmung und dem Grund ab. Zum Thema Sandbewegung im Küstenraum liegt ein umfangreiches Schrifttum vor, das vorwiegend in den letzten Jahrzehnten von Natur- und Ingenieurwissenschaftlern verfaßt worden ist. Folgende allgemeingültige Feststellungen gehen daraus hervor: Das Riff hat einen großen Einfluß auf die Energieabgabe der Brandung. Im Jahresmittel werden rund 80 Prozent durch Riffbrandung und durch abnehmende Wassertiefe dem Strande ferngehalten. Riffe stellen also in der Art von Unterwasserwellenbrechern einen erheblichen natürlichen Küstenschutz dar (Abb. 9). Weitergehende Forschungen sind in der Natur selbst und in Versuchseinrichtungen erforderlich, welche die Naturvorgänge im Maßstab 1:1 nachzubilden gestatten.

Als natürlicher Küstenschutz ist auch der Strandwall vor einer Niederung anzusehen. Diese Bodenform ist von sehr schweren Sturmfluten aufgeschüttet worden, sie besteht vorwiegend aus Geröllen und Sand. Da derartige Sturmfluten nur selten vorkommen, kann sich auf dem Strandwall im allgemeinen bald eine geschlossene Pflanzendecke bilden, in der sich Flugsand absetzt. Die vom Menschen unbeeinflußte Strandwallhöhe beträgt etwa 1,5 bis 2,5 m über MW (Abb. 10). Der Strandwall vermag zwar leichte

Sturmfluten abzuwehren, bei höheren Wasserständen werden die Niederungen jedoch überschwemmt; die Nutzungsmöglichkeiten bleiben deshalb stark eingeschränkt. Das blieb noch so, als man hier und dort den Strandwall mit einer Kappe auf 2,7 bis 3,8 m über MW erhöht hatte.
Die Sturmflut 1872 zerstörte fast alle Hochwasserschutzanlagen, die bis dahin gebaut worden waren. Nun begann eigentlich erst der Deichbau an der Ostseeküste. Aus Kartenvergleichen und Beobachtungen des Wasserspiegels hatte man eine grobe Vorstellung bekommen über die gegen die Küste gerichteten Gewalten und über die landwärtige Verschiebung der Uferlinie (MW-Linie), ja ganzer Strandwallabschnitte. Schon am 2. 12. 1872 verfügte die Regierung für den Neubau von Deichen, daß diese „im Schutze der vorliegenden, unberührt gebliebenen Dünen und des Strandes hergestellt werden" sollten.
Nur etwa ein Jahrhundert hat man die Deichlinienplanung auf dieser Grundlage betrieben. Diese Deiche erfüllten durchweg die in sie gestellten Erwartungen. Je weiter die Zeit aber von dem Sturmflutgeschehen 1872 abrückte, desto mehr verblaßte das Bewußtsein der Gefahren in der Bevölkerung. Wegen der finanziellen Belastung und der stark auseinanderstrebenden Interessen der Beteiligten gab es Spannungen. Mehrere Deichverbände beschlossen, wieder Kappen auf ihre Strandwälle zu setzen oder den Deich unmittelbar am Strandwall zu errichten.
Ähnlich verlief die Querschnittsgestaltung. Obgleich die Regierung eine Deichhöhe von 5 m über MW und eine Kronenbreite von 3 bis 4 m für notwendig erklärt hatte, begnügte man sich zumeist mit einer maximalen Höhe von 4 m. An der Deichkrone sparte man ebenfalls, sie wurde nur etwa 2 m breit.
Die natürliche Strandentwicklung, und die Tendenz zur Verlagerung des Strandwalles landwärts führten an solchen Abschnitten schon bei leichten Sturmfluten zu Schwierigkeiten. Am Deichfuß wurde der Strand niedriger und schmaler, so daß Abbruchkanten entstanden, die von nun an einer besonderen Sicherung bedurften. An den vielfältigen Maßnahmen zum Schutze von Hochwasserschutzanlagen hat man verschiedenartige Bauweisen ausprobiert: senkrechte und geneigte Mauern, Steinschüttungen, Deckwerke (Abb. 12), einfache Holzkonstruktionen (Abb. 13) und sogar Ablagerungen von Sperrmüll (Abb. 15). Auch unterschiedliche Baustoffe und Bauelemente wurden verwendet: Beton, Ziegelsteine, Bitumen, Granit, Kunststoffpackungen, mit Baustahlgewebe abgedeckt, Betonformsteine. Manche Anlage ist schon nach kurzer Zeit beschädigt oder gar zerstört worden, weil man sie zu schwach, d. h. ohne Berücksichtigung der wirklichen Naturkräfte hergestellt hatte. Empirische und neue wissenschaftlich begründete Erkenntnisse haben die Entwicklung zum sehr flachen Landesschutzdeich hingeführt (Abb. 13). Entwässerungssiele und Schöpfwerke, Treppen (Abb. 16), Rampen und Deichwege gelten als Bestandteile eines Deiches.
Versuche mit Längswerken etwa auf der Uferlinie oder auf dem Sandriff haben ergeben, daß solche Bauvorhaben im Übergangsbereich von einem Steilufer als Sandquelle zum Ablagerungsgebiet nützlich sein und zur Begrünung eines Kliffs beitragen können, wenn der Fuß des Abbruchhanges über längere Zeit nicht oder nur noch selten bespült werden wird. Ein örtlicher Erfolg ist auch in einem anderen Fall möglich, wenn in einer Durchwanderungszone der uferparallele Sandtransport durch einen künstlichen Wellenbrecher behindert wird. Zwischen dem Parallelwerk und dem Ufer fehlen dann die Transportkräfte, so daß sich der ankommende Sand hier absetzt. In beiden Fällen findet jedoch auf der Leeseite eine Erosion des Strandes statt, denn diese Strecke wird nicht mehr ausreichend mit Sand beliefert. Wieweit der durch das Küsten-

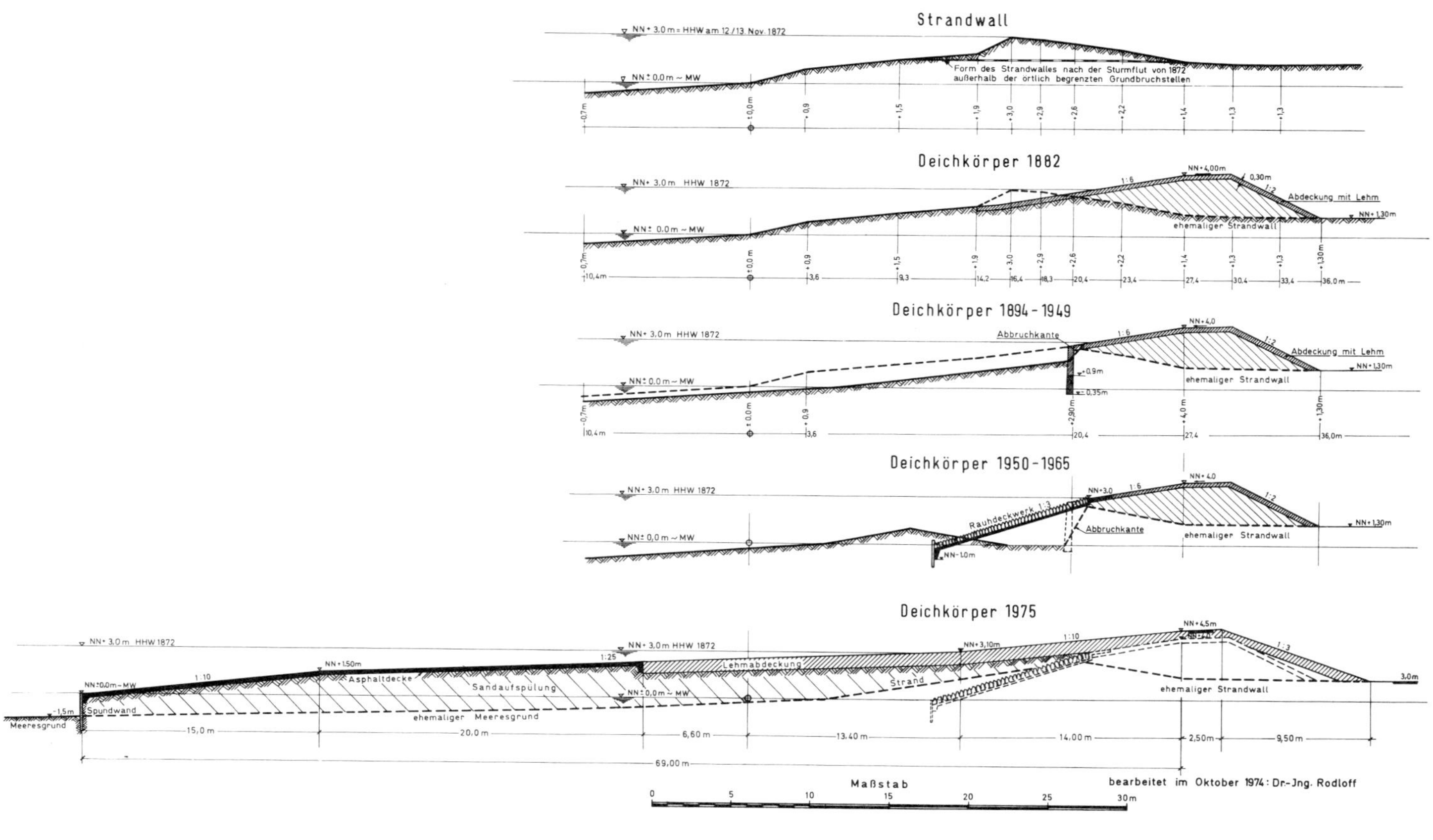


Abb. 3: Strandwall- und Deichquerschnitte (Deich- und Entwässerungsverband, Probstei)

Abb. 4: Nach der Sturmflut von 1872 (Pommern)

schutzwerk erreichte Vorteil größer ist als der aufgezeigte Nachteil, wird sich nach der nächsten sehr schweren Sturmflut zeigen.
Vor Steilufern gibt es keinen Sandstrand. Bei Überlegungen, ob ein Steilufer mit einem Bauwerk gegen weiteren Landverlust versehen werden darf, ist zu bedenken, daß damit das Kliff als natürlicher Sandlieferant für den benachbarten Strand ausfällt. In der Wirtschaftlichkeitsberechnung wird nachzuweisen sein, daß die einmaligen Kosten für die Herstellung der Anlage und die laufenden Ausgaben für die Instandhaltung und für den dann erforderlichen, stets zu wiederholenden künstlichen Sandnachschub im vertretbaren Verhältnis zur preisgegebenen Landfläche stehen. Dabei kann es sinnvoll sein, gefährdete Ufergrundstücke in Gemeindeeigentum zu überführen, um den einzelnen Besitzer von dem durch höhere Gewalt verursachten Verlust freizuhalten.
Gotthilf Hagen, Altmeister der Wasserbaukunst, ließ um 1843 versuchsweise die ersten Seebuhnen an der Ostseeküste bauen. Auf der Insel Rügen sollten einzelne, besonders bedrohte und dem Abbruch ausgesetzte Ufer durch Einbaue geschützt werden. Die quer zur Küstenlinie errichteten Buhnen unterbrechen die natürliche Brandungsströmung und Sandvertriftung. Man erwartete, daß sie Sand fangen. Als stromabweisende Bauwerke (Strombuhnen) haben sie sich bewährt. Wo keine stärkere Längsströmung vorhanden ist und die Brandungswellen etwa senkrecht auf einen Küstenabschnitt treffen, bleibt der Einfluß auf die herrschenden Naturkräfte durch Buhnen (Strandbuhnen) gering. Deshalb hat man noch keine befriedigende Lösung für die Erhaltung, Erhöhung und Verbreiterung des Brandungsstrandes durch Querwerke gefunden, obgleich viele Versuche in der Natur durchgeführt worden sind.
Hinsichtlich der Buhnenformen kam man über die durchlässige einreihige und doppelreihige Holzpfahlbuhne, die Strauch- und Steinkistenbuhne zur undurchlässigen, massiven Findlingsbuhne, der Stahlspundwand- und Eisenbetonpfahlbuhne. Noch heute findet man auf denselben Küstenstrecken nebeneinander durchlässige und undurchlässige Strandbuhnen. Die Stahlspundwand- und Eisenbetonpfahlbuhnen wurden fast allein aus bautechnischen Gründen gewählt.
Die bautechnischen Möglichkeiten bestimmten im Anfang auch die Länge der Buhnen; sie konnten erst in tieferes Wasser vorgetrieben werden, nachdem Dampframmen zur Verfügung standen und das Spülverfahren den Einbau von längeren Pfählen und Bohlen gestattete. Da mit der Länge der Werke sowohl die Baukosten als auch der Aufwand für die Unterhaltung zu Buch schlagen, wurden in erster Linie finanzielle Möglichkeiten ausschlaggebend; für funktionelle Planungen fehlten die erforderlichen Grundlagen. Deshalb gingen die Vorstellungen weit auseinander über Form, Höhe, Abstand und Streichlinie, über Buhnengruppen und über die Vermeidung der gefürchteten Lee-Erosion, die am Ende jeder befestigten Uferstrecke zu beobachten ist. An Baustoffen kamen Holz, Natursteine, Stahl und Beton zum Einsatz. Ihre Lebensdauer wird beeinflußt durch wechselnde Feuchtigkeit, Sonnenbestrahlung, Temperaturen, durch die Holzbohrmuschel, Brandungsstöße, Brandungsströmungen, Höhenveränderungen des Strandes, durch Sandschliff, Rostbildung, Eisgang.
Der Küsteningenieur hat erfahren müssen, daß eine Buhne, die sich als standsicher erwiesen hat, noch keinen Beweis für ihre funktionelle Bewährung liefert. Die Standsicherheit ist vielmehr eine Voraussetzung dafür, daß eine Anlage überhaupt wirken kann.
Der Ostseestrand wird in steigendem Maße vom Fremdenverkehr in Anspruch genommen. An manchen Uferabschnitten sind erhebliche Schäden entstanden, wenn man Strandburgen bis in den Strandwall hinein baute (Abb. 17) und die schützende Vegetationsdecke in Mitleidenschaft gezogen wurde, und wenn der Massentourismus den Strandwall rücksichtslos als Lager- und Spielplatz benutzte. Hier wurden Regelungen im Interesse aller erforderlich.

Abb. 5: Uferschutz um 1880

Versuche, abgeschrägte Uferstrecken zu bepflanzen, hatten im allgemeinen wenig Erfolg, weil die künstlich eingebrachte Vegetation weder dem Anprall der Wellen noch der zerstörenden Arbeit des in der Brandung bewegten Gerölls Widerstand zu leisten vermag. Vorteilhaft wird der biologische Uferschutz dort betrieben, wo ein hinreichend breites Vorfeld mit Dünen, Baum- und Strauchbestand vor einem Deich vorhanden ist.

*Marcus Petersen*

Abb. 6: Steilufer mit senkrechter Wand unmittelbar nach einer Sturmflut; niedriger Blockstrand

Abb. 7: Brandungshöhle im Kliff

Abb. 8: Strandwall nach einer Sturmflut. Wasserstand etwa 30 cm unter MW. Der Sand wurde fortgespült, geblieben ist ein Geröllstrand bis hinauf zur Abbruchkante.

Abb. 9: Riffe, bei extremen Niedrigwasserständen sichtbar, wirken als natürliche Wellenbrecher

Abb. 10: Strandwall nach einer Sturmflut, Bewuchs zerstört, im Hintergrund Durchbruch, Holzpfahlbuhnen z. T. hinterspült

Abb. 11: Am Ende der Ufermauer (Beton) Zerstörung des Strandwalles und der Holzpfahlbuhnen

Abb. 12: Wellenschlag gegen befestigte Uferböschung

Abb. 13: Uferdeckwerk aus Granitfindlingen mit kurzen Buhnen, Strand fehlt

Abb. 14: Sicherung des Strandwallfußes durch Holzpfahlwerk und Findlingspackung

Abb. 15: Sperrmüll als Ufersicherungsmaterial

Abb. 16: Deichtreppe

Abb. 17: Anlage von Strandburgen bis in den Strandwall hinein

# Klima und Wetter

Unter dem Begriff „Klima" versteht man nach W. Köppen (1928) den langzeitlich mittleren Zustand und den gewöhnlich stattfindenden Verlauf der Witterung an einem gegebenen Ort oder in einem gegebenen Bereich, z. B. im Ostseebereich (Ostsee und angrenzende Länder). Von den fünf Hauptklimaarten, die Köppen (1928, 1954) und Köppen/Geiger (1960) auf der Grundlage von meteorologischer Statistik (Temperatur, Niederschlag und Jahresverlauf dieser Elemente) unterschieden haben, sind die extremen tropischen Regen- und die subtropischen Wüsten- und Steppenklimate (A und B) sowie das Polarklima (Tundrenklima) (E) für den Ostseebereich ohne jede Bedeutung.
Für diesen Bereich sind vielmehr die beiden anderen Hauptklimaarten (C und D) wichtig. Das C-Klima findet sich innerhalb eines gemäßigt warmen Gürtels ohne regelmäßige Schneedecke über den mittleren Breiten jeder Halbkugel, und das D-Klima betrifft den borealen (nördlicher gelegenen) Schnee- und Waldgürtel, wo Sommer und Winter ausgeprägt vorkommen. Das D-Klima fehlt auf der Südhalbkugel gänzlich.
Die Ostsee erstreckt sich in Süd-Nordrichtung von ca. 54 Grad N bis 66 Grad N, und sie ist in West-Ostrichtung nur wenig breit (200 bis maximal 650 km). Ihre Gesamtfläche beträgt 415 265 km$^2$, wovon die zentrale Ostsee 209 930 km$^2$ für sich in Anspruch nimmt (das sind 50,6 Prozent der Gesamtfläche). Abgesehen vom Nordwesten ist die Ostsee von relativ flachem Festland umgeben. Die 100 m-Höhenlinie wird meist erst 50 bis 100 km landeinwärts erreicht und die 200 m-Linie nur fleckenhaft. Nur von der nördlichen schwedischen Ostküste an erreicht man westwärts und landeinwärts schon nach etwa 50 km die 200 m-Höhenlinie, und dann erhebt sich im Westen und Nordwesten der norwegische Gebirgszug (>1000 m, z. T. auch 1500 bis über 2000 m). Auch befindet sich die Ostsee im Übergangsbereich zwischen großen Meeresgebieten im Westen (Nordsee und Ostatlantik) und den ausgedehnten Festlandsmassen Asiens im Osten. Sie ist ein flaches Schelfmeer (mittlere Tiefe ~ 55 m, größte Tiefe 459 m), und sie hat nur flache Zugänge zur Nordsee (Dänischer Sund und Belte).
Alle diese Eigenheiten des Ostseebereichs sind klimatisch von großer Bedeutung. Die Ostsee wird in der freien Atmosphäre ganzjährig von mittleren westlichen Winden überweht (im Winter aus WNW, im Frühling und Herbst aus W und im Sommer aus WSW). Diese sogenannte atmosphärische Westwinddrift verfrachtet vom Atlantik her relativ feuchte und gemäßigt warme Luftmassen weit in den Ostseebereich hinein, die wegen der flachen Landumgebung die südwestliche, südliche und zentrale Ostsee ganzjährig beeinflussen. Auch regnet die Feuchte in diesen Gebieten innerhalb von Tiefdruckstörungen an den sie begleitenden Fronten aus.
Daher wird Dänemark, das Skagerrak und Kattegat, die südwestliche Ostsee und der Großteil der zentralen Ostsee sowie ganz Südschweden von einem feuchten Untertypus des C-Klimas, nämlich dem Cf-Klima, beherrscht. Dieses ist überwiegend ein Meeresklima.
Die *wichtigsten Eigenheiten des Cf-Klimas* sind die folgenden:
– Regen zu allen Jahreszeiten; Maximum im Aug./Sept., Minimum im Febr./März.
– Gemäßigt warme Temperatur (kältester Monat zwischen −3 und +1.8 ° C, wärmster Monat über 10 Grad, jedoch stets < 22 ° C).
– Kühle Sommer (Monatsmitteltemperatur zwischen 10 und 22 ° C), „Buchenklima" nach Köppen.
– Übergang von einem reinen Meeres- zu einem reinen Landklima.
– Tägliche Temperaturschwankung nimmt vom Meer auf das Festland zu.
– Jährliche Temperaturschwankung beträgt etwa 8 bis 15 ° C; Maximum im Aug., Minimum im Jan./Febr./März.
– Hoher Bewölkungsgrad (6/10 bis 8/10 in allen Monaten), geringe Jahresschwankung.
– Ebenfalls hohe relative Luftfeuchte (meist > 60 %); Maximum im Herbst und Winter, Minimum im Mai/Juni.
– Winde zeigen ein starkes Überwiegen im Sektor von NW über W bis SW mit höheren Geschwindigkeiten; Winde aus dem Sektor N bis E sind seltener und auch schwächer.

Je weiter man jedoch im Ostseeraum nach Norden, Nordosten und Osten fortschreitet, desto mehr macht sich der Festlandseinfluß bemerkbar. In Mittel- und Nordschweden, in Finnland, im Bereich der früheren Baltenstaaten und in großen Teilen des europäischen Rußland sowie in der Bottenwiek und der Bottensee, im Golf von Finnland und der Rigabucht und im nördlichsten Teil der zentralen Ostsee setzt sich der Einfluß einer wesentlich anderen Klimaart durch, nämlich das feucht-winterkalte Df-Klima. Auch dieses ist ein feuchter Untertypus der Hauptklimaart D.
Die *wichtigsten Eigenheiten des Df-Klimas* sind die folgenden:
– Ausreichend Niederschlag (Regen oder Schnee) zu allen Jahreszeiten; Maximum im Aug./Sept., Minimum im März.
– Winterkalte Temperatur (kältester Monat < −3 ° C), Meeresteile vereisen in jedem Jahr.
– Im Westen kühle Sommer, im Osten gegen das Festland hin zunehmend heißere Sommer (wärmster Monat stets > 10 ° C, landeinwärts viel höher > 17 ° C).
– Meeresklima-Einfluß tritt zurück, stärkerer Einfluß des Landklimas.
– Tägliche Temperaturschwankung nimmt gegen das Festland hin zu.
– Jährliche Temperaturschwankung nimmt gegen Osten stark zu.

Nach diesen grundsätzlichen Ausführungen über das Klima im Ostseebereich soll eine Darstellung (siehe Abb. 1) die Einflußbereiche des Cf- und Df-Klimas und den Verlauf der Trennlinie zwischen ihnen zusätzlich zur obigen Beschreibung verdeutlichen.

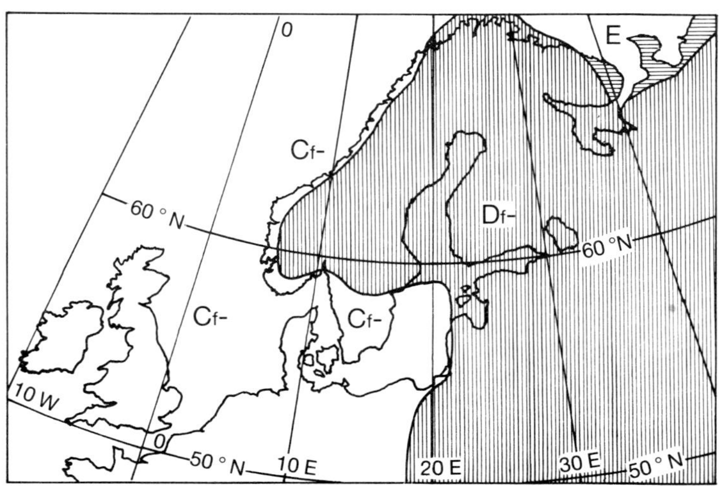

Abb. 1: Die Grenze zwischen Cf- und Df-Klima im Ostseeraum

Man erkennt aus diesem Bild die Behinderung des Vordringens maritimer Luft nach Osten durch den skandinavischen Gebirgszug. In Westnorwegen behält nur ein schmaler Küstenbereich den maritim gefärbten Cf-Klimatyp bei. Dagegen dringt die wärmere und feuchte Luft unbehindert über die Nordsee, Dänemark und Südschweden hinweg ostwärts in die südwestliche und zentrale Ostsee ein, und der Bereich mit Cf-Klima erstreckt sich daher bis zur Küste von Lettland und Litauen und sogar wenig darüber landeinwärts. Die Rigabucht wird jedoch nicht mehr tangiert. Der Verlauf der Trennlinie zwischen Cf- und Df-Klima folgt nach Köppen etwa der (− 3 Grad)-Isotherme des kältesten Monats (Januar). Ein schmaler Bereich auf der Halbinsel Kola und der russischen Nordküste (siehe die NE-Ecke des Bildes) muß dem kältesten Klimatypus E, nämlich dem Polarklima (Tundrenklima) zugeordnet werden.
Diese Klimazuordnung beruht notgedrungen auf einer eingehenden statistischen Behandlung von meteorologischem Beobachtungsmaterial für möglichst viele Jahre. Hier interessieren speziell die langzeitlichen Veränderungen einzelner meteorologischer Elemente, wie Lufttemperatur, Niederschlag, Wind, Feuchte, Luftdruck und viele andere mehr, die von den Klimadiensten der Ostseestaaten erfaßt werden. Langzeitliche Mittelbildung für die einzelnen Monate des Jahres und Festlegung von Streuungen um diesen Mittelzustand erlauben es, die klimatisch mittleren Verhältnisse an möglichst vielen Orten festzulegen und — was noch wichtiger ist — die ihnen überlagerten Schwankungsanteile, die durch Störungen und Wetterunruhe verursacht sind, quantitativ zu erfassen.
Im folgenden sollen die Eigenheiten dieses mittleren Klimaablaufs und des ihm überlagerten Störungsanteils (Wetterunruhe) besprochen werden. Um es gleich vorwegzunehmen, kommt der Störungsaktivität und der mit ihr verbundenen Wetterunruhe im Ostseebereich eine sehr große Bedeutung zu. Diese Besprechung wird sich vorwiegend mit den Gegebenheiten am Erdboden bzw. an der Wasseroberfläche auseinandersetzen, die für den Zweck dieses Buches wichtiger erscheinen als jene in der freien Atmosphäre.
Für die nachfolgende Diskussion soll die Ostsee in zwei Großbereiche unterteilt werden:
a) Die südwestliche und die zentrale Ostsee (Kattegat, Beltsee und zentrale Ostsee) mit Cf-Klima.
b) Bottenwiek, Bottensee und die Bucht von Riga sowie der Golf von Finnland mit Df-Klima.

*Luftdruck und Wind im langzeitlichen Mittel*
Die Abb. 2 präsentiert 6 Pentaden-Karten (Mittel über 60 Jahre für jeweils fünf Tage) der quasi-persistenten Bodenluftdruck-Verteilung in Mittel- und Nordeuropa im Ablauf des Jahres (Trenkle (1962), Fr. Defant (1972)). Die Isolinien sind Linien von konstantem Luftdruck (Isobaren), und die Luftströmung am Erdboden folgt im wesentlichen diesen Linien von West nach Ost mit einer leichten Drehung (ca. 20 bis 30 Grad) zum tiefen Druck hin als Folge der Bodenreibung. Je enger (weiter) abständig die Isobaren voneinander sind, desto stärker (schwächer) ist die Windgeschwindigkeit.
Von Anfang November bis Ende Februar herrscht in der Winterzeit im Ostseeraum zwischen hohem Druck über Mittel- und Südrußland und tiefem Druck bei Island eine mittlere kräftige Strömung aus näherungsweise SSW (vgl. die Bilder 1 und 6 in Abb. 2). Sie ist im Dezember und Januar am intensivsten. Zu dieser Zeit ist auch die Zyklonenhäufigkeit speziell groß, und im Ostseeraum macht sich im Druck und Wind eine große Wetterunruhe bemerkbar.
Im März und April schwächen sich sowohl der Luftdruckgegensatz als auch die Windstärke erheblich ab (vgl. die Bilder 2 und 3 in Abb. 2). Im südlichen Bereich (a) weht der Wind aus SW, im nördlichen Bereich (b) mehr aus SSW. Die Wetterunruhe nimmt verglichen mit dem Winter bis Ende April stark ab.

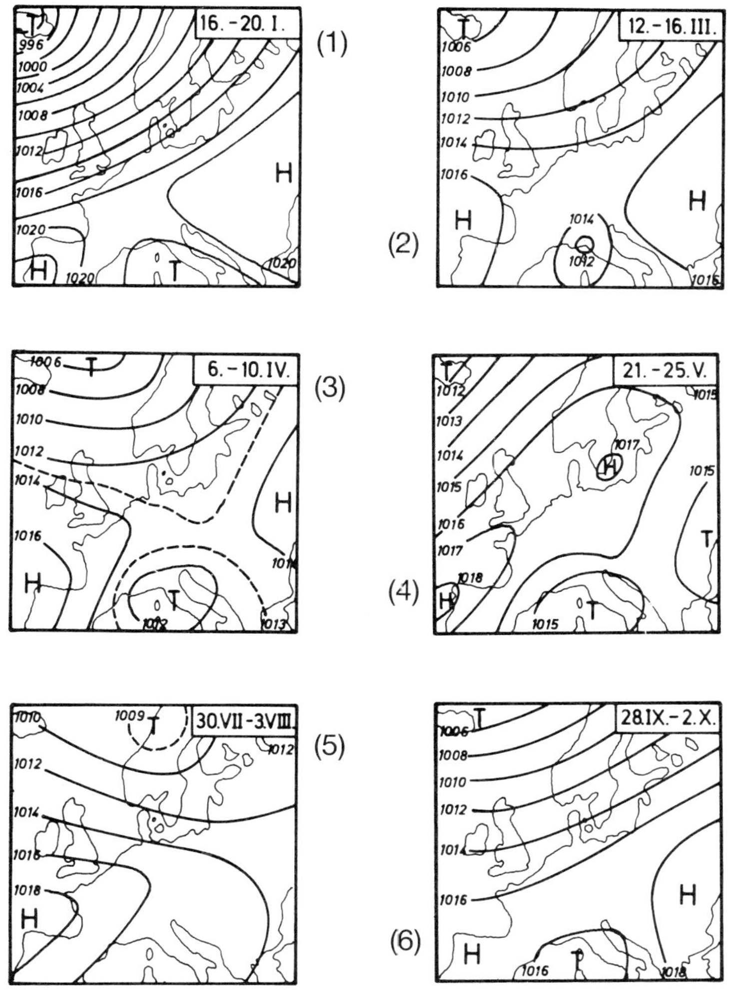

Abb. 2: Sechs typische Pentadenkarten von Trenkle (1962), charakteristisch für sechs Zeitabschnitte mit quasipersistenter Bodenluftdruckverteilung über Mittel- und Nordeuropa. Bild 1: 16.−20. I., Bild 2: 12.−16. III., Bild 3: 6.−10. IV., Bild 4: 21.−25. V., Bild 5: 30. VII.−3. VIII., Bild 6: 28. IX.−2. X.

Von Anfang Mai bis Mitte Juni erhöht sich der Luftdruck im Südwesten Europas, und es bildet sich über die Ostsee hinweg eine Hochdruckverbindung zum sich abschwächenden russischen Kältehoch aus (vgl. das Bild 4 in Abb. 2). Die Windgeschwindigkeit ist in dieser Zeit schwach, die Windrichtung äußerst variabel, und die Wetterunruhe ist wesentlich reduziert. Diese Phase mit hohem Luftdruck ist im Ablauf des Jahres die einzige, sich mit hoher Wahrscheinlichkeit einstellende Erscheinung im mittleren jährlichen Luftdruckgang.
Der Jahresgang des langzeitlich mittleren Luftdrucks bleibt klein (wenige mb, etwa 5 bis 7), aber es ist ihm eine durch die Wetterunruhe verursachte Schwankungsbreite überlagert, die den mittleren Jahresgang völlig verdeckt (Größenordnung von 30 mb und mehr).
Im Sommer und Herbst (Juli bis Oktober) weitet sich ein Keil des Azorenhochs über Mitteleuropa hinweg ostwärts bis zum Balkan aus, und es stellt sich im Bereich (a) über der südwestlichen und zentralen Ostsee ein von WNW nach ESE gerichteter Isobarenverlauf ein. Auch nimmt das Druckgefälle normal zu den Isobaren erheblich zu (siehe das Bild 5 in Abb. 2). Daher intensiviert sich

im Bereich (a) ab Anfang Juli sprunghaft eine stärkere W-Strömung, die besonders im Kattegat und der Beltsee noch lebhafter werden kann. Die Wetterunruhe nimmt jetzt wieder kräftig zu. Ende September dreht die Windrichtung zunehmend auf SW (siehe das Bild 6 in Abb. 2). Etwas unterschiedlich davon verstärkt sich das Luftdruckgefälle im Bereich (b) ab Ende Juli bis Ende Oktober nur allmählich, und der Isobarenverlauf ist von WSW nach ENE gerichtet. Dies entspricht einem sich nur langsam verstärkenden Wind im Bottnischen Meerbusen und im Golf von Finnland aus Richtungen um 220 Grad (etwa aus SW).
Diese herbstlichen Überleitungen enden Anfang November und gehen dann in die eingangs geschilderten winterlichen Druck- und Windverhältnisse über.

*Die Luft- und Wassertemperatur im langzeitlichen Mittel*
Über die Lufttemperatur an der Oberfläche der Ostsee orientiert die Tab. 1.

Tab. 1. Klimatologisch langzeitlich mittlere Lufttemperaturen (Grad Celsius) in der Mitte von 6 Ostsee-Teilbereichen in ca. 6 m über der Ostseeoberfläche

| | Jan. | Apr. | Juli | Okt. | |
|---|---|---|---|---|---|
| BW | —7,5 | —0,5 | 13,0 | 3,0 | |
| BS | —3,5 | 1,3 | 13,0 | 5,5 | Df-Klima |
| GF | —5,0 | 1,5 | 16,5 | 6,5 | |
| ZO | 0.5 | 3.5 | 16.0 | 7.5 | |
| B | 0,5 | 6,0 | 16,5 | 8,5 | Cf-Klima |
| K | 0,5 | 5,5 | 16,0 | 8,5 | |

BW = Bottenwiek, BS = Bottensee, GF = Golf von Finnland, ZO = zentrale Ostsee, B = Beltsee, K = Kattegat

Die vom Tagesgang befreite Lufttemperatur nimmt in allen Jahreszeiten polwärts ab, im Sommer schwächer, im Winter stark. Zusätzlich ist der Unterschied zwischen Df-Klima und Cf-Klima deutlich erkennbar. Im Bereich mit Cf-Klima beträgt die Amplitude des Jahresgangs etwa 15 ° C, und die Wintertemperatur ist überall mild, die Sommertemperatur relativ kühl. Dagegen ist im Bereich mit Df-Klima die Wintertemperatur überall $< -3$ ° C und die Sommertemperatur $< 15$ ° C, mit Ausnahme des Golfs von Finnland, der sich weit ins sommerlich erhitzte Festland hinein ostwärts erstreckt. Die Amplitude des Jahresgangs ist größer (17 bis 21 ° C) als im Cf-Klima-Bereich. Allgemein ist im Ablauf des Jahres der Verlauf der Lufttemperatur nicht symmetrisch, da die Herbsttemperaturen überall höher sind als jene im Frühling.
Die Zyklonentätigkeit verursacht in der Temperatur ganzjährig eine erhebliche Schwankungsunruhe, die im Südteil der Ostsee 3 bis 4 ° C, im Nordteil und im Golf von Finnland im Winter 7 bis 10 ° C, im Sommer 3 bis 4 ° C umfaßt.
Noch größer fallen die Jahresgänge an Küstenstationen aus, wo zwischen Lübeck und Memel (16,7 ° C bzw. 19,7 ° C) ein Unterschied von 3 ° C feststellbar ist. Zwischen Stockholm und Leningrad ist es ähnlich (19,5 ° C bzw. 24,6 ° C, Unterschied 5,1 ° C). Diese Unterschiede sind den tieferen Temperaturen im Winter an den Stationen der Ostküsten zuzuschreiben. Im Sommer weisen die Stationen im Westen und Osten etwa gleiche Temperaturen auf. Im Winter ist die Lufttemperatur über dem Meer wärmer als über der Küste und im Landinneren, im Sommer ist das Umgekehrte der Fall. Die Übergänge im Küstenbereich sind im Winter scharf ausgeprägt, im Sommer weniger.
Der jährliche Gang der langzeitlich gemittelten Wassertemperatur weist ähnliche Züge wie jener der Lufttemperatur knapp über dem Wasser (ca. 6 bis 10 m) auf. In der südwestlichen und zentralen Ostsee bleibt die mittlere Differenz zwischen der Luft- und der Wassertemperatur relativ klein. Von Ende August bis Mitte März über den Winter hinweg ist die Wassertemperatur $t_W$ kälter als die Lufttemperatur $t_L$, während im Frühling und im Frühsommer $t_L > t_W$ ist (vgl. die Tabelle 2a, Angaben in Grad C).

Tab. 2a. Mittelwerte ($t_L - t_W$) für das Kattegat, die Beltsee und die Zentrale Ostsee

| I | II | III | IV | V | VI | VII | VIII | IX | X | XI | XII |
|---|---|---|---|---|---|---|---|---|---|---|---|
| −1,7 | −1,2 | −0,1 | 1,0 | 1,5 | 1,1 | 0,5 | 0,2 | −0,3 | −1,0 | −1,6 | −1,7 |

Im nördlicher und östlicher gelegenen Bereich sind alle Differenzbeträge wesentlich größer, und die negativen Werte überwiegen bei weitem (vgl. Tabelle 2 b).

Tab. 2b. Mittelwerte ($t_L - t_W$) für die Bottenwiek, die Bottensee und den Golf v. Finnland

| I | II | III | IV | vV | VI | VII | VIII | IX | X | XI | XII |
|---|---|---|---|---|---|---|---|---|---|---|---|
| −5,8 | −4,7 | −3,2 | 0,8 | 3,0 | 2,2 | 1,1 | −0,2 | −1,2 | −2,0 | −2,4 | −3,2 |

Auch ist die Zeitdauer mit $t_L > t_W$ wesentlich kürzer (Mitte April bis Mitte August) als im südlichen Ostseebereich. Zusammen mit dem Einfluß des Windes bestimmt diese Differenz ($t_L - t_W$) maßgeblich den turbulenten Austausch von fühlbarer (sensibler) Wärme zwischen Wasser und Luft ($t_L > t_W$ abwärts, $t_W > t_L$ aufwärts).

*Luftfeuchtigkeit und Niederschlag im langzeitlichen Mittel*
Die Feuchte und der Niederschlag sind bestimmende Elemente für das Klima. Über die Feuchte an der Wasseroberfläche orientiert Tabelle 3.

Tab. 3. Die relative Feuchte (U in %) und die spezifische Feuchte (q in g/kg) im langzeitlichen Mittel

| Gebiet | | Jan. | Febr. | Juli | Okt. | Jahres-Mittel |
|---|---|---|---|---|---|---|
| Bottenwiek | U | 87,0 | 65,4 | 55,8 | 82,6 | 72,7 |
| | q | 1,55 | 2,80 | 6,95 | 3,58 | 3,72 |
| zentrale | U | 88,2 | 65,0 | 54,4 | 81,7 | 72,3 |
| Ostsee | q | 2,95 | 3,95 | 8,35 | 5,35 | 5,15 |
| Beltsee | U | 85,8 | 61,8 | 48,0 | 81,3 | 69,2 |
| | q | 3,73 | 4,32 | 9,30 | 8,75 | 6,53 |

Über die Ostseefläche hin nimmt die relative Feuchte nach Norden hin nur allmählich zu. Dagegen nimmt die spezifische Feuchte in der gleichen Richtung stark ab. Beide Feuchtemaße unterliegen einem starken, aber gegensinnig ablaufenden Jahresgang. Im Herbst und Winter ist die relative Feuchte maximal (die spez. Feuchte minimal), und im Sommer ist das Umgekehrte der Fall. Im Frühling und Herbst treten schroffe Feuchteübergänge in Erscheinung. Man erkennt, daß bei starken Winden aus überwiegend westlicher Richtung die Herbst- und Winterzeit sehr feucht ist (zwischen 80 und ca. 90 % rel. Feuchte), und dies gilt für alle Ostseebereiche. Aber auch im Sommer sinkt die Feuchte selten unter 50 % (feuchter Charakter des Cf- und Df-Klimas). Die dem mittleren Jahresgang der Feuchtigkeit überlagerten täglichen Feuchteschwankungen als Folge von Wetterstörungen sind sehr groß, speziell im Herbst und Winter (bis zu 40 % bei der relativen Feuchte).
Was den Niederschlag angeht, so beträgt im Ostseebereich und in den angrenzenden Ländern die mittlere jährliche Niederschlagsmenge 400 bis 800 mm/Jahr. Die die Ostsee umgebenden Landgebiete erweisen sich als relativ niederschlagsreich, wobei die Küsten des nördlichen Schleswig und Ostpreußens sowie das westliche Südschweden mit 700 bis 900 mm/Jahr die größten Mengen auf-

weisen. Über die Küste hinweg seewärts nimmt die Jahresmenge deutlich ab, und nach aller Wahrscheinlichkeit sind über den zentralen Teilen der Ostsee die jährlichen Mengen stark reduziert (400 mm oder weniger). Darüber ist man aus Mangel an langzeitlichen und exakten Beobachtungen über der freien See nur ungenügend informiert. Inselstationen heben sich deutlich durch etwas höhere Mengen heraus. Eine starke Reduzierung erkennt man auch in der Nähe des skandinavischen Berglandes. Inspiziert man die einzelnen Monate des Jahres, so stellt man erhebliche Niederschlagsunterschiede fest, also einen starken jährlichen Niederschlagsgang. Alle Stationen, ob Land-, Küsten- oder Inselstationen, zeigen einen ähnlichen Gang. Die niedrigsten Monatssummen finden sich im Februar oder März (20 bis 40 mm) und die höchsten im August (80 bis über 100 mm). Nach dem Mai steigt die Monatsmenge stark an, und im Herbst fällt sie zuerst rasch, dann schwächer ab. Berücksichtigt man noch die mittlere Anzahl der Niederschlagstage und berechnet mittlere Tagessummen des betreffenden Monats, so ergeben sich maximale Werte im Juli und August zwischen 4 und 6 mm/Tag und minimale Werte zwischen 1,5 und 3 mm/Tag von Januar bis März.
Im Durchschnitt fallen 3 bis 4 mm/Tag im Jahresmittel an allen Küstenstationen. Im Jahresablauf bringt die größten Mengen des Niederschlags der Spätsommer (hauptsächlich August), aber die größte Häufigkeit von Niederschlägen entfällt auf den Spätherbst und Frühwinter (November, Dezember). Hierin zeigt sich, daß die Niederschlagsdichte im Sommer wesentlich größer ist als im Winter.

*Bewölkung*

Die Bewölkung wechselt über der Ostsee in Form und Bedeckungsgrad in allen Monaten erheblich. In der südlichen und westlichen Ostsee beträgt die mittlere Bewölkung durchweg 6/8, im Sommer 4–5/8 der Himmelsbedeckung, nur im wolkenarmen Mai/Juni 3–4/8. Landeinwärts nimmt sie in allen Monaten zu (um mindestens 1/8). Trübe Tage (über 6/8) zeigen das Maximum im Dezember mit ca. 20 Tagen/Monat und das Minimum im Juni mit 7–10 Tagen/Monat. Die heiteren Tage ($\leq 2/8$) haben das Maximum im Mai mit 5–9 Tagen/Monat und das Minimum im Dezember mit nur 1–2 Tagen/Monat. In der mittleren und östlichen Ostsee sind die mittleren Bewölkungsverhältnisse wenig unterschiedlich. Im Bottnischen Meerbusen beträgt die mittlere Bewölkung fast einheitlich 4/8 der Himmelsbedeckung, im Juli nur 3/8. Wolkenreichste Zeit ist dort der Spätherbst und Frühwinter, wolkenärmste Zeit ist der Juni und Juli.
Die vorstehend kurz besprochenen Eigenheiten der meteorologischen Elemente: Luftdruck und Wind, Luft- und Wassertemperatur, Feuchtigkeit und Niederschlag sowie die Bewölkung in Erdbodennähe bzw. an der Wasseroberfläche sind für die Gestaltung des Klimas am bedeutendsten.

Zum Schluß soll noch die Frage beantwortet werden, warum der Ostseebereich ganzjährig so oft von Tiefdruckstörungen heimgesucht wird und welche Umstände dabei für die oben oft angesprochene, dem Mittelzustand überlagerte Wetterunruhe in allen Elementen verantwortlich sind. Die Antwort auf diese Frage ist im ständig vorhandenen Luftmassengegensatz zu suchen, der über den nördlichen mittleren Breiten zwischen der kältesten Luftmasse, nämlich der Polarluft, und der wärmer gefärbten, gemäßigten Luft der mittleren Breiten stets gegenwärtig ist. Diese beiden Luftmassen werden durch eine im Raum polwärts geneigte Frontalzone, die sogenannte „Polarfront" getrennt. An ihr entwickeln sich Wellenstörungen, die sich während ihrer weiteren Fortbewegung verwirbeln und dabei immer höhere Luftschichten in den entstehenden Tiefdruckwirbel mit einbeziehen. Warmluft wird dabei an ihrer Vorderseite gehoben, und Kaltluft sinkt in der Rückseite der Wirbel nieder. Dauerniederschlag an der Ost- oder Vorderseite und Wolkenauflösung an der Rückseite mit gelegentlichen Instabilitätsschauern sind die Folge (Zyklonen oder Tiefdruckstörungen der mittleren Breiten und ihre Lebensgeschichte entsprechend der Norwegischen Meteorologenschule). Die Ostsee gehört jenem Breitenbereich an, innerhalb von welchem die Polarfront ganzjährig gegenwärtig ist und in dem sie dauernd ihre Neigung und Breitenlage verändert. Stets wird daher die Ostsee von Wetterstörungen beeinflußt, deren Vorüberzug starke Veränderlichkeit der meteorologischen Elemente auslöst, die aber durch eine langzeitliche Mittelbildung weitgehend eliminiert wird. Jedoch ist sie für die Gestaltung des Klimas ein integrierender und mitgestaltender wichtiger Faktor.

*Friedrich Defant*

Seite 92: Sommerregen – eine typische Wirkung des Cf-Klimas im südlichen Ostseebereich (oben); Packeis im Bottnischen Meerbusen im April – eine typische Wirkung des Df-Klimas im nördlichen Ostseebereich

# Die dänischen Inseln – Stapfsteine nach Norden

*Insel-Dänemark in der Geschichte.* Seit tausend Jahren sind die dänischen Inseln das Bindeglied zwischen Mittel- und Nordeuropa. Durch die drei Meeresstraßen *Öresund, Großer Belt* und *Kleiner Belt* fuhren schon die Schiffe der Wikingerzeit zwischen der Ostsee und der Nordsee nach England und Frankreich. Die dänischen Inseln traten in die Geschichte ein, als Harald Blauzahn (Harald Blåtand) im zehnten Jahrhundert seine Residenzstadt von Jelling auf der Halbinsel Jütland nach Roskilde auf Seeland verlegte, „der Harald, der ganz Dänemark und Nordwegen gewann und die Dänen zu Christen machte“, wie es auf dem Runenstein in Jelling steht. Die günstige Lage der neuen Residenzstadt Roskilde im Innern des Roskilde-Fjords machte die Stadt zu einem politischen Machtzentrum der Wikingerzeit. Dies wird bestätigt durch die Entdeckung vieler Handels- und Kriegsfahrzeuge im Fjord, die jetzt in der Wikingerschiffhalle von Roskilde zu besichtigen sind; außerdem auch durch die Lage der Wikingerfestung Trelleborg (Ende des 10. Jahrhunderts) am Großen Belt.

Gegen Ende der Wikingerzeit wendete sich das Interesse der Dänen der Ostsee zu, als die dänischen Könige in der Waldemarzeit (1160–1240) durch die Eroberung des deutschwendischen Küstensaumes die Ostsee von der Seeräuberei befreiten und dabei eine beachtliche Machtstellung erreichten. Diese Blütezeit führte zur Verwirklichung der Wunschvorstellung: Die Ostsee als ein „Meer des Friedens“. Eine Folge war die Entwicklung von rund 100 Marktstädten entlang der Ostseeküste, davon über 30 auf den dänischen Inseln. Viele dieser Stadtpläne enthüllen eine übergeordnete Planung, während andere deutlich aus Dörfern herangewachsen sind. Es entstanden die Städte mit Ortsnamen, auf -burg (-borg) und -köbing, wie Nyborg, Fåborg, Kalundborg, Rudköbing, Saxköbing, Nyköbing und viele andere. In dieser dänischen seemilitärischen Machtperiode blühte auch ein reger Güteraustausch, der jedoch meistens in den Händen der Hanseaten war und verblieb. Die Hanseaten hatten den Handel auf Schweden und Norwegen ausgeweitet und benutzten für diesen Verkehr die drei dänischen Meeresstraßen.

Während des Mittelalters und bis in die Neuzeit hinein wuchs die ökonomische Bedeutung der drei Straßen, die den Handel zwischen den Nordseeländern und dem Ostseegebiet einschließlich der baltischen Länder und Rußland vermittelten. Die schnellste Verbindung ging durch den Sund (Öresund), und die Zolleinkünfte von Schiffen, die die enge Straße zwischen Helsingör (bei Schloß Kronborg, siehe Foto) und Helsingborg benutzten, waren für die dänische Wirtschaft und für die Ausrüstung des Heeres äußerst wichtig. Nach und nach wurden die Zollsätze reguliert und vermindert und schließlich, im Jahre 1857, ganz abgeschafft.

Das politische Bündnis mit Frankreich während der Napoleonischen Kriege wirkte sich als ein großes Unglück für Dänemark aus, denn die dänische Flotte wurde von den Engländern vernichtet. Nachdem der Krieg 1814 beendet war, erfuhr die dänische Segelschiffahrt eine neue Blüte mit Fahrten nach überseeischen Ländern wie Ostindien, China, Afrika und Amerika. Als Teilnehmer spielten – außer Kopenhagen – die Städte auf Fünen eine besonders große Rolle, und Orte wie Svendborg und Fåborg zeugen noch heute von dieser Fernfahrt in den Jahrzehnten 1840 bis 1900, als die geschützten Fahrwasser rund um die kleineren Inseln wie Tåsinge und Turö Winterlager für über 100 Schiffe waren. Die Werften existieren noch, und die Reedereien wurden im Laufe der Zeit immer größer.

Mit der Zunahme der Schiffsgröße im Fernverkehr reichte die geringe Tiefe im Öresund nicht mehr aus, so daß die meisten Schiffe der internationalen Handelsflotte den Großen Belt benutzten, wo man in der Osterrinne zwischen Seeland und der Insel Sprogö bis 70 m Tiefe findet, und wo Eishindernisse selten vorkommen. Eine ähnliche Tiefrinne zwischen Seeland und der kleinen Insel Agersö südlich von Korsör bei Skelskör hat zur Gründung einer Ölraffinerie geführt. Die engste der drei Straßen ist der Kleine Belt, der sich zwischen Fünen und Jütland schlängelt, und wo die größte Tiefe in der nur 1200 m breiten Straße bei der Insel Fanö 81 m beträgt. Die Entstehungsgeschichte der drei Straßen sowie die Gestaltwerdung der Inseln werden im folgenden Abschnitt erläutert.

*Die geologische Entwicklung.* Durch das gesamte Erdmittelalter reichte ein weites Meer über das norddeutsche Flachland und ganz Dänemark bis nach Schonen hinein. Im Laufe der Zeit lagerten sich Sand, Tone und Kreide in einer Mächtigkeit von 800 bis 3000 m in diesem Meer ab, ein Gesteinspaket, das an vielen Stellen von tertiären Sedimenten überlagert wurde. Während der alpinen Faltung wurden viele dieser Ablagerungen von Erdkrustenbewegungen in vertikaler Richtung derart verstellt, daß die älteren Ablagerungen von Kreide und Kalk emporstiegen und heute als Küstenfelsen erscheinen. Berühmt sind die Kreidefelsen der Insel Mön, die in schrägen Schichten bis über 100 m aus dem Meer ragen (siehe Foto S. 25), unterbrochen von Klüften, in die Moränenmaterial während der Eiszeit eindrang. Jetzt tragen sie hübsche Buchenwälder. Nicht weit von hier, auf der Halbinsel Stevns, erheben sich 30 m hohe senkrechte Felsen, die unten aus weicher Kreide bestehen, oben aus harten Kalksteinen mit Schichten von Flint. Am Rand der Felsen liegt die alte Höjeruper Kirche, deren Chor wegen Unterspülung der Wellen im Jahre 1928 ins Meer stürzte. Die harten Kalksteine sind seit dem Mittelalter als Bausteine für Kirchen und Herrenhöfe verwendet worden. In der Nähe von Stevns, bei Faxe, gibt es ein riesiges Vorkommen von Kalkstein, darunter Korallenkalk, der bis zu 70 m aufragt.

Faxe ist der größte Lieferant Dänemarks von Brannt-Kalk und Landwirtschaftskalk, der über den Landungsplatz „Faxe Ladeplads“ seit 1870 exportiert wird.

Die voreiszeitlichen Bodenschichten werden jünger, je weiter man auf den dänischen Inseln nach Westen kommt, bis man an den Küsten des Kleinen Beltes am Steilufer von Röjle tertiäre Schichten findet, teils plastischen Ton, der in das Wasser rutscht, und teils Glimmerton. Andere Teile desselben Steilufers demonstrieren anschaulich, wie die Kräfte der Eisbewegungen mit den älteren Schichten gespielt und sie gefaltet haben.

*Die Wirkung der Eiszeit.* Die Oberflächengestaltung und die Küstenumrisse von Insel-Dänemark außer Bornholm rühren von Gletscherbewegungen der Eiszeiten her, die ein Mosaik von Endmoränen, Schmelzwasserebenen und Geschiebelehmen hinterlassen haben. Die Mächtigkeit beträgt durchschnittlich 50 m, stellenweise sogar bis 200 m. Die wechselnde Oberfläche erklärt sich überwiegend aus der Schlußphase der letzten Eiszeit. Der Abschmelzprozeß vollzog sich nicht gleichmäßig, sondern wurde immer wieder von neuen Eisverstößen unterbrochen. Insel-Dänemark bekam seine heutige Gestalt, als sich von Osten durch die Ostsee erneut Eismassen vorschoben, von denen einige Zungen nordwärts drängten und die drei Meeresstraßen bildeten, denn der Weg durch das Innere der zwei großen Inseln war schon von einer älteren Eisdecke versperrt. Hier findet man in einer kuppigen Landschaft die höchsten Punkte der Insel wie Fröbjerg Bavnehöj (131 m) auf Fünen und Gyldenlöves Höj (126 m) auf Seeland. Sonst sind die Kleinformen der Insellandschaft eine Folge der letzten Eisvorstöße.

Nachdem das Eis endgültig geschmolzen war und das Land sich von seinem großen Gewicht befreit hatte, wurde Insel-Dänemark als Ganzes gehoben. Die Ostsee bildete darin einen See mit Abfluß in einer Rinne durch den Fehmarn Belt und den Großen Belt zum Kattegat. Der westliche Teil der Ostsee hatte seinen Abfluß durch den Kleinen Belt. Die damaligen Abflußströme sind ohne Zweifel die Ursprünge der Tiefrinnen in den zwei Belten, ein Zeugnis der großen, erosiven Kräfte des Flußwassers. Beim weiteren Abschmelzen überall in den polnahen Gebieten ergab sich eine allgemeine Steigerung des Weltmeerspiegels, und Salzwasser drang in die Belte und in die Ostsee hinein, wobei die jetzige Verteilung von Land und Wasser allmählich Gestalt annahm. Zu derselben Zeit (ca. 6000 vor Chr.) waren die Küsten der vielen Inseln von Jäger- und Fischvölkern besiedelt, man findet aber ihre Siedlungsspuren in vier bis acht Metern Wassertiefe in kleinen Buchten und Fjorden. Diese Zeugnisse einer jungen Landsenkung, die von Froschmännern bestätigt worden sind, haben gleichzeitig eine erneute Küstenerosion mit der Schaffung von neuen Steilufern zur Folge gehabt.

*Bevölkerung und Gewerbe.* Insel-Dänemark (außer Bornholm) hat einen Flächeninhalt von 12 725 km² und eine Bevölkerung von 2,7 Mill., entsprechend 30 % Fläche und 53 % der Bevölkerung von ganz Dänemark. Die Inseln weisen folgende Merkmale auf:

| | Areal | Bevölkerung | Dichte pro km² | Umliegende Inseln |
|---|---|---|---|---|
| Seeland | 7 444 km² | 2 150 700 | 289 | 97 |
| Lolland/ Falster | 1 795 km² | 122 000 | 68 | 45 |
| Fünen | 3 486 km² | 453 000 | 130 | 100 |
| Insgesamt | 12 725 km² | 2 726 500 | 214 | 242 |

Viele der umliegenden Inseln sind sehr klein, und nur 59 davon sind ständig besiedelt.

*Arbeitsplätze.* Die Verteilung der Arbeitsplätze war im Jahre 1980 wie folgt:

| | |
|---|---|
| in Landwirtschaft, Fischerei etc. | 11,6 % |
| in Industriebetrieben | 23,4 % |
| in privaten Dienstleistungen | 37,2 % |
| in öffentlichen Dienstleistungen | 27,8 % |

Der große Anteil an Dienstleistungen (65 %) rührt von den vielen Funktionen der Hauptstadt her, und die Zahlen belegen, daß die Landwirtschaft als Beruf heute von geringerer Bedeutung ist und daß die Arbeitsplätze vor allem in den Dienstleistungen liegen.

*Landwirtschaft.* Die Landwirte arbeiten auf 36 000 Betrieben und verfügen über eine Fläche von rund 823 000 ha mit einer mittleren Größe von 23 ha. Der Anbau von Getreide beträgt zwei Drittel der ganzen Betriebsfläche, und Gerste beträgt wiederum zwei Drittel aller Getreidearten, weil Schweinezucht mit 2,35 Mio. Tieren das wichtigste landwirtschaftliche Einkommen der Insel erbringt. Seit 25 Jahren verzeichnet man einen allgemeinen Rückgang der Milchwirtschaft und auch der Rübenkultur. Der Anteil von Zuckerrüben für den industriellen Gebrauch beträgt heute 90 Prozent. Die früher immergrünen Flächen mit Gras und Grünfutter werden heutzutage durch neue Kulturen wie Wintergerste und Raps ersetzt und geben der dänischen Landschaft ein neues Gepräge. Eine Folge dieser Entwicklung ist, daß die Versorgung mit Frischmilch in zunehmendem Maße von Jütland aus geschieht.

*Gärtnerei.* Von großer Bedeutung sind die Gärtnereien. Fünen ist mit 60 Prozent der gesamten Anbaufläche führend. Der Freilandgartenbau versorgt die Haushalte mit Gemüse; Gewächshäuser liefern Tomaten und Gurken sowie Blumen und Topfpflanzen, die nach ganz Europa versandt werden — besonders aus der Gegend der Großstadt Odense. Obstanbau ist seit dem Anschluß an die EG von sinkender Bedeutung, spielt jedoch noch eine Rolle auf Süd-Fünen und den benachbarten Inseln wie Tåsinge und Turö, deren blühende Obstbäume weithin bekannt sind und die die Konservenfabriken in Svendborg und Odense beliefern.

*Forstwirtschaft.* Die forstwirtschaftlich genutzte Fläche der Inseln beträgt 153 000 ha, ein Anteil von 30 Prozent des ganzen Landes. Waldreich sind nur die Hügellandschaften in der Mitte von Fünen und Seeland sowie in Nord-Seeland, wo die früheren königlichen Jagdreviere heute zur Erholung der Großstadtbevölkerung dienen und wo auch die reichen Buchenwälder als Tiergärten ohne intensiven Forstbetrieb genutzt werden.

*Fischerei.* Die Ostsee und die drei Belte liefern knapp 150 000 Tonnen Fisch. Das reicht für die Versorgung der Inselbevölkerung nicht aus. Die wichtigsten Anlandungsplätze sind Kerteminde auf Fünen, Bagenkop auf Langeland und Hundested und Gilleleje auf Seeland. Früher gab es mehr als 50 Anlandungsplätze und Fischerdörfer entlang der Küsten. Viele von ihnen sind mit ihren strohgedeckten Fachwerkhäusern sehr attraktiv als Ferienorte für die Stadtbevölkerung und für Segler, weil sie teils gute Bedingungen für Segelboote bieten.

*Industrie.* Seit Anfang der Industrialisierung versorgt die Landwirtschaft viele weiterverarbeitende Betriebe, wie die Genossenschaftsmolkereien, Schlachthäuser und andere Nahrungsmittelindustrien. Andererseits nahm die Produktion von landwirtschaftlichen Geräten und Maschinen zu. Ein natürlicher Bedarf an Transportmitteln für die Ausfuhr von Landwirtschaftsprodukten über See stellte sich ein. Die „Wahl zwischen Segeln oder Sterben" ließ überall in den Seestädten Werften entstehen. Diese Industrien prägen noch Städte wie Kopenhagen, Helsingör, Nakskov, Svendborg und vor allem Odense, wo die Lindö-Werft Supertanker und Konstruktionen für die Ölproduktion liefert.

Da Dänemark arm an industriellen Rohstoffen ist, außer an Baustoffen wie z. B. Lehm, Sand und Kalk für Ziegelbrennereien und Zementfabriken, müssen Metalle, Textilrohstoffe und bis jetzt auch Energie in großen Mengen importiert werden, und doch ist die Ausfuhr von industriellen Produkten viel größer als diejenige von Landwirtschaftsprodukten. Heute kann Erdgas aus dem dänischen Teil der Nordsee überallhin geliefert werden. Von größter Bedeutung sind solche Industriezweige, die wenig Rohstoffe, aber viel Arbeitskräfte benötigen. Die meisten Fabriken sind von kleinerer oder mittlerer Größe, und ihr Gepräge in der Landschaft ist nicht — wie in vielen mitteleuropäischen Industriestädten — herausfordernd, sondern sie fügen sich oft unauffällig ein und sind als Beispiele moderner Bauarchitektur ohne Rauch und Lärm bemerkenswert.

*Verkehr.* Seit altersher war Insel-Dänemark, besonders Seeland, eine Art Trittstein zwischen dem europäischen Festland und Skandinavien über Lolland (Rödby) oder Falster („Stralsund Hafen" bei Gedser Odde), und gerade von dieser Gegend findet man die ersten genauen Seekarten vom Ende des 17. Jahrhunderts. Damals waren die Wege noch sehr schlecht, und erst am Ausgang des 18. Jahrhunderts wurden die (heute noch bestehenden) Landstraßen für den Fernverkehr zwischen wichtigen Punkten an der Küste gebaut. Nach der Mitte des 19. Jahrhunderts kamen dazu die Eisenbahnlinien an denselben Knotenpunkten, teils Staatsbahnen und teils gemeindefinanzierte Kleinbahnen. Eine Inseltopographie wie die dänische fördert aber einen ständigen Austausch von Gütern und Menschen zwischen Land und Wasser, und die Entwicklung im Laufe der Geschichte geht von Segelschiffen zu Paketbooten und Fähren in regelmäßigem Verkehr. Heute verbinden 34 Fährstrekken Insel-Dänemark unter sich und mit dem Ausland. Der stärkste Verkehr findet über dem Öresund statt, wo 82 000 Hin- und Rückfahrten im Jahre 1982 21 Millionen Menschen und 1,7 Millionen

Autos beförderten, davon allein auf der Kurzstrecke Helsingör—Helsingborg 45000 Personen bei 180 täglichen Abfahrten. An zweiter Stelle steht der Große Belt mit jährlich 19 700 Hin- und Rückfahrten, 9,3 Mio. Personen und 1,9 Millionen Autos, teils mit Autofähren und teils mit Zugfähren zwischen Korsör und Nyborg. An dritter Stelle folgt Rödby—Puttgarden mit 10000 Doppelfahrten, 5,3 Millionen Personen und knapp 1 Mio. Autos. Andere Routen sind Gedser— Warnemünde, Korsör—Kiel, Gedser—Travemünde, Bagenkop—Kiel; dazu kommen noch Sonderfahrten.
Insel-Dänemark ist nicht nur ein Brückenland, sondern im wahrsten Sinne des Wortes ein Land der Brücken. 1935 wurde der Kleine Belt überbrückt, 1970 kam dazu eine Autobahnbrücke — als Hängebrücke konstruiert. 1938 wurde die 3,2 km lange Storströmbrücke zwischen Seeland und Falster eingeweiht, die 1985 von einer Autobahnbrücke (Faröbroen) ersetzt wurde. Andere Brücken verbinden Fünen mit Langeland über Tåsinge und Seeland mit Mön. Alles in allem gibt es 10 Brücken, aber seit 50 Jahren existieren Pläne für Brücken- oder Tunnelbauten an den verkehrswichtigsten Verbindungen (siehe auch den Beitrag über den Verkehr in der Ostsee).
*Ländliche Siedlungen.* Seit der großen Rodungsperiode um 4000 v. Chr. haben die dänischen Moränenböden einen ständigen, jährlichen Ertrag erbracht — unter Zufuhr von lediglich natürlichen Düngemitteln. An die Steinzeit und Bronzezeit erinnern noch die vielen Megalithgräber und Tausende von Hügelgräbern dieser frühen Bauernkultur. In der folgenden Eisenzeit sind Siedlungsspuren der Inseln nur spärlich vertreten, weil sie unter den späteren Siedlungen versteckt sind. Die gegenwärtigen Dörfer datieren fast alle aus der späteren Wikingerzeit oder dem frühen Mittelalter, und aus dieser Gründungsperiode rühren auch die älteren Dorfkirchen her. Ein fast ungeändertes Siedlungsbild existierte in den folgenden Jahrhunderten bis zur Flurbereinigung (Udskiftning) des ausgehenden 18. Jahrhunderts. Doch waren die früher freien Bauern im Laufe des Mittelalters Pächter geworden, als sich der Adelsstand entwickelte und eine Oberklasse in ihren Schlössern und Herrenhöfen bildete.
Mit der Flurbereinigung erfolgte eine Aussiedlung der Höfe von den Dörfern in umfriedete Privatparzellen, und die früher offene Gewannflur wurde bald zu einer Heckenlandschaft verwandelt. Viele Hofstellen blieben jedoch im Dorfkern zurück, und die meisten Dörfer sind mit ihrem von Hofreihen umkränzten Anger noch erkennbar als Platzdörfer (Forta-Dörfer). Hier findet man noch die alte Bauweise: Vierkanthöfe als strohbedeckte Fachwerkhäuser, weiterhin Winkel- oder einreihige Kötterhäuser, die letzteren heute nicht selten von städtischen Einsiedlern bewohnt. Die Dörfer liegen oft in der Mitte ihrer alten Gemarkung (Ejerlag), umgeben von einer Streusiedlung von Hofstätten moderner Bauweise.
Prägnante Bauwerke in Insel-Dänemark sind die Herrenhöfe mit ihren Schlössern und Burgen, mit Wallgräben und großen Parkanlagen in französischem oder englischem Stil. Sie sind zahlreich auf Seeland (Gisselfeld, Bregentved), auf Lolland (Knuthenborg, Ålholm) auf Fünen (Egeskov, Brahetrolleborg) und auf Langeland (Tranekär), und viele von ihnen gestatten den Zutritt von Gästen. Während des 20. Jahrhunderts wurden diese Herrenhöfe legal enteignet, und ein Teil ihres Landes ist heute mit Reihen von Kleinbetrieben besiedelt worden (Husmandsbrug) — ein sehr augenfälliges Element der Landschaft in ihrem einheitlichen Baustil.
*Städtische Siedlungen.* Die Voraussetzung für Städtebau ist normalerweise ein landwirtschaftlicher Überschuß, und diese Situation trat in der Waldemarzeit ein, als die innen- und außenpolitische Situation in der Ostsee die freie Schiffahrt erlaubte. Deswegen ist diese alte Stadtgeneration seeorientiert, und oft liegen die Städte in Abständen von nur 30 Kilometern zueinander. Ihre Größe wurde von der Ertragsfähigkeit der Landwirtschaft bestimmt. Nur zwei sind Binnenstädte (Slagelse und Ringstedt). Im östlichen Raum waren die Städte von der Heringsfischerei begünstigt worden, während der Wohlstand anderer Städte auf der Ausfuhr von Vieh beruhte. Wieder andere hatten Bischofssitze wie z. B. Odense und Roskilde oder königliche Schlösser, wo sich die höheren Behörden niederließen, wie z. B. in Nyborg, Kalundborg, Vordingborg, Roskilde und später Kopenhagen.
Schon im hohen Mittelalter war der Bedarf an städtischen Funktionen so weit befriedigt, daß mehrere Orte wieder eingingen. Neue Städte sind selten, wie Sorö (mit einer Adels-Akademie), Hilleröd (mit dem Schloß Frederiksborg) und Frederiksvärk (mit einem Stahlwerk).
Zentrum ist überall der Marktplatz mit der Kirche und der Hauptstraße (Algade), von der sich enge Straßen und Gassen in alle Richtungen schlängeln, wenn es sich nicht um ein Schachbrettmuster handelt. Hier liegen meistens nur ein- und zweigeschossige Fachwerkhäuser mit Satteldach. Die Geschäftsstraßen dagegen haben Häuser aus dem frühen Industriezeitalter mit drei oder vier Stockwerken und einem Toreingang zum inneren Hof mit ehemals für Bauernwagen und als Pferdeställe genutzten Räumen, die heute als Parkplätze für Autos hergerichtet worden sind. Im Hafen liegen Einrichtungen wie Getreidemühlen und Silos, Kohle- oder Öllager, Schiffswerften, Kaianlagen mit Kränen und oft der Bahnhof mit Gütergleisen. Hinzu kommen spezielle Hafenbecken für Fischerboote und Yachten. Die älteren Industrieanlagen findet man auch hier, weil die neueren Industriebetriebe sich in Außenbezirken niederlassen, wo viele Industriegrundstücke mit Grünflächen umgeben und mit Blumenbeeten und Skulpturen geschmückt sind. Dazwischen breiten sich die Wohnviertel aus mit zwei- oder dreigeschossigen Häusern, häufig als Villenviertel mit kleinen von Gärten umgebenen Häusern. Verbreitet sind auch Kleingärten mit Blumen und Obstbäumen, wo an Sonn- und Feiertagen die dänische Flagge weht.
*Bahnhofsstädte.* Die neueste Generation von Städten sind die Hunderte von Kleinstädten, die sich seit 1890 im Anschluß an die Eisenbahnen entwickelt haben und auf die Umstellung der Landwirtschaft auf Viehwirtschaft zurückzuführen sind. Hierher zogen Handwerker, Händler, Beamte und Freiberufler; und kleine Industrien folgten nach. Sie waren Vermittler des landwirtschaftlichen Bedarfs sowie Bearbeiter von Viehprodukten. Speziell seit dem Zweiten Weltkrieg sehen sich die Stationsstädte (Stationsbyer) einer wachsenden Flut von Aussiedlern aus den alten Städten ausgesetzt, die von den billigen Grundstücken, der Weiträumigkeit und der Nähe der Natur angezogen werden. Gleichzeitig verzeichnet man auch eine Aussiedlung von Industriebetrieben, die hier Arbeitsplätze für die lokale Bevölkerung anboten. Deswegen konkurriert auch oft der Zuwachs der Bevölkerung in den Stationsstädten mit dem der alten Städte, was unvorhergesehene Probleme für die Haushalte der Gemeinden und der Umweltpflege mit sich bringt.

*Viggo Hansen*

Blick von der Bregninger Kirche über die Insel Tåsinge

Brücke über den Svendborg-Sund, von Tåsinge aus gesehen

Geschiebeplatte und deutlich gewölbte Endmoräne, mittleres Seeland

Bei Kap Skagen vereinigen sich die Strandwälle von West- und Ostjütland und umschließen eine kleine dreieckige Wasserfläche. Hier, zwischen dem Kattegat im Osten und dem Skagerrak im Westen, endet die Ostsee im weitesten Sinne (siehe S. 79, Abb. 2).

Fischerort auf Läsö

Herrenhof Gjorslev, Seeland, mit Wirtschaftsgebäuden, Anfang des 18. Jahrhunderts

# An Pommerns Küste

Wie ein zerzauster, ungleich geratener Schmetterling breitet sich am südlichsten Teil der Ostsee Pommern aus, zu beiden Seiten der unteren Oder – vom Darß bis zum Rixhöft. Wie kaum eine andere Landschaft Mitteleuropas wird dieses Land von der See geprägt, auf einer Länge von über 500 km berühren sich Land und Meer. Das drückt sich auch im Namen aus: Pommern bedeutet „am Meere" gelegen, d. h. Küstenland. So wollen wir es hier auch verstehen, die pommersche Küste mit ganz Pommern gleichsetzen.
Schon ein Blick auf die Landkarte zeigt, daß die pommersche Küste in zwei voneinander recht verschiedene Abschnitte zerfällt. Da ist im Westen bis zur Odermündung die Boddenküste Vorpommerns (Bodden = Bucht), die zwischen dem Darß und den Inseln Usedom und Wollin die stärkste Gliederung aller deutschen Küsten aufweist. Alte Inselkerne, Nehrungen, Haffe, flache Bodden, mit kleinen, sehr stark der Erosion unterworfenen Inseln, die sich als überflutete Becken von Grundmoränenlandschaften erweisen, bilden mit ihrem Wechsel von seeseitigem Kliff und Strand und von verschilften Ufern an den Haffen ein lebhaftes, abwechslungsreiches Landschaftsbild. Die formenden Kräfte der Natur treten an einigen Stellen besonders hervor, etwa an den Abbruchkanten des Fischlandes bei Ahrenshoop am Darß oder auf der Insel Rügen, deren Inselkerne miteinander durch flache Nehrungen verbunden sind. Hier findet sich auch die wohl großartigste Küstenlandschaft Deutschlands: der bis zu 150 m steil aus dem Meer aufragende Kreidefelsen des Königsstuhls.
Dieser Küstenabschnitt stellt mit Rügen (926 $km^2$), Usedom (445 $km^2$) und Wollin (248 $km^2$) die drei größten Inseln Deutschlands. Die beiden letztgenannten bilden den Abschluß des Stettiner Haffs, den letzten Rest des nacheiszeitlichen großen Stausees, der die Schmelzwässer des abtauenden eiszeitlichen Plateaugletschers sammelte und erst nach dem endgültigen Schwinden des Eises seinen Abfluß zur Ostsee fand. Er senkte sich damit um etwa 10 m und gab besonders in seinem südlichen Teil große Talsandflächen frei, die in der folgenden, vegetationsarmen Zeit des unmittelbaren Postglazial zum Teil zu Binnendünen aufgeweht wurden. Heute sind diese Landstriche von den weiten Kiefernforsten der Ueckermünder und Gollnower Heide bedeckt.
In das Stettiner Haff mündet die Oder, der Hauptstrom Pommerns, der in einem 5–8 km breiten Durchbruchstal von Süden heranfließt und sich oberhalb von Schwedt in zwei Arme teilt: die wasserreichere Große Reglitz und die (West-) Oder. In drei Mündungsarmen fließt die Oder dann aus dem Haff zwischen den Inseln Usedom und Wollin hindurch zur Ostsee: Peene im Westen und Dievenow im Osten haben durch ihre seenartigen Erweiterungen einen boddenartigen Charakter, die Swine hingegen durchströmt die erst im Holozän von fluviatilen und äolischen Kräften aus Sanden aufgebaute Swinepforte, zur Haffseite hin ein Binnendelta bildend.
Die der Ostsee zugewandten Küsten Usedoms und Wollins sind ziemlich geradlinige Ausgleichsküsten, die teils als Kliff (Gosanberg bei Misdroy 95 m, Streckelsberg bei Koserow 60 m), teils als feinsandige Strandküsten ausgebildet sind (letztere besonders in der Swinepforte zwischen Heringsdorf und Misdroy, dem südlichsten Abschnitt der Ostseeküste). Die Küsten der beiden letztgenannten Inseln nehmen bereits die Formen vorweg, die ab Dievenow für die gesamte hinterpommersche Küste bestimmend sind: der stete Wechsel von Kliff und Strand in einer langgestreckten Ausgleichsküste, die sich völlig geradlinig von SW nach NO streckt und nur zweimal die Richtung wechselt. Im Gegensatz zur vorpommerschen Boddenküste haben wir es hier mit einer sehr ausgereiften Form zu tun, der Ausgleich zwischen den von der Erosion betroffenen Moränenhalbinseln und den tief eingeschnittenen Buchten zu geradlinigen Kliffs und von Nehrungen abgeriegelten Strandseen (Eiersberger, Kamp-, Jamunder, Buckower, Vitter, Vietzker, Garder, Leba- und Sarbsker See), die in starker Verlandung begriffen sind (Muddel-See fast völlig), ist nahezu hergestellt. Größter dieser Seen und zugleich größter Pommerns ist der Leba-See (76 $km^2$), dessen Verlandungsgebiet sich über rd. 300 $km^2$ erstreckt (Lebamoor).
Das Binnenland wird von drei Landschaftseinheiten geformt, die im Zuge der letzten Eiszeit gestaltet wurden: a) der flachwelligen Grundmoränenlandschaft der pommerschen Küstenebene, b) dem pommerschen Landrücken, einem Teil des Baltischen Höhenzuges, der das äußerste Vordringen der letzten Eiszeit markiert und in Pommern Höhen bis 256 m erreicht (Schimmritzberg bei Bütow) und c) den weiträumigen Sandergebieten auf der südlichen Abdachung des Landrückens, in die Pommern nur auf der Ostseite der Oder hineinreicht (Grenzmark).
Von den Flüssen haben neben der bis Stettin für Seeschiffe befahrbaren Oder in Vorpommern nur Peene und früher auch Uecker als Wasserstraßen Bedeutung; andere kleinere wie Recknitz, Trebel, Barthe, Ryck, Ziese, Tollense, Zarow, Randow und Welse treten lediglich als Begrenzungen von Kleinlandschaften hervor, die z. T. seit vorgeschichtlicher Zeit bis in die jüngste Gegenwart die politische Gliederung des Landes bestimmten. Unter den Seen ist nur der 33 $km^2$ große Kummerower See an der Grenze zu Mecklenburg von Bedeutung.
In dem östlich der Oder gelegenen Hinterpommern bestimmen vor allem die 7 größeren Küstenflüsse das Landschaftsbild (Ihna, Rega mit Molstow, Persante mit Radüe, Wipper mit Grabow, Stolpe, Lupow und Leba), ihre Mündungen an der sonst hafenfeindlichen Ausgleichsküste Hinterpommerns boten die einzigen Schiffsanlegestellen und wurden damit zu Keimzellen von Hafenorten (Kolberg, Rügenwalde, Stolpmünde, Leba; aber auch etwas weiter binnenwärts Cammin und Treptow). Sie alle entspringen im pommerschen Landrücken, der besonders zwischen Nörenberg und Rummelsburg sehr seenreich ist und in der landschaftlich reizvollen Pommerschen Schweiz um Bad Polzin seine Entsprechung zu ähnlichen Landschaften in Holstein, Mecklenburg, West- und Ostpreußen findet. Madü-, Wothschwien-, Enzig-, Gr. Lübbe-, Zetzin-, Gr. Pielburg-, Vilm-, Virchow-, Papenzin- und Jassener See sind die bedeutendsten Wasserflächen, der fünffingerige Dratzig-See ist mit 83 m der tiefste See (18,6 $km^2$) zwischen Ems und Memel.
Die einstige preußische Provinz Pommern umfaßte bis 1945 ein Gebiet von 38 409 $km^2$, sie war also etwas größer als Baden-Württemberg oder Nordrhein-Westfalen, etwa gleichgroß wie Dänemark ohne Nordschleswig oder sogar zweieinhalbmal so groß wie Schleswig-Holstein oder Mecklenburg. 2 394 059 fast ausschließlich deutsche Einwohner lebten 1939 in diesem Land. Hauptstadt und zugleich größte Stadt Pommerns war Stettin (1939: 383 000, 1982: 390 500 Einwohner).
1945 wurde Pommern aufgrund des Potsdamer Abkommens ge-

Seite 98/99: Schloß Kronborg, das sogenannte Hamlet-Schloß, an der Meeresenge zwischen Helsingör (Dänemark) und Helsingborg (Schweden)

teilt: West-Pommern (Vorpommern ohne Stettin, Swinemünde und die Insel Wollin) kam zur Sowjetischen Besatzungszone (seit 1949 DDR) und ist seit 1952 auf die Bezirke Rostock, Neubrandenburg und Frankfurt/Oder aufgeteilt (zusammen 6977 $km^2$ mit 498 829 Einwohnern 1939, 1946 lebten hier 719 968 Bewohner, d. h. 44 % mehr als vor dem Kriege). Ost-Pommern (d. h. Stettin, Swinemünde und Wollin, ganz Hinterpommern sowie die Grenz- und Neumarkkreise) kam unter „vorläufige“ polnische Verwaltung und ist seit 1975 auf sechs polnische Wojewodschaften aufgeteilt (Stettin, Köslin, Stolp, Lauenburg, Schneidemühl und Danzig). Es umfaßt mit 31 432 $km^2$ und (1939) 1 895 230 Einwohnern den weitaus größten Teil Pommerns; die deutsche Bevölkerung wurde 1945 fast vollständig vertrieben und fand in den 4 Besatzungszonen Aufnahme, 307 000 davon allein in Schleswig-Holstein (373 000 kamen bei der Flucht und Vertreibung ums Leben).
Die Neubesiedlung Ostpommerns durch Polen kam anfangs nur langsam in Gang und ist jetzt recht unausgewogen: Während die meisten großen Städte jetzt z. T. deutlich mehr Einwohner haben als zu deutscher Zeit (Stettin + 1,9 %, Stargard + 55,5 %, Stolp + 76,0 %, Köslin sogar + 187,2 %), stagnieren die kleineren Städte, und das flache Land, das um 1970-75 mit 75–80 % des deutschen Bevölkerungsstandes von 1939 seinen Höchststand nach dem Kriege erreichte, verliert durch anhaltende Landflucht, Überalterung und starken Geburtenrückgang laufend an Bevölkerung. Derzeit leben etwa 2,1 Mio. Menschen in Ostpommern.
Die deutsche Bevölkerung gehörte vor 1945 dem niederdeutschen Zweig des deutschen Sprachraumes an, der sich in Pommern in 4 Mundartgruppen ausprägte (mecklenburgisch-vorpommerscher und hinterpommerscher Dialekt, Märkischer Keil sowie Bublitz-Schlochauer Mundart). Die Vorfahren der deutschen Einwanderer des Mittelalters kamen vorwiegend aus Westfalen, der Altmark, Niedersachsen und Schleswig-Holstein, aber auch aus Flandern und Friesland. Typisch niedersächsische Eigenarten der Volkskultur wie das altsächsiche Bauernhaus mit seinen gekreuzten Pferdeköpfen am Giebel waren bis nach Pommern hinein nachweisbar (z. B. in Kamp a. d. Rega).
Pommern war bis 1945 ein ausgesprochenes Agrarland – und ist es selbst unter den nach dem Kriege völlig veränderten Verhältnissen auch heute noch. Die Landwirtschaft hatte zu deutscher Zeit einen hohen Entwicklungsstand erreicht. Sie war vielfach vom Großgrundbesitz geprägt (1939 gab es allein 3485 landwirtschaftliche Großbetriebe mit einer Betriebsfläche von mehr als 100 ha), doch nahm daneben der mittelbäuerliche Betrieb (10–100 ha) mit 46,6 % aller Betriebe einen nicht unbedeutenden Anteil ein. Die Landwirtschaft erbrachte vor dem Kriege bedeutende Überschüsse: Sie reichten aus, um neben der eigenen Bevölkerung noch 5,6 Mio. Menschen mit Brotgetreide (u. a. Roggen; im Pyritzer Weizacker, Teilen Vorpommerns und der hinterpommerschen Küstenebene auch Weizen), 12 Mio. mit Kartoffeln (vor dem Kriege entfielen 65 % der deutschen Saatkartoffelerzeugung allein auf Pommern), 7 Mio. mit Fleischprodukten und 3 Mio. mit Fettwaren zu versorgen. In der Umgebung Stettins spielt der Gemüseanbau bis heute eine besondere Rolle. Flachs wurde früher in der Küstenebene, an Rega, Persante und Wipper angebaut, Obstbäume stehen an vielen Straßen, und in dem besonders sommertrockenen Gebiet um Gartz/Oder gedeiht sogar Tabak, der vor 300 Jahren von Hugenotten hier eingeführt wurde.
Die Industrie beschränkte sich außerhalb der Hauptstadt Stettin (s. dort) auf wenige metallverarbeitende Betriebe (Schiffbau, landwirtschaftliche Maschinen), die Veredelung landwirtschaftlicher Produkte (Zuckerfabriken, Molkereien, im Rügenwalder Amt auch Fleischwarenfabriken). Nicht vergessen sei auch die bedeutende Forstwirtschaft, die auf dem beachtlichen Waldanteil (27 % der Gesamtfläche Pommerns; weitgehend Nadelwald) basierte; Sägewerke und Möbelfabriken waren die hauptsächlichen Nutznießer. Trotz der völligen Veränderung der Eigentumsverhältnisse ist diese Wirtschaftsstruktur heute der früheren ähnlich – allerdings mit z. T. erheblich geringeren Erträgen.
An der Küste bildete die Fischerei einen noch immer bedeutenden Erwerbszweig, der im Mittelalter zur Zeit der Hanse sogar von überragender Bedeutung war, als in der mittleren Ostsee zwischen Rügen und Schonen die bedeutendsten Heringsfangplätze lagen.
Der Fremdenverkehr konnte sich dank der vielen reizvollen Strandpartien und landschaftlichen Schönheiten der pommerschen Küste relativ früh entfalten, die ersten Seebäder entstanden bereits zu Beginn des 19. Jh. (Kolberg, Lauterbach/Rügen, Swinemünde, Rügenwaldermünde). Die meisten erhielten früh Eisenbahnanschluß, später wurden viele direkte Zugverbindungen nach Berlin und anderen deutschen Großstädten eingerichtet. Mit 8,4 Mio. Übernachtungen nahm Pommern 1939 unter den Fremdenverkehrsregionen des Reiches nach Oberbayern den 2. Rang ein, Kolberg war das meistbesuchte deutsche Ostseebad. Die Besucherströme haben sich zwar nach 1945 verlagert – vor allem durch Verkleinerung und Veränderung der Einzugsgebiete (West-Pommern: DDR; Ost-Pommern: Polen) – doch die überragende Bedeutung als Erholungsgebiet ist der pommerschen Küste geblieben.
Pommerns Lage am Südrand der Ostsee der skandinavischen Halbinsel gegenüber verschaffte dem Land eine wichtige Rolle als Brücke zwischen Deutschland und dem Norden, besonders der einstigen Großmacht Schweden. Ausdruck dieser Beziehungen ist bis in die Gegenwart die Eisenbahnfähre Trelleborg–Saßnitz (Rügen) geblieben, die Stockholm und Berlin über Malmö-Stralsund mit direkten Zügen verbindet und 1909 errichtet wurde. Polen hat mit einer Fährverbindung Ystad-Swinemünde daran anzuknüpfen versucht, doch zielen die Verkehrsströme von Skandinavien heute wegen der politischen Verhältnisse eindeutig auf West- bzw. Mitteleuropa und nur wenig nach Osten.
Die Geschichte Pommerns läßt sich in dem hier gegebenen Rahmen selbstverständlich nur grob skizzieren. Sie ist gekennzeichnet durch die Rolle als „Sprungbrett“ Skandinaviens zum mitteleuropäischen Festland, andererseits durch seine etwas abseitige Lage zu den sich im Hochmittelalter entwickelnden Zentren der deutschen und etwas später der polnischen Kultur.
Bis zum 4./5. Jh. waren in Pommern germanische Völker ansässig, die aus dem Norden zugewandert waren (Rugier, Burgunder, Goten). Sie verließen in der Zeit der Völkerwanderung Pommern bis auf geringe Reste.
Im 6./7. Jh. rücken in Pommern slawische Gruppen ein, die sich im 10./11. Jh. in die Stämme der Ranen (Rügen), Lutizen (übriges Vorpommern) und Pomoranen (Hinterpommern) formieren.
Um 1000 erringen die Polen nach langen Kämpfen für etwa drei Jahrzehnte die Herrschaft in Pommern. In Kolberg wird ein Bistum zur Christianisierung der Pomoranen gegründet und Gnesen unterstellt, es hat jedoch keinen Bestand.
Anfang des 12. Jhs. bildet sich im Unteroderraum ein pommersches Fürstentum heraus, das um 1120 von Polen unterworfen wird und sich verpflichten muß, das Christentum anzunehmen.
1124/28: In zwei Missionsreisen führt der deutsche Bischof Otto von Bamberg in Pommern das Christentum ein.
1140: Gründung des Bistums Wollin (1176 nach Cammin verlegt und direkt dem Papst unterstellt). Mitte des 12. Jhs. zerstören die Dänen Julin/Wollin, den ehemaligen wikingisch-wendischen Handelsplatz (das „Vineta“ der Sage).
1168: Eroberung und Christianisierung Rügens durch die Dänen.
1181 nimmt der pommersche Herzog Bogislaw I. sein Land vom deutschen Kaiser Friedrich I. Barbarossa zu Lehen.

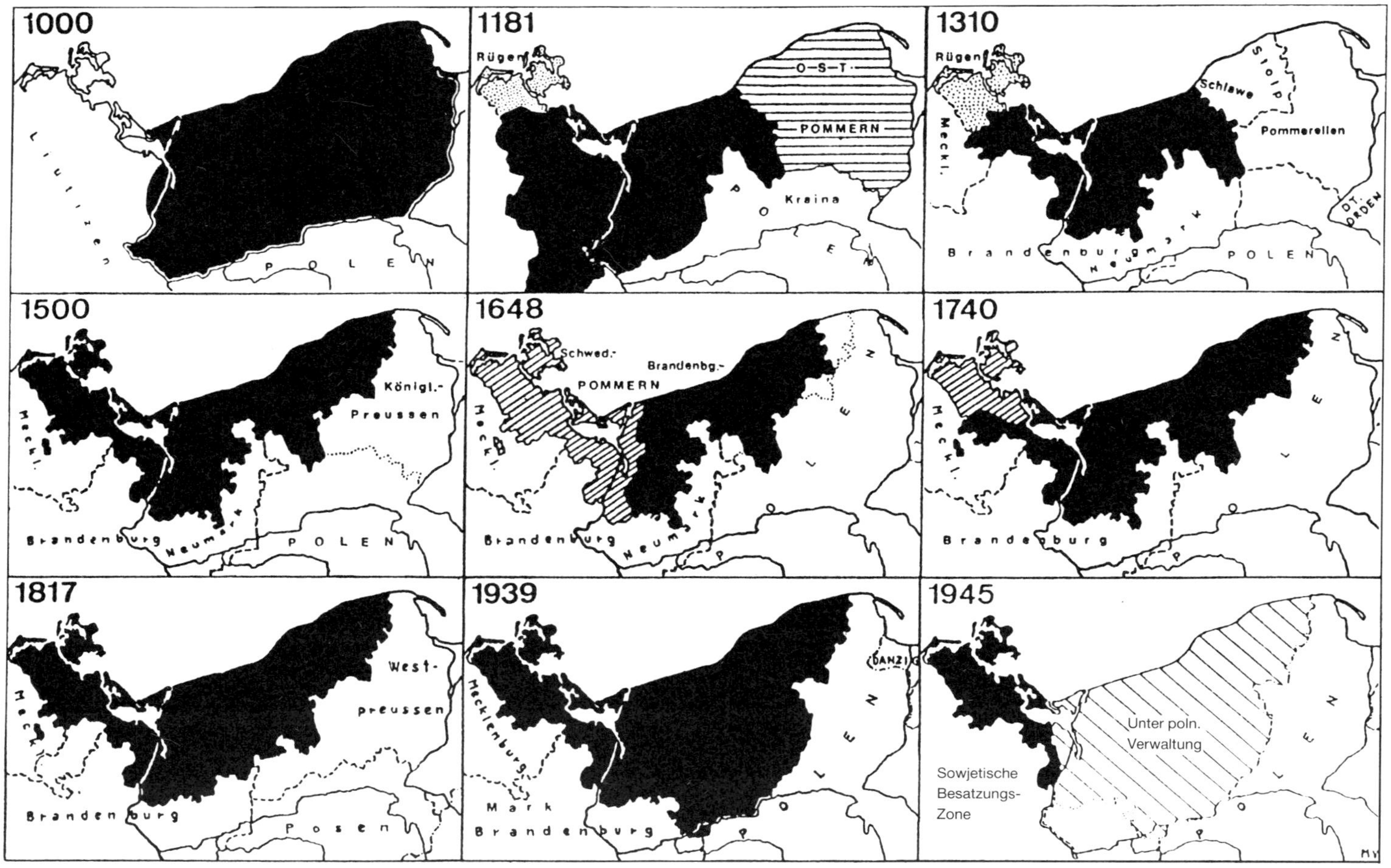


Die Entwicklung der Landfläche Pommerns.

1227: Niederlage der Dänen in der Schlacht von Bornhöved: Beendigung des dänischen Einflusses in Pommern.
1234: Gründung der ersten deutschrechtlichen Städte Pommerns: Stralsund und Bahn, 1243 folgt Stettin. Insgesamt entstehen im 13./14. Jahrhundert 80 Städte nach Lübischem u. Magdeburgischem Recht und etwa 1200 neue deutsche Dörfer.
1370 setzen im Frieden zu Stralsund die Hansestädte gegen Waldemar IV. v. Dänemark Handelsprivilegien und ein Mitspracherecht in der dänischen Thronfolge durch. Höhepunkt der Hanse.
1389 wird Herzog Erich von Pommern († 1459 in Rügenwalde) König von Dänemark und ist bis 1434/42 zugleich auch König von Schweden und Norwegen. Seine fehlgeschlagene Politik ist der einzige Versuch eines pommerschen Fürsten, Außenpolitik großen Stils zu treiben.
1456: Gründung der Universität Greifswald (älteste Preußens).
1474–1523: Unter der Herrschaft Bogislaws X. ist Pommern geeint, größte Blütezeit des Landes.
1521: Erstes Auftreten der Reformation in Pommern, die 1535 durch den Reformator Bugenhagen (*1485 in Wollin/Pom.) im Lande eingeführt wird.
1570 beendet der Friede von Stettin den nordischen „Dreikronenkrieg".
1627 besetzen die Kaiserlichen Truppen während des 30jährigen Krieges Pommern, das nach der 1630 erfolgten Landung Gustav II. Adolfs von Schweden in Peenemünde Kriegsschauplatz wird und dabei furchtbare Verwüstungen erleidet („Pommerland ist abgebrannt").
1637: Aussterben des pommerschen Herzogshauses der „Greifen", das Land wird 1648 unter Schweden (Vorpommern) und Brandenburg (Hinterpommern) aufgeteilt.
1720 erwirbt König Friedrich Wilhelm I. von Preußen Alt-Vorpommern mit Stettin, Usedom und Wollin. Pommern entwickelt sich zu einer der Kernlandschaften des preußischen Staates.
1740–86: In der Regierungszeit Friedrichs d. Gr. von Preußen werden im Zuge der „Friderizianischen Kolonisation" allein in Pommern 159 Dörfer für 26 500 Siedler neu angelegt; Ausbau des Handels, Gründung Swinemündes.
1803 veröffentlicht E. M. Arndt (* 1769 auf Rügen) seine „Geschichte der Leibeigenschaft in Pommern und Rügen", die maßgeblich die Bauernbefreiung beeinflußt.
1806–13: Besetzung Pommerns durch französische Truppen, heldenhafter Widerstand der Festung Kolberg unter Gneisenau und Nettelbeck.
1862–90: der aus pommerschem Geschlecht stammende Otto v. Bismarck ist preußischer Ministerpräsident (und ab 1871 deutscher Reichskanzler); er kauft 1867 das Gut Varzin als Ruhesitz.
1945: Besetzung Pommerns durch die Rote Armee: Teilung des Landes und Vertreibung der deutschen Bevölkerung aus Ostpommern und Stettin, die unter polnische Herrschaft gestellt werden. Pommern wird als Verwaltungsbegriff von der Landkarte nach fast 1000jährigem Bestehen ausgelöscht.

*Manfred Vollack*

W. Rosmäsler, Das Münder Fort (Kolberg), Kol. Stahlstich, 1840

Das alte Münder Fort mit dem Leuchtturm, 1981

Die Lonzkedüne auf der Nehrung des Leba-Sees erhebt sich bis zu einer Höhe von 42 m.

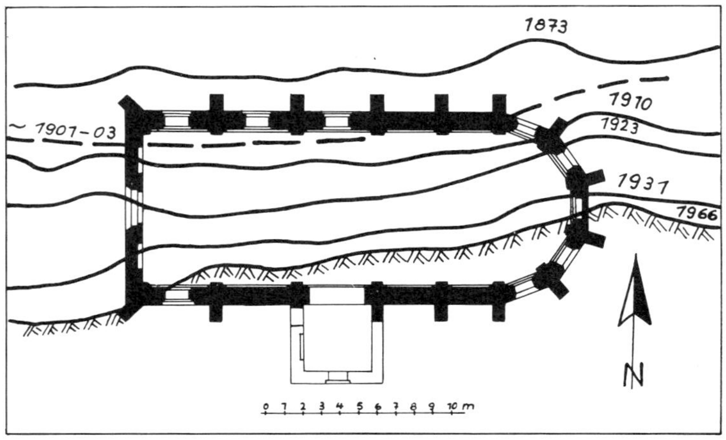


Die Kirche von Hoff wurde nach der Sturmflut von 1872 aufgegeben, 1980 stand nur noch ein kleiner Teil des Ostchores und der Südwand.

Das Hotel „Baltyk" in Kolberg, errichtet an der Stelle des einstigen Strandschlosses

# Die Schären – eine eigenartige Inselwelt

Die Küsten der Ostsee liegen überwiegend im Bereich des Baltischen Schildes, der aus alten (präkambrischen) Graniten und Gneisen besteht. In Küstennähe weist dieser Schild, der auf Grund seines großen Alters fast eine Ebene ist, eine gewisse Neigung gegenüber der Meeresoberfläche auf (gut zu sehen in Roslagen, östlich von Stockholm und südlich von Finnland). Während der langen geologischen Zeiträume, in denen die ehemaligen, vielleicht sehr hohen Gebirge abgetragen wurden, hat sich eine große Zahl von teilweise aufeinander gelagerten Systemen von Spalten, Verwerfungen, Rissen und Gräben entwickelt. Dieses Kluftlinienmosaik bildet das Grundmuster der Schärenhöfe, doch mit vielen lokalen Zügen, die teilweise auf den alten Faltungsrichtungen des Gesteins beruhen. Gebiete aus einheitlichem Granit bilden z. B. die unregelmäßig zerschnittene Hauptinsel Åland.
Das Landeis verursachte seinerzeit auf dem Wege nach Südosten eine gründliche Ausräumung aller Schwächezonen, aber es führte auch stellenweise zur Ablagerung von grobem Geschiebematerial auf der Leeseite der Felseninseln oder bildete kleine Jahresmoränenrücken (Beispiel: Inseln des Vasa-Archipels). Zuweilen entwickelten sich auch größere komplexe Bildungen wie der Salpausselkärücken, der sich durch die südwestlichen Schärenhöfe Finnlands hindurchzieht (Hangö, Hitis und Jurmo).
Die postglaziale Landhebung, die am Bottnischen Meerbusen etwa 1m/100 Jahre beträgt, im Süden jedoch viel weniger, verursacht eine ständige und schnelle Veränderung der Schärenhöfe. Meerwärts tauchen immer neue Inseln als kleine Felsen und kahle Schären auf, landwärts wachsen sie miteinander zu größeren Inseln oder mit dem Festland zusammen. Gleichzeitig wird lockeres Material von höheren Bereichen fortgespült und in Schrunden und in Niederungen angesammelt. Die topographischen Einzelheiten der Schären-Landschaft beruhen somit teils auf der erodierenden Einwirkung des Landeises (z. B. die Rundhöcker, Grobgeschiebe und erratische Blöcke), teils auf der spülenden und sammelnden Tätigkeit des Wassers.
Die Schären bilden einen amphibischen Saum zwischen Meer und Land, in dem die Lebensbedingungen für Pflanzen und Tiere relativ günstig sind. Zugleich ist dieses aus Meer und Land verflochtene Gewebe empfindlich gegenüber Störungen verschiedenster Art. Klimatisch zeigen sich große regionale Unterschiede, aber im großen und ganzen haben die marinen Einflüsse eine günstige Wirkung auf den Pflanzenwuchs und auf den Anbau von Pflanzen.

*Schärenhofgebiete*

An den finnischen und schwedischen Küsten treten recht verschiedenartige Typen von Schärenhöfen auf. Der Schärensaum vor der Nordküste des Finnischen Meerbusens ist durch felsige Inseln gekennzeichnet. Geologisch einheitliche Granitvorkommen unterbrechen den vorherrschenden Gneis, zu erkennen an der grauen Farbe und ausgeprägten topographischen Mustern. So findet sich im Osten der Karelische Rapakivi-Granit mit rötlicher Farbe sowie das Onas-Gebiet östlich von Helsinki. Wenn sich der Schärensaum erweitert, kann man verschiedene Zonen unterscheiden: einen inneren, mittleren und äußeren Schärenhof (z. B. im westlichen Nyland, Uusimaa). Südwestlich von Finnland breitet sich das „Schärenhof-Meer" aus, das den großen Schärenhof von Åland mit etwa 8300 km² umfaßt. Die Schären bilden hier Schwärme rund um einige größere Inseln (z. B. Åland) mit dazwischenliegenden offenen Wasserflächen (schwedisch: fjärdar).
Im Norden an der finnischen Seite des Bottnischen Meerbusens gibt es ausgedehnte Schärenhöfe in der Gegend von Vasa und Larsmo. Auf der schwedischen Seite befindet sich ein großer Schärenhof im Bereich der Mündung des Torneå-Flusses bis Skellefteå. Auf beiden Seiten des Bottnischen Meerbusens sind die Schären teilweise aus vorherrschendem Geschiebematerial aufgebaut, im Kontrast dazu steht der großzügige und schöne Schärenhof- und Küstenbereich zwischen Örnskiöldsvik und Härnösand (die „Hohe Küste"). Der Schärenhof östlich von Stockholm (Roslagen) ist ein Gegenstück zu dem Schärenhof-Meer Finnlands. Südlich davon gibt es noch die Schärenhöfe von Södermanland, Östergötland und endlich der Schärenhof von Blekinge (vor Karlskrona und westlich davon). Alle diese schwedischen Schären sind ebenso wie die südfinnischen durch die typische Felsen-Topographie gekennzeichnet.

*Besiedlung, Fischerei, Anbau*

Die Schären wurden schon in vorgeschichtlicher Zeit besiedelt. Das Meer stellt verschiedene Nahrungsquellen zur Verfügung, beispielsweise den Grönländischen Seehund, der noch in der Bronzezeit in der Ostsee lebte. Später, als sich anbaufähiges Land aus dem Meer erhob, konnten feste Siedlungen auf den größeren Inseln angelegt werden. In den folgenden Jahrhunderten muß das Leben schwer gewesen sein. Stürme, winterliche Dunkelheit, unbefahrbares Eis im Herbst und Frühling und Mißernten machten das Dasein beschwerlich. Doch konnte der Schärenhof-Gürtel die Versorgung des Festlandes mit wertvollen proteinreichen Nahrungsmitteln ergänzen. Der Herings-Fang (Strömling) war der wichtigste Erwerb und liefert noch heute einen guten Ertrag für die Schären-Bevölkerung. Die Fischereimethoden haben sich jedoch gewandelt. Man fängt den Strömling nicht mehr mit einfachen

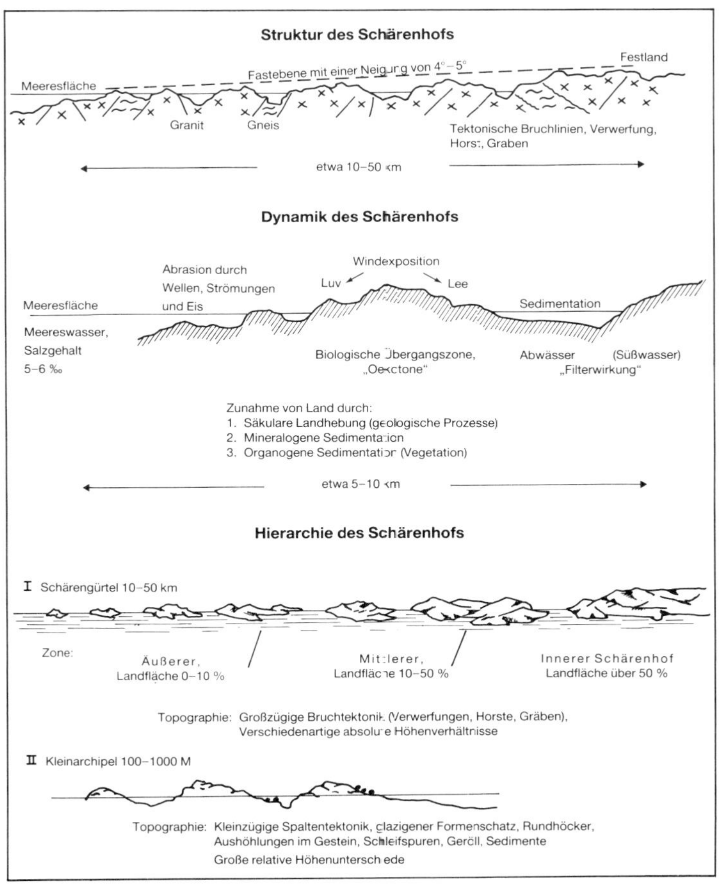

Netzen, sondern ist inzwischen zur Schleppnetzfischerei übergegangen. Auch die Viehzucht findet natürliche Voraussetzungen im Schärenhof vor. Der größte Teil der mittleren und äußeren Schärenzone ist mit Laubwald bedeckt. Zur Zeit, als man nur Ruder- und Segelboote besaß, baute man kleine Hütten auf den äußeren, kleinen, waldlosen Inseln und wohnte dort jeweils einige Wochen, um dem Herbstfang des Strömlings nachzugehen. Dieser wurde in großen hölzernen Kübeln eingesalzen. Später im Herbst fuhr man zum Markt in die Städte, um Salzfisch, Schafwolle und Produkte der Heimarbeit zu verkaufen. Stockholm, Turku (Åbo), Helsinki (Helsingfors) und Reval waren die wichtigsten Ziele für solche Herbstfahrten. Auch Brennholz konnte man dort verkaufen. Das Leben auf den Schären war davon abhängig, daß man während des ganzen Jahres verschiedene Nahrungsquellen nutzen konnte, wobei sich jedes Mitglied der Familie in bestimmter Weise an allem beteiligen mußte. Diese Art der Selbstversorgung blieb in einigen Schärengegenden Finnlands noch bis nach dem Zweiten Weltkrieg erhalten. Die Landschaftszüge waren stark von dieser vielfältigen Landesnutzung geprägt. Heute hat die Entvölkerung durch Abwanderung der Menschen Einfluß auf die bisherige gepflegte Schönheit der Schären, die ganze Landschaft wird eintöniger.

*Gegenwärtige Probleme*

Die Entvölkerung hat besonders die äußeren Teile der Schärenhöfe erfaßt. Auf den größeren und besser an den modernen Autofähren-Verkehr angeschlossenen Inseln hat man durch spezialisierten Anbau von Zuckerrüben, Raps, Zwiebeln und verschiedenen Gemüsearten eine Erneuerung der Landwirtschaft herbeigeführt. Auch Betriebe der Fischveredelungsindustrie wurden errichtet.

Schon in früheren Zeiten war der Verkehr durch die geschützten Schärenhöfe sehr wichtig; davon berichten die mittelalterlichen Seefahrerkapellen (zum Beispiel am Kökar und Aspö im SW-finnischen Schärenhof). Außerdem hatten die Schären eine große strategische Bedeutung; ein häufiger Beruf war der des Lotsen. Heute hat man ein enges Netz von schnellen Fährverbindungen geschaffen sowie nahegelegene Inseln durch Brücken und Dämme miteinander und mit dem Festland verbunden, so daß die vorherige Isolation der Schären stark vermindert worden ist. Dieser „Anschluß" an das Festland hat zur Abwanderung und zur Verminderung der ursprünglichen Inselbevölkerung geführt (in Finnland von etwa 100 000 im Jahre 1930 auf 28 000 1970). Hiervon leben etwa 6000 Menschen auf Inseln, die keine regelmäßige Fährverbindung haben. In diesem Zusammenhang sollte man auch erwähnen, daß der größte Teil der finnischen Schärenbevölkerung schwedisch spricht. Die „Landschaft Åland" genießt außerdem eine gewisse Autonomie im finnischen Staatswesen. Die Selbstverwaltung, durch eine eigene Flagge und eigene Briefmarken symbolisiert, hat sich auch als wirkungsvolles Instrument zur Förderung der regionalen Wirtschaft erwiesen.

Im Sommer sind die Schärenhöfe beliebte Feriengebiete. In manchen Gegenden sieht man heutzutage beinahe auf jeder kleinen Insel Sommerhäuser, und stellenweise haben die Einwohner Feriendörfer eingerichtet. Hinzu kommt eine immer größer werdende Schar von Freizeitseglern. Dadurch haben sich auch die Grundbesitzverhältnisse auf den Schären stark verändert. Dies hat Auswirkungen auf die Einkünfte der ansässigen Einwohner.

Schließlich ist auf die schnelle Verstädterung und Industrialisierung der küstennahen Gebiete Finnlands und Schwedens hinzuweisen. Eine Folge dieser Entwicklung ist ein lebhafter Verkehr großer Schiffe durch die Schärenhöfe, Emission von giftigen und nährstoffreichen Abwässern und eine Belastung weiter Bereiche. Deshalb ist es wichtig, Schutzmaßnahmen durchzuführen. Im Jahre 1982 wurde ein großer Nationalpark im Südwest-Schärenhof von Finnland gegründet. Auch die biologische Forschung ist von Bedeutung. Die alten traditionellen Forschungsstätten, beispielsweise in Tvärminne/Finnland und Askö/Schweden, konnten um neue Feldstationen wie Seili im SW-Schärenhof Finnlands und bei Hailuoto in der Nähe von Oulu erweitert werden. Man versteht den Schutz und das Behüten der Natur und Kultur der Schären sowohl in Schweden als auch in Finnland als nationale Aufgabe.

*Stig Jaatinen*

Seite 107: Dieses kleine Post- und Passagierschiff stellt die einzige Verbindung zwischen den Fischerdörfern der äußeren finnischen Schären und dem Festland dar (oben).
Im Winter sind die Schären über das Eis erreichbar (unten).

Seite 108: Åland-Inseln. Geschützte Inseln im mittleren Bereich des finnischen Schärenmeeres mit ausgeprägten Schilfbeständen (oben).
Es gibt in unmittelbarer Meeresnähe dauerhafte Süßwasserseen mit einer besonderen Flora und Fauna (unten).

Seite 109: Felstümpel im Gebiet der Åland-Inseln. Der Granit wird durch gut erkennbare Klüfte, die bei der Abkühlung des Gesteins entstanden sind, in annähernd quadratische Stücke gegliedert.

Seite 110: Die finnischen Schären im Bereich der Åland-Inseln sind am Ende des Winters nach einer Vereisungsdauer von 4–5 Monaten noch mit einem schmalen Ring aus Eis und Schnee umgeben (oben).
Fischerhütten im finnischen Schärenmeer (unten).

UTÖ

# Fehmarn — Bauern- und Ferienland

*Lage und verkehrsgeographische Bedeutung*
Die Insel Fehmarn ist mit 185 $km^2$ Fläche und ca. 70 km Küstenlänge die größte Insel der Bundesrepublik Deutschland. Die weit in die Beltsee vorgeschobene Lage zwischen Kieler und Lübecker Bucht prädestiniert Fehmarn dazu, als Verbindungsglied des Verkehrs zwischen Mitteleuropa und Skandinavien zu dienen. Seit 1963 ist die Vogelfluglinie über die Fehmarn-Sund-Brücke und den Fährhafen Puttgarden in Betrieb, 1983 wurden von den Fährschiffen 5,6 Mio. Personen, 756 000 Pkw undd 153 000 sonstige Straßenfahrzeuge befördert. Der Güterumschlag per Lkw und Bahn betrug knapp 3,1 Mio. t.

*Der Siedlungsraum*
Das Siedlungsbild Fehmarns wird durch das Vorherrschen ländlicher Siedlungen geprägt, neben 42 Dörfern befinden sich 3 monofunktionale Freizeithaussiedlungen und die Kleinstadt Burg als höchstrangiger zentraler Ort auf der Insel.
Die *ländlichen Siedlungen* zeichnen sich durch die Gleichartigkeit ihrer Grundrisse aus, über 90 % von ihnen sind Fortadörfer, das sind auf dänische Kolonisation und Rechtsvorschriften im 13. Jh. zurückgehende *Platzdörfer*. Bemerkenswert ist die hohe Siedlungsdichte; seit 1320 sind auf Fehmarn keine Ortswüstungen mehr erfolgt, ein gravierender Unterschied zur Kulturlandschaftsentwicklung des benachbarten ostholsteinischen Festlandes. Im Unterschied zu diesem konnte sich auf Fehmarn ein freies Bauerntum ohne Gutswirtschaft und Leibeigenschaft erhalten; die auf dem alten Fehmarner Landrecht von 1320 basierende bäuerliche Rechts- und Raumorganisation setzte sich im Rechtsinstitut der „Landschaft" (Sitz: Petersdorf) bis zur Aufhebung der Selbstverwaltung durch Preußen im Jahre 1867 fort. Die rechtliche Freiheit der Landbevölkerung behinderte jedoch nicht die im 15. Jh. einsetzende und nach der Reichsgründung von 1871 verstärkte soziale Polarisierung zwischen Großbauern und Kleinbauern sowie Tagelöhnern. Modernisierung, Mechanisierung und einseitiger Getreidebau führten vor dem Ersten Weltkrieg zur Blüte der kapitalintensiv wirtschaftenden Großbetriebe, die sich noch heute in zahlreichen pompösen Scheunenbauten der wilhelminischen Epoche dokumentiert.
Das durch das Großbauerntum geprägte Dorf- und Landleben erfuhr bis zum Ende des Zweiten Weltkrieges nur geringe Veränderungen. Während nach dem Krieg aufgrund fehlender Arbeitsplätze nur wenige Flüchtlinge aus Mecklenburg und Ostdeutschland auf Fehmarn blieben, erwies sich die auf dem steigenden Individualverkehr beruhende zunehmende räumliche Mobilität der bundesdeutschen Bevölkerung als entscheidender Faktor des Wandels in den sozialen und ökonomischen Verhältnissen. Dies gilt nicht nur für die Ausweitung des Pendelverkehrs zwischen den Dörfern und Burg, Puttgarden sowie auf das Festland; wichtiger sind die Veränderungen, die für die ländlichen Siedlungen und ihre Bevölkerung aus der Zunahme des Freizeitverkehrs erwuchsen.

Tab. 1 Die Bevölkerungsentwicklung der Insel Fehmarn (Ergebnisse der Volkszählungen 1939-1970; Fortschreibung zum 31. 12. 1983)

| | 1939 | 1950 | 1961 | 1970 | 1983 |
|---|---|---|---|---|---|
| Landgemeinden | 6 647 | 12 412 | 7 541 | 6 826 | 6 245 |
| Stadt Burg | 3 390 | 6 049 | 4 621 | 5 629 | 6 001 |
| Fehmarn insges. | 10 037 | 18 461 | 12 162 | 12 455 | 12 246 |

Quelle: Statistisches Landesamt Schleswig-Holstein

Im Unterschied zu den Landgemeinden zeigt die Stadt *Burg* als Folge der Zuwanderung aus den Landgemeinden und vom Festland seit 1961 eine positive Bevölkerungsentwicklung. Sie ist Standort der administrativen Funktionen sowie eines differenzierten privaten Dienstleistungsangebotes und verfügt in Zusammenhang mit dem Hafen Burgstaaken (Umschlag 1983: 80 534 t) auch über gewerbliche Arbeitsplätze in Landhandel, Schiffsreparatur und Fischerei. Der Hafenbau 1867—70 und der Anschluß an das deutsche Eisenbahnnetz im Jahre 1905 machten Burg zum Haupthandelsort und wirtschaftlichen Zentrum der Insel. Eine tradierte Aufgabe der Stadt ist die Wohnfunktion für Altenteiler aus den Landgemeinden, Beschäftigte des Fährhafens Puttgarden und neuerdings für Inselfremde, die ihren Altersruhesitz in Burg nehmen. Die Dominanz der Dienstleistungsberufe (1970: 69 % der Erwerbstätigen im tertiären Sektor) und eine Ausweitung bzw. Spezialisierung in Einzelhandel und Gastronomie gehen nicht allein auf die Nachfrage einheimischer Bevölkerung zurück, ihre wirtschaftliche Grundlage ist wesentlich die auf ganz Fehmarn um 41 000 Personen erhöhte ortsanwesende Bevölkerung zur sommerlichen Urlaubszeit, die ein saisonales Anwachsen der Zentralität Burgs zur Versorgung von Gästen in den Landgemeinden bewirkt.

*Die Landwirtschaft*
Die hohe wirtschaftliche Leistungskraft der Landwirtschaft auf Fehmarn resultiert aus der naturräumlichen Begünstigung durch hochwertige Böden (Bodengütezahlen meist zwischen 80 und 90) sowie durch die von Großbetrieben geprägte Struktur der bäuerlichen Betriebe. Bei einer rückläufigen Dynamik der Betriebe mit weniger als 30 ha LF (landwirtschaftlicher Fläche) wurde 1970 für die Landgemeinden eine durchschnittliche Betriebsgröße von 54,9 ha festgestellt, für die Bundesrepublik Deutschland betrug der entsprechende Wert 10,3 ha.

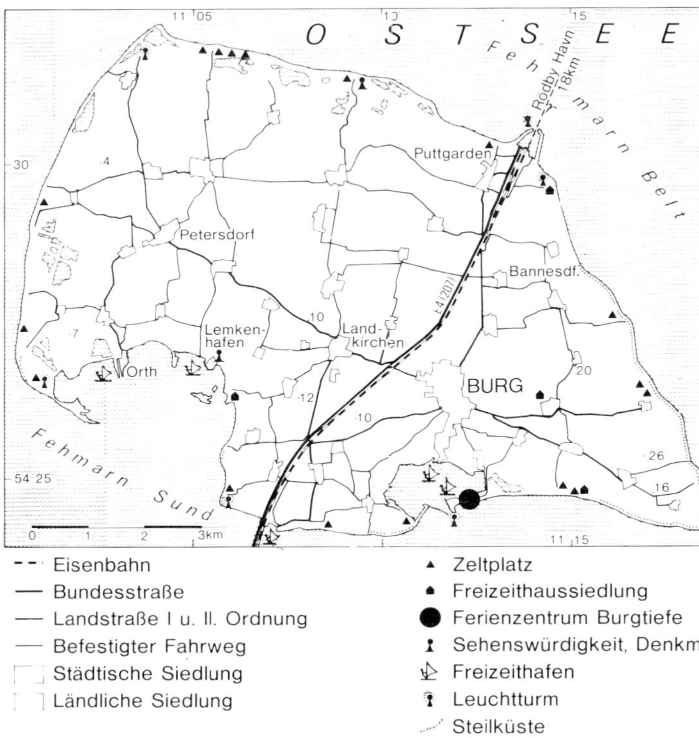


Die Insel Fehmarn

Tab. 2 Betriebsgrößen und Flächennutzung der landwirtschaftlichen Betriebe auf Fehmarn 1970

| Gemeinde* | Anzahl der Betriebe (=100 %) | Betriebe n. Größenklassen (in ha; Angaben in %) | | | | Landwirtschaftl. genutzte Fläche (LF) | |
|---|---|---|---|---|---|---|---|
| | | <5 | 5-20 | 20-50 | >50 | LF insges. (=100%) in ha | dav. Ackerland (in %) |
| Avendorf | 25 | 12,0 | – | 36,0 | 52,0 | 1 242 | 93,2 |
| Bannesdorf | 58 | 3,4 | 8,7 | 37,9 | 50,0 | 3 095 | 90,0 |
| Dänischendorf | 40 | 2,5 | 5,0 | 50,0 | 42,5 | 2 035 | 92,3 |
| Landkirchen | 56 | 10,7 | 9,0 | 35,7 | 44,6 | 2 822 | 90,5 |
| Meeschendorf | 34 | 5,8 | 5,9 | 29,4 | 58,9 | 2 192 | 94,3 |
| Petersdorf | 58 | 12,1 | 17,3 | 29,3 | 41,3 | 2 646 | 87,8 |
| Stadt Burg | 27 | 25,9 | 18,5 | 14,8 | 40,8 | 1 010 | 94,5 |
| Fehmarn insges. | 298 | 9,4 | 9,8 | 34,2 | 46,6 | 15 042 | 91,2 |
| Lkrs. Ostholstein | 2 742 | 23,2 | 17,6 | 34,8 | 24,4 | 102 474 | 78,0 |

* Anmerkung: Kommunale Gliederung und Gebietsstand 1970; infolge der kommunalen Neugliederung in Schleswig-Holstein gibt es nun nur die Landgemeinden Bannesdorf, Landkirchen und Westfehmarn.
Quelle: Statistisches Landesamt Schleswig-Holstein/eigene Berechnungen.

Im Zeitraum von 1970 bis 1985 ging die Zahl der landwirtschaftlichen Betriebe auf 198 zurück. Das Auflassen von ca. einem Drittel der Betriebe war mit der Erhöhung der durchschnittlichen Betriebsgröße auf 75 ha (1985) verbunden; landwirtschaftliche Flächen schieden kaum aus der Produktion aus. Es ist mit einem Fortdauern des Konzentrationsprozesses zu rechnen, da nunmehr z. B. auch auf Fehmarn die bäuerliche Vermietung an Urlaubsgäste landwirtschaftliches Arbeiten zunehmend ersetzt. Dies gilt besonders für ältere Betriebsleiter, bei denen die Vermietung häufig zur Aufgabe des landwirtschaftlichen Betriebes und zur Verpachtung der Nutzflächen führt.
Die Ackerflächen Fehmarns sind durch eine Aufteilung in große, leicht zu bearbeitende Schläge gekennzeichnet; die für Ostholstein typischen Knicks wurden bereits Ende des 19. Jh. weitgehend entfernt. In den sechziger Jahren hat eine verstärkte Spezialisierung zugunsten des Getreide- (Weizen, Braugerste) und Ölfruchtbaus (Raps) eingesetzt. Ihr fielen der früher ausgedehnte Gemüseanbau zum Teil (1984/85 Kohl 200 ha) sowie die Viehhaltung – sieht man von ca. 30 Schweinezuchtbetrieben ab – weitgehend zum Opfer. Die Struktur der landwirtschaftlichen Produktionsfaktoren ist durch einen hohen Einsatz an Vorleistungen und technischen Betriebsmitteln bei gleichzeitiger Minimierung des Arbeitseinsatzes gekennzeichnet; Betriebe mit 60–80 ha LF werden in der Regel von einer familieneigenen Vollarbeitskraft, dem Landwirt, bewirtschaftet. Diese vollmechanisierte und kapitalintensive Wirtschaftsweise steht voll in der historischen Kontinuität der agrarsozialen und -historischen Entwicklung der Insel.

*Der Freizeitverkehr*

Der sommerliche Freizeitverkehr, bestehend aus Urlaubsreisen von Badegästen, Kurzurlauben, Wochenendausflügen und dem Freizeitwohnen in eigenen Wohnungen oder Häusern, ist in Burg sowie in allen Landgemeinden nicht nur zu einem landschaftsprägenden Faktor, sondern auch zu einem wichtigen Bestandteil des sozialen und ökonomischen Lebens geworden. So wird z. B. der Umsatz aus landwirtschaftlicher Produktion von jenem aus dem Freizeitverkehr weit übertroffen (Verhältnis der Primärumsätze 1984: LW/FV = 1/1,7).
Die touristische Erschließung begann vor dem Ersten Weltkrieg auf Burgtiefe, dem Badestrand von Burg. Dort fand 1972/73 mit der vollen Inbetriebnahme des Ferienzentrums die jüngste Ausweitung des Beherbergungsangebotes statt, die Beherbergungskapazität der Stadt wurde dadurch schlagartig von 3800 auf 8300 Betten erhöht. 1984 wurden in Burg ca. 86 000 Gäste und 840 000 Übernachtungen in Ferienwohnungen, privaten und gewerblichen Betrieben erfaßt. Strand und Ferienzentrum Burgtiefe sind wichtige Standorte der freizeitorientierten Infrastruktur, dort befindet sich neben dem Meereswasserwellenbad und diversen Kureinrichtungen auch ein Yachthafen; in diesem und dem Hafen Burgstaaken bietet die Stadt insgesamt 685 Liegeplätze bzw. 68 % der Hafenkapazität für Sportboote auf Fehmarn an.
Die Zahl der Gästebetten in den Landgemeinden kann auf 8700 geschätzt werden, von 457 Vermietern (ohne Gastgewerbe) sind 180 bzw. 39 % Landwirte. Die bäuerliche Vermietung auf Fehmarn zeichnet sich durch ungewöhnlich hohe Bettenzahlen pro Betrieb (ca. 20) und damit durch einen hohen Kapitaleinsatz aus. Analog zur agraren Wirtschaftsweise bevorzugen die großbäuerlichen Vermieter ein möglichst arbeitsextensives Angebot, das in Form von Ferienwohnungen auch ein steigendes Interesse bei den nachfragenden Gästen findet. Obwohl auf Fehmarn im Unterschied zu agrarstrukturellen Problemgebieten die Vermietung erst mit zeitlicher Verzögerung zur Substitution der landwirtschaftlichen Tätigkeit führt, ist mit ihr bereits eine Entagrarisierung des dörflichen Lebens verbunden. Nach Ausbleiben der Industrialisierungsphase findet erstmals eine sozioökonomische Neuorientierung der Landbevölkerung statt, was beispielsweise durch den neuerdings von Ferienterminen in den Gästeherkunftsgebieten überlagerten, ursprünglich nur landwirtschaftlich bestimmten Jahresablauf deutlich wird. Der Wandel von Werten und Verhaltensweisen wird auch durch die Ausweitung des Freizeitwohnens in den Dörfern beschleunigt, dem in der Regel der Immobilienerwerb durch Auswärtige vorausgeht, und das mit einem häufigeren Aufenthalt von Städtern, auch über die Badesaison hinaus, verbunden ist. Besonders intensiv ist der freizeitbedingte Strukturwandel in den Fischer- bzw. Hafensiedlungen Lemkenhafen und Orth, wo der Ausbau von Freizeithäfen mit 140 bzw. 130 Liegeplätzen die tradierten maritimen Funktionen ersetzt.
Eine wichtige Stellung im Freizeitverkehr in den Landgemeinden nehmen die 17 Zeltplätze auf Fehmarn ein, die 1983 auf 826 235 $m^2$ Fläche und 6035 Stellplätzen eine Beherbergungskapazität von 24 140 Betten boten. Die Zahl der Übernachtungen auf Zeltplätzen stieg von 522 000 (1969) auf 1,3 Mio. (1984). Mit dem Anstieg der Nachfrage ist eine Zunahme des Anteils der Saison- bzw. Dauergäste auf den Zeltplätzen Fehmarns verbunden, die nunmehr rund die Hälfte der Beherbergungskapazität in Anspruch nehmen. Die Nutzung durch Saisongäste stellt funktionell eine Form des Freizeitwohnens dar, das Beherbergungskapazitäten der Zeltplätze zuungunsten des Urlaubsreiseverkehrs bindet. Im Unterschied zur räumlich dispers angeordneten Vermietung in den Bauerndörfern ist die Lage der Zeltplätze durch eine strenge Küstenorientierung, oft mit strandparalleler Erstreckung der Plätze verbunden, gekennzeichnet. Auf den Zeltplätzen erfährt die Freizeitbevölkerung ihre extreme Verdichtung, die Gästedichte liegt im Durchschnitt bei 241 Personen pro ha, es sind jedoch auch Plätze mit 400 und mehr Personen pro ha vorhanden; die Dichte großstädtischer Wohnbevölkerung wird dabei weit überschritten.

*Hans-Georg Möller*

Seite 113: Insel Fehmarn, Ferienzentrum Burgtiefe mit Haus des Kurgastes, Wellenbad und Appartementhochhäuser (oben), Blick auf Getreide- und „Wohnsilos".

KS
Sk

# Rügen – Deutschlands größte Insel

Das Traumziel der Mehrzahl aller DDR-Bürger für zwei Wochen Sommerurlaub ist Rügen, eine Insel, die trotz inzwischen erleichterter Einreisebedingungen in die DDR für die meisten Bundesbürger ein unbekanntes Eiland ist. Vierzehn Tage reichen aber ganz sicher nicht aus, um landschaftliche Vielfalt und kulturelle Eigenart dieser Insel kennenzulernen. Rügen ist nicht nur die schönste, sondern auch die weitaus größte deutsche Insel.

*Ausgewählte Inseln nach ihrer Größe*

| | |
|---|---|
| Rügen | 926 km² |
| Usedom | 445 km² (DDR-Anteil 354 km²) |
| Fehmarn | 185 km² |
| Sylt | 99 km² |
| Hiddensee | 19 km² |

Die Insel ist vom vorpommerschen Festland durch den gewundenen und sich bis auf einen Kilometer verengenden Strelasund getrennt. Seit 1936 verbindet der 2,5 km lange Rügendamm, eine Straßen- und Eisenbahnbrücke, das Festland mit der Insel (siehe Karte auf S. 75). Im Süden wird Rügen durch den flachen Greifswalder Bodden begrenzt; die Fortsetzung des Reliefs der Insel kann man in der Bodengestalt des Boddens verfolgen. Im Norden und Osten ist Rügen der vollen Gewalt der offenen Ostsee ausgesetzt, weit in die See hinausragende Steilufer sind so exponiert, daß sie einem ständigen Abbruch unterliegen. So hat die Insel im Laufe der Zeit beträchtliche Landverluste hinnehmen müssen. Im Nordwesten wird sie durch die 18 km lange und teilweise nur wenige hundert Meter breite Insel Hiddensee geschützt, die Rügen wie ein natürlicher Wellenbrecher gegen West- und Nord-West-Stürme vorgelagert ist.

Den besten Überblick über Rügen erhält man vom Ernst-Moritz-Arndt-Aussichtsturm, der auf dem 91 m hohen Rugard östlich von Bergen steht. Man erkennt, daß die Insel vielfach durch Bodden und Wieken gegliedert ist. Wie ein Kranz umgeben Inseln und Halbinseln, die wiederum durch ganz oder teilweise entwickelte Nehrungen miteinander verbunden sind, das eigentliche Rügen, das Muttland. In der letzten Eiszeit sind die Inselkerne durch die Gletscher des Oder- und Beltsee-Eisstromes geformt worden, die Nehrungen haben sich danach im Laufe der Entwicklung der Ostsee allmählich herausgebildet. Die Vielfalt der Gliederung hat nicht nur die Landschaft, sondern auch das Leben der Menschen geprägt. Bei einer Küstenlänge von 513 km ist kein Ort der Insel weiter als 6 km vom Meer entfernt.

Weit über Deutschland hinaus ist die Kreideküste der Halbinsel Jasmund zwischen Stubbenkammer und Saßnitz bekannt. Auf einer Länge von 8 km zeigt diese Abbruchküste den längsten und interessantesten Aufschluß der Oberkreide in Mitteleuropa. Anstehende Kreide in den unterschiedlichsten Formen wechselt mit Moränenschutt der Eiszeit. Die Entstehungsgeschichte beginnt vor etwa 80 Millionen Jahren, als die Kreideablagerungen aus dem Kalkschlamm des warmen, etwa 200 m tiefen Kreidemeeres entstanden. Darin lebten zahlreiche Tiere, die den Kalküberfluß des Meeres zum Aufbau starker Gerüste, Schalen und Panzer nutzten. Nach dem Absterben sanken die Organismen auf den Meeresboden. So bildeten sich in Millionen Jahren mächtige Kreideschichten heraus, die in bestimmten Abständen von dunklen Feuersteinbändern untergliedert sind. Diese Ablagerungen wurden im Laufe der Erdgeschichte tektonisch gehoben, sie gerieten dadurch in den Bereich der nach Süden und Südwesten vorrückenden Gletscher der Eiszeit. Die Schichten der Kreide wurden vielfach zusammengeschoben, zum Teil emporgepreßt und aufgerichtet. Einige dieser Kreidefelsen sind weltberühmt, wie Stubbenkammer mit dem Königsstuhl, oder die einzeln herausmodellierten Kreidepfeiler der Wissower Klinken.

Die Naturschönheit dieses Küstenabschnittes wurde bereits vor 180 Jahren bekannt, denn im Jahre 1818 entstand das berühmte Gemälde Caspar David Friedrichs „Kreidefelsen auf Rügen" (s. Seite 16). Maler und Dichter haben seitdem hier immer neue Motive entdeckt, so daß bereits im 19. Jahrhundert Stubbenkammer von höheren Gesellschaftskreisen häufig als Ausflugsziel gewählt wurde. In den zwanziger Jahren unseres Jahrhunderts setzten Bestrebungen ein, diese erdgeschichtlichen Denkmäler vor der aufblühenden Kreideindustrie zu schützen. Das geschah schließlich durch eine Verordnung des Regierungs-Präsidenten von Stettin am 27. 8. 1935. Auch die südlich sich anschließenden Feuersteinfelder der Schmalen Heide sind geschützt.

Nach der Altsteinzeit, als das Klima milder wurde und das Eis sich zurückzog, begann die Besiedlung der Insel. Teile Rügens waren in dieser Zeit relativ dicht bewohnt, weil sich hier der wertvolle Feuerstein fand, aus dessen Rohmaterial zahlreiche Werkzeuge gefertigt werden konnten. So wurden am Zugang zur Halbinsel Jasmund bei Lietzow vorgeschichtliche Wohnplätze und Werkstätten mit mehr als 20 000 bearbeiteten Steingeräten entdeckt.

Auffallend in der Landschaft sind die Großsteingräber der Jungsteinzeit (2500–1700 v. Chr.) und die rd. 100 bronzezeitlichen Hügelgräber (1700–500 v. Chr.), von denen um 1834 noch 1640 auf Rügen vorhanden waren. Mit Eintritt in die Geschichte siedelte hier der ostgermanische Stamm der Rugier, bevor nach dessen Abzug zur Zeit der Völkerwanderung slawische Ranen die Insel in Besitz nahmen. Viele auf -itz, -ow und -in endende rügensche Ortsnamen erinnern noch heute daran. Die weitere Erschließung des Landes erfolgte im Zuge der deutschen Ostkolonisation, vor allem durch die Klöster. Bereits am Ende des 14. Jahrhunderts war der Verschmelzungsprozeß zwischen Slawen und Deutschen abgeschlossen.

Rügen war bis ins 19. Jahrhundert ein dünn besiedeltes Land. So kam es auch nur in ganz geringem Umfange zur Ausbildung städtischer Zentren, obwohl Garz bereits 1318 und Bergen 1613 Stadtrecht erhielten. Die Einwohnerzahl Rügens beträgt heute rd. 84 000, die Bevölkerungsdichte liegt bei 87 Einwohnern/km². Von den beiden größten Orten zeigt die Kreisstadt Bergen mit 14 000 Einwohnern weiterhin kleinstädtischen Charakter, während Saßnitz mit rd. 15 000 Einwohnern überregionale Bedeutung als Industriestandort und Fährhafen hat. Ferner sind noch Binz und Putbus mit je rd. 6000 Einwohnern zu nennen. 45 % der Bewohner Rügens leben aber noch heute in den 41 Gemeinden mit weniger als 2000 Einwohnern, die mit Ausnahme der Badeorte immer noch durch die Landwirtschaft als Haupterwerbszweig geprägt sind.

Seit dem Dreißigjährigen Krieg ist ein auffälliger Rückgang der bäuerlichen Wirtschaftsbetriebe und eine Ausweitung des Großgrundbesitzes zu beobachten. Die Abhängigkeit der ländlichen Bevölkerung wurde im 18. Jahrhundert immer drückender. Im Jahre 1783 waren auf Rügen von 23 000 Einwohnern etwa 15 000 leibeigen, die auf den rd. 500 Gütern arbeiten mußten. Vorkämpfer der Bauernbefreiung wurde der auf der Insel geborene Dichter und Patriot Ernst Moritz Arndt. Sein Werk „Versuch einer Geschichte der Leibeigenschaft in Pommern und Rügen" (1803) beschreibt die Abhängigkeitsverhältnisse. Die Aufhebung der Leibeigenschaft erfolgte 1806 durch die schwedische Regierung. Sie änderte aber an den Besitzverhältnissen bis zum Ende des Zweiten Weltkrieges wenig.

Kreidebruch auf Jasmund um 1880

Bereits 1945 wurde durch die Bodenreform in der Sowjetischen Besatzungszone der gesamte Großgrundbesitz entschädigungslos enteignet und aufgeteilt, das geschah auf Rügen mit 48 000 ha. Seit 1952 setzte auch hier die Kollektivierung ein. Mitte der sechziger Jahre wurden auf Rügen 9,9 % der landwirtschaftlichen Fläche von volkseigenen Gütern und 86 % von Landwirtschaftlichen Produktionsgenossenschaften bewirtschaftet. 1966 gab es auf Rügen 135 LPGs, die aber in der Folgezeit zu größeren und spezialisierten Kooperationen zusammengefaßt wurden. Rd. 7000 Arbeitskräfte sind in der Landwirtschaft beschäftigt, sie ist damit bis jetzt noch der größte Arbeitgeber. Die Felder und die Betriebe insgesamt sind mit der Kollektivierung noch erheblich größer geworden, als sie zur Zeit der Gutswirtschaft waren. Ein Vergleich der beiden Satellitenbilder auf S. 74 und S. 75 zeigt die Unterschiede in der Feldgröße zwischen dem östlichen Schleswig-Holstein und dem Gebiet um Rügen. Die Teilung Deutschlands läßt sich auf diese Weise sogar aus dem Weltraum erkennen.

Die Anzahl der Arbeitnehmer in der Industrie ist in den letzten Jahrzehnten ständig gestiegen, sie liegt jetzt ebenfalls bereits bei etwa 7000. Der älteste und bekannteste Industriezweig ist die Kreidegewinnung und Verwertung. Der Kreideabbau wird im Hinterland der Halbinsel Jasmund seit über einhundert Jahren betrieben. Im VEB-Kreidewerke Rügen sind 460 Arbeitskräfte beschäftigt. Die Produktion betrug 1954 51 000 t, 1978 182 000 t, das jährliche Ziel liegt seitdem bei 200 000 t, von denen der größte Teil in den Export geht.

Saßnitz ist seit 1949 der Standort eines Fischereikombinats. Der Fischfang ist seit alter Zeit ein wichtiger Erwerbszweig auf Rügen. Neben der ganzjährigen Fischerei als Hauptberuf gab es die Fischerbauern, die nur gelegentlich in küstennahen Gewässern vorwiegend für den Eigenbedarf auf Fang fuhren. Heute sind die Fischer in Fischereiproduktionsgenossenschaften organisiert und dem Fischkombinat angeschlossen. Sie sind mit modernen Schiffen ausgerüstet, die auf der Stralsunder Volkswerft gebaut wurden. Gefischt wird nicht nur in der Ostsee, sondern auf allen Weltmeeren. Nach Anlandung werden die Fänge im Verarbeitungsbetrieb des Kombinats zubereitet und konserviert. Rd. 800 Arbeitskräfte, vorwiegend Frauen, sind damit beschäftigt.

International ist Saßnitz als Fährhafen von Bedeutung, weil die Verbindung Saßnitz-Trelleborg die Strecke von Schweden nach Mitteleuropa beträchtlich verkürzt. Deshalb wird die Fährlinie gemeinsam von der „Deutschen Reichsbahn" der DDR und den „Schwedischen Staatsbahnen" betrieben. Die erste Verbindung wurde bereits 1897 als Post- und Passagierfähre in Betrieb genommen. Zwölf Jahre später wurde sie Eisenbahntrajekt. Der Bau des Rügendammes verkürzte die Fahrzeit wiederum, heute beträgt sie auf der 107 km langen Strecke von Saßnitz nach Trelleborg 3½ Stunden.

Seit 1982 ist ein weiterer Eisenbahnfährhafen südwestlich von Saßnitz bei Mukran im Bau. Diese neue Fährlinie soll 1986 ihren Betrieb aufnehmen. Sie verbindet Rügen mit dem sowjetischen Hafen Klaipeda, dem ehemaligen Memel. Auf dieser Route sollen jährlich 5,3 Millionen Tonnen Güter befördert werden, diese Verbindung hat aber auch eine große strategische Bedeutung.

Neben Landwirtschaft, Industrie und Fährverkehr ist der Tourismus ein ganz wichtiger Erwerbszweig auf der Insel. Rügen ist seit über einem Jahrhundert das größte und schönste Feriengebiet der deutschen Küste. Bereits 1816 wurde das erste Badehaus in Lauterbach am Greifswalder Bodden errichtet. Die Gäste wurden in Villen und Hotels im nahen fürstlichen Putbus untergebracht. Hier fand man auch Unterhaltung, es gab ein Theater, eine Orangerie und einen Kursaal. Das erste wirkliche Bad an der freien Ostküste wurde Saßnitz um 1860. Auch in den anderen Fischerdörfern erkannte man bald, daß in den Sommermonaten mit Feriengästen ein guter Nebenverdienst zu erzielen war. So entwickelten sich seit den 80er Jahren des vorigen Jahrhunderts sehr schnell die heute bekannten Badeorte Göhren, Baabe, Breege, Sellin, Thießow u. a. Nur Saßnitz verlor an Bedeutung, die Urlauber bevorzugten das benachbarte Binz, das allmählich zum bedeutendsten Bad der Insel wurde. Bereits 1910 zählte man 10 000 Gäste, 1938 waren es 25 000.

Die Urlauberzahl auf der Insel ist in den letzten drei Jahrzehnten ständig gestiegen, 1961 waren es 300 000, 1983 lag die Zahl bei rd. 850 000 ohne Tagesgäste, von denen allerdings mehr als 200 000 Zeltplatzbenutzer sind. Die große Mehrzahl der Gäste erhält ihren Ferienplatz durch die staatlichen Touristikinstitutionen, wie FDGB oder Reisebüro; die Zahl der Privatquartiere ist gering. Kenner der Insel warten jedoch nicht auf die Zuteilung eines Ferienplatzes in den Sommermonaten; sie wissen, daß ein Besuch auch zu anderen Jahreszeiten durchaus reizvoll sein kann. Dann allerdings gehören Wind, Sturm, Regen und Schnee und das Tosen der Brandung an den gewaltigen Steilufern zum Erlebnis der Landschaft Rügen.

*Friedrich W. Dwars*

Sturm an der Westküste des Darß

Hohes Ufer (Stubnitz/Jasmund)

Keramik im Brennofen

Alte Mönchguter Tracht

Töpferei Klünder auf Fischland

# Bornholm – Strand, Wald und Klippen

Die Insel Bornholm (588 Quadratkilometer, 47 500 Einwohner) liegt weiter östlich als das übrige Dänemark, gut 150 km östlich von der Insel Mön (35 km von Schweden). Nur eine ganz kleine Inselgruppe, Ertholmene, (24 Hektar) liegt noch weiter östlich. Außer den bewohnten Inseln Christiansö und Frederiksö mit zusammen 125 Bewohnern (Abb. S. 122) gehören dazu Gräsholm und sechs kleine Felsenriffe, von denen das östlichste, Österskär, 310 m östlich von Christiansö gelegen, den östlichen Punkt Dänemarks markiert mit 15 Grad 14′ östl. Länge und 55 Grad 19′ nördl. Breite. Ertholmene ist ein Granithorst mit einer sehr unruhigen Oberfläche. Der Inselkörper setzt in 60–80 m Tiefe unter dem Meeresspiegel an. Die reiche Vegetation auf Christiansö ist größtenteils auf den Boden zurückzuführen, der von Bornholm herübergebracht worden ist.

*Bornholms Norden und Mitte – ein Granithorst im Meer*
Der nördliche Teil von Bornholm (siehe Abbildung) ist das einzige Gebiet Dänemarks, wo das kristalline Grundgebirge mit Graniten und Gneisen an die Oberfläche tritt. Geologisch gehört Bornholm damit zur skandinavischen Halbinsel, zum „skandinavischen Schild". Wie kommt es, daß sich hier ein solcher „Außenposten" gebildet hat? Es sind tektonische, gebirgsbildende Kräfte gewesen, die entlang von vier Linien, die etwa den Küstenlinien mit ihrem Nordwest-Südost und ihren Nord-Süd-Verlauf entsprechen, die die Insel wie mit einem mächtigen Faustdruck als einen „Horst" emporgehoben haben. Klüfte, die sich bei der Abkühlung des Granitgesteins bildeten und als Schwächezonen bei tektonischer Beanspruchung auch zu Grenzflächen von Gesteinsverschiebungen werden konnten, durchziehen den gesamten Gesteinskörper. Im Bereich der Klüfte wurde das Gestein allmählich brüchig und später durch abtragende Kräfte fortgeführt, so daß sich allmählich Klufttäler bildeten. Paradisbakkerne ist der Teil der Zone mit Grundgestein, der diese Landschaftsform am klarsten zeigt, weil er nicht ganz aufgeforstet worden ist. Bei Touristen am bekanntesten ist Ekkodalen (Echotal), ein 12 km langes und mehr als 50 m breites Klufttal entlang der südlichen Grenze von Almindingen am Fuße des Rytterknägten, des mit 162 m höchsten Berges von Bornholm. Ekkodalen nimmt den Oberlauf eines der vielen Flüßchen auf, die auf dem hohen Mittelteil der Insel entspringen und selbst nach dänischen Maßstäben alle klein sind. Bezeichnend für das Echotal ist sein völlig gerader Verlauf, und dies gilt auch für die nördliche Fortsetzung der Kluft, die sich quer durch den zentralen Wald zieht und dann als Klövedal das wiederum schnurgerade verlaufende Flüßchen Kelse Å aufnimmt, das im rechten Winkel auf die Nordküste zufließt. In unsere Skizze der Insel haben wir beispielhaft dieses eine markante Klufttal eingetragen. In Wirklichkeit gibt es davon Dutzende, viele davon parallel zu diesem verlaufend, manche noch mehr zur Nordrichtung gewendet. Der Granithorst, der noch zur fenno-skandischen Zone gerechnet wird, erreicht häufig Höhen von über 80 Metern. Auf der Nordseite von Bornholm bildet der Granit eine wildzerklüftete Küste mit Klippen und Felsen (siehe Abb. S. 122), Schluchten und Höhlen von eigenartigem Reiz, hier und da von kleinen Sandstränden unterbrochen. Eine solche Höhle, im Meeresniveau gelegen, ist die „nasse Höhle" an der Nordwestecke der Insel, umrahmt von massiven Gesteinspfeilern. So machen die geologischen Bedingungen einen guten Teil des Reizes der Insel aus.
Auch die Eiszeit hat ihre Spuren hinterlassen, da sie die Oberfläche des Granitblocks abgeschliffen und an den meisten Stellen mit einer Decke von Moränen- und Schmelzwasserablagerungen überzogen hat. Daher trifft man hier auf die verschiedensten Arten eiszeitlicher Landschaften.
Der große zentrale Wald Bornholms, Almindingen, liegt ganz und gar im Bereich des Granitblocks. Die Waldbäume sollen während der Zeit, als Dänemark noch mit dem Festland verbunden war, eingewandert sein. Durch die Kultivierung der Insel ist der Wald vermutlich zuerst in der Moränenlandschaft abgeholzt worden. Das Land in der Mitte der Insel mit seiner dünnen Moränendecke wurde im Laufe der Zeit als Gemein-Land, deutsch: Allmende, dänisch: Alminding, genutzt und trägt noch heute den Namen, obwohl es aufgeforstet worden ist.

*Bornholms Süden – Ablagerungssteine*
Im südlichen Drittel der Insel wird der Granit von jüngeren Sedimentgesteinen überlagert, die immerhin meist schon Hunderte von Millionen Jahren alt sind. So entstand der rote Nexö-Sandstein bereits in der vorkambrischen Zeit (vor über 500 Millionen Jahren) aus den Verwitterungsprodukten des Granits. Auf diese Ablagerungen folgten solche von Küstensand, die sich zu Quarziten verhärteten. Wir müssen es uns versagen, auf die Ablagerungen zur Zeit des Erdaltertums und Erdmittelalters näher einzugehen und machen einen großen Sprung bis in die geologische Gegenwart: Zur Zeit des Quartärs, als die Eiszeiten herrschten, war Bornholm, ebenso wie das übrige Nordeuropa, mehrfach von Eis bedeckt. Die Mächtigkeit der Gletscher aus der letzten, der Weichsel-Vereisung, reichte allerdings nicht mehr aus, um die Insel zu überdecken. Bornholm ragte als eine Insel, als ein einsamer „Nunatak" aus dem Eis heraus.

*Besiedlung und Wirtschaft*
Bornholm ist seit dem Altertum bewohnt, mehrere Menhire erinnern daran. Die Insel wird jedoch erst 890 schriftlich, damals unter dem Namen Burgendaland, erwähnt. Sie wurde um die Jahrtausendwende von Schonen aus christianisiert. Der größte Teil war nach 1100 vom erzbischöflichen Sitz in Lund abhängig. Wegen der exponierten Stellung wurden, über das Innere des Landes verteilt, die dickwandigen, runden Kirchen gebaut. Sie dienten in Jahren der Kriegswirren als Wehr und Zuflucht. In der Mitte des 13. Jahrhunderts hatte der Erzbischof in Lund die massive Festung Hammershus (jetzt eine wohlerhaltene Ruine) errichtet. Er unterstrich damit seinen Willen, die Südschweden umgebenden Gewässer zu kontrollieren.
Von 1303 an war ganz Bornholm dem Erzbistum Lund untertan, das zu jener Zeit ein Teil Dänemarks war. Nach einer Periode unter den Lübeckern (bis 1576) wurde die Insel eine Zeitlang von den Schweden regiert, aber seit 1658 ist sie dänisch.
Während des Zweiten Weltkriegs wurde Bornholm von deutschen Streitkräften besetzt. Erst nach einer russischen Bombardierung am 8. 5. 1945 ergaben sich die Deutschen. Anschließend wurde die Insel bis zum 5. 4. 1946 von den Russen besetzt.
Richtige Dörfer gibt es auf Bornholm nicht. Die ländlichen Ansiedlungen bestehen zumeist aus kleinen Bauerngehöften entlang den Wasserläufen und um Almindingen herum. Die meisten der bestehenden kleinen Ansiedlungen entstanden um die Eisenbahnhöfe und nach der Stillegung der Eisenbahn an wichtigen Straßenknotenpunkten. Im Innern gibt es nur eine Stadt, Åkirkeby; der Rest der Städte liegt an der Küste, ebenso wie die kleinen Fischerdörfer. An der Küste ist die Hauptbeschäftigung der Fischfang. Gefangen werden insbesondere Kabeljau, Lachs und Hering, die für den Export verarbeitet werden. Ein großer Teil der Heringe

wird geräuchert und als berühmter „Bornholmere" exportiert. Neben der üblichen Nutzung des Sand-, Kies- und Tonvorkommens wird besonders Granit nahe Rönne, Vang und Hammeren abgebaut. Bei Hammerknude hat der Wunsch, die reizvolle Naturlandschaft zu erhalten, zu einer Begrenzung des Granitabbaues geführt.
In Rönne wird Kaolin verarbeitet, und zwar für Tonwaren und technisches Porzellan, z. B. Waschbecken. In Hasle gewinnt man Ton für Ziegel- und andere Tonwaren. In Neksö baut man seit alters her den berühmten roten Sandstein ab, und Sandsteinverarbeitung findet sich auch in Åkirkeby.

*Tourismus*
Der Tourismus spielt für Bornholm mit seiner wirtschaftlichen Randlage eine große und ständig zunehmende Rolle. Was die Gäste so fasziniert, ist die Ursprünglichkeit der klippenreichen Nordküste. So ist es kein Zufall, daß der Bereich Allinge-Gudhjem, wo die Felsküste besonders schön ausgeprägt ist, am beliebtesten geworden ist. Ein Fischerort wie Gudhjem wirkt wie eine kleine eigene Welt. Um den Hafen in einer natürlichen Felsbucht gruppieren sich die kleinen Häuser. Die später erbauten mußten wegen Platzmangels den Hang hinaufklettern. Typisch ist die allmähliche Abnahme der Fischerboote bei gleichzeitiger starker Steigerung der Anzahl der Freizeitboote — ein beredtes Zeichen für das Vordringen des Tourismus. In der Region Allinge-Gudhjem zählt man fast 400 000 Übernachtungen, auf ganz Bornholm sind es 596 400 (1983 — dazu 326 400 Campingübernachtungen), d. h. daß die Mehrzahl aller Gäste den Norden bevorzugt. Die Hälfte aller Urlauber auf Bornholm sind Deutsche.

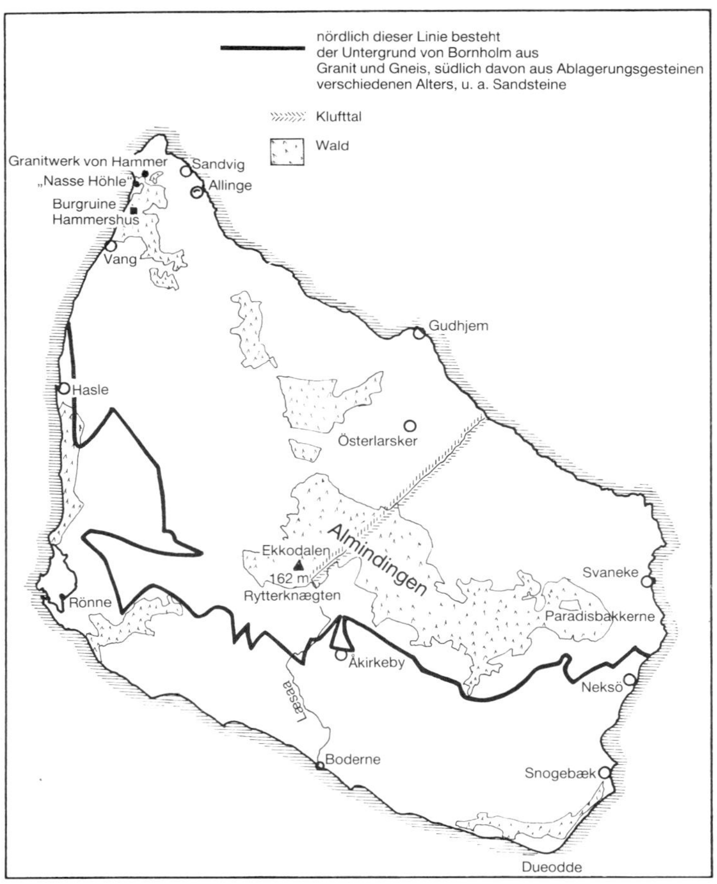

Bornholm

Allmählich wird auch der Süden, zum Beispiel die schöne Sandspitze von Dueodde, stärker für den Tourismus erschlossen. Das Innere der Insel kann durch Wanderungen und auf Fahrradtouren entdeckt werden. Eine Touristenattraktion ersten Ranges sind die kulturellen Zeugen der Vergangenheit, seien es die am Wegesrand stehenden Bautasteine, Gedenksteine ohne Inschriften aus der heidnischen Zeit oder seien es die alten Kirchen. Ein schönes Beispiel für die typischen Bornholmer Rundkirchen findet man in Österlars (siehe Foto). Manche Kirchen hüten wertvolles Inventar. So birgt die im romanischen Stil erbaute Feldsteinkirche in Åkirkeby, die größte der Insel, einen Taufstein aus der Zeit um 1170 mit 10 Reliefdarstellungen, die das Leben Christi schildern. Hinzugefügt sind Erläuterungen in Runenschrift. In der Vorhalle der Kirche sind zwei Runensteine aufgestellt. Hier tagte bis 1776 das Bornholmer Landsting, das alte Inselparlament. Heute ist Rönne der Hauptort der Insel und zugleich bedeutender Fährhafen. Hier setzen die meisten Touristen, die mit den Linienfähren oder mit dem Flugzeug ankommen, den ersten Fuß auf Bornholm. Rönne ist neben Neksö der einzige Ort der Insel, in dem die Wohnbevölkerung zunimmt — insgesamt beobachtet man einen Bevölkerungsrückgang.

*Aage H. Kampp*

Die Rundkirche von Österlars auf Bornholm

Die Burgruine Hammershus aus dem 13. Jahrhundert, gelegen im Nordwesten der Insel auf über 70 m hohem Felsuntergrund in unmittelbarer Nähe der Ostsee. Wahrscheinlich wollte der Erzbischof von Lund von hier aus den Wasserweg zwischen Bornholm und Südschweden kontrollieren.

Heringsräucherei in Snogebäk auf Bornholm

Granitklippe vor Bornholm, sogenannte „Löwenköpfe“

Die Insel Frederiksö gehört zur östlichsten Inselgruppe Dänemarks, Ertholmene

„Bornholmere“, geräucherte Heringe

Felskliff an der Nordküste Bornholms

Sandkås – im Schutz von Felsvorsprüngen bilden sich hier kleine Sandbuchten.

# Gotland – im Zentrum der Ostsee

Gotland ist zugleich Land, geographische Provinz, Stadtobrigkeit, Diözese und militärischer Kommandobereich. Es umfaßt die Hauptinsel Gotland, die Inseln Fårö, Gotska Sandön, die Inseln Lilla und Stora Karlsö sowie einige kleinere Inseln. Die Hauptinsel erstreckt sich über 125 km in nord-südlicher Richtung, ist 52 km breit und umfaßt 3140 km$^2$. Am 31. Dezember 1983 hatte Gotland 55 987 Einwohner. Sitz der Provinzialregierung ist Visby, die einzige Stadt auf der Insel, mit 22 000 Einwohnern.
Das Land der Insel ist flach und schwach von Nordwesten nach Südosten geneigt. Das maritime Klima weist einen milden Herbst und Winter, einen kühlen Frühling, frühen Sommer und warmen Spätherbst auf. Die Sonne scheint an mehr als 2000 Stunden im Jahr, die jährliche Niederschlagsmenge ist niedrig und beträgt etwa 500 mm.
Der Untergrund Gotlands besteht aus Kalkstein und Mergel. Der höchste Punkt liegt 83 m über dem Meeresspiegel. Charakteristisch für Gotland sind die Felsvorsprünge an der Küste und die Aushöhlungen, die durch die Wellen des Meeres geformt wurden.
44 % der Fläche des Landes werden forstwirtschaftlich genutzt, vor allem durch Anbau von Nadelwald. Die früheren Laubwälder wurden zum großen Teil in Ackerland verwandelt, und der größere Teil der Moore wurde trockengelegt. Gotland ist diejenige schwedische Provinz mit den meisten Orchideen, und zwar kommen dort nicht weniger als 36 verschiedene Arten vor. Mildes Klima und kalkreiches Urgestein begünstigen die Entwicklung einer reichen und eigenständigen Flora. Auch die Tierwelt zeigt interessante Besonderheiten. Unter den Vögeln gibt es eine Anzahl von Arten, die spezifisch für Gotland ist. Auf den Karlsö-Inseln stehen Schwedens einzige Vogelfelsen mit etwa 15 000 Trottellummen und 3000 Tordalken.
Gotland ist unvergleichlich reich an alten Monumenten und archäologischen Funden. Es ist noch unsicher, zu welchem Zeitpunkt die Insel von Menschen besiedelt wurde, aber wahrscheinlich liegt dieser etwa 8 bis 10 000 Jahre zurück. Von der römischen Eisenzeit an (0–400 n. Chr.) war Gotland eine der führenden Handelsmächte der Ostsee. Im Zeitraum vom 7. Jahrhundert bis zur Mitte des 14. Jahrhunderts erlebte die Insel den Höhepunkt ihrer Entwicklung. Während dieser Epoche hatte Gotland eine Schlüsselstellung im Handel, besonders des Ostseeraums, aber Verbindungen wurden auch außerhalb dieses Bereichs geknüpft. Zahlreiche Silberschätze aus der Wikingerzeit und Kirchbauten aus dem frühen Mittelalter erzählen uns von dem Wohlstand der Insel und seinem internationalen Charakter und zeugen von den kulturellen Einflüssen aus dem Süden. Die Stadt Visby entwickelt sich zur reichsten Stadt der nordischen Länder sowie zu einem wichtigen Knoten im hanseatischen Handelsnetz.
In den folgenden Jahrhunderten erlebte Gotland eine Zeit der Stagnation, charakterisiert durch verlassene Bauernhöfe, nachlassenden Handel, sich verschlechternde wirtschaftliche Bedingungen und innere Opposition. Die Machtverhältnisse auf der Insel wechselten während dieser Zeit oft.
1361 wurde Gotland von Dänemark unter Waldemar Atterdag besetzt. Am Ende des 14. Jahrhunderts fiel die Insel in die Hände von mecklenburgischen Piraten, den sogenannten Vitalienbrüdern. Diese wurden 1398 auf deutschen Befehl vertrieben. Zehn Jahre später wurde Gotland der Königin Margarete von Dänemark und ihrem Mitregenten Erich von Pommern überlassen. Die dänische Epoche dauerte bis 1645, als Gotland im Frieden von Brömsebro schwedisch wurde.
Als Folge der isolierten Lage der Insel entwickelte sich hier eine unabhängige Kultur. Die Landwirtschaft war lange unbedeutend. Viehzucht, vor allem Schafzucht, spielte eine größere Rolle als Akkerbau. Wichtige zusätzliche Erwerbsquellen waren Seehundjagd, Teerbrennerei und Steinbrucharbeiten.
Typisch für einen gotländischen Bauernhof sind große, aus Stein errichtete Gebäude sowie ein Zaun zwischen Wohnhaus und Stallungen. Auch Holzhäuser gibt es, mit geteerten Dächern und querliegenden Balken zwischen aufrechten Pfosten.
Gotlands frühere Sprache, allgemein Alt-Gotländisch genannt, ist sehr altertümlich und kann als Schwesternsprache des Alt-Schwedischen betrachtet werden. Sie wird manchmal noch heute verwendet. Ein Teil der derzeitigen Literatur wird auf Alt-Gotländisch geschrieben. Besonders die Arbeiten des Dichters Gustaf Larsson sollten hier genannt werden.
Schon in prähistorischen Zeiten bewiesen die Gotländer großes handwerkliches Geschick, was deutlich aus den bemerkenswerten Bildersteinen der Insel hervorgeht. Auch die zahlreichen, aus Stein gebauten Kirchen lassen eine erhebliche Fähigkeit in der Steinbauweise erkennen. Gotlands ausgezeichnetes Steinmaterial bildet die Grundlage für die reiche Ausstattung mit Skulpturen. Außerdem ist eine bedeutende profane Architektur vorhanden. Herausragend sind die für Nordeuropa einzigartige Stadtmauer von Visby, zahlreiche steinerne Gebäude dort und auf dem Lande sowie viele turmähnliche Gebäude, die Kastelle.
Die Wirtschaftsstruktur auf Gotland unterscheidet sich deutlich von der Schwedens. Auf Gotland sind wesentlich mehr Menschen in der Landwirtschaft beschäftigt als auf dem schwedischen Festland (18 % im Vergleich zu 6 %), während in der Industrie wesentlich weniger Einwohner tätig sind (16 % im Vergleich zu 26 %). Ungefähr 25 % des Landes sind wirtschaftlich nutzbar und machen die Landwirtschaft zu einem wichtigen Erwerbszweig, in dem etwa 4500 Einwohner tätig sind. Außerdem arbeiten noch etwa 1000 Personen in der Nahrungsmittelindustrie.
Der Wald (144 000 ha) befindet sich zu 84 % im Privatbesitz. Die Forstwirtschaft trägt jährlich mit etwa 20 Mio. Schwedenkronen zur Wirtschaftskraft des Landes bei, und zwar durch den Export von gesägtem Holz, Zellstoff, vorgefertigten Holzhäusern, Zimmereibedarf und Produkten des Kunsthandwerks.
1980 beschäftigte Gotlands Industrie, auch in einigen größeren Betrieben, etwa 4200 Personen. Außerdem spielen die öffentliche Verwaltung und die Dienstleistungen eine große Rolle. In diesem Bereich findet jeder dritte Gotländer (etwa 8200 Personen) seinen Lebensunterhalt. Private Dienstleistungen, vielfach mit dem Tourismus verbunden, haben in den letzten Jahren an Bedeutung gewonnen. Etwa 320 000 Touristen besuchen jährlich die Insel.
Mit dem Festland steht Gotland über Fährverbindungen von Visby nach Nynäshamn, Oskarshamn und im Sommer auch nach Västervik und Öland in Verbindung. Inländische Flugverbindungen existieren nach Stockholm, Norrköping und Kalmar.
Gotland hat heute etwa 35 Naturreservate und eine Anzahl Landschaftsschutzgebiete. Darüberhinaus ist Gotska Sandön zum Nationalpark erklärt worden. Der Staat unternimmt große Anstrengungen, um die besonderen altertümlichen Monumente, Siedlungen und Gebäude aus dem Mittelalter und der jüngeren Zeit zu erhalten.

*Dan Carlsson*

Die Altstadt von Visby ist mit einer guterhaltenen Stadtmauer umgeben, deren Bau in der Mitte des 13. Jahrhunderts begonnen wurde.

Eines der eindrucksvollsten mittelalterlichen Gebäude in Visby ist das guterhaltene Warenhaus (die alte Apotheke) an der Strandgatan, erbaut im 13. Jahrhundert.

Ausschnitt aus dem Bildstein Klinte Hunninge I

Die zentrale Rolle Gotlands beim Handel in der Wikingerzeit geht aus der großen Zahl von Silbermünzen aus dieser Zeit hervor, die auf der Insel gefunden worden sind. Das Bild zeigt den Silberschatz von Hägvalds im Kirchspiel Gerum, der aus der Zeit um 1000 n. Chr. stammt.

Wetzstein zum Schärfen von Waffen

# Ostsee-Städte – Entwicklung und Merkmale

Gemeinsamkeiten der Ostseestädte werden jedem bewußt, der ihre Kirchen, Rathäuser und Märkte, ihre Wohn- und Geschäftsbezirke aufmerksam betrachtet und zu vergleichen sucht. Die Gemeinsamkeiten sind in der Geschichte der Ostsee und der Menschen, die ihre Küsten besiedelten, verwurzelt.

Schon in früher Zeit unterhielten Wikinger, Slawen, Friesen und Sachsen Fernhandel und Warenaustausch über einige bedeutende Umschlagplätze – Haithabu, Wollin, Rerik, Birka sowie Truso im Weichsel- und Jumme im Odergebiet und andere: palisadenbewehrte, mit Kaianlagen versehene Stätten, geschützt in Flußmündungen oder Förden gelegen, was für die nicht sehr tief gehenden Schiffe der Zeit ausreichte.

Mit Blick auf spätere, zum Teil an gleicher Stätte erbaute Siedlungen des 12. und vor allem des 13. Jahrhunderts hat man nachgerade vom „Jahrhundert der Städtegründungen" gesprochen. Es ist in engem Zusammenhang mit dem Ende der Auseinandersetzungen zwischen Germanen und Slawen in unserem Gebiet zu sehen und im übrigen an die Ereigniszusammenhänge der Kreuzzugszeit heranzurücken – neue Sozial- und Völkerbeziehungen, neue Siedlungszentren, ein neues Wirtschaftssystem. Sicherung und Verbindung von Städten und Märkten wurde durch die Ostseepolitik mancher Fürsten begünstigt, etwa Heinrichs des Löwen, des Herzogs von Sachsen (1129–1195) oder König Waldemars II. von Dänemark (1170–1241). Von den ca. 30 dänischen Städtegründungen erkennt man etliche noch heute an der Namensform (Nyborg, Fåborg, Kalundborg; Rudköbing, Nyköbing); ein 1219 eroberter estnischer Ort heißt bis heute Tallinn, Dänenstadt, wo man, unter dänischer, dann (1346) unter Ordensherrschaft, nach Lübischem Recht (s. u.) lebte. Im Zusammenhang mit Lübeck sind vor allem die niederdeutschen Städtegründungen zu nennen. Lübeck war 1143/1159, als Nachfolgerin des weiter traveabwärts gelegenen slawischen Liubice, gegründet worden. Lübeck hatte diplomatisch und militärisch zum Ausgang der Schlacht von Bornhöved (1227) beigetragen, in der Waldemar vernichtend geschlagen und damit die dänische Vorherrschaft in der Ostsee beseitigt wurde. Die Gemeinschaft „van dat Dudesche Recht", also der Städte niederdeutscher Rechts- und Gesellschaftsnormen, gewann in der Ostsee die Oberhand. Lübeck wurde zum Tor nach Osten. Die Stadt besaß, seit sie ihr Stadtrecht im Jahre 1188 von Friedrich Barbarossa nach dem Muster der Stadt Soest verliehen bekam, ausdrücklich die ‚auctoritas' und ‚potestas iura municipalia mutandi, corrigendi, condendi', also das Recht und die Macht zur Änderung, Besserung und Neufestsetzung des Rechts. Das Lübsche Recht wiederum nahmen sich rd. 100 Ostseestädte – und übrigens auch einige Nordseestädte – zum Muster, etliche von ihnen sozusagen auch auf Dauer, indem für sie der lübeckische Rat als Appellationsinstanz und damit immer von neuem normierend wirksam wurde. Die Lübecker sind deswegen von manchen Landesfürsten politischer Expansionsgelüste verdächtigt worden; den Ordensstädten Memel, Frauenburg und Braunsberg sowie etlichen pommerschen Kleinstädten verbot der Landesherr den Rechtszug nach Lübeck. Riga, 1201 von Bischof Albert als Kaufmannssiedlung begründet und ursprünglich mit Wisbyer Recht beliehen, erhielt nach der Niederlage des Schwertbrüderordens 1236 bei der Wiederherstellung der alten Herrschaftsverhältnisse vom Deutschen Orden vorsichtshalber Hamburger Stadtrecht – aus Sorge vor Lübecker Großmachtgelüsten. Das war unbegründet: Auch andere bedeutende Ostseestädte des dreizehnten Jahrhunderts, wie Danzig, Königsberg, Stettin waren keine „Tochter"-Städte Lübecks wie Kiel, Wismar, Rostock, Greifswald, Kolberg, Elbing und andere. Schleswigs Stadtrecht (um 1200) war niederrheinisch, Flensburgs (1284) vom schleswigschen Umland beeinflußt. Viele der Ostseestädte nahmen sich Lübeck zum Vorbild. Das gilt sowohl für den Grundriß – planmäßige Anlage mit der Aussparung eines Baublocks als Marktplatz und der Flankierung durch Rathaus und Kirche – als auch für den Aufriß und das verwendete Material, den Backstein (siehe den Beitrag über die Backsteingotik).

Man hat die Ostsee die „Probebühne des modernen Europas" genannt. Das trifft zu: tatsächlich kann die alte Gemeinschaft der Städte im Ostseebereich, wie sie einander in Sozialsystem, Religion, Wirtschaft, Handel, Schiffbau und urbaner Selbständigkeit ähnelten, als Vorläufer der frühneuzeitlichen Staatengemeinschaft betrachtet werden.

Die meisten Ostseestädte verkörpern mehr oder weniger ausgeprägt den Typ der reinen Handelsstadt mit überwiegend kaufmännischer Tätigkeit, aber fehlendem oder nur schwach ausgeprägtem stadteigenen Exportgewerbe. Dadurch unterscheiden sich die Ostseestädte von solchen des norddeutschen Binnenlandes wie Köln und Lüneburg oder mittel- und süddeutschen Städten wie Erfurt, Nürnberg, Augsburg usw. Verschiedenartig sind die Grundlagen des städtischen Wohlstandes: die grundsätzlich vielfältigen, auch expansionsfähigen Möglichkeiten des Fernhandels auf der einen und die über gewisse natürliche Grenzen hinaus nicht beliebig ausdehnbare Produktion etwa von Salz (z. B. Lüneburg) oder Wolle (z. B. Augsburg) auf der anderen Seite. In der Ostseestadt der frühen Neuzeit hat es im allgemeinen keine Konzentration sämtlicher Produktionsmittel in den Händen weniger Einzelner geben können, und der Patrizierstand blieb für den Zugang aus anderen Sozialschichten offen. Bei einem Vergleich, wie man ihn dank geeigneter Quellengruppen zwischen Augsburg und Lübeck hat ziehen können, erwies sich die Oberschicht in Augsburg mit 8,5 % (Lübeck: 23 %) an der Gesamtbevölkerung beteiligt, die Mittelschicht mit 5 % (Lübeck: 34 %) und die Unterschicht mit 86,5 % (Lübeck: 42 %).

Topographisch und architekturgeschichtlich hat sich die Gestalt der Ostseestädte auch auf etliche moderne Landeshauptstädte ausgewirkt.

Unter den Landeshauptstädten des Nordens: Kopenhagen, Stockholm, Helsinki und St. Petersburg (heute Leningrad, russische Hauptstadt bis 1918) sind Kopenhagen und Stockholm ältere Gründungen. Landeshauptstädte wurden sie im 15. bzw. 16. Jahrhundert. Helsinki, erst 1550 gegründet und 1640 an die heutige Stelle gesetzt, wurde 1812 Hauptstadt eines russischen Großfürstentums und behielt die Funktion in der Folgezeit bei. St. Petersburg, 1703 nach Vertreibung der Schweden aus diesem Bereich von Zar Peter dem Großen angelegt, ist heute als Leningrad die zweitgrößte Stadt der Sowjetunion. Über Reval (Tallinn) und Riga siehe S. 157 und 158!

Die Neuzeit brachte außer Gdynia (deutsch: Gdingen) keine bedeutende neue Hafengroßstadt mehr hervor. Nur Bedeutungsverlagerungen, auch und vor allem im Gefolge der Industrialisierung, sind zu verzeichnen, z. B. Kiels Bedeutungsgewinn als Reichskriegshafen durch die Verlegung des preußischen Flottenstützpunkts von Danzig hierher und Rostocks Ausbau zum Überseehafen nach dem Zweiten Weltkrieg.

*Klaus Friedland*

# 700 Jahre Flensburg

Die erste wirtschaftliche Blüte Flensburgs begann im 14. und 15. Jahrhundert, als der – vornehmlich von Holländern getragene – Fernhandel zwischen den volkreichen Gebieten am Niederrhein und Skandinavien den hanseatischen Machtbereich Lübecks umging; sie fand ihren Höhepunkt im 16. Jahrhundert, als „Kapitalkraft und königliche Privilegien es den Flensburgern erlaubten, den Handel der Hansekaufleute und ihrer holländischen Lehrmeister mit zu übernehmen" (Schütt).

Ermöglicht wurde diese Entwicklung durch eine besondere Lagegunst nahezu in der Mitte der schmalen jütischen Halbinsel, wo ein Fördearm mehr als 40 km in das schleswigsche Hügelland hineinreicht und es nur eines kurzen Landweges bedurfte, um den Nordseehafen Husum zu erreichen, der nach der großen Flut 1362 herausragende Bedeutung erhalten hatte. Die Fernverbindung ist mit dem alten Westost-Transit über Tönning-Haithabu/Schleswig vergleichbar. Im Gegensatz zur Schlei war die Flensburger Förde allerdings auch für die neuen, größeren Schiffstypen jener Zeit geeignet. Die natürlichen Gegebenheiten der inneren Förde, die in Nord-Südrichtung wie ein Keil in die 40–60 m hohen Endmoränen vordringt, bot außerdem eine gute Schutzlage für die Siedlung, die sich unterhalb des westlichen Steilufers erstreckte. 1284 wurde ihr das Stadtrecht verliehen.

Abb. 1 zeigt das aus drei Siedlungskernen zusammengewachsene Stadtbild in der genannten Blütezeit Mitte des 16. Jahrhunderts. Die älteste (Fischer-)Siedlung lag auf dem St. Johannis-Hügel am Ostufer, an einer Schwelle in der Hohlform der Förde, über die seit vorgeschichtlicher Zeit eine Verbindung von Friesland nach Angeln führte. Diese westost-verlaufende „Angelburger Straße" bildet auch heute noch den Abschluß der Innenstadt. Die südlich des Querriegels erkennbaren Mühlenteiche im innersten Fördezipfel wurden erst zu Beginn dieses Jahrhunderts zugeschüttet, um Raum für neue Bebauung zu schaffen (hier steht das nach der Abstimmung 1920 errichtete „Deutsche Haus"). Johannis blieb damals allerdings außerhalb der weit bedeutenderen Siedlung, die sich von St. Nicolai (mit dem Südermarkt am Kreuzpunkt der Angelburger Straße) über St. Marien (mit dem Nordermarkt) bis zum Nordertor zu beiden Seiten einer 1,5 km langen Straße parallel zum Westufer erstreckte. Fischgrätartig reihten sich die Hofgrundstücke zu beiden Seiten auf: Auf der schmaleren Hangseite hatten die Handwerker ihr Gewese; auf der Fördeseite wohnten die Kaufleute, ihre Speicher und Wirtschaftsgebäude konnten von den am Ufer ankernden Schiffen beliefert werden.

Abb. 2 zeigt ein solches Hofgelände aus dem 18. Jahrhundert. In den letzten Jahren wurden viele dieser Höfe im Zusammenhang mit der jüngsten Stadtsanierung restauriert. Deutlich erkennbar ist ebenfalls eine sozialtopographische Differenzierung: breite Parzellen und größere Hausgrundrisse im Süden (am Holm); gedrängte, weniger großzügige Bebauung in der Nordstadt.

Dieser Unterschied hat sich bis heute erhalten: Qualität und Frequentierung der „City" mit ihren großen Kaufhäusern – in der gleichen historischen Straßenführung – nehmen nach Süden zu. Nördlich von St. Marien herrscht ein Gemisch von kleinen Geschäften und alten Wohnungen in sanierungsbedürftigen Häusern, und es ist kein Zufall, daß die Stadtsanierung in dieser Zone begann. Der südliche Abschnitt der Förde verlandete und wurde in den folgenden Jahrhunderten zugeschüttet. Erst Ende des 19. Jahrhunderts wurde eine neue Straße zur Entlastung des Durchgangsverkehrs parallel zur alten Siedlungsachse am Westufer der Förde gebaut, sie trägt die lagebedingten Namen: Süder- und Norderhofenden.

Die historische Grundstruktur hat sich bis zur Gegenwart erhalten, größere Eingriffe gab es nur durch stillose Neubauten in der Nachkriegszeit, denn der Krieg selbst hatte die Stadt verschont. Eine spät anlaufende Sanierung (seit 1976) konnte dennoch mit bemerkenswertem Erfolg durchgeführt werden, wobei vor allem zahlreiche typische lange Hofseiten baulich restauriert und einer neuen Nutzung zugeführt wurden. Sie verleihen Flensburg ein unverwechselbares Gepräge.

Kritisch ist dennoch festzustellen, daß die Innenstadt heute räumlich „überdehnt" erscheint; Flensburg hat längst jene herausgehobene wirtschaftliche Bedeutung verloren, die für ein echtes „Ausfüllen" dieses Bereiches mit städtischen zentralen Funktionen notwendig wäre.

Eine zweite große Blüte erlebte die Stadt im 18. Jahrhundert; 1803 zählte man mehr als 200 in Flensburg beheimatete Schiffe, die auch die dänischen Karibikinseln anliefen. Aus dieser Zeit stammt der Flensburger Rumhandel, der heute noch den Namen der Stadt in Deutschland bekannt macht: Jede zweite Flasche Rum, die in der Bundesrepublik verkauft wird, stammt aus Flensburger „Rumfabriken".

Mit dem dänischen Staatsbankrott nach den napoleonischen Kriegen verlor die Stadt ihre Flotte und ihre überregionale Handels-

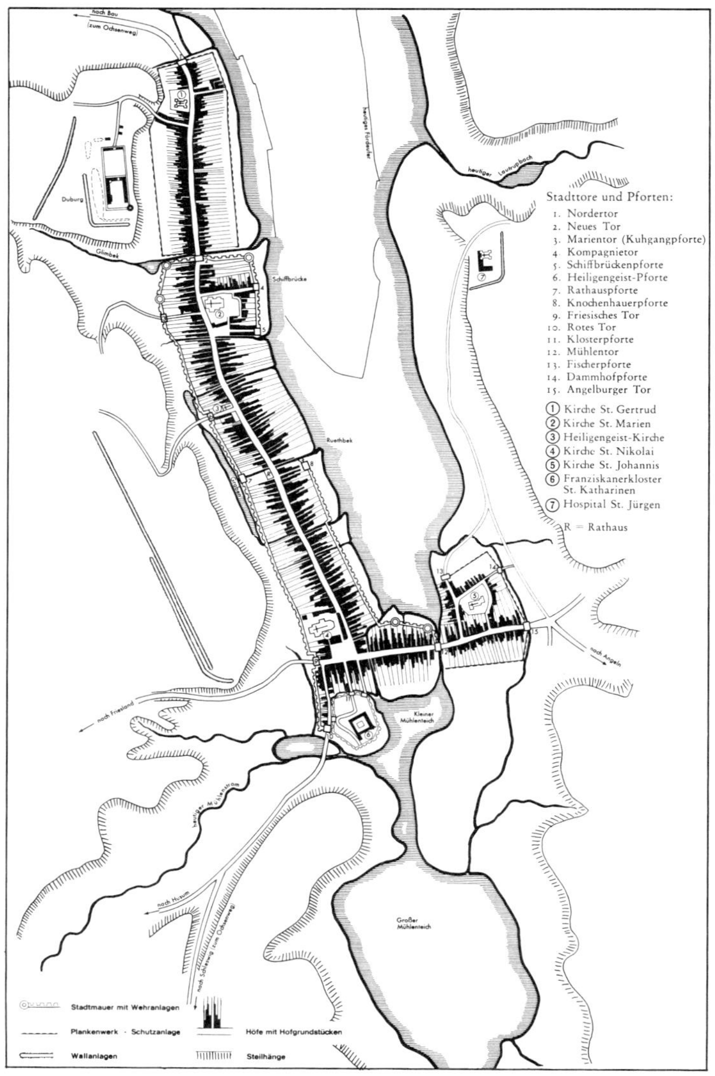


Abb. 1: Flensburg in der Mitte des 16. Jahrhunderts

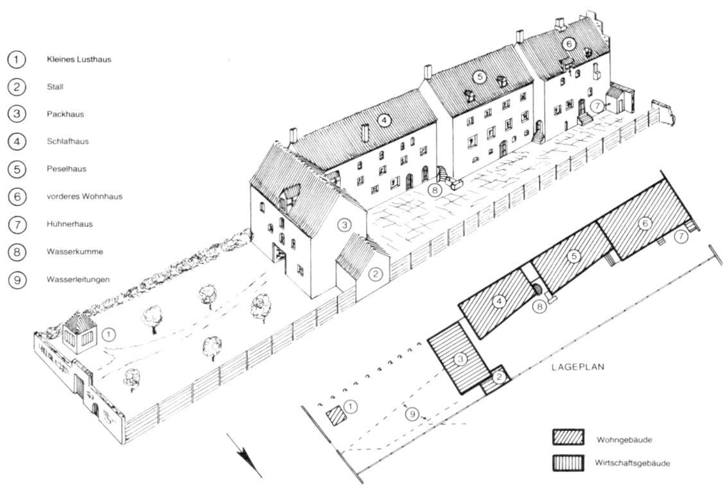


Abb. 2: Flensburger Kaufmannshof im Jahre 1740

funktion. Mit dem Aufkommen der Dampfschiffahrt wurde der Schiffahrtsweg durch die Förde zu eng (maximale Fahrtiefe 7 m). Auch fehlte jetzt das Hinterland, dessen Vorhandensein die Entwicklung der Flußhafenstädte an Elbe und Weser begünstigte. Ende des 19. Jahrhunderts erlangte die Trampschiffahrt zwar nochmals eine Bedeutung; von 17 Reedereien im Jahre 1910 sind heute jedoch nur noch sechs in Flensburg ansässig; ihr Standort ist allein aus traditionellen Gründen vorgegeben. Der alte Hafen hat nur noch regionale Bedeutung für die seewärtige Anlieferung von Futtermitteln, Heizöl und Kohle zur Versorgung der Stadtwerke (die ein beispielhaftes Energiekonzept verwirklichten, indem sie 90 % aller Flensburger Haushalte und einige Nachbargemeinden mit Fernwärme versorgen). Allein die beliebten Transitreisen über die Seegrenze nach Dänemark auf den „Butterschiffen" gaben der Personenschiffahrt neue Impulse. Mit 2,2 Mio. „Seegrenzgängern" im Flensburger Hafen erlebte dieser Einkaufstourismus Ende der 60er Jahre einen Nachkriegshöchststand. Inzwischen hat sich der Schiffsverkehr weiter nach Süden (Route Kappeln-Sonderburg) verlagert, zahlreiche schmucke weiße Personenschiffe im Hafen bilden jedoch nach wie vor ein Wahrzeichen der Stadt an der Förde.

Im 19. und 20. Jahrhundert wurden die Geschicke der Stadt durch deutsch-dänische Kriege und territoriale Neuordnungen bestimmt. Mit der Eingliederung der Herzogtümer in den preußischen Staat nach 1864 verlor auch Flensburg seine Zugehörigkeit zu Dänemark. Eine allgemeine Umorientierung nach dem Deutschen Reich war die Folge — begleitet von einer wachsenden Prosperität. Eine Werft wurde gegründet (in der 1914 rd. 2500 Personen arbeiteten), neue Gewerbebetriebe und eine Vielzahl von Dienstleistungen fanden in Flensburg ihren Standort. Die Stadt wuchs aus ihrer jahrhundertealten „Tallage" heraus, neue Wohnsiedlungen entstanden auf der westlichen Höhe, im Osten wurden große Flächen eingemeindet. Die Einwohnerzahl stieg von 20 000 im Jahr 1864 auf rd. 65 000 vor dem 1. Weltkrieg. Flensburg wurde zum unbestrittenen wirtschaftlichen Zentrum der preußischen Provinz Schleswig — allerdings ohne jene überregionale Funktion, die die Handels- und Kaufmannsstadt in früheren Jahrhunderten auszeichnete.

Eine Einrichtung aus dieser Zeit verdient besondere Erwähnung: die 1910 von Kaiser Wilhelm gegründete Marineschule in Mürwik. Diese im Stil der Marienburg errichtete militärische Anlage wurde zum Kristallisationspunkt für eine neue Stadtentwicklung; erstmals in ihrer Geschichte wurde der Raum östlich der Innenförde in die Bebauung einbezogen. Die Marineschule überdauerte alle politischen Veränderungen; nach wie vor ist sie zentrale Ausbildungsstätte für bundesdeutsche Seeoffiziere.

Die große Zäsur in der neueren Entwicklung der Stadt erfolgte 1920 mit der Abtretung Nordschleswigs an Dänemark. Flensburg verlor damit rd. 40 % seines ländlichen Hinterlandes und geriet in eine extrem periphere Lage innerhalb des Deutschen Reiches. Die Situation hatte ein Stagnieren der Einwohnerzahl bis zum 2. Weltkrieg zur Folge, nirgends war die Arbeitslosenzahl so hoch wie hier. Die Misere wurde nach dem Kriege noch verstärkt durch den Zustrom von rd. 30 000 Flüchtlingen aus den Ostgebieten, 1948 wurde Flensburg mit 103 000 Einwohnern zur „Großstadt wider Willen". Eine gelenkte Umsiedlung und andere Abwanderungen sorgten dafür, daß sich die Zahl 1984 bei knapp 87 000 einpendelte.

Die positive wirtschaftliche Gesamtentwicklung der Bundesrepublik hatte viele günstige Auswirkungen auch auf Flensburg, und dennoch sind die heutigen Probleme der Stadt die gleichen wie nach 1920. Gegenüber den südlichen Ballungsgebieten kann der periphere Grenzraum nicht konkurrieren. Neben der Werft, die 1979 von der Harmstorf-Gruppe übernommen wurde, gibt es nur noch einen Industriebetrieb vergleichbarer Größe (mit ca. 1600 Beschäftigten): die Apparatebaufirma Danfoss, Zweigwerk eines dänischen Unternehmens auf der grenznahen Insel Alsen. Nichts kennzeichnet die wirtschaftliche „Scheidelinie" gegenüber Dänemark besser als die Tatsache, daß selbst dieser Flensburger Betrieb nur ein Dutzend dänische Arbeitspendler zählt.

1983 waren 58 % aller Beschäftigen in Flensburg bei Behörden und verschiedenen kommunalen oder staatlichen Einrichtungen tätig. Die Bundeswehr spielt dabei mit mehr als 6000 Beschäftigten (im Standortbereich) eine besondere Rolle; Flensburg ist die größte bundesdeutsche Garnison(Groß-)Stadt. Bundesweit bekannt ist ebenfalls das Kraftfahrtbundesamt (mit ca. 1100 Beschäftigten), das — wie einige andere Behörden — eine Art „Ersatzfunktion" für industrielle Bereiche wahrnimmt, in denen das von der Landesregierung aus entwicklungspolitischen Gründen als „Oberzentrum" eingestufte Flensburg Schwächen aufweist.

Eine 1946 zur „Stärkung des deutschen Volkstums im Grenzland" gegründete kleinere Pädagogische Hochschule und eine aus einer Schiffsbauingenieurschule entstandene Fachhochschule, ein Theater und zahlreiche andere Bildungseinrichtungen ergänzen die Funktion der „Verwaltungsstadt Flensburg", — ohne daß man allerdings von einer herausragenden Bedeutung als „Schulstadt" sprechen kann (eine geplante Universität bzw. Technische Hochschule hatte keine Verwirklichungschance).

Jahrhundertelange Auseinandersetzungen zwischen deutschen und dänischen Einflüssen haben die kulturelle und politische Situation der Grenzstadt nachhaltig geprägt. 1920 entschieden 75 % ihrer Bevölkerung für einen Verbleib in Deutschland; 1946 gaben zwei Drittel ihre Stimme für die dänische „Südschleswigsche Partei" (wobei dieses Votum zwar nicht als „Anschluß an Dänemark" interpretiert werden darf, doch den „Stimmungsumschlag" jener Zeit erhellt). Inzwischen ist aus dem „Grenzkampf" ein „gutes Miteinander" deutscher und dänischer volklicher Minderheiten nördlich und südlich der Grenze geworden, wobei Flensburg zahlreiche Bildungseinrichtungen (Gymnasium, Zentralbibliothek, Kirche usw.) für die hier wohnende dänische Volksgruppe bereitstellt. Der Anteil dieser Gruppe (= SSW) bei den Kommunalwahlen liegt seit 1970 konstant bei 20—22 % und erhellt damit treffend die singuläre Situation Flensburgs im deutsch-dänischen Grenzraum. Sie ist eine im Kern deutsche Stadt, die zugleich aber auch einen seit Jahrhunderten prägenden dänischen Einfluß nicht leugnen kann und heute eine wichtige Mittlerfunktion zwischen dem deutschen und dänischen Kulturkreis wahrnimmt.

*Karl Weigand*

Ansicht der Stadt Flensburg nach einer Lithographie von 1844, ganz links die Nicolaikirche, in der Bildmitte die Marienkirche (oben);

Flensburg heute, das Foto zeigt etwa die linke Bildhälfte der Lithographie (unten).

# Schleswig – ein wechselhaftes Stadtschicksal

Schleswig – Eine Ostseestadt? Für die Reisenden des späteren Mittelalters und der Neuzeit war und ist sie zunächst als solche nicht erkennbar. Sie liegt mitten im Land, rund 40 km von der Ost- und Nordsee entfernt. Das innere Becken der Schlei, an der die Stadt liegt, hat den Charakter eines Binnensees. Die Schlei ist mit einer Länge von rd. 35 km die längste deutsche Ostseebucht. Sie ist das typischste Beispiel eines während der Litorinasenkung „ertrunkenen" Tunneltals der letzten Eiszeit.
In der Zeit der Entstehung der Stadt bot die Schlei eine verkehrsmäßig hervorragende Verbindung zur Ostsee; ihr verdankt Schleswig seine Entstehung. Die flach laufenden offenen Schiffe der Wikingerzeit und des Jahrhunderts danach konnten weit auf dem geschützten Gewässer ins Land hineinfahren. Über den vom 9.–11. Jahrhundert zentralen Handelsplatz Haithabu der Wikingerzeit am Haddebyer Noor ist bereits an anderer Stelle berichtet worden.
Das heutige Schleswig ist aber ohne diesen kaum denkbar. Wenn auch in letzter Zeit wieder vermutet wird, daß wenigstens schon während der letzten Phase von Haithabu eine Siedlung auf dem Gebiet der heutigen Altstadt Schleswig existiert haben kann, so ist wohl doch durch die großen Ausgrabungen im Altstadtgebiet von 1970–1983 die Vermutung erhärtet, daß Schleswig als bedeutender *Handelsplatz* die Nachfolgerin Haithabus ist. Die von der Deutschen Forschungsgemeinschaft unter der Projektleitung von Dr. Volker Vogel durchgeführten Ausgrabungen haben große Hafenanlagen an der Schlei und eine dichte Besiedlung bis zum „Schild" (ein schildförmiges Areal zwischen dem Rathausmarkt, der Hunnen- und Marktstraße) mit teilweise 6 Metern Mächtigkeit zutage gefördert. Vor allem die Keramik schließt sich typologisch an die Funde von Haithabu an.
Drei im 13. Jahrhundert „abgegangene" Kirchen können ein Indiz dafür sein, daß Schleswig bis in den Anfang des 13. Jahrhunderts als nicht unbedeutender Handelsort an der Ostsee fungierte. Die von Dr. Vogel 1970 ergrabene Kirche St. Nicolai war zweifelsfrei eine Kirche der Schiffer und Kaufleute, St. Clemens – der Standort ist sicher im Zwickel zwischen dem Mühlenbach und der Langen Straße eben nördlich der Stadtbefestigung ermittelt – und St. Olav (wahrscheinlich nördlich von St. Clemens) können Kaufmannskirchen gewesen sein. Ungeklärt ist die Frage, warum sie außerhalb der Stadtbefestigung lagen.
Die räumlich kleine Stadt hatte (gesichert) 5 Patrozinien – St. Petridom, St. Nicolai, St. Trinitatis, St. Marien und St. Clemens – und 2 Kirchen, die archäologisch nicht nachgewiesen sind, St. Olav und St. Jacob (sie ist vielleicht in dem St. Johanniskloster aufgegangen) sowie eine Kirche unter dem Marktplatz, deren Westteil 1982 auf dem ursprünglich höchsten Punkt der Altstadt festgestellt wurde. Dazu kamen innerhalb der Stadt zwei Klöster mit Kirchen – Franziskaner- und Dominikanerkloster – und zwei dicht an der Stadtgrenze liegende – St. Johannis im Süden und St. Michael im Norden.
Die großen Hafenanlagen, die große Fundmenge und die Konzentration kirchlicher Bauten weisen Schleswig noch bis in den Anfang des 13. Jahrhunderts als bedeutendes Zentrum an der Ostsee aus. Die Frage ist wieder aktuell, ob nicht auch der erste Dom im Stadtgebiet, vielleicht an der Stelle der heutigen Kirche, die archäologisch bisher entweder auf die Zeit Knuts des Heiligen (1080–86) oder (umstritten) Knuts des Großen (1018–35) datiert wird, gelegen hat.
Die Stadt verlor am Anfang des 13. Jahrhunderts ihre Bedeutung als Handelsplatz im Ostseeraum. Die Plünderung einer Handelsflotte aus Nowgorod 1155 durch König Svend Grathe im Hafen hat vermutlich auch eine Rolle gespielt; der entscheidende Grund aber war die veränderte politische Situation im nordeuropäischen Raum. Durch das Ende der Wikingerzeit nach den Staatengründungen in Skandinavien und durch die Entwicklung des Herzogtums Sachsen unter Heinrich dem Löwen mit Lübeck als günstigem Hafen für den Ostseehandel war Schleswig ins Abseits geraten.
Die Stadt wurde wirtschaftlich eine Ackerbürgerstadt. Als Bischofssitz, Stadt im Grenzgebiet, Streitobjekt zwischen Herzögen und Königen, preußische Provinzhauptstadt ab 1867, Sitz der Obergerichte des Bundeslandes Schleswig-Holstein und der Landesmuseen sank sie aber nicht zu einer bedeutungslosen Kleinstadt ab.
Drei große Baudenkmäler sind Zeugen des Mittelalters: Der St. Petridom mit vielen Kunstwerken, von denen die Wand- und Gewölbemalereien des 14. Jahrhunderts, der große Passionsaltar (1514–21) Meister Hans Brüggemanns mit seinen 398 Figuren und das Kenotaph König Friedrichs I. (1551–55) von Cornelis Floris und anderes mehr europäischen Rang haben. Das St. Johanniskloster auf dem Holm mit dem schmalen Kreuzgang, dem gotischen Remter und der gotisch erweiterten Kirche ist das am besten erhaltene Kloster im Lande und eine stille, von großen Bäumen umgebene Enklave im Stadtgebiet. Das Franziskanerkloster („Graukloster") ist das am besten erhaltene in Nordeuropa. Es wurde in den letzten Jahren grundlegend renoviert und als Bestandteil des Rathauses der Bevölkerung zugänglich gemacht. Unter dem Mittelteil des 1234 begonnenen Klosters stellte Dr. Vogel einen Ost-West ausgerichteten älteren Bau fest, der wahrscheinlich der frühere Königshof war.
1544 trat die „Gottorfer Linie" die Herzogsherrschaft an, und, da Herzog Adolf als dritter Sohn König Friedrichs I. nicht Thronfolger wurde, hat sein Geschlecht sechs Generationen geherrscht und Schloß Gottorf auf der Burgseeinsel zu einem großen nordeuropäischen Fürstensitz ausgebaut. Durch die Teilnahme am Nordischen Krieg an Schwedens Seite verloren die Gottorfer 1721 ihre Anteile am Herzogtum Schleswig.
Im Schloß fanden die Schleswig-Holsteinischen Landesmuseen nach 1945 einen repräsentativen Rahmen. Sie zeigen die Kulturgeschichte des Landes und zum Teil auch des Ostseeraumes von den ersten Spuren der Menschen bis zur Kunst der Gegenwart. Auf diese große „Schatzkammer" des Landes kann hier nur hingewiesen werden.
Um das Schloß entstanden fünf Siedlungen, die die Sozialstruktur der Zeit widerspiegeln: Winzige Häuser von Kleinbürgern, größere von Handwerkern, behäbige von Hofbeamten und die Residenzen der Adelsfamilien. Von diesen ist der von Günderoth'sche Hof (1634) am besten erhalten und gut restauriert. In ihm befindet sich das Städtische Museum.
1711 wurden die Stadt und die neuen Siedlungen zu einer Stadt zusammengeschlossen, die den Namen „die kombinierte Stadt Schleswig" erhielt.
Der Klassizismus, die Wilhelminische Zeit und schließlich die Gegenwart haben ihre schlichten, dann neugotischen und schließlich Beton-Akzente in die weitgestreckte Stadt gesetzt.

*Theo Christiansen*

Schleswigs Dom St. Petri, das Wahrzeichen der Stadt

Schloß Gottorf, heute Landesmuseum

Gasse im Ortsteil Holm mit liebevoll wiederhergestellten Häusern

Der tausendjährige Skarthe-Stein, ein Runenstein in Busdorf bei Schleswig

# Kiel und seine Beziehungen zur Ostsee

Als Kiel zwischen 1233 und 1242 als eine der letzten Städte im Zuge der mittelalterlichen deutschen Ostkolonisation von den Schauenburgern, Grafen von Holstein, gegründet wurde, spielte vielleicht die Überlegung mit, nicht nur ein Landstädtchen von lokaler Bedeutung, sondern eine Konkurrenzstadt zu Lübeck zu schaffen. Aber Lübeck hatte zur Zeit der Gründung Kiels eine 100jährige Entwicklung voraus und war schon auf dem Wege, Hauptstadt der Hanse zu werden.

Kiel war zwar bis 1518 – als der Hansebund bereits seine Bedeutung eingebüßt hatte – Mitglied der Hanse, aber in seinen Warenverkehr war Kiel nur in begrenztem Umfang eingeschaltet; ein Teil der im Mittelalter im Kattegat und vor Schonen gefangenen Heringe erreichte wohl auch über Kiel südlichere Absatzgebiete. In seinen seewärtigen Beziehungen konnte sich Kiel zur Hansezeit nicht annähernd mit Lübeck messen; Kiel war ein Landstädtchen mit wenigen tausend Einwohnern, das seine geringe Bedeutung überwiegend auf der Landseite für sein agrarisch strukturiertes Hinterland hatte.

Auf einer ursprünglich fast allseitig von einer Meeresbucht am Westufer der Kieler Förde umgebenen Moränenplattform angelegt, waren die zentralen Einrichtungen (Alt-)Kiels der Marktplatz –, für die Abwicklung des Verkehrs mit der ländlichen Umgebung – daneben die St.-Nikolai-Kirche – nach dem Schutzpatron der Schiffer und Kaufleute benannt – und eine Burg, später ein Schloß – Residenz bzw. Witwensitz der Schauenburger. Der begrenzte Hafenumschlag spielte sich an einem Kai auf der Fördenseite der Stadt ab; etwas Fischfang wurde im Nahraum der Kieler Förde betrieben.

Landesfürstliche Versuche, Kiel eine weit über den Ostseeraum ausgreifende Bedeutung zu geben, schlugen fehl: man wollte den Transithandel mit dem Orient über Kiel lenken und hatte bereits in Kiel am Alten Markt 1633–1636 die „Persianischen Häuser" errichtet, die als Lagerhäuser dienen sollten. Aber der erhoffte Transithandel stellte sich nicht ein, weil die Konkurrenten Lübeck und im Laufe der Zeit auch Hamburg übermächtig waren.

Vorübergehend erlebte Kiel dann doch weitreichende politische Beziehungen im Ostseeraum, nämlich mit Rußland, wenn auch Kiel dabei eine untergeordnete Rolle spielte. In den verschiedenen Landesteilungen Schleswig-Holsteins vom 15. bis zum 18. Jahrhundert war Kiel in den Besitz der Herzöge von Gottorf gelangt, die in Schleswig residierten. Am Ende des Nordischen Krieges, 1721, verloren sie ihren Schleswiger Besitz an Dänemark und zogen sich auf ihre zersplitterten holsteinischen Gebietsteile zurück. Herzog Karl Friedrich residierte 1727–1739 in Kiel; er war mit einer Tochter Peters des Großen verheiratet. Über seinen Sohn, der 1762 Zar Peter III. wurde, fiel Kiel mit Umgebung an Rußland. 1773 wurde Kiel wieder abgegeben und – wie die Schleswiger Besitzungen der Gottorfer Herzöge zuvor – in den dänischen Gesamtstaat eingegliedert.

Von 1773 bis 1864 zu Dänemark gehörig, entwickelten sich über Kiel Verkehrs- und Handelsbeziehungen im westlichen Ostseeraum zwischen Inseldänemark und Schleswig-Holstein, vor allem auf einer Transitroute über Kiel nach Westen. Kiel wurde offenbar in der ersten Hälfte des 19. Jahrhunderts in den – auf die Nachfrage des sich industrialisierenden Englands reagierenden – Agrarexport Dänemarks eingeschaltet. Hinzu kam, daß der moderne Schnellverkehr, zunächst für Personen und Post, zwischen Mittel- und Nordeuropa über Kiel gelenkt wurde. Es entstanden nämlich die erste Eisenbahn nördlich der Elbe 1844 auf der Route Altona–Kiel und die erste Kunststraße (Chaussee) 1832 ebenfalls auf der Route Altona–Kiel. Mit dem Einsatz eines Dampfschiffes auf der Route Kiel–Korsör (die älteste der modernen Kieler Fährverbindungen) und dem Bau einer Eisenbahn auf der Route Korsör–Kopenhagen, 1856, hatte nun endlich auch Kiel eine bedeutende verkehrswirtschaftliche Position wenigstens im westlichen Ostseeraum Mitte des 19. Jahrhunderts errungen. Dies schlug sich in einer Bevölkerungszunahme der Stadt auf annähernd 18 000 am Ende der dänischen Zeit und in der Entstehung von Vorstädten nördlich und vor allem südlich der Altstadt nieder.

Der 1777–1784 erbaute Eider-Kanal zwischen Rendsburg und Holtenau (bei Kiel) brachte zwar einigen Schiffsverkehr in die Nähe Kiels, führte ihn aber – mit nur geringen funktionalen Beziehungen – an den Toren der Stadt vorbei. Auch der in einer ersten Ausbaustufe 1887–1895 und in einer zweiten 1908–1915 geschaffene Kaiser-Wilhelm-Kanal, der heutige Nord-Ostsee-Kanal, der einen Teilbereich der Stadt Kiel zerschneidet, bringt zwar viel Schiffsverkehr für Kiel mit sich – er ist nach der Zahl der passierenden Schiffe der verkehrsreichste Seeschiffahrtskanal der Welt –, aber dieser Schiffsverkehr ist mit Kiel als Hafenstadt nur über eine – begrenzt genutzte – Umschlagsmöglichkeit am Kanalufer verknüpft.

1864 erfolgte die Eroberung, 1867 die Angliederung Schleswig-Holsteins an Preußen, 1871 die Schaffung des Deutschen Reiches. Diese Ereignisse bedeuteten einen Bruch in der Entwicklung Kiels und seiner Beziehungen zum Ostseeraum.

War Kiel zuvor eine Land- und Kleinstadt, eingebettet in seine ländliche, nur agrarwirtschaftlich genutzte Umgebung, mit einer begrenzten Reichweite seewärts im westlichsten Ostseeraum am Ende der dänischen Zeit, so erlebte Kiel nun eine boomartige Entwicklung: die Bevölkerung stieg in wenigen Jahrzehnten am Ende des 19. und am Anfang des 20. Jahrhunderts von 20 000 auf über 200 000 an. Kiel wurde Großstadt, geprägt bis 1945 fast ausschließlich von seiner Funktion als Kriegshafen, mit der sich der Aufbau und die Stationierung einer deutschen Flotte, zunächst der Kaiserlichen Marine, später der Kriegsmarine, und die Schaffung einer umfangreichen Werftindustrie, die mit dem Bau dieser Flotten beschäftigt war, verband. Angesichts der in der Stadt dominierenden Marine einerseits – vor allem auf dem Westufer der Förde – und der Werftindustrie andererseits – vor allem auf dem Ostufer der Förde –, verkümmerten die wirtschaftlichen Beziehun-

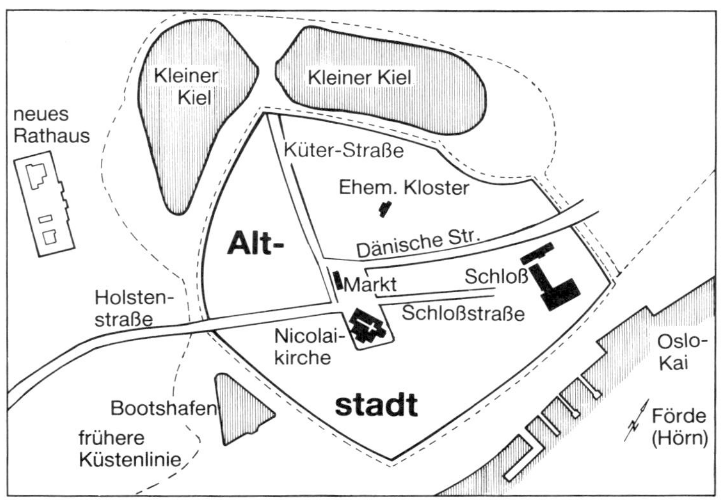


Abb. 1: Die Altstadt von Kiel

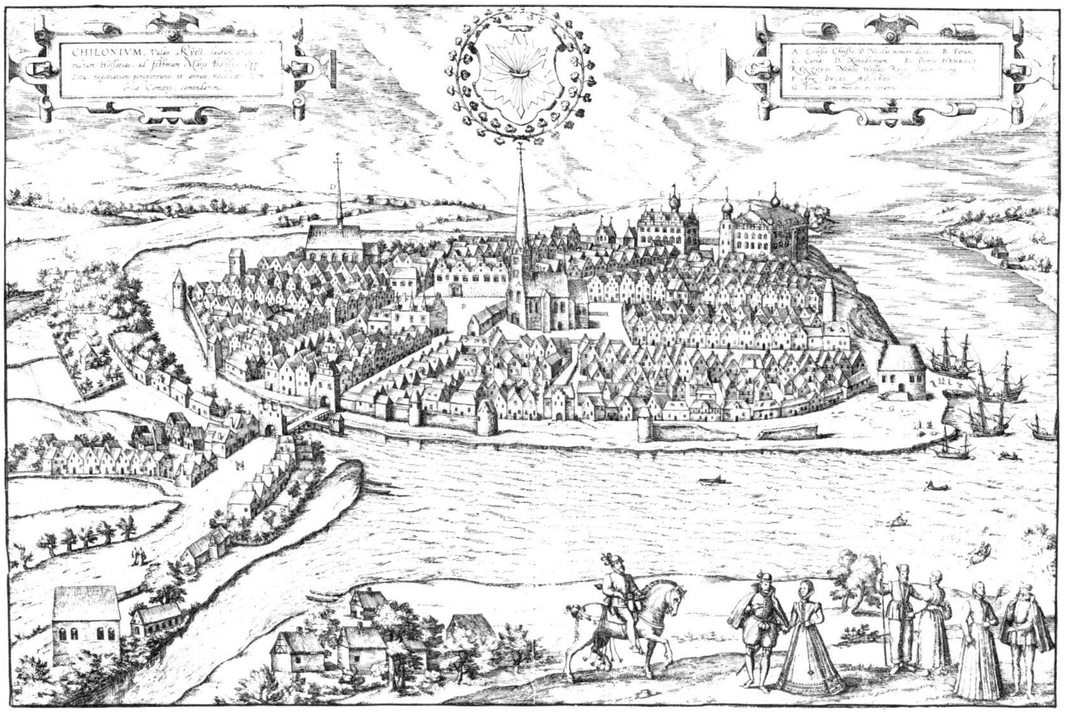

Abb. 2: Ansicht von Kiel vor 1588, Blick nach Norden, im Zentrum die St.-Nikolai-Kirche, rechts hinten das Schloß an der Förde

gen der Stadt zum Ostseeraum. Kiel wurde Konsumentenstadt; die handelswirtschaftlichen Interessen in der Stadt waren auf die Versorgung der enorm angewachsenen Bevölkerung ausgerichtet. Aus diesem Zusammenhang heraus erfuhr die Kutterfischerei im Bereich der Kieler Bucht von Kiel und den kleinen Fördehäfen aus einen Auftrieb. Die berühmten Kieler Sprotten kamen allerdings um die Jahrhundertwende aus dem Fischereihafen Eckernförde und erhielten nach dem Bahnversandort Kiel ihren Namen. Die Ostsee diente der Kaiserlichen Marine und später, besonders im Zweiten Weltkrieg, als eine Bedrohung aus der Luft einsetzte, der Kriegsmarine für ihre in Kiel stationierten Schiffe als ruhiges Übungsgewässer.

Die skizzierte Entwicklung Kiels und seiner Beziehung zur Ostsee fand nur zwischen den beiden Weltkriegen, als Folge des verlorenen Ersten Weltkrieges vorübergehend eine Unterbrechung. Gegen Ende des 19. Jahrhunderts wurde an der Universität Kiel die meereskundliche Forschung etabliert, die auf den Ostseeraum, aber auch darüber hinaus – im Zuge des kolonialen Denkens der Zeit – ausgerichtet war.

Der Ausgang des Zweiten Weltkrieges brachte erneut für Kiel einen Bruch mit der vorangegangenen Entwicklung: die Kriegshafenfunktion ging verloren. Es war schwierig, die Wirtschaft der Stadt – an der Peripherie der Bundesrepublik Deutschland gelegen – auf eine nichtmilitärische Basis umzustellen. Der wieder aufgebauten Werftindustrie gelang – im Rahmen weltweiter Konjunkturschwankungen – zum großen Teil die Orientierung auf Handelsschiffsproduktion, die teilweise auch an Ostseeanrainerländer, wie die Sowjetunion, abgesetzt wurde. Mit der Schaffung des Bundeslandes Schleswig-Holstein wurde Kiel Hauptstadt mit Sitz des Parlaments und der Landesregierung sowie zahlreicher Behörden, erfuhr somit eine Stärkung seines tertiären Sektors. Auch verfügt in Schleswig-Holstein allein Kiel über eine voll ausgebaute Universität, die mit ihrem Institut für Meereskunde ein Schwerpunkt der Meeresforschung in der Bundesrepublik Deutschland für die Ostsee und darüber hinaus ist.

Mit der industriegesellschaftlichen Entwicklung seit Ende des Zweiten Weltkrieges in der Bundesrepublik Deutschland und in Skandinavien setzte auch wieder ein internationaler Personen- und Warenverkehr ein, in den sich Kiel als Hafen, vor allem als Importhafen, – begrenzt – einschalten konnte. Etwa die Hälfte des Güterumschlages im Kieler Hafen wird im Verkehr mit den Ostseeländern, vor allem Schweden, Finnland und Dänemark, abgewickelt.

Auch im Personenverkehr zwischen der Bundesrepublik Deutschland und Skandinavien, mit Schweden, Dänemark und Norwegen, konnte Kiel durch Fährverbindungen nach Göteborg, Korsör, Bagenkop und Oslo eine beachtliche Position erringen – wenn auch wiederum mit deutlichem Abstand zu Lübeck und der nach dem Kriege aufgekommenen Vogelfluglinie (über Fehmarn und Lolland), während Flensburg auf diesem Gebiet nicht mithalten konnte. Vor allem die Verbindung nach Bagenkop (auf Langeland) bringt auch Einkaufsverkehr aus dem südlichen Inseldänemark nach Kiel.

Nach dem Zweiten Weltkrieg wurde die 1882 eingerichtete und damit heute über 100jährige Kieler Woche – ursprünglich allein ein segelsportliches und gesellschaftliches Ereignis ersten Ranges – auf eine breitere Basis gestellt. Die Stadt Kiel, Austragungsort der Segelregatten und nördlichste Landeshauptstadt der Bundesrepublik Deutschland, wird in Verbindung mit der Kieler Woche als Tor zu Skandinavien angesehen; die Kieler Woche dient heute auch der Pflege menschlicher, kultureller und politischer Beziehungen mit den skandinavischen Ländern, in den letzten Jahren verstärkt auch mit den Ostblockanrainerländern der Ostsee.

Überblickt man die Entwicklung der Stadt Kiel und ihrer Beziehungen zur Ostsee, so muß man feststellen, daß zwar Kiel der Einwohnerzahl nach die größte Stadt der Bundesrepublik Deutschland an der Ostsee geworden ist, daß aber Kiel – belastet von der mittelalterlichen Konkurrenz zu Lübeck und in der Neuzeit durch seine prägende Funktion als Kriegshafen – hinter dem heute kleineren Lübeck in der Reichweite und Qualität seiner Beziehungen zum Ostseeraum zurücksteht.

*Reinhard Stewig*

*Die zu den Segelregatten der Kieler Woche 1984 gemeldeten Boote nach Herkunftsländern*

| | | % |
|---|---|---|
| Argentinien | 3 | 0,3 |
| Australien | 14 | 1,6 |
| Belgien | 4 | 0,4 |
| Brasilien | 6 | 0,7 |
| Dänemark | 57 | 6,3 |
| Deutschland (Bundesrepublik) | 456 | 51,6 |
| Finnland | 13 | 1,4 |
| Frankreich | 27 | 3,0 |
| Griechenland | 18 | 2,0 |
| Indien | 1 | 0,1 |
| Island | 1 | 0,1 |
| Italien | 10 | 1,1 |
| Japan | 1 | 0,1 |
| Jugoslawien | 9 | 1,0 |
| Kanada | 4 | 0,4 |
| Luxemburg | 1 | 0,1 |
| Mexiko | 3 | 0,3 |
| Neuseeland | 2 | 0,2 |
| Niederlande | 49 | 5,4 |
| Norwegen | 19 | 2,1 |
| Österreich | 18 | 2,0 |
| Polen | 6 | 0,7 |
| Portugal | 3 | 0,3 |
| Schweden | 55 | 6,1 |
| Schweiz | 41 | 4,6 |
| Spanien | 7 | 0,8 |
| Sri Lanka | 1 | 0,1 |
| Südafrika | 1 | 0,1 |
| Ungarn | 5 | 0,6 |
| USA | 8 | 0,9 |
| Vereinigtes Königreich | 47 | 5,2 |
| Zimbabwe | 2 | 0,2 |
| insgesamt | 901 | 100,0 |

Anmerkung: Die UdSSR und die DDR sagten ihre Teilnahme an der Kieler Woche 1984 ab.
Quelle: Statistik des Kieler Yacht-Club

Was für den Fischer Beruf ist, bedeutet für zahlreiche Hobbyangler ein großes Vergnügen. Und wozu mag das Deckschrubben auf dem Segelschulschiff „Gorch Fock“ gehören?

Seite 136: Die Kieler Förde bietet Raum für vielfältige Aktivitäten: Seit mehr als 100 Jahren bringt die Kieler Woche ein reichhaltiges Kultur- und Sportprogramm (oben). 1972 wurde Kiel zum zweitenmal Austragungsort der olympischen Segelwettbewerbe, für die eigens in Schilksee ein Segelzentrum erbaut wurde (unten).

Das Marine-Ehrenmal von Laboe an der Kieler Förde wurde 1927/29 in Form eines Schiffsstevens errichtet. Das 72 m hohe Bauwerk mit Klinker- und Granitverkleidung erinnert an die zur See Gefallenen.

Hochseesegler unter Spinnaker

# Hansestadt Lübeck

Lübeck ist heute eine mittlere Großstadt von 211 620 Einwohnern (Stand 1. 7. 1984) im südöstlichen Schleswig-Holstein. In seinen Glanzzeiten, im Mittelalter, war die Stadt aber die Metropole Nordeuropas und unbestrittene Herrscherin über das baltische Meer. Alle Güter des Westens, darunter das lebenswichtige Salz, gelangten hierher, um dann in die skandinavischen Königreiche, ins Baltikum und nach Rußland verschifft zu werden. Aus dem Norden und Osten holten dagegen die lübeckischen Kaufleute im Austausch all die Rohstoffe, die das westliche Europa dringend brauchte: Eisen und Kupfer, Wachs und Pech, Häute und Pelze, getrockneten Fisch, Bernstein und vieles mehr. Wichtigster Handelspartner Lübecks im Westen war Brügge, die flandrische Weltstadt an der Nordsee. Hier, in Bergen/Norwegen und in Nowgorod/Rußland unterhielt die Hanse, deren Haupt Lübeck war, eigene Handelskontore. Dazu kam noch der Stalhof in London.

Lübeck führt seine endgültige Gründung als deutsche Handelsstadt in slawischem Gebiet auf Heinrich den Löwen, Herzog von Sachsen, zurück (1159; 1143 von dem Holstengrafen Adolf II. von Schauenburg zum ersten Mal gegründet, abgebrannt und von seinen Bewohnern zwangsweise verlassen). Geographisch äußerst günstig an dem kürzesten Landweg zwischen Nord- und Ostsee an der schiffbaren Trave gelegen und gut ausgestattet mit Privilegien, nahm der Ort dank des sich immer mehr steigernden Handels einen raschen Aufschwung und entwickelte sich zu einem Zentrum von Macht, Kunst und Kultur. Als unbestrittene Anführerin des Hansebundes, eines losen Zusammenschlusses von Handelsstädten zur Durchsetzung gemeinsamer wirtschaftlicher Interessen, beeinflußte Lübeck das politische Geschehen in den nordischen Ländern maßgeblich. Der politische Höhepunkt war indessen mit dem Frieden von Stralsund (1370) erreicht: Lübeck und mit ihm die Hanse bestimmte, wer auf dem dänischen Königsthron sitzen sollte. Zu Beginn des 16. Jahrhunderts galt Lübeck aber immer noch als solcher Machtfaktor, daß der hierher geflohene Gustav Wasa (1519), Schwedens späterer König, sich um die Hilfe der Stadt im Kampf gegen Dänemark bemühte. Es war dann nicht zuletzt das Geld Lübecks, das den Krieg gewinnen half. Doch nicht nur Lübecks Geld, sondern auch seine Künstler, Goldschmiede, Maler, Bildhauer und Bildschnitzer waren überall im Norden und in den baltischen Städten gefragt. Wie selbstverständlich wandte man sich nach Lübeck, wenn sich besondere künstlerische Aufgaben stellten. So ließ Königin Margarethe, Herrscherin der drei nordischen Reiche, ihr Grabmal für den Dom in Roskilde von dem Lübecker Johannes Junge ausführen (1423 vollendet). Später berief der schwedische Reichsverweser Sten Sture d. Ä. Bernt Notke, den größten Künstler der Stadt, nach Stockholm. Hier gab er ihm in der Nicolaikirche (Storkyrkan) die berühmte St. Georgsgruppe in Auftrag (Silvester 1489 geweiht).

War Lübeck am Ende des Mittelalters noch eine glanzvolle Stadt, begann ihr politischer Stern doch langsam zu sinken. Innere Unruhen begleiteten die Einführung der Reformation nach dem lutherischen Bekenntnis. Die Reformation wurde 1530 eingeführt, 1531 die Kirchenordnung des Johannes Bugenhagen. Bürgerliche Unruhen hatte es allerdings auch schon früher gegeben mit dem Ziel, die Handwerker am Regiment des Rates zu beteiligen, zum Beispiel 1384 die Verschwörung der Knochenhauer (Schlachter). Sie hatten aber letztlich weder die Stellung der Stadt noch des Rates ernstlich erschüttern können. Jetzt gelang es aber einem Emporkömmling aus Hamburg, Jürgen Wullenweber (1533 Bürgermeister), die Macht an sich zu bringen. Sein ehrgeiziger Kampf um die Durchsetzung der lübeckischen Interessen auf der Ostsee führte zu einer verheerenden Niederlage, obwohl unter Aufbietung der äußersten Kräfte geführt: Man opferte sogar die reichen mittelalterlichen Kirchenschätze — die Einschmelzung ergab 96 Zentner Silber! Wullenweber wurde gefangen (1537) und hingerichtet. Darüber hinaus war aber auch Lübecks Schwäche deutlich geworden. Damit war außerdem klar, daß in Zukunft nicht mehr einer einzelnen Stadt die Macht zufallen würde, sondern den immer stärker werdenden Fürstenstaaten. Nach einem letzten Krieg, dem sog. Siebenjährigen Nordischen Krieg (1563—70) gegen Schweden, ging es daher Lübeck in der Folgezeit hauptsächlich darum, mit diplomatischem Geschick, unter Vermeidung von kriegerischen Auseinandersetzungen, seine 1226 „für ewige Zeiten" erworbene Freiheit als nur dem Kaiser unterstellte Reichsstadt zu erhalten und dem Handel einen ausreichenden Spielraum zu sichern. Dieser blieb weiterhin bedeutend und für die Ostseeanrainer wichtig. Da Lübecks Handel aber längst nicht in dem Umfang weiterwuchs, wie zum Beispiel der des von Polen geförderten Danzigs, der Rigas, das zuerst von Schweden, dann von Rußland unterstützt wurde, oder derjenige Hamburgs und Bremens, die beide unmittelbaren Zugang zur Nordsee hatten, vielmehr eher stagnierte, blieb Lübeck „stehen". Es wurde im 17. Jh. von den genannten Städten

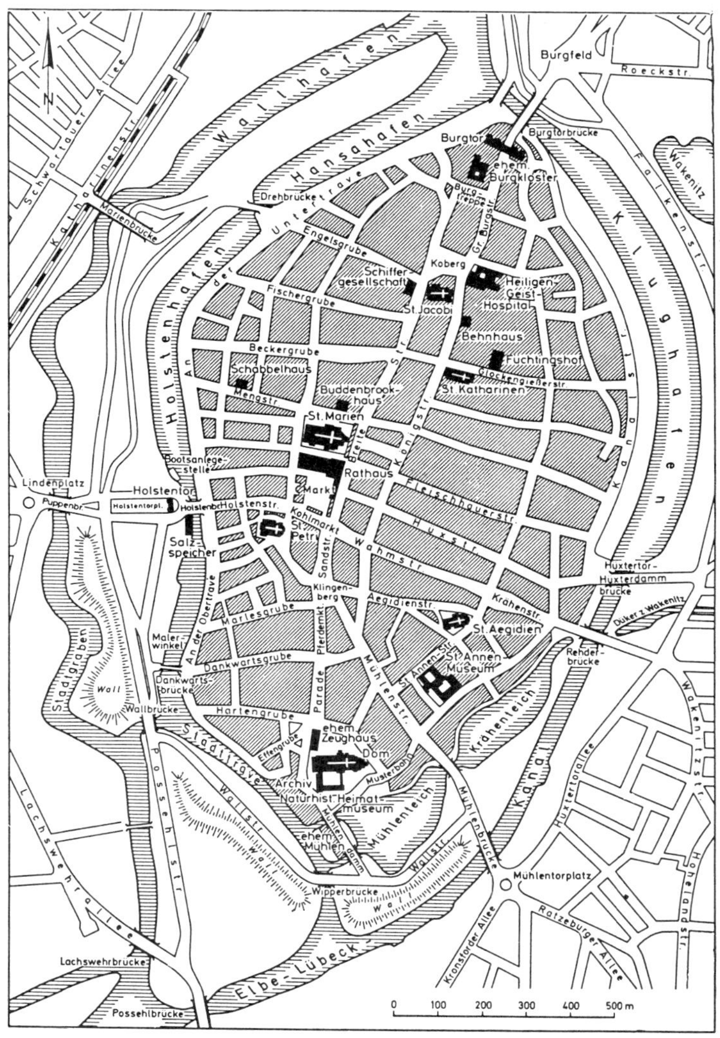

Abb. 1: Lübeck, Innenstadt mit Baudenkmälern

überflügelt, sowohl an Reichtum als auch an Bevölkerung. Überhaupt brachte dieses Jahrhundert viel Schweres mit sich: Im 30jährigen Krieg unüberwunden, geriet die Stadt durch die immer wieder zu zahlenden Zwangsgelder und durch die finanzielle Last des Friedensschlusses an den Rand des Bankrotts. Über der Auseinandersetzung um die Kontrolle der Finanzen brachen Unruhen aus, die einerseits zu dem Verlust einer Reihe von Dörfern und Gütern führten, deren lübeckische Besitzer sie als holsteinisch erklärten; andererseits erwuchs aus den Streitigkeiten der Bürgerrezeß von 1669. Bis 1848 sollte er die Verfassung des Lübecker Stadtstaates bilden.
Das 18. Jahrhundert wurde für Lübeck weitgehend eine Zeit des Friedens und wieder wachsenden Wohlstandes. Im Siebenjährigen Krieg (1756–63) konnte es Neutralität bewahren und gut dabei verdienen. Zu Anfang des neuen Jahrhunderts war dann dieser vorsichtigen Politik kein Erfolg mehr beschieden. Im Krieg Preußens gegen Napoleon erzwangen sich Truppen unter Blücher und Scharnhorst den Zugang zur Stadt. Darauf nahmen die Franzosen unter Marschall Bernadotte, dem späteren schwedischen König Karl XIV. Johann, Lübeck im Sturm (6. Nov. 1806) und plünderten es. 1811–13 wurde es sogar Teil des französischen Kaiserreiches. Danach wieder selbständig, dauerte es lange, bis sich Lübeck erholt hatte und es gelang, gegen den lang andauernden Widerstand Dänemarks die für den Handel so wichtigen Verkehrsverbindungen sowohl hinsichtlich des Straßenbaus als auch des Schienenwegs (1851 Eröffnung der Bahnlinie nach Büchen; damit Anschluß nach Hamburg und Berlin) auszubauen. 1867 wurde Lübeck Mitglied des Norddeutschen Bundes, 1871 trat es dem Deutschen Reich als Bundesstaat bei. Diese Stellung behielt es bis 1937. Jetzt bestimmte das Großhamburggesetz die Einverleibung des Stadtstaates in die damalige preußische Provinz Schleswig-Holstein.
Der Zweite Weltkrieg und dessen Folgen brachten für Lübeck die härtesten Schicksalsschläge. In der Nacht zum Palmsonntag 1942 fiel ein Fünftel der Altstadt dem ersten Flächenbombardement auf deutschem Boden zum Opfer, und das Kriegsende sah dann eine hart angeschlagene, mit Flüchtlingen überfüllte Stadt. Zudem lag sie nun an einer neuen, in dieser Form früher niemals existenten Grenze, abgeschnitten vom mecklenburgischen Hinterland. Trotzdem gelang es Lübeck, einen neuen Anfang zu finden und wieder hochzukommen. In Wahrnehmung seiner traditionellen Aufgabe ist es heute dank dem Ausbau der Fähranleger in Travemünde ein Tor des Kontinents zum Norden; die Förderung des Hafens machte ihn zum größten an der bundesdeutschen Ostseeküste. Auch die Bemühungen um die Industrie, der man sich erstmals in größerem Umfang öffnen mußte, als der Bau des Nord-Ostsee-Kanals die allzu sehr auf dem Handel aufgebaute Wirtschaftsstruktur Lübecks bedrohte, laufen weiter. Hier ist es vor allem die sog. Weiße Industrie (Tourismus), der die Hoffnungen der Zukunft gelten.

### *Vom Bild der Stadt*

Das Zentrum Lübecks ist auch heute noch der historische Stadtkern. Ihn meint man daher in der Regel, wenn man von Lübeck spricht. Dieses historische Lübeck, das übrigens eines der größten Altstadtareale in Deutschland einnimmt, liegt auf einem langgestreckten Hügel etwa von der Form einer Muschel, im Westen umflossen von der Trave, im Osten früher von der seeartig aufgestauten Wakenitz, heute von dem Elbe-Lübeck-Kanal und den Resten der alten Wakenitz (Krähenteich, Mühlenteich).
Der Stadtplan folgt einem rationalen Schema. Er besteht aus Längs- und Querstraßen, wobei die Hauptverkehrsader und Längsachse (Mühlen-, Sand-, Breite-, Gr. Burgstraße) auf dem Hügelrücken entlangläuft, während die kürzeren Querstraßen den Hügel seitlich hinunterführen und dabei in leichtem Schwung geographische Gegebenheiten berücksichtigen. An der Hauptachse, welche zwischen Mühlenstraße und Koberg in der Königstraße eine etwas weniger gewichtige Parallele hat, liegt der alte Marktbereich (die heutigen Plätze Klingenberg, Markt, Koberg).
Die Monumentalbauten des Mittelalters, die Stadttore Holstentor und Burgtor, die fünf großen Kirchen (Dom, St. Marien, St. Petri, St. Jacobi, St. Aegidien), das Rathaus, das Bürgerhospital zum Heiligen Geist beherrschen die Altstadt. Zu ihnen gehörten auch die vier Klöster, von denen noch drei in größerem Umfang vorhanden sind (Katharinenkloster der Franziskaner, heute Gymnasium; Maria-Magdalenen-Kloster zur Burg der Dominikaner, St. Annenkloster der Augustinerinnen). Im Stadtbild wirkt sich aber heute bestimmend nur das Franziskanerkloster durch seine Kirche aus, da die anderen Klöster die ihrigen durch Abbruch und Brand verloren haben, das Burgkloster zudem noch verborgen hinter dem Gerichtsgebäude (1893–96) liegt.
Das Stadtareal zerfällt in einzelne Quartiere, die zum Teil noch heute Tätigkeiten und Stand der dort in vorindustrieller Zeit ansässigen Bevölkerung widerspiegeln. Zentrum der Stadt war immer der Marktplatz. Hier erhebt sich auch das Rathaus, seit dem 13. Jahrhundert Sitz der Stadtregierung, und St. Marien, die städtische Hauptkirche der Bürger. Zusammen bilden beide Bauten eine einzigartige Architekturgruppe.
Westlich der Marienkirche hinunter zum Hafen erstreckte sich das Quartier, das vom Mittelalter an bis ins 19. Jahrhundert hinein vornehmlich von Kaufleuten bewohnt wurde. Von ihm sind jedoch seit der Zerstörung 1942 nur Reste (Untere Mengstraße) erhalten.
Um den Dom herum lag der exterritoriale Herrschaftsbereich des Bischofs und des Domkapitels. Seine ursprünglich lockere Bebauung mit freistehenden größeren Gebäuden (Kurien) hat bis auf Reste (z. B. „Schloß Rantzau") Neuem Platz gemacht, doch ist die ehemalige Struktur dieses Bereiches noch erkennbar.
Besser die Zeiten überdauert haben die Quartiere der in der östlichen Stadthälfte konzentrierten Handwerker und die Wohnbereiche der mit der Schiffahrt verbundenen Bevölkerung in den nordwestlichen und südwestlichen Quartieren.
Eine lübeckische Eigenart sind die sogenannten Gänge und Höfe. Sie liegen hinter den Häusern, sind also von den Straßen aus nicht sichtbar, aber von ihnen aus durch ein Torgebäude, ein Portal oder

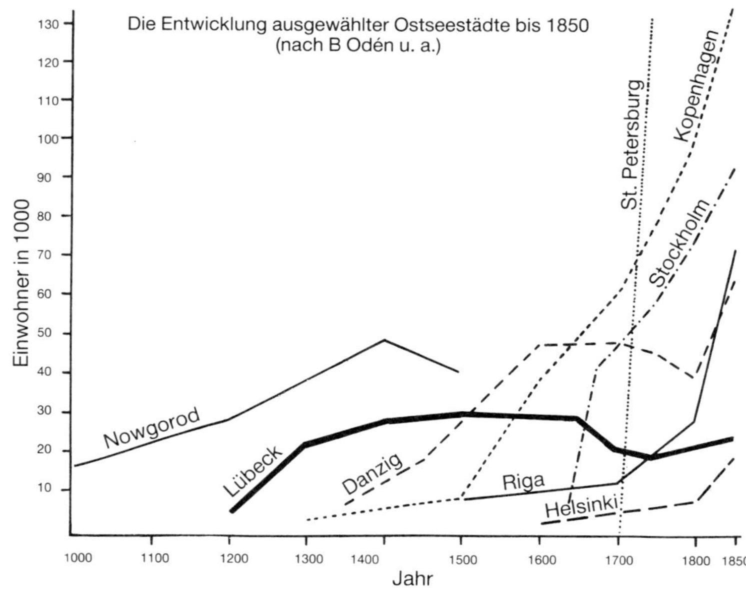


Abb. 2: Die Entwicklung Lübecks im Vergleich zu anderen Ostseestädten

über einen durch ein Haus führenden Durchgang zugänglich. Die Gänge sind eine Art Gasse, meist auf beiden Seiten von zusammenhängenden, ursprünglich einstöckigen, später vielfach zweistöckigen Häuschen („Buden"), häufig aus Fachwerk, bebaut. Die Höfe folgen demselben Schema, sind aber in der Regel weitläufiger und öfter ganz aus Stein errichtet. Die Gänge wurden von den weniger bemittelten Volksschichten bewohnt. Manche waren als Armenstiftungen entstanden, die meisten aber als Rendite-Objekte. Von den Höfen dienten die größten als Wohnstifte für Witwen und „Jungfrauen" (unverheiratete Frauen). Dem modernen Lebensstandard angepaßt, erfüllen manche Gänge und Höfe noch heute ihre soziale Bestimmung als Altenwohnheime.

*Das Lübecker Haus*

Das traditionelle Haus in der Lübecker Altstadt ist ein schmales Backsteingebäude, das seinen Giebel nach der Straße wendet und mit den Traufseiten an die Nachbarn stößt. In der Regel besteht es aus zwei Hauptteilen, dem Vorderhaus zur Straße hin und dem Flügel oder Seitengebäude. Letzteres stößt rückwärtig an das Vorderhaus an und ist nur halb so breit. Seitlich des Flügels ist in seiner Länge ein Hof angelegt. Hier befanden sich früher – manchmal noch heute vorhanden – kleinere Nebengebäude wie Waschhäuser, Abtritte, Schuppen usw. Der Hof wird bisweilen von einem Quergebäude abgeschlossen, bei größeren Grundstücken mag aber zuerst noch ein Garten folgen.

In seiner inneren Anlage folgt das traditionelle Lübecker Haus ebenfalls einem immer wiederkehrenden Schema: Man betritt das Haus in der Mitte und findet, je nach Breite des Gebäudes, links und rechts ein Zimmer zu beiden Seiten des Eingangskorridors vor. Dieser führt auf die große Diele zu, die den Rest des Erdgeschosses des Vorderhauses einnimmt. Die Diele erhält ihr Licht nur von hinten. Sie ist oft recht hoch; bei Häusern des 16. Jahrh. kann sie an die 6 m erreichen. Mindestens seit dem 18. Jahrhundert wurde es üblich, in der Diele einen verglasten Küchenraum auszugrenzen. Von der Diele aus erreicht man nach hinten die Räume des meist zweistöckigen Flügels. Sie bildeten jahrhundertelang die eigentliche Wohnung der Hausbewohner, da die straßenseitigen Zimmer des Vorderhauses gerne dem Geschäftsbetrieb vorbehalten wurden (Kaufmannskontor, Empfangszimmer). Auch die Diele diente dem Kaufmanns- oder Handwerksbetrieb: hierhin brachte man die Waren, lagerte sie zeitweilig dort und hievte sie über eine Luke in der Decke auf die Speicherböden des Vorderhauses. Die oberen Stockwerke der Häuser waren nämlich größtenteils zu – oft verhältnismäßig niedrigen – Speicherböden ausgebaut und enthielten nur dann und wann einzelne Zimmer. Allerdings wurde es seit dem 17. Jahrhundert, vereinzelt schon seit dem 16. üblicher, auch das 1. Stockwerk des Vorderhauses zu Wohnzwecken auszubauen.

Das beschriebene Hausschema ist in seiner Grundform seit dem späten 13. Jahrhundert faßbar. In der Zeit davor bebaute man die Grundstücke gern mit nach vorn gelegenen Fachwerkbauten, in der Größe manchmal schon an die späteren Steinhäuser heranreichend. Im Hofbereich legte man dagegen gern turmartige Steingebäude, sogenannte Kemenaten, für Wohnzwecke oder für die Lagerung kostbaren Handelsgutes an. Daneben gab es mehrgeschossige traufenständige Saalbauten aus Stein. Bei ihnen waren die Erdgeschosse Kaufgewölbe, die Saalgeschosse darüber dienten Wohn- und Repräsentationszwecken.

Neben den steinernen Giebelhäusern, die es in den verschiedensten Größenordnungen gab, auch als scheinbar traufenständiges Kleinhaus mit Zwerchgiebel, kennt man in Lübeck noch die „Buden". Zu ihnen gehörten ursprünglich auch die den Markt umstehenden, in Fachwerk errichteten und dem Warenverkauf dienenden mehrstöckigen schmalbrüstigen Bauten, die sich eben dadurch von den stattlicheren Kaufmannshäusern unterschieden. Sonst bezeichnet man die ebenfalls meist in Fachwerk errichteten Kleinhäuser im hinteren Bereich der Grundstücke als Buden. Sie waren häufig im Zusammenhang eines „Ganges" oder „Hofes" als Renditeobjekt der wohlhabenden Kaufleute angelegt worden und wurden vermietet.

Wenn auch das beschriebene Schema des Lübecker Hauses bis ins frühe 19. Jahrhundert hinein verbindlich blieb, heißt das dennoch nicht, daß das Lübecker Haus keine Entwicklung durchgemacht hat. Selbstverständlich drücken die aufeinanderfolgenden Epochen den Häusern ihren Stempel auf, und wie in einem Buch lassen sich an ihnen gute und schlechte Zeiten ablesen. Es ist jedoch verständlich, daß aus der Frühzeit nur ganz wenig erhalten ist, denn das Alte fiel immer wieder dem Neuen zum Opfer. So stammen die meisten so mittelalterlich wirkenden Treppengiebel gar nicht mehr aus der Glanzzeit Lübecks, sondern aus dem 16. Jahrhundert, wie man an der Betonung der horizontalen Gliederungselemente statt der vertikalen erkennen mag. Schon gar nicht verleugnen die verputzten Schweifgiebel ihre Entstehung im Zeitalter des Barock, oder die horizontal abgeschlossenen, mit Attiken (fensterlosen Aufbauten über dem Hauptgesims) oder Balustraden bekrönten Häuser ihre Erbauung im Klassizismus. Allerdings kann es sein, daß sie einem mittelalterlichen Haus nur vorgeblendet sind.

Auch im Innern weist der erhaltene Bestand von alten Lübecker Häusern einen großen Reichtum an historischen Interieurs auf. Man findet mehr oder weniger reichgeschmückte Zimmer aus der Renaissance und dem Frühbarock, glanzvolle Säle aus dem Rokoko, ehrwürdige Dielen aus dem Barock oder lichte Hallendielen mit umlaufenden Galerien aus dem Klassizismus. So ist Lübeck bis auf den heutigen Tag eine Stadt geblieben, die in ihrer Gestalt, in ihren Kirchen, Häusern und Türmen den Gang nordeuropäischer Geschichte lebendig widerspiegelt.

*Björn R. Kommer*

Seite 142: Der alte Kern der nahezu 900 Jahre alten Hansestadt Lübeck liegt auf einer Insel von etwa 2000 m Länge und 1000 m Breite. Er bietet ein einzigartiges Bild der Geschlossenheit und läßt die beherrschende Stellung ahnen, die diese Stadt lange im Ostseeraum hatte. Lübeck war stets eine gut gesicherte Stadt. Um 1550 wurden diese Befestigungsanlagen verstärkt, so daß die Stadt den 30jährigen Krieg unbeschadet überstand. Bis 1670 wurden die Bastionsbefestigungen weiter ausgebaut. Besonders stark waren die Sicherungsanlagen vor dem Holstentor (Vordergrund rechts). Das Modell im Holstentormuseum hebt durch Überhöhung die Aufrißelemente hervor, vor allem die bekannten sieben Kirchtürme, die die einzigartige Silhouette der Stadt ausmachen: Im Süden (rechts im Bild) der Dom mit zwei Türmen, es folgt die Petrikirche (ein Turm), von dieser verdeckt die Aegidienkirche (ein Turm), im Zentrum der Stadt die Marienkirche (zwei Türme) und schließlich die Jacobikirche (ein Turm). Ganz links im Bild erkennt man den Baukomplex der alten Burg, später Dominikanerkirche St. Marien-Magdalenen (oben).

Blick auf das 500 Jahre alte Holstentor, rechts davon die alten Salzspeicher an der Trave. Hier wurde früher das aus Lüneburg stammende Salz zwischengelagert, bevor die Schiffe der Hanse es nach Norden und Osten transportierten (unten).

CONCORDIA DOMI FORIS PAX

# Mein Rostock

Der Gegenstand ist in sich uneins. Denn die alte Stadt, die man liebt, ist die prächtige Hansestadt der Geschichte nicht mehr, obwohl deren Bauwerke zum Teil noch existieren und Atmosphäre machen, und ist auch der ebenfalls liebenswerte Ort der Kindheit nicht mehr, dessen Winkel man durchstöbert hat wie die des Elternhauses, heimelig geborgen trotz mancher Vorbehalte; sie ist am Ende eine Bezirkshauptstadt der DDR geworden. Es hat sich viel verändert, wenn nicht alles. Im eigentlichen Sinne gibt es sie ebensowenig, wie Vergangenheit lebt, denn leben ist atmen, wachsen, wirken, eine Identität haben; was da heute lebt, ist das Alte nicht.

Ich sehe Rostock heute noch vom Gehlsdorfer Ufer her. Gehlsdorf, nur durch den Fluß von der Stadt getrennt, war ein ländlicher Vorort mit Bauern, Büdnern, Handwerkern, maritimen Ruheständlern und Arbeitern, die noch mit einem Fuß in der Landwirtschaft standen, sie fuhren morgens in einer Barkasse hinüber zur Neptun-Werft. Die Anlegestelle in Rostock heißt Kabutzenhof. Dort haben früher, als solche Namen entstanden, nicht Mönche gewohnt, und auch Kleidungsstücke wurden nicht angefertigt, da wurde Kabuz, Kohl, angebaut, vor langer Zeit.

Bei uns lebte ein Mann, der die Blicke auf sich zog, jener Paul Babendererde, er beherrschte alte und neue Sprachen und schrieb, einer ehrwürdigen Tradition folgend, ab und zu einen langweiligen historischen Roman. Oder der Maler Georg Kaulbach, ein melancholischer alter Mann, der düstere Landschaftsbilder erdachte. Wir hatten noch mehr Maler, Paul Wallat, Thoro Balzer, Käthe Reine. Vielleicht waren sie alle ein wenig Sonderlinge, man nannte sie jedenfalls so, doch was wäre dieses Rostock mit seinem Umkreis wohl ohne das Sonderliche gewesen, alles schien da doch von Besonderheiten zu leben.

Das Rauschen am Rande des Wassers, auch wenn das Meer scheinbar unbewegt daliegt, kennt der Wanderer. Ähnliches bemerkt der Betrachter des Stadtbildes, wenn er hinüberblickt: da ragen zeitgenössische Hochbauten in den Himmel, da zieht sich die neue Lange Straße hin, von hier aus wie eine dicke Mauer anzusehn, da liegen an dem Kai flußgängige Motorschiffe und heben ihre Aufbauten vor das Panorama, da zeichnen sich noch die Turmstümpfe zerstörter Hansekirchen ab, in ihrer Mitte steht die unversehrt gebliebene Marienkirche, neben den modernen Bauten fast zierlich, ehemals eher mächtig, Alt und Neu, dazwischen klingt Unsichtbares, wie Erzählen von irgendwann Erlebtem, die dünn gewordenen Fäden, die noch einen Ton geben.

Vom Strand, also am städtischen Flußufer, dem Stadthafen, ging's durch die Schnickmannstraße aufwärts. In der Querstraße rechts und links brannten noch die numerierten Lämpchen neben den Türchen und ebenerdigen Fensterchen. Manchmal drang Grammophonmusik aus dieser Märchenwelt. In den offenen Fenstern der niedrigen Reihenhäuser lehnten Frauen, die sich träge auf die Ellbogen stützten. Seitdem verstehe ich, warum ein Fensterbrett auch Brüstung genannt wird.

Am Ostende dieser Gegend lag die Gaststätte „Kogge". Der größte Teil der unteren Altstadt ist zerstört worden, er hat lange Zeit so dagelegen, dann wurde mit der Sanierung begonnen, die „Kogge" blieb flott. Samt Inventar sorgfältig restauriert, gilt sie bei Ortsunkundigen als mit Andacht aufzusuchendes Kulturerbe, woran wiederum die älteren Einheimischen ihren Spaß haben. Die invalide Altstadt erneuert sich, nicht aus den niedrigen Gründen der Moral, sondern aus den höheren der Stadtarchitektur. Einige uralte Speicherhäuser dürfen bleiben.

Der Hafen vor allem zog uns an. Mitten auf dem Wasser lag der Schiffsfriedhof, nebeneinander vertäute rußige Frachtdampfer, die ersten Opfer der Krise, und der weiße Luxusdampfer „Kronprinzessin Cäcilie", zwei Schornsteine. Der Hafen lebte weiter, am Kai legten Segelschiffe an mit rundem Bug und Heck, keine eleganten Klipper mehr wie in den Bilderbüchern und auf den Kapitänsbildern in den Kirchen, sondern nützlich schwerfällige Schuten, sie wurden, wenn der Wind ungünstig stand, von Dampfschleppern die Warnow heraufgezogen und von Hand oder Ladebaum entladen oder beladen.

Die Angler, Rentner oder Arbeitslose, waren die Großväter der Jungen, die sich da heute, nun aber schon mit modernem Gerät, um den Fisch bemühn. Sie werfen den Haken mit dem Flott, dem schlanken Schwimmer, über die stählernen Trossen neuer, mechanisch zu entladender Motorschiffe hinweg in das trübe gewordene Wasser und ziehen vom Grund Plötzen herauf, die nicht mehr angenehm, so ein bißchen modrig, sondern nach Schweröl schmekken. Die Alten ließen sich vom Fluß ernähren, die Jungen spielen nur, und den Fisch frißt zu Hause das Kätzchen. Manchmal sterben die Fische von sich aus, völkerweise, dann bedeckt sich drüben in Gehlsdorf das flache Ufer mit ihren Leichen; sie kommen aus der Tiefe herauf, um zu den Füßen der Menschen zu sterben.

Wir befinden uns am Ostende des Hafens. Vom anderen Ende, wo der Kabutzenhof liegt, wo heute die Fähre verkehrt und der Fluß nach Norden abbiegt, reist man mit einem Fahrgastschiff abwärts. An Backbord zieht die hundertjährige Neptun-Werft vorüber, zwischen altem Gerät heben sich neue, frischgestrichene Kräne über halbfertige Schiffsleiber, danach jüngere Fabrikanlagen, das Fischkombinat, hinter ihm die Satellitenstädte, in denen nun schon die Hälfte der Rostocker schläft, fünfstöckige Zeilen, Hochhäuser und sogenannte Wohnscheiben, schließlich die Warnow-Werft, die wichtigste Anlage der erneuerten Stadt. An Steuerbord hat sich das Gehlsdorfer Ufer verlaufen. Am Ende ist der Breitling mit dem Überseehafen, einer Schöpfung der fünfziger Jahre; dort hat sich der Fluß schon auf mehrere Kilometer verbreitert. Gleich hinter ihm, jenseits einer schmalen Landzunge, ruht oder brandet das Meer.

In Warnemünde gehen wir in westlicher Richtung zur Steilküste hinauf, zur Stolteraa, und bleiben dort hoch über dem Wasser stehen. Kühe auf der Weide stellen sich in die gleiche Richtung, alle, weil sie nur gegen den Wind fressen. Die Schiffe auf der Reede, wenn sie vor ihren Bugankern liegen, verhalten sich ähnlich. Sie müssen lange so liegen, denn der neue Überseehafen ist schon wieder zu klein geworden. Sie werden einzeln durch die Einfahrt über den Breitling gelotst, die modernen Anlagen dort machen das Be- und Entladen zu einer Sache von Stunden.

Dieser Neuhafen und die Satellitenstädte gehören gewiß zu Rostock, aber wir können sie nur als Schöpfungen der Republik verstehn; sie haben, wie vieles in der Stadt, die sich während meiner Zeit verdreifacht hat, einen größeren Vater, als er am Ort zu finden gewesen wäre. Die Fassaden des zweitjüngsten Neubaugebiets tragen gar Ornamente, die an die Schönhauser Allee denken lassen. So entsteht die Vorstellung von groß, was mehr ist als Rostock allein. Sieht man jedoch näher hin, entdeckt man, daß dies nicht das Problem des Neubaubewohners ist. Der hat seine Balkonhöhle mit individueller Farbe gestrichen, als wollte er sagen: Da oben bin ich zu Hause, ich erkenne meine Wohnung schon von weitem, ich finde sie jeden Abend wieder.

Vor vierzig Jahren erfuhr die Marienkirche ein wunderliches Schicksal. Die Brand- und Sprengbomben legten den größten Teil der Altstadt nieder. Die Petrikirche über dem Osthügel, von deren

Rostock mit der Marienkirche im Zentrum, Holzschnitt aus der Zeit um 1550

nadelspitzem Turm bei gutem Wetter nach Dänemark hinüberzusehen war, wurde zerstört, fast verschwand sie gänzlich aus der Silhouette. Ebenso die Nikolaikirche. Nichts Haltbares blieb von der Jakobikirche, die wohl das reichste, prächtigste und sogar schönste Hansegebäude gewesen ist. Es blieb, was wir von Dresden kennen: und wo so viele Menschen gewohnt hatten, war das Leben erstarrt zu geschwärzten Mauerresten und sinnlos aufragenden Kaminen. Doch diese allgemeine Zerstörung legte in scheinbar genauer Arbeit die Marienkirche frei: wo sich vorher eng gebaute Straßenzeilen bis an ihren Kapellenkranz, den berühmtesten der Backsteingotik, gedrängt hatten, entstand ein freier Platz, so daß sich, als das Unheil abgezogen war, der kleine Neue Markt, aufgeräumt, zu dem großen Thälmannplatz erweitern konnte, wo der Betrachter jetzt Abstand nehmen und, über die Unzahl parkender Autos hinweg, das hohe, dunkle Bauwerk bewundern kann, seit Menschengedenken hat es niemand in dieser Weise betrachten dürfen.
Unter dem Gewölbe dehnt sich mit Längs- und Querschiff ein hoher, weißgekalkter Raum. Wer ihn durchwandert, stößt innerhalb des Kapellenkranzes auf die astronomische Uhr, ein Wunderwerk, das fast alles anzeigt, was sich auf der Welt meßbar wiederholt, sogar dies: beim zwölften Schlag ziehen jeden Tag oben die Apostel vorüber, um sich durch die Himmelspforte zu zwängen, nur der eine muß draußen bleiben.
Mit Erlaubnis des Küsters steigen wir auf den Turm. Nach ungezählten Stufen betreten wir eine Art Galerie mit Ausblick nach allen Seiten, von wo es kühl hereinweht. Es gibt einiges zu sehen, was einem sonst nicht augenfällig wird, dies zum Beispiel: die Stadt hat sich im Verlauf ihrer Entwicklungssprünge neue Stadtteile geschaffen.
Als Anfang des vorigen Jahrhunderts die Mauern zu eng wurden, siedelten sich im Süden, vor dem Steintor, reich gewordene Leute an, schließlich zog dort vorzugsweise hin, was Rang und Namen hatte, Professor, Richter, Modearzt, höherer Schullehrer, sie bauten Häuser und Villen nach ihrem Geschmack und Vermögen. Im Westen, vor dem Kröpeliner Tor, entstand eine andere Vorstadt, da wurden Mietskasernen für die Arbeiter gebaut.
Das darauf folgende, schon uns zugehörende Reutershagen der fünfziger Jahre ist wegen seiner aufwendigen Bauweise später kritisiert worden, ähnlich wie die neue Lange Straße unmittelbar unter unserm Kirchturm; die Art hat dennoch einen Fortschritt dargestellt.
In der Ferne gewahrt man die Komplexe der neuesten Neubaugebiete. Am westlichen Horizont, hinter dem Wäldchen mit dem Zoo, liegt die Gartenstadt. Östlich zu den Füßen der Kirche, unmittelbar nahe, krümmt sich jener Teil der Altstadt, der am schwersten getroffen war und wo aus der ersten Not heraus gebaut wurde.
Nun gehen wir, wo alle gehn: über den Bummel, wie wir sagten, über den Boulevard, wie es heute heißt. Diese Gasse, die Hauptstraße, hieß eigentlich Blutstraße, was bloode, also bloße, ungepflasterte Straße bedeutet, ursprünglich, im Gegensatz zur benachbarten Steinstraße. Sie verbindet den Neuen Markt, den Thälmannplatz, mit dem Universitätsplatz und in der Verlängerung mit dem Kröpeliner Tor. Seitlich hinter dem Universitätsgebäude sehen wir das Kloster zum Heiligen Kreuz, als Versorgungseinrichtung gebaut für ehelose Damen, biertrinkende; fromm, aufsässig, sie wollten nicht reformiert werden, damals. Die letzte starb erst vor wenigen Jahren. Unlängst ist diese Heimstatt zum Museum rekonstruiert worden; auch Rostock gehört zu den Städten mit liebevoller Traditionspflege.
Das nächste Verführerische ist der „Brunnen der Lebensfreude" von Reinhard Dietrich und Jo Jastram. Auf den Kunstwert dieser Gruppenplastik sind viele Rostocker erst dadurch aufmerksam geworden, daß sie sich fragen mußten, warum ihre Kinder von dem Ding wie von einem Magneten angezogen wurden, um genau da glücklich zu spielen.
An der Ecke zur Breiten Straße, Verlängerung der Schnickmannstraße, steht ein Gebäude, das zeigt, wie die Architekten, wenn Altes nicht mehr zu restaurieren ist, seinen Stil adaptieren, um was Neues zu machen. Dies neue Haus, dessen Bauweise von Rostokker Gotik inspiriert ist (oder mit ihr spielt), enthält in mehreren Etagen Café und Restaurant, im Innern eine Säule mit Rundtreppe, die gar noch an den alten Hausbaum denken läßt.
In der Straße fallen über den Schaufenstern die sorgfältig wiederhergestellten Fassaden auf. Eine von ihnen, glasierte Klinker, hohe Gotik, die älteste hier, hat nicht repariert werden müssen, sie hat nur ein neues Haus gebraucht, denn das alte hatte ihr der Krieg weggenommen; sie war, unbeschädigt, allein übrig geblieben, sie schwankte im Wind. Heute gehört sie zu der Willi-Bredel-Bezirksbibliothek. Dem Fußgänger stockt der Fuß vor ihr, so schön ist sie. – Inzwischen hat er den Thälmannplatz erreicht, er sieht vor sich das Rathaus und links und rechts echte, restaurierte oder unechte Giebel. Hier haben sommers und winters, hinter ihren Schragen auf dem Kopfsteinpflaster, die Marktfrauen gesessen. Steuerbord voraus sieht der Spaziergänger nun das Haus Sonne, früher Absteige für Leute, die auch „Hôtel du Soleil" lesen konnten, heute, zugunsten der Steinstraße ein paar Meter zur Seite gerückt anläßlich des vollständigen Neubaus, des komfortablen Seefahrerheims. Im Erdgeschoß gibt es die Mokka-Stube für nachdenkliche Leute.
Was sich der zur Reise Verführte in Rostock angucken soll? Alles natürlich. In der Langen Straße, neben der Warnow-Apotheke, bei Rostock-Information, kriegt er, wovon er meint, daß er's braucht, Theaterspielplan, Kleine Stadtgeschichte, Bilder . . . Er kann aber auch auf eigene Faust stöbern gehn, was wir übrigens ströpen nennen, zum Beispiel in der Altstadt, Häuser mit der hübschen Denkmalsschutzmarke suchen oder Durchblicke, stadteinwärts oder nach draußen übers Land. Keine Sorge, daß er sich dabei unzeitgemäß in dem Altertümlichen verlieren könnte; er trägt das Neue ja bei sich selbst.

*Waldemar Heinrich*

Seite 145: Renovierte Speicherhäuser am Hafen in Rostock

Schmidt Optik

# Rostock und sein Hafen

„Made in GDR", ein Gütezeichen für Waren, die täglich über Seehäfen der Deutschen Demokratischen Republik in alle Welt verschifft werden. Und über See fließen die Güterströme aus Nord und Süd, aus Ost und West zurück in die Häfen von Rostock, Wismar und Stralsund, von wo sie über Schienen und Straßen zu ihren Bestimmungsorten im Binnenland gelangen: Kohle und Erze, Getreide und Zucker, Metalle und Holz, Industriewaren und Lebensmittel, Importe für die Versorgung der Bevölkerung.
Zwanzig Millionen Tonnen Ex- und Importgüter werden jährlich in den Seehäfen der Republik umgeschlagen, Ladungen für fünftausend Schiffe aus über sechzig Ländern. Die DDR-Handelsflotte und der Seehafen Rostock spielen hierbei eine vorrangige Rolle. Gut ein Dutzend großer Seeschiffe laufen täglich unter Lotsen- und Schlepperassistenz den Rostocker Überseehafen an.
Rostocks Lebensader ist seit Jahrhunderten das Meer. Schon im Jahre 1288 ließ die junge Stadt ihren Hafen auf eine Wassertiefe von zwölf Fuß bringen, um den großen Handelskoggen die verlangte „Handbreit Wasser unterm Kiel" zu garantieren. Mit den anderen Städten des wendischen Quartiers – Lübeck (Stadtrecht 1143), Hamburg (Stadtrecht 1189), Wismar (Stadtrecht 1229) und Stralsund (Stadtrecht 1234) – wurde Rostock (Stadtrecht 1218) vom 12. bis 16. Jahrhundert führend im Städtebund der Deutschen Hanse. Der Fernhandel über See brachte Wohlstand in die Stadt. Im Jahre 1380 zählte sie mit 10 875 Einwohnern neben Lübeck (21 500) und Hamburg (11 868) zu den zehn größten Städten des Deutschen Reiches. Bis in die zweite Hälfte des 19. Jahrhunderts war sie eine der bedeutendsten See- und Hafenstädte Deutschlands.
Die Herzöge von Mecklenburg zwangen Rostock 1573 unter ihre Herrschaft. Aber auch nach diesem politisch so negativen Einschnitt in die Stadtgeschichte blühte die Rostocker Schiffahrt weiterhin kräftig auf. In den Jahren zwischen 1575 und 1620 stand Rostock an der Spitze aller Hansestädte im Sundverkehr; 1585/86 passierten sogar mehr Rostocker Schiffe den Sund als Schiffe aller anderen wendischen Hansestädte zusammengenommen.
Die machtpolitischen Auseinandersetzungen der verschiedenen Dynastien mit ihren partikularistischen Interessen im Dreißigjährigen Krieg brachten Handel und Schiffahrt an der deutschen Küste zum Erliegen.
Als der Frieden zu Münster dem langen Krieg ein Ende setzte, war Rostock verarmt. Beide Kriegsparteien hatten es ausgeplündert. Seine Einwohnerzahl war auf fünftausend, die Hälfte von 1380, abgesunken. Mit dem Niedergang der Hanse, der durch den Krieg beschleunigt worden war, hatte die Stadt auch ihre wirtschaftliche Vormachtstellung verloren. Wismar, Stralsund und Greifswald waren mit dem Westfälischen Frieden an Schweden gefallen. Sie konnten in der Folgezeit Rostock, das von Schweden bis 1748 mit hohen Zollabgaben belastet wurde, im Skandinavienverkehr überholen. Die Auseinandersetzungen um die Erbfolge in Mecklenburg und der damit verbundene Kampf gegen Schweden schlugen der Stadt immer wieder neue Wunden. Hinzu kam 1677 eine riesige Feuersbrunst.
In der zweiten Hälfte des 18. Jahrhunderts stieg die Nachfrage nach Getreide auf dem Weltmarkt rasch an. Die Ausdehnung der Getreideexporte, vor allem in der Englandfahrt, brachte für Rostocks Handel und Schiffahrt einen neuen Aufschwung. Als französische Truppen 1806 Rostock besetzten, Napoleon seine Kontinentalsperre gegen England verhängte, wurde diese Entwicklung vorübergehend unterbrochen. Doch schon 1818 ging es wieder aufwärts.
Die Getreideausfuhr, 1799 und 1800 durch Mißernten in Westeuropa auf das äußerste gesteigert, trieb nicht nur die Exportpreise, sondern auch die Preise auf dem Binnenmarkt in die Höhe.
Die Empörung bei der proletarischen Stadtbevölkerung schwoll an. Im Oktober 1800 versammelte sich auf dem Marktplatz der damals fünfzehntausend Einwohner zählenden Stadt eine große Menschenmenge, die das Verbot des Getreideexports und Maßnahmen gegen Spekulanten forderten. Als der Rat diese billigen Forderungen ablehnte, stürmte das Volk Speicher und Lager, rollte Butterfässer auf die Straße und setzte im Hafen die Steuerruder der Schiffe fest. Der Aufstand ging als „Rostocker Butterkrieg" in die Stadtgeschichte ein.
In der Anzahl der Schiffe erreichte Rostock 1870 hinter Hamburg den höchsten Stand aller deutschen Häfen. Dann erfolgte der jähe Absturz. Die Entwicklung der Dampfschiffahrt ging fast spurlos an Rostock vorbei. Nach über einem halben Jahrtausend wechselvoller Geschichte hatte die Stadt ihre Bedeutung als reiche und mächtige See- und Hafenstadt eingebüßt.
Über die Zeit bis 1945 ist in der Tat wenig zu berichten. Ein Dutzend Dampfer in der Nord- und Ostseefahrt, eine geringfügige Vertiefung der Fahrrinne, ein paar Rekonstruktionen und Investitionen im Hafen, das war alles, wozu sich Stadtobere, Kaufleute und Reeder aufraffen konnten. Der Zweite Weltkrieg zerstörte dann das, was zu zerstören übriggeblieben war. Erst in unserer Zeit wachte die Stadt aus ihrem Dornröschenschlaf auf, entstand das „Wunder an der Warnow", der Bau eines neuen leistungsstarken Überseehafens wurde beschlossen. Weil aber keiner der vorhandenen Häfen genügend ausbaufähig war, legte eine Regierungskommission das Brach- und Weideland am Breitling bei Rostock-Petersdorf als Standort für den neuen Hafen fest. Die Lage, unmittelbar an der Ostsee, erwies sich als ideal.
Am 26. Oktober 1957 erfolgte der erste Spatenstich: ein Bagger führte ihn aus. Sechzigtausend Tonnen Feldsteine wurden in allen Bezirken der Republik zum Bau einer neuen Ostmole gesammelt und an Ort und Stelle gebracht. Nach der kurzen Zeit von zweieinhalb Jahren konnte am Vorabend des 1. Mai 1960 der Umschlag für das erste Schiff freigegeben werden. In den folgenden Jahren war der Hafen Umschlag- und Bauplatz zugleich, er ist es bis heute geblieben. 1975 schlugen die Rostocker Hafenarbeiter zwölf Millionen Tonnen Güter um, 1980 fünfzehn Millionen Tonnen. Bis 1985 sollen es über zwanzig Millionen Tonnen werden. Ein verkümmerter Lokalhafen wurde in wenigen Jahren zum Welthafen. Rostock steht wieder in seiner Tradition.

*Heinz Neukirchen*

Seite 147: Gaststätte „Zur Kogge", Rostocks sehenswertes maritimes Lokal

# Stettin – Zentrum an der Odermündung

Die Entwicklung der pommerschen Hauptstadt Stettin zum größten Ostseehafen hat ihre Ursache in seiner tief ins Landesinnere vorgeschobenen Lage an der Oder und den hervorragenden Binnenschiffahrts- und Eisenbahnverbindungen ins Hinterland, die schon früh ausgebaut wurden. Mit seinem Vorhafen Swinemünde ist Stettin durch eine 65 km lange, in den letzten 100 Jahren durchgängig auf 9 m Tiefe ausgebaute Fahrrinne verbunden.
Das Stadtgebiet umfaßt heute eine Fläche von 300 $km^2$; es ist gegenüber dem Zustand vom 15. 10. 1939, als 2 Städte und 30 Gemeinden in Stettin eingegliedert wurden, erheblich verkleinert: Damals maß es 461 $km^2$ gegenüber 82 $km^2$ vor der Eingemeindung. Es läßt sich aufgrund der natürlichen Gegebenheiten klar in drei Bereiche gliedern:
1. Das linksoderige Gebiet mit dem eigentlichen Siedlungsschwerpunkt Stettin, der bis zur Entfestigung der Stadt 1873 nur langsam wuchs, sich dann aber bis zu den unmittelbar angrenzenden Dörfern Pommerensdorf, Zabelsdorf, Nemitz, Grabow und Bredow rasch ausdehnte und diese städtisch überformte. (1900 bzw. 1911 eingemeindet). Nach Westen hin wuchs die Stadt bis in die 30er Jahre hinein, vor allem entlang der Ausfallstraßen nach Kreckow und Pasewalk.
2. Das zwischen den beiden Flußarmen Oder und Große Reglitz gelegene Stromspaltungsgebiet wird vom Hafenbereich eingenommen, das von den Schiffsländen der Lastadie (bereits im ausgehenden Mittelalter) und den nach 1845 auf der Silberwiese eingerichteten Lagerplätzen und Gewerbebetrieben ausgehend, sich um die 1878 errichteten Hafenanlagen am Dunzig und vor allem im Freihafen (1898/1910) als Kern entwickelte. 1917–19 kamen die Massengutumschlaganlagen des Reiherwerder- und Steinbruchhafens hinzu (Kohle, Erze u. a.). Seither ist der Umfang des Hafengebietes bis heute ziemlich unverändert geblieben.
3. Den östlichsten Teil des Stadtgebietes nehmen die erst 1939 eingemeindeten Industrie- und Wohnvororte am W-, N- und NO-Rand der Buchheide bis hin zum Dammschen See ein: die ehemalige Stadt Altdamm, die schon 1121 als Vadam genannt wird, 1260 magdeburgisches Stadtrecht erhielt und seit dem 17. Jh. einen befestigten östlichen Brückenkopf Stettins bildete, ferner Sydowsaue, Podejuch, Finkenwalde, Hökendorf und Mühlenbeck/Buchholz sowie Augustwalde/Franzhausen. Dieser rechtsoderige Stadtbezirk stellt heute das größte Flächenreservoir der Stadt für Industrie- und Wohngebiete dar und hat sich nach 1945 erheblich aufgefüllt.
Stettins Bedeutung lag schon vor dem Kriege in seiner Rolle als großer Ostseehafen und als wichtiger Umschlagplatz von Gütern aus dem großen Hinterland, das vor 1945 nicht nur das ganze Einzugsgebiet der Oder bis hin zum Oberschlesischen Industriegebiet, sondern auch den Berliner Raum mit einschloß. Der gesamte Umschlag des Stettiner Hafens erreichte 1938 8,6 Mio. t, 1980 waren es 24,7 Mio. t (mit Swinemünde; davon entfielen 48,7 % auf Kohle und Koks, 12,7 % auf Erze).
Hier entstanden, z. T. noch im 19. Jh., die späteren großen Werften: Vulcan-Werft, 1851 gegründet, ursprünglich neben Schiffbau auch Lokomotivbau, vor 1914 größter Schiffbaubetrieb auf dem europäischen Festland, 1929 nach Stillegung abgebrochen, 1938 Neubau begonnen. Diese Werft bildet heute zusammen mit den wiederaufgebauten „Stettiner Oderwerken" die sog. „Adolf-Warski-Werft", nach der Danziger Lenin-Werft (fr. Schichau) die größte im heutigen Polen. 1897 entstand an der Oder in Kratzwieck ein Hochofenbetrieb („Eisenhütte Kraft"), der auf der Grundlage oberschlesischer Kohle schwedische Erze verhüttet. Kalkvorkommen, besonders am Rande der Buchheide, waren die Grundlage einer umfangreichen chemischen Industrie, die nach den Schäden von 1945 wiederaufgebaut wurde und z. Zt. durch die Anlage eines riesigen Chemiekombinats bei Pölitz erweitert wird. Hier waren während des Krieges große Hydrierwerke entstanden, die 1944 zerstört wurden. Vor dem Kriege vervollständigten eine beachtliche Textilverarbeitung (Herrenkleiderkonfektion), Fahrzeugbau (Stoewer-Werke) und Papierherstellung (Feldmühle-Konzern) den industriellen Wirtschaftssektor.
Die Stadt war bis 1945 Sitz zahlreicher Behörden des Reiches (Reichspost- und Reichsbahndirektion) und Preußens (Oberpräsidium von Pommern und Regierungspräsident von Stettin, Oberlandesgericht u. a.) und beherbergt seit 1945 die polnischen Wojewodschaftsbehörden für den östlichen Teil Pommerns, deren Zuständigkeitsbereich 1950 und 1975 erheblich verkleinert wurde. 1732 erhielt Stettin die erste Lehrerbildungsanstalt Preußens. Nach dem Kriege wurden eine Wirtschaftshochschule (1945), ein Polytechnikum (1946), eine Medizinische Akademie (1948), Landwirtschaftsakademie (1954), Höhere Seefahrtsschule (1968) und Pädagogische Hochschule (1973) errichtet, eine voll ausgebaute Universität ist vorgesehen.
Die Bevölkerungszahl Stettins erreichte 1940 mit über 400 000 Einwohnern ihren höchsten Stand zu deutscher Zeit; fiel dann durch die Zerstörung der Stadt, die Evakuierung, Flucht und Vertreibung der deutschen Bevölkerung auf 83 765 Personen am 4. 7. 1945, als sie zwei Monate nach ihrer Eroberung durch die Rote Armee an Polen übergeben wurde. Bis zum 31. 12. 1947 sank der deutsche Bevölkerungsanteil auf 4050 Personen. Die Zahl der polnischen Bewohner stieg in den folgenden Jahren langsamer an als in vergleichbaren Städten (etwa in Danzig); sie erreichte 1982 einen Stand von 390 500 Personen.
Stettin war seit etwa 1120 bis 1637 Sitz des pommerschen Fürstenhauses der „Greifen". 1243 erhielt es von Herzog Barnim I. magdeburgisches Stadtrecht. Deutsche sind bereits seit 1187 nachweisbar, als der fränkische Kaufmann Beringer die St. Jakobi-Kirche gründete. Rat und Bürgerschaft waren schon im Mittelalter rein deutsch, der Hanse gehörte die Stadt, als deren „Fischhaus" sie galt, mindestens seit 1360 an. 1522 fand die Reformation Eingang. Gustav II. Adolf von Schweden befestigte 1630 Stettin und legte damit für Jahrhunderte den Umfang der Stadt fest; mehrfache Belagerungen (1659, 1677 und 1713) haben nicht viel vom mittelalterlichen Stadtbild übriggelassen. 1648–1720 war Stettin schwedisch, seither gehörte es zu Preußen, das es besonders unter Friedrich Wilhelm I. und Friedrich d. Gr. sehr förderte und zum ersten Seehafen dieses Staates werden ließ. Nach 1873 setzte eine stärkere Aufwärtsentwicklung ein, das Gelände der ehemaligen Festungsanlagen wurde vorbildlich und repräsentativ bebaut (Hakenterrasse).
Im 2. Weltkrieg zu etwa 50 % zerstört, kam am 4. 7. 1945 anfangs nur der engere Stadtkern Stettins bis zur Ringbahn unter polnische Verwaltung (poln.: Szczecin), die bis zum Nov. 1945 auch das westliche Vorland bis zur Linie Mescherin-Neuwarp-Swinemünde hinzugewann. Der Wiederaufbau kam jedoch erst seit 1972 mit der Wiederherstellung der wenigen historischen Baudenkmäler richtig in Gang und ist noch nicht abgeschlossen.

*Manfred Vollack*

Bilder aus dem heutigen Stettin: Die in gotisierender Form wiederhergestellte Nordfassade des Alten Rathauses am Heumarkt.

Westseite und Turm der Jacobikirche

Der Turm der früheren Schloßkirche.

Blick auf das Stettiner Schloß von der Oderseite. Gemälde von Ludwig Most

# Danzig/Gdańsk

Danzig, polnisch Gdansk – Stadt und Hafen – liegt an der Ostsee, am Rande der Weichselniederung, 5 km westlich der Mündung der Weichsel in die nach NO offene Danziger Bucht. Es existierten dort schon im 10. Jahrhundert eine Burg der Pommerellischen Herzöge und eine Fischer-, Handwerker- und Kaufleutesiedlung. Die erste schriftliche Nachricht über „Gyddanzyc" erscheint in der Vita S. Adalberti (997). Im Jahre 1148 wird der Ort urkundlich als „Kdanzc" bezeichnet. Ein Ort nach *Lübschem Recht* wurde Danzig wahrscheinlich um 1235. Nach dem Aussterben der Pommerellischen Herzöge wurde es 1294 direkt mit Polen verbunden. Anläßlich der Bedrohung durch das brandenburgische Heer im Jahre 1308 bat Bogusza – ein in Danzig angestellter Beamter des polnischen Herrschers Ladislaus Lokietek (Ellenlang) – den benachbarten Deutschen Orden um Hilfe. Diese Gelegenheit benutzten die Ordensbrüder, um am 14./15. November 1308 die Stadt zu erobern. Im 14. und 15. Jahrhundert entwickelte sich Danzig sehr schnell und wurde 1361 Mitglied der Deutschen Hanse. Zu dieser Zeit bestand es aus zwei Gemeinden: Der Rechtstadt, die seit 1378 eine Ratsverfassung besaß, und der Altstadt. 1343 erhielt Danzig *Culmisches Recht*. Aufgrund seiner bequemen Handelslage als Flußmündungshafen an Mottlau und Weichsel blühte vor allem in der Rechtstadt bald der Wohlstand. Im 14. und 15. Jahrhundert wurden im gotischen Stil viele Kaufmannshäuser und Speicher erbaut. Bemerkenswert sind das Rechtstädtische Rathaus und das Haus der Versammlungen der reichen Bürger – Artushof genannt –, die Große Mühle, das Krantor, des weiteren zahlreiche prächtige Kirchen, unter ihnen im Zentrum der Rechtstadt die monumentale Oberpfarrkirche St. Marien mit ihrem 79 m hohen Turm, der im Jahre 1502 vollendet wurde.

Die schnell zunehmende Macht der Kaufleute rief die Unzufriedenheit der politisch benachteiligten Handwerker und armen Stadtbewohner hervor und führte 1378, 1416, 1456 zu Aufständen der Handwerker. Die Stadt hatte auch viele Streitigkeiten mit dem Deutschen Orden, der ihre Rechte zu schmälern suchte und die Entwicklung des Handels hemmte, indem er hohe Gebühren und Zölle erhob. Die Gründung der sogenannten Jungstadt um 1350 erwies sich als Konkurrenz für Recht- und Altstadt. Danzig war schon von Beginn an ein sehr aktives Mitglied im Preußischen Bund, der gegen den Deutschen Orden kämpfte. Im Jahre 1454 brach die Stadt die Herrschaft des Ordens und schloß sich Polen an; das Schloß des Komturs in Danzig wurde zerstört. Während des dreizehnjährigen Krieges (1454–1466) zwischen dem Orden und Polen unterstützte Danzig militärisch und finanziell den polnischen König Kasimir IV. (der Jagiellone) und bekam daraufhin eine breitgefächerte Autonomie. Es erhielt die sogenannte Privilegia Casimiriana: die Handelsfreiheit gegenüber den polnischen Ländern, die Zusage, keine neuen Zölle auf der Weichsel festzusetzen, die Verleihung eines ausgedehnten Grundbesitzes, totale Vollmacht für den Danziger Rat in der Stadtregierung, Justiz- und Finanzführung, das Recht, den Verkehr im Danziger Hafen zu regulieren, Münzrechte usw.

Aufgrund der engen Verbindung mit dem polnischen Hinterland entwickelte sich Danzig nach 1466 sehr rasch: Die Einwohnerzahl nahm von 30 000 am Ende des 15. Jahrhunderts auf 40 000 am Ende des 16. Jahrhunderts und über 70 000 Mitte des 17. Jahrhunderts zu. Es begann eine Blütezeit des Handels; die Kornausfuhr steigerte sich zwischen 1500 und 1600 um rund das Zehnfache.

Es entwickelte sich auch das Gewerbe; die Zahl der legalen Handwerksbetriebe wuchs Anfang des 17. Jahrhunderts auf mehr als 3000 an; die sogenannten Pfuscher, das sind diejenigen, die nicht einer Zunft angehörten, nicht mitgerechnet. Im 16. Jahrhundert und in der ersten Hälfte des 17. Jahrhunderts hatte Danzig das Monopol über 80 % des polnischen Außenhandels und ca. 50 % des ganzen Ostseeverkehrs; es bildete sich hier auch ein mächtiges Finanzzentrum. Als Folge des großen Reichtums der Danziger Bürgerschaft entstand in Danzig eine vielfarbige Kultur, die unter starkem niederländischen Einfluß (Humanismus) stand.

Die Stadt wurde im Renaissance- und Barockstil umgebaut – mit dem Zeughaus als Hauptwerk dieser Zeit; es entwickelte sich im 16. Jh. das Schulwesen: Das sogenannte Akademische Gymnasium wurde gegründet. Viele berühmte Baumeister, Schnitzer, Bildhauer, Maler, Dichter und Gelehrte wirkten hier. Seit Anfang des 16. Jahrhunderts verbreitete sich in Danzig die Reformation; die Stadt wurde bald lutherisch (im Jahre 1557 gab der König Sigismund II. August den Danzigern die volle Religionsfreiheit), existierten doch auch calvinistische Gruppen sowie – in der Vorstadt – eine große Mennoniten-Gemeinde.

Die gesellschaftliche Entwicklung war durch starke soziale Konflikte geprägt, besonders von 1517 bis 1526; von den Kämpfen der Zünfte gegen den Rat in der zweiten Hälfte des 17. Jahrhunderts und in der Mitte des 18. Jahrhunderts. Die gemeine Bürgerschaft und die Zünfte suchten oft Hilfe gegen den Rat am königlichen Hofe; als Resultat – wenn auch langsam und stufenweise – kam es zu einer Demokratisierung der Stadtverfassung. Es entstand die sogenannte Dritte Ordnung, eine Vertretung der gemeinen Bürgerschaft in der Stadtregierung im 16. Jahrundert, aber das Patriziat wurde erst in der Mitte des 18. Jahrhunderts eingeschränkt. Da die reiche und mächtige Stadt sehr oft eine eigene Politik machen wollte, mangelte es nicht an Konflikten mit der Zentralmacht des polnischen Staates: 1568–1570 mit dem König Sigismund August über die Ostsee-Politik; 1576–1577 mit dem König Stephan Bathory, der 1585 mit einem „Pfahlvertrag" endete, der die Hälfte der Pfahlgebühren im Danziger Hafen dem König zusicherte; 1637–1639 mit dem König Ladislaus IV. Vasa über die Erhebung des königlichen Seezolls und die Einrichtung einer königlichen Flotte. Trotz dieser Streitigkeiten schätzte Danzig seine polnische Angehörigkeit hoch ein und stand treu an der polnischen Seite während der polnisch-schwedischen Kriege 1626 bis 1629 und 1656 bis 1660. Die zweite Hälfte des 17. und das 18. Jahrhundert brachten eine

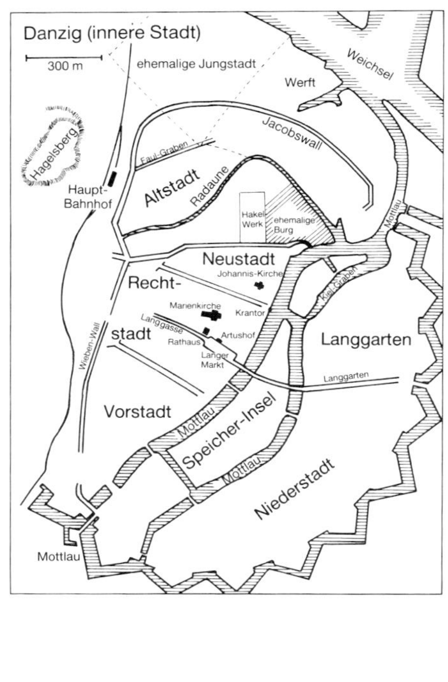


Abb. 1: Danzig

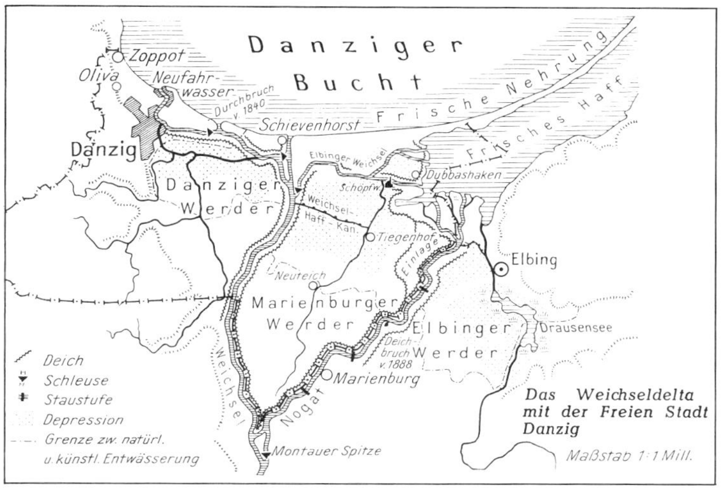


Abb. 2: Das Weichseldelta mit der Freien Stadt Danzig

Krise. Der Handel zwischen Westeuropa und den polnischen, durch die Kriege verwüsteten Ländern nahm ab. Die Ausfuhr des Getreides sank auf ein Drittel im Vergleich zum Beginn des Jahrhunderts, die Absatzmärkte für das Danziger Gewerbe verminderten sich, die Einwohnerzahl verringerte sich auf 30 000. Großen Schaden brachte im Jahre 1734 die Belagerung durch russische und sächsische Truppen, die gegen den polnischen König Stanislaus Leszczynski gekämpft hatten. In der zweiten Teilung Polens 1793 kam Danzig unter preußische Herrschaft und verlor seine Selbstverwaltung. 1807 wurde es nach einer Belagerung von napoleonischen Truppen besetzt, bis zum Jahre 1815 existierte es als Freie Stadt unter Frankreichs Kontrolle, dann kehrte es zu Preußen zurück und wurde zur Hauptstadt der Provinz Westpreußen. Seit 1852 hatte es Bahnanschluß; in der zweiten Hälfte des 19. und am Anfang des 20. Jahrhunderts entwickelte sich der Schiffbau, der Hafen wurde erweitert, die Industrie gefördert, und es wurden neue Außenviertel gebaut.
1920 wurde Danzig von der Versailler Konferenz zur Freien Stadt erklärt mit der Auflage, Polen einen freien Zugang zur Ostsee zu ermöglichen. Diese neue Regelung befriedigte weder das Deutsche Reich noch Polen. Danzig wurde zum Kampfgelände der verschiedenen politischen Strömungen, was die normale Stadtentwicklung erschwerte. Dennoch stieg die Einwohnerzahl 1939 auf 250 000. Während des Zweiten Weltkrieges wurde Danzig dem Deutschen Reich eingegliedert als Hauptstadt des Reichsgaues Danzig-Westpreußen. Anfang 1945 wurde es zu 55 Prozent zerstört und an Polen zurückgegeben, dann zur Hauptstadt einer Woiwodschaft erhoben. Schon 1946 begann der Wiederaufbau; bis zum Jahre 1960 wurden u. a. die Rathäuser der Recht- und Altstadt wiederhergestellt, der Artushof, das Zeughaus, das Krantor, das Grüne Tor, das Goldene Tor; von den Kirchen vor allem die ausgebrannte Marienkirche, die bürgerlichen Renaissance- und Barockhäuser am Langen Markt und in der Lang-Gasse usw. Die Einwohnerzahl wuchs von 117 000 im Jahre 1946 auf 370 800 im Jahre 1971. Der Hafen wurde mit neuen technischen Anlagen versehen und ausgeweitet zum sogenannten Nord-Port. Der Umschlag erhöhte sich 1965 auf 6,32 Mio. t. Die Danziger Werft gehört zu den 7 größten der Welt; 1963 liefen hier 2,13 Mio. t Hochseeschiffe vom Stapel. Es entwickelte sich die Industrie: Metallverarbeitung, Lebensmittelindustrie, Möbelfabriken usw. Danzig wurde auch zum Zentrum eines lebhaften kulturellen Lebens. Genannt seien die Universität und drei andere Hochschulen, Bibliotheken, Museen, Theater und die Philharmonie. Der berühmte Artushof wurde als Kunstgalerie eingerichtet.

*Maria Bogucka*

# Gedanken zum Wiederaufbau Danzigs

Als die polnische Stadtverwaltung im Jahre 1948 daranging, die in ihrem Kern zu 90 % zerstörte Stadt wieder aufzubauen, sah sie sich vor die Grundsatzentscheidung gestellt, wie dies denn nun zu vollziehen sei. Drei Möglichkeiten taten sich auf:
1. *Ein Wiederaufbau in völlig neuer Gestalt* als „sozialistische Musterstadt" wäre durchaus denkbar gewesen, denn auf die Bevölkerung mußte keine Rücksicht mehr genommen werden (die alte deutsche war vertrieben, die neue polnische war noch ohne innere Bindung an die vorgefundene Trümmerwüste), und die völlige Verfügungsgewalt über Grund und Boden in diesem Land mit seiner Planwirtschaft bot die Chance eines radikalen Neubeginns.
2. *Der Wiederaufbau in historischen Formen* drängte sich durch die geradezu europäische Bedeutung des vor dem Kriege einzigartigen historisch gewachsenen Stadtbildes von Danzig auf. Dem standen jedoch die ungleich höheren Kosten gegenüber und nicht zuletzt der Umstand, daß es sich dabei um die Rekonstruktion eines deutschen Stadtbildes handeln würde – eine Tatsache, die für die polnische Seite eine nicht geringe psychologische Hemmschwelle darstellte.
3. *Ein Wiederaufbau ohne ein ausgesprochenes Programm*, d. h. abschnittsweise je nach Bedarf und Zweckbestimmung, wie er etwa in Stettin ausgeführt wurde, hätte einige historische Bauten rekonstruieren lassen, andererseits Schritt für Schritt mit modernen, wenig spektakulären Zweckbauten die Innenstadt allmählich aufgefüllt. Der Nachteil hätte in einem wenig repräsentativen städtebaulichen Einheitsallerlei gelegen, der Danzig zu einer Großstadt unter vielen gemacht hätte.
Das kaum zu Erwartende geschah: Ein Wiederaufbau in historischen Formen wurde beschlossen und im Bereich der alten Rechtstadt auch konsequent ausgeführt.
Oft genug ist die Frage nach dem Warum gestellt worden. Zwei Gründe lassen sich erkennen, die wohl über alle anderen Erwägungen letzten Endes den Sieg davongetragen haben:
1. 1945 war für die Polen ein jahrhundertealter Traum Wirklichkeit geworden: Sie hatten das reiche, „goldene" Danzig in Besitz nehmen können. In Jahrhunderten hatte sich dieses die Polen faszinierende Bild von „Gdańsk" geformt – doch als sie in diese Stadt siegreich einziehen konnten, war sie zerstört. Mit dem Wiederaufbau des historischen Danzig haben die Polen sich im Grunde ein Traumbild rekonstruiert. „Gdańsk" war in ihrer Vorstellung als mittelalterlich geprägte Stadt mit alten Kirchen und Häusern vorhanden, galt als Musterbild einer Stadt überhaupt wie es im eigentlichen Polen ebenbürtig von Krakau repräsentiert wurde.
2. Ein sozialistisches Danzig hätte sicher wohl die in dieser Machart erfahrenen Stadtplaner der Sowjetunion auf den Plan gerufen, so wie man es in Warschau mit dem Bau des Kulturpalastes eben in jenen Jahren erleben sollte. Und gerade das wollte man vermeiden. Ist doch das Denken und Fühlen in Polen vielzusehr in der Geschichte verankert, als daß man eine seelenlose moderne Stadt hier an historischer Stätte hätte entstehen lassen können. Dabei spielte sicher die vor allem von der Kirche betonte Tatsache eine Rolle, daß das Bewußtsein, zum abendländischen Kulturkreis zu gehören, in Polen stark ausgeprägt ist. Der Wiederaufbau des historischen Danzig ist somit als eine kulturhistorische Leistung von europäischem Rang zu werten, als ein Bekenntnis zu den Werten der europäisch-abendländischen Kultur und Geschichte. Dem wird sicher dadurch kein Abbruch getan, wenn man darauf hinweist, daß die alte Hansestadt Danzig über 700 Jahre hinweg eine von Deutschen geprägte Stadt war.

*Manfred Vollack*

Blick von der St. Marienkirche („Rechtstadt") nach Norden auf die im 14. Jahrhundert gegründete „Neustadt" mit Kirche St. Johannes. Rechts die Mottlau (eben außerhalb des rechten Bildrandes liegt das Krantor). Vor den Gasometern befindet sich die „Altstadt", dahinter wird – neben den Kränen der Werft – die Weichsel sichtbar.

Giebelhäuser am Langen Markt

Krantor, erbaut 1443/44

Zu den frühesten Farbaufnahmen von der ostpreußischen Küste gehören diese Bilder: Kurenkähne an der Haffmole, Kurische Nehrung.

Leehang der Wanderdünen am Kurischen Haff

Die Hohe Düne
auf der Kurischen Nehrung

Die Marienburg wurde ab 1274 an der Nogat, einem Mündungsarm der Weichsel, erbaut als Hauptsitz des Deutschen Ordens. In dieser Funktion löste sie 1309 die Stadt Akko nahe Jerusalem ab, wo der Orden im Jahre 1190 während der Belagerung der Stadt gegründet worden war – mit Unterstützung durch Lübecker und Bremer Bürger. Von hier aus wurden u. a. die heidnischen Pruzzen (Preußen) christianisiert. 1237 erfolgte die Vereinigung mit dem livländischen Schwertbrüderorden, so daß der Deutsche Orden nunmehr auch in das Baltikum hineinwirkte. Zahlreiche Städtegründungen im Osten gehen auf das Wirken des Deutschen Ordens zurück. Die großartige Raumgestaltung im Inneren der Marienburg wird in Meisters Großem Remter offenbar (oben).
Details aus dem Hochschloß (links)
Gesamtansicht von der Nogat (unten)

# Königsberg — eine Erinnerung

Die bedeutende Hafenstadt an der östlichen Ostsee und bis 1945 Hauptstadt und größte Stadt Ostpreußens, vor 1918 auch zweite Haupt- und Residenzstadt des preußischen Staates, liegt am Südrand der samländischen Hochfläche, dort wo diese dicht an den Pregel herantritt und einen schon in frühgeschichtlicher Zeit passierbaren Übergang ermöglicht. Die Stadt entwickelte sich unweit der Mündung des Pregels in das Frische Haff und ist durch den 8 m tiefen Königsberger Seekanal mit der Ostsee bzw. dem Vorhafen Pillau verbunden.

Die Urzelle der Stadt bildete eine vom Deutschen Ritterorden errichtete Burg, die anläßlich eines Zuges in das Samland 1255 erbaut und nach dem vornehmsten Kriegsteilnehmer, dem Böhmenkönig Ottokar II., „Königsberg" genannt wurde. Sie wurde auf dem Tuwangste angelegt, einer nicht ständig besiedelten prußischen Fliehburg. Im Schutze dieser Ordensburg entstand schon bald eine deutsche Kaufmannssiedlung, die jedoch 1262 in den Stürmen des großen Prußenaufstandes unterging, während die Burg gehalten werden konnte.

Nach dem Friedensschluß von 1283, der den Aufstand beendete, entwickelten sich rasch drei Städte im Schutze der ständig erweiterten und ausgebauten Burg. Die Altstadt Königsberg entstand nun neu zwischen der Ordensburg und dem Pregel in dem regelmäßigen, für alle Ordensgründungen typischen Schachbrettgrundriß. 1286 erhielt sie Kulmisches Stadtrecht (Handfeste) und entwickelte sich fortan zur größten und bedeutendsten der drei mittelalterlichen Siedlungskerne Königsbergs; die City-Bildung setzte hier bereits im ausgehenden 18. Jh. ein. Stadtmauer, Wälle und Stadtgraben umgaben die Altstadt nach W und O, im Norden bot die Ordensburg wirksamen Schutz.

Östlich der Altstadt entwickelte sich noch im ausgehenden 13. Jh. eine Neustadt entlang der Ausfallstraßen zur Kurischen Nehrung (späterer Vorder- und Hinterroßgarten) und nach Litauen (Sackheim), die nach Osten durch Wall und Graben geschützt war (im Zuge der früheren Weißgerberstraße — Mittelanger). Dieser meist Löbenicht genannte Stadtteil blieb eine kleine Handwerker- und Ackerbürgersiedlung, die im Jahre 1300 ihre Handfeste erhielt. Hier lag auch das St. Marien-Kloster, das einzige seiner Art in Königsberg. Dritter der historischen Stadtkerne ist der Kneiphof, die von den beiden Pregelarmen gebildete Insel. Dieser Stadtteil wurde nach 1300 besiedelt und erhielt 1327 seine Handfeste, auch er zeichnet sich durch seine überaus planmäßige Anlage (Schachbrettmuster) aus. Hier hatten vor allem die Fernkaufleute ihren Sitz. Den östlichen Teil der Insel nahm der geistliche Bezirk der Domfreiheit ein, denn der 1330—80 erbaute backsteingotische Dom war von Anfang an Sitz des Domkapitels des 1243 gestifteten Bistums Samland. Das geistig-geistliche Gewicht dieses Viertels blieb auch nach der Reformation (1525) erhalten, als die 1544 von Herzog Albrecht von Preußen gestiftete Universität (die dritte Norddeutschlands) in die verlassenen und umgebauten Domkurien einzog. Dieses Alte Universitätsgebäude beherbergte bis 1945 die Universitätsbibliothek; es war die Wirkungsstätte des aus Königsberg gebürtigen Philosophen Immanuel Kant (1724—1804), dessen Grabmal bis heute (am Dom) erhalten geblieben ist. Die Universität wurde 1967 als russische Hochschule wiedereröffnet.

Erst 1724 wurden die drei Städte vereinigt, doch schon vorher hatten sich Vorstädte gebildet, die allmählich aufgrund der Zunahme der Bevölkerung zusammenwuchsen und 1626 erstmals in ein neues Befestigungssystem nach Vauban'scher Manier einbezogen wurden, das 1840—50 vor allem nach Süden und Osten erweitert, aber 1910 aufgelassen wurde. Einige Tore und Bastionen dieses Festungsringes sind noch heute vorhanden (u. a. Sackheimer, Königs- und Brandenburger Tor).

Im ausgehenden 19. Jh. wuchs Königsberg über seinen Festungsgürtel hinaus, besonders nach dem Bau der Eisenbahnlinien (1853 erste Bahnlinie nach Marienburg, 1857 durchgehend bis Berlin, 1860 bis zur russischen Grenze bei Eydtkuhnen in Betrieb). Wie in anderen deutschen Großstädten ergab sich auch hier eine soziale Differenzierung: Die Innenstadt hatte sich zur City entwickelt, Tragheim (zwischen Steindamm und Schloßteich) zum Regierungsviertel (Provinz- und Bezirksbehörden), Sackheim, Kosse und die am Pregel liegenden Stadtteile waren Industrie- und Arbeiterviertel, die weit draußen liegenden Hufen (hervorgegangen aus dem einzigen mittelalterlichen Stadtdorf Königsbergs) waren vom Mittelstand bewohnt, Amalienau und Maraunenhof galten als anspruchsvolle Wohngegend.

Nach den umfangreichen Eingemeindungen des Jahres 1939 umfaßte das Stadtgebiet von Königsberg 192,8 $km^2$; es griff mit etwa ⅓ seiner Fläche erheblich auf das Südufer des Pregel nach Natangen hinüber. 1939 wurden 372 164 Einwohner gezählt, die Bevölkerung war rein deutsch. Als die Stadt vom 28. 1. — 10. 4. 1945 von der Roten Armee belagert wurde, lebten noch etwa 110 000 Zivilisten in der schwer zerstörten Stadt, ihre Zahl verringerte sich nach 1945 durch Hunger, Seuchen und Verschleppung um 85 000, der Rest wurde von den Sowjets bis 1948 ausgewiesen. 1982 war der Vorkriegsstand mit 384 000 Einwohnern, überwiegend Russen, wieder erreicht.

Königsberg war bis 1945 eine bedeutende Wirtschaftsmetropole und das geistig-kulturelle Zentrum des deutschen Nordostens. Die Wirtschaft basierte auf der breitgefächerten Verarbeitung der landwirtschaftlichen Produkte Ostpreußens in Verbindung mit der Hafenfunktion der Stadt, deren günstige Verkehrslage (See- und Flußhafen, Mittelpunkt des ostpreußischen Eisenbahnnetzes, ab 1937 Reichsautobahn nach Elbing, Flughafen Devau, „Seedienst Ostpreußen" nach Pillau) sie zu einem bedeutenden wirtschaftlichen Umschlagplatz machte (1938 wurden im Hafen 2,9 Mio. t umgeschlagen). Hinzu kamen Werften, eine Waggonbaufabrik u. a. m. Die jährlich abgehaltene Deutsche Ostmesse sorgte für den notwendigen Wirtschaftsaustausch, besonders nachdem Ostpreußen durch den Polnischen Korridor vom Reich abgetrennt war (1920—39).

Als Sitz einer Universität, mehrerer Hochschulen (u. a. Kunstakademie, Handelshochschule) und vieler weiterführender Schulen war Königsberg in Verbindung mit zahlreichen Vereinen, dem Theater- und Kunstleben ein bedeutendes geistiges Zentrum, das mehr noch als Danzig und Stettin nach außen ausstrahlte; besonders eng waren bis 1918 die Beziehungen ins Baltikum. Die Rolle der Stadt als Hauptstadt des Ordensstaates (seit 1454) und des 1525 aus diesem hervorgegangenen Herzogtums Preußen wirkte auch nach der 1618 vollzogenen Vereinigung mit dem Kurfürstentum Brandenburg zum brandenburgisch-preußischen Staat weiter. Dies wurde besonders nach der Erlangung der Souveränität Preußens durch den Frieden von Oliva (1660) sichtbar, als sich Kurfürst Friedrich III. 1701 in Königsberg zum König in Preußen krönen ließ, aber auch in der Notzeit der napoleonischen Besatzungszeit, als von Königsberg aus 1813 die Befreiungskriege ihren Anfang nahmen.

Heute liegt die seit 1946 „Kaliningrad" benannte Stadt abseits des westeuropäischen Blickfeldes, sie ist für westliche Besucher unzugänglich geworden.

*Manfred Vollack*

Seltene Aufnahmen aus dem alten Königsberg:

Im Königsberger Hafen

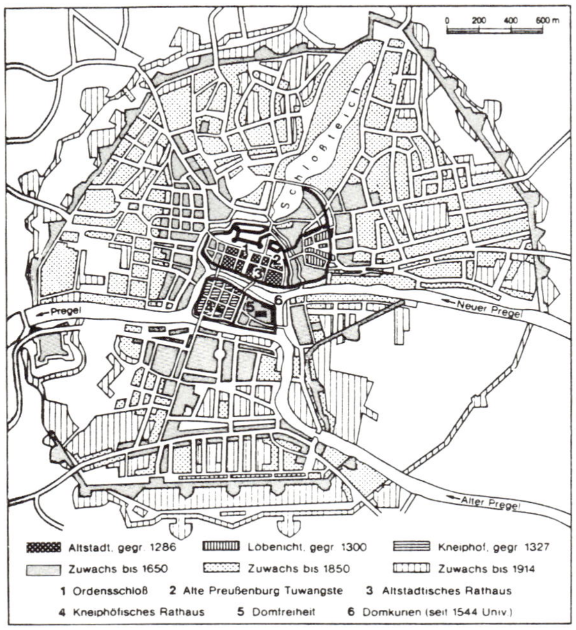


Königsberg, Stadtteile

Pregelufer mit Dom

Alte Universität

# Riga – Handelsstadt zwischen Deutschland und Rußland

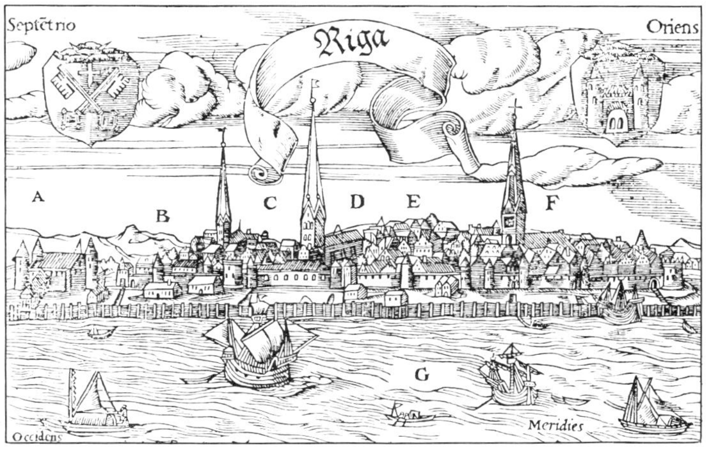


Ansicht der Stadt Riga aus Sebastian Münsters „Cosmographia" (1544).
A = Schloß, B = St. Jacobi, C = Dom, F = St. Petri, G = Düna-Fluß

Riga gehört zu den bedeutendsten Hauptstädten und Handelsplätzen an der Ostsee. Als Stadt ist der Ort im Jahre 1201 von Bischof Albert gegründet worden. Vorher befanden sich hier einzelne Siedlungen, vor allem ein Fischerdorf, eine andere Ansiedlung, die durch Handwerk und Handel bestimmt war, und ferner ein verlassener Burgberg. Albert, der letzte der deutschen Missionsbischöfe, stammte aus dem Geschlecht derer von Bexhövede oder Buxhoeveden, benannt nach Bexhövede südöstlich von Bremerhaven. Als Neffe des Erzbischofs Hartwig war er Domherr in Bremen.
1226 besaß Riga bereits einen Rat mit eigenem Wahlrecht. Das ursprünglich Gotländische Stadtrecht wurde schrittweise durch das Hamburger ersetzt. Daraus entwickelte sich das Rigische Recht.
Die erste Einwohnerschaft setzte sich zusammen aus dem Bischof und seinem Gefolge, dem im Jahre 1202 gegründeten Schwertbrüderorden, und dazu, wie die jüngsten Ausgrabungen entsprechender Wohnhäuser gezeigt haben, wohl aus Siedlern, die aus der engsten Umgebung von Bexhövede bei Bremen herkamen; ferner gab es Handwerker und vor allem Kaufleute, die aus Gotland – deutsche Kaufleute – und Lübeck kamen, in der Hauptsache wohl westfälischer Herkunft. So hieß die Große Gilde in Riga bis zuletzt „Stube zu Münster" und die Kleine „Stube zu Soest" nach der alten westfälischen Handelsstadt mit ihren engen Beziehungen zu den frühen Handelsplätzen an der westlichen Ostsee, nämlich Schleswig und Lübeck. Stadt- und Marktkirche im mittelalterlichen Riga stellte die Sankt-Petri-Kirche dar, die rechte der drei Kirchen auf dem abgebildeten Stich, heute allerdings wie vor dem letzten Kriege mit einem Turm aus vier barocken Helmen versehen und drei Galerien dazwischen, eine Konstruktion aus dem 17. Jahrhundert. Kirche des Bischofs, später Erzbischofs, war die Domkirche zu Sankt Marien, ursprünglich außerhalb der ersten mittelalterlichen Stadt gelegen. Mit dem Bau, dessen massiger Turm auf Westfalen hinweist, wurde bereits 1211 begonnen. Auch die Petrikirche stammt in ihren ältesten Teilen aus dem 13. Jahrhundert. Wie diese trägt auch der Dom seit 1775 eine barocke Turmhaube. Bei der dritten Kirche links auf unserem Bilde handelt es sich um die Sankt-Jacobi-Kirche. Von Anfang an hatte Riga natürlich auch Einwohner, die der einheimischen Bevölkerung entstammten, zunächst Liven, in deren Siedlungsgebiet ja Riga lag, ein den Esten und Finnen eng verwandter Volksstamm, und dann Letten, die ursprünglich weiter östlich und südlich der Stadt siedelten und in denen die Liven um Riga bereits gegen Ende des Mittelalters aufgegangen sind.
Ganz links auf dem Bilde sieht man das Schloß. Es ist immer wieder verändert und umgebaut worden, so daß es heute ebenfalls etwas anders aussieht als auf dem Stich. Um 1330 ist es als Schloß des Deutschen Ordens, in dem 1236 der Schwertbrüderorden aufgegangen war, erbaut worden. Im Vordergrund unseres Bildes sehen wir die Düna, lett. Daugava, ohne die Riga als Handelsplatz und Kulturzentrum nicht zu denken ist, ein Zentrum, in dem unter anderem Hamann, Herder, Holtei und Richard Wagner geweilt und gewirkt haben und wo 1781 bei Hartknoch Kants „Kritik der reinen Vernunft" erschien. Seit der zweiten Hälfte des 19. Jahrhunderts ist Riga auch als geistiges Zentrum des lettischen Volkes zu betrachten.
Im Jahre 1282 erfolgte der Beitritt Rigas zum Hansebund. Aufgrund seiner günstigen Lage nahm der Ort eine Schlüsselstellung im Handel zwischen West und Ost, zwischen Deutschland und Rußland, ein und wurde zu einer großen Hansestadt sowie zur bedeutendsten Stadt in einer Konföderation geistlicher Territorien, Altlivland genannt. Altlivland gehörte zum Heiligen Römischen Reich Deutscher Nation. Die Reformation fand in Riga wie im übrigen Lande rasch Eingang. 1525 verbriefte der große Ordensmeister Wolter von Plettenberg der Stadt ihr Luthertum. Altlivlands Selbständigkeit endete im Großen Russenkrieg gegen Ivan den Schrecklichen im Jahre 1561. Der Mittelteil, Livland, unterwarf sich den Polen, während Riga bis 1581 unabhängige Reichsstadt blieb. Erst dann wurde es dem polnischen Staate einverleibt. 1582 zog der König Stephan Bathory feierlich ein. Im Krieg zwischen Polen und Schweden, das 1561 den nördlichen Teil Altlivlands, die Provinz Estland mit Reval, erworben hatte, eroberte 1621 König Gustav Adolf von Schweden Riga. Es gehörte nun zu Schweden und stellte nach Stockholm die bedeutendste Stadt in diesem Reiche dar. Im Jahre 1700 brach der Große Nordische Krieg aus, der mit einem Überfall sächsischer Truppen – der sächsische Kurfürst August der Starke war ja König von Polen – auf Riga begann. Karl XII. von Schweden konnte zunächst die Lage meistern, bis er 1708 bei Poltava in der Ukraine von Peter dem Großen besiegt wurde. 1710 mußte Riga vor dem russischen Feldherrn Scheremetjev kapitulieren. Der Stadt und dem ganzen Lande wurden aber die alten Privilegien nun auch vom russischen Kaiser weiter bestätigt. Seit der Zeit gehörte Riga zum Kaiserreich Rußland. Nach dem Zusammenbruch Rußlands und Deutschlands gegen Ende des Ersten Weltkrieges – die deutschen Truppen hatten am 3. September 1917 Riga besetzt – wurde am 18. November 1918 in Riga der Freistaat Lettland begründet. Riga wurde seine Hauptstadt. Im Freiheitskrieg bis 1920 mußte aber Lettland sich seine Unabhängigkeit erkämpfen, und zwar gegen die Sowjettruppen, aber auch gegen deutsche Freikorps, die im Herbst 1919 zusammen mit dem russischen Abenteurer Bermont Avalov einen eigenmächtigen Krieg führten. Von Januar 1919 bis zum 22. Mai, an dem die deutschbaltische Landeswehr und das reichsdeutsche Freikorps Riga eroberten, hatte es die Hauptstadt einer Sowjetrepublik Lettland dargestellt. Im Herbst 1939 siedelte die deutsche Volksgruppe aus Lettland und Estland nach Deutschland um. Damit verlor Riga einen Bevölkerungsteil, von dem es in den vergangenen Jahrhunderten entscheidend geprägt worden war. Im Sommer 1940 wurde Lettland der Sowjetunion einverleibt. Seitdem stellt Riga die Hauptstadt Sowjetlettlands dar, unterbrochen von der Zeit der deutschen Besetzung im Zweiten Weltkrieg.

*Wolfgang Laur*

# Tallinn (deutsch: Reval) – Hauptstadt der Estnischen SSR

Im Mittelalter wurde Tallinn (deutsch: Reval), die Hauptstadt des heutigen Sowjetestlands, „optima civitas in tota Livonia" (die beste Stadt in ganz „Livland") genannt, wie in alten Urkunden zu lesen ist. Wirtschaftliche Beziehungen Tallinns erstreckten sich auf alle Ufer der Ostsee und reichten außerdem bis Nowgorod, Lübeck, Bergen, London, Amsterdam, Brügge und Lissabon. Heute ist Tallinn nicht nur ein Wirtschafts-, Handels-und Verkehrszentrum, sondern zugleich auch ein wichtiger Mittelpunkt im kulturellen und wissenschaftlichen Leben der Republik. Man zählt hier über 460 000 Einwohner. Und die derzeitigen wirtschaftlichen Beziehungen haben sich über die ganze Welt ausgedehnt.
Tallinn liegt an der Steilküste des Finnischen Meerbusens. Als Hafenstadt besitzt es eine vorteilhafte geographische Lage. Eisenbahnlinien, Landstraßen, Luft- und Wasserwege verbinden die Hauptstadt Tallinn mit vielen anderen Großstädten: bis Riga sind es 446 km, bis Leningrad 369 und bis Moskau 1015 km, bis Helsinki sind es 87 km und bis Stockholm 401 km. Am 1. Januar 1982 umfaßte die Stadt eine Fläche von 18 239 ha.
Nach der „Livländischen Chronik" des lettischen Priesters Henrik wissen wir, daß im Sommer des Jahres 1219 hier die dänische Flotte unter Führung des Dänenkönigs Waldemar II. strandete. Die Dänen zerstörten die alte Festung der Esten und bauten an dieser Stelle eine eigene.
Es gab drei Voraussetzungen, die zur Gründung einer Stadt führten: bekannter Handelsort, günstiger Hafenplatz und mächtige Festung.
Diese Stadtgründung und die sozio-ökonomische Lage waren keine Ausnahmen im Ostbaltikum. Eine ähnliche Entwicklungsgeschichte weist auch die Stadt Riga auf.
Im Mittelalter war Tallinn eine typische Stadt der deutschen Ostkolonisation. Die relative Bedeutung der Esten unter der Einwohnerschaft war groß. Anfangs war die rechtliche und sozio-ökonomische Situation der Esten verhältnismäßig gut; sie konnten ohne weiteres das Bürgerrecht erwerben. Seit der Mitte des 14. Jahrhunderts aber, als Ergebnis des verstärkten Druckes seitens des deutschen Patriziats und des Bürgertums, verschlimmerte sich die Lage der Esten in den Städten bedeutend.
Im Mittelalter nahm Tallinn einen zentralen Platz in der Handelspolitik zwischen Nowgorod und Westeuropa ein, weil Lübeck wegen seiner entfernten Lage und auch aus anderen Gründen nicht imstande war, das Nowgoroder Handelskontor zu führen.
Spätestens seit dem Jahre 1248 herrschte in der Stadt das Lübische Stadtrecht.
Als Ergebnis des Aufstandes der St. Georgsnacht (1343–1345) verkaufte der Dänenkönig im Jahre 1346 das estnische Herzogtum mitsamt Tallinn, Rakvere/Wesenberg und Narva für 19 000 Silbermark an den Deutschen Orden, der es seinerseits im nächsten Jahr für 20 000 Silbermark dem Livländischen Orden weiterverkaufte.
Ursache für eine schnelle Entwicklung dürfte die durch den hanseatischen Handel erlebte wirtschaftliche Blütezeit in der zweiten Hälfte des 14. Jahrhunderts und zu Anfang des 15. Jahrhunderts gewesen sein. Der hanseatische Transithandel beeinflußte die Tallinner Beziehungen mit Nowgorod und Pihkva/Pskow, später auch mit dem zentralisierten Russischen Reich.
Wir besitzen keine genauen Angaben über die Einwohnerzahl Tallinns im Mittelalter. Nach europäischen Maßen soll Tallinn eine Stadt mittlerer Größe mit 5000–6000 Einwohnern gewesen sein.
Die Einwohnerschaft Tallinns war nicht einheitlich, weder im nationalen noch im sozialen Sinn. Die Bewohner der Stadt waren hauptsächlich Esten und Deutsche, außerdem gab es Schweden, Finnen und Russen. Im 16. Jahrhundert bildeten die Esten die Mehrzahl der Bevölkerung, etwa 2300 Menschen. Die deutschen Bürger, von denen die meisten zur Oberschicht gezählt wurden, waren mit etwa 1500 Personen vertreten.
Die mächtigste Leistung der Baukunst in der Unterstadt war sicherlich die Stadtmauer, die sich großenteils bis zum heutigen Tag erhalten hat. Zu Anfang des 16. Jahrhunderts existierten 46 Wehrtürme. Die erste Schule in Tallinn war wahrscheinlich die Domschule (1319 erwähnt). Die Bibliothek der Olaikirche war spätestens im 16. Jahrhundert vorhanden. Mit der mittelalterlichen Geschichte waren verbunden zwei damals bekannte Maler – der Deutsche Bernt Notke (1430(1440?)–1509, von ihm stammt der berühmte „Totentanz") und Michel Sittow (ca. 1469–1525, bekannter spanischer Hofmaler).
Das Gesundheitswesen entwickelte sich in dieser Zeit. Das Leprosorium (Krankenhaus zur Pflege Leprakranker) wurde erstmals 1237 erwähnt und die bis zum heutigen Tag tätige Ratsapotheke im Jahr 1422.
Im mittelalterlichen Tallinn entstand auch die Lebensweise der feudalen Stadt, die sich durch die Stadtgestaltung, die Architektur, Kleidung und Ernährung ausprägte.
Das Ende der Feudalstadt Tallinn wird in die letzten Jahrzehnte des 19. Jahrhunderts datiert, als sich in der Folge der Entwicklung der Industrie, des Handels und Transports eine kapitalistische Stadt mit charakteristischen Zügen bildete.

*Tallinn heute*

Wir müssen es uns aus Platzgründen versagen, auf die interessante und wechselhafte Entwicklung der folgenden Jahrhunderte einzugehen und setzen erst wieder in unserem Jahrhundert ein. Unmittelbar vor der Oktoberrevolution war die Kampffront hier in Tallinn am stärksten und einheitlichsten, und eben hier wurde im Oktober 1917 das Schicksal zugunsten des Sozialismus entschieden.
Während der deutschen Okkupation (vom Februar bis November 1918) erlitt die Industrie Tallinns schweren Schaden. Mit der Gründung der bürgerlichen Republik verlor die Tallinner Industrie ihren wichtigsten Markt und die russische Rohstoffbasis. Am 21. Juli 1940 wurde in Tallinn die Sowjetmacht wiederhergestellt. Nach dem II. Weltkrieg fing eine kolossale Arbeit des Wiederaufbaus der estnischen Hauptstadt und des Aufbaus eines neuen sozialistischen Tallinns an.
Alte Wohnhäuser wurden instand gesetzt und neue gebaut. Aus der Asche erhoben sich Fabriken und Werke. Ende 1947 produzierten bereits 249 Tallinner Betriebe. In relativ kurzer Zeit wurde Tallinn wieder zum bedeutenden Industriezentrum.
In der Gegenwart entfällt etwa die Hälfte der Bruttoproduktion der gesamten Republik auf ihre Hauptstadt. Gewandelt hat sich auch ihr Produktionsprofil. Während vor dem Krieg die Konsumgüterbetriebe überwogen, so hat inzwischen der Maschinen- und Gerätebau das eindeutige Übergewicht. Einen bedeutenden Platz nehmen auch die Produktion von Baumaterialien sowie die holzverarbeitende, die Papier-, die Leicht- und Lebensmittelindustrie ein.
Die Elektromotoren des „Volta"-Werkes, die Bagger der Produktionsvereinigung „Talleks", die Geräte des Rundfunkwerkes „Punane RET", die Instrumente der Tallinner Klavierfabrik, die Maschinen des elektromechanischen „Kalinin"-Werkes haben einen guten Ruf im In- und Ausland. In der Entwicklung der Wirtschaft der Stadt spiegeln sich anschaulich die Freundschaft und die Zusammenarbeit zwischen den Völkern der UdSSR wider. Tallinn ist

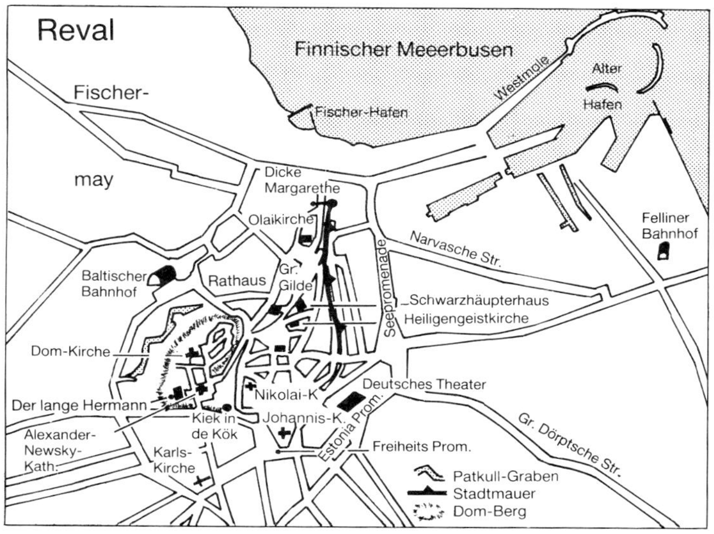


Tallinn/Reval

ebenso wie ganz Estland durch enge Wirtschaftsbeziehungen mit allen Unionsrepubliken verbunden.
So erhalten die Tallinner Betriebe Schwarz- und Buntmetalle aus der Ukraine, aus Kasachstan, aus Moskau und Leningrad, Erdöl aus dem Kaukasus und dem Wolgagebiet und Baumwolle und Seide aus den transkaukasischen und mittelasiatischen Republiken. Die estnische Hauptstadt bekommt auch Anlagen, Maschinen und Werkzeuge aus anderen Industriezentren der UdSSR.
Ihrerseits liefern die Fabriken und Werke Tallinns einen bedeutenden Teil ihrer Produktion in viele Bruderrepubliken. In der Ukraine, den transkaukasischen Republiken, in der RSFSR sind estnische Elektromotoren gut bekannt. Fast in alle Unionsrepubliken werden automatische Vorrichtungen für Kesselaggregate versandt, die das Werk „Ilmarine" herstellt. Ebenso gefragt über die estnischen Grenzen hinaus sind die erstklassigen Musiktruhen von „Punane RET" und die elektrischen Geräte von „Estoplast".
Zur Zeit wird in der Nähe von Tallinn der größte Handelshafen im ganzen Baltikum erstellt.
Überall wird intensiv gebaut. Bis Ende des Jahrtausends wird die estnische Hauptstadt voraussichtlich 500 000 Einwohner haben.
Die Hauptstadt der Estnischen Sowjetrepublik ist ein Zentrum der Kultur, Bildung und Wissenschaft. Es gibt hier fünf Berufs- und einige Laientheater, zahlreiche Museen, Bibliotheken mit reichem Buchbestand. Von den sechs Hochschulen der Republik haben vier ihren Sitz in Tallinn. Hier befinden sich auch die meisten wissenschaftlichen Einrichtungen Estlands, so die Akademie der Wissenschaften der Estnischen SSR mit mehreren Fachinstituten sowie eine Reihe von großen Projektierungsbüros.
Heute gibt es in Tallinn fast zehnmal so viele Ärzte und mittleres medizinisches Personal wie im Jahre 1945. Jeweils 180 Tallinnern steht ein Arzt zur Verfügung.
Tallinn ist seit langem als Stadt des Sports bekannt. Diesen Ruhm brachten ihr die bekannten estnischen Ringkämpfer Georg Lurich und Kristjan Palusalu, der Leichtathlet Aleksander Kompere-Klumberg, der Gewichtheber Alfred Neuland und die Sportler unserer Zeit: der Großmeister Paul Keres, der Gewichtheber Jaan Talts, der Eisschnelläufer Ants Antson und viele andere ein, die mit Olympiamedaillen, als Europa- und Weltmeister, als Sieger großer internationaler Vergleichskämpfe nach Hause zurückkehrten.
In Tallinn befindet sich fast ein Drittel der architekturgeschichtlichen Objekte der Estnischen SSR, die unter Denkmalschutz stehen. Darunter gibt es Bauten von Allunions- und sogar von Weltbedeutung.
Den eigentlichen Wert der Stadt kann man aber nicht auf Grund der Einzelbauten ermessen, sondern hier spielt der einheitliche kompakte Stadtorganismus eine wichtige Rolle. Als die größte Stadt der Republik hat sie ihre Bedeutung im gesamten Wirtschafts- und Kulturleben. Ungefähr zwei Fünftel der sozio-ökonomischen Kapazität der ESSR hat sich hier konzentriert. Deshalb spielt es eine wichtige Rolle, wie effektiv das vielseitige, eng mit der Volkswirtschaft der Republik und der ganzen Sowjetunion verflochtene Wirtschaftssystem Tallinns funktioniert.
In der Periode vor den Olympischen Spielen 1980 wurden viele Häuser der Altstadt restauriert. Es beteiligten sich an dieser Arbeit auch Restaurationsspezialisten aus Polen und der DDR. Mit dem Beschluß des in Hamburg befindlichen Fonds F. V. S.-Kuratorium erhielt Tallinn die Europa-Goldmedaille für besondere Leistungen auf dem Gebiet der Bewahrung des architektonischen Erbes. Am 6. Oktober 1980 fand die festliche Zeremonie anläßlich der Verleihung der Medaille im Tallinner Rathaus statt.
Im Laufe der letzten Jahre haben sich freundschaftliche Beziehungen der Stadtverwaltung mit den Partnerstädten Tallinns herausgebildet: Kotka (in Finnland), Venedig (in Italien), Kiel (in der Bundesrepublik Deutschland), Gent (in Belgien) und Brest (in Frankreich).
Tallinn ist Mitglied der Assoziation für die Entwicklung der Beziehungen zwischen sowjetischen und ausländischen Städten (gegründet 1964). Das Hauptziel dieser Assoziation ist eine Zusammenarbeit mit der Weltföderation der Bruderstädte.
Nach dem Beschluß des Internationalen Olympischen Komitees anläßlich der Olympischen Spiele in Moskau 1980 wurde Tallinn zum Austragungsort der olympischen Segelregatta gewählt. Im Zusammenhang damit wurde in Tallinn ein neues Segelsportzentrum erbaut.
Humane Ideen, die dem Tallinner Generalplan zugrunde liegen – der Enthusiasmus der Architekten, Ingenieure und Bauarbeiter sowie die Vorzüge der sozialistischen Staatsordnung – dies alles ermöglicht eine beispiellose Entwicklung. Darin liegt das Geheimnis der ewigen Jugend unserer alten Stadt.

*Raimo Pullat*

Blick auf die Altstadt von Tallinn und den 43 m hohen Felsrücken des Dombergs mit seiner geschlossen wirkenden Bebauung und dem Dom als Blickfang, links daneben der Hermannsturm, weiter links die Zwiebeltürme der Alexander-Newski-Kathedrale. Ganz links die große St. Nicolaikirche, ganz rechts Teile der Stadtmauer

# Leningrad – Schlüssel zum Westen

Leningrad ist die nördlichste Millionenstadt (4,8 Mio. Einwohner) und gilt als eine der schönsten Städte der Erde. Ein großer Teil der Stadt liegt auf 44 Inseln im Flußdelta der Newa. Die größte Insel, die Wassili – oder Wassiljewski-Insel, nimmt über 10 km² Fläche ein.

Leningrad ist – im Gegensatz etwa zu Moskau oder Kiew – eine junge Stadt. Sie wurde erst 1703 als St. Petersburg von Zar Peter dem Großen gegründet und planmäßig ausgebaut. Geplante Städte haben oft das Schicksal erlitten, daß sie später an Bedeutung einbüßten – nicht so St. Petersburg, das seinem Schutzpatron, dem Meeresheiligen St. Peter alle Ehre machte. Wie konnte es zu diesem Aufschwung kommen?

Peter der Große gründete seine Stadt an einer wohldurchdachten Stelle im Verlaufe eines mehr als tausendjährigen Handelsweges. Dieser bedeutende Handelsweg führte die Newa flußaufwärts, bog dann nach Süden ab und erreichte über Nowgorod und Kiew das Schwarze Meer. Bis auf eine kleine Landstrecke konnte man Flüsse benutzen und gelangte schließlich über Konstantinopel bis nach Griechenland („Weg von den Warägern zu den Griechen"). Ein zweiter wichtiger Handelsweg führte ebenfalls die Newa aufwärts und hielt sich am Ladoga-See ostsüdöstlich, erreichte dann die Wolga, auf der man durch das Kaspische Meer und über eine Landstrecke bis nach Bagdad gelangte („arabischer Handelsweg"). In den Jahrhunderten vor der Gründung von St. Petersburg stand der Ostausgang des Finnischen Meerbusens im Spannungsbereich zwischen Rußland und Schweden, und selbst nach der Eroberung des Gebietes durch Peter den Großen wurde zunächst (1703) eine Festung gebaut, die Peter-und-Pauls-Festung (siehe Ortsplan), um jederzeit einen möglichen neuen Angriff der Schweden abzuwehren. Der unmittelbare Vorgänger dieser Festung lag etwas weiter östlich am Ausfluß des Ladoga-Sees in die Newa. Dort ließ der Fürst von Nowgorod 1323 eine kleine Festung bauen, die mehrfach schwedisch und wieder russisch wurde. Die Schweden nannten sie später Noteburg; Peter der Große eroberte sie endgültig 1702 und nannte sie „Schlüsselburg", heute Petrokrepost, weil er in ihr zu Recht den Schlüssel zur Ostsee sah, und diese Rolle sollte wenig später seine neue Stadt übernehmen.

Peters Weitblick in politischer, strategischer und ökonomischer Hinsicht muß gerühmt werden. Wenn man einmal von den Konquistadoren absieht, wird wohl kaum eine Reise eines Einzelnen so gravierende Konsequenzen für die jüngere Geschichte der Welt gehabt haben wie diejenige des jungen Peter in den Westen, wo er u. a. in den Niederlanden und in England – inkognito innerhalb einer russischen Gesandtschaft – westliches „know–how" in sich aufsog, wie es später (in kollektiver Form) die Japaner wiederholten. Schon früh war er sich darüber im klaren, daß sich Rußland dem Westen öffnen müsse, wenn es in der Welt eine Rolle spielen wollte. Und diese Öffnung konnte damals nur über das bedeutende Handelsmeer Ostsee erfolgen. Mit größter Folgerichtigkeit trieb er seine Pläne voran. Zunächst galt es, die Schweden zu besiegen und den östlichen Bereich des Finnischen Meerbusens in seine Hand zu bringen. Als Tor nach Rußland mußte nunmehr eine starke, menschenreiche Stadt gegründet werden. Ein weniger Großer als Peter hätte diese Stadt um die Schlüsselburg am Ladoga-See angelegt. Peter wußte, daß mit der Größenzunahme der Schiffe ein Hafenplatz so dicht wie möglich am Meer zu liegen hatte – wie Stockholm, das den einst im Mälarsee liegenden großen Handelsplätzen den Rang abgelaufen hatte. Und so wählte er die unwirtlichen, zum Teil sumpfigen Gebiete des Newa-Deltas mit ihren zahlreichen Schwemmlandinseln zum Standort der neuen Stadt.

Nach dem Bau der Festung wurde zunächst der Hafen angelegt, der von nun an den Kontakt mit dem Westen herstellte. Er holte zahlreiche Techniker und Künstler des Auslandes hierher, aber auch Zehntausende von einheimischen Bauern (Leibeigene) und Soldaten, die Kanäle auszuheben, Straßen zu trassieren und Häuser zu bauen hatten. Schon 1704 entstand die Werft, Peters „Admiralitätshaus". Er wollte eine leistungsfähige Flotte bauen. Einschlägige Kenntnisse des modernen Schiffbaus hatte er selbst in den Niederlanden erworben, was zum Gegenstand von Lortzings Oper „Zar und Zimmermann" sowie anderer künstlerischer Bearbeitungen wurde. Schon im ersten Jahrzehnt nach ihrer Gründung hatte Peters Werft über 10 000 Beschäftigte. Die Admiralität wurde ständig erweitert, zuletzt 1806–1823, als sie ihre endgültige Gestalt und ihre Länge von über einem halben Kilometer erhielt – ein Bauwerk von hohem künstlerischen Rang. Nach der Schiffswerft wendete Peter seine Aufmerksamkeit der Gestaltung der Stadt zu. Gleichsam, um zu zeigen, daß es ihm um mehr ging, als sich ein persönliches Denkmal zu setzen, ließ er die drei Hauptachsen, darunter die Prachtstraße Newki-Prospekt, nicht direkt auf sein Schloß (wie das Versailler Vorbild), sondern auf die Admiralität zulaufen.

Er unterstrich damit seinen Willen, Rußland zu einer Ostsee- und damit zu einer Weltmacht zu machen. Der nächste kluge Schritt war die Verlegung der Hauptstadtfunktion von Moskau nach St. Petersburg bereits im Jahre 1712, als es noch gar nicht vollendet war.

Auch die Physiognomie der Stadt geht im wesentlichen auf Entwürfe zurück, die Peter selbst gestaltet hat. Er gehört damit zu den bedeutendsten Stadtplanern der Neuzeit. Es ist ihm gelungen, einen guten Kompromiß zwischen seiner Grundrißidee (das bekannte radial-konzentrische Konzept, das es schon in Nowgorod gab) und den natürlichen Gegebenheiten zu finden. St. Petersburg/Leningrad gehört zu den geplanten Städten, denen man die Planung nicht ansieht. Auch im Aufriß wußten er und seine Nachfolger interessante und unverwechselbare städtebauliche Ensembles zu schaffen, von denen nur erwähnt seien: die Peter- und Pauls-Festung, der Schloßplatz mit Winterpalast und angrenzender Admiralität, der Isaaks-Platz mit Isaaks-Kathedrale, der Dekabristenplatz mit den Historischen Archiven (früher Senat und Synod), die Umgebung der Kasaner Kathedrale am Newski-Prospekt und der Theaterplatz mit Opern- und Balletthaus (Marien-Theater), Rimski-Korsakow-Konservatorium und Kulturpalast.

Schon diese Aufzählung vermittelt einen Eindruck von der Fülle der städtebaulichen Schätze. Nach dem erklärten Willen Peters des Großen sollte St. Petersburg eine Stätte der Kultur werden. Von hier aus setzte er seine soziokulturellen Reformen für das ganze Land durch und führte damit Rußland aus dem Mittelalter heraus. Dazu gehörten die Verbesserung des Schulwesens, der Umbau der zivilen Verwaltung und der Aufbau eines Hochschulwesens, aber auch ganz spezielle Erlasse wie z. B. die Einführung des Julianischen Kalenders oder die Abschaffung der Barttracht.

Peter kümmerte sich überhaupt um zahlreiche Einzelheiten und griff ständig regulierend und verfügend in das Baugeschehen ein. 1716 erließ er ein Verbot des Holzbaus entlang der Newa und beschleunigte so die Entwicklung zu einer modernen westeuropäisch anmutenden Metropole. Die Geschlossenheit des Aufrisses wurde auch von seinen Nachfolgern gewahrt: Kein Profanbau durfte höher als der Winterpalast gebaut werden, der inzwischen zum Hauptgebäude der Eremitage, des weltberühmten Kunstmuseums geworden ist.

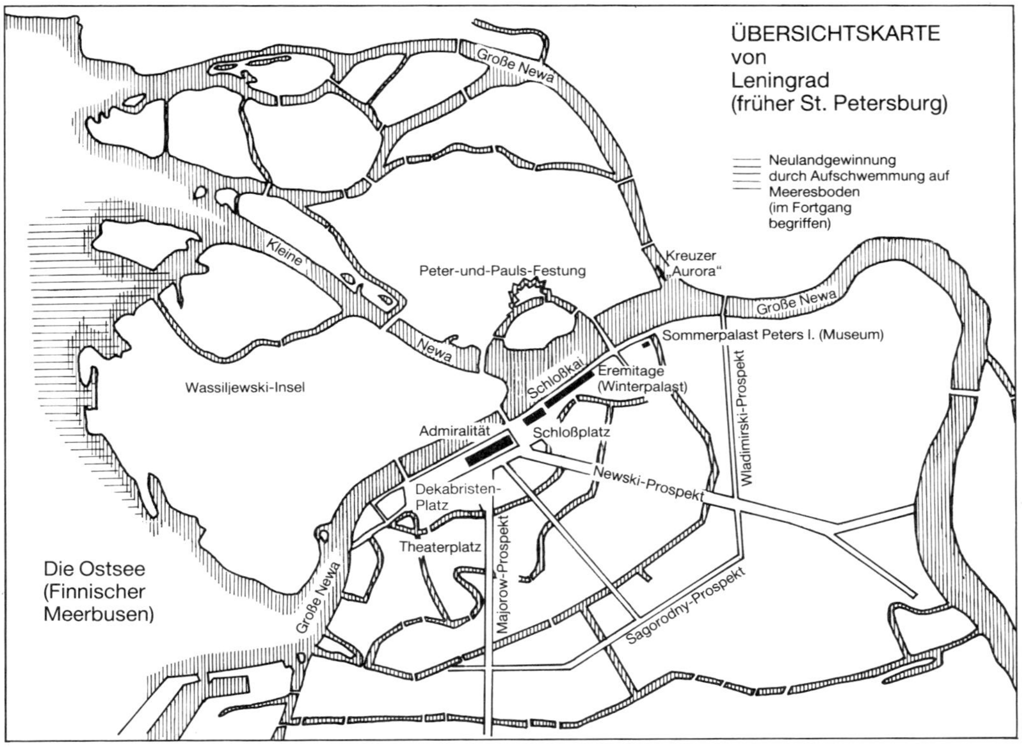


Leningrad

Das mit 122,5 m höchste Bauwerk der Stadt war die Peter- und Pauls-Kathedrale in der Festung. 1715 wurde die Marineakademie eingeweiht, 1725 die Akademie der Wissenschaften, 1719 die Ingenieurschule, 1719 das erste Museum und 1756 das erste ständig geöffnete Theater.
In militärischer Hinsicht waren der Aufbau eines stehenden Heeres und einer modernen Flotte von entscheidender Bedeutung. Der Frieden von Nystad beendete den Zweiten Nordischen Krieg mit den Schweden und verschaffte Rußland anstelle von Schweden die überragende Stellung an der Ostsee.
Aus vielen Teilen des Reiches und Westeuropas zog Peter zahlreiche Handwerksbetriebe und Manufakturen in die Stadt. Schon um 1710 gab es die ersten Druckereien. Fabriken wurden gegründet wie die Pulverfabrik und die Zuckerfabrik. Porzellan-, Baumwoll- und Tuchmanufakturen und viele andere kamen hinzu. Fast der gesamte Überseehandel Rußlands wurde über St. Petersburg abgewickelt. Später verkehrte von hier aus die erste Eisenbahn Rußlands, die die Verbindung mit Moskau herstellt. Schließlich wurde das Kanalsystem fertiggestellt, mit dem man die Wolga und damit das Kaspische Meer erreichen konnte. Der alte arabische Verkehrsweg war damit in der Neuzeit auf der gesamten Länge schiffbar.
Peters Liebe zum nassen Element kommt in der knapp 30 km westlich von Leningrad am Meer liegenden Sommerresidenz Peterhof (Petrodworez) des Zaren Peter I. zum Ausdruck. Er ließ zwischen Residenz und Ostsee einen Kanal bauen, der eine Paradeeinfahrt bildete, durch die seine Gäste mit ihren Yachten zur Residenz fuhren. Weltberühmt sind die Großen Kaskaden mit ihren 64 Springbrunnen vor dem Schloß, die aus zahlreichen Quellen oberhalb der Anlage gespeist werden. Peterhof erhielt um die Mitte des 18. Jahrhunderts seine endgültige Gestalt durch den berühmten Architekten Rastrelli, der auch das Katharina-Schloß südlich der Hauptstadt in Zarskoje-Selo (heute Puschkin) sowie den Winterpalast in die heutige Form brachte.
Zum Ruhme der Stadt trugen auch andere Baumeister bei wie Andrej Woronichin, Andrean Sacharow und Carlo Rossi. Hier wirkten die weltberühmten Komponisten Tschaikowski, Rimski-Korsakow, Mussorgski und Borodin.

Mit dem 20. Jahrhundert begann für St. Petersburg eine wechselvolle Zeit. 1905 zogen 140 000 Menschen zum Winterpalast, um dem Zaren eine Bittschrift zu überreichen, in der sie auf ihre unerträglichen Lebensbedingungen hinwiesen. Zu Beginn des Ersten Weltkriegs wurde der deutsche Name „St. Petersburg" gegen das russische „Petrograd" ausgetauscht. 1917 ereignete sich hier die Februarrevolution, durch die das Zarenregiment ein Ende fand. Die bürgerliche Regierung nahm Sitz im Winterpalast. Am 25. Oktober (nach dem Gregorianischen Kalender: 7. November) 1917 brach die von Lenin geleitete „Oktoberrevolution" aus. Um 21.45 richtete der Kreuzer Aurora, der auf der Newa nahe dem Winterpalast in Stellung gegangen war, seine Geschütze auf den Palast und gab mit einem Blindschuß das Signal für seine Erstürmung. Er ist heute (an anderer Stelle in der Newa) als Museum zu besichtigen. 1918 wurde der Regierungssitz wieder nach Moskau verlegt. Die Stadt an der Ostsee hatte in dieser Hinsicht ihre historische Mission erfüllt. Die Ausweitung des Reiches und die bevorstehende Erschließung Sibiriens gaben dieser Verlegung ihren Sinn. 1924 wurde die Stadt in „Leningrad" umbenannt. Drei Jahre später hatte man den industriellen Vorkriegsstand wieder erreicht. Es wurden u. a. Traktoren, Flugzeugtriebwerke, Turbinen und Kraftwerksgeneratoren hergestellt. Die deutsche Besetzung im Zweiten Weltkrieg hinterließ schwerste Schäden, die jedoch in wenigen Jahren beseitigt wurden. Die Dynamik der Stadt zeigt sich heute in dem wachsenden Platzbedarf, dem man unter anderem mit dem Projekt „Meeresfassade" entsprechen möchte. Gemeint ist damit die künstliche Flächenaufspülung, vor allem im Westen der Wassiljewski-Insel, die schon teilweise realisiert worden ist.

*Jürgen Newig*

Der Peterhof, die knapp 30 km westlich von Leningrad am Meer liegende Sommerresidenz des Zaren Peter I., mit den berühmten Wasserspielen

Vom Kreuzer „Aurora“ aus, der heute in der Newa im Stadtgebiet von Leningrad als Museumsschiff liegt, erfolgte am 7. November 1917 ein Kanonenschuß als Signal für die Erstürmung des Winterpalastes. Damit trat die Oktoberrevolution in ihr entscheidendes Stadium.

# Helsinki – Finnlands Metropole

Der Stadt Helsinki, (schwedisch Helsingfors) fehlen mittelalterliche Wurzeln, jedoch lassen sich viele aufeinanderfolgende Entwicklungsstufen in der Geschichte und Gestaltung dieser Stadt aufzeigen.

Ursprünglich waren die Küsten von Uusima (Nyland) von Finnen besiedelt, die von Estland her eingewandert waren und später landeinwärts nach Häme (Tavastland) weiterzogen. Die Küstenbereiche wurden während der Kreuzzüge von Schweden aus Helsingeland kolonisiert. Der Vantaa-Bach (Vanda), der in der Nähe von Vanajavesi in die Häme fließt und östlich der Halbinsel von Helsinki mündet, war damals ein wichtiger Verkehrs- und Handelsweg für Pelzprodukte und Fische aus den nördlichen Waldgebieten. Dieses spiegelt sich in den hiesigen Ortsnamen wie Tavastby und Skattmansby wider. Während der schwedischen Herrschaft baute man eine wichtige Reichsstraße zwischen Turku (Åbo) und Viipuri (Viborg), und ein Stück dieser Straße ist noch in der Nähe des Kirchdorfs Helsinge erhalten.

Um Schweden die Vormacht in der Hanse zu entziehen, wollte König Gustav Wasa ein Gegengewicht zu Reval (Tallinn) schaffen. Die Voraussetzungen für eine Stadtgründung an der nyländischen Küste waren jedoch nicht besonders gut. Die Verkehrswege durch Helsinge und durch das Vanda-Tal sowie der fruchtbare Boden machten es jedoch möglich, diese Gegend auszuwählen, obwohl die alte Stadt Porvoo (Borgå) nur etwa 50 km weiter östlich lag, aber einen schlechten Hafen besaß. Die Wahl fiel auf die Mündung des Vantaa-Baches bei der Stromschnelle Helsinge-fors in der Altstadtbucht. Am 12. Juni 1550 wurde die Niederlassung an dem neugegründeten Stapelplatz befohlen mit dem Ziel, vor allem den Rußlandhandel aufzubauen. Diese Erwartungen erfüllten sich jedoch nicht. Bis 1571 war die Einwohnerzahl, mit einem Kern von ausländischen Kaufleuten, nur auf etwa 600 angewachsen.

Gleichzeitig war eine Reihe von Herrenhöfen in der Küstengegend von Helsinge gegründet worden. Viele von diesen spielten eine wichtige Rolle bei der Entwicklung der Stadt Helsinki, und zwar durch leitende Persönlichkeiten, die diese Güter besaßen. Hier waren auch militärische Reitställe (Sattelgüter). Noch heute gibt es Gebäude und andere Hinweise aus dieser Zeit rund um Helsinki, beispielsweise Meilahden Kartano (Mejlans gård), Munkkiniemen Kartano (Munksnäs gård), beide westlich vom Stadtkern, Tuomarilan Kartano (Domarby gård) in der Gegend von Helsinge und Uppby und Degerö östlich vom Stadtkern. Auf einigen dieser Güter, z. B. auf Hertonäs wurden später kleine Industriebetriebe, wie Ziegeleien, aufgebaut.

Bald erwies es sich als unumgänglich, die Stadt weiter seewärts und an eine geräumigere Hafenbucht zu verlegen. Die Entfernung von der Vanda-Mündung bis zum offenen Meer betrug 6 km. Während der Zeit von Königin Kristina und unter der Leitung von Pehr Brahe wurde 1640 beschlossen, die Stadt nach Vironniemi (Est näskatan) zu verlegen. Damit begann das heutige Helsinki zu gedeihen, obwohl der Anfang schwer war. Die Menschen wollten sich zunächst nicht auf den kahlen windgepeitschten Felsen niederlassen. Aber dieser Entscheidung verdankt die Stadt ihre großartige Lage in einer echten Schären-Landschaft mit dem offenen Meer in der Nähe der Südspitze des Ortes.

Die Entwicklung der Stadt schritt langsam voran. Die Konkurrenz von Reval war gewiß groß, und auch die Verbindungen zwischen Schweden und Rußland waren nicht sehr gut. Um die Wende ins achtzehnte Jahrhundert wurde die Stadt von Seuchen geplagt. Schließlich wurde sie im Nordischen Krieg 1713 unter Peter dem Großen beinahe vollständig niedergebrannt. Nach dem Frieden von Uusikaupunki (Nystad, 1721) wurde sie an gleicher Stelle wieder aufgebaut. Zuerst folgte man dem alten Stadtplan von 1642, aber als König Gustav III beschloß, eine neue Verteidigungslinie mit Festungen entlang dem Finnischen Meerbusen zu bauen, wurde die Insel Vargöarna, südlich von Helsinki, als Platz für Sveaborg ausgewählt.

Ein neuer Bauplan für die Stadt im Sinne des Barock wurde von dem Erbauer von Sveaborg, Augustin Ehrensvärd angefertigt, und noch heute weist der Stadtkern die wesentlichen Züge aus dieser Zeit auf. Am Schnittpunkt der beiden Hauptachsen, der Tavastgatan (heute Unioninkatu/Unionsgatan) und Storgatan (Aleksanterinkatu/Alexandersgatan) wurde ein großer Platz angelegt (heute Senaatintori/Senatstorget), als Gegenstück zum Marktplatz am Hafen (Kauppatori/Salutorget). Das Zentrum der Stadt sollte symbolisch die politischen Kräfte des Staates und der Stadt widerspiegeln. Der aus Stein gebaute Stadtteil sollte zusammen mit Befestigungen im Norden (Siltavuori/Brobergen) und Süden (Ullanlinna/Ulrikasborg) die Verteidigungslinie des Festlandes bilden. Obwohl der Ehrensvärdsche Festungsplan von Helsinki nicht vollendet wurde, blieb bis zum Ende des achtzehnten Jahrhunderts jegliche Bebauung außerhalb dieses ausgewiesenen Areals untersagt.

Der Bau von Sveaborg (finnisch: Suomenlinna, früher Viapori) begann 1748, wobei es die Absicht war, einen großartigen Flottenstützpunkt mit Werftanlagen zu bauen. Für die Architektur war Hårlemann verantwortlich. Für das Baumaterial wurde Granit von den acht Inseln verwandt, wo die Festung gebaut war; außerdem wurden Kalk- und Sandstein von Gotland und Öland herangeschafft. Die Stadt Helsinki, deren Einwohnerzahl kaum ein Zehntel derjenigen von Sveaborg (etwa 12 000) betrug, zog beachtliche wirtschaftliche Vorteile aus dem Festungsbau. Nur einmal wurde Sveaborg von Kriegshandlungen berührt, und zwar während des Krimkrieges. Vom 9.–11. August 1855 wurde sie von der englisch-französischen Flotte beschossen und beschädigt. Heutzutage ist die Festung zu einem nordischen Kulturzentrum mit vielen Museen umgestaltet worden.

Nachdem Schweden im Frieden von Hamina (Fredrikshamn) 1809 Finnland an Rußland abtrat, übernahm eine besondere Kommission den Wiederaufbau der 1808 durch Feuer verwüsteten Stadt mit dem Ziel, eine monumentale Repräsentation der Zarenmacht zu schaffen. Am 8. April 1812 wurde Helsinki Hauptstadt des neuen Großfürstentums Finnland. Der Stadtbaumeister dieser Zeit war Johann Albrekt Ehrenström, einer der bekanntesten Staatsmänner der gustavianischen Zeit. Er nahm den gebürtigen Berliner Carl Ludwig Engel in seine Dienste. Auch an vielen anderen Orten in Finnland hat Engel außerordentlich produktiv gewirkt. In Helsinki reichte die baugeschichtliche Phase unter Engel bis 1852, als die Nikolaikirche (heute Domkirche) eingeweiht wurde.

Auf diese Weise erhielt Helsinki seine im neoklassizistischen Empirestil erbaute Innenstadt, die mit bedeutenden Parkanlagen verschönt wurde, zum Beispiel der Esplanade und ihrer Fortsetzung im Boulevard bis zum Hietalathi-Meerbusen (Sandviken). Später wurde auch der Gloviken-Meerbusen, nördlich vom Stadtkern, einbezogen und die Stadtentwicklung in dieser Richtung ausgedehnt. Die weitere Entwicklung der Stadt bis zur Mitte des neunzehnten Jahrhunderts erfolgte ziemlich schnell und wurde unterstützt durch den Ruf des Ortes als angenehmer Badeort für wohlhabende Familien aus St. Petersburg. Daran erinnert noch die Brunnsparken-Anlage (Kaivopuisto).

Während der zweiten Hälfte des 19. Jahrhunderts wurden die Gebäude mit ihren schönen Pariser Fassaden an der Esplanade (be-

Historisch-geographische Grundzüge der Stadt Helsinki
1: Erste Stadtgründung an der Stromschnelle des Vanda-Baches (A: Helsinge-forsen); 2: Erneute Stadtgründung 1640 am Vironiemi (Estnässkatan), heutige „Altstadt“; 3: neues Geschäfts- und Verwaltungszentrum am Pasila (Pa, schwedisch = Böle).
Ortsteile: B = Kulosaari (Brandö), De = Laajasalo (Degerö), Dr = Lauttasaari (Drumsö), Ha = Haltia (Tomtbacka), He = Herttoniemi (Hertonäs), K = Katajanokko (Skatudden), Me = Meilahti (Mejlans), Mu = Munkkiniemi (Munksnäs), Pa = Pasila (Böle), Pu = Pukinmäki (Boxbacka), S = Suomenlinna (Sveaborg), Ta = Tapiola (Hagalund), Tu = Tuomarila (Domarböle), V = mittelalterliche Kirche von Helsinge, jetzt Vantaa (Vanda).
Beispiele für die Entwicklung von Industriestandorten: a = Hietalahti (Sandviken) und Söörnäinen (Sörnäs), entstanden vor dem Ersten Weltkrieg; b = Pitäjänmäki (Sockenbakka), nach dem Zweiten Weltkrieg; d = Itä Hakkila (Östra Haxböle), ganz neu erbaut

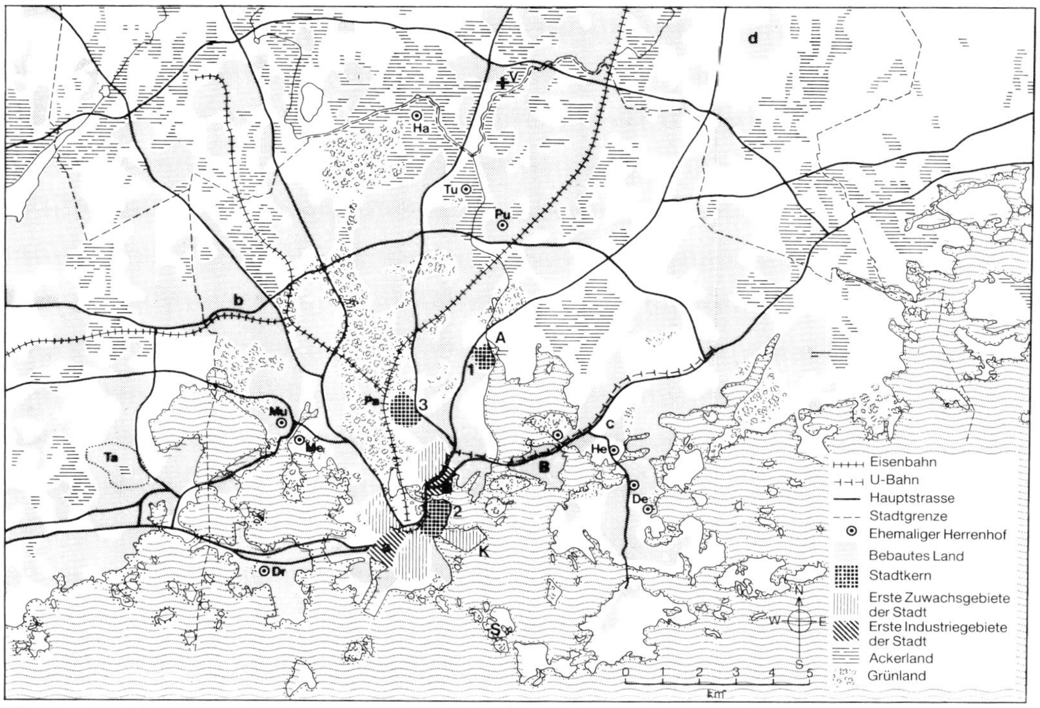


deutender Architekt Th. Höjer) erbaut. Das nationale Kunstmuseum, Athenäum, und der Bahnhof (1862) wurden am Nordrand der damaligen Stadt errichtet. Vor der Jahrhundertwende hatte Helsinki schon die ersten Industrieanlagen erhalten, die teils südwestlich, teils nördlich des Stadtkerns angelegt wurden. Aber auch auf der Katajanoka-Halbinsel (Skatudden) ließen sich einige kleinere Betriebe nieder. Besondere Arbeiterwohnungen wurden erbaut, um die sozialen Verhältnisse dieser Bevölkerungsgruppe zu mildern. Die Holzhäuser in Vallila (Vallgård) sind architektonische Zeugen aus dieser Zeit und heute restauriert. Die meisten Industrien sind inzwischen weggezogen, aber die Werft von Wärtsilä bei Hietaniemi ist noch tätig, und es werden dort noch heute große Luxusdampfer und Eisbrecher gebaut.
Während des ersten Jahrzehnts des 20. Jahrhunderts wurden viele neue Gebäude Helsinkis im Jugendstil erbaut, der national romantische Züge aufweist. Tonangebende Architekten in dieser Zeit waren H. Gesellius, A. Lindgren und besonders Eliel Saarinen. Aus dieser Zeit stammen das Nationalmuseum (1906 von den drei genannten Architekten) und das Nationaltheater (1902, O. Tarjanne). Als Baumaterial wurde oft einheimischer Granit verwendet. Später wurde der Stil monumentaler; ein Beispiel ist der Hauptbahnhof (1914, Eliel Saarinen).
Nach Erhalt der staatlichen Souveränität (1917) entwickelte sich rege Bautätigkeit. Die Wohnviertel rückten keilförmig in drei Richtungen vor: nach Nordosten (Sörnäinen/Sörnäs und Kallio/Berghäll), Nordwesten (Töölö/Tölö und Munkkiniemi/Munksnäs) und Süden (Punavuori/Rödbergen und Eira). Die Stadtpläne wurden entworfen von Eliel Saarinen. Der Baustil ist einerseits charakterisiert durch eine Art Klassizismus (Töölö), teils durch nationalromantische Züge geprägt (wie das Kleinhausgebiet von Käpylä/Kottby, welches ganz aus Holz errichtet wurde und heute gut restauriert ist). Auch das Reichstagsgebäude (1930, J. S. Sirén) und das Kaufhaus von Stockmann (1930, S. Frosterus) müssen hier genannt werden. Später erfolgte eine recht scharfe Umstellung des Stils, man strebte nach offenen, funktionalistischen Gebäuden, wie man es am Olympiastadium (1934–38, Y. Lindgren & T. Jäntti) und dem Hauptpostgebäude (1938, J. Järvi & E. Lindroos) erkennen kann.
Nach dem Zweiten Weltkrieg machte Finnland eine außerordentlich schnelle und durchgreifende Wirtschaftsumwandlung durch. In einigen Jahrzehnten entwickelte es sich vom Agrarland zu einem modernen Industriestaat. Hinzu kam die Umsiedlung der karelischen Bevölkerung aus dem östlichen Teil Finnlands, das an die Sowjetunion ging. Eine Folge dieser Ereignisse war eine rasche Urbanisierung, die auch die Hauptstadt beeinflußte. Das Stadtgebiet wurde durch Eingemeindung stark erweitert (1946). Die bis dahin einheitlichen Bauerndörfer mit kleinen Eisenbahnhaltestellen wurden zu schnell erweiterten Satelliten- und Vorstädten der Hauptstadt. Viele neue Verkehrslinien wurden errichtet, um dem Pendelverkehr zu dienen. Die Randgemeinden von Helsinki wollten nicht ihre Selbständigkeit verlieren und bekamen Stadtrecht: Espoo (Esbo) im Westen (1963, Stadt 1968), Helsinge im Norden (1972, Stadt 1974) unter dem neuen Namen Vantaa (Vanda). Inzwischen wurde natürlich auch der weitere Ausbau von Helsinki selbst lebhaft fortgeführt.
Da Helsinki teilweise auf einer Halbinsel liegt, erfolgte die Erweiterung in erster Linie in nördlicher Richtung; nach Westen und Osten waren die Erweiterungen viel schwieriger, weil man hier Meeresbuchten zu überqueren hatte, um Neuland für die Bebauung zu erhalten. Sie sind erst in den letzten Jahrzehnten in größerem Maßstab gelungen. Ein Beispiel bietet die neue U-Bahn, die eine schnelle Anbindung der östlichen Vororte erlaubte. Aber auch im Westen auf Lauttasaari (Drumsö) und ferner in Espoo, wo die national berühmte Grünstadt Tapiola liegt, hat eine sehr lebhafte Neubebauung stattgefunden. Inzwischen hat sich der Stadtkern, besonders das Geschäfts- und Verwaltungszentrum, allmählich weiter nach Westen und weiter nach Norden ausgedehnt (Aleksanterinkatu, dann Mannerheimintie entlang der Kamppi/Kampen). Diese Expansionsrichtungen boten jedoch nicht Raum genug, trotz der neuen Städteplanung von Alvar Aalto, der auch die neuesten Monumentalgebäude (Beispiel: das Finlandia-Haus) entwarf. Aus diesem Grunde wurde ein neues Sub-Zentrum für Helsinki in Pasila (Böle, etwa 5 km nördlich vom Hauptbahnhof) geschaffen, das noch nicht ganz fertiggestellt ist. Trotz allem hat Helsinki seinen durch Meeresnähe und Schärenhof geprägten Charakter bewahrt, symbolisiert durch Havis Amanda, die Jungfrau beim Brunnen am Marktplatz.

*Stig Jaatinen*

Helsinki, an einer geräumigen Hafenbucht gelegen, weist einen durch Schären und Meeresnähe geprägten Charakter auf. Der Blick geht über die Bucht des Süderhafens (auf der umseitig abgebildeten Kartenskizze links neben dem „K") mit ihren Fähranlegern auf das Zentrum der Stadt. Rechts die 1868 erbaute Uspenski-Kathedrale mit ihren Zwiebeltürmen; zur Bildmitte hin die das Stadtbild beherrschende Domkirche. Sie steht am belebten Senatsplatz (Senaatintori/Senatstorget), flankiert im Westen von der Universität (unmittelbar links vom Dom erkennbar). Vor der im hellen Sonnenlicht liegenden Häuserfront, die die Bucht nach Norden abschließt, erkennt man den Marktplatz (Kauppatori/Salutorget).

Die Finnland-Halle in Helsinki, ein Beispiel moderner finnischer Architektur

Typische finnische Holzhäuser in Porvoo (Borgå), einer Küstenstadt östlich von Helsinki

# Stockholm – alles begann in Gamla Stan

Stockholm liegt inmitten eines großen Schärenhofes, der für die Entstehung städtischen Lebens wegen der Kombination von Agrarwirtschaft und Schiffahrt im Frühmittelalter begünstigt war. Siedlungen im Mälarsee wie Helgö, Birka und später Sigtuna hatten Handelsbeziehungen mit Ost- und Nordeuropa einschließlich Friesland und Haithabu (Schleswig). Doch hat es bis etwa 1250 gedauert, bis im Bereich der heutigen Altstadt Stockholms ein Handelsplatz entstanden ist. Die Ursache liegt wohl darin, daß der heutige Mälarsee bis dahin direkt von der Ostsee aus erreichbar war und erst im 12. Jahrhundert durch Landhebung eine Schwelle entstand, die die Schiffer zwang, ihre Güter hier umzuladen. Neue Ausgrabungen haben ergeben, daß zwischen der Stadtinsel (Gamla Stan) und dem nördlichen Festland eine Rinne gezogen und Türme gebaut wurden, die als „Schloß (Verschluß) des Mälarsees" dienen sollten. Eine Kombination von Naturfaktoren und menschlichen Bauwerken kann also vielleicht erklären, warum die einst unbedeutende Sandinsel – ein Teil des langen Stockholmsosers, einer eiszeitlichen Sandablagerung auf Felsenuntergrund –, ziemlich schnell zu einer wichtigen Stadt wurde. Die Türme baute man allmählich zu einer Burg aus, „Drei Kronen" genannt, nach dem Symbol des Haupttumes.

Aus dieser Zeit, als Stockholm teilweise als Handelskolonie von Lübeck anzusprechen war (zahlreiche deutsche Einwohner), stammt noch der unregelmäßige Grundriß des größten Teils von Gamla Stan. Die Anordnung von Kirche, Rathaus und Markt glich derjenigen der Hansestadt Lübeck. Schon im 15. Jahrhundert war die Kriegstechnik so weit fortgeschritten und die Stadt so gewachsen, daß die Stadtmauern niedergelegt wurden. Aber schon vorher waren die „Langen Straßen" (außerhalb der Mauern) und die Schiffsbrücke die wichtigsten Ladenstraßen der Stadt und blieben es bis zum Ende des 19. Jahrhunderts.

Mit König Gustav I., der Schweden politisch von Lübeck und Dänemark unabhängig machte, entstand um 1520 eine starke schwedische Zentralgewalt. Heute genügt nicht mehr nur die Schreibstube des Königlichen Schlosses, sondern die Verwaltung mit ihren vielen Ministerien umfaßt viele Baublöcke im Norden der Altstadt.

Im 17. Jahrhundert erlebte die Stadt eine große Blütezeit, als Schweden im 30jährigen Krieg zur Großmacht geworden war. Während des Krieges stieg Stockholms Einwohnerzahl von 10 000 auf 40 000. Neue Adelspaläste mit Kupferdächern aus dem Faluner Bergwerk veränderten das Gesicht der Stadt. Die Regierung versuchte auch, den mittelalterlichen unregelmäßigen Grundriß in einen Schachbrettgrundriß zu verändern, was auf der Altstadtinsel nur in einem von einer Feuersbrunst betroffenen Gebiet im Westen durchgeführt worden ist. Die Stadt wuchs nach Norden (Norrmalm–Nordermalm) und Süden (Södermalm–Südermalm) gleichermaßen.

Die rasche Entwicklung Stockholms zur Großmachthauptstadt ist das Ergebnis der günstigen verkehrspolitischen Lage zwischen zwei Verkehrssystemen, dem Mälar-See und der Ostsee, die die Produktionsgebiete der wichtigsten Rohstoffe miteinander verband. Noch im 17. Jahrhundert erreichten fast alle Waren Stockholm auf dem Seeweg: Korn und Erz aus dem Mälargebiet, Häute und Fisch (vor allem Lachs) aus dem Norden und Osten; Salz, Glas, Wein und anderes mehr aus dem Süden. Im Winter ersetzte der Schlitten oft das Schiff. An der „Schleuse" lagen die Eisenwaage, der Kornhafen und die Schuppen und Speicher ausländischer Kaufleute. Die Handelslage Stockholms im 18. Jahrhundert wurde durch eine Verordnung künstlich begünstigt, daß alle Kaufleute Nordschwedens ihre Waren über Stockholm ausführen mußten.

Nach der Großmachtzeit verfiel die Bedeutung Stockholms, und der Verlust von Finnland im Jahre 1809 wandelte die zentrale Stellung im Ostseebereich in eine gewisse Grenzlage. Die Einwohnerzahl stagnierte. Die sehr hohe Sterberate konnte durch die Zuwanderung aus der Umgebung ausgeglichen werden. In der zweiten Hälfte des 19. Jahrhunderts besserte sich die Situation in Stockholm. Durch neue Kommunikationsmittel (Telegraph) und neue Verkehrsmittel (Eisenbahn) wurde Stockholm trotz seiner randlichen Lage besser mit den übrigen Teilen des Reiches verbunden. Vor allem die wachsende Industrialisierung führte zu einer starken Expansion. Zahlreiche Fabriken entstanden, vor allem an den Ufern der heutigen Innenstadt. Der enorme Wohnungsmangel konnte erst in den 20er Jahren unseres Jahrhunderts durch Neubauten, während des 1. Weltkrieges durch einfache, aber schöne „Notbauten" aus Holz gemindert werden.

Währenddessen blieb die Altstadt in der Entwicklung zurück. Das Geschäftszentrum verlagerte sich nach der Einweihung des Zentralbahnhofes auf das nördliche Festland („Norrmalm"), wo sich noch heute der Schwerpunkt der City befindet. Die wachsenden Verwaltungsfunktionen zogen allmählich nach. Die Altstadt wurde damals als ein Schandfleck angesehen, und es gab Vorschläge, alle alten Gebäude zu schleifen und den Grundriß zu begradigen. Der Plan scheiterte – glücklicherweise – aus Mangel an Kapital. Eine weitere Minderung der zentralen Stellung der Altstadt ergab sich daraus, daß man zu Anfang des 20. Jahrhunderts den südlichen Zugang, den Bereich der Schleuse, wo sich damals der gesamte Land- und Seeverkehr Stockholms kreuzte, für größere Schiffe sperrte und diese weiter südlich um „Södermalm" umleitete. Dafür baute man den alten Schleusenbereich zu einem Straßenverkehrsknoten aus (siehe Abb. S. 169).

Bald wurden die einstigen Vororte zur inneren Stadt des neuen großstädtischen Stockholm. Mietskasernen, Maschinenfabriken und Brauereien trugen zu einer weiteren Verdichtung bei. Nur die Felskuppen blieben von der Bebauung frei, weil ihre Nutzung unverhältnismäßig teuer gewesen wäre. Hier liegen noch heute mehrere große Parks und einige Reste der alten, sehr malerisch wirkenden unregelmäßigen Ortsteile mit kleinen roten und gelben Holzhäusern, jetzt sehr begehrte Künstlersiedlungen. Die Höhenunterschiede spielten damals überhaupt eine große Rolle, denn man hatte auf die Zugkraft der Pferde Rücksicht zu nehmen. Ein Pferd konnte mit Wagen eine Steigung von mehr als sechs Prozent nicht überwinden, konnte also auch keine Güter oder Menschen auf derartig steile Anhöhen transportieren. Die südliche innere Stadt, Södermalm, mit ihrer hohen Verwerfung und der damit verbundenen steilen Anfahrt wurde dadurch sozial benachteiligt, weil das neue Östermalm der 90er Jahre mit großen breiten Straßen ausgestattet werden konnte.

Unmittelbar außerhalb der Stadtgrenze in den Landgemeinden mit weniger konsequent angewendeten oder fehlenden Bauvorschriften lagen umweltstörende Fabriken und ärmliche Arbeitersiedlungen. An der Ostküste hingegen wurden mondäne Villenvororte angelegt. Nördlich und südlich der Innenstadt lagen viele alte königliche Paläste und Höfe, deren Gemarkungen heute teilweise für staatliche Zwecke (öffentliche Verwaltung, Hochschulen, Krankenhäuser) benutzt werden.

Auf Djurgården, dem ehemaligen Königlichen Tiergarten, liegen heute noch die schönsten Parkanlagen, Museen und Vergnügungsplätze Stockholms sowie die Reste der alten „Stadt" der Kriegsmarine. Hier, nahe der Stätte ihres Stapellaufs, liegt das alte Kriegsschiff „Wasa" auf der „Wasa-Werft", dem originellsten

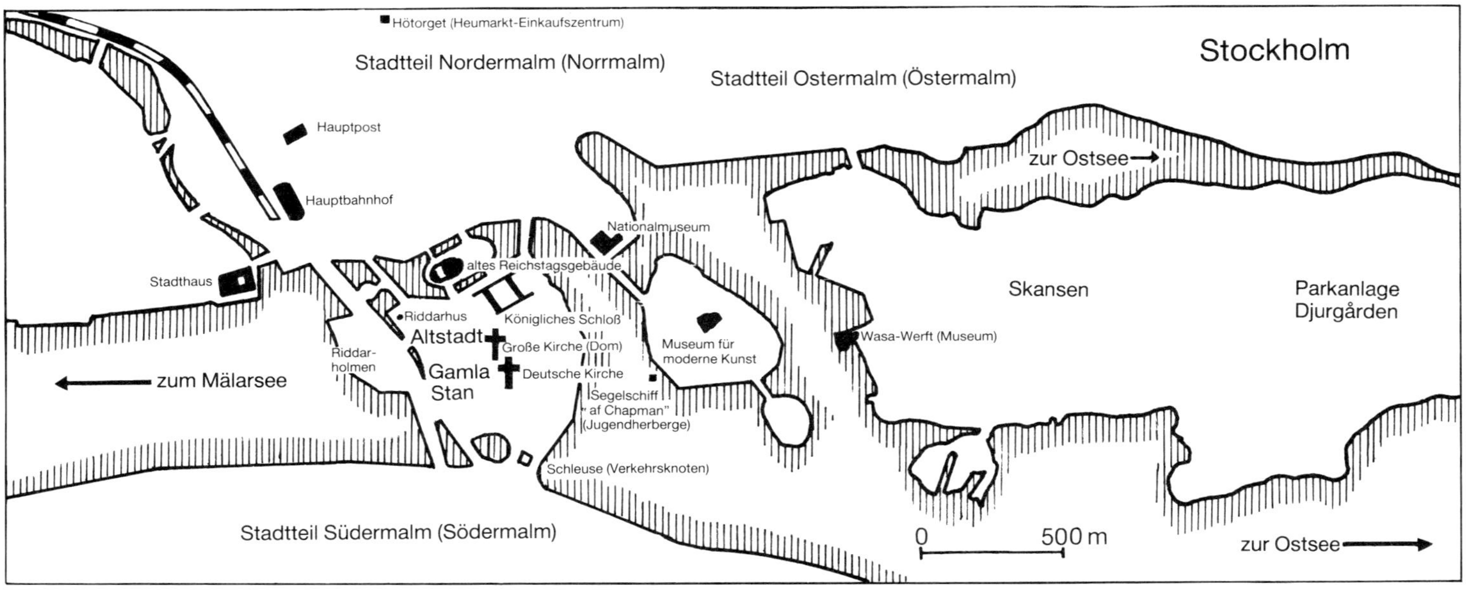


Museum der Stadt. Es wurde 1962 eröffnet und beherbergt den Fund des Flaggschiffs von König Gustav II. Adolf, das 333 Jahre auf dem Meeresgrund gelegen hatte, nachdem es gleich auf der Jungfernfahrt im Jahre 1628 gesunken war. Damals war Schweden eine Weltmacht.

In der Zeit um 1900 traf das Stockholmer Stadtkollegium eine wichtige Entscheidung. Es wurden große Herrenhöfe am Stadtrand aufgekauft, um Platz für die Ausdehnung der Vororte zu gewinnen. Diese Grundstücke im Süden und Nordwesten der Stadt wurden allmählich nach Stockholm eingemeindet. Hier schuf man beispielhafte Siedlungen für die Mittelschicht und die Arbeiterklasse, zuerst mit Einfamilienhäusern, seit den 40er Jahren mit Mehrfamilienhäusern. Die Entwicklung des U-Bahnnetzes erlaubte es, die Innenstadt schnell zu erreichen. Mit dem Vorort Vällingby (1954) wurde versucht, eine Einheit von Wohnen, Arbeiten, Sozialfunktion, Erholung und Einkaufsfunktion zu schaffen. Vällingby ist auch Zentrum einer weiteren Reihe von Trabantenstädten.

Die Planung wurde in den 60er und 70er Jahren weitergeführt, aber mit intensivierter Bebauungsdichte. Die neuen Vororte innerhalb Stockholms und in den umliegenden Gemeinden sind teilweise problematisch, weil wohlhabende Stockholmer in eigene Reihen-, Ketten- oder Einzelhäuser vor allem in die nördlichen Gemeinden gezogen sind. Als Ergebnis dieser Abwanderung haben gewisse Gebiete des sozialen Wohnungsbaus einen hohen Anteil ausländischer Einwanderer erhalten, vor allem Finnen, aber auch Gastarbeiter und Flüchtlinge aus aller Welt.

Nach harten Diskussionen beschloß die Stadtverwaltung im Jahre 1940, die aus den 1870er Jahren stammende City in Norrmalm zu sanieren und an die Neuzeit anzupassen (Auto, U-Bahn, Einkaufsverkehr). Bis heute baut man an Stockholms „Central Business District", den manche schön, andere aber nur zweckmäßig finden. Ein Schwerpunkt der Sanierung lag in der Gegend des Heumarktes (Hötorget), wo ein neues Einkaufs- und Verwaltungsviertel mit riesigen Hochhäusern, unterirdischen Garagen und Passagen entstand. So verstärkt sich der Großstadtcharakter des heute über 600 000 Einwohner zählenden Ortes. Mit Vororten (als Agglomeration) kommt man auf eineinhalb Millionen Einwohner. Die größte Stadt Schwedens bietet auch das vielfältigste kulturelle Angebot. Nur einige wenige Einrichtungen können hier beispielhaft genannt werden. Die Universität von Stockholm wurde zwar erst 1877 gegründet (Uppsala dagegen 1477, Lund 1668), hat sich aber rasch zu einer bedeutenden Stätte von Lehre und Forschung entwickelt. Einer der berühmtesten Söhne der Stadt ist Alfred Nobel (1833–1896), der Erfinder des Dynamits und Stifter des nach ihm benannten Preises. Das Nobel-Institut liegt auf dem Gelände des „Karolinska Institutet", wo jährlich der (oder die) Nobelpreisträger für Medizin ermittelt werden. Die Verleihung findet jährlich am 10. Dezember, dem Todestag Nobels, in Stockholm statt. Der Friedensnobelpreis wird in Norwegen vergeben.

Die besondere Liebe der Stockholmer gilt heute der Altstadtinsel. Die „Stadt zwischen den Brücken", Mittlerin zwischen Mälarsee und Ostsee, ist heute fast völlig renoviert. Das war nicht leicht und trotz öffentlicher Zuschüsse sehr kostspielig, so daß die erwünschten niedrigen Mieten nicht verwirklicht werden konnten. Die äußere Zone der Altstadt befindet sich nämlich auf Müll, den man früher einfach ins Meer geschüttet hatte und so eine elegante Form der Neulandgewinnung betrieb. Leider sinkt aber dieser Untergrund durch die Vibration des Verkehrs und das Gewicht der Bauwerke. Gamla Stan wird nach dem Willen von Land und Stadt als Kulturdenkmal erhalten bleiben.

*Thomas Lundén*

Stockholms Altstadt Gamla Stan mit der Deutschen Kirche (ganz rechts) und der „Großen Kirche" (links), der Domkirche. Hier werden seit dem 15. Jh. die schwedischen Könige gekrönt.

Hinter dem Schatten, den die große Verwerfung von Södermalm auf das Eis des Riddarfjärds wirft, erkennt man die kleine Insel Riddarholmen mit der Riddarholmskirche, in der sich die Grabstätten vieler schwedischer Könige und Persönlichkeiten befinden.

An der Schiffsbrücke mit der „Schleuse" (vorn), an der Ostseite der Altstadt, lagen früher die Schiffe der baltischen Häfen. Rechts, auf der Insel Skeppsholm, liegen die Gebäude der ehemaligen Basis der Kriegsmarine, jetzt als Museen und andere Institutionen benutzt. Das Segelschiff „af Chapman" ist eine beliebte Jugendherberge.

# Kopenhagen – Kaufmannshafen

Kopenhagen ist die Hauptstadt Dänemarks und zugleich die größte Stadt des Landes; (83 Quadratkilometer mit 482 493 Einwohnern (1. 4. 1984)). Es liegt am Öresund, an der engsten Stelle der Wasserstraße zwischen Seeland und Amager (Kallebod Strand) auf einer Moränenebene, deren höchster Punkt sich in Brönshöj 37 m ü. M. erhebt. Die Stadt ist Residenz der dänischen Königin und Sitz des Parlaments (Folketing), der Zentralverwaltung und des Obersten Gerichtshofes. Es ist Dänemarks bedeutendster Handelsplatz und Hafen und ein ausgedehntes Industriezentrum, Zentrum internationaler Luftschiffahrt sowie Mittelpunkt des geistigen Lebens der Nation. Die geographische Lage ist 55° 41′ nördl. Breite und 12° 34′ östl. Länge. Prähistorische Funde haben den Beweis dafür erbracht, daß hier schon in der dänischen Kontinentalphase Menschen gelebt haben.

*Kopenhagen im Mittelalter*

Schriftlich wird der Ort zum ersten Mal erwähnt in der Zeit um 1000 als Handels- und Fischereiplatz Havn, um 1200 als Kiopmanhafn: der Hafen der Handelsleute, in lateinischen Quellen Hafnia genannt. In dem Areal, das die Gemeinde Kopenhagen heute einnimmt, lagen auf einem Teil des fruchtbarsten Ackerlandes Dänemarks schon im frühen Mittelalter mehrere Ortschaften: Valby, Solbjerg, Serreslev, Vigerslev, Vanlöse, Brönshöj, Utterslev, Husum und Emdrup. Der König hatte in diesen seeländischen Ansiedlungen gewisse Besitzungen, und als König Waldemar der Große 1191 seinem Freund und Hauptratgeber während der letzten Hälfte des 12. Jahrhunderts, Bischof Absalon, das Fischerdorf Havn schenkte, waren auf jeden Fall Teile der anderen Ortschaften miteingeschlossen. Havn war jedoch die Ansiedlung, um die herum sich an dieser Stelle die erste Stadtgemeinde entwickelte. Absalon baute seine Burg auf einer der zahlreichen kleinen Inseln in dem Kanal zwischen Seeland und Amager. Diese kleine Insel heißt jetzt Slotsholmen. Die Burg wurde gebaut, um Havn und die umliegenden Ortschaften, die von den reichen Heringsvorkommen im Sund profitierten, gegen die norddeutschen Seeräuber zu schützen. Das Fahrwasser war im Mittelalter erheblich breiter als heute.

Nachdem die Stadt in den Besitz des Bischofs von Roskilde gelangt war, wurde sie zum kirchlichen Mittelpunkt. Der große Fortschritt als Handelsstadt war den Lübeckern ein Dorn im Auge; daher brannten sie 1248 Absalons Burg sowie einen Teil der Stadt nieder und nahmen sie in Besitz. Dies wiederholten sie 1368. Einen letzten Versuch unternahmen sie 1427–28, diesmal aber vergeblich.

1429 wurde die Sundsteuer eingeführt, die zu einer der größten Einnahmequellen für den König wurde. Während der Regierung Christophs des Dritten wurde Kopenhagen zur Landeshauptstadt erhoben, und schon zur Zeit Christians des Zweiten war es die größte Stadt im Land mit 10 000 Einwohnern. Mit der Zeit wurde die Fläche der Stadt größer, vor allem durch Auffüllen des Geländes vor dem Hafen mit Abfallmaterial.

Auch auf der Amagerseite befanden sich schon im Mittelalter Ortschaften, die heute von Kopenhagen eingemeindet worden sind: Sundbyöster und Sundbyvester. Aber bis 1618 lag Kopenhagen ausschließlich auf der Seelandseite.

*Kopenhagen im 18. und 19. Jahrhundert*

Bis Mitte des 19. Jahrhunderts war die Stadt von Wällen und Gräben umgeben. Die Grenze zwischen Stadt und Land war klar festgelegt. Von der ersten Volkszählung im Jahre 1769 bis 1850 wuchs die Bevölkerung von 18 000 auf 130 000. Nahezu die gesamte Bevölkerung mußte innerhalb der Wälle Platz finden, und für diesen Zweck verschwanden zahlreiche Grünflächen. Nur 8000 der 130 000 Einwohner lebten außerhalb der Wälle, wo die alten Ortschaften noch größtenteils ihren Charakter als Bauerndörfer erhalten hatten.

Die neuerbauten Straßen innerhalb der Wälle wurden rechtwinklig angelegt, teils, um den Verkehr zu erleichtern, teils, um das Risiko einer Wiederholung der schweren Feuersbrünste in den Jahren 1728, 1795 und 1807 zu mindern. Durch das Feuer von 1795 verloren ungefähr 6000 Menschen ihr Obdach, und die Behörden nahmen das zum Anlaß, um neue Straßenbaubestimmungen zu erlassen.

Im Wirtschaftsleben waren die Kriegsjahre 1807–14 ein entscheidender Wendepunkt. Bis 1807 setzten sich die günstigen Handelsbeziehungen fort; mehrere der importierten Produkte wurden industriell verarbeitet und wieder exportiert, z. B. Zucker von St. Croix. Andere Industriezweige blühten ebenfalls: die Möbelindustrie, die Töpferei und die Porzellanmanufaktur.

Als Hindernis für das weitere Wachsen der Stadt erwies sich das Verbot, auf den Festungsanlagen zu bauen. Nach dessen Aufhebung im Jahre 1852 dehnte sich die Stadt rasch aus, ein Effekt, der durch zahlreiche Eingemeindungen verstärkt wurde. Damit verdreifachte sich die Stadtfläche.

*Kopenhagen im 20. Jahrhundert*

Verglichen mit dänischen Landstädten, ist Kopenhagen immer schon eine große Stadt gewesen, aber erst im Zeitraum von 1870–1914 wurde es eine Stadt von europäischem Rang. Um 1870 wohnten 181 000 Menschen in Kopenhagen. Am Beginn des Ersten Weltkrieges hatte die Einwohnerzahl 450 000 überschritten. Dieser gewaltige Anstieg ist vor allem darauf zurückzuführen, daß die Industrialisierung einsetzte und zahlreiche Fabriken entstanden. Die Bevölkerung der Hauptstadt stieg weiter an bis zum Jahre 1950, als sie eine Zahl von 768 000 erreichte. Aber seitdem nimmt sie wieder ab; zum einen, weil die Personenzahl pro Haushalt zurückging, und zum anderen, weil die Elendsviertel einschließlich alter Wohnhäuser zu Banken, Büros, Hotels und Industrie-Firmen umgestaltet wurden.

Die Gemeinde hat zwar ihre Grenzen, die aus der erwähnten Entwicklung durch die Jahrhunderte hindurch resultieren, aber diese Grenzen sind nicht mehr wie früher natürlicher Art. Heute hat die Bevölkerung der Stadt die höchstmögliche Zahl in diesem Gebiet erreicht. Gleichzeitig sind indessen die benachbarten Gemeinden durch die wirtschaftliche und soziale Entwicklung Teil der Industriegesellschaft geworden, und das Endresultat ist Groß-Kopenhagen (Storköbenhavn), wie wir es heute kennen und in dem die einzelnen Gemeinden durch zahlreiche Bande eng miteinander verbunden sind – trotz trennender Gemeindegrenzen. Diese Groß-Kopenhagener Stadtgesellschaft ist untrennbar mit der Stadt am Hafen verknüpft.

Das starke Anwachsen stellte allmählich immer größere Ansprüche an das Verkehrsnetz. Elektrische Straßenbahnen nahmen um die Jahrhundertwende ihren Betrieb auf, und alle Linien waren ab 1917 elektrifiziert. Jetzt sind sie durch Busse ersetzt worden.

1934 begann die Elektrifizierung der Stadtbahn. 1925 wurde der Flughafen Kastrup gebaut. Von der Kopenhagener Luftfahrtgesellschaft CAS wird auch der Flughafen in Tune, nahe Roskilde, betrieben. Die Industriegebiete in Groß-Kopenhagen liegen teils im Hafengelände, teils mit Gleisanschluß an der Eisenbahn. Der Hafen von Kopenhagen ist einer der größten und meist angelaufenen Häfen in Skandinavien; zu seinen Anlagen gehört auch ein Freihafen an der Einfahrt in die Ostsee. Gegenüber liegt der Kriegshafen. Dort befindet sich auch die Werft von Burmeister und Wain auf Refshaleöen. Burmeister und Wain, hauptsächlich auf Amager gelegen, ist eines der großen Industrie-Unternehmen in Dänemark. Neue Industrien, die nicht vom Hafen oder der Eisenbahn abhängig sind, sind in einiger Entfernung, vor allem im Westen der Stadt entstanden.

Im alten Stadtkern findet man noch das ursprüngliche unregelmäßige Straßensystem. Um es den Erfordernissen der Neuzeit anzupassen, hat man einige Straßen begradigt, andere zu Einbahnstraßen erklärt oder in Fußgängerstraßen umgewandelt. So wird die Altstadt durch die längste Fußgängerstraße Europas, „Ströget" genannt, geteilt. Sie verläuft vom Verkehrszentrum Rathausplatz bis zur größten Freifläche in Kopenhagen, „Kongens Nytorv" (Königlicher Neumarkt). Dabei durchläuft sie die Mitte der alten Stadt, die durch die Frauenkirche (Kathedrale) sowie den alten und neuen Markt (Gammel Torv und Nytorv) bestimmt wird. Geht man vom Marktbereich die Fußgängerstraße ein wenig nach Südwesten, so hat man in dem Winkel zwischen Frederiksberggade und Kattesundet (westlich der Straßenkreuzung) den Bereich von „Havn" vor sich, die Stelle des tausendjährigen Kerns von Kopenhagen.

Um den Platz „Kongens Nytorv" befinden sich das Königliche Theater, das Hotel d'Angleterre, Zentralbüros der Schiffahrtsgesellschaften und anderer großer Firmen. In der Nähe sind die National-Bank und das Hauptbüro der ÖK, der Ostasiatischen Gesellschaft. Auf Slotsholmen liegen die Königliche Bücherei, das Bertel Thorvaldsen Museum und Schloß Christiansborg, in dem das Parlament (Folketinget) und das Außenministerium untergebracht sind. Unterhalb des Schlosses hat man die Ruinen von Absalons Burg ausgegraben. Die Reste der alten Stadtwälle sind jetzt in Parks umgewandelt worden: Tivoli, Örstedsparken, Botanisk Have, Östre Anläg. Nördlich von Ströget bei der Frauenkirche liegt das „Quartier Latin" mit der alten Universität von 1479; das neue Gebäude stammt jedoch aus den Jahren 1831–36.

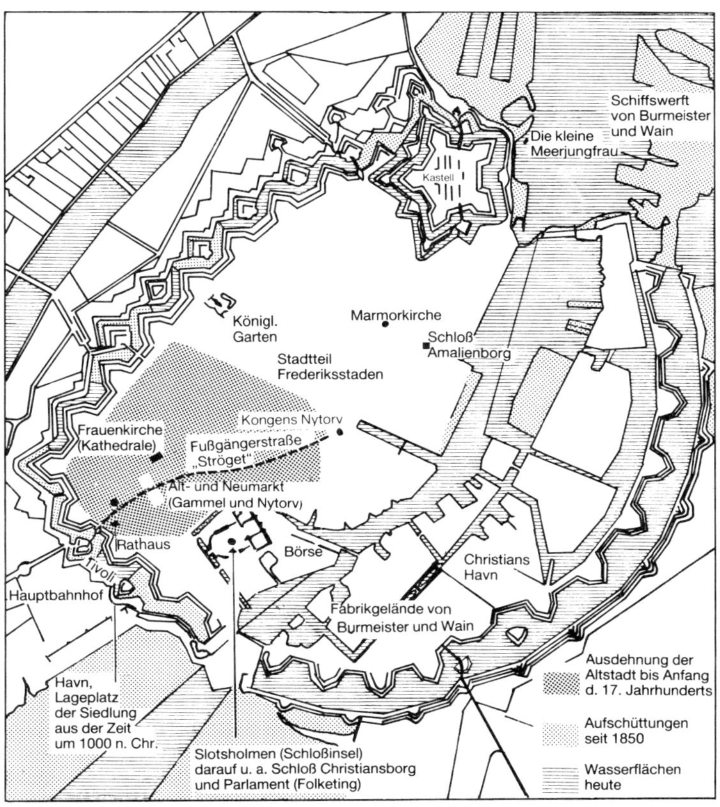


Kopenhagen

Nordöstlich des ältesten Teiles von Kopenhagen liegt ein Stadtviertel mit Namen Frederiksstaden, das um 1750 entstand. Gerade Straßen schneiden einander im rechten Winkel, im starken Gegensatz zu den Straßen in der Altstadt. Der Ausgangspunkt war das Residenzschloß Amalienborg, vier gleichförmige Rokoko-Paläste auf dem achteckigen Frederiksplatz. Von hier führt die Frederiksgade zur Marmorkirche, deren Grundstein 1749 gelegt wurde. Der ursprüngliche Plan war, sie nur aus Marmor zu bauen, aber aus ökonomischen Gründen wurde dieser Plan 1770 aufgegeben, als die Mauern 9 m hoch waren. Sie wurde danach für mehr als ein Jahrhundert unvollendet stehen gelassen, bis C. F. Tietgen sie kaufte und den Bau im Jahre 1894 im gleichen Stil wie die St. Peterskirche in Rom vollendete.

Das heutige bekannte Kopenhagener Rathaus liegt am Südwestrand der Altstadt – bereits auf dem Gebiet des alten Befestigungsgürtels. Dort liegt auch, unmittelbar südlich, der Vergnügungspark Tivoli, an den wiederum südwestlich der Hauptbahnhof angrenzt. In der Nähe des Hauptbahnhofs schuf man nach dem Zweiten Weltkrieg ein modernes Verwaltungsviertel mit einer Reihe von Hochhäusern, in denen Hotels, Reisebüros und andere Einrichtungen untergebracht sind.

Westlich dieses Bereichs, schon außerhalb des Kartenbildes, liegt Frederiksberg, eine Stadt, die sich ihre gemeindliche Unabhängigkeit bis heute bewahren konnte, obgleich sie von Kopenhagen völlig umschlossen wird.

Ihre Fläche beträgt 8,7 Quadratkilometer mit 88 084 Einwohnern (1. 4. 1984). Sie umfaßt ein ausgedehntes gehobenes Wohnviertel, das aber von dichtbewohnten Bezirken und Hochhäusern samt starker wirtschaftlicher Tätigkeit bedrängt wird.

In der Gemeinde befinden sich die Königliche Veterinär- und Landwirtschaftsschule (Landbohöjskolen), der Zoologische Garten, das Rundfunkgebäude, die Messehalle Forum und die Parks Söndermarken und Frederiksberg Have.

Als Schloß Frederiksberg um das Jahr 1700 gebaut wurde, erhielt die Gemeinde den Namen Frederiksberg. Von der Mitte des 18. Jahrhunderts an war sie die Sommerresidenz reicher Kopenhagener.

Kopenhagen breitet sich immer weiter aus und wird eines Tages mit anderen Städten zu beiden Seiten des Öresund, z. B. Helsingör und Helsingborg, verschmelzen und eine Städtegruppe „Örestadt" bilden.

*Aage H. Kampp*

71

Die alte Fischfrau

Die kleine Seejungfrau

Seite 172: In Dänemark zieren die Farben des Danebrog (Nationalflagge) selbst Schiffsrümpfe und Wasserflächen (oben).
Saniertes Packhaus (Hotel) im Kopenhagener Hafen (unten)

Blick über Kopenhagen mit der Christianskirche und den Fabrikanlagen eines der größten Industrie-Unternehmen Dänemarks, gelegen an der Amagerseite. Gegenüber, links im Hintergrund, ein Teil der Schloßinsel (Slotsholmen) mit der Börse (geschraubter Turm). Die Verbindung wird durch die Knippelsbro, die bekannteste Klappbrücke Kopenhagens, hergestellt.

# Freizeit und Fremdenverkehr an der Ostsee

Betrachten wir das Foto (S. 182/183) vom Sehlendorfer Strand, auf halbem Wege zwischen Kiel und Fehmarn gelegen, so zeigt es uns fast alle Freizeitaktivitäten, die der Urlauber an der Küste der südlichen Ostsee genießen kann: Sonnenbaden im Sand, Sitzen im Strandkorb, Ausschauhalten nach anderen Menschen, Wandern am Strand – mit und ohne Kind auf dem Arm – Baden im Meer, Surfen, Segeln, Motorboot- und Tretboot-Fahren.
Die Ostsee gilt als ein ruhiges Meer, friedlicher als die Nordsee. Ihre Besucher meinen, daß der Wind hier weniger rauh und der Wellenschlag weniger hart sei und daß auch Nichtschwimmer ungefährdet baden könnten. Taucher empfinden es als angenehm, daß die Augen im Ostseewasser weniger brennen als im Nordseewasser.
Lassen sich diese Auffassungen, die kürzlich in einer Umfrage unter Ostsee-Gästen in Schleswig-Holstein erhoben wurden, durch Fakten belegen? – Beginnen wir beim Wind!
An der Nordsee (Station List) liegt die langjährige mittlere Windgeschwindigkeit im Jahresdurchschnitt bei 6,7, in Lübeck dagegen nur bei 3,7 Metern pro Sekunde (errechnet nach M. J. Müller, 1980).
Weil der Wind der Motor der Brandung ist, muß sich ein solcher Unterschied auch in der Brandungsstärke zeigen. Neben der Windgeschwindigkeit spielen auch die Windrichtung sowie die Neigung des untermeerischen Strandes und die Größe des Meeres eine Rolle bei der Ausprägung der Brandung. So wirken die in unseren Breiten vorherrschenden Westwinde an der schleswig-holsteinischen Ostseeküste als ablandige Winde brandungsabschwächend, an der ostpreußischen Küste dagegen als auflandige Winde brandungsverstärkend.
Da die Fläche der Ostsee viel kleiner ist als die der Nordsee und die Schwingungen des Weltmeeres hier kaum mehr registriert werden, hält sich selbst an westexponierten Küsten die Brandung in Grenzen. So läßt sich das „Vor-Urteil" der Touristen durchaus bestätigen, und auch das als angenehmer empfundene Tauchen findet eine einfache Erklärung: Der Salzgehalt des Ostseewassers beträgt bei uns nur rund die Hälfte desjenigen der Nodsee.

*Die zwei Gesichter der Ostsee*
Der Norden und der Süden der Ostsee unterscheiden sich grundlegend voneinander. Die Abbildung in dem Beitrag über Küstenformen in diesem Buch (S. 71) läßt dies klar erkennen: Im Norden herrschen kristalline Felsgesteine vor, im Süden Lockergesteine der Eiszeit(en), oft Lehm oder Sand. Sie wurden durch das Meer vielfach umgelagert. Somit zeigen auch die Küsten im Norden und Süden ihr eigenes Gesicht. Im Süden dominieren sandige Küsten mit langen Stränden, im Norden hingegen felsige Küsten mit zahlreichen kleinen Buchten, die nur gelegentlich sandbedeckt sind.

*Strand und Seebad an der südlichen Ostsee*
Die überwiegend sandige Küste, wie sie sich in Dänemark und an der zentraleuropäischen Tiefebene zeigt, ist nicht typisch für die Ostsee schlechthin, sondern nur für den Süden der Ostsee, und unsere eingangs geschilderten Freizeit-Aktivitäten gelten in dieser Form vorwiegend für den Süden. Sehen wir uns nun anhand der Schemazeichnung „Strand und Seebad an der Ostsee" (Abb. 1) die Strandverhältnisse in einem idealisierten Ostseebad näher an. Die Küstenlinie besitzt ursprünglich eine „S"-förmige Gestalt. Ein Vorsprung aus lehmigem Moränen-Material (im oberen Bereich der Abbildung) geht in eine tiefe Bucht (unterer Bereich) über. Durch den Meeresangriff wird der Vorsprung allmählich zurückgeschnitten, und ein immer höher werdendes Kliff entsteht. Der aus dem Kliff ausgewaschene Sand wird gemäß der jeweils herrschenden Windrichtung durch den Küstenversatz seitlich verfrachtet und baut langsam eine lange Nehrung auf, einen Sandhaken, der sich vor die Bucht schiebt. Im Laufe der Zeit wird die Bucht durch den Nehrungshaken vom Meer abgetrennt. So entsteht ein Strandsee, der schließlich aussüßt und verlandet. Der Strand seewärts der Nehrung bietet dem erholungssuchenden Menschen günstige Bedingungen. Er setzt sich oft aus Körnern geringer Größe zusammen, d. h. er ist feiner als vor dem Kliff, wo die großen Findlinge und Geschiebe, die sich dem Transport widersetzen, abgelagert werden. Vor allem ist der Strand, der mit einer leichten Biegung im Schutze des vorspringenden Kliffs liegt, meist recht breit.
So verwundert es nicht, daß vor dem Nehrungshaken stets der Hauptstrand entsteht. Wenn der Badewillige die kaum spürbare Anhöhe des Strandwalls überwunden hat und an die Wasserlinie tritt, die an der Ostsee wegen der geringen Gezeiten stets an der gleichen Stelle zu finden ist und sich nur bei Sturmflut landeinwärts verschiebt, so liegt der sanft abböschende untermeerische Strand, die Schorre, vor ihm. Er durchwatet sie und spürt nach vielleicht zwanzig oder dreißig Metern, daß das Gelände wieder ansteigt. Er steht jetzt – nicht einmal knietief im Wasser – auf einem untermeerischen Sandwall, dem Riff, genauer, dem ersten Riff, denn es folgen meistens mehrere hintereinander. Bei extrem niedrigem Wasser (siehe Abb. auf S. 86) kann man gelegentlich die dann freiliegenden verschiedenen Riffgenerationen gut erkennen. Hinter dem zweiten oder dritten Riff wird meist die Schwimmtiefe erreicht. Die Zone zwischen der Wasserlinie und dem ersten Riff ist das Dorado der Kleinkinder. Dieser Bereich heizt sich im Sommer schnell auf 23 bis 25 Grad auf, so daß die Kinder hier stundenlang spielen können, ohne zu frieren. Bei kräftigen westlichen Winden allerdings gerät oft kaltes Auftriebswasser an die Oberfläche. Dann sinken die Temperaturen deutlich ab.
Die natürlichen Gegebenheiten bestimmen auch die Entwicklung der Seebäder an der Ostsee. Da oft Kliff und Nehrung als Grundelemente der Ausgleichsküste vorliegen und da der Nehrungsstrand meist der bevorzugte ist, gestaltet sich auch der Grundriß eines Fremdenverkehrsortes entsprechend. Wir können vom Typus des Ostseebades sprechen, der zum Beispiel in Grömitz, Timmendorfer Strand, Binz auf Rügen und Heringsdorf auf Usedom in besonders reiner Form vorkommt. Ein Ostseebad entwickelt sich, wie aus Abb. 1 ersichtlich, oft an einem alten Weg zwischen einem landeinwärts gelegenen Bauerndorf und dem Strand. Der Weg trifft dort auf den Strand, wo das Kliff noch nicht zu hoch ist, denn die Überwindung eines Kliffs ist unangenehm. Andererseits geht man nicht gern durch die feuchte Niederung. Der Weg trifft also an der Grenze zwischen Kliff und Nehrung auf den Strand, wo schon früher die Fischer ihre Hütten in eben noch hochwasserfreier Lage erbaut hatten. In dieser Gegend um den Strandübergang errichteten sich die ersten Gäste ihre Ferienhäuschen, meist einfache Holzhütten ohne Komfort. Diese Gäste waren nicht selten Künstler, die von der Schönheit der Landschaft angezogen wurden – wie in dem Beitrag über die Künstlerkolonien näher nachzulesen ist. Allmählich sprach sich der Erholungswert der Landschaft in den Herkunftsgebieten der Künstler herum, und immer mehr Menschen, nun oft Angehörige der Oberschicht, Kaufleute, Industrielle und Politiker, besuchten den Ort. Die gewerbliche Vermietung mit Hotels und Pensionen entstand, und die vielen neuen Gebäude führten zu einer kräftigen Ausdehnung des Ortes. Das Wachstum

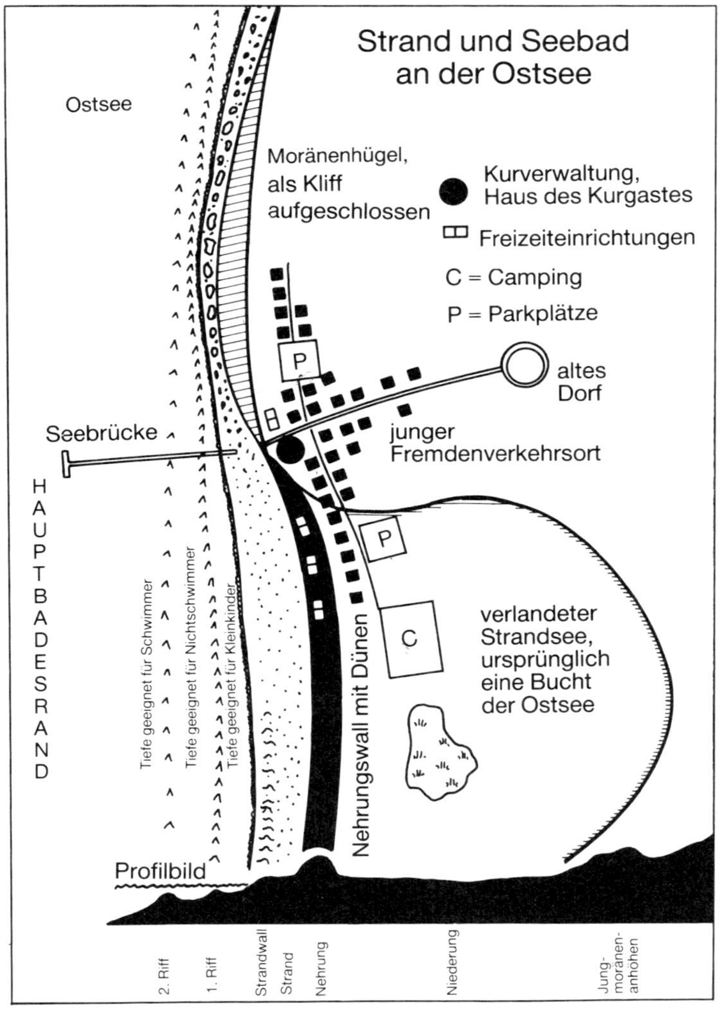

Abb. 1

geschah küstenparallel, um den Weg zum Strand möglichst kurz zu halten. Bald füllte man auch Teile der zunächst siedlungsfeindlichen, weil sumpfigen Niederung auf, um auch hier, unmittelbar hinter dem Zentralstrand, Häuser bauen zu können. Notfalls gründete man auf Pfählen. Auf der Nehrung entstanden Verkaufsbuden oder Freizeiteinrichtungen, sofern nicht kommunale Verbote dagegen standen. Zum Wahrzeichen des Bades wurde die Seebrücke, oft Hunderte von Metern lang, um den großen Seebäderschiffen ein gefahrloses Anlegen jenseits des Flachwassersaumes zu ermöglichen. Die Seebrücke bildete und bildet noch die Fortsetzung des alten Hauptweges zum Strand. Dort, am Hauptstrandübergang, findet auch das Kurhaus seinen Platz – mit Kurverwaltung, Kurmittelabteilung, Aufenthaltsräumen und einem beheizten Hallenbad. In der Gegend des Hauptüberganges entwickelt sich auch das Geschäftszentrum des Ortes. Freiflächen werden heute zunehmend in Parkplätze umgewandelt, und zu diesem Zweck werden weitere Teile der Niederung aufgefüllt. Auch Campingplätze entstehen gern hier auf dem „wertlosen" Gelände, das jedoch Naturfreunde wegen der vielfältigen Tier- und Pflanzenwelt erhalten möchten (siehe Liste der Naturschutzgebiete auf Seite 234). Die Touristen begrüßen durchweg die Errichtung von Naturschutzgebieten und nehmen gern an den dort stattfindenden Führungen teil.

*Fremdenverkehrsgebiete an der südlichen Ostsee*
Wichtige Fremdenverkehrsgebiete der südlichen Ostsee sind die dänischen Inseln, Schleswig-Holstein, die mecklenburgische Küste, Rügen, die vorpommersche Küste, die pommersche Küste, die ostpreußische Küste, die südliche Ostseeküste der Sowjetunion, die südliche schwedische Küste sowie verschiedene schwedische Inseln (siehe Abb. 2).
Auf den *dänischen Inseln* kennt der Fremdenverkehr nur in der Umgebung von Kopenhagen eine gewisse Dichte, aber es gibt keine Fremdenverkehrsgemeinde mit über 500 000 Übernachtungen im Jahr. Dänemarks Fremdenverkehrseinrichtungen fügen sich im allgemeinen unauffällig ins Landschaftsbild ein. Kleine Holzhäuser sind die Norm, Großhotels gibt es selten, und mehrstöckige Ferienzentren fehlen ganz. Die Zunahme der Freizeit und das wachsende Einkommen der Stadtbevölkerung haben einen steigenden Wunsch nach einer Freizeitwohnung zur Folge gehabt, und an vielen Küsten der dänischen Inseln sieht man heute große Siedlungen von Ferienhäusern sowie auch zahlreiche Campingplätze. Hier verbringen die Besitzer ihre Ferien und Wochenenden, oder sie vermieten ihre Häuser an Landsleute oder in steigendem Maße an Deutsche, Norweger, Schweden und andere. Stellenweise haben sich Badeorte mit Hotels, Pensionen und Restaurants zu größeren Orten entwickelt. Die besten Badestrände und größten Ballungen liegen an der Nordküste von Seeland (Hornbäk, Gilleleje, Tisvildeleje), an der Nordwestküste derselben Insel (Odsherred), auf Falster (Marielyst), an der Nordküste von Fünen und an der Nordspitze von Langeland. Heute stehen nicht weniger als 140 000 Sommerhäuser auf den Inseln, davon 65 000 in der Hauptstadtregion. Die weitere Planung von Ferienhäusern ist in den Händen staatlicher Behörden, die z. B. Hochhäuser an Stränden verbieten. Andererseits genießt die Bevölkerung den freien Zugang zum Baden, Segeln und Spielen an den Stränden, und private Strände gibt es kaum mehr. Dänemark zählt rund halb so viele Gäste wie Schleswig-Holstein, erreicht aber in der gesondert geführten Camping-Statistik den gleichen Wert. Mehr als die Hälfte aller Gäste kommen aus dem Ausland. Dänemark hat, wie die anderen nordischen Länder auch, nur eine geringe Einwohnerzahl. Dänen, Schweden und Finnen gemeinsam machen nur knapp ein Drittel der bundesdeutschen Bevölkerung aus. 1983 konnte Dänemark rund 8 456 000 Übernachtungen im Fremdenverkehr verbuchen (dazu 11 944 000 Camping-Übernachtungen), Schweden 18 581 000 (dazu 12 254 Camping-Übernachtungen) und Finnland 7 930 000 Übernachtungen. Kopenhagen registrierte 2,3 Mio., Stockholm 3,1 Mio. und Helsinki (mit Espoo) 1,5 Mio. Übernachtungen.
*Schleswig-Holsteins Ostseeküste* wurde seit 1802 von Travemünde aus, dem „Hausbad" der Lübecker Oberschicht, für den Badebetrieb erschlossen. Das traditionsreiche Bad mit seiner bekannten Spielbank und dem Maritim-Hotel, das 115 m über dem Meer das wohl höchste Leuchtfeuer der Welt beherbergt, bezog und bezieht sein internationales Flair durch die Funktion als Fährhafen zum Norden und Osten. Viele Reisende unterbrachen hier gern für ein paar Tage die lange Fahrt oder wurden auch durch widrige Winde dazu gezwungen, wie z. B. Richard Wagner, der 1837 anläßlich einer Fahrt nach Riga hier eine Zwangspause einlegte. Mancher Reisende aus dem damaligen St. Petersburg erlag den Verführungen der Spielbank und verlor viel Geld. Inzwischen ist dem Ort, der seit 1913 gemeindlich zu Lübeck gehört, in dem benachbarten Timmendorfer Strand ein bedeutender Konkurrent erwachsen, der hinsichtlich der Übernachtungsziffern schon die Führung übernommen hat, denn das „Ostseebad im Grünen", wo Bebauungspläne wirksam vor einer zu starken baulichen Verdichtung schützen, hat mit seiner unaufdringlichen Eleganz viele Freunde gefunden. Rund eine Mio. Übernachtungen zählt Grömitz, ein Bad mit zahlreichen mehrstöckigen Appartementbauten. Das Einzelhandelsangebot in Grömitz zeigt jedoch –, ebenso wie die Selbsteinschätzung der Gäste, daß man den beiden Schwestern an der inneren Lübecker Bucht das bessere Image zugestehen muß. Die

Gäste der übrigen größeren Fremdenverkehrsorte orientieren sich zu den benachbarten Zentren, so diejenigen von Dahme und Kellenhusen nach Grömitz und von Scharbeutz nach Timmendorfer Strand, wo sie gern das umfangreichere Unterhaltungsangebot wahrnehmen. Unter den Herkunfts-Bundesländern steht Nordrhein-Westfalen an erster Stelle. 42 % aller Gäste der schleswig-holsteinischen Ostseeküste kommen aus diesem Bundesland. Mit weitem Abstand folgen Niedersachsen (15,8 Prozent) und Hamburg (9,7 Prozent). Der Durchschnittsgast an der Ostsee ist von Beruf Angestellter. Der Anteil von Arbeitern und Selbständigen beträgt jeweils unter zehn Prozent.

Aus dem Bild der schleswig-holsteinischen Fremdenverkehrslandschaft sind die *Ferienzentren* nicht mehr wegzudenken. Anfang der siebziger Jahre zumeist als Abschreibungsobjekte erbaut und inzwischen überwiegend nach Konkurs oder Zwangsverwaltung in einer Phase der Konsolidierung (und z. T. Privatisierung), beherrschen sie durch ihre Vielgeschossigkeit und Massivität der Baukörper ganze Küstenabschnitte. Das größte und durch rechtzeitige partielle Umstrukturierung (Klinik, Teil-Privatisierung) wohl auch erfolgreichste Ferienzentrum ist Damp 2000, nordöstlich von Eckernförde gelegen. Bei aller Kritik an den oft spöttisch „Betonklötze" genannten Zentren darf nicht übersehen werden, daß die von der Landesregierung beabsichtigte Impulswirkung in strukturschwachen Gebieten tatsächlich oft erreicht worden ist. Damp 2000 bietet Hunderten von Arbeitskräften mit ihren Familien Lohn und Brot und ist somit der größte Arbeitgeber in der Umgebung. Heiligenhafens Ferienzentrum hat zumindest das negative Image der Stadt stark verbessert, und auch der Name Burg auf Fehmarn hat durch das Ferienzentrum in Burgtiefe (siehe Fotos auf Seite 113) einen neuen Klang erhalten.

Eine rasche Entwicklung ist bei den Sportboothäfen zu beobachten, die zu nahezu jedem Ferienzentrum gehören und die die vorher sehr knappe Kapazität an Liegeplätzen sprunghaft erhöht haben. Der Segeltourismus, besonders die beliebten Fahrten nach den verschiedensten dänischen Inseln sowie nach Schweden, ist eine bei uns in der jetzigen Dimension junge Freizeitform, die ständig neue Freunde gewinnt und von nicht zu unterschätzender wirtschaftlicher Bedeutung ist.

Die Bäder an der *mecklenburgischen und vorpommerschen* Küste haben nach dem Kriege unter sozialistischem Vorzeichen eine durchaus eigene Entwicklung genommen. Die großen Hotels und Pensionen wurden, sofern sie nicht zerstört waren oder dem Abbruch verfielen, in staatliche Erholungsheime umgewandelt; in der DDR heißt der Träger „FDGB-Feriendienst", der heute über rund ein Drittel der Beherbergungskapazität an der Ostseeküste der DDR verfügt. Das sind rund 750 000 Betten. An zweiter Stelle stehen die Betriebsheime der großen volkseigenen Betriebe, die rund ein Viertel aller Betten besitzen. Der Rest verteilt sich auf Jugenderholung, private Freizeitwohnsitze und Privatquartiere. Der Drang zum eigenen Ferienhaus, nach russischem Vorbild „Datscha" genannt, nimmt zu und dürfte den in der amtlichen Statistik genannten Wert von etwa zwei Prozent der Beherbergungskapazität an der Ostsee in Wirklichkeit deutlich übertreffen. Auch das Camping ist weit verbreitet. Rund 750 000 Schlafplätze werden auf Campingplätzen an der Ostseeküste der DDR gezählt.

Die größten Bäder sind Kühlungsborn, Heringsdorf, Ahlbeck, Bansin, Prerow und Binz. Heringsdorf war vor dem Ersten Weltkrieg der am meisten besuchte und teuerste Badeort an der Ostsee – mit direkter Bahnverbindung nach Berlin. Bansin-Heringsdorf-Ahlbeck bilden heute als „Dreiländerstadt" den größten zusam-

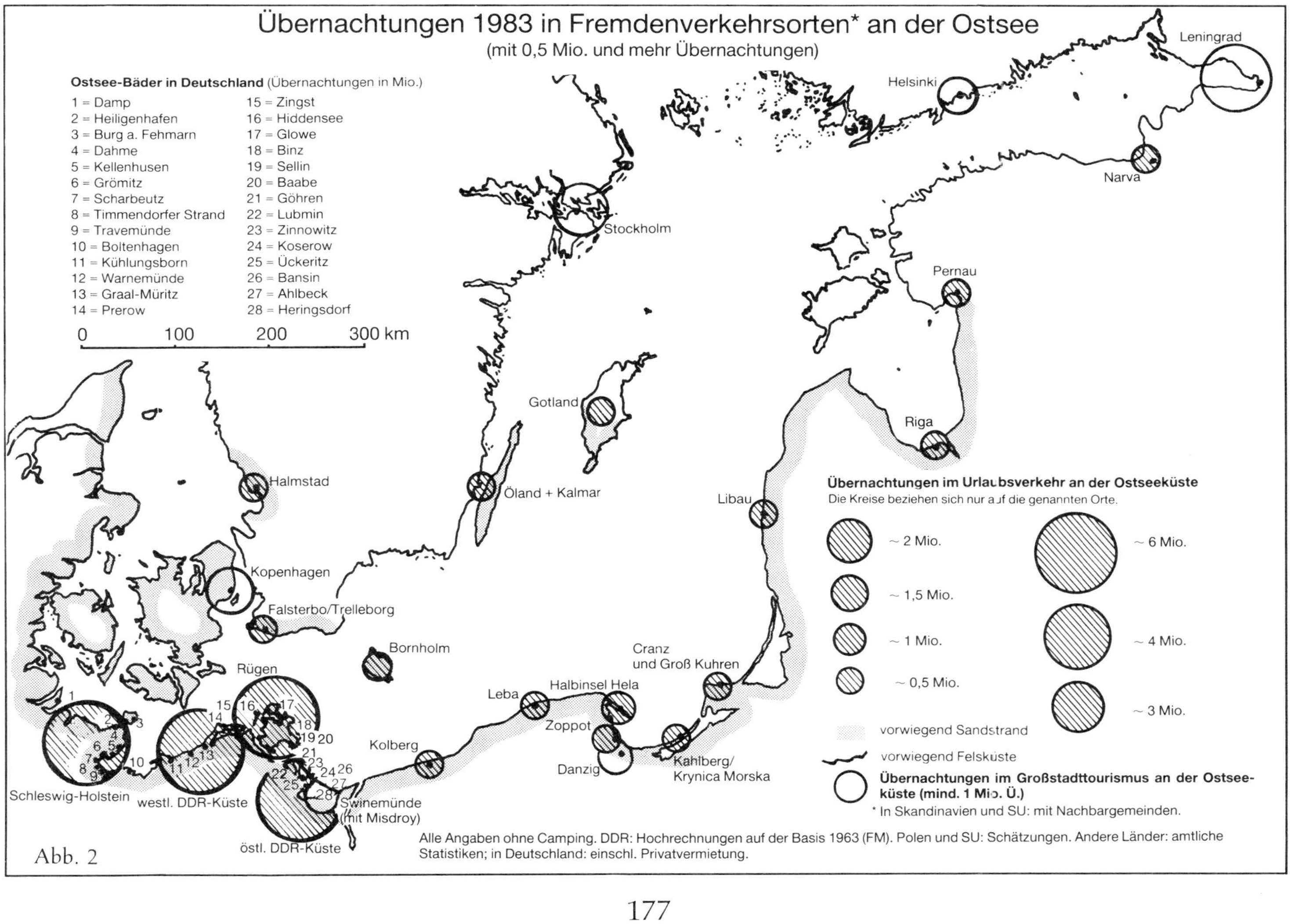

Abb. 2

menhängenden Bäderkomplex der Ostseeküste der DDR (nach B. Benthien).

Das erste deutsche Seebad überhaupt war Heiligendamm, das mit Bad Doberan (westlich von Rostock) zugleich als Kurort im Jahre 1793 gegründet wurde. In Bad Doberan, sechs Kilometer landeinwärts, einer kleinen Nebenresidenz, die von Herzog Friedrich Franz I. tatkräftig ausgebaut wurde, nahm man Moorbäder, trank eisenhaltiges Quellwasser und spielte in der im Kurhaus von Bad Doberan untergebrachten Spielbank. In Heiligendamm konnte man Seebäder nehmen. An sich war der Strand von Heiligendamm nicht sehr ansprechend, weil er zumeist aus Kies und Geröllen bestand. Da man sich seinerzeit aber nicht sonnte, spielte das keine so große Rolle. Wohl aufgrund dieses natürlichen Nachteils gehört Heiligendamm heute zu den kleineren Seebädern. Im Jahre 1983 wurden im Bezirk Rostock, dem alle Ostseebäder angehören, einschließlich Camping 3 015 000 Urlauber gezählt.

Bei der *pommerschen* Ostseeküste ist die Besonderheit einer nahezu völlig ausgeglichenen und damit ziemlich geradlinigen Küste hervorzuheben (siehe S. 76). Die größten Bäder im heutigen Polen sind Zoppot bei Danzig, schon vor dem Kriege ein besonders bekanntes Bad, Swinemünde mit Misdroy sowie Kolberg, Kahlberg (Krynica Morska) auf der Frischen Nehrung und wohl auch Leba. Außerdem ist die Putziger Nehrung, die Halbinsel Hela, zu nennen, wo sich ein Bad an das andere reiht und auch viel Camping betrieben wird.

Was die heute *sowjetischen* Ostseebäder angeht, so lassen Indizien darauf schließen, daß Cranz und Groß Kuhren an der Samlandküste wieder gut besucht sind und wohl auch Libau und Pernau. In der Umgebung von Riga (wo es westlich der Stadt einen schönen Strand gibt) und Leningrad (starker Naherholungsverkehr in der Umgebung von Narva) wird eine größere Zahl von Übernachtungen im Fremdenverkehr wahrscheinlich sein.

*Freizeit an den Felsküsten der Ostsee*

Blicken wir auf die Abbildung 1 im Beitrag über die Küstenformen sowie auf die Abbildung 2 in diesem Artikel, so erkennen wir, daß im Norden der sowjetischen Ostseeküste die Lockergesteinsküste in die Felsküste übergeht. Auch das Klima wechselt. Wir kommen jetzt in denjenigen Bereich der Ostsee (Finnischer und Bottnischer Meerbusen), der im Winter stark vereist ist und nur durch Eisbrecher für stärkere Schiffe offengehalten werden kann. Noch im März gibt es hier, wie auch im Rigaischen Meerbusen, eine dichte Festeisdecke, die meerwärts in eine Treibeisdecke übergeht. An der Felsküste hat die Eiszeit ihre Spuren hinterlassen. Die vielen kleinen Inseln wurden vom Ostseegletscher überfahren und abgehobelt. Als Rundhöcker ragen sie aus dem Meer heraus: Die Schären (siehe Foto S. 110). Die größeren bewachsenen und damit auch meist besiedelten Schären nennt man Holme. Es gehört zu den großen Vergnügungen der Bewohner der finnischen Åland-Inseln, im Winter mit dem Auto über das feste Eis zu fahren und ihre Bekannten auf den Nachbarinseln zu besuchen. Gelegentlich auftretende Spalten überwindet man mit kleinen Fähren bzw. mit brückenartigen Gestellen (Foto S. 61). Auch im Sommer sind die Freizeitaktivitäten durchaus von denen verschieden, wie wir sie an der südlichen Ostsee kennen. Zum einen sind die Strände, die sich gelegentlich in den Buchten zwischen zwei Felsvorsprüngen bilden, nur klein, und die Ausnahmen bestätigen lediglich die Regel: In Finnland gibt es größere Strände in Yteri vor Pori und in Kalajoki bei Oulu. Sie verdanken ihre Existenz eiszeitlichen Sanden und der nacheiszeitlichen Landhebung. Aber die Umgebung ist nur dünn besiedelt, Ausländer kommen wegen der nur kurzen Sommer nicht in genügender Zahl, und so bilden sich keine größeren Fremdenverkehrsorte. Die Wassertemperaturen betragen im August in Südwest-Finnland 15–16 Grad, an der Südküste der Ostsee hingegen 16–18 Grad. Schließlich ist auch das Binnenland im Norden landschaftlich so reizvoll, daß es mit der Küste erfolgreich konkurriert. Vereinfacht ausgedrückt:

Im Norden verteilen sich die Touristen über die gesamte Landesfläche, und deshalb gibt es auch keine touristischen Ballungsgebiete von der Größenordnung wie an der Südküste. Eine der wichtigsten sommerlichen Freizeitbeschäftigungen, besonders der Inlandstouristen, ist der Umgang mit einem Wasserfahrzeug. Schon Thomas Mann fiel auf (siehe den Beitrag über die Literatur), daß der Erholungssuchende des Nordens gern das Boot für die Anreise benutzt. Ob an der Küste oder im Binnenland an den Seen und Flüssen: Das Freizeitverhalten spielt sich vor allem am Wasser ab, und das wichtigste Transportmittel ist das Boot oder Schiff. Die Ferienhäuser, die in ganz Skandinavien eine erheblich größere Rolle spielen als bei uns, bestehen stets aus Holz und sind nicht allzu groß. Ferienzentren aus Beton sind unbekannt. Der Freizeitwohnsitz läßt sich oft nur mit dem Boot erreichen und liegt nicht allzu weit vom Wohnort entfernt, und das gilt auch für Großstadtgegenden. Das Boot ist nicht nur ein Fortbewegungsmittel, sondern eine kleine Welt für sich. Vom Boot aus kann man angeln, fischen und jagen. Man kann sich treiben lassen oder mit Verwandten und Bekannten Gespräche führen. Die Wertschätzung des Bootes erkennt man besonders bei den Finnen. Finnische Freizeitwohnsitze bestehen – in dieser Form einmalig in Europa – häufig aus mehreren Gebäuden, eines davon ist das Bootshaus, ein anderes die Sauna, ein weiteres der Schuppen, und schließlich ist das Wohnhaus zu nennen. Natürlich ist der Pkw im Vordringen, aber das Boot wird noch lange seinen Platz behaupten, und auf den kleinen Inseln bleibt es unentbehrlich.

Der Schwede hat einen ganz besonderen Namen für das Ferienhaus: „Stuga". Im Sommer hält sich oft die ganze Familie dort auf. Der Ernährer der Familie, meist der Vater, pendelt nicht selten täglich zwischen Arbeitsort und Freizeitwohnsitz oder erscheint am Freitagnachmittag und bleibt über das Wochenende. Wegen des wärmeren Klimas spielt in Südschweden das Baden am Strand eine größere Rolle als in Finnland. Hinzu kommt, daß dort manche Küstenstriche der Felsküste aus Ablagerungsgesteinen bestehen, die zwar auch Felsen ausbilden, aber doch viel weicher sind als die kristallinen Gesteine. Das gilt zum Beispiel für die rund 100 Millionen Jahre alten kreidezeitlichen Gesteine, die in Südschweden anstehen, aber auch in der Gegend von Kalmar. Da die Meeresbrandung sie leicht abtragen kann, liefern sie Material für die Ausbildung von feinkörnigen Stränden. Kalk- und Sandsteine gibt es auch auf den Inseln Öland, Gotland und Bornholm. Sie kontrastieren besonders auffällig auf Bornholm zu dem hier ebenfalls (im Norden) anstehenden kristallinen Grundgebirge, das reizvolle Steilwände ausbildet (siehe Foto S. 122).

Fassen wir zusammen: Die Ostseeküste hat zwei Gesichter. Im Süden herrscht die Lockergesteinsküste aus Ablagerungen der Eiszeit vor und bildet – unterstützt durch den Küstenversatz – lange Sandstrände aus. Das Klima erlaubt eine sommerliche Badesaison von etwa drei Monaten. Im kühleren Norden dominiert die Felsküste. Das Baden hat hier wegen der nur kurzen Saison einen geringeren Stellenwert im Verleich zu anderen Freizeitaktivitäten.

*Jürgen Newig*

Kleine Badebucht in Hanko/Finnland

Schärenlandschaft mit Sommerhausbebauung

Landschaftsangepaßte Urlaubersiedlung auf Hiddensee

Sonnenbad an der skandinavischen Felsküste

Der Hauptstrand von Grömitz, Brandungsbad und Strandhalle

Blick auf Spielkasino und Strand von Travemünde

Strandlauf an der
schleswig-holsteinischen Ostseeküste

Auf der großen Seebrücke in Zoppot

„Große Wäsche" an der Felsküste

Auf einer der kleinsten Schären der Ålandsee

Das flache Wasser der schleswig-holsteinischen Ostseestrände lädt zum Spielen ein.

Vorbereitung zum Burgenwettbewerb

103

# Leben am Meeresboden

*Ein Meer der Einwanderer*
Die Lebensräume der Ostsee weisen eine bizarre Mischung an Arten auf, die in ganz anderen Bereichen entstanden sind: im Weltmeer und im Süßwasser, in wärmeren und kälteren Klimaten. Aus dem Meer können nur solche Organismen einwandern, die eine starke Verdünnung des Meerwassers ertragen. Empfindliche Formen, wie Glasschwämme, Staatsquallen, Korallen oder Haarsterne, fehlen deshalb im Brackwasser. Widerstandsfähigere Arten dringen unterschiedlich weit in die Ostsee ein (vgl. Abb. 1). Nur wenige, wie die Miesmuschel und die Plattmuschel, gelangen bis in den Finnischen und Bottnischen Meerbusen. Hingegen können in Küstennähe und in den nördlichen und östlichen Teilen Einwanderer aus dem Süßwasser stark vertreten sein.
Eine interessante Besonderheit ist das Auftreten von arktischen Relikten. Dabei handelt es sich um Arten, deren Refugien in den kühlen Bereichen der Ostsee von ihren Hauptverbreitungsgebieten in der Arktis isoliert sind. Von einigen, wie der Riesenassel, dem Vierhörnigen Seeskorpion und der Ringelrobbe, nimmt man an, daß sie die Ostsee auf dem Wege über die im Norden und Osten gelegenen Flüsse und Seen erreicht haben.
Eine andere Gruppe arktischer Reliktformen dürfte über das Kattegat in die Ostsee eingedrungen sein. Diese Arten vertragen kein Süßwasser, sondern sind auf höhere Salzgehalte in tieferen Bereichen der westlichen und südlichen Ostsee und die dort vorherrschenden niedrigeren Temperaturen angewiesen.
Mehr als 30 Arten sind erst vor relativ kurzer Zeit eingeschleppt worden oder eingewandert; etwa ein Drittel von ihnen stammt aus Nordamerika. Meistens sind diese „importierten" Arten auf die stärker ausgesüßten Buchten und Flußmündungsgebiete begrenzt. Nur wenige Pflanzen befinden sich darunter, z. B. die Wasserpest (Elodea canadensis). Besonders schnell hat sich seit etwa 1930 die Chinesische Wollhandkrabbe (Eriocheir sinensis) in der ganzen Ostsee ausgebreitet und ist in zahlreiche Flußmündungen eingedrungen. Die aus Neuseeland stammende Wattschnecke (Potamopyrgus jenkinsi) wurde erstmalig 1887 in der Wismarer Bucht nachgewiesen. 1920 trat sie bei Gotland auf, 1926 bei den Åland-Inseln. Heutzutage ist sie in bestimmten Flachwassergebieten der ganzen Ostsee sehr zahlreich vertreten. Als Heimat der Wandermuschel (Dreissena polymorpha) werden ins Schwarze und Kaspische Meer mündende Flüsse angesehen. Die Art wurde zu Beginn des 19. Jahrhunderts in einigen Haffs der südlichen Ostsee gefunden und hat sich seitdem bis in die Bucht von Riga und zu den Schären von Stockholm ausgebreitet.

*Ökologische Besonderheiten*
Die Flora und Fauna ist wegen des niedrigen Salzgehaltes von 5 bis 10 Promille (‰ S) im Oberflächenwasser der zentralen Teile der Ostsee besonders artenarm. Parallel mit der zunehmenden Aussüßung der Ostsee nach Nordosten hin treten die Meeresorganismen immer mehr zurück. Diese Artenabnahme kann durch Formen aus dem Süßwasser aber nicht voll ausgeglichen werden, da für diese das Wasser wiederum zu salzig ist. Für die meisten von ihnen liegt nämlich die Salzgehaltsgrenze bei 3 ‰ S. Die Entstehung einer eigenständigen Brackwasserfauna war durch die wechselvolle Geschichte der Ostsee, die nur wenige Jahrtausende mit relativ gleichförmigen Bedingungen bot, nicht möglich.

Seite 182/183: Badeleben an einem schleswig-holsteinischen Ostseestrand, Sehlendorfer Strand in der Hohwachter Bucht.

Viele Einwanderer bilden an den Grenzen ihres Vorkommens Kümmerformen aus, weil sie durch den abweichenden Salzgehalt des Ostseewassers beeinträchtigt sind. Auffallend ist diese Größenabnahme vor allem bei schalentragenden Formen wie der Miesmuschel und Klaffmuschel, die im Inneren der Schlei ebenso wie im südlichen Teil der Bottensee nur noch einen Bruchteil ihrer ursprünglichen Endgröße erreichen. Gleichzeitig lassen zahlreiche Brackwasser-Individuen eine früher eintretende Geschlechtsreife erkennen, beenden ihr Wachstum eher und erreichen nur ein geringeres Lebensalter.
Auch Abwandlungen der Gestalt treten auf. Die Schalen mariner Weichtiere und die Gerüste der Moostierchen werden dünner, und bei den Foraminiferen treten die Kalkschalenbildner zugunsten von Sandschalenbildnern zurück. Einige Ringelwürmer der Ostsee weisen verringerte Borstenzahlen auf. Bei Brackwasserpolypen erwies sich die Wuchsform der Kolonien und Köpfchen, ja sogar die Größe der Zellen und Zellkerne, als außerordentlich abhängig vom Salzgehalt. In manchen Fällen sind die abweichenden Brackwasserformen als Unterarten, Rassen oder Varietäten beschrieben worden.
In der Nähe der Vorkommensgrenze ist bei vielen Arten auch die Fortpflanzungstätigkeit eingeschränkt. Der Seestern Asterias rubens, der noch bis etwa zur Darßer Schwelle in die Ostsee eindringt, kann sich bei einem Salzgehalt von 8 ‰ S schon nicht mehr fortpflanzen. Seine Bestände werden ausschließlich durch Einstrom von Larven mit dem salzreichen Tiefenwasser wieder ergänzt. Wenn sich in der Ostsee die Laichzeiten von Tieren jahreszeitlich verschieben, kann dadurch die Bildung von geographischen Rassen begünstigt werden.
Etliche Einwanderer aus der Nordsee verlagern die obere und/oder untere Grenze ihres Vorkommens. Die Platt- und Miesmuscheln, die in der Nordsee im Gezeitenbereich anzutreffen sind, dringen in der Ostsee sogar bis in Tiefen von 100 m vor. Manchmal wird die Verlagerung der Vorkommensgrenzen nach unten durch das Fehlen von Feinden und Nahrungskonkurrenten ermöglicht, in anderen Fällen finden Arten in den oberen Wasserschichten wegen zu geringer Salzgehalte keine dauernden Existenzmöglichkeiten mehr und ziehen sich deswegen in tiefere Bereiche zurück.
Weil viele Organismengruppen gänzlich in der Ostsee fehlen, sind nicht immer alle ökologischen Nischen besetzt, die für ein optimales Funktionieren des Ökosystems erforderlich sind. Beispielsweise gibt es am Meeresboden der nördlichen Bottenwiek (vgl. Abb. S. 79) weder filtrierende Tiere noch große Makroalgen. Tief bohrende Meeresbodenbewohner, wie die Klaffmuschel (Mya arenaria) und der Meeresringelwurm (Nereis diversicolor), meiden die Weichbodengründe der zentralen Ostsee und kommen nur in küstennahen flachen Bereichen vor.

*Anpassungen an die Lebensbedingungen*
Interessant sind die Mittel, mit denen es die Einwanderer fertiggebracht haben, von der Natur gesetzte *Salzgehaltsschranken*, die für viele Arten unüberwindlich sind, zu durchbrechen. Obwohl die Zellsäfte mancher niederer Tiere aus dem Brackwasser praktisch die gleiche osmotische Konzentration wie das Außenmedium aufweisen, treten bei plötzlicher Abnahme oder Zunahme des Salzgehaltes im Meerwasser aber keine zu großen Schwellungen oder Schrumpfungen der Gewebe auf, da diese Organismen ihre Zellsaftkonzentration durch aktive Prozesse dem umgebenden Medium angleichen können. Dabei spielen Veränderungen im Gehalt der in den Zellsäften gelösten Aminosäuren eine wichtige Rolle.

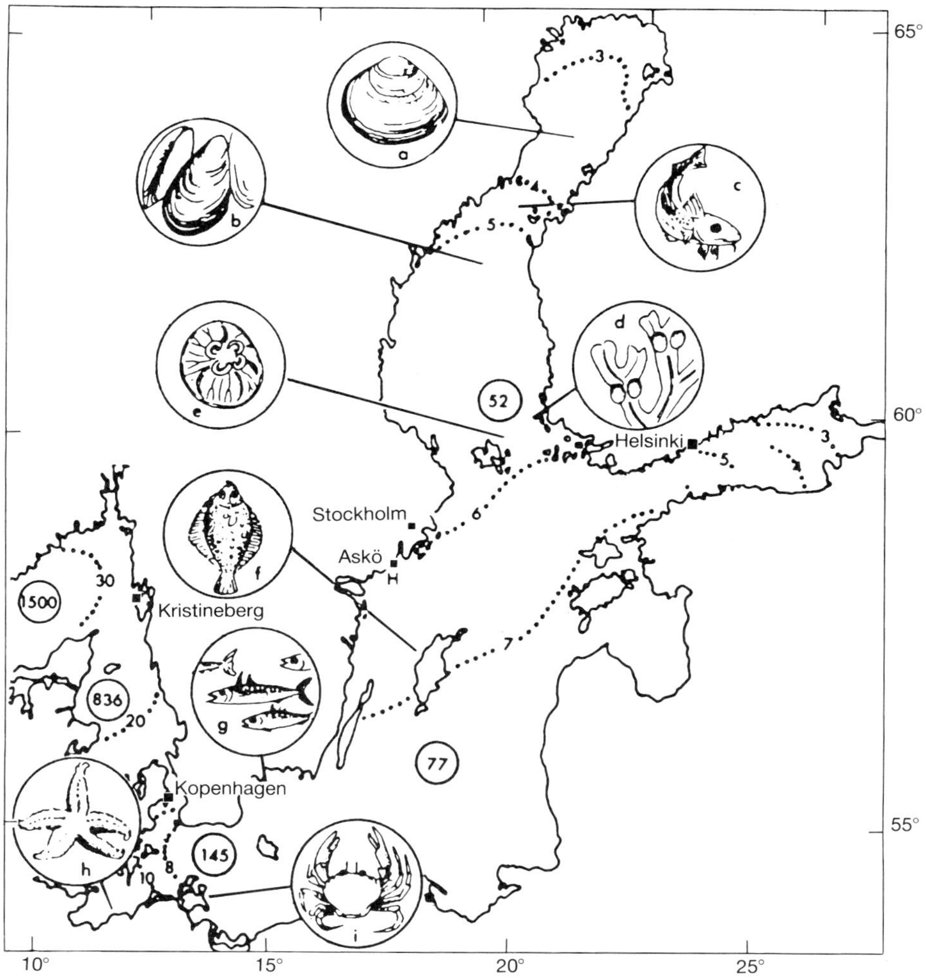


Abb. 1: Die Ostsee ist ein Gebiet mit niedrigem Salzgehalt und geringer Artenzahl. Die gepunkteten Linien sind Isohalinen. Sie verbinden Werte gleichen Salzgehaltes. Die Ziffern in den kleinen Kreisen geben die Anzahl der makroskopischen Tierarten an den betreffenden Standorten an. Verbreitungsgrenzen in der Ostsee: a) Baltische Plattmuschel (Macoma balthica), b) Miesmuschel (Mytilus edulis), c) Dorsch (Gadus morhua), d) Blasentang (Fucus vesiculosus), e) Ohrenqualle (Aurelia aurita), f) Scholle (Pleuronectes platessa), g) Makrele (Scomber scombrus), h) Gemeiner Seestern (Astrias rubens), i) Strandkrabbe (Carcinus maenas). (Nach einer Zusammenstellung von Jansson, 1972)

Viele Formen (Strandkrabbe, Wollhandkrabbe, zahlreiche Fische) sind in der Lage, wichtige Ionen aus dem Außenmedium entgegen einem Konzentrationsgefälle aktiv aufzunehmen. Hierfür finden sich spezialisierte Zellen in ganz bestimmten Organen (Kiemen, Nieren, Darm). Solche Tiere können den osmotischen Wert und das Volumen ihrer Körperflüssigkeiten regulieren. Diese Leistungen werden dadurch unterstützt, daß die Durchlässigkeit ihrer äußeren Oberflächen für Wasser und Salze stark herabgesetzt ist. Besonders ausgeprägt ist diese Eigenschaft bei Arten, die sowohl im Süß- als auch im Meerwasser lebensfähig sind (Wollhandkrabbe, Aal).

Die *Temperatur* beeinflußt ebenfalls das Leben in der Ostsee in entscheidendem Maße. In der Uferzone lebende Arten sind meist relativ unempfindlich gegenüber Hitze und Kälte. Zusätzlich zu ihrer erblich bedingt hohen Temperaturresistenz können sie oft noch durch individuelle Anpassungsvorgänge ihre Lebensfähigkeit gegenüber extremeren Temperaturen erhöhen. Im Gegensatz dazu können die meisten Organismen, die auf das kühlere Tiefenwasser begrenzt sind, auf Dauer keine Temperaturen oberhalb von etwa 15 ° C ertragen. Arktische Relikte (Astarte-Muscheln, große Plattmuscheln) sind bereits auf zellulärer Ebene sehr hitzeempfindlich; Warmwasserformen, deren Vorkommen bis in tropische Zonen an der westafrikanischen Küste reichen (Große und Kleine Pfeffermuschel), dagegen besonders hitzeresistent.

In den Mulden der Ostsee treten häufig *Sauerstoffmangel* und stellenweise giftiger Schwefelwasserstoff auf. Auch in Küstenbereichen kann es bei geringem Wasseraustausch, insbesondere in den wärmeren Monaten, zu Sauerstoffmangel kommen. Es überleben dann nur wenige resistente Arten, wie manche im Schlick vorkommende Fadenwürmer, Astarte-Muscheln, Island-Muscheln und der Sternwurm (Halicryptus spinolosus). Die Fähigkeit, bei Fehlen von Sauerstoff langfristig zu überleben, beruht im wesentlichen auf zellulären Mechanismen.

Wichtig sind eine genügende Speicherung von Reservestoffen (Glykogen), eine rentable Energiefreisetzung (unter Beteiligung von Gärungsvorgängen wie der Succinatgärung) und die Fähigkeit, den Energiebedarf zur Aufrechterhaltung der Lebensvorgänge stark zu drosseln. Die Umschaltung auf einen Stoffwechsel ohne Sauerstoff gelingt auch den Muscheln in der Gezeitenregion, wenn sie bei Ebbe ihre Schalen schließen. Unterstützt wird die Resistenz der Arten gegenüber Sauerstoffmangel durch die niedrigen Temperaturen, wie sie im Tiefenwasser anzutreffen sind.

*Gemeinschaften der Pflanzenbestände*

Außer den genannten Faktoren spielt vor allem die Bodenbeschaffenheit für die Besiedlung eine entscheidende Rolle. In den Förden der westlichen Ostsee, die im allgemeinen nicht tiefer als etwa 10 bis 20 m sind und an den Rändern meist sandige Ufer aufweisen, befinden sich im flachen Wasser auf Steinen und an Pfählen zahlreiche kleine Krustenalgen und Grünalgen, wie z. B. Fadenalgen, der lappige und röhrenförmige Darmtang, der Meersalat und der Blasentang (Fucus vesiculosus) (Abb. 2). Der Bereich des ufernahen Blasentangs wird von relativ wenig Tierarten bewohnt, die aber durchaus in großer Individuenzahl auftreten können (vgl. Abb. 3) und eine wichtige Rolle als Nahrung für Jungfische spielen.

Große Anteile der Tangproduktion enden im Strandanwurf und stören die Gäste beim Baden. Entlang der 320 km langen Küstenlinie zwischen Flensburg und Neustadt wurden am Ende des Sommers etwa 300 t Anwurf ermittelt. Im Frühjahr ist diese Menge

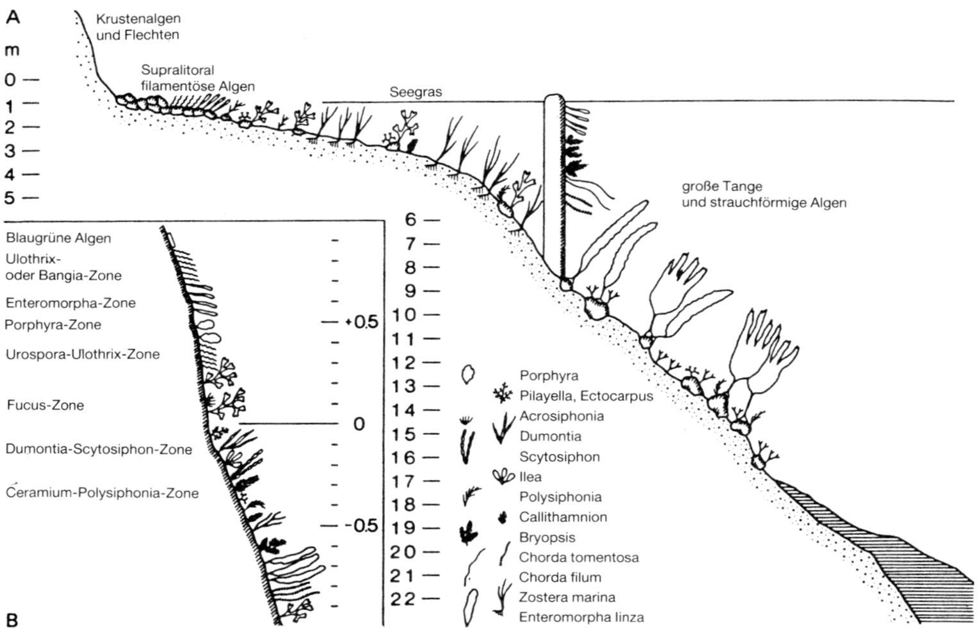


Abb. 2: Schema von Vegetationsprofilen in der westlichen Ostsee. A) Gesamtvegetation, B) Litorale Vegetation auf Hartböden (verändert nach Schwenke, 1966)

noch größer. Sie läßt die erhebliche Intensität des küstennahen Pflanzenwachstums ahnen. Hier im Angespül findet der Strandwanderer Überreste zahlreicher durch Strömung verfrachteter hartschaliger Tiere aus den tieferen Lebensbereichen des Meeres sowie speziell angepaßte Feuchtlufttiere marinen und terrestrischen Ursprungs, wie Asseln, Strandflöhe, Springschwänze, Strandfliegen, Käfer, Milben. Häufig ist der Strandanwurf völlig von kleinen 2–3 cm langen weißen Fäden durchsetzt. Es handelt sich um kleine Würmer (Enchytraeus), dem Aquarianer wohlbekannt, die hier zur Massenentwicklung kommen.

In einer Tiefe von 1 bis 8 m findet man stellenweise Seegras (Zostera), etwas tiefer manchmal noch Sägetang (Fucus serratus). Ursprünglich üppige Seegraswiesen waren zeitweilig durch Krankheit zum großen Teil vernichtet, haben sich aber im letzten Jahrzehnt wieder erholt. Zahlreiche Jungfische und kleinere Fischarten, wie Seenadeln, Schlangennadeln, Dreistachlige Seestichlinge, Grundeln, finden reichlich Nahrung unter den Organismen der Epifauna, die auf und zwischen dem Seegras siedeln. An der schleswig-holsteinischen Küste kommen darin viele Schlickkrebse, Meerasseln, Garnelen, kleine Muscheln und Schnecken vor.

Artenreicher sind die Standorte der braunen Ledertange (Laminaria saccharina u. L. digitata), die sich ab 6 m Tiefe auf kleinen oder großen Steinen und Muschelschalen anheften. Rote Algen mit ihren zierlichen und mannigfaltigen Formen kommen an geeigneten Stellen oft in erheblich größerer Tiefe vor. Von den Lichtverhältnissen her könnten in der Ostsee solche Algen bis etwa 30 oder 40 m Tiefe gedeihen. Jedoch ist nicht immer das Licht für die untere Vegetationsgrenze der entscheidende Faktor, sondern das Fehlen von geeignetem Untergrund, was vielfach schon ab 20 m Tiefe der Fall sein kann.

In der Rotalgenzone der westlichen Ostsee wurden über 100 Tierarten gefunden, darunter Formen, die beispielsweise in der Nordsee auf Hartböden gedeihen. Besonders dicht ist die Besiedlung mit der Tangbeere (Dendrodoa grossularia), welche etwa drei Viertel der gesamten tierischen Biomasse ausmacht. Auch Schwämme, wie der Brotkrumenschwamm (Halichondria panicea), treten in Massen auf. Verschiedene Ernährungstypen sind vertreten: Strudler (Schwämme, Muscheln, Moostiere, Manteltiere), Tentakelfänger (Foraminiferen, Hydroidpolypen), Allesfresser (bestimmte Flohkrebse und Meerasseln). Unter den Weidetieren haben sich kleine Schneckenarten auf das Abweiden von Grün- und Kieselalgen, Hydroidpolypen und sogar Schwämmen spezialisiert. Vor allem Muscheln, Krebse und Borstenwürmer besiedeln den Boden und werden von räuberischen Seesternen, kleinen Dorschen und Wittlingen gejagt.

In marin-vegetationskundlicher und faunistischer Hinsicht ist die westliche Ostsee ein Übergangsgebiet zwischen Nord- und Ostsee. In den Algenbeständen werden etwa 260 Arten (95 Grün-, 71 Braun- und 94 Rotalgen) gefunden. Davon sind in der Kieler Bucht etwa 80 für die Vegetation wirklich von Bedeutung. Diese Zahl nimmt in der Ostsee deutlich ab. An ihrer Südküste, beispielsweise in der Wismarer Bucht an der mecklenburgischen Küste, finden wir im Flachwasser auf Geröllfeldern einen Vegetationstyp, der mit dem in der Kieler Bucht große Ähnlichkeit hat. In den Boddengewässern, wo der Salzgehalt deutlich auf niedrige Werte unter 10 ‰ S abnimmt, prägen Brack- und Süßwasserpflanzen stärker das Bild. Auch die Danziger Bucht gehört noch in den Bereich einer sandigen Flachküste mit Geröll und Muschelschalen. Die schwedische Ostküste zeigt jedoch das Bild der Fjärdschärenküste. Nach Norden hin verringert sich allmählich der Oberflächensalzgehalt auf etwa 5,5 ‰ S in den Schären-Archipelen der Ålandsee; es beginnt die nördliche Ostsee. An größeren Algen begegnen uns dort noch der Blasentang und der Saitentang. Der innere Teil des Schärengebietes nimmt bereits limnische Züge an und beherbergt neben dem Blasentang auch salztolerante höhere Süßwasserpflanzen. In der Bottensee und Bottenwiek verarmt dann die marine Vegetation bei sinkendem Salzgehalt weiter, und das Bild wird bei etwa 3 bis 3,5 ‰ S von Süß- und Brackwasserarten und im Uferbereich von Schilfbeständen beherrscht.

*Sandböden*

Eine besonders starke Verarmung der Besiedlung im Vergleich zur Nordsee lassen die Sandböden erkennen. Ihre Gemeinschaften wurden nach der Plattmuschel Macoma balthica benannt, die sich wie die Klaff- und Herzmuschel in den Sand eingräbt und nur durch schlauchförmige Siphonen mit dem darüberstehenden Wasser verbunden ist. Daneben leben röhrenbauende Ringelwürmer, wie der Wattwurm und der Seeringelwurm und in tieferen Böden der Köcherwurm sowie bewegliche Arten, die Gänge graben. Durch ihre Bau- und Wühltätigkeit wirken sie umgestaltend auf den Boden. Die meisten Tiere, die auf der Oberfläche des Sandes siedeln, sind frei beweglich und können sich vorübergehend in die oberen Sandschichten einwühlen. Garnelen und Plattfische zeichnen sich durch eine ausgeprägte Farbanpassung an den Untergrund aus und sind dadurch hervorragend getarnt. Viele Arten besitzen planktische Larvenstadien. Bei geeigneten Salzgehalts- und

Ernährungsverhältnissen erfolgt das Ablaichen, wenn in der Umgebung die erforderliche Laichtemperatur erreicht ist.
Kleintiere, die das Sandlückensystem zwischen den Sandkörnern bewohnen, sind oft langgestreckt und fadenförmig und können sich durch Wimpernschlag oder Schlängeln zwischen den Sandkörnern bewegen oder heften sich mit Klebdrüsen und Haftpapillen an ihnen fest. Sie ernähren sich von bodenlebenden Mikroalgen, besonders Diatomeen; manche sind auch Räuber.
Unter den küstennahen Sänden kann man grobkiesige, dem Wellenschlag ausgesetzte Abschnitte von den ruhigen geschützten Flachwasserbereichen unterscheiden, die nährstoffreichere Ablagerungen aufweisen. In letzteren findet sich eine verarmte Wattwurm-(Arenicola) Gemeinschaft.

*Weichböden*
Mit zunehmender Bodentiefe wird die Korngröße der Sedimente geringer, und es steigt der Gehalt an anorganischen und organischen Feinstoffen, so daß ein allmählicher Übergang von der Sandregion zum Weichboden (Schlamm, Schlick, Mud) stattfindet. In der oberen Weichbodenregion finden wir zunächst mehr gelbbraunen Schlick, in größerer Tiefe dann mehr dunklen Schlamm, der reich an verwesenden organischen Substanzen ist und oft nach Schwefelwasserstoff riecht. Die Weichboden-Tiergemeinschaften, die in der westlichen Ostsee meist in den Rinnen angesiedelt sind, wurden nach der Kleinen Pfeffermuschel (Abra alba) benannt. Stellenweise dominieren hier auch die Island-Muschel und Astarte-Arten, wie in der südlichen Kieler und der Mecklenburger Bucht.
Die Kieler Bucht ist von Rinnen durchzogen, die bis zu 35 m tief sein können. Dort, wo Algen fehlen, beobachtet man in etwa 15 bis 20 m Tiefe mehr Bodentiere als in flacheren und tieferen Bereichen. Diese Zone mit vergleichsweise optimaler Besiedlung liegt im Bereich der größten Sprungschichtenhäufigkeit. Die Umsatzprozesse der Bodenorganismen werden besonders durch das reichlich sedimentierende organische Material gespeist.
Günstig wirken sich auch der relativ hohe und nicht zu stark variierende Salzgehalt, die geringen Temperaturschwankungen und die weitgehend gute Sauerstoffversorgung aus. An flacheren Standorten wirken dagegen niedriger Salzgehalt sowie starke Temperatur- und Salzgehaltsschwankungen drosselnd auf die Besiedlung, und in den Rinnen unterhalb von 20 m können vorübergehender Sauerstoffmangel und Auftreten von Schwefelwasserstoff das Tierleben stark einschränken (vgl. Abb. 4).
Die Bestände an Bodentieren sind ausgeprägten Schwankungen unterworfen, von denen die einzelnen Arten unterschiedlich betroffen sind. Besonders nach strengen Wintern, starken Salzgehaltseinbrüchen oder bei Sauerstoffmangel und Gegenwart von Schwefelwasserstoff treten teilweise Zusammenbrüche der Fauna auf. Nach solchen „Katastrophen" setzt eine vorübergehende Neubesiedlung durch Formen mit flexibler (opportunistischer) Lebensweise ein, beispielsweise durch einen unscheinbaren Borstenwurm (Capitella capitata). Später folgen Krebse, weitere Borstenwürmer und Weichtiere, die auch eine wichtige Nahrungsquelle für bodenlebende Fische (Schollen, Klieschen, kleine Dorsche und Wittlinge) darstellen.
Dringt man weiter in die Ostsee ein, so verringert sich die unterschiedliche Besiedlung der Sand- und Weichböden. An den tieferen Standorten im Arkona- und Bornholmbecken löst die Große Plattmuschel (Macoma calcarea) die in der westlichen Ostsee so häufige Kleine Pfeffermuschel und Islandmuschel ab. Die Reste der dort auftretenden arktischen Flachwassergemeinschaft wandeln sich in Richtung Norden und Nordosten. Allmählich verschwinden immer mehr Muscheln, während einige wurmartige Tiere noch weiter nach Norden vordringen. Besonders artenarm sind die tiefen Löcher der Gotlandmulde, von der weite Teile wegen des fehlenden Sauerstoffs zeitweilig völlig frei von Makrofauna sind. Bei vorübergehend verbesserten Belüftungsverhältnissen treten einige Wurmarten und Flohkrebse auf. Auch die Plattmuschel dringt hier in größere Tiefen vor. In der Bottensee und im Finnischen Meerbusen sind die Riesenassel (Mesidothea entomon), ein Flohkrebs (Pontoporeia affinis) und die Plattmuschel (Macoma balthica) die individuenreichsten Vertreter, selbst in größeren Tiefen.
In der nördlichen Bottenwiek kommen filtrierende Muscheln, wie die Mies- und Plattmuschel, nicht mehr vor. Kleinsttiere im Lückensystem des Sediments, besonders bodenlebende Ruderfußkrebse, spielen in diesem stark verdünnten Brackwasser eine größere Rolle als die Makrofauna. Möglicherweise sind solche Tiere

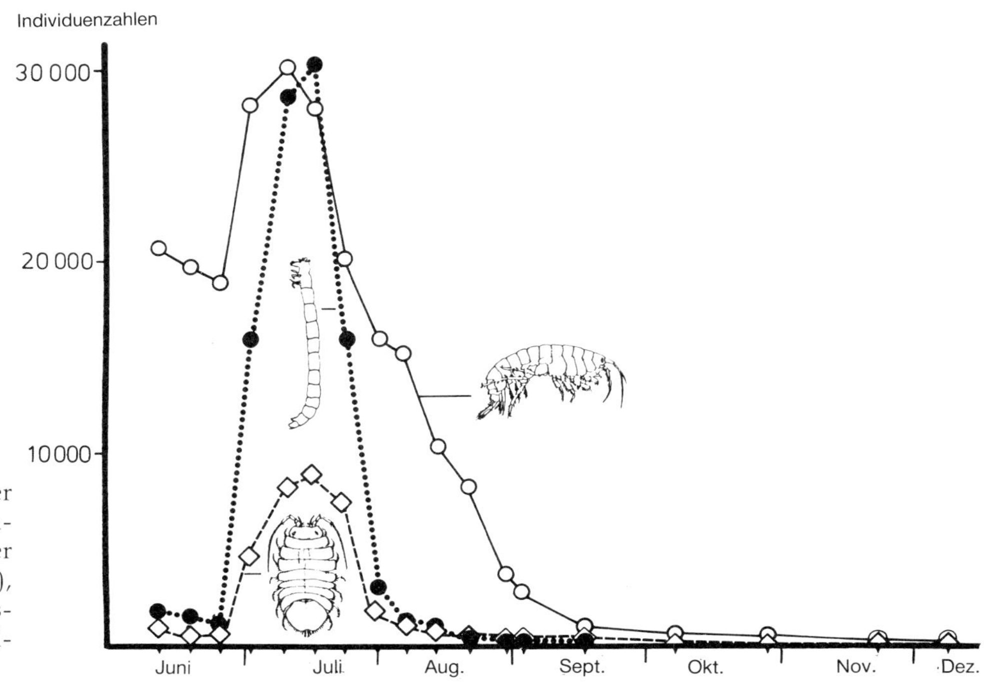


Abb. 3: Jahreszeitliche Schwankungen in der Häufigkeit der wichtigsten zwischen Blasentang lebenden Bodentierarten in der Kieler Förde (1978): Flohkrebse (Amphipoden), Zuckmückenlarven (Chironomiden) und Asseln (Jaera albifrons) (nach Anders und Möller, 1983)

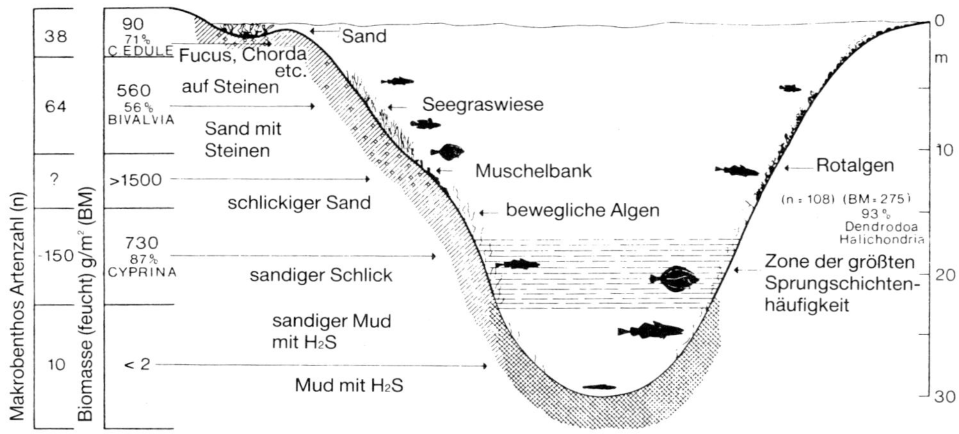


Abb. 4: Zonierung, Artenzahlen (pro m²) und Biomasse (g pro m²) in Rinnen der Kieler Bucht (nach Arntz, 1978)

besser in der Lage, die geringe Nahrungsmenge, die während der kurzen Produktionsphase im Sommer gebildet wird, zu nutzen.

*Hartböden*

Die Hartbodenbesiedlung der eigentlichen Ostsee besteht aus wenigen Arten, unter denen die Miesmuschel Mytilus edulis dominiert, denn die Zahl ihrer Feinde (Strandkrabbe, Seestern, Flunder, Eiderente), die im Westen die Bestände stärker dezimieren, nimmt nach Osten hin ab. An den felsigen Küsten des schwedischen und finnischen Schärenmeeres wird die Hartbodenbesiedlung jedoch durch niedrige Salzgehalte und regelmäßige lange Eisbedeckung eingeschränkt. Unter den festsitzenden Meerestieren dringen Seepocken, Moostierchen und einige Hydroidpolypen am weitesten nach Norden und Osten vor. Viele Polypen bilden auf ungeschlechtliche Weise durch Knospung Quallen (siehe Beitrag „Schwebende Organismen im Wasser").

Im westlichen Teil der Ostsee findet sich eine „sekundäre Hartbodenfauna" im flachen Wasser auf Steinen, Buhnen, Pfählen und Molen, im tieferen Wasser auf einzelnen Muschelschalen, Schlakken und festen Gegenständen sowie auf Miesmuschelbänken. Dabei handelt es sich zum Teil um Reste einer reichen marinen Felsbodenfauna, wie man sie vor allem an englischen und norwegischen Küsten findet, die bei weiterer Verminderung des Salzgehaltes in der Ostsee immer mehr verarmt. Häufige Formen sind Ascidien, Seerosen, Schwämme und Hydroidpolypen. Auffällig ist, daß in der zentralen Ostsee bohrende Formen ganz fehlen. In der Beltsee treten dagegen noch einige Bohrmuschelarten auf, z. B. der Schiffsbohrwurm Teredo navalis, weiterhin die Bohrassel und ein bohrender Ringelwurm.

*Ökologische Veränderungen*

In den letzten Jahrzehnten ist in weiten Teilen der Ostsee sowohl durch meteorologisch-hydrographische Veränderungen als auch durch Abwässer, Auswaschungen und atmosphärischen Eintrag eine Erhöhung des Phosphat- und Nitratgehaltes eingetreten. In Verbindung damit sind verschiedene Änderungen in der Bodenbesiedlung beobachtet worden. An zahlreichen flachen Stränden der östlichen Ostsee ist ein deutlicher Rückgang des Blasentangs aufgetreten. Schnellwüchsige fädige Algen haben ihn stellenweise überwuchert und verdrängt. Auch kleine Krebstiere (Meerasseln), die diese Algen fressen und sich verstärkt vermehrt haben, können mit zur Verringerung der ufernahen Blasentangbestände beitragen.

Die Besiedlung mit Makrofauna in den flacheren Bereichen des Meeresbodens (oberhalb der Sprungschicht) hat in den letzten 20 Jahren mehrfach an Biomasse zugenommen. Sehr stark stieg die Zahl der Filtrierer (besonders der Miesmuschel) an. Vieles spricht dafür, daß die größere Menge an Bodentieren auf die in den letzten Jahrzehnten verstärkte Eutrophierung und die dadurch bedingte Zunahme der Produktion und Sedimentation von organischer Substanz zurückzuführen ist.

Völlig anders dagegen ist die Entwicklung in den tiefen Mulden der Ostseebecken, unterhalb der Sprungschicht, verlaufen. Dort hat die Biomasse der Makrofauna aufgrund der Verknappung an Sauerstoff stark abgenommen. Zeitweilig waren etwa 100 000 km², also rund ein Viertel des Meeresbodens der Ostsee, frei von Bodentieren. Wenn jedoch nach einer Sturmflut an der Nordseeküste salzreiches Tiefenwasser über Skagerrak und Kattegat verstärkt in die innere Ostsee eingedrungen ist, werden die tiefen Bereiche erneut mit Sauerstoff versorgt. Dann wird dort die Besiedlung wieder vorübergehend verbessert.

Insgesamt ist das Leben in der Ostsee durch komplizierte Abhängigkeiten von den zahlreichen wechselnden Umweltbedingungen geprägt, die nur durch enge Zusammenarbeit zwischen den Wissenschaftlern aller Ostsee-Anrainerstaaten voll durchdrungen werden können.

*Hans Theede*

Seite 189: Miesmuschelbank nördlich der Seebadeanstalt Düsternbrook, Kieler Förde

Dickhörnige Seerose (Tealia felina), westliche Ostsee

Miesmuschel (Mytilus edulis) mit Kolonie von Hydroidpolypen (Clava multicornis), Fundort westliche Ostsee

Einsiedlerkrebs (Pagurus bernhardus), westliche Ostsee

Wellhornschnecke (Buccinum undatum), westliche Ostsee

Geröllfläche auf Bornholm mit Grünalgen (Enteromorpha, Cladophora) und Blasentang (Fucus vesiculosus)

Blasentang (Fucus vesiculosus) und Seegras (Zostera marina) auf Weichboden, Kieler Förde

Blasentang (Fucus vesiculosus), Grünalgen (Enteromorpha) auf Steinen am Ufer der Insel Bornholm

Strandkrabbe (Carcinus maenas), westliche Ostsee bis Hiddensee

Gemeiner Seestern (Asterias rubens), über eine Miesmuschel gestülpt, deren Weichteile er außerhalb seines Körpers verdaut, westliche Ostsee

„Algenwiese" an der südschwedischen Küste (Unterwasseraufnahme). Aus dem dichten Wald des Blasentangs (Fucus vesiculosus) ragen Bestände der Meersaite (Chorda filum) heraus.

# Schwebende Organismen im Wasser – das Plankton

Die vielgestaltige Lebewelt des Planktons bleibt dem unbewaffneten Auge meist verborgen, denn zu einem überwiegenden Teil besteht es aus mikroskopisch kleinen Organismen. Eine Länge von 1 mm gilt schon als mittelgroß, und bei 2 cm beginnt bereits das Großplankton. Dennoch werden auch die winzigen Formen dem bloßen Auge manchmal sichtbar. So können einzellige Algen, die das Phytoplankton bilden, in so hohen Konzentrationen auftreten, daß sie dem Meerwasser einen meist gelbbraunen oder rötlichen Farbton verleihen. Aus dieser Beobachtung ist der englische Fachausdruck 'Red Tides' für rötliche Algenansammlungen an der Meeresoberfläche hervorgegangen.
Red Tides rufen häufig Besorgnis hervor, da sie aus giftigen Flagellaten bestehen können. Muscheln, die das Phytoplankton aus dem Wasser abfiltrieren, haben die Eigenschaft, die Toxine dieser Flagellaten zu speichern. So kann es zu Vergiftungserscheinungen bei dem Verzehr von Muscheln kommen. Zum Glück ist die Ostsee von solchen giftigen Red Tides bisher verschont geblieben. Trotzdem ist für die Zeit von Mai bis Oktober eine gewisse Vorsicht geboten. Beobachtungen aus den letzten Jahren haben gezeigt, daß die im Verdacht einer möglichen Giftigkeit stehende Flagellatenart Prorocentrum minimum sich vom Skagerrak her in der westlichen Ostsee stark ausgebreitet hat.
Die Wasserverfärbung durch das Phytoplankton beruht auf den Pigmenten in den Algenzellen. Sie werden für die Photosynthese benötigt, für die Umwandlung von Lichtenergie in chemische Energie beim Aufbau von organischer Substanz.
Alle Algenzellen enthalten Chlorophyll und eine Reihe weiterer Pigmente. Diese gehören meistens zu der Gruppe der Karotinoide, und sie sind an der Lichtabsorption für die autotrophe Ernährungsweise beteiligt. Das Vorhandensein von Chlorophyll ist daher das Kriterium, nach dem die Trennung zwischen pflanzlichen und tierischen Einzellern vorgenommen wird. Die letzteren müssen sich wie alle Tiere heterotroph ernähren, das heißt durch die Aufnahme von organischer Substanz in gelöster oder partikulärer Form.
Auch unter den heterotrophen Flagellaten gibt es eine rund 0,5 mm große kugelförmige Art, die mit dem bloßen Auge wahrgenommen werden kann. Allerdings geschieht dies in der Regel auf indirekte Weise. Es handelt sich um Noctiluca miliaris, was übersetzt der ‚hirseförmige Nachtleuchter' bedeutet. Seine kugelige Gestalt erinnert besonders dann, wenn man eine größere Anzahl Zellen vor sich hat, an Hirsekörner, weil sie ebenso wie die letzteren dazu neigen, sich flächig nebeneinander anzuordnen. Noctiluca miliaris erzeugt das vor allem von der Nordseeküste her bekannte Meeresleuchten. An ruhigen Spätsommerabenden kann man mitunter auch in der westlichen Ostsee das charakteristische Aufblitzen einzelner Lichtpünktchen bei einer Bewegung des Wassers beobachten. Das Leuchten basiert auf einem biochemischen Prozeß, bei dem eine oxidierbare Verbindung, Luciferin genannt, mit Hilfe eines Enzyms, der Luciferase, durch Sauerstoffzuführung oxidiert wird. Das Leuchtvermögen ist bei Planktonorganismen generell weit verbreitet. Ein weiteres Beispiel für die Sichtbarkeit des Planktons bilden die Quallen. Trotz ihrer durch Rückstoß erfolgenden Fortbewegung gehören sie zum Plankton, zu den im Wasser dahintreibenden Organismen, denn ihre Eigenbewegung ist zu schwach für eine gerichtete Wanderung. Sie reicht wohl aus, die Tiefenposition zu verändern. So können sie zum Beispiel bei Seegang in die Tiefe ausweichen. Insgesamt sind die Quallen jedoch den großräumigen Wasserbewegungen ausgesetzt. Daher werden sie mit den Strömungen verfrachtet und an Stromgrenzen oder in Küstennähe zu großen Massen zusammengetrieben.

Charakteristisch für die Ostsee ist die bläuliche, bis etwa 40 cm groß werdende Ohrenqualle Aurelia aurita. Ihren Namen hat sie nach den ohrenförmig aussehenden Gonaden (Geschlechtsorganen), die durch den Schirm hindurchschimmern (s. Foto S. 197). Obwohl ihre Nesselzellen so schwach sind, daß sie kein Brennen auf unserer Haut hervorrufen, sind sie uns beim Baden doch recht lästig. Wenn sich im Sommer die Gonaden verfärben, ist die Fortpflanzungszeit erreicht. Die Quallen sind getrenntgeschlechtlich. Die Mundarme der weiblichen Tiere nehmen anschließend eine bräunliche Färbung an, hervorgerufen durch Zigtausende von sogenannten Planulae-Larven, die dort aus den befruchteten Eiern zu bewimperten ellipsoidförmigen Larven heranwachsen. Die Planulae halten sich nur kurze Zeit im freien Wasser auf und setzen sich dann an einer geeigneten Stelle auf einem festen Untergrund, wie einem Stein oder einer Muschelschale, fest. Aus ihnen wächst dann ein nur wenige Millimeter großer Polypenstock heran, der schon vom Spätherbst ab kleine flache, wie Teller aufeinandergestapelte Ephyren abschnürt, die nacheinander ins freie Wasser entlassen werden. Die achtarmigen Ephyra-Larven sind die Jugendstadien der Quallen. Sie wachsen zunächst langsam und nehmen allmählich die typische Quallengestalt an (s. Abb. 1).
Aurelia ernährt sich in erster Linie von kleinen Zooplanktern. Sie kann aber auch Fischlarven, zum Beispiel Heringslarven, fangen und verschlingen. In der westlichen Ostsee, wo sie sehr häufig ist, wird sie als Feind der Fischbrut und als Nahrungskonkurrent für die Jungfische angesehen. Die Hauptwachstumsperiode von Aurelia fällt in die Monate April bis Juni. In der mittleren und östlichen Ostsee reicht sie entsprechend dem späten Frühjahrsbeginn mehr in den Sommer hinein. Der Generationswechsel zwischen der planktischen Lebensphase mit der sexuellen Fortpflanzung und der benthischen Phase mit der vegetativen Vermehrung sichert den Quallen eine hohe Vermehrungsrate und weite Verbreitung.
Aurelia ist nicht nur den Badenden lästig, sondern auch den Fischern, deren Netze sie im Sommer verstopfen und beim Hieven zum Zerreißen bringen können. Immer wieder werden Klagen vorgebracht, daß die Quallen sich gegenüber früheren Jahren stark vermehrt hätten. Als mögliche Gründe werden eine zunehmende

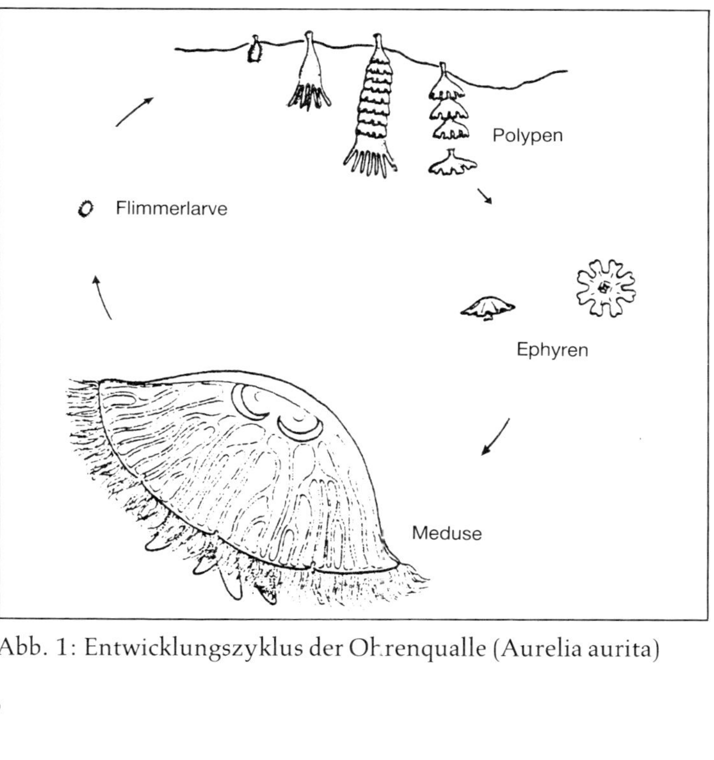


Abb. 1: Entwicklungszyklus der Ohrenqualle (Aurelia aurita)

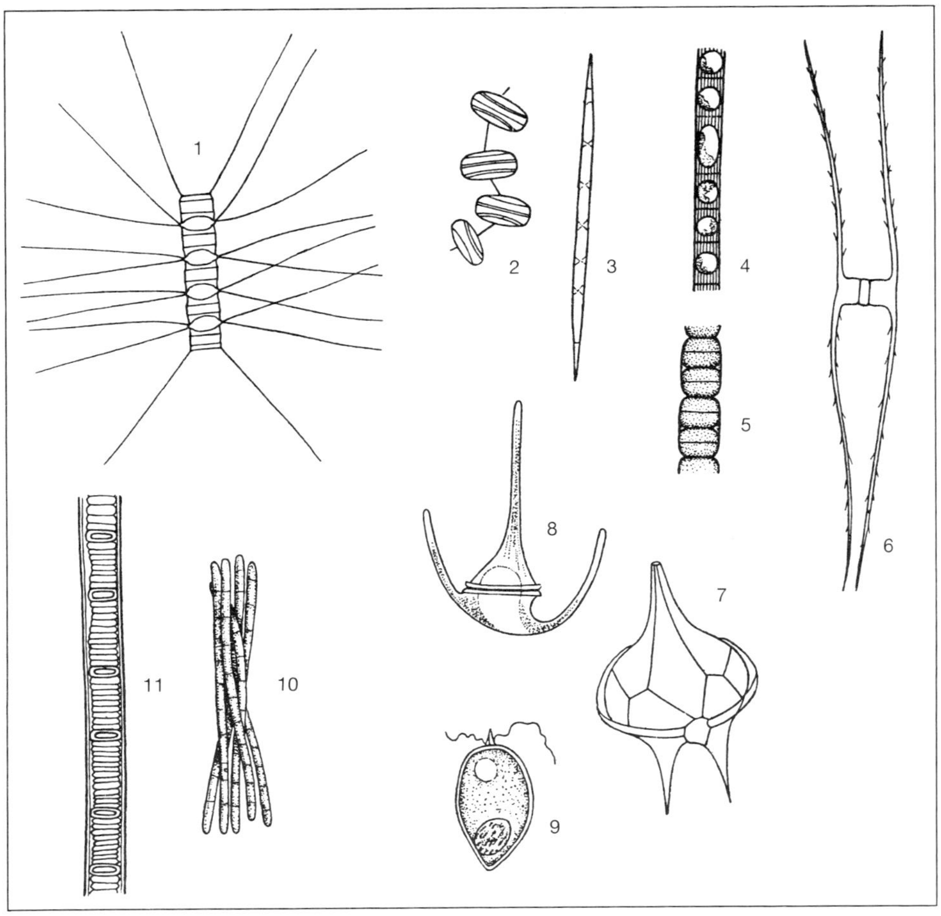


Abb. 2: Pflanzen des Ostseeplanktons
1 bis 6: Kieselalgen (Diatomeen),
7 bis 9: Geißelalgen (Dinoflagellaten)
10 und 11: Blaualgen (Cyanophyceen)

Eutrophierung mit einem höheren Nahrungsangebot und die Zunahme der Hafenanlagen, z. B. der Segelhäfen, genannt, die als Hartsubstrat die Besiedlungsfläche für die Polypen vergrößert haben. Ein sicheres Urteil läßt sich wegen des Fehlens geeigneter Vergleichsdaten nicht fällen. Außerdem ist es gleichermaßen schwierig, die zwei verschiedenen Lebensphasen von Aurelia quantitativ zu erfassen, da sowohl die Polypen als auch die Quallen sehr unregelmäßig verteilt sind. Ein ausgedehntes Beobachtungsnetz mit häufiger Probennahme über einen längeren Zeitraum wäre notwendig. Fest steht jedoch, daß schon vor hundert Jahren die Quallenschwärme in der Kieler Förde gelegentlich so dicht waren, daß man mit einem Ruderboot kaum hindurchfahren konnte.
Die sehr viel seltenere, stark nesselnde Feuerqualle Cyanea capillata, erkenntlich an ihrer gelbroten Farbe und dem dicken Büschel von Fangfäden unter dem Schirm, ist in der eigentlichen Ostsee nicht zu Hause. Sie gelangt mit dem Einstrom von salzreichem Tiefenwasser aus dem Kattegat vor allem im Spätsommer und Herbst in die westliche und mittlere Ostsee, wo sie bis in die Bucht von Danzig beobachtet werden kann (s. Foto S. 197).
Bislang haben wir uns nur mit den auffälligen Erscheinungen des Planktons beschäftigt. Hinzuzufügen sind noch die charakteristischen sommerlichen Blaualgenblüten in der mittleren Ostsee zwischen den dänischen Inseln und der finnischen Küste. Auf sie kommen wir weiter unten noch zu sprechen. Begeistern kann man sich an der Formenvielfalt und Zartheit der Planktonorganismen, die sich dem Blick durch das Mikroskop eröffnen. Die Diatomeen, die Kieselalgen, bestechen durch ihre überaus kunstvoll gestalteten Schalen aus Kieselsäure. Nackte und beschalte Flagellaten lassen einen über die hohen Geschwindigkeiten staunen, mit denen sie sich geradlinig oder in spiraligen Bahnen durch das Blickfeld bewegen, und die durchsichtigen Zooplankter gewähren einem einen freien Einblick in ihre innere Anatomie. Die Begeisterung für die faszinierende Schönheit des Planktons hat einst den berühmten Zoologen Ernst Haeckel (1834–1919) dazu bewegt, sich mit einer Serie sehr schön komponierter Zeichnungen unter dem Titel ‚Kunstformen der Natur' an die interessierte Öffentlichkeit zu wenden. Die Ostsee bietet jedoch nur einen kleinen Ausschnitt des Formenreichtums des offenen Ozeans. Als ein verhältnismäßig flaches Brackwassermeer, besonders in ihrem westlichen Teil, schließt sie das Vorkommen vieler ozeanischer Planktongruppen aus. So gibt es hier keine Radiolarien und pelagischen Foraminiferen, beides Einzeller mit sehr kunstvoll gebauten Gehäusen, keine Staatsquallen, keine pelagischen Schnecken, keine Leuchtgarnelen (Euphausiaceen), die den bekannten Krill bilden, keine pelagischen Muschelkrebse und auch keine Salpen.
Nur euryhaline Flachwasserarten dringen vom Skagerrak her in die Ostsee ein. Ihre Artenzahl verringert sich zunehmend von West nach Ost mit abnehmendem Salzgehalt. Während sich eine Reihe von marinen Arten noch in der Ostsee fortpflanzen können und dort eigenständige Populationen bilden, bleiben andere, wie zum Beispiel die schon erwähnte Feuerqualle, nur temporäre Gäste. In der mittleren Ostsee durchläuft die Artenzahl ein Minimum und steigt dann in der östlichen Ostsee unter dem Einfluß von eingewanderten Süßwasserorganismen wieder an.
Da die tieferen Wasserschichten immer salzreicher als die Oberflächenschichten sind, sind die Oberflächenarten des Kattegats und der Beltsee wegen ihrer Salzgehaltsbindung in der mittleren und östlichen Ostsee nur noch in der Tiefe anzutreffen. In dem Übergangsgebiet zwischen Ost- und Nordsee, in der Beltsee, spiegelt sich häufig der Ein- und Ausstrom der Wassermassen auch in der Artenzusammensetzung des Planktons wider.
Die jahreszeitliche Folge der Artengemeinschaften läßt sich kurz folgendermaßen charakterisieren. Die Frühjahrsblüte des Phytoplanktons, deren Biomassenmaximum von der Höhe der verfüg-

baren Pflanzennährstoffe Nitrat und Phosphat abhängt, wird hauptsächlich von kettenförmigen Kieselalgen (Diatomeen) gebildet. Darauf folgen kleinere Vertreter aus der Gruppe der Dinoflagellaten, ferner die nur wenige Mikrometer großen Zwergflagellaten (μ-Flagellaten) und einzelne mehr an höhere Temperaturen und relativ geringe Silikatgehalte angepaßte Diatomeenarten.
Das Sommerphytoplankton der mittleren Ostsee ist gekennzeichnet durch das Vorherrschen von zwei Blaualgenarten, Aphanizomenon flos aquae und Nodularia spumigena (s. Abb. 2). Beide bilden große, dem bloßen Auge sichtbare Kolonien. Bei Aphanizomenon verbinden sich Verbände aus nadelförmigen Zellketten zu büschelartigen Flocken. Nodularia besteht dagegen aus Knäueln von fast endlosen Zellfäden, die oft spiralig aufgewunden sind. Das klare Ostseewasser sieht dann so aus, als wäre es voller Sägespäne. Bei ruhigem Wetter sammeln sich diese Blaualgen, die jedoch nicht blaugrün sind, sondern eine gelbbräunliche Färbung haben, auf der Meeresoberfläche an. Gasvakuolen in den Zellen verleihen ihnen Auftrieb.
Diese beiden Blaualgenarten, die besonders an der finnischen Küste noch von weiteren Arten aus derselben Gruppe begleitet werden, zeigen häufig sehr auffällige Streifenbildungen auf der Wasseroberfläche. Verantwortlich sind dafür zwei hydrographische Vorgänge, die die Wasserbewegung beeinflussen. Das erste Phänomen ist die sogenannte Langmuir-Zirkulation. Bei schwachem Wind entstehen im Wasser Konvektionszellen, deren Abstand im Bereich von Metern liegt. Dort, wo das Wasser zwischen zwei Zellen absinkt, werden die auf der Oberfläche schwimmenden Algenkolonien zusammengetrieben, und es entstehen kurze unregelmäßige Streifen (s. Foto S. 197). Diese verlaufen annähernd in Windrichtung. Die gleiche Ursache haben die Schaumstreifen, die man bei wesentlich stärkeren Winden häufig auf Süßwasserseen oder auch auf dem Meer beobachten kann. Der Unterschied besteht jedoch darin, daß zuerst sich brechende Wellenkämme vorhanden sein müssen, um den Schaum zu erzeugen.
Die zweite, ebenfalls sehr auffällige Art der Streifenbildung wird durch interne Wellen verursacht. Sie verlaufen auf der Grenzfläche zwischen zwei übereinandergeschichteten Wassermassen, der Dichtesprungschicht. Solche durch scharfe Temperatur- und Salzgehaltsgradienten hervorgerufenen Sprungschichten sind für die Ostsee typisch. In den von den internen Wellen verursachten Wellentälern, die aber als solche nicht sichtbar sind, strömt das Oberflächenwasser zusammen und fördert so die Streifenformation durch die obenauf schwimmenden Blaualgen. Diese Streifen haben oft eine Breite von mehreren Metern und können sich kilometerweit erstrecken. Da solche internen Wellen sehr langwellig sind, beträgt der Abstand von Streifen zu Streifen etwa 500 bis 1000 m. Diese Form der Streifenbildung kann man nur bei ganz ruhigem Wetter beobachten.
Dieselbe physikalische Ursache haben die sogenannten Slicks. Das sind ebenfalls weit voneinander entfernt liegende parallele Streifen, in denen die Wasseroberfläche wie mit einer leichten Ölschicht bedeckt aussieht. Es handelt sich hier um aus dem Plankton stammende Fettsäuren und Lipide. Bei ruhigem Wetter bilden sie einen Film auf der Wasserfläche, der dann in diesen Streifen konzentriert wird. Bei leichtem Wind kräuselt sich die ölfreie Wasseroberfläche zwischen den Streifen, während die Ölfilme aufgrund der herabgesetzten Oberflächenspannung glatt bleiben. Dieser Gegensatz macht die Slicks für den Beobachter besonders gut sichtbar. Sie treten nur in planktonreichen Gebieten auf.
Nach diesem Exkurs kehren wir wieder zum Jahreskreislauf des Planktons zurück. Das sommerliche Phytoplankton lebt in erster Linie von den sogenannten regenerierten Nährsalzen in der Wassersäule. Unter Nährsalzregeneration versteht man das schnelle Wiederfreisetzen von Stickstoff- und Phosphorverbindungen

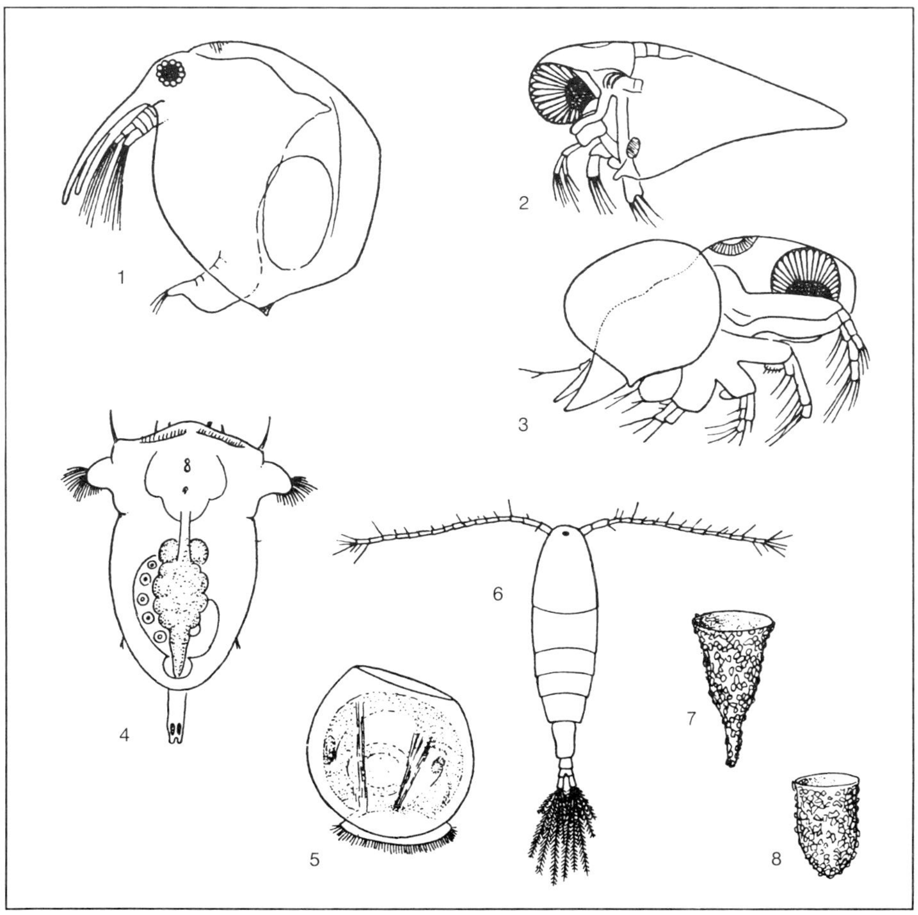


Abb. 3: Tiere des Ostseeplanktons
1 bis 3: Wasserflöhe (Cladoceren), 4: Rädertier (Rotator), 5: Muschellarve, 6: Ruderfußkrebs (Copepode), 7 und 8: Gehäuse von Wimpertierchen (Tintinnen)

durch die Abbautätigkeit der Bakterien und die Exkretion des Zooplanktons. Die Lebensprozesse der heterotrophen Organismen liefern den Dünger für die Pflanzen. Bildlich gesprochen, müssen die Algenzellen während dieser Jahreszeit von der Hand in den Mund leben, da die Nährsalzvorräte in der erwärmten Oberflächenschicht verbraucht sind und nur ein geringer Austausch mit dem nährsalzreicheren Tiefenwasser besteht.
Das Phytoplankton kann daher im Sommer keine großen Biomassen wie im Frühjahr aufbauen. Dennoch ist die Produktionsleistung, gefördert durch die höheren Wassertemperaturen, hoch. Aufbau und Abbau, vor allem durch Wegfraß, halten sich die Waage. Das limitierende Element für die Phytoplanktonproduktion in der sommerlichen Ostsee ist der Stickstoff. Hier liegt die Bedeutung der Blaualgen. Denn die beiden genannten Arten verfügen über die Fähigkeit, elementaren Stickstoff, der im Wasser reichlich gelöst ist, zu fixieren.
Wenn also noch genügend Phosphat im Wasser vorhanden ist, können sich die Blaualgen munter entfalten. In den letzten Jahren ist daher häufig die Frage gestellt worden, ob die sehr auffälligen Blaualgenblüten in der Ostsee durch die Eutrophierung, das heißt durch den verstärkten Eintrag von Phosphat aus häuslichen Abwässern, zugenommen haben könnten. Da auch hier leider keine quantitativen Untersuchungen aus früheren Jahren vorliegen, stehen wir vor demselben Dilemma wie bei den Quallen. Auch in diesem Fall ist bekannt, daß es schon vor rund 100 Jahren Blaualgenblüten in der Ostsee gegeben hat. Es sei noch erwähnt, daß die Blaualgenblüten sogar auf Satellitenphotos gesehen werden können und interessante hydrographische Strukturen der Oberflächenzirkulation erkennen lassen.
Im Herbst, wenn durch Abkühlung und starke Winde die sommerliche Schichtung der Wassermassen abgebaut wird, gelangen wieder mehr Nährsalze in die Oberflächenschicht. So kommt es in der westlichen und mittleren Ostsee noch zu einer Herbstblüte des Phytoplanktons, die wieder stärker von Diatomeen bestimmt wird. Im westlichen Teil spielen auch einige Dinoflagellaten eine größere Rolle.
Ein großer Teil des Phytoplanktons wird vom Zooplankton gefressen, der Rest sinkt zu Boden und kommt der Benthosfauna zugute. Das kleinere Zooplankton gehört daher überwiegend zu der Nahrungsstufe der Herbivoren, der Pflanzenfresser. Es ist in seinem Entwicklungsverlauf an den Jahreszyklus des Phytoplanktons angepaßt. Die Frühjahrsblüte wird in erster Linie von einzelligen Wimpertierchen (Ciliaten) genutzt und von den rund 1 mm großen Ruderfußkrebsen (Copepoden) (s. Abb. 3). Die letzteren sind in der Ostsee nur in wenigen Arten vertreten. Der Artenarmut steht generell Individuenreichtum gegenüber. Im Frühsommer gewinnen Tintinnen, eine weitverbreitete Ciliatengruppe, in der die einzelnen Tiere sich mit einem artcharakteristischen Gehäuse aus organischer Substanz umgeben, ferner Cladoceren, das sind Verwandte des bekannten Wasserflohs, sowie Rädertiere (Rotatorien) stark an Bedeutung. Unter den letzteren ist eine Art, Synchaeta baltica, nach der Ostsee benannt.
Tintinnen und andere Ciliaten vermehren sich durch Zweiteilung, Cladoceren und Rotatorien im wesentlichen durch Parthenogenese, durch Jungfernzeugung. Es ist keine Befruchtung nötig. Aus den von den Weibchen getragenen Eiern wachsen in direkter Entwicklung die Jungen heran. Diese Fortpflanzungsart bedeutet gegenüber den getrenntgeschlechtlichen Copepoden, die 11 Larvenstadien bis zum erwachsenen Tier durchlaufen müssen, einen großen ökologischen Vorteil, denn in kurzer Zeit können auf diese Weise hohe Populationsdichten aufgebaut und günstige Nahrungsverhältnisse ausgenutzt werden. Gegen Ende der Populationsentwicklung wird die parthenogenetische Fortpflanzung von der geschlechtlichen abgelöst, und es werden Dauereier gebildet. Sie sinken zum Boden ab. Im nächsten Frühjahr schlüpft dann aus ihnen eine neue Generation, wenn das Bodenwasser eine bestimmte Temperatur überschritten hat. Diese Art des Lebenszyklus mit einem zeitlich begrenzten Aufenthalt im freien Wasser wird meroplanktisch genannt. Zu den Meroplanktern im Sommer gehört auch eine Vielzahl von Larvenformen aus der Tierwelt des Meeresbodens. Das sind Larven von Würmern, Schnecken, Muscheln, Krebsen, Seepocken und Seesternen. Auch Fischlarven gehören dazu. Viele der meroplanktischen Larvenformen sind Strudler und leben von Phytoplankton. Andere leben jedoch räuberisch und ernähren sich wie die Fischlarven von Zooplankton.
Die carnivoren Zooplankter sind relativ selten in der Ostsee vertreten. Außer den bereits genannten Quallen und Fischlarven sind noch Rippenquallen (Ctenophoren) und Pfeilwürmer (Chaetognathen) zu nennen. Ihre Größe erreicht nur wenige Zentimeter. Einige der Copepoden- und Cladocerenarten sind omnivor. Sie fressen sowohl Phytoplanktonalgen als auch kleine Zooplanktonorganismen.
Insgesamt ist die Ostsee als Brackwassermeer sehr artenarm. Brackwassermeere sind, geologisch gesehen, sehr wenig beständige Lebensräume. So hat ja auch die Ostsee in ihrer jungen Geschichte mehrfach zwischen Süßwasser und einem mehr oder weniger marinen Milieu hin- und hergependelt. Infolgedessen weist dieser Lebensraum viele ökologische Nischen auf, die nicht von Lebewesen besetzt sind. Es fehlen zum Beispiel geeignete Zooplankter oder Fische, die die Blaualgenfäden fressen könnten, oder auch Nutznießer der Quallenschwärme.
Die produktionsbiologische Bedeutung des Planktons als Grundlage für den Fischreichtum eines Meeresgebietes wurde schon vor über 100 Jahren von Victor Hensen (1835–1924), dem Begründer der quantitativen Planktonkunde, erkannt. Von Kiel aus führte er seine ersten Forschungsfahrten in der Ostsee aus. Er prägte 1887 auch den Fachausdruck Plankton, der denselben griechischen Wortstamm wie Planet enthält und 'herumgetrieben werden' bedeutet. Hauptberuflich war er Professor für Physiologie an der Kieler Universität und als Lehrer und Forscher auf diesem Fachgebiet sehr anerkannt.
Die Ostsee weist eine mittelhohe Produktivität auf mit einem deutlichen Süd- und Nordgefälle. In der mittleren Ostsee beträgt die jährliche Primärproduktion rund 100 g Kohlenstoff pro $m^2$; in den Buchten des südwestlichen Teils, wie zum Beispiel in der Kieler Bucht, werden 150 g erreicht und in den Förden und Flußmündungen noch wesentlich höhere Werte.
Je höher die Primärproduktion durch das Phytoplankton ist, desto mehr Sauerstoff wird letzten Endes für den Abbau und die Remineralisation des gebildeten organischen Materials in den tieferen Wasserschichten und am Boden benötigt.
Da die Ostsee infolge des Zugangs über die flache Beltsee einen schlechten Wasseraustauch mit dem offenen Meer aufweist, kommt es häufig zum völligen Sauerstoffverbrauch in den tieferen Wasserschichten mit sehr negativen Folgen für die Bodenfauna. Die Ostsee ist daher von der Gefahr einer zunehmenden Eutrophierung durch die Zunahme von Nährsalzen aus direkten Abwassereinleitungen und durch die indirekte Zufuhr über Flüsse, durch die Einschwemmung von landwirtschaftlichem Dünger von den Uferzonen und durch den atmosphärischen ‚Fall out' bedroht.
Seit 1974 bemüht sich die Helsinki-Konvention zur Reinhaltung der Ostsee darum, diese bedrohlichen Einflüsse durch ein weit verzweigtes Beobachtungsnetz zu kontrollieren. Alle Anliegerstaaten beteiligen sich an diesem Monitoring-Programm, in dem die Nährsalzgehalte, die Primärproduktion der Planktonalgen sowie die Artenzusammensetzung und Biomasse des Planktons in regelmäßigen Abständen untersucht werden.

*Jürgen Lenz*

Streifenbildung im Oberflächenwasser, hervorgerufen durch zusammengetriebene Algenzellen (Erklärung im Text)

Die Ohrenqualle (Aurelia aurita) mit Fangtentakeln und vier ringförmigen Geschlechtsorganen (Gonaden). Ihre Nesselwirkung wird vom Menschen nicht wahrgenommen.

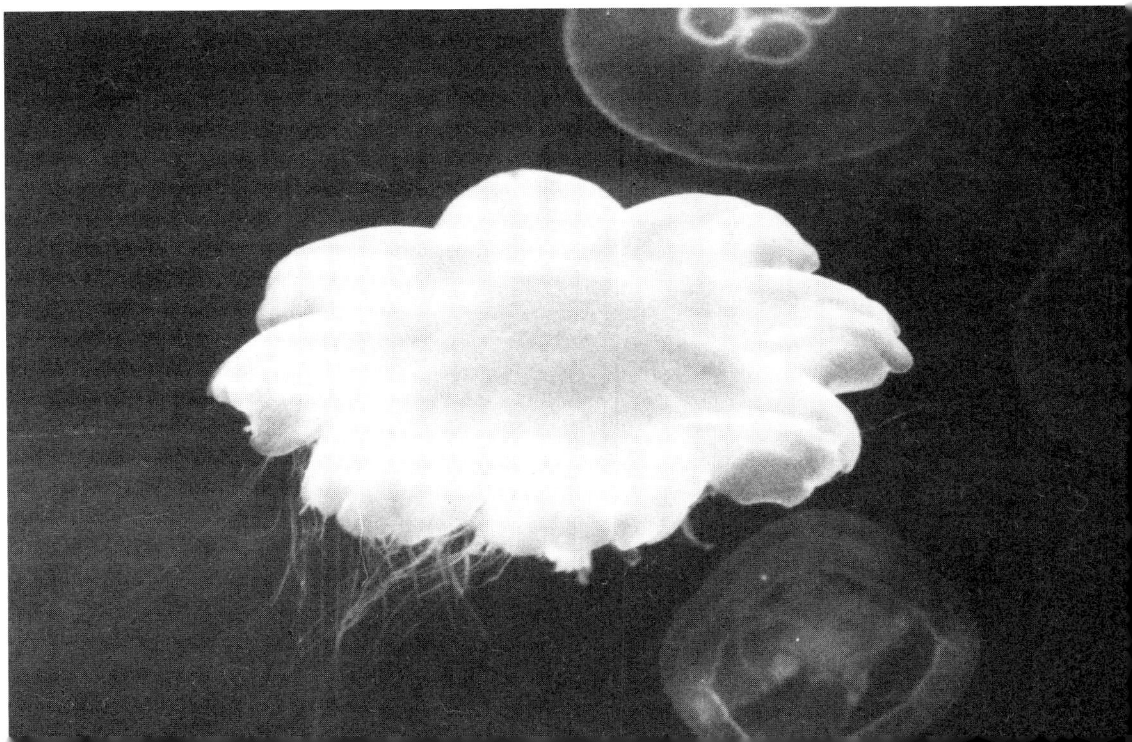

Die Feuerqualle (Cyanea capillata) kann sich bei dem niedrigen Salzgehalt der Ostsee nicht mehr fortpflanzen. Durch einströmendes Nordseewasser dringen jedoch zeitweise große Mengen weit in die Ostsee vor und belästigen die Badegäste durch starke Brennwirkung. (Am oberen Rand eine Ohrenqualle.)

# Fische – Robben – Wale

Drei Organismengruppen werden hier unter einer Überschrift zusammengefaßt, die im Verwandtschaftssystem der Tiere weit voneinander entfernt stehen. Innerhalb der aquatischen Lebensgemeinschaften zeigen Fische und Seesäuger in ihrer ökologischen Stellung jedoch gewisse Gemeinsamkeiten. Im Vergleich zu den vorangehend behandelten Plankton- und Benthos-Organismen zeichnen sie sich meist durch eine größere freie Ortsbeweglichkeit (Mobilität) aus. Wir haben es hier mit Vertretern des „Nekton" zu tun, d. h. mit aktiv schwimmenden Tieren, die sich aufgrund ihrer Schwimmleistung auch gegen Strömungen durchsetzen können. Sie unternehmen z. T. ausgedehnte Wanderungen und können gezielt günstige Lebensbedingungen aufsuchen. Auch viele in ihrer Lebensweise sehr stark an den Meeresboden gebundene Fische, wie z. B. die Plattfischarten, können in den freien Wasserraum aufsteigen und ein ausgeprägtes Wanderverhalten zeigen. Die Schwimmleistung der Nektontiere erlaubt es ihnen, auch solche Lebensräume zu erobern bzw. zeitweise zu nutzen, die den meist besonders empfindlichen frühen Jugendstadien keine geeigneten Aufwuchsbedingungen bieten.

Der Lebensraum Ostsee ist durch besondere physikalische und chemische Umweltbedingungen geprägt, die wesentlich von den Bedingungen in anderen Meeresgebieten abweichen (vgl. Beitrag „Hydrographische Besonderheiten"). Für die Zusammensetzung und Verteilung der Fischfauna in diesem Brackwassermeer sind Wanderverhalten und physiologische Anpassungsfähigkeit der Arten von besonderer Bedeutung. Allgemein finden wir unter den Fischen keine echten Brackwasserarten. Auch in der Ostsee haben sich über den erdgeschichtlich kurzen Zeitraum ihrer Existenz keine isolierten, den besonderen Bedingungen dort spezifisch angepaßten Fischarten entwickelt. Vielmehr beobachten wir ein Gemisch aus Arten, von denen ein Teil im marinen Bereich beheimatet ist und ein anderer Teil aus dem Süßwasser stammt. Aus diesen beiden entgegengesetzten Richtungen können Fische mehr oder weniger weit in den benachbarten Brackwasserraum Ostsee vordringen. Die Gesamtzahl in der Ostsee angetroffener Fischarten ist überraschend groß. Eine vollständige Erfassung wurde von Möbius und Heincke 1884 angestrebt. Ihre zusammenfassende Arbeit enthält 110 Arten. Diese Vielfalt scheint der Regel von einer generellen Artenarmut in Brackgewässern auf den ersten Blick zu widersprechen. Aber nur ein Teil aller in der Ostsee angetroffenen Arten kann sich dort auch erfolgreich fortpflanzen und selbständig sich erhaltende Populationen bilden. Von den übrigen Arten treten einige als regelmäßige Gäste auf, während andere nur als seltene „Irrgäste" in Erscheinung treten.

Das Verteilungsmuster der Nektongemeinschaft wird in der Ostsee nicht allein von den gegenwärtigen hydrographischen und klimatischen Bedingungen bestimmt. Wesentlichen Einfluß hat auch die erdgeschichtliche Entwicklung dieses Seegebietes, insbesondere auf die Verteilung der Süßwasserfauna sowie einzelner mariner Arten genommen. Im folgenden werden zunächst die wichtigsten Stufen der Besiedlungsgeschichte aufgezeigt. Die gegenwärtige Besiedlung und biologische Besonderheiten werden anschließend für drei Haupt-Faunengruppen getrennt behandelt.

*Besiedlungsgeschichte*

Die erdgeschichtliche Entwicklung des Ostseeraumes wird im Beitrag „Die Entstehung der Ostsee" näher erläutert. Über die Fischfauna des ursprünglichen baltischen Gletscher-Sees ist wenig bekannt. Vermutlich haben hier für kalte Süßwasserseen typische Arten gelebt, wie Forellen, Saiblinge, Felchen. Diese Arten konnten sich über den Baltischen Eissee in den skandinavischen und finnischen Raum hinein verbreiten. Zur Yoldia-Zeit, der ersten Brackwasserphase in der Ostsee-Entwicklung, wurden die Süßwasserfische in angrenzende Flüsse und Seen gedrängt. Über eine breite Öffnung zur Nordsee wanderten mit dem Salzwasser kälteliebende marine Fische ein, soweit sie sich dem durch Vermischung mit Schmelz- und Flußwasser nach innen zu abnehmenden Salzgehalt des Yoldia-Meeres anpassen konnten. Als Einwanderer aus dieser Zeit kennen wir die ursprünglich arktisch marinen Tiere, die heute noch als „Eiszeitrelikte" im Ostseeraum leben: Die Fischarten Myoxocephalus quadricornis (der Vierhörnige Seeskorpion) und Liparis liparis (der Große Scheibenbauch) sowie die Ringelrobbe Phoca hispida. Auch die heute als baltischer Frühjahrshering bezeichnete Heringsrasse der Ostsee gilt als Einwanderer dieser Zeit.

Nur wenige, in einem weiten Salzgehaltsbereich lebensfähige (euryhaline) Arten der ersten marinen Besiedlung konnten die folgende zweite Süßwasserphase der Ostsee-Entwicklung (Ancylus-See) im Gebiet überdauern. Myoxocephalus quadricornis gilt als ein Beispiel für eine solche Art, die in der Lage war, sich auch reinen Süßwasserbedingungen anzupassen. Sie lebt heute noch als Reliktform in finnischen und mittelschwedischen Seen, die ursprünglich Teile des Yoldia-Meeres waren und im Laufe der erdgeschichtlichen Entwicklung von der Ostsee abgeschnitten wurden. Die Heringe des Yoldia-Meeres haben vermutlich nicht im Ancylus-See überdauert, sondern in den angrenzenden Küstenbereichen der Nordsee. Entsprechendes wird auch für den Scheibenbauch und den ebenfalls als Eiszeitrelikt geltenden Bandfisch (Lumpenus lampretaeformis) angenommen. Die Aussüßung der Ostsee während der wärmeren Klimaperiode der Ancylus-Zeit hatte entscheidende Auswirkungen auf die Verbreitung von Süßwasserfischen im gesamten angrenzenden Raum. Nur wenige von den heute in Schweden und Norwegen heimischen Arten entstammen als Kaltwasserformen dem baltischen Eissee; die meisten Arten sind in der Ancylus-Zeit nach Nordwesten vorgedrungen. Sie stammen überwiegend aus dem russischen Raum: Aus dem Schwarzen Meer und dem Kaspischen Meer konnten sie über die Wolga und die großen russischen Seen (Onega- und Ladogasee), die Teile des Ancylus-Sees waren, in den Ostseeraum eindringen. Mit der erneuten Öffnung zur Nordsee und dem Einstrom salzreichen Wassers in der Littorina-Zeit wurden die Süßwasserarten der Ostsee auf Küstengewässer, Flüsse und Seen zurückgedrängt und viele Teilbestände der einzelnen Arten durch unüberwindliche Brackwasserzonen vollkommen voneinander isoliert. In dieser Zeit haben sich die Frühjahrsheringe ebenso wie der Scheibenbauch und der Bandfisch wieder in die Ostsee hinein ausgebreitet, und viele andere marine Arten konnten diesen Lebensraum jetzt erstmals und bis in den Bottnischen und Finnischen Meerbusen hinein erobern. Entsprechend dem Höhepunkt in der Salzgehalts- und Temperaturentwicklung erreichte auch die marine Besiedlung ihre größte Ausdehnung in dieser Zeit. Der anschließende Rückgang des Salzgehaltes auf den heutigen Stand zwang marine Arten teilweise wieder zum Rückzug oder zur Anpassung, während Süßwasserarten ihre Verbreitung im nördlichen und östlichen Teil der Ostsee wieder etwas ausdehnen konnten.

Die gegenwärtige Nekton-Besiedlung der Ostsee ist also für einzelne Faunengruppen zu unterschiedlichen Zeiten und auf verschiedenen Wegen erfolgt. Während die Verteilung der Süßwasserfische im Ostseeraum in starkem Maße durch die erdgeschichtliche Entwicklung bestimmt ist, sind nur wenige Meeresfische, die zuvor genannten arktisch-marinen Formen, noch als Relikte aus der ersten Brackwasserphase in der Ostsee vertreten.

*Meeresfische*
Die Zusammensetzung und Verteilung der marinen Fischfauna ist in der Ostsee überwiegend von den gegenwärtigen hydrographischen Bedingungen und der Verbindung zur Nordsee geprägt. Die Nordsee ist ein Grenz- und Mischgebiet für Arten mit weiter nördlich gelegenem Verbreitungszentrum (Norwegische See) und solchen mit südlicherem Verbreitungsschwerpunkt (Biskaya). Aus beiden Artengruppen sind eine Reihe von Vertretern auch in der Ostsee heimisch geworden oder treten regelmäßig als Gäste dort auf. Aufgrund der relativ niedrigen Wintertemperaturen gehören in der Ostsee die häufigen Meeresfische überwiegend zu den nördlichen Arten, während es sich bei den seltenen Standfischen und Gästen meist um südliche Arten handelt. Die Gesamtanzahl mariner Arten zeigt dem Salzgehalt entsprechend eine kontinuierliche Abnahme von der Nordsee über die westliche Ostsee bis in die östliche und nördliche Ostsee hinein. 120 Arten in der Nordsee stehen 69 Arten in der Kieler und Mecklenburger Bucht gegenüber, die in der südlichen und mittleren Ostsee auf 41 und in der Åland-See, der Bottensee und dem Finnischen Meerbusen auf 20 Arten zurückgehen (Remane 1958). Aufgrund der Mobilität der Fische erscheint die Artenreduktion bei ihnen weniger ausgeprägt als bei marinen Wirbellosen und Algen. Zur Laichzeit und auch zur Überwinterung ziehen sich viele Fischarten jedoch auf weniger ausgedehnte Bereiche mit geeigneten Salzgehalts- bzw. Temperaturwerten zurück.
Die meisten Meeresfische der Ostsee bevölkern flache Küstenbereiche und Algenzonen. Es sind hier viele kleine Arten vertreten, die fischereilich nicht genutzt werden. Seestichlinge, Grasnadeln und Schlangennadeln haben im Küstenraum eine sehr weite Verbreitung mit voll reproduktionsfähigen Beständen bis in den Finnischen und Bottnischen Meerbusen hinein. Das gleiche gilt für eine Reihe am Boden lebender, sogenannter Grundfische oder demersaler Arten der Flachwasserzone: Seeskorpion, Sandgrundel, Aalmutter, Butterfisch und – im etwas erweiterten Tiefenbereich – Großer und Kleiner Sandaal. Seebull und Schwarzgrundel dringen nicht so weit nach Norden und Osten vor; ihre Verbreitungsgrenze liegt in der Åland-See und dem Schärenmeer. Der Klippenbarsch hat seine Verbreitungsgrenze bereits bei Bornholm erreicht, und der Steinpicker kann nur bis in die westliche Ostsee vordringen. Abweichend von diesen genannten Arten besteht bei einigen anderen kein kontinuierlicher Übergang zu entsprechenden Beständen in der Nordsee. Die arktisch-marinen Reliktformen sind auf die zentrale und innere Ostsee beschränkt und fehlen in der westlichen Ostsee vollständig oder treten dort in geringerer Besiedlungsdichte auf (Bandfisch). Beim Seehasen ist der Ostseebestand auf den Küstenbereich der UdSSR und des Gotlandgebietes beschränkt und deutlich getrennt von einem wandernden Nordseebestand, der in die Ostsee bis in das Gebiet westlich von Bornholm eindringt.
Die Arten der flachen Küstenzonen sind meist recht standorttreu; sie führen keine regelmäßigen Wanderungen durch und bilden in dem relativ begrenzten Gebiet der Ostsee eine Vielzahl von Einzelbeständen. In ihrer Biologie zeichnen sie sich durch unterschiedliche Formen der Brutpflege aus. Diese reichen von einem Bewachen der Eigelege durch das Männchen – z. B. bei Schwarzgrundel, Seeskorpion, Seehase – über das Ausbrüten in einer Bruttasche des Männchens bei Seenadel und Schlangennadel bis zum Ausbrüten im Mutterleib und Lebendgebären der Jungen bei der Aalmutter.

Nur wenige Fischarten bilden große, auch wirtschaftlich nutzbare Bestände in der offenen Ostsee. Unter den Schwarmfischen

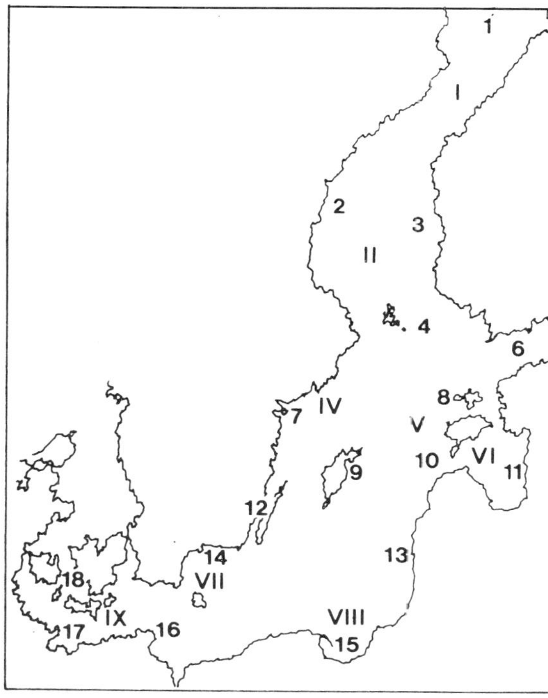


Abb. 1: *Die wichtigsten Populationen des Frühjahrs- und Herbst-Herings in der Ostsee. Frühjahrspopulationen:* 1. Bottenwiek-H., 2. Westlicher Bottensee-H., 3. Östlicher Bottensee-H., 4. Schärenmeer-H., 5. H. des östlichen Finnischen Meerbusens, 6. H. des westlichen Finnischen Meerbusens, 7. H. des Stockholm-Västervik-Archipels, 8. Hiiumaa-H., 9. Gotland-H., 10. Saaremaa-H., 11. Riga-H., 12. Kalmarsund-H., 13. Litauen-H., 14. H. der Südküste von Schweden, 15. Danzig-H., 16. Rügen-H., 17. H. der südwestlichen Ostsee, 18. Beltsee-H. *Herbstpopulationen:* I. Bottenwiek-H., II. Bottensee-H., III. H. des Finnischen Meerbusens, IV. H. der Ostküste von Schweden, V. See-H. des nördlichen und mittleren Teils der Ostküste von Schweden, VI. Riga-H., VII. Bornholm-H., VIII. Danzig-H., IX. H. der Beltsee, des Sunds und der südwestlichen Ostsee. (Nach Ojaveer et al., 1981)

des Pelagials, d. h. des freien Wasserraumes, sind Hering und Sprott die vorherrschenden Arten. Daneben ist in einigen Bereichen der mittleren Ostsee auch der Hornhecht von wirtschaftlicher Bedeutung. Unter den Grundfischarten bildet insbesondere der Dorsch größere fischereilich intensiv genutzte Bestände (vgl. Beitrag „Fischerei – früher und heute"). Herings- und Sprottbestände kommen in kontinuierlicher Folge bis in die nördlichsten Bereiche der Ostsee vor. Je weiter wir nach Norden und Osten vordringen, um so stärker unterscheiden sich die Tiere von den Ausgangsformen in der Nordsee. Bei den Heringen nimmt die Anzahl der Wirbel und Kielschuppen ab, das Wachstum wird geringer, die Geschlechtsreife früher erreicht, und der zur Eientwicklung günstigste Salzgehaltsbereich verschiebt sich zu niedrigeren Werten. Die Sprotten zeigen ebenfalls eine Reduktion im Wachstum sowie Veränderungen in der räumlichen Verteilung und in der Altersstruktur. Die Ostseeformen wurden als eigene Unterarten bezeichnet: Der Hering erhielt den wissenschaftlichen Namen Clupea harengus menbrans (Strömling), und die Sprotte heißt in der Ostsee Sprattus sprattus balticus. Der Übergang zur atlantischen Form ist jedoch fließend, und es läßt sich keine biologisch klar definierbare Grenze festlegen.
Bei den Heringen sind grundsätzlich zwei Rassen zu unterscheiden: die Frühjahrs- und die Herbstlaicher. Beide Gruppen kommen im gesamten Ostseeraum vor. Nach Norden verlagern sich ihre Laichzeiten mehr in den Sommer hinein und können sich ge-

legentlich überlappen. Dennoch bleiben beide Rassen in ihrer Reproduktion weitgehend isoliert. Die Herbstlaicher sind in stärkerem Maße auf die westliche Ostsee konzentriert, wo sie im Zeitraum September – November laichen. Die Frühjahrsheringe haben dagegen besonders wichtige Laichplätze in der Rigaer Bucht, wo eine Teilpopulation im Frühjahr, eine zweite im Sommer laicht. Die Frühjahrsheringe dringen teilweise sehr tief in Buchten und Förden ein. In der westlichen Ostsee sind z. B. die Schlei und der Nordostsee-Kanal lokal wichtige Laichplätze. Die Laichzeit liegt hier im Zeitraum März/April–Mai.
Beide Heringsrassen sind in einer Vielzahl mehr oder weniger deutlich getrennter lokaler Bestände auf die Ostsee verteilt. Die wichtigsten Bestände sind in Abb. 1 aufgeführt. Die Stabilität der im Küstenraum besonders stark aufgefächerten Bestandsstruktur der Heringe wird einerseits durch Unterschiede in den Umweltbedingungen bewirkt, die Einfluß nehmen auf die Entwicklung, das Wachstum und den Reifezyklus, und zum anderen durch einen ausgeprägten Instinkt der erwachsenen Tiere, jeweils den Laichplatz aufzusuchen, auf dem sie selbst aus dem Ei geschlüpft sind. Außerhalb der Laichzeit sind die einzelnen Heringsbestände über weitere Bereiche der Ostsee verteilt. Die Schwärme können ausgedehnte Freßwanderungen unternehmen. Für Frühjahrsheringe der schwedischen Ostküste sind Wanderungen bis in die südliche Ostsee beschrieben worden. Die Ausdehnung dieser Wanderungen erscheint vor allem vom Nahrungsangebot abhängig. Im Winter halten sich die Heringe in Bodennähe auf und wandern in größere Tiefen, bis oberhalb des sauerstoffarmen Tiefenwassers ab.
Die Sprotten – eine der wenigen südlichen Arten aus dem Nordseeraum, die in der Ostsee mit hoher Besiedlungsdichte auftreten – sind in ihrer Winterverteilung in stärkerem Maße von der Temperatur beeinflußt als die Heringe. Sie zeigen die gleiche Tiefeneinstellung, sind dabei aber weniger an den Boden gebunden und ziehen bis in die wärmeren zentralen Teile der tiefen Becken. In strengen Wintern konzentrieren sie sich über diesen tieferen Zonen. Im Unterschied zu den Heringen zeigen die Sprotten eine weniger ausgeprägte Aufgliederung in kleine lokale Teilbestände. Diese Art ist in ihrem Laichverhalten nicht so eng an die küstennahen Bereiche mit ihren kleinräumig sehr unterschiedlichen Lebensbedingungen gebunden. Im Gegensatz zu den am Boden, auf Pflanzen oder anderen Substraten haftenden Heringseiern entwickeln sich die Eier der Sprotten frei im Wasser schwebend, also pelagisch, und sind damit der Verdriftung durch Strömungen ausgesetzt. Für diese Art kann daher nur eine großräumigere Bestandsgliederung beobachtet werden.
Wie bei Hering und Sprott, so wird auch der Dorsch in der Ostsee als eigene Unterart (Gadus morhua callarias) von der atlantischen Form, dem Kabeljau (G. m. morhua) abgetrennt. Nach Norden ist der Ostseedorsch bis in die Bottensee verbreitet; seine westliche Grenze erreicht er etwa bei Bornholm. Westlich Bornholm schließen sich Bestände der atlantischen Form an. Der Ostseedorsch führt ausgeprägte Freß- und Laichwanderungen innerhalb des Verbreitungsgebietes durch. Zum Laichen muß er tiefere Bereiche mit Salzgehalten von mindestens 10 ‰ aufsuchen, damit die Eier im Wasser noch schweben und sich erfolgreich entwickeln können. Das Reproduktionsgebiet der Dorsche ist daher auf die zentrale Ostsee mit den Hauptlaichplätzen im Bornholmbecken, der Danziger Bucht und dem Gotlandtief beschränkt. Die Eier schweben hier in Tiefen von 60–100 Metern, an der Grenze zwischen dem salzarmen Oberflächenwasser und dem salzreichen, aber sauerstoffarmen Tiefenwasser. Der Grad der Sauerstoffreduktion in dieser Grenzschicht kann daher von besonderer Bedeutung für die erfolgreiche Entwicklung eines Nachwuchsjahrganges an Dorschen in der Ostsee sein.
Nach dem Laichen können die Dorsche auf der Suche nach Nahrung weite Gebiete durchziehen. Als Grundfische ernähren sie sich in der Regel von Bodentieren wie Würmern, Krebsen und Muscheln sowie von Fischen. In den tiefen Becken der mittleren Ostsee haben sich die Dorsche aufgrund des Sauerstoffmangels in Bodennähe auf eine pelagische Lebensweise umgestellt und ernähren sich dort von größeren Planktonorganismen und kleinen Fischen. Die jungen Dorsche wachsen in den ersten Lebensjahren vorwiegend im Gebiet entlang der polnischen und sowjetischen Küste in Tiefenbereichen von 40 bis 70 Metern auf. Offenbar werden sie durch das Strömungssystem von ihren Geburtsorten in östliche und nördliche Richtungen verdriftet. Im zweiten und dritten Lebensjahr können sie in großer Zahl in der Åland-See auftreten, wo sie als jüngere Stadien nicht angetroffen werden. Als erwachsene Tiere müssen sie dann wieder in die südlich gelegenen Laichgebiete zurückwandern. Insgesamt führen die Dorsche in der zentralen Ostsee somit eine Kreiswanderung entgegen dem Uhrzeigersinn durch. Neben diesen großräumigen, vom Alter abhängigen Änderungen im Verteilungsbild finden außerdem jahreszeitliche Wanderungen zwischen den nahrungsreichen Flachwassergebieten, als den sommerlichen Weidegründen, und den tieferen, weniger stark auskühlenden Überwinterungsgebieten statt. Dies gilt gleichermaßen für viele andere Arten und auch in anderen Seegebieten. In der Ostsee sind diese Bewegungen wegen des Nahrungsmangels in sauerstoffarmen Tiefenbereichen jedoch besonders ausgeprägt.
Andere Grundfischarten, die in weiten Bereichen der offenen Ostsee auftreten, sind die Flunder – auch Struffbutt genannt –, der Steinbutt, der Bandfisch und die vierbärtlige Seequappe. Die Flundern zeigen eine sehr hohe Toleranz gegenüber Salzgehaltsänderungen und können bis in den Süßwasserbereich vordringen. Ihre pelagischen Eier benötigen zum Schweben und zur Entwicklung jedoch den gleichen Mindestsalzgehalt wie die Eier der Dorsche. Hingegen können sich die Eier der speziellen „Bank-Flunder“ aus der östlichen Ostsee auch am Boden liegend noch bei 6 ‰ S entwickeln.
Andere Grundfische der offenen Ostsee, die sich mit pelagischen Eiern fortpflanzen, zeigen in unterschiedlichen Abstufungen geringere Toleranzen gegenüber verminderten Salzgehalten: Die Scholle kommt bis zur Danziger Bucht vor und tritt nördlich davon sporadisch noch bis ins Gotlandbecken auf; die Kliesche kann sich nur westlich Bornholm erfolgreich fortpflanzen – eine Grenze, die auch für den atlantischen Kabeljaubestand bereits erwähnt wurde –; der Glattbutt dringt schließlich nur noch in geringer Besiedlungsdichte in die Arkona See vor und ist erst westlich der Darßer Schwelle häufiger vertreten. Als Gäste treten Wittlinge und Schellfische häufig in der westlichen Ostsee auf. Sie können dort aber keine sich selbst erhaltende reproduzierende Bestände mehr bilden. Ein pelagischer Massenfisch, die Makrele, ist ebenfalls regelmäßig als Gast anzutreffen. Bei den marinen Fischen, die in der Ostsee heimisch geworden sind, können Veränderungen im Wachstums- und Reifungsprozeß gegenüber den Nordseetieren gleicher Art beobachtet werden: Die Ostseetiere wachsen langsamer und bleiben kleiner als in der Nordsee und im Nordatlantik – auch innerhalb der Ostsee gibt es weitere Abstufungen mit abnehmendem Salzgehalt –; sie erreichen außerdem früher ihre Geschlechtsreife und produzieren eine größere Menge an Eiern je Einheit Körpergewicht. Im Gegensatz hierzu kann das Wachstum bei Süßwasserfischen, die ins Brackwasser einwandern, erheblich gesteigert werden. So können Bachforellen im Ostseewasser die Größe von Meerforellen erreichen und auch für Plötzen, Barsche und Zander wurden in der Ostsee erheblich größere Zuwachsraten als im Süßwasser beobachtet.

*Süßwasser- und Wanderfische*

Fast alle Fischarten der angrenzenden Süßgewässer können gele-

gentlich in der Ostsee auftreten. 37 Arten sind hier regelmäßig anzutreffen; hinzu kommen 6 Arten, die Laichwanderungen zwischen dem Süßwasser und dem Meer unternehmen. In den nur schwach salzigen nördlichen und östlichen Teilen der Ostsee ist die größte Vielfalt an Süßwasserfischen zu beobachten; im westlichen Bereich der Ostsee ist dieses Faunenelement dagegen unbedeutend. Die einzelnen Arten bewohnen kleingliedrig vielgestaltige Lebensräume der Küstenzonen und Inselbereiche. Sie bilden dort meist weitgehend isolierte lokale Bestände, die nur begrenzte Wanderungen zwischen Laichplätzen, Weidegründen und Überwinterungsgebieten unternehmen. Die offene Ostsee wird kaum von Süßwasserfischen besiedelt, und nur Wanderfische wie Lachs und Meerforelle bilden größere, den marinen Massenfischen vergleichbare Bestände im offenen Seebereich. Eine Reihe von Süßwasserarten tritt nahezu überall im Küstenbereich der Ostsee auf. Zu ihnen gehören: Stint, Maräne, Hecht, Plötze, Aland, Stichling, Barsch und Kaulbarsch. Drei weitere Arten: Elritze, Brachsen und Quappe fehlen lediglich im südwestlichen Teil der Ostsee. Der Zander bewohnt nur besonders geschützte Buchten oder Inselbereiche und ist daher über weitere Küstenstrecken nicht vertreten.
Die einzelnen Arten suchen z. T. sehr unterschiedliche Laichplätze auf. Meist laichen sie im Flachwassergebiet im Küsten- und Inselbereich; teilweise ziehen sie sich aber auch bis in die Süßwasserzone der Flußmündungen oder in stark ausgesüßte Buchten zurück, wie dies fast ausschließlich in der südwestlichen Ostsee der Fall ist. Im offenen Seebereich laichen nur Maränen und Äschen im nördlichen Teil der Ostsee.
Die große Maräne (Coregonus lavaretus) ist eigentlich ein „anadromer" Wanderfisch, d. h. eine Art, die im Meer heranwächst und zum Laichen ins Süßwasser aufsteigt. Dieser Fisch tritt jedoch in verschiedenen, auch als gesonderte Arten beschriebenen Formen auf: Die im Meer laichende Form wird mit dem lateinischen Namen Coregonus nasus bezeichnet, während mit Coregonus lavaretus im engeren Sinne die anadrome Wanderform gemeint ist. Auch die Äsche, ursprünglich ein Süßwasserfisch, tritt im Bottnischen Meerbusen sowohl mit Populationen auf, die im Meer laichen, als auch mit anadromen Populationen, die zum Laichen in die Flüsse ziehen.
Charakteristische anadrome Fische des Ostseeraumes sind insbesondere der Lachs und die Meerforelle. Diese beiden sehr ähnlichen Arten haben etwas unterschiedliche Ansprüche an die Umweltbedingungen. Viele Lachsflüsse sind heute durch Verbauung und Verschmutzung verdorben, so daß weniger als die Hälfte von ursprünglich 50 Lachsflüssen im Ostseeraum noch selbständig reproduzierende Bestände beheimaten. Forellen sind nicht allein auf Lachsflüsse beschränkt, sondern laichen in den meisten größeren Flüssen. Ebenso konnte ein Laichen im Küstenbereich beobachtet werden. Beide Arten bilden auch stationäre Süßwasserformen, die jedoch im Wachstum gegenüber den im Meer aufwachsenden Formen weit zurückbleiben.
Auch unter den karpfenartigen Fischen gibt es anadrome Wanderformen. Besonders ausgeprägte Laichwanderungen unternimmt die Zährte, die aus ihren küstennahen Lebensräumen in der Ostsee zum Laichen weit in die Flüsse hinaufzieht und dabei mehrere hundert Kilometer zurücklegen kann.
Als ein wirtschaftlich wichtiger, im gesamten Ostseeraum einschließlich der angrenzenden Süßgewässer weitverbreiteter Wanderfisch bleibt der Aal zu nennen. Er wird als „katadrome" Art bezeichnet, die im Süßwasser aufwächst und zum Laichen ins Meer zieht. Nicht alle Aale, die als Jungtiere (Blankaale), in die Ostsee einwandern, steigen anschließend weiter in die Flüsse auf. Besonders die Männchen verbleiben häufig im Küstenbereich der Ostsee und zeigen hier ein sehr viel geringeres Wachstum als im Süßwasser. Die heranwachsenden „Gelbaale" wandeln sich nach 7–10 Jahren, unter Umständen auch erst sehr viel später, in „Silberaale" um und wandern zum Laichen in Richtung Sargasso See ab.

*Robben und Wale*

Die meisten Robben sind Bewohner kälterer Meere, sowohl auf der südlichen wie auf der nördlichen Erdhalbkugel. Nur die Mönchsrobben leben in tropischen Meeresgebieten. Einige Seehundsarten haben sich auch an das Leben in Binnengewässern angepaßt. In der Ostsee sind drei Robbenarten heimisch geworden: Die Ringelrobbe (Phoca hispida), die Kegelrobbe (Halichoerus grypus) und der Seehund (Phoca vitulina).
Die Ringelrobbe hat eine ursprünglich arktisch-marine Verbreitung und wurde bei der Erläuterung der Besiedlungsgeschichte bereits als Eiszeitrelikt in der Ostsee erwähnt. In den vom Yoldia-Meer abgeschnittenen südfinnischen und den russischen Seen (Ladoga, Onega) hat sich diese Art auch im Süßwasser als Reliktform erhalten. Die Ostsee-Unterart der Ringelrobbe (Phoca hispida botnica) bewohnt die kälteren nordöstlichen Bereiche dieses Seegebietes, kann aber vereinzelt auch einmal im westlichen Küstenbereich angetroffen werden.
Kegelrobbe und Seehund sind Arten, die allgemein in Küstenbereichen gemäßigter Meere vorkommen. Es ist jedoch anzunehmen, daß die Kegelrobben ihre Jungen, die mit langhaariger weißgrauer Wolltracht ausgestattet sind, ursprünglich auf dem Eis zur Welt gebracht und über die ersten Wochen bis zum Haarwechsel dort aufgezogen haben. In der Ostsee liegen die Wurfplätze der Kegelrobben in der Bottenwik auch gegenwärtig noch auf dem Eis. Die Jungen werden dort im Februar-März geboren.
In den letzten Jahrzehnten haben sich die Robbenpopulationen in der Ostsee stark vermindert. Der Bestand an Kegelrobben, der 1940 noch bei über 20 000 Tieren lag, ist heute auf wenige tausend Tiere abgesunken. Seehunde gibt es heute nicht mehr als 200 in der Ostsee. Als Ursache für die rapide Bestandsabnahme wird ein hoher Gehalt an polychlorierten Biphenylen (PCBs) in den Robben angesehen. Die Ostsee ist in erheblichem Maße mit PCBs verschmutzt. Diese Stoffe reichern sich im Fettgewebe der Fische an, die wiederum den Robben als Nahrung dienen. Ein hoher PCB-Gehalt scheint allgemein die Fruchtbarkeit bei Säugetieren zu vermindern. Für Ringelrobben im Bottnischen Meerbusen wurde ein im Vergleich zu unbelasteten Gebieten stark verminderter Anteil tragender Weibchen festgestellt; auch konnte man in den nicht tragenden Weibchen im Durchschnitt einen höheren Gehalt an PCBs ermitteln als in den tragenden Tieren. Holländische Wissenschaftler haben die fruchtbarkeitshemmende Wirkung auch experimentell an Seehunden untersucht. Die Robbenpopulationen der Ostsee bedürfen des besonderen Schutzes, wenn es uns gelingen soll, die Bestände trotz der Umweltbelastung in diesem Seegebiet am Leben zu erhalten.
Neben den Robben sind die Tümmler als eine zweite Gruppe von Meeres-Säugetieren zu nennen, die früher in größerer Zahl in der Ostsee auftraten. Es sind Kleinwale, von denen die Art Phocoena phocoena, der Kleine Tümmler, auch Braunfisch oder Meerschwein genannt, mit weiter Verbreitung im Nordatlantik vorkommt. Diese Art bevorzugt küstennahe Lebensräume und ist als Bewohner auch der Nord- und Ostsee bekannt. Meist leben die Tiere vor den Küsten, dringen jedoch gelegentlich auch weit in die größeren Flüsse ein. Erwachsene Tiere können etwa 1,80 m groß werden und ein Gewicht um 50 kg erreichen. Das Fleisch, insbesondere der jüngeren Tiere, war früher für den menschlichen Verzehr sehr geschätzt, und das Öl wurde für Beleuchtungszwecke verwendet. Im Ostseeraum waren Massenfänge von Tümmlern, z. B. aus dem Kleinen Belt bekannt. Heute sind sie dagegen nur noch in geringerer Zahl in der Ostsee anzutreffen.

*Dietrich Schnack*

Zander (Lucioperca lucioperca), östliche Ostsee

Seehase (Cycloterus lumpus), Ostsee

Seeskorpion (Myoxocephalus scorpius), Ostsee

Lachs (Salmo salar), Ostsee

Seehund (Phoca vitulina)

Aal (Anguilla anguilla)

Scholle (Pleuronectes platessa),
westliche Ostsee,
mit Farbanpassung an den Untergrund

Dorsch (Gadus morhua),
Ostsee

# Fischerei – früher und heute

*Fischerei in früherer Zeit*

Älteste Zeugnisse fischereilicher Tätigkeit im Ostseegebiet sind steinzeitliche Abfallgruben, in denen Gräten und Knochenreste von Dorschen, Heringen, Flundern und anderen Fischarten erhalten geblieben sind. Häufiger sind solche Funde im Bereich der westlichen Ostsee auf den dänischen Inseln. Da sie auch aus Flintstein gearbeitete Angelhaken enthalten, müssen die Menschen schon damals die Herstellung von Schnüren beherrscht haben. Ob sie diese aber bereits zu Netzen für den Fischfang verknüpfen konnten, wissen wir nicht. Erste erhalten gebliebene Netzreste aus unserem Gebiet sind jüngeren Datums. Sie wurden in Nydam gefunden und stammen aus dem 4. Jahrhundert n. Chr. Auch weiter im Osten wird den Fischen im Baltischen Meer schon früh zum Zweck des Nahrungserwerbs nachgestellt worden sein. Die von dort kommenden slawischen Wenden bedienten sich jedenfalls, als sie um das Jahr 600 die Südküste der Ostsee kolonisierten, bereits Angeln und Großreusen.

Erste Anzeichen für eine erwerbsmäßig betriebene Fischerei im Ostseeraum besitzen wir aufgrund von schriftlichen Überlieferungen und Ausgrabungsfunden. Im Jahr 950 besuchte der arabische Kaufmann Ibrahim At-Tartuschi die Handelsmetropole Haithabu an der inneren Schlei. In seinem Reisebericht schreibt er, daß die Hauptnahrung der dortigen Einwohner Fische sind, „von denen es reichlich gibt". Die vielen relativ gut erhaltenen Heringsknochen in den Ausgrabungen jener frühmittelalterlichen Siedlung lassen vermuten, daß diese Fische schon damals in größeren Mengen durch Einsalzen als Handelsware konserviert wurden. Damit mag in Haithabu bereits eine Art Fischindustrie existiert haben.

Die Ostseeheringe haben als fett- und proteinreiche Nahrung früh und über Jahrhunderte die größte Bedeutung für die fischereiausübende Küstenbevölkerung gehabt. Das beruht ganz allein auf den biologischen Eigenschaften dieser Art: Einmal erstreckt sich ihr Vorkommen nahezu auf das gesamte Gebiet der Ostsee, und zum anderen konzentrieren sich die Heringe zur Laichzeit häufig unmittelbar in Landnähe im flachen Wasser, wo dann mit geringem technischen Aufwand sehr große Fänge erzielt werden können. Das ermöglichte im Mittelalter, nachdem sich von Lübeck ausgehend die Handelsorganisation der Hanse über Nordeuropa verzweigt hatte, die Entwicklung der ersten geschichtlich belegten Großfischerei mit überregionaler Bedeutung. Lübeck konnte sich am Ende des 13. Jahrhunderts gegenüber Dänemark das Privileg für die Heringsfischerei an der schwedischen Südküste vor der Landschaft Schonen sichern. Infolge der ungewöhnlich starken Heringsvorkommen in diesem Gebiet und wegen der Nähe der Lüneburger Salinen wurde der Handel mit Salzfisch zu einer der lukrativsten Einnahmequellen der Hansestädte. Größenordnungsmäßig wurden jährlich bis zu 10 000 t Heringe umgeschlagen (Abb. 1).

Am Ende des 15. Jahrhunderts brach die Schonenfischerei, wie so viele andere Heringsfischereien nach ihr, plötzlich zusammen. Die Ursachen dafür sind immer noch nicht in allen Einzelheiten bekannt. Für das Ostseegebiet bedeutete das seinerzeit das Ende einer Großfischerei für mehrere Jahrhunderte. Örtlich gewannen dagegen kleinere Fischereien zunehmend an Bedeutung, so daß bis zum Ende des Mittelalters zahlreiche Küstenstädte vom Landesherrn mit unverbrüchlichen Fischereirechten ausgestattet waren. Eines der ältesten in Ostholstein ist das der Stadt Neustadt, wo sich die Privilegien des „Fischeramtes" bis zum Jahr 1478 zurückverfolgen lassen. Rostock erhielt bereits 1252, Greifswald und Kolberg 1255 Fischereiregale in den Küstengewässern.

Diese Rechte förderten die Entstehung von berufsständischen Organisationen, die Fischerzünfte oder Fischergilden, die sich ihre eigenen strengen Regeln für die Ausübung ihres Gewerbes schufen. Bis zu Beginn unseres Jahrhunderts blieb der Fischfang auf die Küstenbezirke der Ostsee beschränkt. Nur hier ließen sich die bis dahin verfügbaren Fangmethoden und Fischereifahrzeuge einsetzen. Mit vielen Haken bestückte Langleinen, vom Ufer oder im flachen Wasser verankerten Boot aus zum Einsatz kommende Zugnetze, Reusen in Form von kleinen Bügelreusen, großen Bundgarnen oder riesigen, bis zu 300 m langen Heringszäunen sowie diverse Arten von Stellnetzen (Abb. 2) waren die gängigen Fanggeräte. Sie werden auch heute noch auf den landnahen Fischereiplätzen eingesetzt, bis auf die aus Hunderten von Pfählen und Weidengeflecht konstruierten Fischzäune, die wegen der sehr aufwendigen Art, sie zu bauen und zu unterhalten, aus der Mode gekommen sind. Nur einer wird noch in der Schlei vor der Stadt Kappeln als Kulturdenkmal erhalten. Vom frühen Mittelalter bis zur Neuzeit waren sie aber an den Küsten und in den Flußmündungen ganz Europas bekannt. 1628 betrug ihre Höchstzahl in der Schlei 38.

Der Befischung der offenen Ostsee stand aber nicht nur ein Mangel an Technik entgegen (schließlich betrieben die Basken bereits im 14. und 15. Jahrhundert eine lohnende und gut organisierte Fernfischerei mit Angeln auf den kabeljaureichen Neufundlandbänken, und die Holländer betrieben nach dem Zusammenbruch der hanseatischen Schonenfischerei seit dem 15. Jahrhundert mit ihren gut 20 m langen, schwerfälligen Buisen einen ergiebigen Heringsfang in der Nordsee, der sich bis unter die Küste der Shetlands abspielte). Auch die Fischereigesetze verhinderten im Ostseeraum eine freie Fischerei. In Deutschland und Rußland entschieden einzig die Küstenanlieger darüber, wer und wieviele Personen die Fischerei ausüben durften. Zum Meer hin gab es dabei keine Begrenzung, und geltendes Fischereirecht verhinderte eine Freigabe der Befischung der Ostsee bis in unser Jahrhundert hinein. Erst als im auslaufenden 19. Jahrhundert die Bedürfnisse einer anwachsenden Bevölkerung schnell stiegen, die Dampfkraft auch für den Antrieb von Fischereifahrzeugen und Winden genutzt werden konnte und sich die Fischerei mit der Erfindung von Schleppnetzen, die mit Hilfe von Scherbrettern aufgehalten werden, sehr viel effizienter gestalten ließ, begann nach dem 1. Weltkrieg endlich auch die Befischung der freien Ostsee.

Abb. 1: Der Hering war eines der wichtigsten Handelsgüter der Hanse.

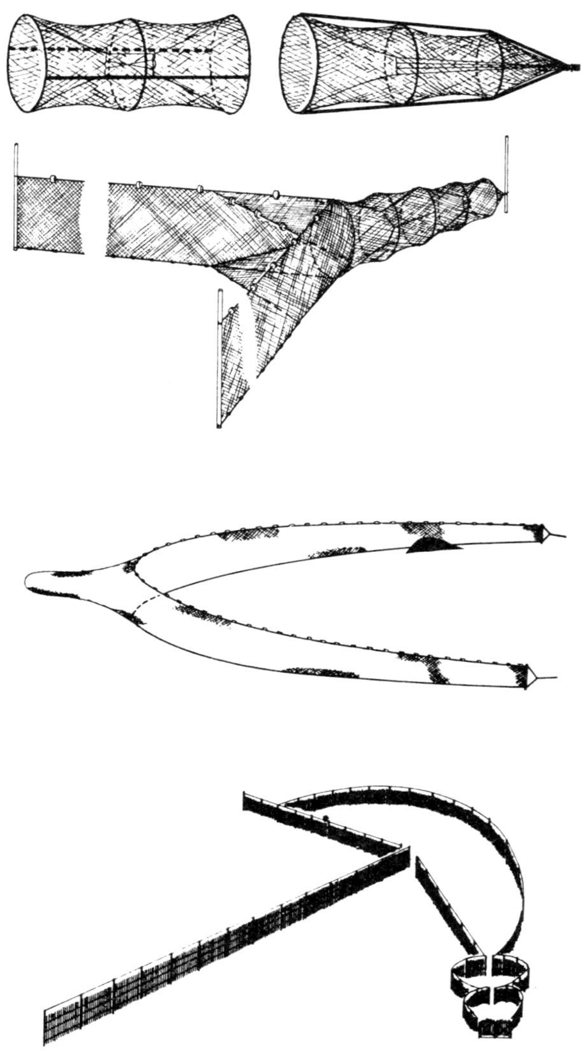

Abb. 2: Einige bis heute viel benutzte Fanggeräte der Ostseefischerei: Reusen, Zugnetz, Fischzaun (von oben)

*Entwicklung der Fischereierträge im 20. Jahrhundert*

Angaben der einzelnen Fischereinationen über ihre Anlandungen werden jährlich vom Internationalen Rat für Meeresforschung zusammengestellt und in seinem Statistischen Bulletin veröffentlicht. Der gesamte Ostseebereich ist darin als statistisches Gebiet Nr. III ausgewiesen. Es ist weiter untergliedert in die Gebiete Kattegat und Skagerrak (IIIa) mit einer Fläche von ca. 45 000 $km^2$, Beltsee (III b, c), Fläche 20 300 $km^2$ und zentrale Ostsee (IIId), Fläche 372 730 $km^2$ (Abb. 3).

Während der Zeit zwischen den Weltkriegen entwickelten sich die Erträge nur zögernd. Die Kutter der 20er Jahre waren noch nicht in der Lage, ihre Netze über dem Grund sehr schnell durchs Wasser zu schleppen. Sie fingen vorwiegend die relativ langsamen, ruhig am Boden liegenden Schollen und Flundern. Erst als stärkere Motoren auf den Schiffen verwendet wurden und größere Fahrzeuge zum Einsatz kamen, bzw. als pommersche Fischkutter begannen, zu jeweils zwei Fahrzeugen ein Netz in der sogenannten Gespann- oder Tuckzeesenfischerei zu ziehen, wurden Schleppgeschwindigkeiten erreicht, mit denen auch Heringe, Sprotten und Dorsche in größerem Umfang erbeutet werden können. In den 30er Jahren wurden jährlich in der zentralen Ostsee etwa zwischen 80 000–100 000 t Fische angelandet, in der Beltsee rd. 25 000. Als dann während des 2. Weltkrieges die deutsche Fischerei auf den westlichen Fangplätzen in der Nordsee und im Nordatlantik immer stärker eingeschränkt wurde, wichen die Fischdampfer mit Erfolg in die Ostsee aus, wo vorher nie mit so großen, 200–300 BRT messenden Fahrzeugen gefischt worden war und wo es noch immer vollkommen unbefischte Bestände gab. Nach dem Krieg übernahmen dieses Geschäft dann andere Länder, insbesondere die UdSSR und Polen. Die Bundesrepublik und die skandinavischen Nationen intensivierten dagegen ihre Fischerei mit kleineren Kuttern. Darüber hinaus wurde jetzt nicht mehr nur am Boden, sondern mit Schwimmschleppnetzen auch auf im freien Wasser stehende Fischschwärme Jagd gemacht. Mitte der 50er Jahre lagen die Gesamtanlandungen aus den statistischen Zonen IIIb, c und d bei 400 000 t, 1975 bei 970 000 t und in der Zeit von 1979–1981 im Mittel bei 950 000 t.

*Zusammensetzung der Fänge und fischereiliche Produktivität*

Die fischereiliche Ertragsfähigkeit von Meeresgebieten hängt eng mit der ökologischen Struktur unterhalb der überall mehr oder weniger gleichförmigen Wasseroberflächen zusammen. In der Ostsee verändern sich zwischen Skagerrak und Bottnischem Meerbusen die Lebensbedingungen unter Wasser beträchtlich. Abnehmender Salzgehalt, stabiler werdende Schichtung der Wasserkörper und extremere Temperaturschwankungen im Jahresverlauf sind die Faktoren, die diese Veränderungen bewirken. Die Zusammensetzung und Menge der fischereilichen Anlandungen bleiben davon nicht unberührt. Das zeigt Tab. 1, welche – für die Untergebiete IIIa, b, c und d getrennt – die relative Zusammensetzung der Fänge wiedergibt und auch die absoluten Anlandungsmengen für das Jahre 1981 enthält.

Das Gebiet Nr. IIIa wird noch ganz von der Nordsee her beeinflußt. Der dort herrschende hohe Salzgehalt bedingt ein großes Spektrum mariner Fischarten. Viele von ihnen bilden fischereilich ergiebige Bestände. Neben den wichtigsten Arten (Dorsch, Hering und Sprott), die zusammen knapp 50 % des Gesamtertrages in diesem Übergangsgebiet ausmachen, werden diverse andere Arten, einschließlich Krebse und Muscheln, mit respektablen Mengen auf den Seefischmärkten angeliefert.

In der Beltsee macht sich schon deutlich der artenreduzierende Effekt bemerkbar, den ein erniedrigter Salzgehalt hervorruft. Knapp 80 % der Fänge setzen sich aus Dorsch, Hering und Sprott zusammen. Von der Nordsee her dehnen Wittlinge zeitweilig ihr Freßgebiet in die Beltsee aus, wo sie dann immerhin mit knapp 9 % in den Anlandungen vertreten sind. Die Plattfische Kliesche, Flunder und Scholle finden hier noch gute Lebensmöglichkeiten, und sie bilden von anderen Gebieten unabhängige Bestände in der Beltsee. Zusammen stellen sie ebenfalls 9 % der Fänge.

In der zentralen Ostsee dominieren ganz extrem die drei Arten Dorsch, Hering und Sprott, die als einzige Massenfische in der Lage waren, das Brackwassermeer weitgehend als Lebensraum zu erobern. Zusammen machen sie fast 95 % der Anlandungen aus.

Unterschiede in der Produktionskraft der Fische in den drei Gebieten werden deutlich, wenn wir die Gesamtmenge der Anlandungen mit der Größe der Areale in Beziehung setzen. Kattegat und Skagerrak haben eine Ausdehnung von rund 45 000 $km^2$, die Beltsee von rund 20 300 $km^2$, und die zentrale Ostsee von rund 372 700 $km^2$. Bezogen auf 1 Hektar werden im ersten Gebiet um 120 kg pro Jahr abgefischt, in der Beltsee knapp 40 kg und in der eigentlichen Ostsee nur gut 20 kg. Artenreichtum und starke Durchmischung der Wassermassen mit ständiger Rückführung von pflanzlichen Nährsalzen ins lichtreiche Oberflächenwasser sowie sauerstoffreiches Bodenwasser, das eine ungestörte Produktion von Bodentieren, zu denen viele wichtige Fischnährtiere gehören, bedingen das eine Extrem. Artenarmut und stabile Wasserschichtung mit Sauerstoffmangel im Tiefenwasser und damit Einengung bzw. Wegfall des Benthals als Lebensraum sind verantwortlich für ein viel geringeres Produktionspotential der Fischfauna in weiten Bereichen der zentralen Ostsee.

*Tab. 1:* Anlandungen der Fischerei, getrennt nach Arten, in den fischerei-statistischen Gebieten IIIa, b, c und d der Ostsee im Jahre 1981. Die Arten sind in der Reihenfolge ihrer mengenmäßigen Bedeutung für das Gesamtgebiet III geordnet.

| | absolute Mengen in t | | | in % d. Gesamtfang im Gebiet | | |
|---|---|---|---|---|---|---|
| Art / Statistische Gebiete | III a | III b, c | III d | III a | III b, c | III d |
| Hering | 113 070 | 25 740 | 405 787 | 20,6 | 34,0 | 47,1 |
| Dorsch | 47 231 | 29 172 | 353 437 | 8,6 | 38,5 | 41,0 |
| Sprott | 104 875 | 4 523 | 42 918 | 19,0 | 6,0 | 5,0 |
| Sandaal | 59 452 | 0 | 0 | 10,8 | 0,0 | 0,0 |
| Muscheln | 40 117 | 267 | 0 | 7,2 | 0,3 | 0,0 |
| Wittling | 24 011 | 6 544 | 37 | 4,4 | 8,6 | 0,0 |
| Stintdorsch | 30 085 | 0 | 0 | 5,5 | 0,0 | 0,0 |
| Zwergdorsch | 26 769 | 0 | 0 | 4,9 | 0,0 | 0,0 |
| Süßwasserfische | 1 | 144 | 19 158 | 0,0 | 0,1 | 2,2 |
| Scholle | 14 241 | 1 349 | 1 138 | 2,6 | 1,8 | 0,1 |
| Flunder | 1 905 | 3 757 | 8 169 | 0,3 | 5,0 | 0,9 |
| Krebse und Garnelen | 11 500 | 0 | 0 | 2,1 | 0,0 | 0,0 |
| Schellfisch | 10 350 | 0 | 0 | 1,9 | 0,0 | 0,0 |
| Stinte und Maränen | 0 | 0 | 2 937 | 0,0 | 0,0 | 0,3 |
| Kliesche | 2 679 | 1 847 | 78 | 0,5 | 2,4 | 0,0 |
| Aal | 1 076 | 1 031 | 980 | 0,1 | 1,4 | 0,1 |
| Lachs | 75 | 6 | 2 427 | 0,0 | 0,0 | 0,3 |
| Steinbutt | 207 | 45 | 115 | 0,0 | 0,0 | 0,0 |
| sonstige Arten | 60 531 | 2 293 | 20 141 | 11,0 | 3,0 | 2,3 |
| Summe | 549 792 | 75 736 | 862 098 | | | |

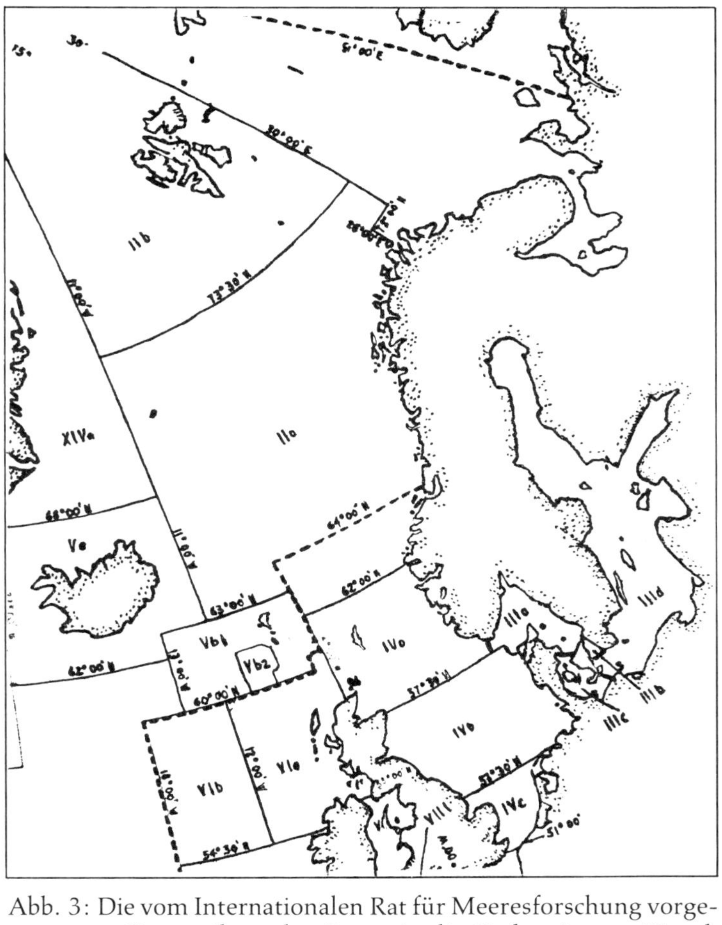

Abb. 3: Die vom Internationalen Rat für Meeresforschung vorgenommene Unterteilung der Ostsee in die Fischereizonen III a-d, über die getrennt Fangstatistiken erstellt werden, und nationale Grenzlinien

*Sind die Fischereierträge in der Ostsee dauerhaft oder können sie sogar noch weiter steigen?*

Mit Hilfe fischereibiologischer Modellvorstellungen können maximale Dauererträge für ein Fischereigebiet errechnet werden. Sie setzen sich aus den Anlandungen der verschiedenen Fischarten zusammen, wenn deren Bestände so befischt werden, daß von jedem das Höchstmaß seiner Produktion abgeschöpft wird, ohne daß dadurch das Produktionspotential Einbuße erleidet. Jahr für Jahr wird eine neue Generation von Fischen geboren. Ihr Leben verläuft unter ständigen Verlusten und Zugewinn über die Zeit. Verluste resultieren aus dem fortwährenden Sterben von Individuen, die entweder gefressen werden oder erkranken. Durch das Wachstum der am Leben bleibenden Fische vergrößert sich die Gesamtbiomasse der Generation. Zuerst überwiegt gewichtsmäßig der Gesamtzuwachs, später der Gesamtverlust, obwohl sich in den ersten Lebenswochen die Individuenzahl einer jeden Fischgeneration in scheinbar dramatischer Art verringert (Abb. 4). Die extreme Fruchtbarkeit der Fische, bei denen jedes Weibchen jährlich mehrere zehntausend bis hunderttausend, ja Millionen Eier legt, erfordert jedoch diese anfänglichen natürlichen Verluste, die meist weit über 99 % liegen. Wenn die Fische nach 1 bis 3 Jahren eine für uns attraktive Konsumgröße erreicht haben, muß sich die Fischerei bemühen, aus den Beständen im Durchschnitt zu dem Zeitpunkt die meisten Individuen herauszufangen, zu dem aufgrund des Verhältnisses von Individualzuwachs und natürlichen Verlusten ein Maximum an Biomasse abgeschöpft werden kann. Der Bestand darf dabei jedoch nicht so weit reduziert werden, daß sein Reproduktionspotential eingeschränkt wird. Dagegen sind Fische im allgemeinen durch ihre große Fruchtbarkeit gut abgepuffert. Die Fischerei hat zwei Möglichkeiten, ihre Intensität zu regulieren, durch die Größe der Netzmaschen und durch den Fischereiaufwand, der durch die Zeit fischereilicher Aktivität auf den Fischgründen und die Menge der eingesetzten Fanggeräte bestimmt wird. Netzmaschenweite und Aufwand müssen sich dabei gegensätzlich verhalten, wenn das Ziel eines Höchstertrags erreicht werden soll (Abb. 5). Da es in erster Linie aus ökonomischen, aber auch aus biologischen Gründen nicht unbedingt günstig ist, die Befischung auf den theoretischen Dauerertrag einzurichten, wird jetzt meist ein optimaler Dauerertrag definiert, der etwas unterhalb des theoretischen Maximalertrages liegt.

Viele biologisch begründbare Unwägbarkeiten verhindern es jedoch häufig, mit diesem einfachen Modell zutreffende Befischungsempfehlungen zu geben. Unsicherheit besteht bei den Fischereibiologen insbesondere über das Ausmaß des natürlichen Verlustes, vor allem, wenn verschiedene Fischarten in Wechselwirkung miteinander stehen, sei es in bezug auf Nahrungskonkurrenz oder gegenseitigen Wegfraß während verschiedener Altersstufen oder bei der Übertragung von Krankheiten und Parasiten. Die Menge des jährlichen Nachwuchses läßt sich bislang noch überhaupt nicht vorausbestimmen, und — eine besonders schwerwiegende Komponente — es besteht wenig Klarheit darüber, wie stark die Größe eines Bestandes durch die Fischerei reduziert werden darf, ohne daß er an Reproduktionspotential verliert; d. h. über die genaue Beziehung zwischen Bestand und Nachwuchs, die in Abb. 6 angedeutet sind, besitzen die Fischereibiologen bislang keine klaren Vorstellungen. Über den Befischungszustand der drei größten Bestände in der Ostsee hieß es Ende der 60er Jahre: „Es zeigt sich, daß der optimale Fischereiaufwand für Hering und Sprotte erreicht oder überschritten, für den Dorsch weit überschritten worden ist". Die in der Fischerei verwendeten Maschenweiten waren viel zu eng, und der Fischereiaufwand im Verhältnis dazu war zu hoch. Das heißt, es wurden gemäß den fischereibiologischen Modellvorstellungen den Beständen zu viele zu kleine Fische entnommen. Ein Zusammenbruch der Bestände, insbeson-

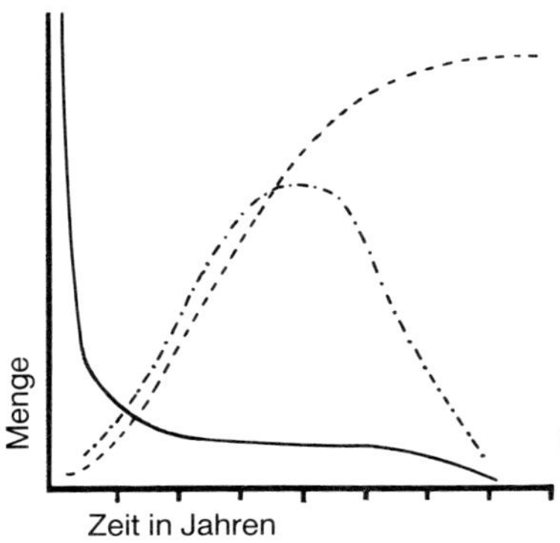


Abb. 4: Die Kurven veranschaulichen, wie sich bei einer Jahresklasse von Fischen die Gesamtzahl der Individuen (——), das Gewicht der Einzeltiere (– – –) und das Gesamtgewicht des Jahrganges (-·-) über die Zeit verändern.

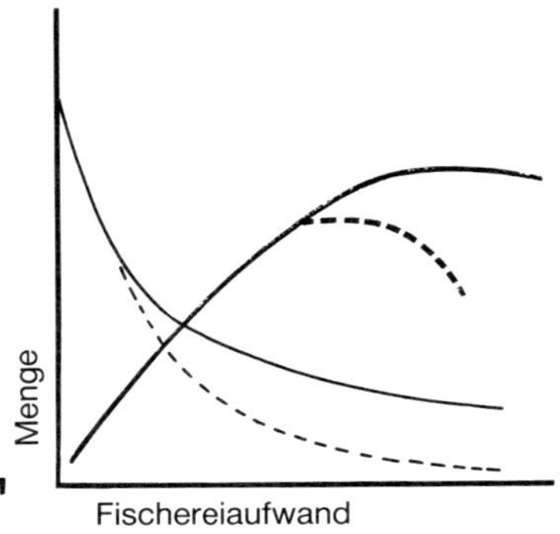


Abb. 5: Die fetten Kurven zeigen die Größe der Erträge bei steigendem Fischereiaufwand, unter Verwendung einer weiten Netzmaschenöffnung (durchgezogene Linie), bzw. einer engen (gestrichelte Linie). Den dünnen Kurven entspricht die sich dabei ergebende Entwicklung in der Größe des Elternbestandes.

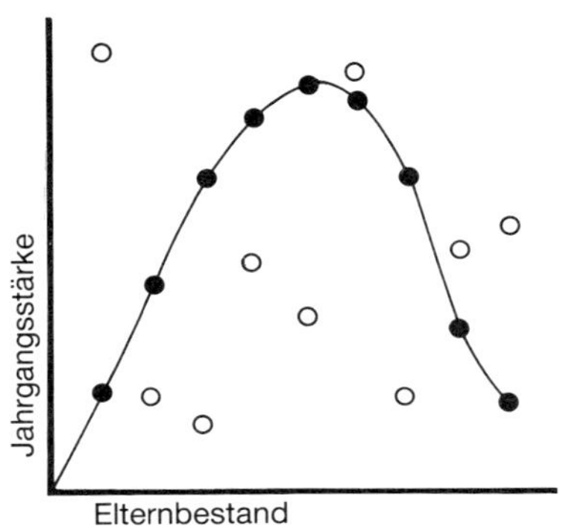


Abb. 6: Eine biologische Hypothese fordert, daß mit anwachsender Zahl von Elternfischen die Menge der Nachkommen zunächst ansteigt und später wieder sinkt, weil der Lebensraum begrenzt ist (●). Die Erfahrungen zeigen aber meist, daß bei den sehr fruchtbaren Fischen die Beziehung zwischen Elternbestand und jährlichem Nachwuchs ein ungeordnetes Bild ergibt (○).

dere beim Dorsch, schien unmittelbar bevorzustehen. Es wurde empfohlen, die Fischerei auf Dorsche zu reduzieren, die auf Heringe und Sprotten nicht weiter zu steigern. Ein Blick auf die Abb. 7 zeigt, wie sich dann die Erträge aber weiter entwickelt haben. Den Erwartungen genau entgegengesetzt ließen sich die Dorscherträge gegenüber damals bis heute noch einmal gut verdoppeln und die Heringserträge weiterhin beträchtlich steigern. Nur die Sprottfischerei erlitt schwere Einbußen.
Die Nutzung natürlicher Lebensräume, in denen wir im Gegensatz zu einem landwirtschaftlichen Betrieb die Produktionszusammenhänge noch nicht durchblicken, führt immer wieder zu Überraschungen. Was war geschehen? Beim Dorsch wurde der Fangaufwand entgegen den Empfehlungen der Fischereibiologen noch gesteigert, allerdings teilweise im Zusammenhang mit einer Erhöhung der Netzmaschenweite. Die letztere Maßnahme ließ jedoch nicht erwarten, daß die Gefahr eines Bestandszusammenbruchs damit gebannt war. Daß dieser tatsächlich nicht erfolgte, liegt an den guten Jahrgangsstärken, die trotz des kleiner werdenden Elternbestandes immer wieder heranwuchsen. Ähnliches ist für den Hering zu beobachten. Beide Arten ließen sich bislang offensichtlich nicht so stark in ihrer Biomasse reduzieren, daß ihre Rekrutierung gefährdet ist. Bei der stets im freien Wasser der Ostsee lebenden Sprotte, deren dichte Schwärme mit Echoloten überall genau geortet und daraufhin mit pelagischen Schleppnetzen gezielt abgefischt werden können, traf das Befürchtete jedoch ein. Der Bestand wurde in seiner Größe so stark reduziert, daß zur Zeit keine starken Jahrgänge mehr aufkommen. Erst durch eine längere Schonzeit mag sich die Sprottpopulation wieder regenerieren.
Möglicherweise hat der Niedergang der Sprottbestände die Nachwuchssituation insbesondere für den Dorsch verbessert, denn Sprotten räubern als Planktonfresser auch stark an Fischeiern und Larven, und dort, wo die Dorsche laichen, treten überall auch Sprotten auf. Andererseits wurde Ende der 60er Jahre geschätzt, daß in der Ostsee gut ein Drittel der Nahrung von über 26 cm langen Dorschen vom Gewicht her aus Sprotten besteht. So gesehen sollte eigentlich der Dorschbestand durch den Rückgang der Sprotten gelitten haben, was aber nicht erkennbar ist.
Um das Ausmaß und die Bedeutung von Wechselwirkungen zwischen verschiedenen Beständen in der Ostsee richtig einordnen zu können, wären aufwendige Untersuchungen notwendig, die unter anderem mehrere Jahre lang die Nahrungszusammensetzung der wichtigen Fischarten zu allen Jahreszeiten repräsentativ erfassen müßten. So ein Programm ist nur auf internationaler Basis denkbar.
Gegenwärtig beruhen unsere Versuche, die Fischerei so zu regulieren, daß die Bestände auf Dauer gute Erträge liefern, oft auf vagen Vorstellungen über die Produktionsabläufe im Meer. Seit 1973 gibt es eine Fischereikommission für die Ostsee, die „Danziger Kommission". Ihr gehören alle Länder an, die hier Fischereirechte besitzen. Jedes Jahr bemüht sich die Kommission darum, aufgrund des vermeintlichen Bestandszustandes der Fischarten oberste Fangquoten festzulegen, die dann noch zwischen den Ländern aufgeteilt werden müssen. Aus zwei Gründen kommt es nicht immer zu einem Übereinkommen, einerseits weil fischereipolitische Interessen dem im Wege stehen können, andererseits, weil man sich über die Zuverlässigkeit der biologischen Schätzwerte nicht einig werden kann. Im September 1983 wurden in Warschau zum Beispiel – wie schon in den Jahren davor – für den Hering und Sprott gemeinsam Gesamtfangmengen für 1984 festgelegt, und zwar 447 900 bzw. 57 900 t, über die zulässige Höhe der Dorschfänge konnte die Kommission aber keine Einigung erzielen.

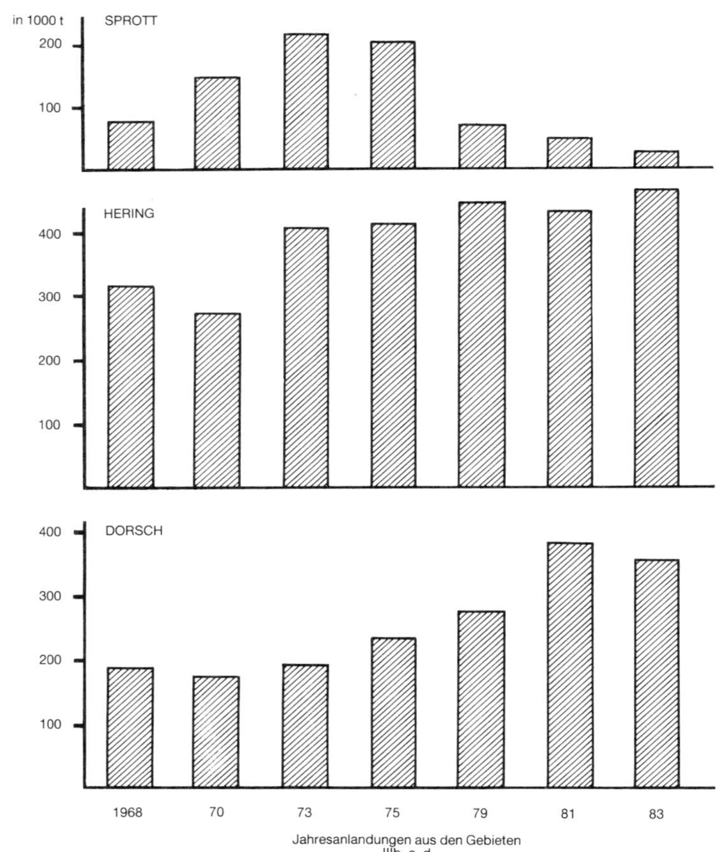


Abb. 7: Jährliche Anlandungsmengen für die drei wichtigsten Fischarten der Ostsee zwischen 1968 und 1983 (s. auch Abb. 3)

Die Aufteilung der festgesetzten Quoten richtet sich wesentlich nach dem Anteil der Wirtschaftszonen, die jeder der Ostseeanlieger seit der zweiten Hälfte der 70er Jahre geltend macht. Die beiden deutschen Staaten sind dabei die Schlußlichter (Abb. 8). Im Jahr 1975, als die Fischerei in der Ostsee noch frei war, fingen unsere Fischer 3,7 % (32 500 t) aller angelandeten Fische in der Ostsee, die der DDR 11,4 % (90 300 t). 1981 waren es noch 2,9 % (24 700 t) bzw. 8,1 % (69 600 t). Die Bundesrepublik erlitt aufgrund ihrer geographischen Lage größere Einbußen in der zentralen Ostsee, die DDR in der westlichen Ostsee. Dank unserer Zugehörigkeit zur Europäischen Gemeinschaft und der dänischen Fischereizonen um Bornholm haben Ostseekutter aus Schleswig-Holstein aber überhaupt noch Fischereirecht in der eigentlichen Ostsee. Zwischen Dänemark und Polen umstrittene Grenzziehungen südlich Bornholm (Abb. 3) schaffen dabei Probleme für die bundesdeutschen Fischer, weil sie von Polen bislang nicht zusammen mit den Dänen als gleichberechtigte EG-Partner anerkannt werden. Die Ersetzung der Vertreter Dänemarks und der Bundesrepublik Deutschland in der Danziger Kommission durch einen Vertreter der EG steht jetzt aber unmittelbar bevor.

Ein letztes Wort noch zur beruflichen Situation des Fischers. Unsere in der Ostsee tätigen Kutterfischer haben sich in den vergangenen Jahren nicht nur deswegen mit erheblichen Schwierigkeiten herumplagen müssen, weil angestammte Fangplätze plötzlich nicht mehr zugänglich waren. Durch die intensive Befischung der Gebiete ist auch immer mehr Zeit erforderlich, um ausreichende Mengen anzulanden, dabei sind die Preise für den Kraftstoff gestiegen, die für die Fische aber durchaus nicht immer entsprechend. Zudem gibt es bei Fischen ständig Schwankungen in den Preisen, verbunden mit der Unsicherheit des Fangerfolgs, der stark von der Witterung abhängt. Sehr harte Arbeit auf kleinen Schiffen in einer wenig komfortablen Umgebung und ohne geregelte Arbeitszeit, verbunden mit viel Ungewißheit über den Erfolg sowohl in naher als auch in fernerer Zukunft charakterisieren die Lebenssituation unserer Fischer. Ein Vorteil liegt darin, daß sie freie und selbständige Unternehmer sind. Aber wäre es nicht eigentlich bequemer und kalkulierbarer, wenn man sich weniger mit den von den Launen der Natur und auch der Politiker beeinflußten Wildfischbeständen im Meer abgeben würde und statt dessen versuchen würde, die benötigten Fische gezielt in voraussagbarer Menge und Qualität zu züchten? Welcher Landwirt würde denn auf die Idee kommen zu sammeln und zu jagen, anstatt anzubauen und aufzuziehen?

Die Zucht von Meeresfischen birgt jedoch sowohl biologisch als auch technologisch noch so viele Schwierigkeiten, daß mit den bislang existierenden Verfahren keine nennenswerten Mengen produziert werden können. Nur die Lachserträge in der Ostsee gehen heute zu einem Teil auf Aquakulturmaßnahmen zurück. Nachdem die großen Laichflüsse der Lachse mehr oder weniger vollständig für die Erzeugung von elektrischem Strom genutzt werden und die Fortpflanzungsgründe der Fische vom Unterlauf der Fließgewässer abgesperrt sind, werden Junglachse in großen Mengen künstlich aufgezogen und mit einem Alter von etwa 2 Jahren in die Ostsee ausgesetzt. Dort wachsen sie unter natürlichen Verhältnissen heran und werden gefangen, wenn sie eine gewisse Größe erreicht haben. Schweden entläßt knapp 2 Millionen, Finnland und die Sowjetunion zusammen vielleicht 0,5 Millionen Stück Junglachse pro Jahr in die Ostsee. Der Anteil der Lachsanlandungen aus der Ostsee, der auf diese Besatzmaßnahmen zurückgeführt wird, beträgt um die 30 %. Insgesamt ist der Jahresertrag an Lachsen, verglichen mit dem der Massenfische, aber gering. Er beträgt etwa 2 500 t, das sind nur 0,3 % aller Fischanlandungen aus der Ostsee zusammengenommen.

*Walter Nellen*

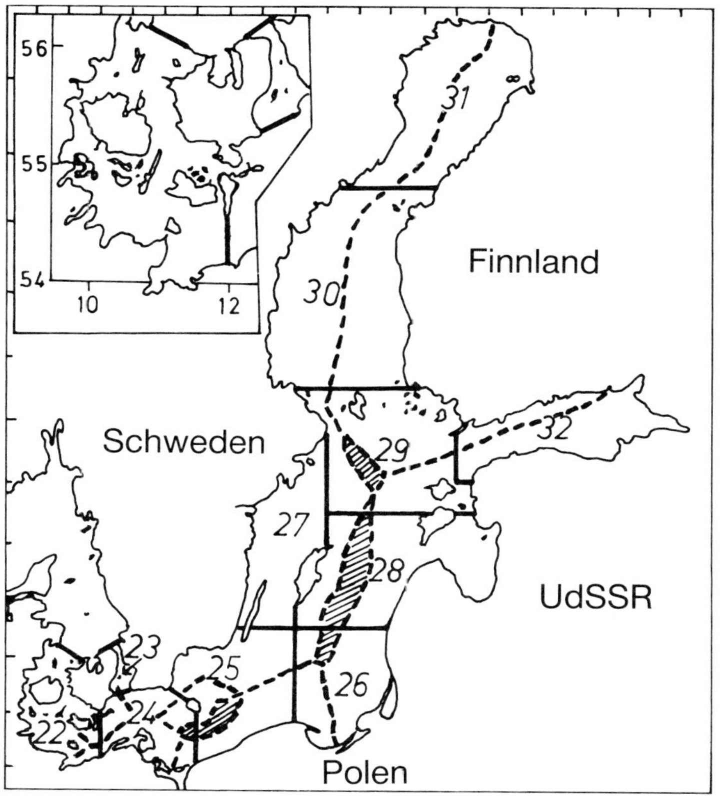


Abb. 8: Abgrenzung der nationalen Fischereizonen der Ostsee (gestrichelte Linie). Es entfallen auf die Anliegerstaaten in Prozent:
DK = 7; S = 45; SU = 13; PL = 7; SF = 23; DDR = 3; D = 3.
Die schraffierten Flächen geben die umstrittenen Gebiete an. – Die Zahlen 22–32 markieren die internationale Einteilung der Ostsee (durchgezogene Linien) als Grundlage für die Ermittlung von Fischbeständen: 22 Beltsee, 23 Öresund, 24 Arkonabecken, 25 Bornholmbecken, 26 Danziger Tief, 27 Westliches Gotlandbecken, 28 Östliches Gotlandbecken, 29 Ålandsee, 30 Bottensee, 31 Bottenwiek, 32 Finnischer Meerbusen.

Fischer beim Löschen eines Heringsfangs im Hafen von Eckernförde

Angelandete Heringe

Heringsfangzäune bei Kappeln

Lachsforellenzucht in Netzkäfigen unter Ausnutzung der Abwärme eines Kraftwerkes an der Kieler Förde

Fischkutter bei Bornholm

Hering (Clupea harengus)

# Vögel an der Ostseeküste

Die Vögel sind im Landschaftsbild der Ostsee sicher ein wesentlicher Bestandteil für jeden, der die Gesamtlandschaft wahrnimmt und genießt. Sie werden selbst in der Werbewirtschaft so erkannt – man denke an die „Vogelfluglinie" zwischen Dänemark und Deutschland mit der Seeschwalbe als Blickfang. Sie sind allerdings nicht für die Erholung des Menschen da, sondern haben ihre eigenen Lebensrechte und -gesetze außerhalb des Menschenbereiches.
Das Vogelleben an den Ostseeküsten vollzieht sich in den einzelnen Jahreszeiten und von Jahr zu Jahr sehr vielgestaltig und verschiedenartig. Dabei spielen die geographische Lage (Nordteil, Südteil) und die Küstengestalt (Steilküste, Flachküste, Flachwasser-Meereszone u. ä.) eine wichtige Rolle. Auch die Fragen, ob Brutvögel oder Durchzügler, ob Brutzeit oder außerhalb der Brutzeit, müssen bedacht werden, außerdem die Eigenheiten der einzelnen Arten: ob rings um die Ostsee großflächig verbreitet oder nur linienförmig entlang der Küste, ob mehr nördlich oder mehr südlich, ob Einzelbrüter oder Koloniebrüter, ob Stand-, Strich- oder Zugvogel. Beobachtenswert sind auch die Bestandsgrößen, die Zuggewohnheiten (Einzel- oder Schwarmzieher), Unterschiede zwischen Herbst- und Frühjahrszug, Aufenthaltsdauer, Zugrichtung, Zugziele, die Witterung in den einzelnen Jahren.

*Landschaftliche Gegebenheiten und Ansprüche der Vögel*
Die Küstenvögel sind fast alle Bodenbrüter. Ihre geeignetsten Brutgebiete sind daher die Flachküsten mit ihren Salzwiesen (Abb. 2), den Sand- und Kiesstränden, Strandwällen, Dünen, Strandseen und – im nördlichen Ostseebereich - flachen Felsschären. Solche Lebensräume gibt es neben Steilküsten in wechselnder Gestaltung und Ausdehnung. Dieselben Flachküstengebiete, die als Brutgebiete notwendig sind, stellen für die Mehrzahl der Arten – sowohl die Brutvögel als auch die vorübergehend anwesenden Gastvögel und Durchzügler – ein unentbehrliches Nahrungsmilieu dar, und zwar nicht nur in den genannten Landschaftsteilen über Wasser, sondern auch in den Flachgewässern vor und hinter dem Strand, die zu einem solchen Landschaftsgefüge gehören. Dort finden die Schnepfenvögel (Limikolen) im oder auf dem weichen Boden oder in den Wasserpflanzen ihre Nahrung: Würmer, Muscheln, Schnecken, Krebse, Insektenlarven, kleine Fische. Fischfresser wie Kormorane, Seeschwalben, Reiher, Säger, Taucher finden hier ebenfalls ein natürliches Nahrungsreservoir vor, welches der Mensch mit ihnen teilen kann, ohne daß er oder die tierischen Nutzer zu kurz kommen. Für die nicht wählerischen Möwen gibt es in dem gesamten trockenen und nassen Strandbereich vielerlei fleischliche Nahrung, so daß sie das ganze Jahr über in großen Mengen hier leben können. Die durchziehenden Singvögel, besonders wenn sie nach längerem Flug über See hungrig zur Küste der südlichen Ostsee gelangen, finden hier im Herbst noch ein gutes Nahrungsangebot vor. Die Samen der Gräser, Meldengewächse und Strandblumen werden von Rohrammern und anderen Samenfressern angenommen. Trupps von Schneeammern und Ohrenlerchen und Schwärme von Berghänflingen, die aus dem Norden kommen, finden besonders an den Beständen des Quellers den ganzen Winter über reichlich Samen. Selbst Insektenfresser wie Stelzen und viele andere können sich im Herbst noch gut ernähren. An den restlichen Blüten von Strandastern, Meersenf und anderen Pflanzen gibt es noch Schwebfliegen; in der Anwurfzone am Strand leben Fliegen, Flohkrebse, Käfer.
Die küstennahen Zonen der Ostsee selbst dienen ebenfalls noch einer Reihe von Vögeln als Nahrungsraum. Tauchenten holen normalerweise ihre Nahrung bis zu einer Tiefe von 10 m vom Grunde herauf; bei manchen sind auch schon Tauchtiefen von 30 bis sogar 50 m festgestellt worden. Um den für diese Arten nutzbaren Bereich kenntlich zu machen, ist auf der Karte (Abb. 1) die 10-m-Linie deshalb mit eingetragen. Fischfressende Arten, welche tauchend-schwimmend oder durch Stoßtauchen ihre Nahrung erlangen, sind von den Wassertiefen weitgehend unabhängig; sie können sich also auch weiter draußen ernähren.
Schließlich ist das Küstengebiet auch als Rast- und Ruheplatz für die Vögel wichtig. Die Zugvögel, die zum Teil Tausende von Kilometern zurücklegen, brauchen zwischendurch Ruhe zum Aufbau von Kraftreserven. Jedenfalls bis zum Ausbruch des starken Freizeitbetriebes waren der Strand, die auftauchenden Sandbänke und die meist wenig besiedelten Flächen hinter dem Strand noch ungestörte Plätze. Dieses hat sich in den letzten Jahrzehnten durch den Einfluß des Menschen geändert. Ein Kartenbeispiel von der schleswig-holsteinischen Ostseeküste (Abb. 1) gibt einen Eindruck von den verschiedenen Lebensmöglichkeiten an der Ostseeküste.

*Brutvögel*
Die Ostsee erstreckt sich als ein relativ schmales Binnenmeer über 12 Breitengrade, vom 55. bis 66. Grad. Sie umfaßt eine Zone mit maritimem, temperiertem Klima im Süden und Westen und einen mehr kontinental geprägten Bereich mit relativ warmen Sommern und Eiswintern im Norden und Osten (vgl. Beitrag „Klima und Wetter").
Verbreitungsbiologisch ergibt sich daraus für die Vogelwelt, daß nicht alle Küstenabschnitte von denselben Brutvogelarten bewohnt werden; sondern es gibt hier sowohl ringsum ansässige Arten (z. B. Stockenten und Austernfischer) als auch solche, die eine nordische Verbreitung haben und im Südabschnitt der Ostsee fehlen (Grillteist, Tordalk, Pfeifente) sowie weitere, die ihr Hauptverbreitungsgebiet in südlichen Zonen aufweisen und im Nordabschnitt fehlen (Säbelschnäbler, Brandgans, Brandseeschwalbe).
In Tab. 1 wird eine Zusammenstellung von Brutvögeln aus dem Ostseeraum im Hinblick auf ihre Bindung an die Küste gegeben. Die aufgeführten Gruppierungen weisen teilweise gleitende Übergänge auf. Darunter befinden sich zahlreiche echte Küstenvögel, die nur an der Küste brüten (vgl. Tab. 1).
Einige nordische Arten haben außer an der Küste Brutgebiete im skandinavischen Gebirge und nach dem Eismeer zu. Hierzu gehören: Rotschenkel, der auch im deutschen und dänischen küstennahen Flachlandbereich vorkommt; Alpenstrandläufer, der in dieser südlichen Rasse in lockerer Verteilung an der finnischen, baltischen, schwedischen und deutsch-dänischen Küste brütet, während auf dem Gebirge und nach dem Eismeer zu eine etwas größere Rasse wohnt; Temminckstrandläufer, eine durchaus nordische Art, deren Küstenbrutplätze nur im Nordteil des Bottnischen Meerbusens liegen; Sandregenpfeifer, an allen Ostseeküsten wie auch im skandinavischen Gebirge und dem hohen Norden; Samtente, die außer an der schwedischen, finnischen und baltischen Küste auch in Nordfinnland brütet; Bergente, die außer im skandinavischen Gebirge strecken- und punktweise an der Nordküste des Bottnischen Meerbusens und an der finnischen Westküste nistet.
Weiterhin gibt es Arten, die rings um das Ostseegebiet verbreitet sind und in erheblicher Zahl in den Küstenbiotopen brüten. Unter solchen sind nordische Arten, die im Norden des Ostseegebietes auch das Binnenland bewohnen, und südlich-mitteleuropäische, die im Süden des Ostseegebietes großflächig auch im Binnenland siedeln. Dabei kommt die in Tab. 1 genannte Reiherente im mitt-

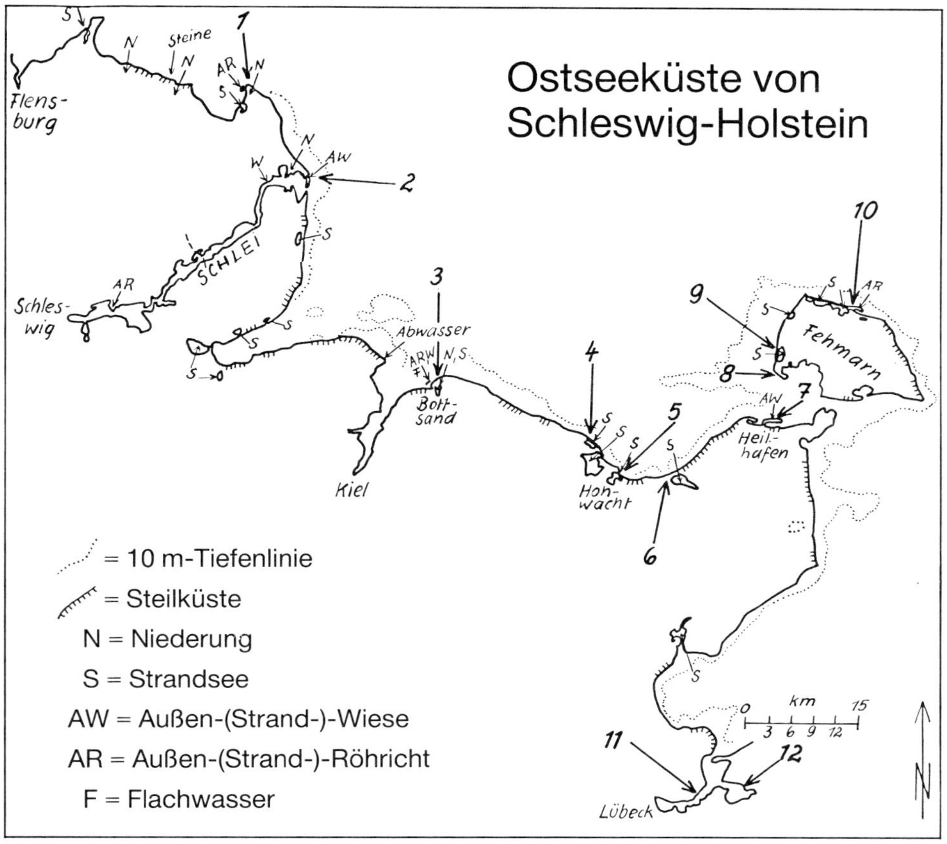


Abb. 1: Übersicht über die schleswig-holsteinische Ostseeküste mit Steil- und Flachuferstrecken als Beispiel für einen Küstenabschnitt mit reichhaltigem Inventar an Vogel-Lebensräumen. – Hinweise auf wichtige Naturschutzgebiete: 1. Geltinger Birk, 2. Oehe-Schleimünde, 3. Bottsand, 4. Kleiner Binnensee, 5. Sehlendorfer Binnensee, 6. Weißenhäuser Brök, 7. Graswarder, 8. Krummsteert-Sulsdorfer Wik, 9. Wallnau, 10. Grüner Brink, 11. Dummersdorfer Ufer, 12. Dassower See.
(Beschreibung auf S. 234 f.)

Tab. 1:
*Zusammenstellung häufiger Brutvögel in Bezug auf ihre Bindung an die Küste*

| Echte Küstenvögel mit Brutgebieten nur an der Küste | | Arten mit Brutgebieten an der Küste sowie im skand. Gebirge in Richtung Eismeer | | Arten mit Brutplätzen in Küstenbiotopen rings um die Ostsee und im Binnenland | |
|---|---|---|---|---|---|
| Brandgans | (s) | Alpenstrandläufer | (n) | Rotschenkel | (o) |
| Eiderente | (n) | Temminck- | | Prachttaucher | (n) |
| Austernfischer | (o) | strandläufer | (n) | Sterntaucher | (n) |
| Steinwälzer | (n) | Sandregenpfeifer | (o) | Ohrentaucher | (n) |
| Säbelschnäbler | (s) | Samtente | (n) | Graugans | (o) |
| Schmarotzer- | | Bergente | (n) | Schellente | (n) |
| raubmöwe | (n) | | | Pfeifente | (n) |
| Silbermöwe | (o) | | | Spießente | (n) |
| Heringsmöwe | (n) | | | Reiherente | (o) |
| Mantelmöwe | (n) | | | Stockente | (o) |
| Küstenseeschwalbe | (o) | | | Krickente | (o) |
| Brandseeschwalbe | (s) | | | Gänsesäger | (n) |
| Raubseeschwalbe | (n) | | | Mittelsäger | (n) |
| Grillteist | (n) | | | Flußregenpfeifer | (o) |
| Trottellumme | (n) | | | Kiebitz | (o) |
| Tordalk | (n) | | | Waldwasserläufer | (n) |
| Strandpieper | (n) | | | Bruchwasserläufer | (n) |
| | | | | Flußuferläufer | (n) |
| | | | | Großer Brachvogel | (o) |
| | | | | Bekassine | (o) |
| | | | | Lachmöwe | (o) |
| | | | | Sturmmöwe | (n) |
| | | | | Flußseeschwalbe | (o) |
| | | | | Seeadler | (o) |

(o) um die Ostsee herum ansässig
(n) mit nordischem Hauptverbreitungsgebiet
(s) mit südlichem Hauptverbreitungsgebiet

leren Schweden nicht im Binnenland vor, während der Flußregenpfeifer im skandinavischen Raum nur in Südschweden und Südfinnland im Binnenland auftritt. Die Lachmöwe wird in Skandinavien nur zwischen Stockholm und Göteborg sowie in Südfinnland im Binnenland angetroffen.
Als Bewohner der Ostseeküste sei noch der Seeadler erwähnt. Er hat im dänisch-skandinavisch-estnischen Raum seine wenigen bewohnten Horste an der Küste, während er an seiner Westgrenze, in Mecklenburg und Schleswig-Holstein, mehr im Binnenland brütet, wenn auch sein Nahrungsangebot meist bis an die Küste reicht. Schließlich sollen unter den Brutvögeln der Ostseeküste noch die wenigen Bewohner der Steilküste genannt werden, obwohl sie keine Vertreter der eingangs erwähnten Vogelgruppen und keineswegs ausschließlich Küstenbewohner sind. Der Wanderfalke hatte, als noch lebensfähige Bestände der Art vorhanden waren, an den Kreidesteilküsten (Mön/Dänemark und Rügen/Mecklenburg) einzelne Brutplätze. – Ein viel häufigerer Steilküstenbewohner ist die Uferschwalbe, welche sich in dem Moränenmaterial der Steilwände ihre Röhren gräbt. Nach Berndt (Corax, 1979) gab es 1974 an der schleswig-holsteinischen Ostküste auf den insgesamt 49,2 km langen Strecken mit Abbruchufern 7644 Brutröhren, davon allein bei Wulfen/Insel Fehmarn (800 m Steilufer) 1160, am Brodtener Ufer nördlich von Travemünde auf 3700 m Steilufer 1020 Röhren. Über die Menge der Brutvögel im Küstenbereich der Ostsee liegen eine Reihe von Untersuchungen besonders aus dem finnischen Raum vor. So gab es beispielsweise nach Merikallio (1958) an der finnischen Küste in den 50er Jahren (jeweils Paare): Bergente – 1000, Reiherente – 40 000, Samtente – 5000 bis 8000, Eiderente – 25 000, Sandregenpfeifer – 5700, Steinwälzer – 1500, Rotschenkel – 2000, Mantelmöwe – 600, Heringsmöwe – 3500, Silbermöwe – 1800 bis 2000, Lachmöwe – 20 000, Raubseeschwalbe – 700, Küstenseeschwalbe – 6000, Tordalk – 1000.
Nordberg (1950) zählt nach Untersuchungen in der marinen Zone

des Schärengebietes der Ålandinseln südwestlich von Mariehamn (eine Kontrollfläche von insgesamt 250 km² Wasser und Inseln) 23 Brutvogelarten auf, die mehr oder weniger an das Wasser gebunden sind. Außerdem gibt es dort noch Landvögel der Gebüsche und Waldstücke.
Die Brutvögel sind teils locker auf die geeigneten Küstenbereiche verteilt, teils leben sie in mehr oder weniger dichten Ansammlungen. Solche für die Arterhaltung besonders wichtigen Vogelgebiete sind heute wenigstens an den von Menschen stark besuchten Küstenabschnitten meist unter Schutz gestellt. Um welche Gebiete es sich dabei handelt, ist aus dem Beitrag „Naturschutz an der Ostseeküste" ersichtlich.

*Vogelwelt außerhalb der Brutzeit*
Das Bild der Vogelbevölkerung der Ostseeküste nach der Brutzeit ist erheblich anders als während derselben, besonders je weiter die Jahreszeit fortschreitet. Auch hierüber können nur einige Andeutungen und Beispiele gebracht werden. Die meisten Limikolen und auch die Seeschwalben, die ja Zugvögel sind, verlassen den engeren Brutbereich schon gleich nach dem Ende der Brutzeit. Im südlichen Ostseeküstengebiet kommen dann die ersten nordischen Brutvögel an. Sie stammen z. T. aus dem nördlichen Ostseegebiet sowie aus dem skandinavischen Binnenland, aber viele kommen auch von den sibirischen Küsten und Tundren. Sie treffen dann zusammen mit hier erbrüteten Vögeln. Das Geschehen des Vogelzuges – Verschiebungen, Überdeckungen, Aufenthaltsdauer der einzelnen Vogelpopulationen – ist anscheinend recht kompliziert und trotz vieler wichtiger Ergebnisse der Vogelberingung noch nicht voll überschaubar.
Die Bewegungen der Zugvogelscharen geschehen vielfach in breiter Front. Doch bieten gerade die Küsten oft Leitlinien, denn auch viele Vögel fliegen nicht gern gar so lange über das häufig unwirtliche Meer. So kommt es z. B. auf dem Herbstzug (der vielfach auffälliger ist als der Frühjahrszug) zu eindrucksvollen Ansammlungen, Stauungen an vorspringenden Endpunkten des Landes. Berühmt sind in dieser Hinsicht „Absprungplätze" in Südschweden für den Flug nach dem europäischen Festland, wie Falsterbo gegenüber der dänischen Insel Seeland (hier besonders Singvögel), Ottenby an der Südspitze der 140 km langen Insel Öland (hier vor allem Limikolen) sowie „Ankunftstellen", wie die Nordküste von Fehmarn. Konzentrationen an Leitlinien des Vogelzuges finden beispielsweise an der seit langem deshalb berühmten Kurischen Nehrung statt, ähnlich auch an der Frischen Nehrung und an der Küste von Pommern und Mecklenburg, was Stübs (1957) anschaulich schildert. Die Wege des Vogelzuges sind nicht immer so einfach, wie man es sich vielleicht nach der Karte vorstellen könnte, denn sie werden durch die inneren Ansprüche der Arten bestimmt. So ziehen (Schütz 1971) die Küstenseeschwalben des Finnischen Meerbusens nicht an der Ostsee nach Süden, sondern sie überqueren Schweden und Norwegen, um dann an der norwegischen Küste und weiterhin immer an der Meeresküste entlang in ihre Winterquartiere in Südafrika zu fliegen.
Die Aufenthaltsdauer der Durchzügler ist sehr verschieden. Nur in der kurzen Zeit August und September sieht man an der deutschen Ostseeküste z. B. die Raubseeschwalbe – einen Brutvogel der nördlichen Ostseeküste, den Sichelstrandläufer von der sibirischen Eismeerküste, Odinshühnchen, und meist auch Zwergstrandläufer, die „schon" im nördlichen Skandinavien brüten. Diese Arten treten nur in kleinen Mengen oder einzeln auf.
Bis zum Beginn des Frostes bleiben Arten wie Pfeifente, Austernfischer, Kiebitz, Goldregenpfeifer, Kiebitzregenpfeifer, Großer Brachvogel (Abb. 9), Graugans und die hochnordischen Gänse. Diese alle halten sich meist in großen Scharen zusammen.
Ein Spätankömmling an unserer Ostseeküste ist der Klippenstrandläufer. Er bleibt im Winter überwiegend hier – ähnlich wie ein Teil der Sanderlinge. – Gibt es an der Ostsee auch nicht in dem Maße wie an der Nordsee die riesigen Schwärme von Alpen- und Knuttstrandläufern und Pfuhlschnepfen, so sind doch eine ganze Reihe von Zuggästen zeitweise in bemerkenswerten Anhäufungen vorhanden. Von den durch diese Vogelscharen belebten Landschaftsbildern werden einige Beispiele gegeben (Abb. 3, 4, 8).
Eine Reihe von Vogelarten hält auch im Winter in unseren Breiten aus, wenn die Ostsee nicht weithin zufriert, wie es in fast jedem Jahrzehnt vorkommt: Stockente, Bläßhuhn, Tauchenten wie Schellente, Trauerente, Samtente, Bergente, Reiherente, Eisente und Eiderente. Von der letztgenannten Art (wie auch von manchen anderen) gibt es übrigens das ganze Jahr über Herden von jungen oder mit der Brut aussetzenden Tieren. Als Beispiel der dabei in Betracht kommenden Mengen seien die von Kirchhoff, Prokosch, Thiessen (Corax, 1983) veröffentlichten Zahlen genannt, die auf sieben Kontrollflügen bei niedriger Flughöhe in den Wintern (November–März) 1980–1982 gewonnen wurden: vor der schleswig-holsteinischen Küste zwischen Flensburger Förde und Travemünde 3100 bis 7100 Schellenten, 1400 bis 11 000 Eisenten, 360 bis 6400 Trauerenten, 27 000 bis 96 000 Eiderenten.
In kleineren Mengen ist im Winter der Singschwan (Abb. 6), neuerdings auch der Kormoran anwesend, einzeln gelegentlich der Ohrentaucher (Abb. 7).

*Mensch und Vogelwelt*
Das Kapitel „Naturschutz an der Ostseeküste" dieses Buches befaßt sich mit diesem Problem auch schon im Hinblick auf die Vögel. Hier sei dieser Teilaspekt noch etwas näher betrachtet durch einige Hinweise auf die Auswirkungen des Freizeitbetriebes auf die Vögel. Als Tatsache ist festzuhalten, daß entlang der bundesdeutschen Ostseeküste zu den meisten Zeiten des Jahres die Vögel außerhalb der Naturschutzgebiete kaum eine Gelegenheit zum Rasten und Ausruhen haben. Durch die überall nach Möglichkeit verlängerte „Saison" ist die Küste nicht nur in den dicht an dicht errichteten Ferienzentren und Campingplätzen von der Flensburger Förde bis Travemünde belebt, sondern auch zwischen diesen Ballungsplätzen trifft man heute fast überall Menschen. Die Vögel werden – meist unbeabsichtigt – hauptsächlich vertrieben durch Badende mit Schlauchbooten, Luftmatratzen u. ä., durch Surfer, Wanderer mit herumtollenden Hunden (die womöglich noch zum Apportieren von ins Wasser geworfenen Gegenständen angeregt werden) und Reiter, die auch durch das Flachwasser traben. Die Sandbänke, die aus dem Wasser auftauchen, sind ebenfalls beliebte Freizeitziele. Die Küstengäste bemerken oft die Vögel gar nicht, jedenfalls nicht die unscheinbaren kleinen grauen Arten. Diese werden aber gerade besonders gestört, weil sie beim Nahrungserwerb nicht so anpassungsfähig sind wie die Möwen, sondern sich an bestimmte Plätze mit bestimmten Nahrungstieren halten müssen wie beispielsweise Sandbänke.
Viele Besucher der Küste, die sich wirklich an der belebten Natur erfreuen, ohne sie im einzelnen zu kennen, sind verständnisvoll, wenn ihnen solche Zusammenhänge dargestellt werden und verhalten sich dementsprechend. Die ärgsten Störer sind die Uneinsichtigen, die nur unbedingt und rücksichtslos ihre „Persönlichkeit entfalten" wollen.
Den Störungen und Zerstörungen gegenüber steht das Verhalten auf Grund der Erkenntnis, daß die Natursysteme, soweit sie durch den Überdruck menschlicher Einwirkungen gefährdet sind, geschützt werden müssen.

*Dietrich König*

Abb. 2: Salzwiese auf dem flachen Oststrand von Öland/Schweden. Im Hintergrund Flachwasserbucht. Der Boden besteht aus Moränenmaterial mit Felsbrocken. Das Rasengelände ist Brutgebiet u. a. des Säbelschnäblers.

Abb. 3: Ein Schwarm Watvögel, hauptsächlich Alpenstrandläufer (Calidris alpina), im Flachwassergebiet hinter dem Bottsand bei Kiel (Naturschutzgebiet)

Abb. 4: Gänsesäger (Mergus merganser) mit ihrem charakteristischen Kopfprofil im Winter in der Kieler Förde. Links, sich aufrichtend, ein Männchen, rechts zwei Weibchen

Abb. 5: Haubentaucher (Podiceps cristatus), Südwestfinnland

Abb. 6: Singschwäne (Cygnus cygnus) im Winter in Ufernähe in der Kieler Förde

Abb. 7: Ohrentaucher (Podiceps auritus) im Winter in der Kieler Förde. Das unscheinbare graubraune, unterseits weiße Winterkleid – nur der Kopf mit den weißen Backen und dem scharf davon abgesetzten Oberkopf ist noch auffallend – ist völlig verschieden vom Brustkleid in Zimtbraun, Schwarz, Weiß und mit goldfarbigen Federohren.

Abb. 8: Zwergstrandläufer (Calidris minuta) von der Eismeertundra auf der Rast am Ostseestrand der Kieler Bucht, nach kleinem Wassergetier pickend

Abb. 9: Großer Brachvogel (Numenius arquata) mit langem Schnabel

Abb. 10: Heringsmöwe (Larus fuscus) im Brutkleid, der Charaktervogel der schwedisch-finnischen Küste, auch als Begleiter von Schiffen

Abb. 11: Männlicher Mittelsäger (Mergus serrator) mit seiner fein zerschlissenen Kopfbefiederung. Im Winter in der Kieler Förde

Abb. 12: Zwergseeschwalbe (Sterna albifrons) im Vogelschutzgebiet Oehe-Schleimünde in kleinen, zerstreuten Kolonien am Strand nistend

# Pflanzenwelt der Ostseeküste

Das Vorkommen von Pflanzen ist stets an bestimmte Bedingungen gebunden. So ist für die Vegetation der Ostsee von Bedeutung, daß dieses Meer eine große Nord-Süd-Erstreckung besitzt und damit Anteil an zwei Klimazonen hat, dem feuchtgemäßigten Klima im Süden und dem winterfeuchtkalten Klima im Norden (vergl. den Beitrag über das Klima). Von Bedeutung ist auch die Abnahme des Salzgehalts mit wachsender Entfernung von der Nordsee, was dazu führt, daß man im Bottnischen Meerbusen den Salzgehalt kaum mehr schmecken kann. Weiterhin spielt die nahezu völlige Gezeitenfreiheit eine Rolle, da größere Wasserstandsschwankungen nur in größeren unregelmäßigen Abständen zu beobachten sind.
Alle diese physischen Voraussetzungen werden in den Abschnitten des Kapitels „Geologie/Geographie" näher beschrieben. Dort wird auch auf die Entstehung wesentlicher Standorte der Vegetation eingegangen. Solche Standorte sind:
Spülsäume
Strandwälle/Strand
Dünen, Heideflächen und Wälder
Kliffe und Felsklippen
Buchten und Strandwiesen

*Spülsäume*
Spülsäume – Ablagerungen als langer Saum entlang der Hochflutlinie – sind reich an organischem Material. Bei den an Land stattfindenden Zersetzungsprozessen wird neben Stickstoff auch noch Wärme frei. Es herrschen hier Prozesse wie in einem Mistbeet. Sehr schnell stellt sich auf solchen Spülsäumen eine besondere Vegetation ein. Diese besteht in der Hauptsache nur aus einjährigen Arten, d. h. sie überdauern nur eine Vegetationsperiode, dann streuen sie ihre Samen aus und sterben ab. Kleine Dünen, die sich im Schutze dieser kurzlebigen Vegetation gebildet haben, werden wieder abgetragen. Auf solchen Spülsäumen finden wir unter anderem verschiedene Melden. Sie umfassen zwei verschiedene Pflanzengattungen, die eigentlichen Melden (Atriplex) und Gänsefüße (Chenopodium). Der Volksmund faßt beide zusammen. Schaut man genauer hin, so erkennt man, daß die Melden eingeschlechtlich sind, d. h. es gibt Blüten, die nur männliche, und solche, die nur weibliche Blütenteile haben. Die Gänsefußgattung ist dagegen zwittrig, d. h. in einer Blüte kommen männliche und weibliche Blütenteile vor. Am häufigsten sind die Strandmelde (Atriplex littoralis L.) und die Spießmelde (Atriplex hastata L.). Weiter stellen sich der hellviolett blühende Meersenf (Cakile maritima Scop.) und das stachelspitzige Kali-Salzkraut (Salsola kali L.) ein. Auch können wir auf solchen Spülsäumen großblütige Kamillen finden (Matricaria maritima L.). Dies trifft für die schleswig-holsteinischen Küsten zu. Nach Norden hin wird das Bild anders. Das Kali-Salzkraut erreicht noch gerade die Åland-Inseln, die Strandmelde die Linie Turku-Stockholm und der Meersenf die Höhe von Nykarleby-Stockholm. Keine aber von den hier aufgeführten Arten, bis auf die Kamille, erreicht den nördlichen Teil des Bottnischen Meerbusens. Die Meerstrandkamille (Matricaria maritima L.) gilt als circumbottnisch. Ich fand sie allerdings in keiner aus diesem Raum stammenden Vegetationstabelle.

*Strandwälle/Strand*
Im Gegensatz zu den Spülsäumen sind die Strandwälle verhältnismäßig stabil, denn sie werden nur von sehr hohen Fluten erreicht. Die auf ihnen siedelnden Pflanzen sind mehrjährig, vielfach sogar Holzgewächse.
Wo sich der Sand in nicht zu starker Bewegung befindet, siedelt die Salzmiere (Honckenya peploides L.), ein kleines Nelkengewächs mit fleischigen, gegenständigen Blättern. Ihre Wurzeln reichen bis zu dem in der Tiefe liegenden Spülsaum. Die Wurzellänge kann mehr als 1,50 m betragen. Hinzu kommt der Meerkohl (Crambe maritima L.). Diesen weißblühenden Kreuzblütler erkennt man leicht an seinem buschigen Wuchs, den kohlartigen Blättern, die bläulich bereift sind, und an den vier weißen Blütenblättern. Zu diesen Arten gesellt sich dann noch die selten gewordene Stranddistel (Eryngium maritimum L.), die keine Distel, sondern ein Doldengewächs ist. Man nennt sie auch Seemannstreu. Dieser Name ist eigentlich eine Zusammenziehung aus Seestrand-Mannstreu. Mannstreu heißt die Pflanze wegen ihrer blauen Blüten, die an den Ehrenpreis = Männertreu erinnern, aber es gibt auch noch andere Deutungen. Bei uns steht sie auf der Roten Liste, denn durch den zunehmenden Tourismus ist sie fast ausgerottet worden. Sie war als Trockenpflanze sehr begehrt. Als weitere Pflanzen kommen hinzu das Echte Labkraut (Galium verum L.) und der Strandroggen (Elymus arenarius L.). Als Holzgewächs breitet sich mehr und mehr die Kartoffelrose (Rosa rugosa Thunb.) aus. Sie ist in Ostasien beheimatet, daher oft auch als Kamtschatka-Rose bezeichnet, und wurde an unseren Küsten angepflanzt, weil sie anspruchslos ist und in verhältnismäßig nährstoffarmen Sanden wachsen kann. Sie vermehrt sich aber so stark, daß man bald etwas gegen ihre weitere Verbreitung unternehmen muß, da sie andere Arten unterdrückt. Ihre Hagebutten werden gern zu Marmelade verarbeitet, aber auch die Vögel, besonders die Grünfinken, schätzen sie. Die Strandwallvegetation ist in sehr starkem Maße gefährdet, denn in diesem Bereich lagern sehr gerne Badegäste, die an der Ostsee Erholung suchen. Sie zerstören nicht nur die Pflanzendecke, sondern auch sehr leicht die Gelege der in diesem Bereich brütenden Zwergseeschwalben und Sandregenpfeifer. Ihre Nester und Eier sind so unscheinbar, daß man sie leicht übersieht. Auf geröllreichen Strandwällen findet sich oft auch der Mauerpfeffer (Sedum acre L.; s. Foto S. 222).
Verfolgen wir die Strandwallbesiedler weiter nach Norden, so verläßt uns als erster der Meerkohl. Er erreicht noch Stockholm auf der schwedischen und Turku auf der finnischen Seite. Die Stranddistel finden wir bis an die Odermündung und auf Gotland, allein die Salzmiere umrundet den gesamten Bottnischen Meerbusen. Sie gilt hier sogar als Dünenbildner. In diesem Bereich gesellen sich zu den noch verbleibenden Strandwallpflanzen der Rainfarn (Tanacetum vulgare L.), das Rotschwingelgras (Festuca rubra L.) und der Strandroggen (Elymus arenarius L.), eine Gruppierung, wie wir sie an unserer schleswig-holsteinischen Küste nicht kennen. Mehr und mehr nimmt auch das Leimkraut (Silene maritima Hornem.) zu, das im Strandbereich zwischen den Steinen wächst. Die Pflanze fällt auf durch ihre großen weißen Blüten. Früher wurde sie als Unterart zum gewöhnlichen Leimkraut (Silene vulgaris Moench) gesehen. Heute trennt man sie als eigene Art ab. Formen an der Küste Fehmarns erinnern schon sehr stark an die hier erwähnte Art.

*Dünen, Heideflächen und Wälder*
Locker bewachsene Dünen, die noch den weißen Sand erkennen lassen, bezeichnet man als „Weiße Düne".
Die Salzmiere besiedelt als Pflanze, die noch Salz ertragen kann, den Dünenfuß. Sie kann sich auch noch im schwach stäubenden Sand halten. Die höheren Bereiche nimmt dann der Strandhafer ein. Seine Bestände sind durchsetzt mit Strandroggen. Hin und

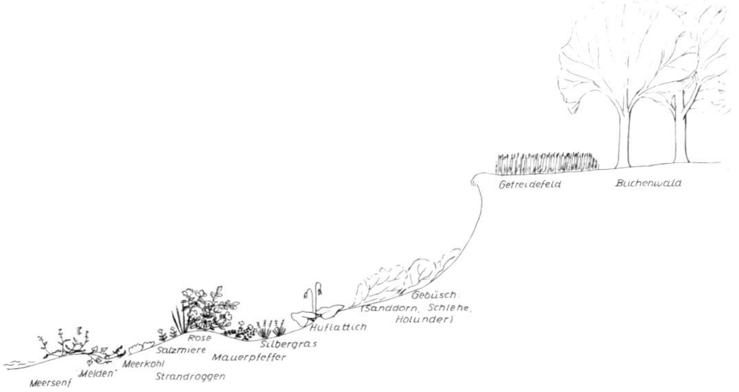


Abb. 1: Vegetationsprofil einer Kliffküste an der südlichen Ostsee

wieder trifft man auf eine Gänsedistel. Auf den Dünenkuppen oder kurz dahinter tritt dann als ein weiteres Gras der Rotschwingel auf. Er ist ein Zeichen dafür, daß der Sand verhältnismäßig fest liegt oder aber auch, daß hier gelaufen wird, denn die übrigen Dünengräser mögen keinen Vertritt. Der Strandhafer ist leicht zu erkennen an dem 2 cm langen zerschlitzten Blatthäutchen und seinen stark eingerollten weichhaarigen Blättern. Der Strandroggen hat breite bläulich bereifte Blätter, ein sehr kurzes Blatthäutchen, und das Blatt umgreift den Stengel mit zwei Krallen. An der Ostseeküste gibt es nun noch eine zweite Form des Strandhafers. Es handelt sich um einen Bastard zwischen dem Strandhafer (Ammophila arenaria L.) und einem Reitgras (Calamagrostis epigeios L.), den man als Baltischen Strandhafer (Ammophila baltica Fourn.) bezeichnet. Seine unteren Blattscheiden sind rotviolett überlaufen, seine Blätter kaum aufgerollt und leicht rauh. Er ist an der schleswig-holsteinischen Ostseeküste häufig zu finden, wird an den Dünen der Nordseeküste zunehmend gepflanzt, aber im übrigen Ostseeraum ist von ihm nicht die Rede.

Auf den Dünenkuppen findet man hin und wieder die an ihren rotvioletten Schmetterlingsblüten kenntliche Strandplatterbse. Eine Pflanze muß hier noch erwähnt werden, der blauviolett blühende Tatarenlattich (Lactuca tatarica L.). Die Südwestgrenze seines Areals ist die nördliche Schwarzmeerküste und der Kaukasus, 1902 wurde er auf Rügen beobachtet, erreichte das Festland und wurde 1959 auf Fehmarn festgestellt (Raabe, H. 1983). Es bleibt abzuwarten, wie die Pflanze sich an der Ostseeküste weiter ausbreitet.

Der Strandhafer ist für die Dünenbildung und Dünenfestlegung im schleswig-holsteinischen Raum die wichtigste Pflanze. Verfolgen wir seinen Weg entlang der Ostseeküste nach Norden, so verliert er mehr und mehr an Bedeutung. Er bildet noch Dünen in der Nähe von Helsinki und auf Gotland, aber weiter nördlich übernimmt der Strandroggen die Aufgabe. Er besiedelt die Dünen rund um den Bottnischen Meerbusen. Zu ihm gesellen sich Strandplatterbse und Rainfarn.

Etwas anders verhält sich die Dünenbildung auf der Kurischen Nehrung. Dem stäubenden Sand der Wanderdünen ist „kein Kraut gewachsen". Wenn hier Pflanzen Fuß fassen, dann geschieht das von der Rückseite her. So konnte Paul (1944) feststellen, daß im Schatten der Wanderdünen als Bildner von rezenten Gegenwällen zwei Weidenarten in Frage kommen: die Kriechweide (Salix repens L.) und die Reifweide (Salix daphnoides Vill.), dazu gesellt sich das Reitgras (Calamagrostis epigeios L.). Diese Artenverbindung ist in Schleswig-Holstein nicht zu beobachten. Wenn die Kriechweide hier im rückwärtigen Dünenbereich anzutreffen ist, so hat sie nur eine untergeordnete Bedeutung. Strandroggen, Rainfarn und Reitgras wachsen auch bei uns, aber mehr in Gebüschen im rückwärtigen Dünenbereich, jedoch nicht in der Weißen Düne.

Liegt die Düne fest, dann kann sie von Moosen, Flechten und verschiedenen anderen Pflanzen, vor allem Gräsern, besiedelt werden. Die Weiße Düne wandelt sich dann zur Grauen Düne oder Grasdüne. Das ist dort der Fall, wo wir es mit verhältnismäßig nährstoffreichen Böden zu tun haben. Von verschiedenen Pflanzenarten seien hier erwähnt das Echte Labkraut (Galium verum L.), das Hundsveilchen (Viola canina L.), das Sandglöckchen (Jasione montana L.), der Mauerpfeffer (Sedum acre L.) und das kleine Sandlieschgras (Phleum arenarium L.; s. Foto S. 223).

Werden solche Dünenbereiche geschädigt, siedeln sich als Erstbesiedler solcher Flächen das Silbergras (Corynephorus canescens L.) – wegen seiner Form auch als Rasierpinselgras bezeichnet – und die Sandsegge (Carex arenaria L.) an. Die Sandsegge sendet unterirdisch Ausläufer aus, die an den Knoten neue Pflanzen bilden, so daß eine ganze Reihe ordentlich hintereinander aufgereihter Pflanzen erscheint. Man nennt sie deshalb auch scherzhaft Soldatensegge oder „des lieben Gottes Nähmaschine".

Auf der Grauen Düne stellt sich im rückwärtigen Bereich bald Gebüsch ein. Allerdings bei den geringen Ausmaßen unserer Dünenbereiche ist es nur sehr lückenhaft ausgebildet. Sanddorn (Hippophaë rhamnoides L.), Weißdorn (Crataegus monogyna Jacq.), Schlehdorn (Prunus spinosa L.), Holunder (Sambucus nigra L.), weiter nach Osten kommt der Kreuzdorn (Rhamnus cathartica L.) hinzu, alles durchschlungen vom Waldgeißblatt (Lonicera periclymenum L.), bilden ein fast undurchdringliches Gestrüpp. Diese Gebüsche finden wir an alten festliegenden Kliffs wieder (s. Abb. 1).

Nach Norden zu wird die Vegetation der Grauen Düne ärmer, obwohl wesentliche Arten bleiben – mit Ausnahme des Sandlieschgrases, das auf Hiddensee noch eine gute Verbreitung hat, dort aber wohl seine Ostgrenze erreicht haben dürfte. Normalerweise würde diese Gesellschaft bei ungestörten Verhältnissen in einen Wald übergehen, der in Schleswig-Holstein ein Buchenwald wäre, im Norden des Bottnischen Meerbusens ein Grauerlenwald (Alnus incana L.) ist. Bei uns wurden diese Buchenwälder vielfach gerodet und in Ackerland verwandelt. Wo sich einst riesige Buchenwälder erstreckten, dehnen sich heute Raps- und Getreidefelder. Der Betrachter könnte meinen, es sei nie anders gewesen. Es ist wohltuend zu bemerken, daß nach den Zeiten der reinen Monokulturen allmählich das Verständnis dafür wächst, Feldränder und Wegraine sich selbst zu überlassen und nicht mehr gegen „Unkräuter" zu spritzen, so daß sich wieder bunte Flecken in einer sonst doch recht eintönig wirkenden Landschaft abzeichnen. Die-

Abb. 2: Vegetationsprofil im nördlichen Bottnischen Meerbusen auf steinigem Boden

se erfreuen nicht nur das Auge, sondern bieten vor allem vielen Lebewesen den notwendigen Lebensraum.
Ist der Boden der Grauen Düne nährstoffarm und zeigt er eine saure Reaktion, dann faßt die Heide Fuß. Die bezeichnenden Arten sind die Besenheide (Calluna vulgaris L.) und die Krähenbeerheide (Empetrum nigrum L., zum Norden hin mehr Empetrum hermaphroditum Lge.). Zunächst erscheinen sie in kleinen Polstern an der Rückseite der Dünen, dann schließen sie sich mehr und mehr zusammen. In diese Heiden wandern vielfach Arten der Dünen mit ein. Diese Zwergstrauchheiden sind besonders an den Küsten dem Wind ausgesetzt. Die Krähenbeere ist diesem durch ihren niedrigen Wuchs besser angepaßt als die Besenheide, auch vermag sie die Sandüberwehungen besser zu ertragen. Sie bestimmt daher mehr und mehr das Bild dieser Küstenheiden. Man vermutet, daß diese Heidebildung – vor allem in windexponierten Lagen und auf flachgründigen Böden – das Ende einer Entwicklungsreihe ist (Klimaxgesellschaft), die sich nicht zu einem Wald fortsetzt. Es muß aber erwähnt werden, daß viele Küstenheiden aus der Vernichtung ehemaliger Wälder hervorgegangen sind, wie zum Teil die Heiden auf Hiddensee oder in bestimmten Bereichen der Kurischen Nehrung (Paul 1944).
In die nördlichen Heiden wandern die Bärentraube (Artostaphylos uva-ursi L.), die Rauschebeere (Vaccinium uliginosum L.), die Preiselbeere (Vaccinium vitis-idaea L.) und der Wacholder (Juniperus spec.) ein.
Im rückwärtigen Bereich der Küstenheiden finden wir fast immer Bäume, vor allem Birke (Betula pendula Roth) und Vogelbeere (Sorbus aucuparia L.), die den Übergang zum Wald ankündigen. Das gilt für den gesamten Bereich der Ostsee. Im südlichen Teil folgen dann zunächst Eiche (Quercus robur L.) und Buche (Fagus silvatica L.; s. Umschlagbild). Diese werden nach Norden hin durch Fichte (Picea abies L.) und Kiefer (Pinus silvestris L.) abgelöst. Im kontinentalen und borealen Klimabereich können sich Nadelbäume besser behaupten als Laubbäume. Das dürfte darauf zurückzuführen sein, daß die Knospen der Laubbäume in kalten Wintern geschädigt werden; auch vernichten Spätfröste häufig die frischausgetriebenen Blätter. Die festen Nadeln der Fichten und Kiefern sind widerstandsfähiger und auch der Lufttrockenheit des Sommers besser angepaßt als die zarten Blätter der Laubbäume. Aufforstungen mit Bergkiefern (Pinus mugo Turra) gehören eigentlich nicht ins Bild. Ihr eigentliches Verbreitungsgebiet sind die Gebirge und Moore des mittleren und südlichen Europas.
Eine direkte Entwicklung vom Ufersaum zum Wald finden wir an den steinigen Stränden des Bottnischen Meerbusens. Ausgedehnte Schilfbestände (Phragmites australis Cav.) werden zum Lande hin schütter und gehen sofort über in einen Grauerlen-Birkenwald, durchmischt mit Sanddorn und Gagel (Myrica gale L.).

*Kliffe und Felsklippen*

Während im südlichen Ostseebereich die Sandstrände und Lokkergesteinskliffe (s. Abb. 1) vorherrschen, findet man im Norden zunehmend Steinstrände und Felsklippen (s. Karte auf S. 71). Die Fußflächen der Felsen werden im untermeerischen Bereich von Tangen und Algen besiedelt (s. Abschnitt über das Leben am Meeresboden). Im aufsteigenden Kliffbereich fehlt zumeist eine Bodendecke, so daß die Felsen entweder völlig kahl oder aber von braunen, grauen, gelben oder grünen Flechten überzogen sind. Flechten sind Lebensgemeinschaften aus Algen und Pilzen. An der Ostsee sind häufig gelbe bis orangefarbene Arten anzutreffen, z. B. Caloplaca marina, Xanthoria parietina oder Ochrolechia parella. Letztere gedeiht vor allem auf kristallinen Felsen.
In geschützten Nischen, wo sich kleine Bodenflächen ausbilden können, wachsen der rotviolett blühende Blutweiderich (Lythrum salicaria L.), der Krause Ampfer (Rumex crispus L.) sowie die Meerstrandkamille (Matricaria maritimi L.); s. Foto S. 108.

*Buchten und Strandwiesen*

Besprachen wir im voraufgehenden die Vegetation der Stein- und Sandstrände und deren Weiterentwicklung, so muß jetzt noch jene Vegetationsentwicklung erwähnt werden, die sich in stillen Buchten, auf mehr schlickhaltigen Böden vollzieht. In solchen Buchten kommt das Wasser zur Ruhe, und es können sich neben Sand- auch noch Tonpartikel absetzen. Auf den Schlickflächen wächst der Queller (Salicornia herbacea L.). Er bildet lockere Bestände, die zum Lande hin dichter werden und in eine Wiese übergehen. Pflanzen, die hier wachsen, müssen Salzwasser vertragen können. Es sind dies zunächst Andelgras (Puccinellia maritima Huds.), das Meeresstrandmilchkraut (Glaux maritima L.), die Strandaster (Aster tripolium L.), der Meeresstranddreizack (Triglochin maritima L.). Im höheren Bereich folgen dann die Bottenbinse (Juncus gerardii Lois.) und der Rotschwingel (Festuca rubra L.). Wo noch Wasserflächen zurückgeblieben sind, wächst die Meerstrandsimse (Scirpus maritimus L.) mit der Salzsimse (Scirpus tabernaemontani Gmel.). Alle diese Arten sind nicht nur von der Nordseeküste, sondern auch von der schleswig-holsteinischen Ostseeküste her bekannt. In der geschilderten Folge trifft man sie auch noch auf Hiddensee. Wer nun glaubt, daß der Queller wegen des abnehmenden Salzgehaltes im Bottnischen Meerbusen nicht mehr wachsen kann, ist im Irrtum. Der Queller gilt als circumbottnische Pflanze. Er ist dort wohl selten, aber er kommt vor. Er wächst jedoch nicht mehr am Strand als Pionierpflanze, sondern erscheint in vom Strand entfernten Senken, die man auf Gotland als „Skonor" bezeichnet. In diesen abflußlosen Senken bleibt das Wasser nach einer Überflutung stehen. Indem es verdunstet, reichert sich das Salz an. Die Senken sind also ausgesprochene Salzstandorte, in denen der Queller vortrefflich gedeihen kann. Zu den Rändern hin wachsen dann in natürlicher Folge Andel, Bottenbinse und Rotschwingel. Ähnliches läßt sich auch schon im Südosten Fehmarns beobachten oder an Salzstellen des Binnenlandes.
Die Entwicklung zu Strandwiesen erfolgt am Bottnischen Meerbusen über das Schilf. Der Salzgehalt des Wassers ist so gering, daß es gut darin wachsen kann. Zum Schilf gesellen sich noch die Salzsimse und die Einspelzige Simse (Scirpus uniglumis = Eleocharis uniglumus Lk.). Von hier aus vollzieht sich die Entwicklung zum Rotschwingelrasen und schließlich zum Wald, der hier zunächst von Grauerlen gebildet wird (s. Abb. 2).
In diese geschilderten Gefüge greift heute mehr und mehr der Mensch ein, und zwar durch den Bau von Deichen, Festlegung wandernder Küsten, Bepflanzung der Dünen mit z. T. nicht bodenständigen Gewächsen, mit dem Fremdenverkehr (Tourismus) und durch Düngung und Beweidung. Dadurch ist es zu einer starken Veränderung der natürlichen Vegetation gekommen. Man ist bestrebt, durch die Ausweisung großer Naturschutzgebiete Ursprüngliches zu erhalten. Das gilt für den gesamten Ostseeraum.

*Karl-Th. Schreitling*

Getreidefeld oberhalb eines Kliffs in Holstein mit Kornblume, Mohn und Kamille

Der Mauerpfeffer, ein kleines Dickblattgewächs mit fleischigen Blättern, ist an seiner leuchtend gelben fünfzähligen Blüte leicht erkennbar. Er findet sich oft auf höhergelegenen trockenen Standorten des Geröllstrandes. Rechtes Geröll: Granit mit rötlichen Feldspatkristallen, schwarzem Glimmer und grauem Quarz. Linkes Geröll: Flint (siehe auch S. 65).

Melden und Kresse in den Spülsäumen von Strandwällen auf den östlichen Åland-Inseln. Der Bereich der Strandwälle war früher Meeresboden, der durch die noch andauernde starke Landhebung (55 cm in 100 Jahren) aus dem Meer aufgetaucht ist.

Orchideen (Purpurknabenkraut) am Kreidekliff auf Rügen

Sandlieschgras

Ufersaum an der Kieler Förde (Heikendorf) mit Meersenf (ganz vorn) und Strandroggen

Heidelandschaft mit Wacholder nordwestlich von Neksö („Paradisbakkerne") auf Bornholm

Geröllstrand mit Spülsaum und älterem Strandwall; Vordergrund Strandhafer, dahinter Meerkohl und Kamtschatka-Rosenbüsche

Stranddistel

Birken-Kiefernwald auf dem Nehrungshaken der Halbinsel Hela

# Das Ökosystem Ostsee

*Der dynamische Aspekt*

Wesentliches Kennzeichen eines Ökosystems ist die Kontinuität. Ein Wald sieht jedes Jahr fast ähnlich aus. Auch die Algenwiesen der Ostsee besitzen eine Großstruktur, die wir seit langem kennen. Trotz der großen Mengen an Organismen und der schwankenden Umweltbedingungen wird diese Struktur und Kontinuität beibehalten. Eine Voraussetzung dafür ist das Vorkommen einer Energiegrundlage, eine Möglichkeit zur gleichbleibenden Ausnutzung verfügbarer Energie. Die Produzenten, meistens chlorophylltragende Pflanzen, können die Energie der Sonnenstrahlung fixieren und aus Kohlendioxyd und Pflanzennährstoffen organisches Material aufbauen. Dieses lebende Material bildet die Urnahrung im Meere und liefert die Voraussetzung für das Leben der vielen Konsumenten. Alle Tiere, die lebendes oder totes organisches Material als Nahrung aufnehmen, sind Konsumenten. Detritus, totes organisches Material, besteht aus abgestorbenen Pflanzen und Tieren und ist als Nahrungsquelle im Meer sehr wichtig. Er wird auch von Bakterien konsumiert und zu einfachen Stoffen abgebaut, z. B. zu Wasserstoff, Methan, Schwefelwasserstoff und Nährstoffen. Darum nennen wir die Bakterien Destruenten.

Die Nährstoffe werden von den Produzenten aufgenommen und in den Stoffkreislauf eingefügt. Der Kreislauf der Nährstoffe wird von vielen Substanzen begleitet, liefert Beispiele für biogeochemische Zyklen, die ein weiteres Charakteristikum des Ökosystems sind.

Die Wiederaufnahme von Nährstoffen durch die Produzenten, die schon einmal diese Stoffe enthalten haben, ist ein Beispiel für die zahlreichen Rückkopplungen, die das Ökosystem steuern. Sie machen die Geschwindigkeitskontrolle der ablaufenden Prozesse aus. Je schneller die Rückführung der Substanzen vor sich geht, desto kürzer ist die Umlaufzeit der Prozesse, die im System ablaufen.

Produzenten, Konsumenten, Destruenten und biogeochemische Zyklen sind also die großen „Bausteine" des Ökosystems. Wenn wir das ganze Ökosystem Ostsee überblicken, können wir einige Subsysteme erkennen (Abb. 1). Die Hartböden (A) werden von großen Mengen Algen bewachsen. Der Blasentang Fucus vesiculosus bildet üppige Algenwiesen, die eine reiche Besiedlung mit Kleinalgen und Tieren aufweisen. Die Algen werden nur in geringem Maße gefressen und dementsprechend im Überschuß produziert. Wir können also die Hartböden als Produktionsgebiete ansehen, in denen z. B. große Mengen von Algen und Fischen gedeihen. Diese algendominierten Gemeinschaften bezeichnet man als Phytal.

Auch das freie Wasser (Abb. 1B) kann in den oberen Schichten durch mikroskopische Algen einen Überschuß an organischem Material produzieren, das hier eine wichtige Energiebasis darstellt. Diese dynamische Welt von mikroskopischen Pflanzen und Tieren und schnell schwimmenden Fischen nennen wir das Pelagial.

Das im Phytal oder Pelagial nicht konsumierte organische Material gelangt früher oder später durch Sedimentation zu den Weichböden (Abb. 1C). Diese besitzen kaum Produzenten und stellen deshalb Konsum-Gebiete dar, die den größten Bereich des Ostseebodens ausmachen. Die jährlich anfallenden großen Mengen an Detritus liefern durch den Abbau mit Hilfe von Tieren und Bakterien (Abb. 1D) die Phosphor- und Stickstoff-Komponenten des Bodenwassers. Durch Strömungen werden diese zu den Produktionsgebieten transportiert, wo sie das Algenwachstum stimulieren.

Unter den verschiedenen Arten an Pflanzen und Tieren können einige sehr häufig sein. Langlebende Arten wie Blasentang und Miesmuscheln bilden charakteristische Gemeinschaften, die eine Reihe von anderen Arten und Lebensformen beherbergen. Kurzlebige Formen können massenhaft auftreten, z. B. die blaugrüne mikroskopische Alge Nodularia spumigena, die trotz kurzfristiger Massenentwicklung in Form von Blüten eine große Einwirkung auf das ganze Ökosystem hat. Die Dynamik der einzelnen Arten ist eng mit der Dynamik des ganzen Ökosystems verzahnt. Beide beeinflussen einander gegenseitig. Was steuert nun das Gesamtökosystem?

*Steuerfaktoren des Ostsee-Systems*

Die Ostsee als Gesamtsystem weist folgende wichtige Charakteristika auf:

- Eine nördliche geographische Lage, die eine stark pulsierende Strahlung mit sich bringt.
- Ein großes Wasservolumen mit sehr langsamem Wasseraustausch infolge der engen Durchgänge zur Nordsee.
- Eine starke Schichtung mit schwerem salzhaltigem und nährstoffreichem Wasser am Boden und leichtem süßerem Wasser an der Oberfläche.
- Eine artenarme Flora und Fauna von Meeres- und Süßwasserarten.

Die Struktur dieses Systems wird zum großen Teil von den verschiedenen Beziehungen zwischen den Organismen geprägt. Ein Tier frißt das andere, und infolge der mannigfaltigen Nahrungsbeziehungen werden die Nahrungsketten zu Nahrungsnetzen vereinigt. Die groß-skalige Dynamik wird jedoch besonders durch drei Faktorenkomplexe gesteuert: die Sonneneinstrahlung, die Wasserbewegung (Hydrodynamik) und die Nährstoffe.

Die Periodizität der Strahlung gibt dem Ökosystem Ostsee eine pulsartige Dynamik mit einem Produktionsmaximum während des helleren Teils des Jahres und einem Minimum im Winter, wenn der Abbau des produzierten Materials dominiert. Aber auch die Tag-Nachtwechsel sind für die Organismen entscheidend. Die meisten Fische sind tagaktive, andere wie Aal, Aalmuttern und Seestichlinge sind nachtaktive Tiere. Weitere Arten wechseln zwischen beiden Rhythmen zur Zeit des Laichens, wie Seeskorpion und Sandgrundel. Das Licht ist ein wichtiger Zeitgeber für das Ökosystem, und die jahresperiodischen und tagesperiodischen Rhythmen wirken wie Stunden- und Minutenanzeiger der biologischen Uhr. Zusammen mit den hydrodynamischen Prozessen bildet das Licht das „Rückgrat" des Ökosystems.

Das Fehlen von Gezeiten erhöht die Bedeutung des Windes. Wie die Passate in den Tropen, verursachen dauernde Winde einen Auftrieb (upwelling) an der Küste, was Badende oft bemerken können. Bei gleichzeitigem Abtreiben von Oberflächenwasser taucht das tiefere Wasser auf, das oft mehrere Grade kälter ist als die erwärmten oberen Schichten. Bei südwestlichen Winden wird Auftriebswasser häufig an der schwedischen Küste beobachtet (Abb. 2).

Das Tiefenwasser bringt eine Menge Nährstoffe mit, besonders Phosphat und Stickstoff-Produkte. Eine solche Injektion von Nährstoffen verursacht eine Düngung der Küstensysteme. Die eintretende Erhöhung der Primärproduktion setzt sich im Nahrungsnetz und in biogeochemischen Zyklen des Ökosystems fort. Die eventuelle Periodizität der Auftriebsprozesse wird deshalb die Großdynamik des Gesamtsystems prägen.

Die mit dem Auftriebswasser transportierten Nährstoffe stammen aus dem Bodenbereich: aber große Mengen gelangen auch über die Atmosphäre und durch Transport über Flüsse ins Meer. Sie sind zum großen Teil Produkte des Energieverbrauchs durch den Menschen, besonders der industriellen und landwirtschaftlichen Akti-

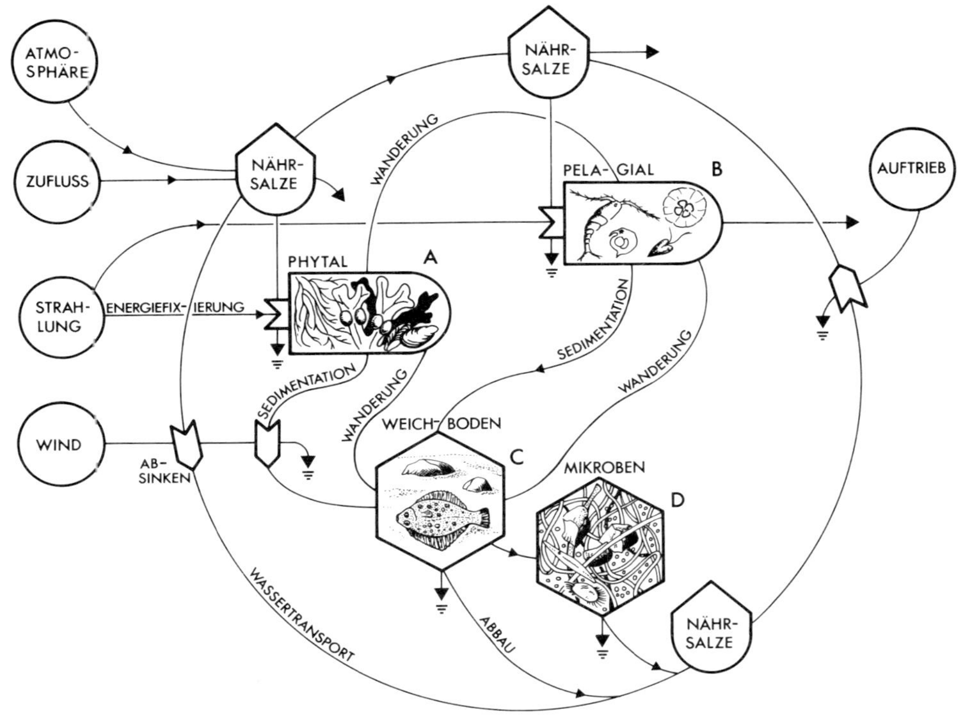


Abb. 1: Ein prinzipielles Modell des Ostsee-Ökosystems. Die mit Pflanzen bewachsenen Hartböden bilden das Phytal (A). Sie fixieren Sonnenenergie und verbrauchen Pflanzennährstoffe, die von außen (über Flüsse und die Atmosphäre) und aus dem Meeresboden kommen. Sie stellen ein Poduktionsgebiet dar. Ein solches stellt auch das Wasser, das Pelagial (B), mit den frei schwebenden Pflanzen und Tieren dar. Durch Sedimentation gelangen herabsinkende Organismen und totes organisches Material zu den Weichböden (C). Dort bauen Tiere, Bakterien und andere Mikroorganismen dieses wieder zu den Pflanzennährstoffen ab, die durch Wasserströmungen zu den Produktionsgebieten zurückgeführt werden. Dann kann der Zyklus wieder von neuem beginnen.

vitäten. Da die Kapazität der Abbauprozesse im natürlichen Ökosystem ursprünglich an den Umsatz viel geringerer Mengen an Substanzen angepaßt ist, entstehen leicht Störungen im Ökosystem, wie z. B. Akkumulation von organischem Material am Boden. Beim Abbau benötigen die Bakterien große Mengen an Sauerstoff, so daß das faule Wasser in den tiefen Becken der Ostsee zum Teil durch den Überschuß an Nährstoffen verursacht wird.

*Die Jahreszeiten der Ostsee*

Die Fixierung der Sonnenenergie geht nicht gleichmäßig während des Jahres vor sich, sondern in verschiedenen Phasen. Diese lassen sich durch das massenhafte Auftreten von Klein- und Großalgen-„Blüten" erkennen.

Im Frühjahr, zum Teil noch unter dem Eis, fängt bereits die erste Blüte an. Während des Winters hat der Mangel an Licht zu einer Akkumulation von Nährstoffen am Boden geführt. Von der schnell zunehmenden Strahlung stimuliert, entwickeln sich nun verschiedene Algen sehr schnell. Auf den Hartböden kann man unter dem Eis buntgrüne „Rasen" von blattförmigen Grünalgen sehen. Die Felsensteine und Großalgen sind von mikroskopischen Kieselalgen bedeckt (Foto S. 230). Die Produktion ist hoch im klaren Wasser und kann 1 bis 2 g Kohlenstoff pro qm und Tag betragen. Eine entsprechende Entwicklung der Tiere läßt sich nicht beobachten. Nur eine spärliche Mikrofauna und junge Flohkrebschen sind vorhanden. Das produzierte Algenmaterial löst sich nach einigen Wochen von den Felsen ab, kann in den seichten Buchten herumtreiben, um dann zu Boden zu sinken.

Eine entsprechende „Explosion" der Produktion im Frühjahr tritt auch im freien Wasser auf (vgl. Abb. 3). Das früher klare Wasser wird trüb von Kieselalgen und Dinoflagellaten. Die Primärproduktion erreicht Höhen von 2 Gramm Kohlenstoff pro Quadratmeter und Tag (2 g $C \cdot m^{-2} \cdot Tag^{-1}$). Hierauf folgt eine hohe Produktion an Bakterien, die zum großen Teil von gelösten organischen Substanzen leben, welche von den Algen abgegeben werden. Dann folgen besonders einzellige Tiere, wie Ciliaten. Größere Tiere treten zu dieser Zeit noch nicht auf, die diese „Frühlingssuppe" verspeisen könnten. Große Mengen an Zooplankton werden erst im Juni–Juli beobachtet. Etwa die Hälfte der pelagischen Primärproduktion sinkt deshalb zum Boden nieder – ein lockeres, gelbgrünes Material, das leicht von der Wasserbewegung herumgewirbelt wird. In den Weichböden ist die Aktivität infolge der niedrigen Temperatur noch niedrig. Im seichten Wasser entwickelt sich direkt über dem Boden ein Film von Kieselalgen, während die tierische Aktivität noch auf sich warten läßt. Im Frühjahr bekommt also das Meer eine große Injektion an potentieller Energie. Ein reiches Frühstück wird aufgetischt; aber die meisten Gäste kommen erst später.

Im Sommer bilden sich Strukturen und Funktionen der Teilökosysteme heraus. Intensive Sonneneinstrahlung sowie die Nährstoffe, die vom Abbau der Frühjahrsblüten herrühren, führen zu einer Entwicklung von verschiedenen Algen, die auf den Hartböden Mikrokosmen aufbauen. Am Felsenstrand überlagert der bunte Grünalgengürtel die braunen Wälder von Blasentang. Rote fadenförmige Algen bedecken Steine und Großalgen speziell an exponierten Standorten. Im späten Frühjahr oder frühen Sommer laichen viele Fische, z. B. Flußbarsch, Hecht und Hering. Die sich entwickelnden Larven finden gute Nahrungsbedingungen auf den reichen Algenwiesen vor. Im Herbst ist die Entfaltung der Algenrasen am ausgeprägtesten. Die reiche Fauna an Krebsen, Schnekken, Muscheln und Fischen weist meist ausgeprägte Tag/Nachtaktivität auf.

Im Pelagial folgt auf die Frühjahrsblüte eine Ruheperiode, da die meisten Nährstoffe von den Pflanzen aufgenommen sind und mit dem absinkenden Algenmaterial zu Boden fallen. Die Entwicklung einer Temperatur-Sprungschicht im freien Wasser beschleunigt sogar das Absinken, und die bei den Abbauprozessen anfallenden Nährstoffe führen im Sommer zu einer von einzelligen Grünalgen geprägten Periode. Nun sind auch größere Formen von Wasserflöhen und Ruderfußkrebsen vorhanden (Abb. 3), und ein großer Teil der Primärproduktion wird von den Tieren konsumiert. Der Hering findet nun gute Nahrungsbedingungen vor und lagert potentielle Energie in Form von Fettreserven für die Winterperiode an. Die Rezirkulation des organischen Materials und der Nährstoffe ist intensiv in den warmen, oberen Wasserschichten; geringere Mengen an organischem Material sedimentieren, zum großen Teil in Form von Kotballen der Planktontiere.

Die steigende Temperatur stimuliert auch ein weiteres Mal die Energiefixierung und kann zur Blüte von blaugrünen Algen führen. Einige Formen, z. B. Nodularia spumigena, können Stickstoff aus der Atmosphäre aufnehmen und für ihre Syntheseprozesse verwerten. Das massenhafte Auftreten solcher blaugrüner Algen führt nicht nur zu einer Produktion von organischem Material, sondern auch zu einer weiteren Zufuhr von zusätzlichem Stickstoff in die Ostsee. Nach dem Abklingen der blaugrünen Blüte kommt im Laufe des Jahres eine letzte Injektion an potentieller Energie zustande, ein schwaches Maximum der Primärproduktion von Kieselalgen.

Die Weichböden zeigen während des Sommers in den seichten Gebieten oft Mangel an Sauerstoff. Die erhöhte Temperatur steigert die Abbauprozesse und den Sauerstoffverbrauch. Nährstoffe werden an das Bodenwasser abgegeben und können später im Herbst schwache Planktonblüten im Pelagial hervorrufen. In vielen Bereichen der Ostsee wirken die Sommer-Bedingungen für die Ausbreitung der Bodenfauna begrenzend.

Im Winter klingen die meisten Lebensprozesse ab. Das klare, kalte Wasser enthält wenig Nahrung, der Energieverbrauch der Pflanzen und Tiere ist jedoch auch vermindert. Die Abbauprozesse dominieren, und Nährstoffe werden freigesetzt und angereichert, um im Frühjahr des nächsten Jahres wieder verbraucht zu werden.

So lassen die verschiedenen Jahreszeiten eine unterschiedliche Dynamik der einzelnen Teilsysteme Phytal, Pelagial und Weichböden erkennen. Sie sind miteinander eng verknüpft durch Flüsse und Rückkopplungen. Einige der typischen Beziehungen werden nachstehend erläutert.

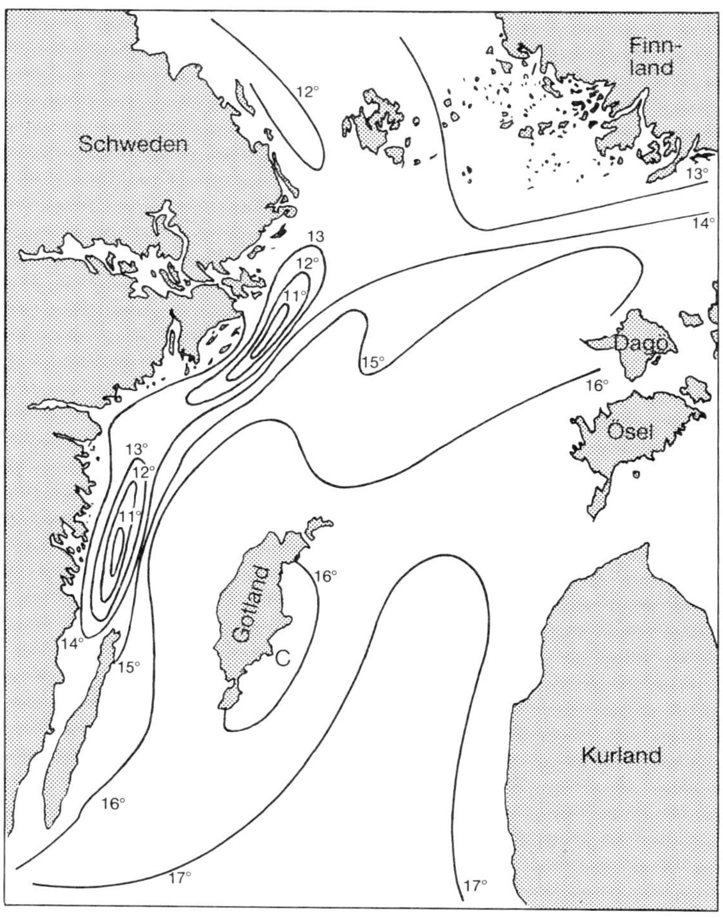


Abb. 2: Auftriebswasser an der schwedischen Küste nach einer Südwestwindperiode

*Ein Netzwerk von Beziehungen*

Eine auffallende Verbindung zwischen den drei Teilsystemen ist die Sedimentation von organischem Material. Die Produktions-Systeme exportieren mehr oder weniger totes organisches Material und erhalten dafür Nährstoffe zurück, um neues, lebendes Material zu produzieren. Natürlich findet auch eine intensive Zirkulation innerhalb der Teilsysteme statt, so daß die Import- und Exportprozesse Nettoflüsse darstellen. Die verschiedenen Geschwindigkeiten der Prozesse verursachen Verschiebungen z. B. zwischen den Maxima der verschiedenen Komponenten. Beispiele dafür lassen sich im Teilsystem des Pelagials erkennen (vgl. Abb. 3), in dem die Maxima an Biomasse der Primärproduktion, der Bakterien, der Ciliaten und des Zooplanktons sukzessiv aufeinander folgen.

Meistens passen die Gelenke der Prozeßkette gut zusammen. Der Zeitgeber im System wirkt meist innerhalb normaler Schwankungen. Die Populationsdynamik der im Weichboden der nördlichen Ostsee häufigen Flohkrebse Pontoporeia ist ein gutes Beispiel dafür. Die normale Frühjahrsblüte im Pelagial exportiert etwa die Hälfte der Primärproduktion durch Sedimentation von schweren, noch lebenden Kieselalgen zum Weichboden. Dieses sedimentierte Material kann für etwa die Hälfte des jährlichen gesamten Energieverbrauchs der Bodenorganismen ausreichen. Eine schwache Frühjahrsblüte reicht nicht aus, um die neugeborenen zahlreichen Exemplare von Pontoporeia zu unterhalten, da die Sedimentation während des Sommers zu klein ist und zu kalorienarm. Ein großer Teil der Population stirbt dann ab, was zu einer schwachen Jahresklasse führt.

Ein zweites Beispiel von Kopplung zwischen Pelagial und Weichboden ist die Aktivität der Miesmuschel. Da Seesterne, die großen Feinde der Miesmuschel, in der eigentlichen Ostsee fehlen, werden die tiefer als 7–8 m gelegenen Hartböden oder Standorte, die nicht von Makroalgen bewachsen sind, vollständig von Muscheln bedeckt. Diese Tiere sind Filtrierer. Sie saugen das Wasser durch ihre netzförmigen Kiemen, nehmen Sauerstoff auf und halten Partikel wie Plankton und Detritus zurück und scheiden Abbauprodukte wie Ammoniak und Nitrat aus. Ein Taucher, der über die großen Muschelbänke schwimmt, kann die große Effektivität des Filtervorgangs der Muscheln gut erkennen: Das Wasser über dem Boden ist ganz klar und partikelfrei.

Interessant ist auch die enge Verknüpfung zwischen dem Pelagial und dem Phytal/Hartböden. Fortlaufende Gewichtsbestimmungen bei Miesmuscheln, die im freien Wasser gehalten wurden, ergaben einen schnellen Zuwachs nach jeder Frühjahrsblüte. Darauf folgte das Ablaichen der Muscheln. Während einer Laichperiode können etwa 80 Mio. Eier ins Wasser abgelegt werden. Die Larven spielen vermutlich eine große Rolle im Pelagial, wo sie ein Viertel der gesamten Anzahl des tierischen Planktons ausmachen.

Auch das Phytal wird von der Aktivität der Miesmuschel beeinflußt. Die großen Mengen an Stickstoffprodukten, die mit dem „Harn" abgegeben werden, werden von den Makroalgen aufgenommen. Sie spielen eine wichtige Rolle bei der Konkurrenz zwischen Makroalgen und Planktonalgen in bezug auf die Nährstoffe.

Viele Fische halten sich nicht stationär auf, sondern wandern zwischen den Teilsystemen. Nahrungsanalysen der Mageninhalte können das verdeutlichen. Im Sommer frißt der Frühjahrshering vom Plankton des Pelagials, im Herbst sucht er tiefere Wasserschichten auf, wo er zentimeterlange Schwebgarnelen fangen kann. Im Winter ernährt er sich von Würmern des Weichbodens, um danach die Küsten aufzusuchen. Hier steht der Hering dann in großen Schwärmen während mehrerer Monate, ohne zu fressen, und laicht im Frühsommer vorwiegend im Phytal ab. Die Larven finden gute Nahrungsbedingungen im freien Wasser vor. Hierbei wird die Anpassung an die pulsierende Entwicklung im Ökosystem

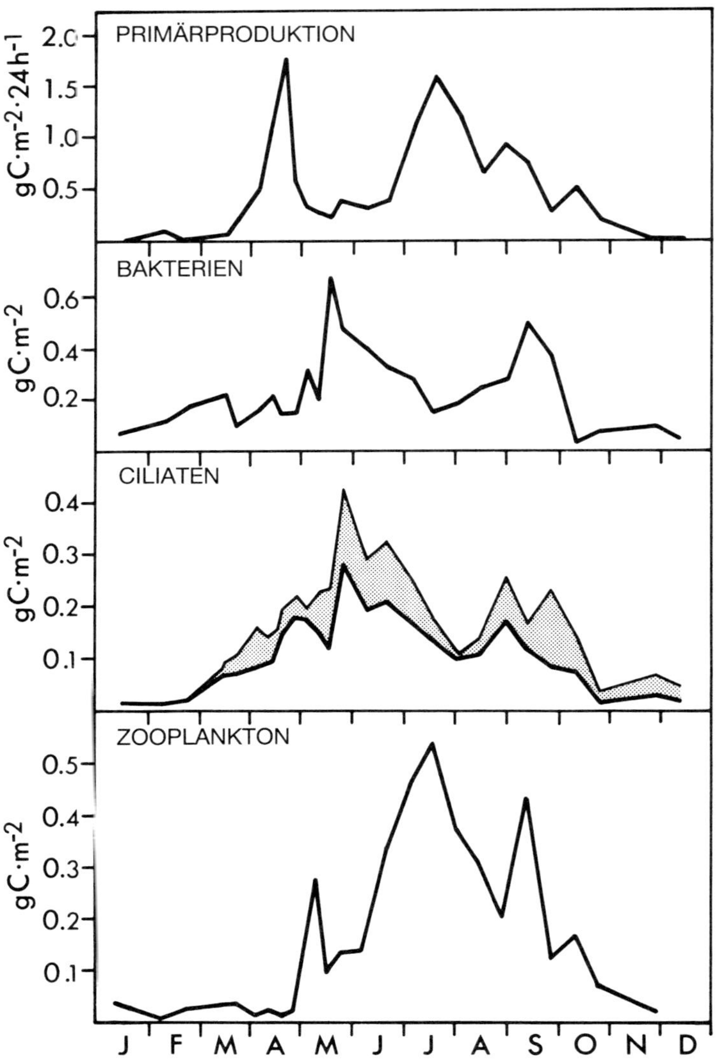


Abb. 3: Beispiele für jahreszeitliche Schwankungen der Primärproduktion und einiger Organismengruppen im freien Wasser der Ostsee. Die Primärproduktion weist ein Maximum im Frühjahr auf, dem Bakterien, Ciliaten und in geringem Maße Organismen des Zooplanktons folgen. Nach dem Produktionsminimum im Sommer setzt im Juli/August eine große Nodularia-Blüte ein. Anschließend treten im Herbst Blüten von Kieselalgen und Dinoflagellaten auf. Das Zooplankton hat sein Maximum im Juli, wobei die größeren Formen eine gute Nahrungsquelle für Fische, besonders Heringe, darstellen. Auffallend für alle Organismengruppen ist das Minimum im Winter.

deutlich. Der Zeitgeber für die Wanderungsmuster vieler Tiere ist das Licht, wahrscheinlich die Tageslänge.
Abb. 4 gibt die jahreszeitliche Wanderung einiger Fische in der Bottensee wieder. Während der hellen und warmen Monate werden die größten Fänge an Plötzen, Flußbarschen und Kaulbarschen im Phytal gemacht. Die beiden letztgenannten Arten suchen im Herbst und Winter die tieferen Weichböden auf, die Plötze überwintern nach einem küstenfernen Ausflug während des Spätsommers im Phytal. Der Vierhörnige Seeskorpion lebt während des größten Teils des Jahres auf den tiefen Weichböden, wandert aber im Winter ins Phytal. Dort laicht er am Anfang des Jahres, um sich danach wieder auf die tieferen Weichböden zurückzuziehen.
Die Fische können prinzipiell als lebende „Flüsse" von Energie und Material angesehen werden. Ihre Wanderungen erlauben es ihnen, dort Nahrung aufzunehmen, wo diese im Überfluß zu finden sind. Sie wirken so stabilisierend auf das Ökosystem.

*Ein Gesamtmodell der Ostsee*
Um eine so dynamische und aus engen Beziehungen zusammengesetzte Organisation zu erklären, muß man Modelle schaffen, die die Wirklichkeit abstrahieren und vereinfachen. Diese Modelle können in verschiedener „Sprache" ausgeführt werden, mathematisch mit Hilfe von Differentialgleichungen oder bildlich mit Hilfe verschiedener Symbole. Es gibt viele Modelle als Fragestellungen – die Modellierung ist eine Technik, eine Art, sich auszudrücken. Abb. 5 stellt ein Gesamtmodell der Ostsee vor, das den dynamischen Charakter des Systems hervorheben will. Der obere Kasten repräsentiert das Oberflächenwasser, das durch die Salzgehaltssprungschicht, die Halokline, in etwa 60 m Tiefe vom Bodenwasser getrennt ist. Oberflächenwasser strömt zur Nordsee und wird teilweise durch einströmendes Tiefenwasser ersetzt.
Die Produzenten des Systems, im Phytal und im Pelagial, werden von zwei kugelförmigen Symbolen repräsentiert. Sie liefern lebendes und totes organisches Material an die zwei mit sechseckigen Symbolen bezeichneten Konsumenten: die Tiere in den Weichböden und die Fische. Letztere werden in diesem Modell hervorgehoben, da sie ökonomisch von Bedeutung sind. Hier wird die Gesamtmenge an Fisch in den drei Teilsystemen wiedergegeben. Von diesen werden gewisse Anteile gefangen. Die „Nistkästen" symbolisieren Konzentrationen an Substanzen im System. Von den Nährstoffen wird hier nur der Stickstoff wiedergegeben, da dieser für die Primärproduktion in den meisten Fällen begrenzend ist. Der Sauerstoff ist nur im tiefen Bodenwasser begrenzend.
Die Kreise symbolisieren große Quellen an potentieller Energie,

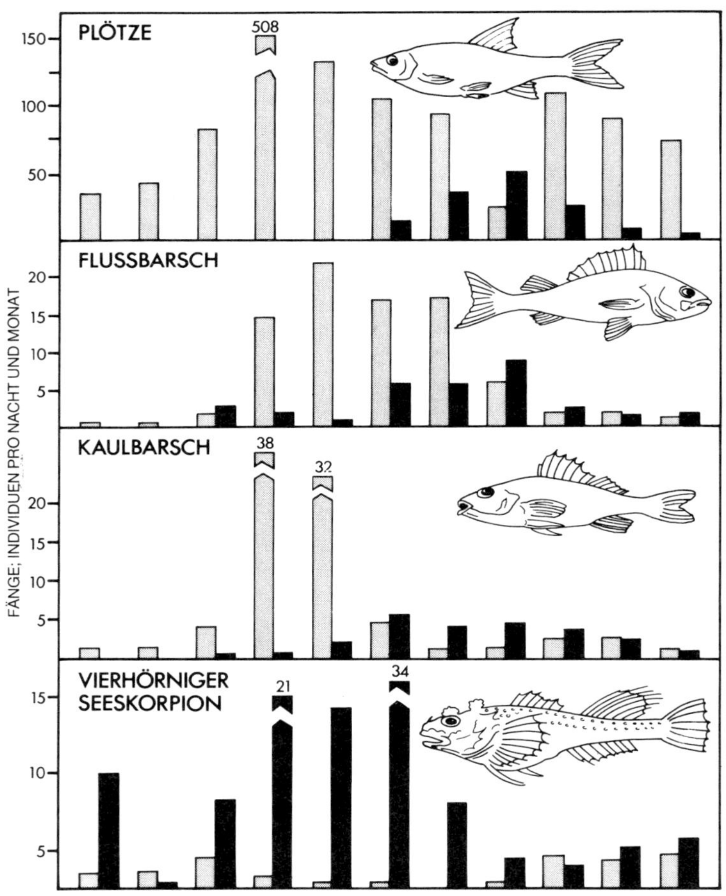


Abb. 4: Monatliche Netzfänge an der schwedischen Küste der südlichen Bottensee zeigen unterschiedliche Ergebnisse, die auf jahreszeitlichen Wanderungen der Fische zwischen Phytal und Weichböden beruhen.

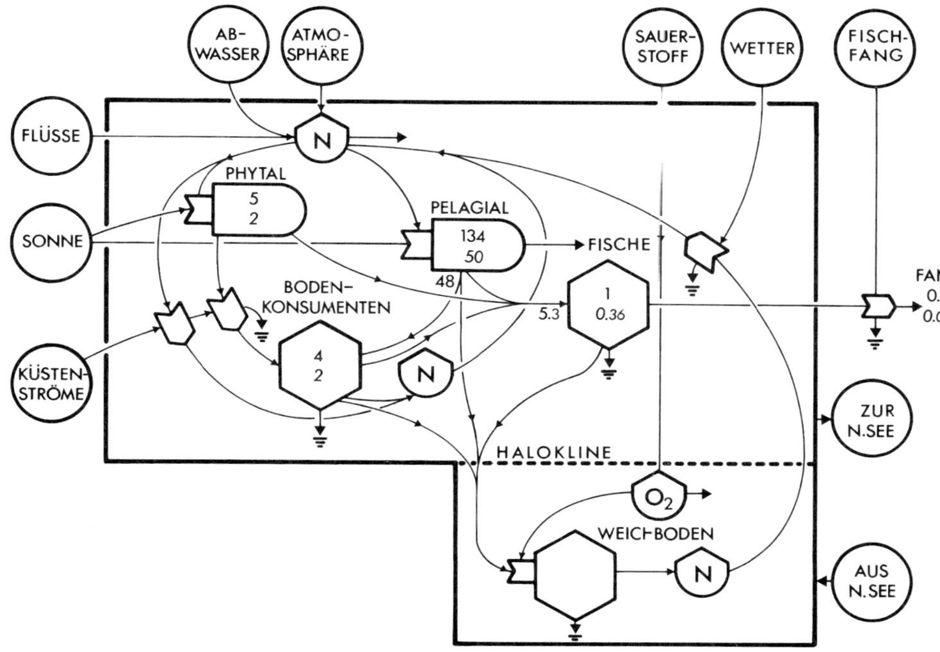


Abb. 5: Ein vereinfachtes Gesamtmodell des Ostsee-Ökosystems. Oberflächenwasser und Tiefenwaser sind durch die Halokline (Salzgehaltssprungschicht) getrennt. Die Fische sind zusammengefaßt, und der jährliche Fischereifang wird als Export aus dem System angedeutet. Die Nährstoffe werden vom Stickstoff (N) repräsentiert und in tausend Tonnen ausgedrückt. Von den Produktionsziffern für die verschiedenen Teilsysteme sind jeweils die oberen in Gramm Kohlenstoff pro m$^2$ und Jahr, die unteren in tausend Tonnen für die ganze Ostsee pro Jahr ausgedruckt.

die ihren eigenen Rhythmus haben und von den Verhältnissen im System nicht beeinflußt werden. Sie wirken auf das System. Wetter und Küstenströme sind beispielsweise für die Zirkulation der Nährstoffe im Oberflächenwasser und zwischen den tiefen Böden und der Oberfläche verantwortlich.

Einige für die menschliche Verwertung interessante Werte werden angeführt (nach Larsson et al., 1985). Der Zufluß an Stickstoff wird von den Flüssen dominiert (640000 Tonnen), was die Überdüngung mit Kunstdüngern durch die Landwirtschaft widerspiegelt. Große Mengen an stickstoffhaltigen Produkten werden auch von der Atmosphäre durch Regen- und Trockendeposition herangeführt (322000 Tonnen). Industrielle und häusliche Abwässer haben geringere Dimensionen (100000 Tonnen), aber örtlich durchaus erhebliche Auswirkungen.

Von den Nährstoffen stimuliert, produzieren die Algen des Phytals etwa 5 g C·m$^{-2}$ Jahr$^{-1}$, was ungefähr 2 Mio. Tonnen Kohlenstoff pro Jahr entspricht. Das Pelagial ist der größte Produzent, der 134 g C·m$^{-2}$ Jahr$^{-1}$ oder 50 Mio. Tonnen insgesamt pro Jahr synthetisiert. Hiervon werden etwa 48 g C·m$^{-2}$ Jahr$^{-1}$ zu den Böden transportiert. Die Fauna der oberen Hart- und Weichbodenschichten weist eine Sekundärproduktion von etwa 4 g C·m$^{-2}$ Jahr$^{-1}$ auf, was 2 Mio. Tonnen gebundenem Kohlenstoff pro Jahr entspricht. Alle Fische zusammen konsumieren etwa 5,3 g C·m$^{-2}$ Jahr$^{-1}$, was einer Produktion an Fischfleisch von etwa 361 000 Tonnen pro Jahr entspricht.

Die Weichböden unter der Halokline sind wegen des praktisch gleichbleibenden Sauerstoffmangels infolge der stabilen Wasserschichten nur von Bakterien und einer armen mikroskopisch kleinen Fauna besiedelt. Dagegen produzieren sie große Mengen an Nährstoffen, die von dem bakteriellen Abbau des organischen Materials herrühren.

Folgen wir einem plötzlichen Auftrieb von nährstoffreichem Tiefenwasser, der durch starken Einstrom von Nordseewasser verursacht sein kann, so beobachten wir zuerst die Effekte einer Steigerung der Primärproduktion des Pelagials infolge der kurzen Umlaufzeiten der mikroskopischen Pflanzen. Dabei wird die Sedimentation des organischen Materials erhöht. In den sauerstoffreichen Weichböden wird der Zuwachs verschiedenster Tiere stimuliert und später, bei längerer Lebensdauer der Tiere, als Produktionssteigerung erkannt.

In den tiefen Weichböden verursacht die erhöhte Zufuhr von organischem Material eine Steigerung der bakteriellen Aktivität. Bei Gegenwart von genügend Sauerstoff werden die Phosphor- und Stickstoff-Fraktionen der Abbauprodukte ins Sediment eingelagert. Wenn aber der Sauerstoff schnell verbraucht ist, produzieren die Bakterien Schwefelwasserstoff, und Phosphor und Stickstoff werden an das Bodenwasser abgegeben.

Studien an mathematischen Gesamtmodellen mit Rechnern, sogenannte Simulierungen, machen die Dynamik dieser Prozesse deutlich. Eine Verdoppelung der Zufuhr an Stickstoff zum System führt beispielsweise nach der Einstellung eines neuen Gleichgewichtes zu einem sechsmaligen Anstieg des Stickstoffausflusses aus den tiefen Sedimenten. Änderungen an einer Stelle des Ökosystems können also große Auswirkungen an ganz anderen Stellen haben.

Wenn wir das Ökosystem der Ostsee ausnutzen wollen, sei es als Fischereiquelle, als Ort der Aufnahme von Einleitungen oder als Erholungsgebiet, so benötigen wir eine gute Kenntnis der dynamischen Eigenschaften des ganzen Systems.

*Bengt-Owe Jansson*

Seite 230: Unterwasseraufnahme unter einer etwa 30 cm dicken Eisschicht im März. In dem klaren kalten Wasser findet eine Massenentwicklung der Grünalge Monostroma grevillei statt. Der braune Blasentang (Fucus vesiculosus) ist von einer dicken Schicht mikroskopisch kleiner Kieselalgen bedeckt.

# Naturschutz an der Ostseeküste

Im Übergangsbereich vom Wasser zum Land ist jeder Organismus, sei er mariner oder terrestrischer Herkunft, durch Bau und Umweltansprüche eng in sein Ökosystem eingepaßt. Diese Anpassung der meisten Pflanzen und Tiere an die extremen Lebensräume der Küste geht so weit, daß ihre Existenz sowohl vom Zustand ihrer Biotope, wie zum Beispiel Sandstrand, Strandwall, Salzwiese, Steilufer, als auch von der Erhaltung spezieller Struktureinheiten (Habitate), wie z. B. Schilfbereich, Abbruchkante, Schlicktümpel, unmittelbar abhängt. Bereits auf Veränderungen dieser Landschaftselemente reagieren viele Arten empfindlich. Deshalb liegt der Schlüssel zum Artenschutz in der Pflege oder sogar Entwicklung der naturvorgegebenen Küstenbiotope. Das Leben ihrer charakteristischen Pflanzen- und Tierwelt wiederum ist Grundvoraussetzung zur Rettung einer Küstenlandschaft, die kommende Generationen noch als eigentümliche Schönheit empfinden und als wertvollen Erholungsraum nutzen können. Arten-, Biotop- und Landschaftsschutz bedingen sich somit wechselseitig. Sie sind an den Küsten der Ostsee, des von kopfreichen Staaten umsäumten und so viel befahrenen nordisch-baltischen Mittelmeeres, eine unabweisbare Gegenwartsaufgabe.

*Gründe für den Arten- und Biotopschutz*
*Ökonomische Gründe.* Der Mensch will für seine Ernährung Tiere aus sauberen Küstengewässern nutzen (Fische, Krebse, Muscheln): er wird künftig vermehrt Aquakultur betreiben. Für Resistenzzüchtungen von Kulturformen müssen genetische Reserven in hinreichend großen Arealen gesichert werden. Gerade aus manchen Pflanzenarten, die an meerwasserbeeinflußten Stränden wachsen (Wilde Runkelrübe, Echter Sellerie, Felsenkohl), sind Rassen wertvoller Nutzpflanzen gezüchtet worden.

*Biotechnisch-praktische Gründe.* Einige Arten dienen als Bioindikatoren für den Zustand der Lebensräume und sind dadurch wichtig zur Erkennung langfristig wirkender Schadfaktoren. Wo der Meerkohl verschwindet, sind Strandwälle in Gefahr; wenn der Rotschenkel nicht mehr brütet, sind Küstenfeuchtgebiete umweltbelastet.

*Umwelterhaltende Gründe.* In der Regel weisen Ökosysteme eine um so höhere Stabilität gegen negative Außeneinflüsse auf, je größer ihre Artenmannigfaltigkeit ist. Das Selbstreinigungspotential der Wasserlebensgemeinschaften sinkt mit abnehmender Artenzahl. Viele Suspensionsfresser der Ostsee, wie Muscheln, Seepokken, Moostierchen, Seescheiden, verringern den Schwebstoffgehalt in wechselndem Milieu besser als nur eine Art allein. Je mehr Pflanzenarten eine Salzwiese aufbauen, desto weniger störanfällig ist sie gegen Erosionsfaktoren, und um so mehr Gliederfüßler beherbergt sie.

*Wissenschaftliche Gründe.* Ohne die Fülle nah verwandter Arten kann die vergleichende Forschung nicht fortgeführt werden, sei es in pharmakologischer, physiologischer, verhaltenskundlicher oder stammesgeschichtlicher Richtung. Die sozialen Beziehungen innerhalb einer Brandseeschwalbenkolonie werden erst deutlich, wenn sie mit denen der Küsten-, Fluß- und Zwergseeschwalbe verglichen werden können. Der Baltische Strandhafer ist aus einer natürlichen Verbastardierung von Strandhafer und Land-Reitgras hervorgegangen.

*Ästhetische Gründe.* Das Vermögen, Organismen als harmonisch-schön zu empfinden, ist dem Menschen eigen, wenn es von Kindheit an entwickelt wird. Die Schönheit des Säbelschnäblers oder der Herzmuschel aufzunehmen, ist aber jenen Menschen verwehrt, die selbst noch in ihrer Freizeit zwischen Autos und Beton leben. Wir brauchen die Stranddistel und den Seestern auch dafür, daß Heranwachsende Naturschönheit zu schauen lernen. Diese Sensibilisierung wirkt der wertblinden Verrohung des Menschen entgegen (K. Lorenz). Nebenbei mögen ästhetische Naturerlebnisse nachhaltig die Erholung fördern.

*Ethische Gründe.* Die ethische Verpflichtung für das andersartige Lebewesen führt über den menschbezogenen Naturschutz weit hinaus. Die verölten Meerenten inmitten des Zivilisationsmülls am Strand verlangen nach unserem persönlichen Eingreifen. Genauso wie soziale Leistungen im zwischenmenschlichen, d. h. innerartlichen Bereich, sollten wir die dringend notwendige Hilfe für die Mitgeschöpfe nicht nur rational, sondern auch emotional in unser Leben einbeziehen. Letztlich wird die innere Einstellung für Schutzhandeln darüber entscheiden, ob wir künftigen Gefährdungen der Biosphäre gewachsen sind.

*Menschliche Nutzung der Ostseeküste*
*und ihre Folgen für die Natur*
Außer den für Hafen- und Ufersicherungsanlagen verbauten Abschnitten steht heute die Küstenlinie der westlichen Ostsee fast gänzlich unter dem Regime des Tourismus. Infolge der angestiegenen Freizeit und Mobilität ergießt sich während der gesamten Vogelbrut- und Vegetationszeit, also nicht nur im Hochsommer, ein Strom von Erholungssuchenden an die Ostsee, der weite Küstenabschnitte als Dauerparkplatz besetzt hält. Während Baden und Sonnen in Uferbereichen durchaus im Einklang mit der ersehnten Naturlandschaft stehen können, beanspruchen der Betrieb verschiedenster Kleinboote und eine weiter zunehmende Zahl von Surfbrettern immer mehr Wasser- und Strandflächen. Unsere Ostseeküste ist total ausgebucht. Dadurch wird vielen Urlaubern gerade das vorenthalten, wessen sie zur nachhaltigen Erholung dringend bedürften, nämlich das Erlebnis ungestörter Natur.
Unmittelbar hinter den Strandabschnitten beginnt an vielen Stellen der Ostseeküste eine landwirtschaftliche Intensivnutzung (Überbeweidung, entwässertes Grünland, „flurbereinigte" Ackerflächen), bei der gegenwärtig offenbar nicht auf chemische Hilfsmittel und umfassenden Maschineneinsatz verzichtet werden kann.
Menschliche Nutzung der Küstenlandschaft hat zumeist tiefgreifende Veränderungen zur Folge, selbst wenn sie nicht sogleich erkennbar sind. Das ursprüngliche Ökosystem „Sandstrand" existiert an unserer Ostseeküste nicht mehr; auch Strandwälle, Weißdünen und Salzwiesen sind schwer in Mitleidenschaft gezogen. In diesen Biotopen sind die Bestände vieler Pflanzen- und Tierarten, die hier seit Ausgang der letzten Eiszeit ihre Heimat hatten, rückläufig, einige sensible Arten bereits ausgerottet, wie die „Roten Listen" beweisen.

*Rote Listen*
Rote Listen sind Aufstellungen im Bestand gefährdeter sowie verschollener Arten eines Gebietes mit einer Kennzeichnung ihres Gefährdungsgrades. Zu dieser Bewertung führt der Vergleich früherer Verbreitungsangaben mit dem gegenwärtigen Vorkommen

sowie ihrer Häufigkeiten. Die Beurteilung der Bestandsentwicklung muß in gewissen Zeitabständen wiederholt werden. Aktuelle Rote Listen dienen als fachliche Grundlage für Artenschutzbestimmungen und -programme – sie sollten ebenso bei Flurbereinigungsverfahren berücksichtigt werden –, um der weiteren Verarmung unserer Lebewelt Einhalt zu gebieten. Denn nur wenn ein hinreichend engmaschiges Netz von reproduktionsfähigen Populationen einer Art vorhanden ist, kann mit ihrem Fortbestand gerechnet werden. Für eine Reihe von typischen Arten der Ostseeküste kennen wir heute Gefährdungsursachen und müssen Schutzmaßnahmen einleiten.

*Was blüht denn da . . . noch?*
Die Pflanzenwelt ist in gravierender Weise von der Vergewaltigung der Küstennatur heimgesucht, weil Landpflanzen nicht momentan fliehen können (Stranddistel, Meerkohl, Salz-Hasenohr). Viele Sproßpflanzen vermögen auch nicht durch ihre Samen bzw. Sporen den Übergriffen anhaltender Biotopveränderungen sich zu entziehen, zumal wenn Restpopulationen weit voneinander isoliert wachsen (Eibisch, Baltischer Enzian, Mondraute). Selbst wo es gelingt, in einzelnen Kleinreservaten geeignete Überlebensbedingungen aufrecht zu erhalten, ist wegen des genetischen Inseleffekts die Rettung nicht sicher.

*Was fliegt denn da . . . noch?*
Auf den ersten Blick scheinen die nicht ortsgebundenen Vögel im Vergleich zu Landpflanzen und von diesen abhängigen Wirbellosen nicht direkt der menschlichen Einwirkung preisgegeben zu sein (wie etwa viele Watvögel). Doch selbst die erstaunlichsten Langstreckenzieher unter ihnen (Küstenseeschwalbe bis in die Antarktis) benötigen Brutplätze mit spezifischen Strukturmerkmalen (Habitate), die ihnen eine menschliche Totalnutzung der Küstenlandschaft nicht gönnt. Dabei nimmt es nicht wunder, wenn Restpopulationen überaltern und isoliert werden, so daß die Reproduktionsrate abnimmt (Zwergseeschwalbe, Kolbenente). (Weitere Angaben über Biotope finden sich im Beitrag über die Vogelwelt.)

*Rechtliche Grundlagen in der Bundesrepublik Deutschland*
Nachdem das einstmals so fortschrittliche Reichsnaturschutzgesetz von 1935 der Gegenwartssituation nicht mehr angemessen war, haben Bund und Länder Gesetze erlassen, die für Arten-, Biotop- und Landschaftsschutz heute rechtsverbindliche Voraussetzungen bieten sollen. „Teile von Natur und Landschaft können zum 1. Naturschutzgebiet, 2. Naturdenkmal oder Geschützten Landschaftsbestandteil erklärt werden." (§ 12 BNatG) An der Ostseeküste werden die beiden letzteren Schutzkategorien seltener verwendet (z. B. Findling „Möwenstein" bei Travemünde). Die Einrichtung flächendeckender Naturparke, die „nach den Grundsätzen und Zielen der Raumordnung und Landesplanung für die Erholung oder den Fremdenverkehr vorgesehen sind", käme für die Küste Jahrzehnte zu spät. Noch weniger realisierbar ist ein den internationalen Kriterien standhaltender Nationalpark an der westlichen Ostsee, da es dort keine unberührten Naturzonen mehr gibt, „die 1. großräumig und von besonderer Eigenart sind, 2. im überwiegenden Teil ihres Gebietes die Voraussetzungen eines Naturschutzgebietes erfüllen, 3. sich in einem vom Menschen nicht oder nur wenig beeinflußten Zustand befinden . . ." (§ 14 BNatG).
Für die Ostseeküste haben zwei Schutzkategorien praktische Bedeutung erlangt: Naturschutz- und Landschaftsschutzgebiet. Zu Landschaftsschutzgebieten sind mittlerweile lange Küstenstriche der Kieler Bucht erklärt worden, auch hervorragende geologische Denkmäler (Steilküsten westlich von Heiligenhafen, bei Katharinenhof auf Fehmarn, Brodtener Ufer bei Lübeck). Da Landschaftsschutzgebiete nicht allein „wegen der Vielfalt, Eigenart oder Schönheit des Landschaftsbildes" zum Schutz der Landschaft vor Ausräumung und unpassender Bebauung ausgewiesen werden, sondern gleichfalls „wegen ihrer besonderen Bedeutung für die Erholung" und der weiteren „Nutzungsfähigkeit der Naturgüter" (§ 15 BNatG), wird in der Praxis allzu oft das Schutzanliegen zugunsten des Nutzungsstrebens in den Hintergrund gedrängt. Viele Küstenbereiche, die unter Landschaftsschutz stehen, sind mit Fremdenverkehrseinrichtungen übersät, so daß ein wirklicher Schutz der Naturlandschaft nicht gewährleistet ist.
Dringendes Anliegen der Naturschutzpraktiker ist es daher immer wieder, naturnahe Ökosystemkomplexe als „Naturschutzgebiet" ausweisen zu lassen. Sie sind vom Gesetzgeber definiert als „Gebiete, in denen ein besonderer Schutz von Natur und Landschaft in ihrer Gesamtheit oder in einzelnen Teilen" erforderlich ist. Dies kann geschehen „aus wissenschaftlichen, naturgeschichtlichen oder landeskundlichen Gründen, zur Erhaltung von Lebensgemeinschaften oder Lebensstätten bestimmter wildwachsender Pflanzen- oder wildlebender Tierarten oder wegen ihrer Seltenheit, besonderen Eigenart oder hervorragenden Schönheit". Nur diese strengste Schutzkategorie vermag – sofern sie mit effektiver Betreuung sinnvoll erfüllt wird – bedrohte Biotope mit ihren Floren und Faunen, die einstmals weite Strecken der Ostseeküste prägten, gegen direkte Einwirkungen abzuschirmen. Daß es selbst in Naturschutzgebieten existentielle Beeinträchtigungen durch Tourismus gibt, zeigen im Küstenbereich bedauerliche Beispiele (Bottsand, Krummsteert, Grüner Brink, Dummersdorfer Ufer).
Untragbare Zustände in Schutzgebieten werden nicht nur durch lokale Fehlentwicklungen verursacht; sie sind in Gesetzen und gebietsbezogenen Verordnungen z. T. vorprogrammiert durch zweierlei Schwächen: Ausnahmeregelungen und milde Bußen bzw. fehlende Strafen. Von Verboten unberührt bleiben meist die ordnungsgemäße Ausübung der Jagd, Fischerei, Unterhaltung von Gewässern, die land- und forstwirtschaftliche Nutzung, leider oftmals zum Nachteil der schutzwürdigen Ökosysteme. Derlei „ordnungsgemäße Ausübungen" haben nicht selten zur Verarmung und ökologischen Wertminderung beigetragen. Maschinell und chemisch industrialisierte Land- und Forstwirtschaft, auch die „Jagd auf Flugwild", sind eben nicht a priori „angewandter Naturschutz". Der zu Einschränkungen aufgerufene und bereite Bürger fragt sich zu Recht: Wie soll Naturschutz wirksam werden, wenn nicht alle Verzicht leisten? Denn gerade die permanenten Ausnahmen sind es, welche die für den Naturschutz erlassenen Bestimmungen der Wirkungslosigkeit preisgeben.
Ein anderes gesetzlich festgeschriebenes Prinzip ist für die Ostseeküste von größter Tragweite. „Der Zugang zu Landschaftsteilen, die sich nach ihrer Beschaffenheit für die Erholung der Bevölkerung besonders eignen, ist zu erleichtern" (§ 2 BNatG). Diese Tendenz im Naturschutz scheint pädagogisch und sozial richtig, ihre Auswirkungen sind aber für Ufer von Binnengewässern schon nicht generell tragbar, für die Ostseeküste geradezu ruinös. Das Ergebnis einer lückenlosen Strandnutzung durch den Massentourismus führt den „Gemeingebrauch des Meeresstrandes" selber ad absurdum, weil der uneingeschränkte Erholungsbetrieb eine nachhaltige Erholung in ungestörter Natur zunichte macht.
Ein weiterer Grund für das mangelhafte Greifen vieler Naturschutzbestimmungen liegt in dem schwachen, oft schleppenden Vollzug bereits geltenden Umweltrechts. Da das Umweltbewußtsein vieler Menschen weit entwickelt ist, sollten sich alle daran beteiligen – Bürger mutiger, Behörden engagierter –, dieses Vollzugsdefizit abzubauen. Oder werden Sünden wider die Natur erst dann seltener, wenn persönliche Strafen verhängt werden?

*Wer kann und soll an der Küste Naturschutz betreiben?*
Der Stranddistel oder der Zwergseeschwalbe hat es wenig gehol-

fen, daß sie seit einem halben Jahrhundert das Etikett „gesetzlich geschützt" tragen. Ihre Bestände sind im Zuge der Verbauung und touristischen Inanspruchnahme unserer Küsten bis an den Rand der Ausrottung gedrängt worden. Ebenso ist die Rettung der für die Ostseeküste typischen Ökosysteme nicht allein mit formal-juristischem Ausweisen von Schutzgebieten und Schilderaufstellen zu erledigen (Schwansener Küste, Krummsteert auf Fehmarn, Dummersdorfer Ufer). Im Gegenteil haben solche Schilder infolge ihrer Reklamewirkung vielfach zur Übernutzung oder zum Ausverkauf von Naturlandschaft beigetragen. Gerade Schutzgebiete an der Küste beweisen, daß effektiver Naturschutz nur mit Hilfe engagierter Mitglieder privater Naturschutzorganisationen zu bewältigen ist, trotz erheblicher Belastungen (Graswarder, Kleiner Binnensee, Bottsand, Oehe-Schleimünde). Lange bevor Schutzgegenstände, -zwecke, Gebote, Verbote, Ausnahmeregelungen u. a. sich in amtlichen Verordnungen niederschlugen, waren es hervorragende Persönlichkeiten und Vereine, die Ideen, Kraft und Geld für die Betreuung von Seevogelbrutgebieten einsetzten. Der „Verein Jordsand zum Schutze der Seevögel und der Natur" bewachte ab 1922 die Lotseninsel am Ausgang der Schlei als Vogelschutzgebiet, das dann später auf seine Initiative zum Naturschutzgebiet erklärt wurde. 1975 waren es die freiwilligen Spenden von Mitgliedern des Deutschen Bundes für Vogelschutz und die Unterstützung von Prof. Grzimek und seiner Zoologischen Gesellschaft Frankfurt, welche den Ankauf des ehemaligen Teichgutes „Wallnau" auf Fehmarn für über eine Million Deutsche Mark in Gang brachten und dadurch die öffentliche Hand schließlich bewegten, einen gewissen Anteil beizusteuern.

Der sicherste Schutz gefährdeter Ökosysteme ist nämlich der Erwerb oder die Pachtung von Flächen. Naturschutz als Wahrnehmung von Restnutzerpositionen hat sich gegenüber politisch oder finanziell mächtigeren Interessenten oft als unzureichend erwiesen (Eindeichung, wo Deichverstärkung ausreicht, Exploration und Förderung von Erdöl). An der Ostseeküste ist der Ankauf von schutzwürdigen Gebieten jedoch derart kostenintensiv, daß hierfür Staat und Kommunen nicht aus ihrer Verantwortung für das Gemeinwohl entlassen werden dürfen. Überhaupt verlangt die Situation unserer Natur Ansätze für sächliche und personelle Finanzmittel der öffentlichen Haushalte in ganz anderen Größenordnungen als die anfänglich almosenhaften Naturschutzbeihilfen. Eine Umwidmung der Flurbereinigung zur Flurbereicherung wäre gerade dem Hinterland der Ostseeküstenlinie heilsam. Trotzdem fällt weiterhin den Naturschutzverbänden ihre gemeinnützige Vorreiterrolle zu. Ihre Sach- und Ortskenntnis, Einsatz- und Innovationsfreudigkeit bleiben unverzichtbar. Im Zuge der vielseitigen Betreuung von Schutzgebieten betreiben sie ökologische Forschung und lebendige Naturschutzpädagogik vor Ort.

Wenn in der Öffentlichkeit die Rede ist von „den Naturschützern", gewinnt man den Eindruck, es handele sich um eine Lobby wie bei einem Interessenverband, der nach eigenem Gutdünken Schutzgebiete betreten, immer nur noch mehr fordern, anderen etwas verbieten darf. Die Arbeit eines Betreuers in einem Seevogelschutzgebiet sieht anders aus: alte Zäune reparieren, Informationstafeln aufstellen, Besuchergruppen führen, Spenden abrechnen, naturkundliche Schriften verkaufen, Störenfriede höflich verweisen, verletzte Tiere pflegen, Biotoppflegemaßnahmen ausführen. Wer es einmal gesehen hat, mit welcher Begeisterung Menschen aller Alters- und Berufsgruppen an dem großen Naturwiedergutmachungsprogramm mitwirken, der weiß genau: das ist keine Lobby, die ihre Eigeninteressen profitabel artikuliert; Natur zu schützen bedarf es Menschen, die sich für das andere Geschöpf mit Hand und Herz einsetzen. Die Aufgabe entspricht der großer humanitärer Organisationen (Rotes Kreuz, Gesellschaft zur Rettung Schiffbrüchiger etc). Wir alle können dazu gehören.

*Naturschutz fängt bei uns selber an*

Kritik an Gesetzen, Verordnungen und Forderungen kann nur dann fruchtbar werden, wenn wir Naturfreunde uns auch selber Beschränkungen freiwillig auferlegen, wozu folgende Beispiele anregen mögen. 1. Das Entnehmen von Wildpflanzen aus der Natur zum Sammeln und Pressen ist durch die Farbfotografie überholt. Auch müssen Fotos als wissenschaftliche Belege akzeptiert werden, zumal sie ein wirkliches Lebensbild im Biotop liefern. Beim Fotografieren ist jedoch die verderbliche Unsitte, vor Nahaufnahmen den Vordergrund freizurupfen, von uns strikt zu vermeiden. Bilder mit atypischem Umfeld sind ohnehin weniger wert. 2. Absoluter Verzicht der Fotografie von Vögeln auf oder an Nestern, selbst wenn das Bundesnaturschutzgesetz sie nur ausdrücklich für gefährdete Arten verbietet (Seeschwalben, Regenpfeifer u. a.). Die Gesellschaft Deutscher Tierfotografen ist da mit gutem Beispiel vorangegangen. 3. Sog. wissenschaftliche Arbeiten lassen sich meist ebenso durch Beobachtung von Tieren und Pflanzen aus größerer Entfernung durchführen (Brutbestand, Nahrungswahl, Siedlungsdichte, Biotopkartierung). Es ist bei weitem wichtiger, daß möglichst viele Jungtiere selbständig werden bzw. daß weniger Keimlinge beschädigt werden, als die genaue Eizahl oder einen exakten Bedeckungsgrad zu kennen. 4. Allen Pflanzen- und Insektenfreunden sei zu bedenken gegeben, daß man auch von solchen systematischen Gruppen, die früher dem Sammeln ausgeliefert waren, vieles mit geeigneter Fernglas- und Fotooptik ansprechen kann (Tagfalter, Laufkäfer, Blüten höherer Pflanzen). Spezialisten und Buchverlage sind weiterhin aufgerufen, Bestimmungsschlüssel auszuarbeiten bzw. Bestimmungswerke herauszugeben, die es gestatten, Pflanzen und Tiere kennenzulernen, ohne daß sie vom Beobachter beschädigt oder gar getötet zu werden brauchen. Daß diese Zielsetzung nicht für jede systematische Gruppe leicht zu erfüllen ist, ändert nichts an der uneingeschränkten Forderung für alle gefährdeten Arten. 5. Niemand sollte Ausnahmegenehmigungen beantragen, die nicht der Verbesserung von Kenntnis und Schutz des Gebietes dienen (Betreten von Schutzgebieten, Pflanzenentnahme, Beringung, Jagd, Entwässerung). Viele wissenschaftliche Fragestellungen sind auch mit neuen unkonventionellen Methoden zu lösen. Private wie behördliche Naturschutzorgane würden sonst durch defensive Aufgaben immer wieder von progressivem Naturschutz abgehalten. Wichtiger ist die weitere Sicherung schutzwürdiger Ökosysteme und die Durchsetzung von Artenschutzprogrammen.

*Manfred Diehl*

# Naturschutzgebiete im Bereich der schleswig-holsteinischen Ostseeküste

Die im nachfolgenden aufgeführten wichtigsten Naturschutzgebiete an der Ostseeküste Schleswig-Holsteins sind in der Abbildung auf Seite 213 mit Ziffern gekennzeichnet.

*„Geltinger Birk"* (482 ha)
Am Ausgang der Flensburger Förde nach Nordwesten vorgreifende Halbinsel, flächenhafte Strandwallandschaft (Höft) auf der Abrasionsterrasse des „Kalkgrund". Außendeichszonen mit Geröll- u. Kiesstrandwällen, Schlick- u. Sandsalzwiesen, verschiedene Dünentypen. Westlich vorgelagerte seichte Seegraswiesen der Geltinger Bucht u. des Geltinger Noors. Binnendeichs Nieder- und Zwischenmoor, am Ostufer Eichenkratt. Bedrohte Lurche und Blütenpflanzen mit darauf spezialisierten Insekten. Brutbiotope für Graugans, Bekassine, Mittelsäger u. a. Bedeutende Rast- und Nahrungsflächen für nordische Wat- u. Entenvögel. Belastung durch Erholungsverkehr. Erworben von der Stiftung Naturschutz Schleswig-Holstein. Betreuung durch den Deutschen Bund für Vogelschutz mit Informationszentrum und Führungen.

*„Vogelfreistätte Oehe-Schleimünde"* (250 ha)
Nehrungshalbinsel am Ausgang der Schleiförde, ehemalige Lotseninsel und Oeher Wiesen durch Versandung der alten Schleimündung vereinigt. Sandstrand, Strandwall, Graue Düne, ausgedehnte Salzwiesen, alle Biotope mit typischer Flora und davon abhängiger Wirbellosen-Fauna, Nehrungshaken und Lagunen westlich zum Schlei-Haff mit Windwatten als entscheidende Nahrungsbasis für Watvögel und Gänse. Brutbiotope für Sandregenpfeifer, Zwerg-, Küsten-, Fluß- u. Brandseeschwalbe, Säbelschnäbler, Kiebitz, Austernfischer, Mittelsäger, Brandgans, große Sturmmöwenkolonie, dazu Lach- u. Silbermöwe. Belastungen durch Betreten des Strandes, Sportbootfahren mit Anlanden, Surfen, Pierwurmfang durch Umwühlen des Wattsediments mit der Schiffsschraube, leichte Zugangsmöglichkeit. Langjährige Betreuung durch den Verein „Jordsand". Führungen, neues Informationszentrum.

*„Bewaldete Düne bei Noer"* (47 ha)
Eigenartiger Dünenzug an der Nordküste des Dänischen Wohld zur äußeren Eckernförder Bucht, der ein für Mitteleuropa ungewöhnliches Sukzessionsstadium bis zum Wald erreicht hat. Wie bei allen Dünenbildungen liefert auch hier ein Strandwall die Grundlage. Die vorherrschend von See wehenden Winde transportierten den Sand zusammen, der aber bei Noer sämtliche Stadien der Vegetationsentwicklung von der Spülsaumzone bis zum Wald trägt: Primärdünen, Rotschwingelrasen, Strauchgebüsch, Stieleichenmischwald, Buchenwald. Viele Bäume sind aufgrund der windexponierten Lage gekrümmt und windgeschoren. Das NSG ist vom Freizeitbetrieb belastet. Eine ausgewiesene Pufferzone soll die Beeinträchtigungen mildern. Eigentum des Landesjagdverbandes Schleswig-Holstein. Betretungsverbot.

*„Bottsand"* (69 ha)
Stark gegliederter Nehrungshaken mit Flachwasserzone („Bodden") an der Kieler Außenförde 5 km nordöstlich Laboe. Strandwälle, niedrige Primär- u. Graudünen mit typischer Flora nährstoffarmer Sandböden, darin Kreuzkröte, lebendgebärende Bergeidechse, zahlreiche Insekten; Salzwiese (Natternzunge, Salzhasenohr), Brackwasserröhricht. Brutbiotope für Sandregenpfeifer, Zwerg- u. Küstenseeschwalbe, Mittelsäger, Brandgans, Rebhuhn, Austernfischer, Rotschenkel, Säbelschnäbler, hohe Bestandsdichte von Schafstelze, Wiesenpieper, Feldlerche. Eier u. Jungvögel gefährdet durch Fuchs, Wiesel, Steinmarder, zusätzlich durch Rabenkrähen, die durch den Müll der umgebenden touristischen Einrichtungen angelockt werden. Denn das NSG wird eingekreist durch Freizeitbetrieb wie seeseitig starker Kleinboot- und Surfverkehr, Badeplatz neben und teilweise im NSG, zwei benachbarte Campingplätze, Kolossalbauten des Fremdenverkehrszentrums Marina-Wendtorf mit großem Yachthafen und Bootswerft. Erhaltung dieses isolierten Ökosystemkomplexes nur möglich durch konsequente Betreuung des Deutschen Bundes für Vogelschutz. Wegen der starken Belastungen keine Führungen, ganzjähriges Betretungsverbot. Gute Beobachtungsmöglichkeit der landseitigen Zonen und der Boddengewässer vom Deich, dort auch ein Informationszentrum mit vielseitiger Darstellung bis zur Meeresbiologie.

*„Kleiner Binnensee und angrenzende Salzwiesen"* (106 ha)
Typische Küstenlandschaft nordöstlich Lütjenburg an der Hohwachter Bucht. Abwechslungsreiche Aufeinanderfolge von Sandstrand, Strandwällen z. T. in Dünenbildung (Stranddistel, Meerkohl, Meerstrands-Platterbse etc.; Zaun- u. Bergeidechse), Brutbiotop für Zwergseeschwalbe, Sandregenpfeifer, Austernfischer, Mittelsäger. Sandsalzwiesen mit seichten Lachen. Neue Deichführung zerschneidet diesen Biotop. Landwärts der flache Binnensee mit Stichgraben zur Ostsee, aufgelockerter Röhrichtrand mit Binsen- u. Seggenzonen (Entenbrutplätze); Salzwiesen, auch Tannenwedel und Laugenblume, einschließlich zahlreicher Wirbelloser; Wasser- u. Moorfrosch, Teichmolch, Zwergstichling, Brutbiotope für Kiebitz, Uferschnepfe, Bekassine, Rotschenkel, Tüpfelsumpfhuhn, Kampfläufer, Alpenstrandläufer, Säbelschnäbler; Sommerrastplatz für Graugänse, zur Zugzeit Watvögel und Entenvögel. Gezielte Biotoppflege in Teilbereichen durch Beweidung nach der Brutzeit. Gravierende Randbelastungen durch Erholungsverkehr und Badelager. Betreuung und Bewachung durch DBV, Besucherlenkung durch geschickte Wegeführung und Einzäunung der Brutplätze. Zweimal wöchentlich Führungen.

*„Sehlendorfer Binnensee"* (214 ha)
Südlich Hohwacht der mit Wasser und Feuchtwiesen ausgefüllte Teil des Futterkamper Gletscherzungen-Beckens. Flacher Strandsee, der durch zwei Strandwälle von der Hohwachter Bucht abgetrennt ist. Durchbruch mit Verbindung zum Meer, daher Wasser brackig. Östlicher Nehrungshaken aus Dünen und Strandwallzonen verschiedener Altersstufen, Primärdüne und Weißdüne, Brackwasser-Ried, Graudüne. Der Sehlendorfer Binnensee ist

umgeben von Salzwiesenbereichen verschiedener Breite und Schilfröhrichtbeständen. Brutbiotope für Zwerg- u. Flußseeschwalbe, Alpenstrandläufer, Rotschenkel, Rohrweihe, Mittelsäger. Das NSG wäre ohne Belastungen potentieller Brutbiotop für 9 Strandläuferarten und 9 Entenarten. Bedeutender Rastplatz nordischer Zugvögel. – Belastungen durch Angelsport am südwestlichen Ufer. Besucherverkehr würde Bruten und Gelege gefährden, daher Zugang nur über den Wanderweg am Nordufer mit Beobachtungsmöglichkeit. Die übrigen Flächen durch Betretungsverbot gesperrt (siehe Foto auf S. 237).

*„Weißenhäuser Brök"* (57 ha)
Größtes Dünengebiet an der Ostseeküste Schleswig-Holsteins, grenzt die Niederung des Oldenburger Grabens von der Hohwachter Bucht ab. Makroklimatisch besondere Situation, da im subkontinentalen Trockengebiet gelegen. Daher bedeutsam für Pflanzen- und Wirbellosenarten als nacheiszeitliche Wärmerelikte. Verschiedene Stadien der Dünenbildung und Besiedlung mit charakteristischen Pflanzengesellschaften: Trockenrasen (Stengellose Kratzdistel, Kleine Wiesenraute; Kamillen-Mondraute ausgerottet), Küsten-Heide und Feuchtsenken eingeschlossen (mit Kriechweide und windgeschorenen Birken). Das seit 1942 ausgewiesene NSG ist heute eingekreist durch Ferieneinrichtungen aller Art: Campingplatz, Ferienbungalows und Appartementhäuser, Minigolf u. ä., Fuß-, Fahrwege und Parkplätze versiegeln den Boden. Starker Erholungsdruck zum Strand und auf die Dünenlandschaft. Überleben des NSG nur durch strenge Lenkung des Tourismus mit Stacheldraht-Wegen.

*„Graswarder"* (96 ha)
Große von West nach Ost ausgerichtete Nehrungshalbinsel vor Heiligenhafen, mit jährlichem Zuwachs am östlichsten Sandhaken durch Antransport von Abrasionsmaterial aus dem westlich des Steinwarders gelegenen Steilufer. Geröllstrand (Meerkohl, Küstennachtschatten), Strandwälle landwärts in Nehrungshakenform (Strandnelke, Rotschwingel, Ästiges Tausendgüldenkraut, Breitblättrige Kresse), Salzwiesen (Strandflieder, Meerstrand-Beifuß, Echter Sellerie), Lagunen (Watt-Queller u. typische Brackwasserschlickfauna), reiche Nahrungsgrundlage für Wat- u. Wasservögel. Brutbiotope für Sandregenpfeifer, Zwergseeschwalbe, Säbelschnäbler, Küstenseeschwalbe, Lachmöwe mit Brandseeschwalbe, Flußseeschwalbe, Austernfischer, Mittelsäger, Brandgans, Rebhuhn, große Sturmmöwenkolonie, Silbermöwe. Zahlreiche Rastvögel (Pfeifenten, Strandläufer, Meerenten, Säger). Beeinträchtigung durch breiten Fahrweg (PKW-Verkehr, nicht angeleinte Hunde) und immer weiter ausufernden Sportboothafen. Betreuung durch DBV; Informationszentrum mit Freidiorama und aussagekräftigen Bild- und Relieftafeln. Führungen täglich. (Foto S. 27 und 236)

*„Krummsteert – Sulsdorfer Wiek"* (298 ha)
Das flächenmäßig recht groß erscheinende NSG im Südwesten der Insel Fehmarn besteht aus drei verschiedenen Ökosystemen:
1. Der „Krummsteert" ist ein natürlich wachsender Nehrungshaken mit Sandstrand, Strandwällen und flachen Dünen einschließlich charakteristischer Besiedlung (Kreuzkröte). Wenn das Betretungsverbot eingehalten wird, brüten hier auch gefährdete Küstenvögel (Seeschwalben, Regenpfeifer u. a. Watvögel).
2. Die „Sulsdorfer Wiek" ist eine ehemalige Bucht der Ostsee, die 1884 eingedeicht und für die Karpfenzucht benutzt wurde. Heute Brutplätze von Rothalstaucher, Säbelschnäbler, im Schilfgürtel Rohrsänger u. a. wassergebundene Arten. Westlich Salzwiesen und flachgründige Kleingewässer (Wechselkröte, Rotbauchunke, Wasserfrosch, Grasfrosch, zahlreiche Wirbellose).
3. Der die Landbiotope umgebende Ostseebereich wurde als Nahrungs- und Rastrevier in das gesamte NSG einbezogen; Ausnahmeregelungen stellen den beabsichtigten Schutz in Frage.

*„Wallnau"* (297 ha)
Ehemaliges Teichgut an der Westküste Fehmarns. Heute vom Deutschen Bund für Vogelschutz zum Wasservogelreservat gestaltet. Nach der RAMSAR-Konvention Feuchtgebiet von internationalem Rang. 300 m breite Ostseewasserzone, Geröllstrand, Strandwall, Trockenrasen, Salzwiesen, extensiv bewirtschaftetes Grünland; Lachen, Gräben, Röhrichtgürtel und Fischteiche unterschiedlichen Salzgehaltes, dementsprechend angepaßte Land- u. Wasservegetation und spezielle Wirbellosenfauna. Laichgewässer für Wasserfrosch, Kreuz- u. Wechselkröte, Rotbauchunke. Außerordentlich reiches Vogelleben zu allen Jahreszeiten. Rastgebiet zahlreicher Zugvögel („Meilenstein" auf der „Vogelfluglinie"), insbesondere Enten, Schwäne, Gänse und Watvögel, gelegentlich Fisch- u. Seeadler, Löffler, Silberreiher, Schwarzstorch. Brutbiotope für Graugans, Löffelente, Kolbenente u. a., Rothals-, Zwerg- u. Haubentaucher, Mittelsäger, Rohrdommel, Kampfläufer, Uferschnepfe, Rotschenkel, Säbelschnäbler, Rohrweihe und zahlreiche weitere an Gewässer gebundene Vogelarten. Wissenschaftlich fundiertes Biotopmanagement: Wiederherstellung, Neuanlage und Pflege durch Aufschütten von Inseln, Ausheben von Kleingewässern, extensive Beweidung mit Schafen, planmäßige Wasserstandsregulierung für brütende und rastende Vogelarten entsprechend der jeweiligen Jahreszeit. Vogelpflegestation.
Eigentum des Deutschen Bundes für Vogelschutz (2/3) und des Kreises Ostholstein (1/3). Außer dem ehrenamtlichen Referenten ein angestellter Reservatsverwalter und zahlreiche qualifizierte Helfer. Im früheren Gutshaus Informationszentrum mit großem Freidiorama, Bild- u. Schriftmaterial. Gut illustrierter Lehrpfad, Beobachtungshütten und -turm. Führungen. (Foto S. 236)

*„Grüner Brink"* (82 ha)
Strandwallandschaft an der Nordküste der Insel Fehmarn. Brackige Strandseen (salztolerante Armleuchteralgen) mit salzigen Feuchtwiesen, moorige Senken, Trockenrasen, Heide. NSG seit 1938 wegen besonderer Vorkommen von Wirbellosen und Blütenpflanzen (Tatarenlattich, Salzbunge, Baltischer Enzian, Tausendgüldenkräuter u. a.). Brutbiotope für Rothalstaucher, Reiher-, Tafel-, Kolbenente, Mittelsäger, Säbelschnäbler, Kiebitz, Rotschenkel, Bekassine, Wasserralle. Beeindruckender Herbst- und Frühjahrszug von Greif- und Watvögeln.
Gefährdungen durch zu starke Beweidung der Salzwiesenfragmente, veraltete „Pflege" der Deichböschungen. Starker Tourismus-Druck durch benachbarte Parkflächen, Camping- und Badeplätze bis in die Dünenbereiche hinein. Betreuung durch DBV, Führungen.

*Manfred Diehl*

Das ehemalige Teichgut *„Wallnau“* wirkt aus der Vogelperspektive anziehend mit seinen verschiedenen Feuchtbiotopen vom Geröllstrand (Bildvordergrund) über seichte Lachen und Gräben inmitten von Grünland bis hin zu den weiten Teichen mit ausgedehnten Schilfgürteln. Hier brüten bzw. rasten Enten, Gänse und Watvögel in hoher Individuen- und Artenzahl, als sei es eine vom Menschen unberührte Küsten-Strandsee-Landschaft; in Wirklichkeit vom Deutschen Bund für Vogelschutz als *Wasservogelreservat* der Natur nachgestaltet.

Informationszentrum und Unterkunft für Vogelwärter am Naturschutzgebiet *„Graswarder“* bei Heiligenhafen. Der rechte Gebäudeteil enthält ein Freidiorama und andere Lehreinheiten, links die Sammlungen und Wohnräume. Nur durch planmäßige Vermittlung biologischer Kenntnisse kann zum Naturschutz motiviert werden.

Eingraben eines Brutkorbes für den Mittelsäger in einem Vogelschutzgebiet. Der Mittelsäger bevorzugt als Brutplatz Deckung unter höherer Vegetation. Wenn solche natürlichen Struktureinheiten im ungestörten Biotop nicht vorhanden sind, legt das Weibchen die Eier auch in künstliche, vom Menschen angebotene Nisthilfen. Da diese Art erst im Sommer – zur Badesaison – brütet und Junge führt, hat sie ohne Schutzmaßnahmen kaum Fortpflanzungserfolg.

Diese Bilder zeigen Berührungspunkte zwischen Naturschutz und Tourismus am Beispiel der Umgebung des Sehlendorfer Binnensees (siehe Seite 234) in der Hohwachter Bucht.

Begegnung am Ausfluß des Sehlendorfer Binnensees in die Ostsee in der Grauzone zwischen dem Naturschutzgebiet und dem touristisch genutzten Strand

Lärm und Abgase der Autos am Parkplatz zwischen Binnensee und Strandzone beeinträchtigen das Naturschutzgebiet Sehlendorfer Binnensee.

Der Surfsport ist eine Augenweide. Da Surfbretter die Möglichkeit bieten, auch in seichte, abgelegene Winkel der Küste vorzudringen, können Surfer auch zu Störern der Natur werden.

# Ist die Ostsee ein sterbendes Meer?

Fast täglich kann man schlechte Nachrichten hören, Warnsignale, Symptome einer Erkrankung der Ostsee: der Tod von Fischen und Vögeln, das Auftreten von Ölunfällen, das Vorkommen schädlicher Chemikalien in Pflanzen und Tieren, kranke und sterile Seehunde, Fische mit Wirbelsäulen-Deformation, Heringe ohne Augen, das Verbot des Verzehrs von Fischleber, Einleitung zu großer Mengen an Nährsalzen und Chemikalien, Unterwasser-Abbau von Sand. Häufig treten Blüten (Massenvorkommen) von mikroskopisch kleinen Algen nicht nur während des Frühjahrs, sondern zum Teil während der ganzen Vegetationsperiode auf. Einige Algen können toxische Substanzen (Gifte) enthalten, und es gibt Beispiele, daß Tiere (z. B. Hunde) nach einem erfrischenden, aber gefährlichen Bad in solchem verseuchten Wasser gestorben sind.

*Der Zustand der Ostsee*

Nur selten hört man gute Nachrichten. Eine der Ursachen dafür mag sein, daß der Reiz des Neuen für die Medien bei Dingen, die sich zum Besseren entwickeln, geringer ist: in Umkehrung des englischen Sprichwortes „Eine gute Neuigkeit ist keine Neuigkeit". Jedoch: die Fischfänge sind im großen und ganzen gut. Fische können weiterhin verzehrt werden. Man kann sich weiterhin an den Annehmlichkeiten des Meeres erfreuen. Auch gibt es keine Berichte aus der Humanmedizin über ernsthafte Erkrankungen, die durch das Meer verursacht werden. Der Bruterfolg des Seeadlers ist in den nördlichen Bereichen der Ostsee wieder besser geworden (Abb. 1). Einleitungen von schädlichen Chemikalien und von sauerstoffverbrauchendem Material haben in vielen Fällen drastisch abgenommen, und große Geldbeträge wurden in manchen Ländern in Kläranlagen und neue Technologien zur Verhinderung der Verschmutzung investiert. Die Konzentrationen, zumindest einiger gefährlicher toxischer Substanzen, haben in Organismen abgenommen. Zunehmende Forschungsarbeit wurde geleistet, und die Umweltüberwachungsprogramme wurden intensiviert und innerhalb des Rahmens der internationalen Zusammenarbeit koordiniert. Allgemein hat das Bewußtsein der Bedrohung der Umwelt zugenommen, und wir alle sorgen uns um die Gesundheit der Ostsee. Die Umweltprobleme und ihre Ernsthaftigkeit wurden in den letzten beiden Jahrzehnten verdeutlicht, und die Ostsee wurde oft als ein sehr gefährdetes Meer, als ein neues „Totes Meer" betrachtet. Zweifellos ist sie eines der am meisten verschmutzten Meere der Welt. Aber glücklicherweise wurden bisher keine katastrophalen Veränderungen beobachtet, wohingegen ohne Zweifel viele kleine und lokale Veränderungen stattgefunden haben.

Die Ostsee ist nicht gesund, aber ihr Zustand ist besser als man vor 20 Jahren erwartet hätte. Die Diagnose ist klar, aber wie schwerwiegend ist die Krankheit, und gibt es irgendwelche Hilfe?

*Veränderungen in der Ostsee*

Die Ostsee ist ein relativ junges Meeresgebiet. Während der letzten 8000 Jahre ihrer Geschichte traten radikale Veränderungen ein. Es wurden Süßwasser- und marine Stadien durchschritten; Pflanzen- und Tierarten kamen und verschwanden wieder. Wahrscheinlich halten diese Änderungen, die z. B. durch Landhebungen der nördlichen Bereiche und Veränderungen der klimatischen Bedingungen (Niederschlag, Temperatur) verursacht wurden, weiter an. Während unseres Jahrhunderts hat beispielsweise die Temperatur des Tiefenwassers um etwa 0,6 bis 2,7 °C zugenommen und der Salzgehalt um etwa 0,8 bis 1,7 ‰. Etliche der im Ostsee-Ökosystem während der letzten Dekade beobachteten Änderungen sind auf natürliche Ursachen, auf Einflüsse des Menschen und auf beides zurückzuführen. Einer der wichtigsten unsicheren Punkte bleibt dabei die Frage, ob menschliche Einflüsse dafür verantwortlich sind, daß der Sauerstoffgehalt in den Tiefenwasserschichten der eigentlichen Ostsee abnimmt und sich dort Schwefelwasserstoff (ein nach faulen Eiern riechendes Gas) bildet, der zur vollständigen Auslöschung der bodenlebenden Tiere in diesen Tiefen führt (Abb. 2).

Die Ausdehnung dieses leblosen Bodens, dieser „Unterwasserwüsten", war am größten im Jahre 1975 und betrug etwa die Hälfte der eigentlichen Ostsee. Es gibt Hinweise auf ähnliche Perioden aus früheren Jahrhunderten (klar erkennbare Bodenschichten aus dieser Zeit haben diese Zustände archiviert), aber es ist nachgewiesen, daß diese Perioden länger und häufiger geworden sind als in

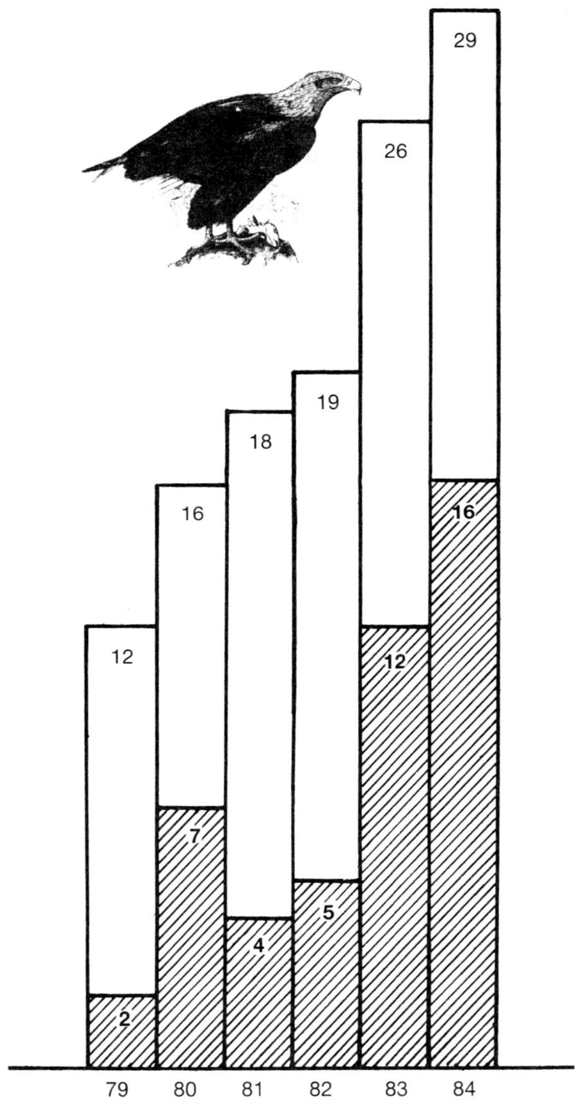


Abb. 1: Anzahl der Schlüpfenden des Seeadlers in Finnland während der Jahre 1979–84. Dieses ist ein hoffnungsvolles Beispiel für die Erholungsfähigkeit einer Art. In diesem Fall trat die Erholung als Folge von aktiven Maßnahmen zum Schutz des Adlers ein (indem über 10 Winter nicht durch Schadstoffe belastetes Futter verabreicht wurde).

früheren Zeiten. Nach neueren Untersuchungen schwedischer Wissenschaftler können Änderungen des Wasseraustauschs und der Durchmischung nicht allein für die verschlechterten Sauerstoffbedingungen verantwortlich gemacht werden.
Sogar kleine Änderungen des Salzgehaltes können ausreichen, die Vorkommensgrenzen von Pflanzen- und Tierarten zu beeinflussen, und sie können auf diese Weise leicht schleichende Auswirkungen der Verschmutzung verschleiern. Viele marine Arten sind aus diesem natürlichen Grunde in die Ostsee eingewandert. Auch der Mensch hat, meist ungewollt, zusätzlich 20 bis 30 neue Arten in die Ostsee eingeführt, die aus angrenzenden Gewässern oder aus sehr entfernten Meeresgebieten stammen.
Nicht nur die Sauerstoff-Situation und die Artenzusammensetzung werden durch natürliche Gegebenheiten und durch den Menschen beeinflußt, sondern auch die Topographie der Ostsee. Entlang der gebrochenen Küsten des nördlichen Teils der Ostsee wirkt der Mensch in der gleichen Richtung wie Landhebung, indem er durch den Bau von Dämmen Inseln mit dem Festland verbindet und Buchten vom Meer abschneidet, um sie als Süßwasserreservoire für Städte und Industrieanlagen zu gebrauchen. Gleichzeitig wirken wir dem auch entgegen, indem Flußmündungen und Häfen vertieft sowie flache Rinnen und Einbuchtungen so lange wie möglich für einen besseren Wasseraustausch, für Fischwanderungen und Bootsverkehr offengehalten werden.

*Natürliche und künstliche Verunreinigungen der Ostsee*
Ohne Zweifel ist die Ostsee eines der am gründlichsten untersuchten Meeresgebiete der Welt. Wir wissen sehr genau, welche Pflanzen- und Tierarten in ihren verschiedenen Bereichen leben. Die Wissenschaftler haben die wichtigsten Beziehungen zwischen diesen Arten, ihren Abhängigkeiten voneinander und der Umwelt registriert. Wir verstehen heute einige der wichtigsten Ströme von Energie und Materie zwischen den verschiedenen Subsystemen der Ostsee: der Küste, der offenen See, dem Bodensystem. In diese Systeme wurden Tausende neuer vom Menschen geschaffener Chemikalien eingeführt. Viele von ihnen wirken in Laborexperimenten giftig, aber wie verhalten sie sich in der „realen Umwelt", in der Ostsee? Mit Hilfe hochempfindlicher Instrumente, die für den Nachweis verschiedener Chemikalien zur Verfügung stehen, sind wir in der Lage, immer kleinere Mengen solcher Substanzen in Pflanzen und Tieren nachzuweisen: Spurenmetalle, Pestizid rückstände, chlorierte Kohlenwasserstoffe, Schadstoffe aus der holzverarbeitenden Industrie, radioaktive Isotope, Bestandteile des Mineralöls. Aber was wir in den meisten Fällen nicht wissen, ist der wirkliche Einfluß aller dieser chemischen Substanzen: Was bedeuten sie für die einzelnen Individuen? Verursachen sie Schäden an folgenden Generationen, oder stören sie das natürliche Gleichgewicht der biotischen Gemeinschaften oder des ganzen Ökosystems?
Viele der natürlichen, komplizierten und für die Ostsee typischen Prozesse werden heute noch nicht ganz verstanden. Deshalb ist es schwierig, zwischen den Effekten von Verschmutzung und natürlichen Faktoren zu unterscheiden, wenn man über Substanzen spricht, die *natürlicher* Herkunft sind. Die Verantwortung des Menschen ist dagegen leichter auszumachen beim Eintrag von schädlichen Chemikalien, die *synthetisch* sind oder *nicht natürlicherweise* in der Ostsee vorkommen, wie z. B. Öl.
Die Ostsee ist zweifellos verschmutzt. Chemische Verunreinigungsstoffe können überall gefunden werden: im Wasser, den Bodensedimenten, in dem sehr dünnen Oberflächenfilm und in allen Organismen, die in ihr leben. Einflüsse auf Populationen lebender Organismen wurden zwar erst in sehr wenigen Fällen dokumentiert, jedoch bedeutet das nicht, daß die Gefahr unterschätzt oder vernachlässigt werden darf. Die Verschmutzung existiert erst

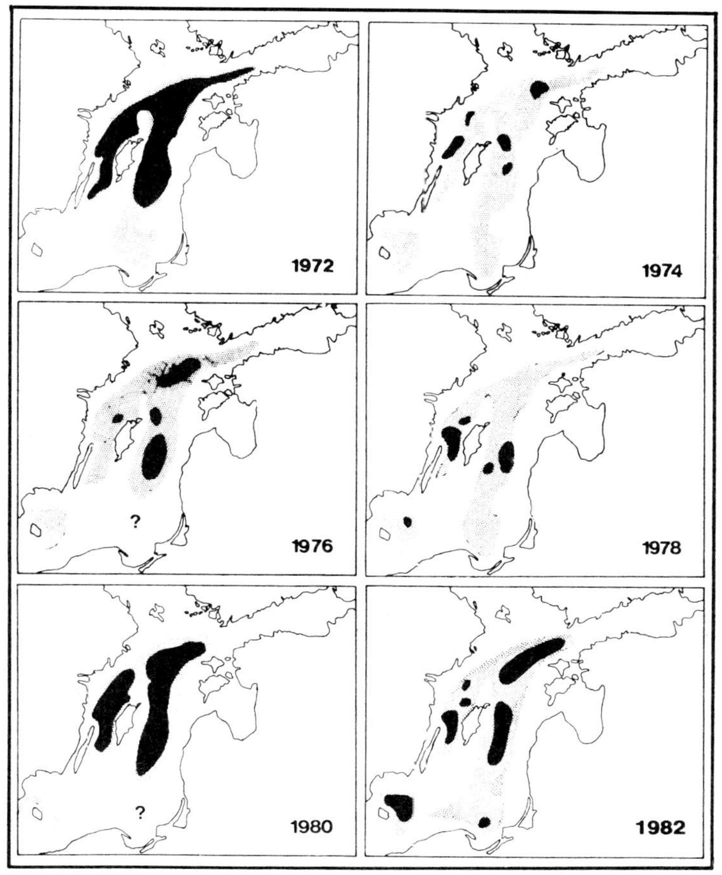

Abb. 2: Bereiche mit sehr niedrigem Sauerstoffgehalt im Bodenwasser (grau; Leben von Fischen und niederen Tieren mehr oder weniger unmöglich) und jene mit giftigem Schwefelwasserstoff (schwarz: völlig frei von tierischem Leben, was man mit bloßem Auge erkennen kann)

relativ kurzfristig. Viele der in Frage kommenden Chemikalien tendieren dazu, in Organismen und im Meeresboden angereichert zu werden. Wenn sie fortlaufend vom Land her oder aus der Atmosphäre ins Meer entlassen werden, sind kumulative Effekte auf verschiedene Organismen in Zukunft nicht auszuschließen.
Unsere Fähigkeit, objektiv die Gefahren der chemischen Verschmutzung abzuschätzen, wird auch durch das Ökosystem Ostsee selber begrenzt. Die Effekte der Verunreinigung werden ständig durch natürliche Variationen im Ökosystem maskiert. Die Abnahme bestimmter Arten wird oft durch die Zunahme anderer oder weniger empfindlicher Stämme derselben Art kompensiert. Sogar in der Ostsee (wo die Anzahl der Arten viel geringer und das ökologische Puzzle wesentlich weniger kompliziert ist als in der Nordsee), ist es sehr schwierig, die Gefahren der chemischen Verunreinigung zu erkennen. Wesentlich mehr Arbeit ist auf diesem neuen Gebiet der Umweltforschung, der sogenannten Ökotoxikologie, nötig, sowohl über das Verhalten der Chemikalien und ihr Schicksal in der Umwelt als auch über ihre biologischen und ökologischen Effekte auf die lebenden Organismen.

*Auswirkungen auf die Tierwelt*
Im Jahre 1981 wurden alle verfügbaren Informationen über den Zustand der Ostsee von der Ostsee-Schutzkommission (Helsinki-Kommission) in Form eines umfassenden Berichtes "Assessment of the Effects of Pollution on the Natural Resources of the Baltic Sea, 1980" zusammengetragen. Diese Arbeit wird fortgesetzt, um

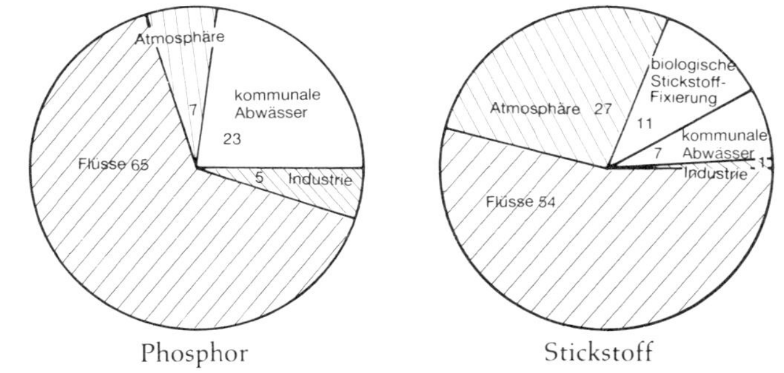


Abb. 3: Nährsalztransport (Phosphor, Stickstoff) von verschiedenen Quellen in die Ostsee (unter Einschluß des Öresundes und der Beltsee). Angaben in Prozentanteilen des Gesamteintrags

um diesen wichtigen Bericht in bestimmten Abständen auf den neuesten Stand zu bringen.

In einer Reihe von Fällen ist der Mensch für einige großräumige „Experimente" verantwortlich, in denen die Ostsee und die in ihr lebenden Organismen mit gänzlich neuen Chemikalien belastet wurden, die seit dem Zweiten Weltkrieg benutzt und das Meer auf verschiedensten Routen erreicht haben. Von diesen Chemikalien sind DDT und PCBs die am besten bekannten Beispiele für umweltschädliche Substanzen. Ihre Effekte reichen von geringerer Primärproduktion bei Planktonalgen bis zur Verringerung der Schalendicke von Vogeleiern und der Fortpflanzungsrate vieler Vögel und Säugetiere des Meeres. Insbesondere die fischfressenden Säugetiere sind gefährdet, in der Ostsee Seehunde, Ottern, Tümmler (die Ostseepopulation dieses Wals in finnischen Gewässern scheint offensichtlich ganz ausgelöscht zu sein). Nur 25 % der erwachsenen Ringelrobben-Weibchen sind noch in der Lage, sich fortzupflanzen, und zwar infolge schwerwiegender Schäden in ihren inneren Genitalorganen. Die Situation scheint bei der Kegelrobbe entsprechend zu sein. Die Population der Ringelrobbe hat von mehr als 300 000 Exemplaren zu Beginn unseres Jahrhunderts auf gegenwärtig weniger als 10 000 abgenommen. Etwa 1500 Kegelrobben und etwa 200 Gemeine Seehunde sind von den früheren sehr großen Beständen übriggeblieben. Nicht nur Verschmutzung, sondern auch Jagd und Störungen sind für diese drastischen Abnahmen verantwortlich. In ähnlicher Weise ist das alarmierende Schicksal des majestätischen Seeadlers verbunden mit den Vorkommen von DDT, PCBs und Quecksilber in der Nahrung sowie mit der Anreicherung dieser Substanzen in seinem Körper.

Der Eintrag von nährstoffreichem und sauerstoffverbrauchendem Material stammt aus drei hauptsächlichen Quellen: Industrie, Gemeinden und diffusen Quellen (Ausspülungen vom Land und Transport über Flüsse). Durch den Sund und die Belte findet sowohl ein Einstrom als auch ein Ausstrom an Nährsalzen statt; hinzu kommt ein Eintrag über die Atmosphäre. Eine weitere Quelle, die man noch betrachten muß, stellen die lebenden Organismen dar, und zwar besonders die blaugrünen Algen, die den freien Stickstoff aus der Luft fixieren und für den Aufbau ihrer eigenen organischen Substanz nutzen können, sowie andere Organismen, die diese als Nahrung aufnehmen oder zersetzen (s. Abb. 3).

Jährlich werden zwischen 30 und 80 000 Tonnen Phosphor und etwa 1 Mio. Tonnen Stickstoff in die Ostsee entlassen. Der größte Teil dieser riesigen Menge wird in den natürlichen Kreislauf eingeschleust, aber es bleibt die Tatsache bestehen, daß offensichtlich eine Zunahme der Nährstoffmenge eingetreten ist. Menschliche Aktivitäten sind nur zum Teil für diese Belastungen verantwortlich; der Gehalt an Phosphor kann in gewissem Maße durch Langzeitveränderungen des Wasseraustauschs erhöht werden.

Ursprünglich ist die Ostsee ein oligotrophes Meer (arm an Nährstoffen) und auf diese Weise im Vergleich zur Nordsee durch ein sehr niedriges Niveau an biologischer Produktion charakterisiert. Eine leichte Eutrophierung (Zunahme an Nährstoffen) kann offensichtlich einen günstigen Effekt auf die Fischbestände und andere Nahrungsorganismen haben. Aber schon ein kleinerer Anstieg der wichtigsten Pflanzennährstoffe hat die Tendenz, das Ökosystem der Ostsee zu verändern, auch unerwünschte Veränderungen herbeizuführen.

Hat dieser Anstieg an Nährstoffen sich auf das Leben im Meer ausgewirkt? Allerlei Auswirkungen in manchen Küstenbereichen, in Flußmündungen und vor großen Städten sind offenkundig und wohlbekannt. Es gibt Anzeichen für solche Veränderungen auch im offenen Meer: das häufige Auftreten von Algenblüten, größere Menge an Zooplankton, erhöhte Fischfänge und eine Zunahme des Gewichtes bodenlebender Tiere in Wasserschichten oberhalb der Salzgehaltssprungschicht. In dem Bereich darunter wurden Tiergemeinschaften teilweise durch Sauerstoffmangel zerstört. Viele Untersuchungen haben allerdings widersprüchliche Befunde ergeben, und an zahlreichen Standorten existieren nicht genügend Langzeituntersuchungen, um sicher entscheiden zu können, ob diese Veränderungen auf Verschmutzungen zurückzuführen sind oder nicht.

*Gibt es Hoffnung?*

Die aufgeführten Fakten stimmen wirklich nicht allzu hoffnungsvoll. Alle Teile der Ostsee und alle in ihr lebenden Organismen sind mit einer großen Zahl chemischer Substanzen verunreinigt, und das natürliche Gleichgewicht dieses Meeres ist durch einen Überschuß an Nährstoffen gestört, offensichtlich in weiterhin zunehmendem Maße. Welche Heilungschancen bestehen? Viel ist schon bis heute getan worden. Die Benutzung von DDT ist in den Ostseeländern verboten (aber trotzdem ist es noch vorhanden und gelangt auch noch weiterhin ins Meer, zumindest indirekt über den atmosphärischen Eintrag). Zwar wurde der Gebrauch von PCBs streng eingeschränkt, und ein großer Teil des früheren Eintrags an sauerstoffverbrauchendem organischem Material wurde verringert. Die Abnahme der Belastung aus dem schwedischen Bereich beträgt schätzungsweise für Phosphor die Hälfte und für Stickstoff etwa ein Drittel, wenn man die Werte vom Ende der 70er mit denen der 60er Jahre vergleicht. Gleichzeitig hat jedoch der Eintrag über die Flüsse in so starkem Maße zugenommen, daß die Gesamtbilanz sogar eine 10prozentige Zunahme der Stickstoffzufuhr aufweist. Der zunehmende Gebrauch von Kunstdünger in der Landwirtschaft ist gewiß einer der Hauptgründe dafür, aber es erhebt sich in diesem Zusammenhang noch eine weitere Frage: Welchen Einfluß hat der saure Regen, der überall Veränderungen des natürlichen Nährstoffhaushaltes in Wäldern und Kulturlandschaften hervorruft und dadurch über die Flüsse möglicherweise die Ostsee beeinflußt?

Wenn lokale Verschmutzungsquellen ausgeschaltet werden, scheint das Ökosystem der Ostsee eine gute Fähigkeit zur Erholung aufzuweisen. Nach einzelnen Ölunfällen, nach Beendigung bestimmter industrieller Verunreinigungen oder nach Störungen durch Fährverkehr, Sandabbau am Boden oder vorübergehendem Sauerstoffmangel sind die Bodentiere wieder erschienen, und ihre Gemeinschaften haben innerhalb von 2 bis 10 Jahren etwa das ursprüngliche Gleichgewicht wieder erreicht. Erst kürzlich haben schwedische Wissenschaftler gezeigt, daß die Gehalte an DDT und

PCBs in einigen Tieren aus der Ostsee in den Jahren von 1969 bis 1982 deutlich abgenommen haben (DDT um 90 %, PCBs um 50 %) (Abb. 4). Sowohl Jungfische als auch Eier von fischverzehrenden Vögeln haben sich als gute Indikatoren der Verbesserung der Verschmutzungssituation erwiesen. Diese Entwicklung gibt uns einige Hoffnung, aber gleichzeitig werden wieder neue Chemikalien, z. B. sogenannte PCTs, Toxaphene und Chlordane, in den Organismen nachgewiesen, viele Substanzen aus Papierfabriken haben sich als hoch giftig erwiesen, und es existiert hier durchaus die Gefahr einer biologischen Anreicherung im Zuge von Nahrungsketten.

Die Ostsee hat eine gute, aber keine unbegrenzte Fähigkeit, die verschiedenen Verschmutzungskomponenten zu verdünnen und abzubauen. Die Benutzung dieses Meeres als begrenzte „Mülldeponie" könnte akzeptierbar sein unter der Voraussetzung, daß der Eintrag an gefährlichen Substanzen eng begrenzt, zuverlässig dokumentiert und kontrolliert wird und eventuelle Effekte verläßlich bestimmt werden. Wir müssen uns dessen bewußt sein, daß die Aufnahme-Kapazität der Ostsee wesentlich begrenzter ist als die des Weltmeeres, und zwar wegen des begrenzten Wasseraustauschs (die mittlere Verweildauer des Wassers in der Ostsee beträgt etwa 25 bis 35 Jahre), wegen strenger Klimabedingungen und wegen der Tatsache, daß nur wenige Arten für die Aufrechterhaltung der wesentlichen Ökosystemfunktionen verantwortlich sind. Zum Beispiel ist der Blasentang in den meisten Küstenbereichen der Ostsee die einzige Großalge und sehr wichtig nicht nur als Primärproduzent, sondern auch als Grundlage für eine große Zahl anderer Algen und Tiere, und nicht zuletzt sind die Tangbestände Aufzuchtsgebiete für viele Fische und andere Tierarten. Auf diese Weise kann eine Schädigung oder ein Gesamtverlust dieser einen Algenart, die die einzigen „Unterwasserwälder" in der inneren Ostsee bildet, zu grundlegenden Änderungen des gesamten küstennahen Ökosystems führen.

Wir glauben, daß die Ostsee überleben wird und weiterhin eine große Vielfalt an Lebenserscheinungen und Erholungsmöglichkeiten erlauben wird. Die Ausbeutung der biologischen Produktion der Ostsee durch den Menschen hat sich über Tausende von Jahren entwickelt, und die Ostsee ist trotz allen Handels über Ozeane hinweg, trotz entfernter Fangplätze und ferntouristischer Reisen in wärmere Meere und andere Kontinente „Unser Meer — Mare Nostrum".

*Erkki Leppäkoski*

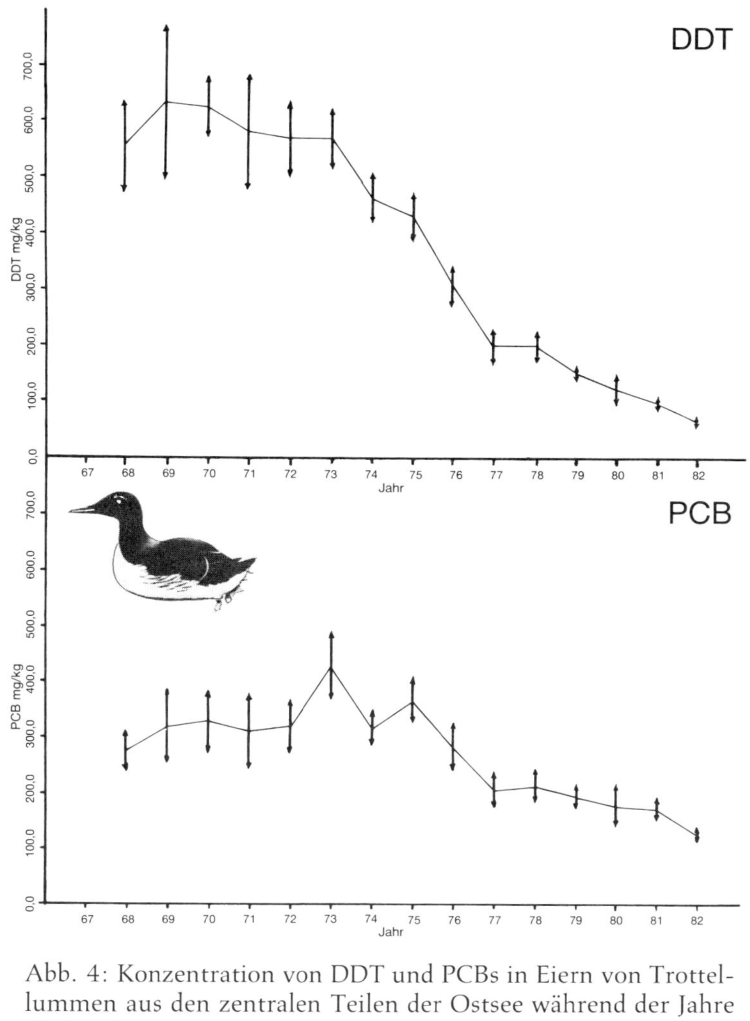


Abb. 4: Konzentration von DDT und PCBs in Eiern von Trottellummen aus den zentralen Teilen der Ostsee während der Jahre 1968–82

Seite 242/43: In weniger als 10 Minuten haben drei Kinder diese Müllmenge an einem 100 m langen Strandabschnitt an der Ostsee gesammelt. Dieses Bild kann auch symbolisch verstanden werden: Unsere Kinder müssen mit den Umweltbelastungen leben, die wir ihnen hinterlassen.

Milk

Sichtbare Ölteppiche stellen nur den kleineren Teil der Ölbelastung des Meeres dar. Jährlich gelangen etwa 30000 bis 60000 t Öl in die Ostsee.

Mit Öl verklebte Eiderente. Ölunfälle führen oft zu Massensterben von Meeresvögeln. Auch Fischeier und Larven von bodenlebenden Meeestieren können geschädigt werden. Der Gebrauch von Dispergentien bei der Beseitigung von ausgelaufenem Erdöl verstärkt oft noch die Folgen.

Viele Städte an der Ostsee haben im letzten Jahrzehnt große Geldbeträge in den Bau von Kläranlagen investiert. Die hier gezeigte Kläranlage der Stadt Kiel bei Bülk an der äußeren Kieler Förde kann täglich bis zu 90000 $m^3$ Abwasser biologisch reinigen.

# Internationale Zusammenarbeit im Ostseeraum

Das Gebiet der Ostsee (Abb. 1) umfaßt neben der eigentlichen Ostsee auch die Bucht von Riga, die Mecklenburger Bucht, die Kieler Bucht sowie den Bottnischen und Finnischen Meerbusen. Im weiteren Sinne wird auch oft der Übergangsbereich zur Nordsee (der Kleine und Große Belt, der Öresund und das Kattegat) mit einbezogen. Etwa 20 Mio. Menschen leben in den Küstengebieten der Ostsee. Sie bilden Teile der Bevölkerung von sieben hochentwickelten Ländern, in denen Landwirtschaft, Industrie, Fischerei und Handel gedeihen, und in denen in vielen bekannten Institutionen hochentwickelte technische und wissenschaftliche Arbeit ausgeführt wird. Im Sommer suchen zusätzlich Millionen Menschen die Küstenbereiche auf, um als Touristen Zugang zu schönen und ungestörten Naturräumen zu haben.

Schon diese kurze Beschreibung gibt einen Hinweis auf mögliche Konflikte in diesem Gebiet, die durch die unterschiedliche Nutzung des Meeres und die verschiedenen Interessenlagen hervorgerufen werden. Landwirtschaftliche, industrielle und andere Aktivitäten erhöhen die Belastung der Ostsee, während zur gleichen Zeit Menschen sauberes Wasser für die Fischerei und die Erholung wünschen.

Die Verschmutzungsprobleme werden noch verstärkt durch die besonderen geographischen und hydrographischen Gegebenheiten (niedriger Salzgehalt, niedrige Temperatur, eingeschlossene fjordähnliche Lage) und biologische Besonderheiten (wenig Arten, die in der Ostsee die Grenzen ihrer geographischen Verbreitung erreichen). Diese Besonderheiten haben schon seit langer Zeit das Interesse verschiedenster Wissenschaftler auf sich gezogen, und eine große Zahl von Forschungszentren hat sich an den Ostseeküsten angesiedelt (Abb. 1). Seit den 50er Jahren haben sich die Umweltprobleme noch verstärkt und bei Wissenschaftlern ein erhöhtes Interesse an der Umweltforschung ausgelöst.

Das Interesse an den Ökosystemen und ihren Funktionen sowie der Wille in allen Ostseeländern, den durch Verschmutzung verursachten Schäden entgegenzuwirken, aber auch die Höhe der Kosten der Umweltforschung, haben in letzter Zeit eine Zunahme der internationalen Zusammenarbeit hervorgerufen, und eine größere Zahl von neuen Organisationen hat sich etabliert. Einige befassen sich speziell mit der Ostsee oder arbeiten auch in anderen Gebieten; bei manchen handelt es sich um offzielle Organisationen, andere haben mehr privaten Charakter und wurden durch die Wissenschaftler selber gegründet.

Im folgenden werden einige Organisationen beschrieben, die sich entweder ausschließlich mit dem Ostseeraum befassen oder in irgendeiner Weise für die internationale Zusammenarbeit im Bereich der Ostsee von Bedeutung sind. Diejenigen, die nur am Rande eine Beziehung zur Ostsee haben, werden ausgelassen, z. B. UN-Organisationen, die OECD und einige nordische Gesellschaften. Zunächst sollen einige zwischenstaatliche Organisationen beschrieben werden:

1973 wurde in Danzig eine Konvention für die Fischerei und die Erhaltung der lebenden Ressourcen in der Ostsee und den Belten unterzeichnet. Sie wird die Danziger Konvention genannt, deren Hauptziel es ist, Maßnahmen zu erarbeiten, durch die eine Überfischung und der Abbau der lebenden Ressourcen in der Ostsee vermieden und die internationale Fischereigesetzgebung erleichtert wird. Um dieses zu erreichen, wurde im Jahre 1974 die internationale Ostsee-Fischereikommission (IBSFC, International Baltic Sea Fisheries Commission) gegründet. Da sich ihr Sekretariat in Warschau befindet, wird sie auch die Warschau-Kommission genannt. Sie bezieht die Beltsee und den Öresund in ihr Interessengebiet mit ein, nicht jedoch das Kattegat. Alle Ostseeländer sind Mitglieder der IBSFC, Dänemark und die Bundesrepublik Deutschland werden jedoch durch die EWG vertreten. Jedes Jahr findet eine Hauptversammlung statt, auf der die nationalen Fischereifangquoten für die wichtigsten Arten diskutiert und festgesetzt werden. Die überwiegend administrative Arbeit der Kommission soll auf wissenschaftlicher Grundlage beruhen, welche besonders vom Internationalen Rat für Meeresforschung (ICES) bereitgestellt wird (s. u.). Die Kommission hat große Schwierigkeiten, Einigungen zu erzielen, und viele ihrer Entscheidungen und Empfehlungen beruhen nicht genügend auf dem zur Verfügung stehenden wissenschaftlichen Rat.

Eine ähnliche Kommission, die Nordost-Atlantische Fischereikommission (NEAFC, North-East Atlantic Fisheries Commission) arbeitet im Kattegat/Skagerrak und in der Nordsee.

Wegen der starken Belastung des Ostseegebietes und der Notwendigkeit, weitergehende Schäden zu verhindern und nach Möglichkeit bereits in Mitleidenschaft gezogene Gebiete wieder zu restaurieren, waren sich im Jahre 1974 alle Ostseeländer einig, eine Konvention zum Schutz der marinen Umwelt im Bereich der Ostsee ins Leben zu rufen. Nach einer Interimsperiode wurde im Jahre 1980 die marine Umweltschutzkommission für die Ostsee (Baltic Marine Environment Protection Commission) gegründet, um die Durchführung der Konvention wahrzunehmen. Sie hat ihr Sekretariat in Helsinki und wird deshalb allgemein als Helsinki-Kommission oder HELCOM bezeichnet. Ihr Zuständigkeitsgebiet umfaßt auch die Beltsee, den Sund und das Kattegat, nicht jedoch die Territorialgewässer. Die Mitgliedstaaten sind sich einig, den Ein-

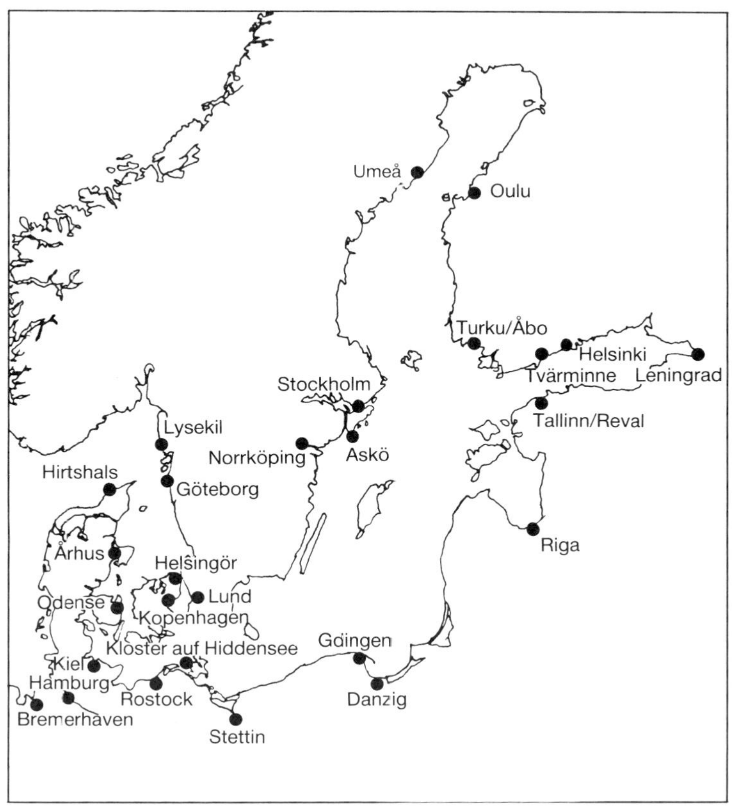

In den genannten Städten befinden sich wichtige Institute, in denen über die Ostsee gearbeitet wird.

leitungen von schädlichen Substanzen vom Land aus, von Schiffen und aus der Luft in das Ostseegebiet entgegenzuwirken. Die Kommission überwacht sowohl die Verteilung von eingeleiteten Substanzen als auch die natürlichen Faktoren im Meer. Die Gesamtsituation wird mit Hilfe von regelmäßigen Überwachungsstudien dokumentiert, an denen eine große Zahl von Wissenschaftlern mitwirkt (Einzelheiten im Kapitel „Maßnahmen zum Schutz der Ostsee").

Wie bereits erwähnt, fällt das Kattegat in den Zuständigkeitsbereich der Helsinki-Kommission. Das Skagerrak und die Nordsee sowie Teile des Nordatlantiks werden von anderen Kommissionen behandelt. Die wichtigsten sind die Paris-Kommission und die Oslo-Kommission, die sich um die Angelegenheiten der entsprechenden Verschmutzungs-Konventionen bezüglich der Verklappung und des Eintrags vom Land her kümmern.

Der Internationale Rat für Meeresforschung (ICES, International Council for the Exploration of the Sea) wurde schon im Jahre 1902 gegründet und ist damit eine der ältesten internationalen wissenschaftlichen Organisationen auf der Welt. 1964 wurde eine besondere Konvention für den Rat verabschiedet, die im einzelnen festlegt, daß die Forschung auf dem Gebiet der Erhaltung der lebenden Ressourcen und ihrer Umwelt vorangetrieben werden soll.

Der Internationale Rat für Meeresforschung befaßt sich mit den verschiedenen europäischen Küstenbereichen außer der Mittelmeerküste, der Grönländischen Küste, der Atlantischen Küste Kanadas und der USA bis zum Kap Hatteras. Insgesamt gehören dem ICES 18 Mitgliedstaaten an, von denen 7 Ostseeländer sind. Auf seinem Gebiet ist der ICES wahrscheinlich die wirkungsvollste internationale Organisation, die auch eine große Rolle im Ostseegebiet spielt.

Der ICES hat drei Hauptarbeitsgebiete. Das erste betrifft Untersuchungen zur Fischbiologie und Fischereiforschung, Bestandsüberprüfung und Konstruktion von Fanggeräten. Das zweite Gebiet umfaßt Überblicke über die marine Umwelt unter Einschluß der Hydrographie und der Meeresverschmutzung. Der dritte Aspekt ist die Beraterfunktion. So werden z. B. die Warschau-Kommission und die Nordostatlantische Fischerei-Kommission (NEAFC) durch den ICES hinsichtlich der Fischereiquoten beraten, außerdem berät der ICES die Paris- und Oslo-Kommissionen über Umweltprobleme.

Die Struktur des ICES ist sehr kompliziert. Von den ständigen Komitees ist eines direkt für die Ostsee zuständig (das Ostsee-Fisch-Komitee), aber auch andere Komitees berühren Ostsee-Fragen. Es gibt etwa 60 Arbeitsgruppen, von denen sich etliche mit der Ostsee beschäftigen, fünf sogar ausschließlich. Unter ihnen befindet sich die ICES/SCOR Arbeitsgruppe für die Untersuchung der Verschmutzung der Ostsee, die sich u. a. mit den wissenschaftlichen Zusammenhängen der Verschmutzung befaßt. Sie wurde in Zusammenarbeit mit dem Wissenschaftlichen Komitee für ozeanische Forschung (SCOR, Scientific Committee for Oceanic Research) ins Leben gerufen, das zu einem anderen System internationaler Organisationen gehört, und zwar zum Internationalen Rat der wissenschaftlichen Vereinigungen (ICSU, International Council of Scientific Unions).

Außer mit SCOR arbeitet ICES auch mit anderen Organisationen zusammen, z. B. mit HELCOM und der zwischenstaatlichen Ozeanographischen Kommission (IOC, Intergovernmental Oceanographic Commisson) der UNESCO, insbesondere was die Methodologie zur Lösung von Umweltproblemen betrifft. ICES hat einen umfangreichen Publikationsservice, aber leider kein populäres Journal.

Obwohl es sich beim ICES nicht um eine spezielle Organisation für die Ostsee handelt, liefert er doch einen großen Beitrag zur Ostseeforschung, insbesondere über Themen, die mit der Produktion im Meer und so auch mit seiner wirtschaftlichen Nutzung zusammenhängen.

Die östlichen sozialistischen Staaten haben seit langem eine Organisation für wirtschaftliche, technische und wissenschaftliche Zusammenarbeit, den Rat für gegenseitige Hilfe (CMEA, Council of Mutual Assistance). Er korrespondiert in der Hauptsache mit dem sogenannten COMECON und ist auch unter dem Begriff „SEV" (Soviet Ekonomitjeskoj Vzaimopomosjtji) bekannt. Mitglieder sind die Sowjetunion, Polen und die Deutsche Demokratische Republik. Die Struktur des CMEA ist sehr kompliziert, und nur wenige Personen haben einen vollständigen Überblick über die gesamte Organisation. Er umfaßt eine große Zahl von Kommissionen, Komitees, Behörden und Körperschaften, sogar Forschungsinstitute und Banken.

Technische und wissenschaftliche Fragen werden oft in Form von Großprojekten behandelt. Eine Zahl solcher Projekte befaßt sich mit marinen Problemen unter Einschluß von Umweltfragen. Einige berühren auch die Ostseebedingungen, z. B. Projekte zur Ökologie der Küstengewässer der Ostsee oder ein Projekt zur Ausarbeitung einer Monographie über die Ostseeökologie. Innerhalb des Rahmens von CMEA gibt es zwischen den drei Ostsee-Mitgliedstaaten auch eine Zusammenarbeit in Fischereifragen.

Die nordischen Länder, zu denen die Ostseeländer Dänemark, Finnland und Schweden gehören, haben eine Reihe von relativ kleinen nordischen Räten für verschiedene Zwecke der Zusammenarbeit gebildet. Einige berühren auch wissenschaftliche Probleme der Ostsee, besonders die nordischen Räte für Meeresbiologie und für physikalische Ozeanographie, deren Hauptaufgaben im Veranstalten von Kursen und dem Austausch junger Wissenschaftler liegen.

Auch ohne eine formelle Organisation gibt es ein Netzwerk an Kontakten zwischen den Akademien der Wissenschaften der Ostseeländer. In einigen Ländern sind die Akademien Regierungskörperschaften, in anderen dagegen unabhängige, von den Regierungen unterstützte Institutionen. Die Kontakte kommen auch der Meeresforschung zugute, insbesondere durch die Erleichterung von wechselseitigen Besuchen der Meeresforscher aus den einzelnen Ländern.

In den abgehandelten Organisationen haben entweder alle Ostseestaaten oder einige von ihnen Mitglieder. Es gibt aber zusätzlich noch einige bilaterale zwischenstaatliche Organisationen, die mit speziellen Problemen befaßt sind, die nur jeweils zwei Länder betreffen.

1974 wurde von Dänemark und Schweden eine Konvention zum Schutz des Öresundes vor Verschmutzung verabschiedet, als Fortsetzung der langfristigen vorherigen Zusammenarbeit auf diesem Gebiet. Die sogenannte Sund-Kommission führt die praktischen Dinge aus. Die Arbeit besteht in erster Linie in der Kartierung der Belastung mit Schadstoffen und der Überwachung der Situation insgesamt. Auf den jährlichen Treffen werden Informationen über die ergriffenen Maßnahmen zur Verminderung der Verschmutzung ausgetauscht.

Eine ähnliche Kommission, die Oder-Haff-Kommission wurde von der Deutschen Demokratischen Republik und Polen eingesetzt, um die Verschmutzungsprobleme im Mündungsbereich der Oder, an der Grenze zwischen beiden Ländern, zu prüfen.

Finnland und Schweden haben in den 70er Jahren das Komitee für den Bottnischen Meerbusen eingerichtet mit der Hauptaufgabe, die Umweltsituation im Bottnischen Meerbusen zu überwachen. Die Aktivitäten sind zum großen Teil an das Programm der Helsinki-Kommission angepaßt.

Finnland und die UdSSR haben seit langem ein wissenschaftlich-technologisches Kooperations-Komitee, unter dem seit 1968 eine Reihe von Komitees und Arbeitsgruppen im Finnischen Meerbusen tätig gewesen sind. Die jüngste dieser Gruppen ist die Finnisch-Sowjetische Arbeitsgruppe zum Schutz des Finnischen Meerbusens (Finnish-Soviet Working Group for the Protection of the Gulf of Finland). Sie behandelt eine Reihe von Fragen, die mit der marinen Umwelt verbunden sind, z. B. Abwassereinleitungsfragen, Ölverschmutzung und mathematische Modellierung. Symposien und andere Konferenzen werden veranstaltet. Für verschiedene Zwecke wurden etliche Untergruppen gebildet.

Wissenschaftlich-technologische Arbeitsgruppen wurden auch von Dänemark und der UdSSR sowie von Schweden und der UdSSR gebildet. Sie befassen sich z. T. mit Umweltproblemen der Ostsee, ohne daß sie jedoch ihre Arbeit in dem Maße formalisiert hätten wie Finnland und die UdSSR. Es gibt auch eine formelle Kooperation zwischen der Deutschen Demokratischen Republik und Schweden, die sich auch mit Ostseeproblemen befaßt, sowie zwischen Dänemark und Schweden (unter Einschluß Norwegens) über den Übergangsbereich zwischen der Ostsee und der Nordsee.

Nur die Bundesrepublik Deutschland ist in diesem Zusammenhang ausgelassen. Ihre formellen kooperativen wissenschaftlichen Aktivitäten mit den anderen Ostseestaaten laufen über die IBSFC, HELCOM und ICES oder über direkte Kontakte zwischen den Wissenschaftlern. Die formelle Zusammenarbeit über Ostseefragen wird auch bei den verschiedenen Verhandlungen zwischen den Regierungen berücksichtigt.

Das Ostseegebiet ist sehr klein und besitzt gut entwickelte Verbindungen. Dies erleichtert viele inoffizielle Kontakte zwischen den Wissenschaftlern in den verschiedenen Ländern neben der offiziellen Zusammenarbeit, die oben beschrieben wurde. Da der größte Teil der Arbeit der zwischenstaatlichen Organisationen angewandter Art ist, haben viele inoffizielle Kontakte das Ziel, die Grundlagenforschung weiterzubringen und die Beziehungen zwischen der Grundlagenforschung und der angewandten Wissenschaft zu intensivieren.

Die Zusammenarbeit zwischen den einzelnen Wissenschaftlern kann entweder völlig auf privater Grundlage oder auf Austauschbasis zwischen den Universitäten oder anderen Institutionen beruhen. Der bereits erwähnte Austausch zwischen den Akademien der Wissenschaften gehört ebenfalls dazu. Der Bedarf an Zusammenarbeit, an Symposien oder anderen Konferenzen über bestimmte Themen hat zur Gründung von zwei unabhängigen Ostsee-Organisationen geführt:

1957 wurde die erste Konferenz der Baltischen Ozeanographen (CBO, Conference of Baltic Oceanographers) in Helsinki abgehalten. Bereits vor dem Zweiten Weltkrieg hatten einige hydrographische Tagungen stattgefunden. Seit 1960 findet alle zwei Jahre eine Konferenz der Baltischen Ozeanographen statt, wobei der Konferenzort zwischen den einzelnen Ostseeländern wechselt. Die CBOs werden als offene Symposien für alle interessierten Wissenschaftler abgehalten und behandeln in erster Linie die physikalischen und chemischen Grundlagen der Ostsee sowie biologische Fragestellungen, die mit der Produktivität des Meeres verbunden sind, wie Primärproduktion und Planktonverteilung. Zwischen den Konferenzen gibt es einige Kontakte zwischen den sogenannten „älteren Wissenschaftlern" (Senior Scientists) in den verschiedenen Ländern.

11 Jahre später, im Jahre 1968 wurde die Organisation der Baltischen Meeresbiologen (BMB, Baltic Marine Biologists) in Rostock von Meeresbiologen aus allen Ostseestaaten gegründet. Diese Organisation ist straffer aufgebaut als die der Baltischen Ozeanographen. Es gibt eine Versammlung, ein Komitee und eine Zahl von Arbeitsgruppen. Ihre wichtigsten Ziele und Aufgaben sind es, die Kontakte zwischen den Meeresbiologen des Ostseeraums zu erleichtern, die meeresbiologischen Ostsee-Symposien (jedes zweite Jahr) zu veranstalten, gemeinsam wissenschaftliche Methoden zu erarbeiten und gemeinsame Forschung durchzuführen. Beide Organisationen, die CBO und BMB, beziehen die Beltsee, den Sund und das Kattegat in ihre Interessensgebiete mit ein. Sie kooperieren miteinander und mit einigen anderen zwischenstaatlichen Organisationen, insbesondere mit dem ICES und der HELCOM. Die Ergebnisse der Konferenzen und Symposien werden publiziert.

Rund 250 bis 300 Wissenschaftler und Verwaltungsbeamte aus dem Ostseegebiet sind in den oben beschriebenen internationalen Körperschaften tätig. Vergleicht man diese Zahl mit der der Organisationen, so läßt sich bereits erkennen, daß viele Personen in zwei oder mehreren von ihnen mitwirken. In der Tat kennen sich die meisten Personen, die in den Gremien mitwirken, persönlich. Dies erleichtert wiederum die Zusammenarbeit zwischen den Organisationen und zwischen den Ländern. Das Ergebnis ist, daß der Ostseeraum eines der am besten untersuchten Gebiete der Erde ist. Allerdings ist nichts so gut, daß es nicht verbessert werden könnte. Eine schwerfällige Bürokratie macht viel von dem Fortschritt zunichte, besonders im Hinblick auf eine Verminderung der Verschmutzung und auf Maßnahmen für die wirtschaftlich wichtige Fischerei. Die vielen Organisationen, die sich direkt oder in ihren zahlreichen Arbeitsgruppen mit Ostseefragen beschäftigen, konkurrieren zum Teil miteinander oder führen Doppelarbeit aus. Nächste Schritte sollten deswegen die weitere Festigung der Zusammenarbeit und eine Rationalisierung der Anstrengungen sein, möglicherweise durch Zusammenlegen einzelner Körperschaften oder ihrer Gliederungen.

*Bernt I. Dybern*

Der Forschungskutter „Alkor"
des Instituts für Meereskunde
an der Universität Kiel bei
ozeanographischen Arbeiten
in der Kieler Bucht

Das Institut für Meereskunde
an der Universität Kiel

# Maßnahmen zum Schutz der Ostsee – die Helsinki-Konvention

*Die Konvention und ihr Hintergrund*

Die Ostsee ist das größte Brackwassermeer der Erde (368 000 $km^2$), an das sieben hochentwickelte Industrienationen grenzen. Etwa 15 Prozent der gesamten industriellen Weltproduktion haben hier ihren Ursprung. Die Ostsee bietet wichtige Transportwege, und gleichzeitig dient sie vielen Menschen als Nahrungsquelle. Mehr als 100 Mio. t Erdöl werden jährlich auf der Ostsee transportiert. Die Fischanlandungen liegen in der Größenordnung von 1 Mio. t pro Jahr. Strände und Inseln dienen etwa 16 Mio. Einwohnern aus dem Küstenbereich zur Erholung.

Die Ostsee ist ein relativ junges Meer. Sie ist nur durch enge Wege zwischen den dänischen Inseln mit der Nordsee verbunden, die infolge ihrer geringen Tiefe den Wasseraustausch stark begrenzen. Das Gesamtvolumen des Ostseewassers beträgt etwa 20 000 $km^3$, der jährliche Ausstrom etwa 5 % dieser Menge. Schätzungsweise dauert die Erneuerung des Ostseewassers etwa 20–30 Jahre. Die durchschnittliche Tiefe beträgt nur etwa 55 m; das Gotlandtief ist jedoch tiefer als 450 m, was ökologisch von Bedeutung ist.

Ein anderer Faktor, der das Leben in der Ostsee stark beeinflußt, ist das Klima, mit großen Temperaturunterschieden zwischen dem Sommer und dem langen kalten Winter. Zumindest teilweise vereist die Ostsee in jedem Winter. Unterschiedliche Temperaturen und Salzgehalte führen zu einer Schichtung des Ostseewassers. Das Fehlen einer vollständigen Durchmischung, verursacht durch die Dichteunterschiede zwischen dem leichten Oberflächenwasser und dem schweren, salzreichen Tiefenwasser, erhöht die Gefahr einer Verschmutzung der Ostsee. Der Austausch des stagnierenden, manchmal sauerstofffreien Tiefenwassers, hängt von dem Einstrom an salzreichem Wasser aus der Nordsee ab. Wenn der Austausch von Wasser zwischen der Ostsee und Nordsee gering ist, erfolgt der weitere Abbau der organischen Substanz nach Verbrauch des Sauerstoffs im Tiefenwasser durch anaerobe Prozesse.

In den 60er Jahren nahm die Einleitung von Abwässern aus den Städten, der Industrie und von Schiffen her sowie auch der Eintrag von schädlichen Substanzen aus der Luft erheblich zu. Die Zukunft der See war bedroht. Im Jahre 1972 wurde auf der UN-Umweltkonferenz in Stockholm die Einleitung von Sofortmaßnahmen zum Schutz der Meere empfohlen. Die Konferenz betonte das Prinzip der „Einmaligkeit der Erde" und forderte, daß die wirtschaftliche Entwicklung sich innerhalb des von der Natur gesetzten Rahmens bewegen solle. Mit zunehmender Meeresverschmutzung wurde die internationale Zusammenarbeit zum Schutz der Lebensräume des Meeres immer wichtiger. Dabei behindert das globale Ausmaß der Umweltprobleme des Meeres in keiner Weise regionale Lösungen. Im Gegenteil, auf regionaler Ebene können die Staaten sogar schnellere Fortschritte erzielen. Der Stockholmer Aktionsplan setzte sich für regionale Lösungsversuche ein.

Berücksichtigt man die lange Tradition, die Finnland auf dem Gebiet der Ozeanographie und der Umweltforschung im Bereich der Ostsee hat, so war es ganz natürlich, daß es seine Bereitschaft erkennen ließ, als Gastgeber für eine Konferenz zum Schutz des marinen Lebensraumes der Ostsee aufzutreten. Schnell wurde das Übereinkommen zum Schutz der Ostsee vorbereitet, und die sieben Ostseeanrainerstaaten Dänemark, Finnland, Deutsche Demokratische Republik, Bundesrepublik Deutschland, Volksrepublik Polen, Schweden und die Union der Sozialistischen Sowjetrepubliken unterzeichneten in Helsinki im März 1974 die Konvention zum Schutz der marinen Umwelt der Ostsee (Helsinki-Konvention), die bis 1980 von allen Vertragsparteien ratifiziert wurde.

Das Übereinkommen bezieht sich auf den Bereich der Ostsee. Obwohl nationale Gewässer der Vertragsparteien nicht in dem Vertragsbereich enthalten sind, tritt jedes Land dafür ein, daß die Ziele der Konvention auch in diesen Gewässern durchgesetzt werden sollen. Die Vertragspartner ergreifen sowohl einzeln als auch gemeinsam alle geeigneten Maßnahmen, um die Verschmutzung zu verhindern und den marinen Lebensraum der Ostsee zu schützen.

Die Konvention schuf ein Leitungsgremium, die Ostsee-Kommission zum Schutz der marinen Umwelt, auch als Helsinki-Kommission bekannt. Das Sekretariat der Kommission hat seinen Sitz in Helsinki. Für die Periode von 1974 bis 1980 wurde eine Interimskommission gegründet. Diese und ihre Hilfsorganisationen hielten während ihres Bestehens zahlreiche Sitzungen ab, um die Anwendung der Helsinki-Konvention vorzubereiten und um mit den Aufgaben zu beginnen, die mit ihrer Durchführung verbunden sind.

*Organisation der Arbeit*

Basierend auf der Tradition der Interimskommission einigte sich die Helsinki-Kommission später über eine innere Organisationsstruktur, die zwei ständige Komitees und eine ständige Expertengruppe umfaßt. Das wissenschaftlich-technische Komitee (Scientific-Technological Committee, STC) berät die Kommission speziell in Fragen, die mit der Verschmutzung von Land her und mit dem atmosphärischen Eintrag, mit Verklappungen sowie wissenschaftlicher und technischer Zusammenarbeit im Bereich des Monitoring und der Erfassung des Zustandes der marinen Umwelt verbunden sind. Die Vorbereitung dieser Aufgaben wurde den ad hoc-Hilfsorganen – „ad hoc-Arbeitsgruppen" – übertragen.

Das maritime Komitee (Maritime Committee, MC) berät die Kommission über die Verhinderung der Verschmutzung von Schiffen aus, auch über die entsprechenden Aspekte der Sicherheit der Navigation und die Verminderung von schädlichen Einflüssen auf die marine Umwelt. Die ständige Expertengruppe für die Zusammenarbeit bei der Bekämpfung der Meeresverschmutzung (permanent Expert Group on Cooperation in Combatting Matters, EGC) bereitet für die Kommission das Material vor, das sich mit der Bekämpfung der Meeresverschmutzung befaßt, welche besonders durch den Eintrag von Öl oder von anderen schädlichen Substanzen verursacht wird. Die Arbeit des maritimen Komitees (MC) und der ständigen Expertengruppe (EGC) ist eng mit der zwischenstaatlichen Seeschiffahrts-Organisation (IMO) verbunden und berücksichtigt die Entscheidungen, die von der IMO getroffen werden.

Die Kommission und die Komitees treffen sich mindestens einmal im Jahr. Jede Vertragspartei hat eine Stimme in der Kommission, die ihre Entscheidungen einmütig trifft. Der Vorsitz der Kommission wechselt alle zwei Jahre zwischen den Ländern (in alphabetischer Reihenfolge der Bezeichnung der Länder in der englischen Sprache). Zum ersten Vorsitzenden der Kommission wurde im Jahre 1980 Dr. Reimo Pekkanen aus Finnland ernannt, der von Hubertus Lindner aus der Deutschen Demokratischen Republik abgelöst wurde. Auf dem 5. Treffen der Kommission im Jahre 1984 wurde Dr. Peter Ehlers von der Bundesrepublik Deutschland als neuer Vorsitzender nominiert.

Die Arbeits-Sprache ist Englisch. Der Stab des Sekretariats wird von dem geschäftsführenden Sekretär, zwei Fachsekretären und vier Assistenten gebildet. Als erster geschäftsführender Sekretär wurde 1980 Prof. Aarno Voipio aus Finnland gewählt, der die wissenschaftlich-technische Arbeitsgruppe (STWG) während der Übergangsperiode geleitet hatte. Seit August 1984 ist Prof. Harald

Velner aus der UdSSR geschäftsführender Sekretär der Kommission.

*Prinzipien und Hauptarbeitsgebiete der Kommission*

Der Schutz und die Verbesserung der marinen Umwelt des Ostseegebietes sind Aufgaben, die nicht wirkungsvoll durch nationale Anstrengungen allein erreicht werden können. Die Praxis der Kommissionsarbeit hat gezeigt, daß Zusammenarbeit zwischen den Staaten mit unterschiedlicher politischer und wirtschaftlicher Struktur möglich und auch wirksam sein kann. Sie ist ein wesentlicher Bestandteil der friedlichen Zusammenarbeit und gegenseitigen Verständigung zwischen allen europäischen Staaten.

Die Helsinki-Konvention ist jedoch nicht nur der erste regionale Zusammenschluß zum Schutz der marinen Umwelt. Sie bezieht sich auch auf die Herkunft der Verschmutzung, die den Meeresraum betrifft, und zwar vom Land her, aus der Luft, von Schiffen, von den Aktivitäten am Meeresboden und von anderen Quellen. Diese übergreifende Einstellung war neu in der internationalen Praxis, und deshalb dient die Helsinki-Konvention als ein Modell für viele regionale Konventionen in verschiedenen Bereichen der Welt im Rahmen der UNEP.

Die Helsinki-Konvention ist im Grunde eine Rahmenkonvention. Sie besteht aus der Präambel, 29 Artikeln und 6 Anhängen, die einen wichtigen Teil der Konvention bilden. Obwohl der Eintrag vom Land her etwa ¾ der Gesamtmeeresverschmutzung der Ostsee ausmacht, enthält die Helsinki-Konvention wesentlich mehr detaillierte Bestimmungen, die das Meer vor der Belastung durch Schiffe schützen sollen. Die Vertragsparteien verpflichten sich, alle geeigneten Maßnahmen zu ergreifen, um die Verschmutzung aus allen Quellen zu begrenzen, in erster Linie die durch gefährliche und schädliche Substanzen (Anhänge I u. II). Die Kriterien und Standards für die Einleitung von Abwässern ins Meer sollen in Übereinstimmung mit der fortgeschrittenen Technologie ausgearbeitet werden (Anhang III). Die Forschungsarbeit auf See und in den Laboratorien wird durch die Kommission angeregt und koordiniert. Die Konvention enthält zahlreiche Verordnungen, die die Verhinderung der Verschmutzung von Schiffen aus in Übereinstimmung mit den Bestimmungen der MARPOL-Konvention (1973/78) über die Ostsee als Sondergebiet (Anhänge IV u. V) regeln. Anhang IV enthält spezielle Verordnungen über die Zusammenarbeit bei der Bekämpfung der Meeresverschmutzung durch Öl oder andere schädliche Substanzen.

Die Helsinki-Kommission arbeitet eng mit anderen internationalen Organisationen und bilateralen Gruppen zusammen (IBSFC, ICES, IMO, UN ECE, UNEP, WHO/EURO, IAEA, WMO, Oslo- und Paris-Kommissionen, die Sowjetisch-Finnische Expertengruppe für den Finnischen Meerbusen, das Schwedisch-Finnische Kommitee für den Bottnischen Meerbusen, u.s.w.). Die beiden zuletzt genannten Organisationen führen die Helsinki-Konvention in den Gebieten des Finnischen und Bottnischen Meerbusens aus und erstatten der Kommission auf dem Wege über ihr wissenschaftlich-technisches Komitee Bericht. Die Kommission hat keine Macht, ihre Entscheidungen gegenüber den sieben Ostseestaaten durchzusetzen. Deshalb werden die Entscheidungen, die von der Kommission einvernehmlich getroffen wurden, als Empfehlungen an die Regierungen der Vertragsparteien betrachtet. In der Zeit zwischen 1980 bis 1984 wurden 36 HELCOM-Empfehlungen verabschiedet. Die Entscheidungen oder Empfehlungen werden in die nationalen Gesetzgebungsprozesse der sieben Staaten aufgenommen. Die Kommission verfolgt dann die Durchsetzung der Maßnahmen.

Das 5. Treffen der Kommission wurde auf Ministerebene im März 1984 abgehalten. Die Vertragsparteien gaben ihre nationalen Berichte über die Durchführung der Konvention ab. Zusätzlich wurden die wichtigsten Aktivitäten und Ergebnisse der Kommissionsarbeit in der Publikationsreihe der Kommission „Baltic Sea Environment Proceedings" Nr. 1–13 veröffentlicht.

*Fortschritte in der ersten Dekade 1974–1984*

*Wissenschaftlich-technischer Bereich*

Die Ziele der Helsinki-Kommission sind sehr vielseitig. Eine der wichtigsten Aufgaben besteht darin, dem Eintrag von gefährlichen Substanzen, wie z. B. PCBs, PCTs sowie DDT und seinen Derivaten, aus der Luft, dem Wasser oder anderen Quellen entgegenzuwirken. Das dritte Treffen der Kommission empfahl den Vertragsparteien, nationale Verordnungen über ein absolutes Verbot der Einbringung von PCB-haltigen Produkten in die Ostsee zu erlassen. Außerdem wurde empfohlen, daß die Länder alle Möglichkeiten untersuchen sollten, PCBs in ihren gegenwärtigen Anwendungsbereichen zu ersetzen. Im Jahre 1982 empfahl die Kommission, die Anwendung und die Produktion von DDT und seinen Derivaten zu beenden und den Handel mit diesen Produkten im Bereich der Ostseestaaten zu beenden. Es wurde außerdem empfohlen, zusätzlich zu DDT und PCBs auch die PCTs in die Liste der gefährlichen Substanzen aufzunehmen. Die jüngste Forschung hat gezeigt, daß die Höhe der Konzentrationen an DDT und PCBs in den verschiedenen Kompartimenten der Ostsee abgenommen hat.

*Belastung durch Verschmutzung*

Was die Verschmutzung vom Land aus betrifft, z. B. durch Eintrag über direkte Abwassereinleitung, durch die mit den Flüssen transportierten Substanzen, durch sogenannten diffusen Eintrag aus landwirtschaftlichen Bereichen und aus der Luft, sollen alle Maßnahmen ergriffen werden, um die Verunreinigung des Meeres zu kontrollieren und zu vermindern. Bestimmte Stoffe sollen mit Nachdruck behandelt werden: schädliche Substanzen, z. B. Schwermetalle (Quecksilber, Cadmium, Blei u. a. ), beständige Pestizide, Öl, hölzerne und radioaktive Substanzen. Realistischerweise ist es unmöglich, die Einleitungen der meisten Substanzen in das Meer völlig zu stoppen. Die Vertragsparteien ergreifen jedoch alle geeigneten Maßnahmen, um die Verunreinigung durch solche Substanzen strikt zu begrenzen.

Die Vertragsparteien haben eine sehr intensive Zusammenarbeit eingeleitet, um allgemeine Kriterien und Standards für Zulassungen herauszufinden, die gemeinsam definiert werden und deren Anwendung den nationalen Regierungen empfohlen wird. In den ersten Jahren nach Unterzeichnung der Konvention hat die Interimskommission ausführlich die Philosophie diskutiert, wie die wissenschaftlich-technischen Grundlagen für die verschiedenen Kriterien und Standards ermittelt werden sollen. Sollen diese von den Konzentrationen an schädlichen Substanzen ausgehen, die in der Umwelt gefunden werden oder von den einzuleitenden Mengen oder von den technischen Anforderungen an die Abwasserbehandlung?

Die Mehrheit der Experten war der Meinung, der logische Weg sei die Benutzung von Umweltkriterien. Allerdings war es klar, daß es in vielen Fällen unmöglich sein würde, Anforderungen an die Einleitungen aus den Umweltkriterien abzuleiten ohne genügendes Wissen über die komplizierten Dosis-Wirkungsbeziehungen.

Bei einigen Staaten beruht die Philosophie des Gewässerschutzes auf der Vorgabe, beste Technologie bei der Produktion und der Abwasserbehandlung anzuwenden. Allerdings mag auch diese Philosophie zu einer ungleichen Verteilung der für den Gewässerschutz benutzten Ressourcen führen. Deshalb hielten es die Vertragsparteien für nötig, gleichzeitig Richtlinien anzuwenden, die Elemente aller erwähnten Denkrichtungen enthalten.

Die nationalen Informationen über die Auswirkungen des Eintrags von schädlichen Substanzen mit höchster Priorität aus den verschiedensten Quellen auf die marine Umwelt sowie über den Gebrauch, die Produktion und über gesetzliche und andere Maßnahmen zur Verringerung der Verschmutzung wurden zusammengefaßt. Zahlenmäßige Richtlinien für die Begrenzung von Einleitungen und die Konzentrationen dieser Substanzen in der Umwelt werden vorbereitet.

*Überwachung und Feststellung des Zustandes des Ostsee*
Als Grundlage für die Ermittlung des Verschmutzungszustandes der Ostsee und als Hintergrundinformation für die Entscheidungsträger wurde von der Kommission ein Überwachungsprogramm für das offene Meer angeregt, das aus regelmäßigen Beobachtungen von verschiedenen chemischen, biologischen und physikalischen Eigenschaften besteht.
Während die Ergebnisse des gemeinsamen Überwachungsprogramms erwartet wurden, führte die Kommission in Zusammenarbeit mit dem Internationalen Rat für Meeresforschung (ICES) eine Erhebung des Zustandes der Ostsee durch, die sich auf die verfügbaren wissenschaftlichen Erkenntnisse über die Bedingungen in der Ostsee und auf die in der zugänglichen Literatur publizierten Informationen stützte. Diese intensive Arbeit, an der mehr als 40 kompetente Experten aus allen Ostseestaaten teilnahmen, wurde 1980 abgeschlossen und in den „Baltic Sea Environment Proceedings" Nr. 5 A und B veröffentlicht.

*Technologische Entwicklung*
Eine wichtige Aufgabe bei der Arbeit der Kommission war es, technologische Forschung und Entwicklung anzuregen, die nötig sind, um Mittel und Wege zur Begrenzung und in einigen Fällen zur Verhinderung des Eintrags von verschiedenen Schadstoffen in den Ostseebereich zu finden. Sieben Seminare wurden auf dem Gebiet der Wasserschutz-Technologie seit 1976 in den Ostseestaaten organisiert. Das letzte Seminar, mit einem Überblick über die Fortschritte bei den Gewässerschutzmaßnahmen seit Unterzeichnung der Helsinki-Konvention, wurde in Espoo, Finnland, im Oktober 1983 abgehalten. Im Frühjahr 1984 wurde eine Konferenz in Karlskrona, Schweden, durchgeführt, wo die technologischen Schutzmaßnahmen im städtischen und landwirtschaftlichen Bereich diskutiert wurden.
Während der letzten Dekade wurden in verschiedenen Ostseestaaten bei der Konstruktion wirkungsvoller städtischer Kläranlagen Fortschritte erzielt. In den meisten Fällen wird die biologische Reinigungsstufe mit chemischer Ausfällung von Phosphor angewendet. Die größte biologische Kläranlage im Bereich der Ostseestaaten befindet sich in Leningrad, wo schon ca. 1,5 Mio. $m^3$ Abwässer täglich biologisch geklärt werden. Diese wird weiter entwickelt. Eine der fortgeschrittensten chemisch-biologischen Kläranlagen, mit einer Kapazität von 207 000 $m^3$/Tag, wurde in Himmerfjärden, im südwestlichen Bereich von Stockholm, errichtet.

*Der Meeresbereich*
Um die Verschmutzung von Schiffen aus zu verhindern, schreibt die Konvention strikte Begrenzungen für den Eintrag (z. B. von Öl, Chemikalien, Abwässern und Müll) vor. Die Auflagen der Helsinki-Konvention sind aber nur für die Vertragsparteien bindend. Jedoch befahren auch Schiffe von vielen anderen Nationen die Ostsee. Auf Initiative der Ostseestaaten hat die Internationale Meeresorganisation (IMO) Empfehlungen mit dem Ziel verabschiedet, daß auch Schiffe von anderen als den Ostseestaaten die Vorschriften von MARPOL 1973/78 über die Ostsee als Sondergebiet beachten. Ein Verzeichnis für Annahmestellen von Ölrückständen im Ostseebereich und angrenzenden Gewässern wurde 1979 und 1982 veröffentlicht. Die Bekämpfung von Öl und anderen gefährlichen Substanzen ist eine sehr wichtige Aufgabe für die Kommission.
Die Helsinki-Kommission hat sich darauf konzentriert, gemeinsame Ziele bei der Entwicklung der nationalen Kapazitäten gegenüber Ölunfällen zu verfolgen.

*Zukünftige Aktivitäten*
Die bisherige Arbeit hat zu deutlichen Verbesserungen bei einigen der besonders akuten und kritischen Probleme, wie den Gehalten an schädlichen Substanzen in der marinen Umwelt, geführt. Eine deutliche Abnahme an DDT und Quecksilberkonzentrationen in Fischen und anderen Organismen wurde nachgewiesen. Allerdings lassen viele Beispiele erkennen, daß noch nicht alle Probleme gelöst sind. Hierunter befinden sich auch der ansteigende Trend der Nährstoffkonzentrationen in der Ostsee und die Schwankungen der Sauerstoff- und Schwefelwasserstoffgehalte in den tiefen Becken. Diese Phänomene erfordern dringend wirkungsvolle Maßnahmen.
Die wichtigste Aufgabe der HELCOM-Arbeit während der nächsten Jahre wird es sein, die Verschmutzung von Land aus zu vermindern. Im Bereich der wissenschaftlich-technischen Arbeit wird eine Langzeitstrategie geplant. Weitere praktische Maßnahmen, zur Verhinderung der Verschmutzung von Land aus – HELCOM-Empfehlungen – werden sich in erster Linie auf branchenweise Versuche stützen. Zuerst soll die Verschmutzungsfracht aus den landwirtschaftlichen Bereichen, aus der Holzverarbeitungs- und Papierindustrie sowie den Stadtbereichen vermindert werden. Die laufende Arbeit wird eine Bestandsaufnahme des Zustandes der Ostsee und der Effekte der Verschmutzung auf die natürlichen Ressourcen durch regelmäßige Überwachungen und Überprüfungen umfassen. Gleichzeitig wird die Verschmutzungsfracht von kontrollierten und unkontrollierten Quellen untersucht werden, um unser Verständnis darüber zu verbessern, wie durch verschiedene technologische Maßnahmen der Zustand der Ostsee verbessert werden könnte.
Die Kommission wird weitere Richtlinien zur Verhinderung der Einleitung von chemisch gefährlichen Substanzen von Schiffen her ausarbeiten, ebenso für den Bau von Ölauffanganlagen in den Häfen. Aufmerksamkeit wird auch der Bekämpfung von Öl bei Vereisung sowie der Bekämpfung von Einträgen anderer schädlicher Substanzen gewidmet. Die Entwicklung von Gesetzen über die Verantwortlichkeit für Schäden, die durch Nichtbeachtung oder Zuwiderhandlung gegen die Konvention entstehen, wird in Übereinstimmung mit dem Seerecht fortgesetzt.
Die Ergebnisse der internationalen Zusammenarbeit zwischen den Ostseeanliegerstaaten sind insgesamt ermutigend. Die Ostsee-Schutzkommission (Marine Environment Protection Commission) bietet ein Modell für internationale Zusammenarbeit, das geeignet ist, als Beispiel für andere internationale Organisationen auf der Welt zu dienen.

*Harald Velner*

# Nachwort der Herausgeber

Die Gestaltung einer populärwissenschaftlichen Gesamtdarstellung der Ostsee erwies sich als eine ebenso reizvolle wie schwierige Aufgabe. Bei der Erstellung der Gliederung war darauf zu achten, daß das Werk nicht zu einer Abhandlung über die Anrainerstaaten ausuferte. Deshalb haben wir auf Kapitel über die Vorgeschichte, Geschichte, Landwirtschaft usw. der betreffenden Länder verzichtet. Hingegen erfuhren die großen Inseln und die Hafenstädte als Berührungspunkte von Ostsee und Festland eine besondere Betonung. Die Beschränkung der Beiträge auf eine Länge von nur wenigen Seiten verlangte den Autoren den Zwang zu äußerst knapper Darstellung ab. Nur so konnte der Gesamtumfang in einem vertretbaren Rahmen gehalten werden.

Auch hinsichtlich der Allgemeinverständlichkeit mußten wir besondere Anforderungen stellen, die mit dem wissenschaftlichen Anspruch in Übereinstimmung zu bringen waren. Dies betrifft beispielsweise die Schreibweise der Namen. Grundsätzlich wurden deutsche Namen und die im Deutschen eingebürgerte Schreibweise bevorzugt, so z. B. das bei uns weithin unbekannte dänische ø in der Regel durch ö ersetzt. Andererseits haben wir besondere Wünsche ausländischer Autoren, soweit es uns vertretbar erschien, berücksichtigt. Die Verfasser der Beiträge zeichnen grundsätzlich für ihren jeweiligen Text verantwortlich; für zugehörige Abbildungen nur dort, wo sie namentlich im Bildnachweis genannt werden. Der intensive Kontakt zwischen Herausgebern und Autoren hat zu zahlreichen Verbesserungen in der Entstehungsphase geführt, die auch der Einheitlichkeit des Werkes zugute kamen. Dafür danken wir allen Autoren.

Ein wesentliches Element unserer Konzeption war die Heranziehung zahlreicher Fachleute, um so dem Leser eine Information aus erster Hand zu ermöglichen. Ganz bewußt haben wir auch verschiedenen Sichtweisen Raum gegeben, so zum Beispiel bei den Städtemonographien. Hier wird nicht selten eine verschiedene Bewertung historischer Daten durch deutsche und ausländische Autoren spürbar.

Daß ein so vielfältiges Werk mit einer neuartigen Konzeption nicht jeden kritischen Leser voll befriedigen kann, liegt in der Natur der Sache. Für Anregungen und Hinweise sind Autoren, Herausgeber und Verlag stets dankbar.

*Jürgen Newig* *Hans Theede*

# Anhang

## Wegweiser zu Archiven der Ostseestaaten

Archive sind Institutionen im Spannungsfeld von Vergangenheit und Gegenwart einerseits und Verwaltung und Wissenschaft andererseits. Die in ihren Magazinen verwahrten Pergamenturkunden, Protokollbände, Amtsbücher, Akten, Rechnungsbücher, Karteien, Karten, Pläne, Filme, Fotos, elektronische Speichermedien und Sammlungen entstanden in Erfüllung rechtlich, funktional und zumeist auch regional definierter Aufgaben. Ihr Archivgut zeugt von politischem, administrativem, gerichtlichem, kulturellem, militärischem und gesellschaftlichem Wandel und bietet gleichzeitig die Grundlage zu dessen Analyse und Interpretation. Die archivalischen Quellen sind aufs engste verknüpft mit dem Schicksal der Länder, Staaten, Städte und Gemeinden, mit den Kirchen, Klöstern, Orden und Glaubensgemeinschaften, mit den Institutionen, Firmen und Betrieben sowie mit den Dynastien, Familien und Personen, in deren Wirkungsbereich sie erwuchsen. Da die Archivüberlieferung durchweg einmalig ist, gilt es, ihren Verbleib aufzuspüren, ihre Aussagekraft als Korrektiv zu vorliegenden Publikationen zu nutzen und auf ihrer Kenntnis neue Forschungsergebnisse aufzubauen.
Der nachfolgende Überblick muß sich nach kurzen Skizzen des staatlichen Archivwesens im Ostseebereich auf die Angabe der wichtigsten Archivadressen beschränken. Dabei werden durchweg Kenntnisse der historischen Verhältnisse, vor allem des wechselnden Territorialbestandes der heutigen Ostseestaaten, vorausgesetzt. Die Probleme, die sich hieraus ergeben, lassen sich durch Anfragen bei den genannten Archiven sicherlich im einzelnen klären.
Reizvoll und ergiebig dürfte es für den Forscher sein, von den kleineren, lokalen Archiven auszugehen und mit dem Weg des Schriftguts auch Möglichkeiten und Grenzen von Archivüberlieferung und -organisation auszuloten. In der DDR, Volksrepublik Polen und UdSSR empfiehlt es sich aber, im Vorwege Quellenlage und -zugänglichkeit mit den zentralen Archivverwaltungen abzuklären.

### *Bundesrepublik Deutschland*

An der kurzen Ostseeküste der Bundesrepublik Deutschland verfügen die Hafenstädte Flensburg, Kiel und Lübeck über hauptamtlich geführte Stadtarchive. Die Bedeutung Lübecks als Vorort der Hanse und ehemals freie Reichsstadt (bis 1937) fand ihren Niederschlag in einem reichhaltigen Archivbestand, von dem heute, bedingt durch fatale Folgen des Zweiten Weltkriegs, bedeutende – insbesondere die mittelalterlichen – Teile nicht mehr vor Ort, sondern in Ostberlin, Potsdam und Lübben in der DDR und in Moskau in der UdSSR weitgehend unzugänglich aufbewahrt werden. Für Flensburg muß auf die weit über die Ostsee hinausgehenden Handelsverbindungen in der Zeit des dänischen Gesamtstaates und für Kiel auf die Rolle als preußischer und deutscher Marinehafen verwiesen werden.
Beide Städte gehörten stets zu Schleswig-Holstein, dessen Überlieferung, im Lande gewachsen und durch einen deutsch-dänischen Archivalienaustausch abgerundet, im Landesarchiv Schleswig-Holstein, Schleswig, zusammengeführt wurde und wird. Die historischen Bezüge des heutigen Bundeslandes Schleswig-Holstein sind jedoch eng verbunden mit der Geschichte Dänemarks bis 1864, Preußens bis 1945 und des Deutschen Reiches.
Doch gilt es, gerade mit Blick auf die Ostsee, stets die Einbindung in die Geschichte Dänemarks (s. u.), des Deutschen Reiches und Preußens zu beachten.
In der Bundesrepublik Deutschland hat das Bundesarchiv die Aufgabe, die Überlieferung des Deutschen Bundes (ab 1815), des Norddeutschen Bundes (ab 1867), des Deutschen Reiches (ab 1871), der deutschen zonalen Verwaltungseinrichtungen (1945–1949) und der Bundesregierung und ihrer Dienststellen zu übernehmen und zu verwahren. Hinzu kommt die Verantwortung für das Schriftgut militärischer Provenienz. Nach Verlagerungen im Zweiten Weltkrieg sind darüber hinaus die Stadtarchive von Schwerin und Reval (Tallinn) in die Verwahrung des Bundesarchivs gelangt.
Die Akten der früheren preußischen Zentralbehörden und einiger Provinzialarchive, darunter Bestände der Staatsarchive Danzig und Königsberg, befinden sich im Geheimen Staatsarchiv Preußischer Kulturbesitz, Berlin.
Allgemein ist zu berichten, daß sich Archivalien sowohl der ehemaligen Reichs- als auch oberster und oberer preußischer Behörden ebenfalls im Zentralen Staatsarchiv der DDR in Potsdam (s. u.) befinden. So empfiehlt es sich in Zweifelsfällen, beim Bundesarchiv oder beim Geheimen Staatsarchiv Überlieferungsfragen für den ehemals deutschen Ostseebereich vorzuklären und erst danach DDR- oder Auslandsarchive anzuschreiben.

Bundesarchiv
Am Wöllershof 12
5400 Koblenz

Bundesarchiv-Militärarchiv
Wiesenthalstr. 10
7800 Freiburg i. Br.

Geheimes Staatsarchiv
Preußischer Kulturbesitz
Archivstraße 12–14
1000 Berlin 33 (Dahlem)

Landesarchiv Schleswig-Holstein
Schloß Gottorf
2380 Schleswig

Stadtarchiv Flensburg
Rathaus
Am Pferdewasser 1
2390 Flensburg

Stadtarchiv Kiel
Rathaus
2300 Kiel

Hansestädtisches Archiv Lübeck
Mühlendamm 1–3
2400 Lübeck

### *Deutsche Demokratische Republik*

Das Archivwesen der DDR ist durch die Ministerratsverordnung vom 17. Juni 1965 geregelt. Dadurch wurden insgesamt neun Staatsarchive (Dresden, Greifswald, Leipzig, Magdeburg, Meiningen, Potsdam, Rudolphstadt, Schwerin und Weimar), denen durch Verordnung vom 11. März 1976 Historische Staatsarchive lediglich als Außenstellen zugeordnet wurden, errichtet und nach sozialistischem Eigentumsverständnis die meisten Archivalien zu staatlichem Eigentum (staatlicher Archivfonds) erklärt. Über Benutzungsanträge von Personen, die nicht in der DDR wohnen, entscheidet die staatliche Archivverwaltung des Ministeriums des Innern. Dorthin müssen sich demnach auch Forscher wenden, die Auskunft über Bestände ostseenaher Staats- oder Stadtarchive erhalten oder Einsicht in deren Akten nehmen möchten.

Staatliche Archivverwaltung der DDR
Berliner Straße 98–101
DDR–1500 Potsdam

Zentrales Staatsarchiv –
Historische Abteilung II
Weiße Mauer 48
DDR–4200 Merseburg

Zentrales Staatsarchiv – Abteilung
Sozialismus und Historische Abteilung I
Berliner Straße 98–101
DDR–1500 Potsdam

Staatsarchiv Greifswald
Martin-Andersen-Nexö-Platz 1
DDR–2200 Greifswald

Stadtarchiv Greifswald
Rat der Stadt
DDR–2200 Greifswald

Stadtarchiv Rostock
Hinter dem Rathaus 5
DDR–2500 Rostock

Stadtarchiv Stralsund
Badenstraße 13
DDR–2300 Stralsund

Stadtarchiv Wismar
Vor dem Amtsgericht 1
DDR–2400 Wismar

### *Polen*

Seit den Grenzverschiebungen nach dem Zweiten Weltkrieg gehören ehemals deutsche Archive nunmehr zur Volksrepublik Polen, zur DDR und UdSSR. Zwischen Polen und der DDR hat 1965 ein Austausch von Archivalien stattgefunden.
Über Einzelheiten informiert die polnische Archivverwaltung. Von besonderer Bedeutung sind die Staatsarchive Danzig, in dem auch die Akten des 1919–1939 amtierenden Generalkommissars der Republik Polen erhalten sind, und Stettin, in dem auch die Stadtarchive Kolberg und – teilweise – Bestände aus Cammin, Köslin und Leba überliefert sind.

Naczelna Dyrekcja Archiwów Pánstwowych
(Generaldirektion der Staatsarchive)
Ul. Dluga, Postfach 1005
PL—00950 Warszawa

Wojewódzkie Archiwum Pánstwowe w Gdańskū
(Staatsarchiv Danzig)
Ul. Waly Piastowskie 5
PL—80958 Gdańsk

Wojewódzkie Archiwum Pánstwowe w
Koszalinie (Staatsarchiv Köslin)
Ul. Zwyciestwa
PL—75001 Koszalin

Wojewódzkie Archiwum Pánstwowe w
Szczecinie (Staatsarchiv Stettin)
Ul. Wojciecha 13
PL—70410 Szczecin

*UdSSR*

Nach der Oktoberrevolution 1917 erklärte das Dekret vom 1. Juni 1918 „Über die Reorganisation und Zentralisation des Archivwesens" die Archivalien in ihrer Gesamtheit zum Volkseigentum. Der staatliche Archivfonds wurde durch Beschlüsse der KPdSU und des Ministerrats der UdSSR vom 13. August 1958, 28. Juli 1961 und 25. Juli 1963 neu geregelt und der Archivhauptverwaltung der Status einer zentralen Behörde für die wissenschaftliche und organisatorisch-methodische Leitung des Archivwesens der UdSSR zuerkannt. Ihr unterstehen nicht nur die Zentralen Staatsarchive der Oktoberrevolution, der Volkswirtschaft, der Sowjetarmee, der Kriegsflotte etc., sondern auch die Archivverwaltungen der Unionsrepubliken, in denen es in der Regel jeweils ein Zentrales Staatsarchiv der Republik und ein Zentrales Historisches Staatsarchiv sowie ein Netz von Regional-, Gebiets- und Kreisarchiven gibt. Benutzungsanträge, deren Genehmigung vielfach von partei- und gesellschaftspolitischen Themenstellungen abhängig gemacht wird, sind zu richten an:

Glavnoe archivnoe upravlenie priv
Sovete ministrov SSR (Generaldirektion der Archive beim Ministerrat der UdSSR)
Bolšaja Pirogovskaja 17
SU—119435 Moskau

*Finnland*

Aus diesem Staat, dessen Geschichte mit derjenigen Schwedens und der der Sowjetunion aufs engste verbunden ist, seien die ostseenahen Landesarchive Vasa, Åbo (Turku) und Jyväskyla sowie das Landschaftsarchiv der Ålandinseln und das Stadtarchiv Helsingfors genannt. Sie stehen in Umfang und Bedeutung jedoch deutlich hinter dem Reichsarchiv und dem Kriegsarchiv zurück.

Valtionarkisto/Rigsarkivet (Reichsarchiv)
Rauhankatu 17
SF—00171 Helsinki

*Schweden*

Das schwedische Archivwesen ist stark differenziert und erfordert eine Darstellung in Anlehnung an die Geschichte dieses Staates. Da dieser Überblick aber knapp gehalten werden soll, sei nur auf die Landesarchive Lund und Uppsala, die sich an die alten geistlichen Zentren anlehnen, sowie Vadstena, Härnosand, Östersund im Landesinnern und Visby auf der Insel Gotland verwiesen. Hinzu kommen Stadtarchive wie Malmö, Göteborg, Västerås mit dem Volksbewegungsarchiv (folkrörelse arkiv), Gävle, Norrköping sowie nicht zuletzt Stockholm und Uppsala. Ferner finden sich gerade auch in den Herrenhäusern der bedeutsamen Adelsfamilien häufig aufschlußreiche Unterlagen aus Schwedens Großmachtzeit im 17. und 18. Jahrhundert. Als Besonderheit sei das historische Archiv des statistischen Zentralamts (Statistika Centralbyrån, Linnégatan 87, Stockholm) hervorgehoben, das, aus der 1749 gegründeten Tabellkommission hervorgegangen, über ausführliche Emigrantenregister sowie genealogisches und statistisches Material verfügt. Schließlich verwahrt das Kriegsarchiv in seinen vier Sektionen weit über Schweden und den Ostseebereich hinausgreifende Akten des 1620 eingerichteten Kriegskollegiums und seiner Nachfolgebehörden sowie vor allem eine herausragende Kartensammlung.

Rigsarkivet (Reichsarchiv)
Fyrverkarbacken 13—17
S 10026 Stockholm

Kungliga Krigsarkivet (Königl. Kriegsarchiv)
Banérgatan 64
S 10026 Stockholm 80

*Dänemark*

Das dänische Archivwesen ist seit dem ausgehenden 19. Jahrhundert klar gegliedert in das Reichsarchiv und drei Provinzarchive — seit 1907 Landesarchive —, zu denen nach der neuen Grenzziehung mit Deutschland im Jahre 1931 das Apenrader Archiv hinzukam. Die Landesarchive übernehmen das Schriftgut der staatlichen Lokalverwaltungen ihres Archivsprengels und stehen für die Verwahrung der kommunalen, seit 1976 auch der Guts- und Privatarchive offen. Im Reichsarchiv finden sich die Archivalien der Zentralbehörden und der landesweit zuständigen Institutionen des Königreichs. Seit 1971 ist ihm das Heeresarchiv als besondere (3.) Abteilung eingegliedert worden. Nach langen Vorbereitungen und manchen Provisorien konnte im Jahre 1962 endgültig das Wirtschaftsarchiv in Århus eingerichtet werden. Neben diesen staatlichen Archiven existieren vielerlei lokalhistorische Archive und Sammlungen, über deren Spezialbereiche Reichsarchiv und Landesarchive informieren können ebenso wie über die in den Jahren 1918—1939 stattgehabten Archivalienaustauschverhandlungen mit Schweden, Norwegen und Deutschland.

Rigsarkivet (Reichsarchiv)
Rigsdagsgården 9
DK—1218 Kopenhagen K

Landsarkivet for Fyn (Landesarchiv für Fünen)
Jernbanegade 36
DK—5000 Odense

Landsarkivet for Nørrejylland
(Landesarchiv für Nordjütland)
Ll. Sct. Hansgade 5
DK—8800 Viborg

Landsarkivet for de Sønderjyske Landsdele
(Landesarchiv für Nordschleswig)
Haderslevvej 45
DK—6200 Apenrade

Landsarkivet for Sjaelland
(Landesarchiv für Seeland)
Jagtvej 10
DK—2200 Kopenhagen N

Erhvervsarkivet/Status Erhvervshistoriske Arkiv (Wirtschaftsarchiv)
Vester Allé 12
DK—8000 Århus C

*Reimer Witt*

## Herausgeber

*Prof. Dr. Jürgen Newig* (geb. 30. 3. 1941) lehrt seit 1968 an der Pädagogischen Hochschule Kiel. Arbeitsgebiete: Fremdenverkehrsgeographie der Küstenorte, historische Kartographie, Didaktik.
Anschrift: Pädagogische Hochschule Kiel, Institut für Geographie und ihre Didaktik, Olshausenstr. 75, D-2300 Kiel

*Prof. Dr. Hans Theede* (geb. 17. 12. 1934) arbeitet seit 1962 im Institut für Meereskunde in Kiel und habilitierte sich 1971 an der Universität Kiel für das Fach Zoologie. Arbeitsgebiete: Ökologie und Physiologie der Meerestiere, Abwasserbelastung.
Anschrift: Institut für Meereskunde an der Universität Kiel, Düsternbrooker Weg 20, D-2300 Kiel 1

## Autoren

*Prof. Gunnar Alexandersson* (geb. 14. 3. 1922) ist seit 1964 o. Prof. für internationale ökonomische Geographie an der Handelshochschule Stockholm. Arbeitsgebiete: Städtesystem der Industrieländer, Häfen und Seetransporte, Industriegeographie.
Anschrift: Department of Geography, Stockholm School of Economics, Box 6501, S-11 383 Stockholm. Besuchsadresse: Sveavägen 65

*Dr. Rule von Bismarck* (geb. 21. 3. 1926) Ltd. Akad. Direktor am Geologischen Institut, seit 1974 Direktor des Wandernden Museums der Universität Kiel.

*Prof. Dr. Maria Bogucka* ist seit 1980 o. Prof. und Leiterin der Sektion Kulturgeschichte des 16.–18. Jh. im Institut für Geschichte der Polnischen Akademie der Wissenschaften. Arbeitsgebiete: Sozial- und Kulturgeschichte des 16.–18. Jh.
Anschrift: Institut für Geschichte, Polnische Akademie der Wissenschaften, 00-272 Warszawa, Rynek St. Miasta 29/31, Polen

*Dr. Dan Carlsson* (geb. 1946) ist historischer Geograph und Archäologe am Institut für Human-Geographie der Universität Stockholm. Seit einigen Jahren leitet der ein interdisziplinäres Forschungsprojekt über die Landwirtschaft auf Gotland von der Eiszeit bis zum Mittelalter.
Anschrift: Styrmansgatan 499, S-621 50 Visby, Sweden

*Dozent Dr. Carl Olof Cederlund* (geb. 16. 10. 1938) ist seit 1967 Chef-Kurator am „Swedish National Maritime Museum" in Stockholm. Er begann seine Laufbahn als einer der archäologischen Berater bei der Ausgrabung der Wasa 1961. 1967–1984 war er Leiter der Abteilung für Felduntersuchungen des Museums, seitdem ist er mit Forschungsprojekten und der Universitätsausbildung in Maritimer Archäologie betraut. 1984 wurde er Dozent für Maritime Archäologie an der Universität Stockholm, der erste für dieses Fachgebiet in Schweden.

*Dr. Theo(dor) Christiansen* (geb. 3. Juni 1909 in Berlin) war bis 1984 Direktor des Städtischen Museums in Schleswig.

*Prof. Dr. Friedrich Defant* (geb. 14. 4. 1914) ist emeritierter o. Prof. für Meteorologie an der Universität Kiel. Er war u. a. 1946–61 Hochschulassistent und Dozent in Innsbruck, 1950/51 Gastprof. in den USA, 1956–60 Prof. am int. meteorol. Inst. Stockholm, seit 1961 Prof. am Institut für Meereskunde in Kiel. 1968–72 Geschäftsführender Direktor des IfM. Arbeitsgebiet: Probleme der allgemeinen atmosphärischen Zirkulation und atmosphärischen Synoptik. Teilnahme an vielen ozeanographischen und meteorologischen Forschungsfahrten.

*Dr. Manfred Bernhard Diehl* (geb. 1931 in Hannover), Promotion und Staatsexamen im Institut für Meereskunde in Kiel. Höherer Schuldienst bis 1971, aktiv in der Fachdidaktik; in den Schulferien marin-ökologische Forschungsaufenthalte in Neapel, Kristineberg, Plymouth, Millport, Trondheim. 1967/68 DFG-Forschungsjahr mit „Meteor"-Expedition. 1971–1973 Zoologisches Institut und Museum der Universität Hamburg. Seit 1973 Direktor des Naturhistorischen Museums der Hansestadt Lübeck, dabei Ausbau zu einem aktuellen naturkundlichen Landesmuseum mit vielseitiger Öffentlichkeitsarbeit und Museumspädagogik. Herausgeber einer Schriftenreihe zur lokalen Naturdokumentation. Mitglied des Beirates für Naturschutz und Landschaftspflege und mehrerer Naturschutzverbände. Betreuungs- und hydrobiologische Untersuchungsarbeiten in Naturschutzgebieten des Deutschen Bundes für Vogelschutz. Vorsitzender der Gruppe Lübeck im DBV.

*Studiendirektor Dr. Friedrich W. Dwars* (geb. 16. 3. 1926) ist Studienleiter für Geographie am Seminar Neumünster für Gymnasien.

*Marianne Dwars* (geb. 15. 8. 1936) ist freie Journalistin. Beiträge zur Kultur und Heimatkunde in regionalen und überregionalen Zeitungen und Zeitschriften.

*Dr. Bernt I. Dybern* (geb. 7. 6. 1928) ist Fischereibiologe und zur Zeit Direktor des Instituts für Meeresfischerei, Lysekil, Schweden. Mitglied mehrerer internationaler Organisationen für Meeresforschung.
Anschrift: Institut für Meeresfischerei, Box 4, 453 00 Lysekil, Schweden

*Waldemar Heinrich Ehlers* (geb. 1921) lebt als Schriftsteller in Sanitz bei Rostock. Romane „Hanna Mahler" und „Hamans Haus", Erzählungen „Königskinder".

*Doz. Dr. habil. Władysław Filipowiak*, Muzeum Narodowe in Szczecin, PL 70-561 Szczecin.

*Prof. Dr. Klaus Friedland* (geb. 28. Juni 1920) lehrt an der Universität Kiel. Arbeitsgebiete: Hansegeschichte, Ostseegeschichte, Seefahrts- und Seerechtsgeschichte

*Prof. Dr. Viggo Hansen* war von 1966 bis 1983 o. Prof. für Kulturgeographie an der Universität Kopenhagen. Arbeitsgebiete: Landwirtschaftsentwicklung, Siedlungsgeographie und Historische Geographie.

*Prof. Dr. Stig Jaatinen*, Geographisches Institut, Universität Helsinki. Emeritus seit 1982. Herausgeber des Nationalatlas von Finnland (Suomen Kartasto/Atlas över Finland/Atlas of Finland) 5. Ausgabe (seit 1974).

*Prof. Dr. Bengt-Owe Jansson* ist Direktor des Askö-Laboratoriums und Professor für Meeresökologie an der Universität Stockholm. Über 10 Jahre leitete er das Projekt „Dynamik und Energiefluß des Ostsee-Ökosystems". Zur Modellierung der Ökosysteme zog er Felduntersuchungen heran und benutzte Computer-Simulationstechniken. Er ist Mitglied der Kgl. Schwedischen Akademie der Wissenschaften.
Anschrift: University of Stockholm, Institute of Zoology, S-106 91 Stockholm, Schweden

*Prof. Dr. Aage H. Kampp*, 1960–61 Professor für Wirtschaftsgeographie der Universität Bonn, sonst an der Dänischen Hochschule für Lehrerfortbildung. Arbeitsgebiet: Kulturgeographie.

*Prof. Dr. Heinz Klug* (geb. 28. April 1933) habilitierte sich 1965 in Kiel, war von 1974 bis 1981 o. Prof. an der Universität Regensburg und ist seitdem Professor an der Universität Kiel. Arbeitsgebiete: Küsten- und Meeresgeographie, Geosystemforschung.

*Christine Knupp-Uhlenhaut M. A.*, geb. von Portatius (geb. 10. 3. 1938) ist seit 1980 Leiterin des Grafschafter Museums und der Städt. Galerie in Moers. 1976–79 Bearbeiterin der Ausstellungsreihe „Norddeutsche Künstlerkolonien" am Altonaer Museum in Hamburg.
Anschrift: Grafschafter Museum im Moerser Schloß, Kastell 9, 4130 Moers

*Dr. Björn R. Kommer* (geb. 7. 1. 1942), Kunsthistoriker, seit 1976 stellvertr. Direktor des Museums für Kunst- und Kulturgeschichte der Hansestadt Lübeck. Arbeitsgebiete: Stadtgeschichte Lübecks, Architekturgeschichte, neuere Kulturgeschichte, Kunsthandwerk (16.–19. Jh.)
Anschrift: Museum für Kunst- und Kulturgeschichte der Hansestadt Lübeck, Düvekinstr. 21, D-2400 Lübeck 1

*Dr. Dietrich König* (geb. 16. 12. 1909 in Weltwitz, Thüringen), 1928 bis 1933 Studium Zoologie, Botanik, Geographie, Chemie in Jena und Wien. Dr. phil. nat. 1933. Staatsexamen 1934. 1936 bis 1954 Forschungsstelle Westküste, zuerst Büsum, dann Husum (1940 bis 1945 unterbrochen durch Kriegsdienst). 1955 bis 1974 als Gewässerökologe in Kiel bei der Wasserwirtschaftsabteilung des Minist. f. Ernährung, Landwirtschaft und Forsten und beim Landesamt für Wasserhaushalt und Küsten.

*Prof. Dr. Rolf Köster* (geb. 31. Mai 1929), seit 1969 Prof. für Geologie an der Universität Kiel. Arbeitsgebiete: Allgemeine Geologie, Sedimentologie, Küstengeologie.
Anschrift: Geologisch-Paläontologisches Institut der Universität Kiel, Olshausenstraße 40–60, D-2300 Kiel

*Prof. Dr. Hans R. Krämer*, Dipl. Volkswirt, Dr. jur., Diplomé de l'Academie de Droit International de la Haye, Professor für Recht und Wirtschaft internationaler Organisationen an der Universität Kiel, Forschungsgruppenleiter am Institut für Weltwirtschaft.
Anschrift: Institut für Weltwirtschaft, Düsternbrooker Weg 120–122, Postfach 4309, D-2300 Kiel 1

*Prof. Dr. W. Krauß* (geb. 1. 1. 1931). Studium der Meteorologie und Ozeanographie in Berlin und Hamburg. Direktor der Abteilung Theoretische Ozeanographie am Institut für Meereskunde in Kiel.
Anschrift: Institut für Meereskunde, Düsternbroker Weg 20, D-2300 Kiel

*Dr. Wolfgang Laur* (geb. 1921 in Riga) ist am Landesarchiv Schleswig-Holstein in Schleswig tätig. Arbeitsgebiet: Orts- und Flurnamenkunde.
Anschrift: Landesarchiv Schleswig-Holstein, Schloß Gottorf, D-2380 Schleswig

*Prof. Dr. Jürgen Lenz* (geb. 13. März 1933) vertritt das Fach Biologische Meereskunde mit dem Spezialgebiet Produktionsbiologie des Planktons und gehört seit 1964 dem Institut für Meereskunde an der Universität Kiel an.
Anschrift: Prof. Dr. Jürgen Lenz, Abt. Marine Planktologie, Institut für Meereskunde, Düsternbrooker Weg 20, D-2300 Kiel 1

*Prof. Dr. Erkki Leppäkoski* (geb. 25. 1. 1941) ist seit 1974 Associate Professor für Ökologie und Umweltschutz am Institut für Biologie der Åbo-Akademie in Finnland. Arbeitsgebiete: Biologie, Schutz und Nutzung von Küstengewässern.
Anschrift: Åbo-Akademie, SF-20500 Turku/Åbo 50, Finnland

*Dr. Thomas Lundén* (geb. 29. März 1943) ist seit 1977 Privatdozent für Kulturgeographie und seit 1979 Vorstand des „Institute for English-Speaking Students" und der „International Graduate School" der Universität Stockholm. Forschungsgebiete: Stadtgeographie und Politische Geographie.
Anschrift: IES, Stockholms Universitet, S-106 91 Stockholm, Schweden

*Dr. Hans-Georg Möller* (geb. 16. 9 1945) ist Hochschulassistent am Fachbereich Erdwissenschaften der Universität Hannover. Arbeitsgebiete: Geographie des Fremden- und Freizeitverkehrs, Stadt-, Agrargeographie, politische Geographie.

*Prof. Dr. Gerd Müller* (geb. 19. Februar 1939) ist seit 1975 o. Professor für Deutsch und Didaktik des Deutschen an der Pädagogischen Hochschule Kiel. Arbeitsgebiete: Literatur des 18. Jhds., Deutsche Literaturgeschichte, Gegenwartsliteratur.
Anschrift: Seminar für Deutsche Sprache und Literatur und ihre Didaktik, PH Kiel, Olshausenstraße 75, D-2300 Kiel 1

*Prof. Dr. Walter Nellen* ist Professor für Fischereibiologie am Institut für Meereskunde in Kiel. Er befaßt sich mit Fragen der Rekrutierung von Fischen; insbesondere interessieren ihn dabei die Lebensansprüche und die Lebenssituation der Eier und Larven. Fischzuchtverfahren für die Produktion von Fischen durch die Aquakultur und biologische Grundlagen der Binnenfischerei sind weitere Themen seines Arbeitsbereichs.
Anschrift: Institut für Meereskunde, Düsternbrooker Weg 20, D-2300 Kiel

*Heinz Neukirchen*, (geb. 1915), Admiral der Volksmarine a. D., lebt in Rostock. Erzählende Sachprosa, u. a. „Piraten-Seeraub auf allen Meeren", „Geusen – der Freiheitskampf der Niederlande", autobiographische Erzählung „Seemacht im Spiegel der Geschichte".

*Dr. Marcus Petersen*, Ltd. Regierungs-Baudirektor a. D. im Landesamt für Wasserhaushalt und Küsten, Kiel.
Privatanschrift: 2301 Mönkeberg über Kiel, An den Eichen 52

*Prof. Dr. Raimo Pullat* (geb. 1935) ist stellvertretender Vorsitzender des Republikrates für die Koordination der wissenschaftlichen Tätigkeit auf dem Gebiet der Natur- und Gesellschaftswissenschaften beim Präsidium der Akademie der Wissenschaften der Estnischen SSR. Arbeitsgebiete: Städtegeschichte und historische Demographie.
Anschrift: Institut für Geschichtswissenschaften der Akademie der Wissenschaften d. ESSR, Estonia-Allee 7, 200101 Tallinn, Sowjetunion

*Prof. Dr. Dietrich Schnack*, (geb. 1943) ist Professor und Direktor der Abteilung Fischereibiologie des Instituts für Meereskunde an der Universität Kiel. Nach seiner Promotion im Fach Fischereibiologie und Biologische Meereskunde 1971 war er zunächst als wissenschaftlicher Angestellter, dann als Hochschulassistent am Kieler Institut tätig. Im Anschluß an einen Forschungsaufenthalt in Kanada wurde er 1977 zum Professor für Biologische Ozeanographie an die Universität Hamburg (Institut für Hydrobiologie und Fischereiwissenschaft) berufen. 1983 kehrte er nach Kiel zurück und übernahm dort die Leitung der Abteilung Fischereibiologie. Sein Arbeitsgebiet ist derzeit auf Fragen zur Dynamik fischereilich genutzter Organismenbestände ausgerichtet. Im Vordergrund stehen Untersuchungen zur Ökologie mariner Fischbrut.
Anschrift: Institut für Meereskunde, Düsternbrooker Weg 20, D-2300 Kiel

*Prof. Dr. Karl-Theodor Schreitling* (geb. 1. 8. 1926) lehrt seit 1972 an der Pädagogischen Hochschule in Kiel. Arbeitsgebiete: Botanik, Ökologie.
Anschrift: Pädagogische Hochschule Kiel, Institut für Biologie und ihre Didaktik, Olshausenstr. 75, D-2300 Kiel

*Prof. Dr. Reinhard Stewig* (geb. 1929) ist Professor für Geographie an der Universität Kiel. Hauptarbeitsgebiete: Stadtforschung, Landeskunde.

*Prof. Dr. Karl Wilhelm Struve* (geb. 12. 2. 1917 in Elmshorn), Ltd. Museumsdirektor i. R. des Schleswig-Holsteinischen Landesmuseums für Vor- und Frühgeschichte d. Universität Kiel, Schleswig, Schloß Gottorf. Honorarprofessor an der Universität Kiel.
Privatanschrift: Ulmenweg 9, D-2380 Schleswig

*Prof. Dr. Harald Velner* ist seit 1984 geschäftsführender Sekretär der Ostsee-Schutz-Kommission (Helsinki-Kommission), Professor für Abwassertechnik der Technischen Universität Tallinn (seit 1970), Doktor der technischen Wissenschaften (seit 1969).
Anschrift: Eteläesplanadi 22 C 43, SF-00130 Helsinki 13

*Manfred Vollack*, geb. 1940 in Stettin (Pommern); lange Jahre Lektor in einem geographischen Schulbuchverlag in Kiel, jetzt freiberufl. Lektor und Publizist. Zahlreiche Veröffentlichungen zur Landeskunde und Geschichte Pommerns und benachbarter Gebiete.

*Prof. Dr. Karl Weigand* lehrt seit 1957 an der PH Flensburg und seit 1970 gleichzeitig an der Universität Kiel. Arbeitsschwerpunkte: Geographie und ihre Didaktik und Regionale Landeskunde von Schleswig-Holstein.
Anschrift: Jahnstr. 2, 2390 Flensburg

*Dr. Reimer Witt* (1941), Archivdirektor, Leiter des Landesarchivs Schleswig-Holstein, Schriftführer der Gesellschaft für Schleswig-Holsteinische Geschichte. Arbeitsgebiete: Archiv-, Landes- und Kartographiegeschichte Schleswig-Holsteins.
Anschrift: Landesarchiv Schleswig-Holstein, Schloß Gottorf, D-2380 Schleswig

# Literaturhinweise

## Allgemeine Literatur zur Ostsee

Arndt, E. A. (Hrsg.): Zwischen Düne und Meeresgrund. Tiere und Pflanzen des Ostseeraumes, Leipzig-Jena-Berlin 1969

Beiträge zur Meereskunde, Berlin seit 1960

Braun, G.: Das Ostseegebiet, Leipzig 1912

Deutsches Hydrographisches Institut (Hamburg) (Hrsg.): Ostsee-Handbuch IV. Teil. Von Flensburg bis Utklippan und Memel. – Nr. 2003, Hamburg 1959

Gerlach, S. A.: Meeresverschmutzung, Berlin-Heidelberg-New York 1976

Gessner, F.: Meer und Strand, Berlin 1957

Dietrich, G., Kalle, K., Krauß, W. u. Siedler, G.: Allgemeine Meereskunde. Eine Einführung in die Ozeanographie, Berlin-Stuttgart 1975

Hubatsch, W.: Im Bannkreis der Ostsee. Grundriß einer Geschichte der Ostseeländer, Marburg 1948

Hupfer, P.: Die Ostsee. Kleines Meer mit großen Problemen, Leipzig 1979

Industrie- und Handelskammer Lübeck (Hrsg.): Die Wirtschaft im Ostseeraum, Lübeck 1971

Industrie- und Handelskammer Lübeck (Hrsg.): Strukturwandel im Ostseeverkehr. Ostsee-Jb. 1977, Lübeck 1977

Industrie- und Handelskammer zu Lübeck, Perspektiven der Raumordnung im Ostseeraum. Ostsee-Jb. 1981, Lübeck 1981

Koch, M.: Der internationale Ostsee-Fährverkehr, Göttingen 1970

Hoefer, E.: Küstenfahrten an Nord- und Ostsee, Stuttgart 1880/81

Magaard, L. und Rheinheimer, G. (Hrsg.): Meereskunde der Ostsee, Berlin-Heidelberg-New York 1974

Prignitz, H.: Vom Badekarren zum Strandkorb, Leipzig 1977

Remane, A.: Einführung in die zoologische Ökologie der Nord-und Ostsee. In: Die Tierwelt der Nord- und Ostsee (hrsg. v. Grimpe, G. und Wagler, E.) Bd. 1, Leipzig 1940

Surdykowski, J.: Entlang der polnischen Ostseeküste, Warschau 1975

Voipio, A. (Hrsg.): The Baltic Sea, Amsterdam-Oxford-New York 1981

Voipio, H. und Leinonen, M. (Hrsg.): Itämeri, Helsinki 1984

## Kunst

*Wo de Ostseewellen . . .*

Anders, G.: Die Halbinseln Darß und Zingst, Rostock 1955

Gagla, H.: Das plattdeutsche Liederbuch, München 1980

Gertz, R.: Von Künstlern und kulturellen Ereignissen, Zingst 1981

Lüpke, G.: Wo de Ostseewellen . . ., Zeitschrift Pommern Heft 3, 1968

Müller-Grählert, M.: Sünnenkringel. Plattdütsche Gedichte, Barth 1928

*Künstlerkolonien zwischen Flensburg und Memel*

Altonaer Museum in Hamburg: Ausstellungskataloge, Reihe Norddeutsche Künstlerkolonien I–IV. Nidden und die Kurische Nehrung, Hamburg 1976. Rügen-Vilm-Hiddensee, Hamburg 1977. Ahrenshoop, Darß und Fischland, Hamburg 1978. Ekensund und die Flensburger Förde, Hamburg 1979

Kunsthalle Bremen: Ausstellungskatalog. Zurück zur Natur. Die Künstlerkolonie von Barbizon. Ihre Vorgeschichte und Auswirkung, Bremen 1977

Wietek, G. (Hrsg.): Deutsche Künstlerkolonien und Künstlerorte, München 1976

*Lübecker Backsteingotik*

Dehio, G.: Handbuch der deutschen Kunstdenkmäler Hamburg, Schleswig-Holstein, bearbeitet von Habich, J., München-Berlin 1971

Dehio, G.: Handbuch der deutschen Kunstdenkmäler, die Bezirke Neubrandenburg, Rostock, Schwerin, bearbeitet von der Abt. Forschung des Instituts für Denkmalpflege, München-Berlin 1980

Ellger, D. und Kolbe, J.: St. Marien zu Lübeck und seine Wandmalereien. Arbeiten des Kunsthistorischen Instituts der Universität Kiel Bd. 2, Neumünster 1951

Kamphausen, A.: Backstein-Gotik, Heyne-Stilkunde Bd. 13, München 1978

Zaske, N.: Gotische Backsteinkirchen Norddeutschlands zwischen Elbe und Oder, Leipzig 1968

*Die Ostsee in der Literatur*

Die Titel wichtiger Werke werden im Beitrag genannt.

## Geschichte

*Wikingerschiffe, Koggen und andere Schiffstypen*

Cederlund, C. O.: Bulverketbåten – en modell för dokumentation av båt- och fartygslämningar. Fornvännen 75, 1980

Ellmers, D.: Frühmittelalterliche Handelsschiffahrt in Nord- und Mitteleuropa, Neumünster 1971

Ellmers, D.: Kogge, Kahn und Kunststoffboot. 1000 Jahre Boote in Deutschland. Führer des Deutschen Schiffahrtsmuseums Nr. 7, Bremerhaven 1976

Jankuhn, H.: Nydam und Thorsberg. Moorfunde der Eisenzeit, Neumünster 1959

Landström, B.: Das Schiff, Gütersloh 1976

Anmerkung: Der Verfasser dankt H. Alopaeus (Helsinki), D. Ellmers (Bremerhaven), J. Litwin (Danzig) und W. Rudolph (Berlin) für ihre Hinweise bei der Abfassung dieses Beitrags.

*Frühe Völker und Stämme an der Ostsee*

Herrmann, J.: Wikinger und Slawen, Neumünster 1982

*Wollin/Vineta im Lichte archäologischer Forschungen*

Filipowiak, W.: Die Entwicklung der Stadt Wolin vom 9. bis 12. Jahrhundert, Vor- und Frühformen der europäischen Stadt im Mittelalter, Teil II, Göttingen 1974

Kiersnowski, R.: Legenda Winety, Kraków 1950

Kunkel, O., Wilde, K. A.: Jumne, „Vineta", Jomsburg, Julin, Wollin, 5 Jahre Grabungen auf dem Boden der wikinger-zeitlichen Großsiedlung am Dievenowstrom, Stettin 1941

Labuda, G.: Główne momenty dziejowe Bałtyku, Heft 4, Jantar 1947

Leciejewicz, L.: Początki nadmorskich miast na Pomorzu Zachodnim, Wrocław-Warszawa-Kraków 1962

*Haithabu und die Handelsplätze der Wikinger im Ostseeraum*

Jankuhn, H.: Haithabu. Ein Handelsplatz der Wikingerzeit, Neumünster 1976

Leciejewicz, L.: Zur Entwicklung von Frühstädten an der südlichen Ostseeküste, Zeitschr. für Archäologie 3, S. 182–210, 1969

Schietzel, K.: Untersuchung im Hafen von Haithabu und Bergung eines wikingerzeitlichen Schiffswracks. In: The Archaeological Advertiser, S. 94–103, Bad Bramstedt 1980

Schietzel, K.: Stand der siedlungsarchäologischen Forschung in Haithabu – Ergebnisse und Probleme. In: Berichte über die Ausgrabungen in Haithabu 16, S. 5–123, Neumünster 1981

*Die Hanse – Mittler zwischen Ost und West*

Brandt, A. v.: Lübeck – Hanse – Nordeuropa (hrsg. v. K. Friedland und R. Sprandel), Köln-Wien 1979

Dollinger, P.: Die Hanse, Stuttgart 1981

Italiaander, R.: Die große Zeit der deutschen Hanse. Laienmaler gestalten Geschichte. Mit einem Beitrag von K. Friedland: Bild und Wirklichkeit in der Geschichte der Hanse, Husum 1981

Kürtz, H.-J.: Zu Zeiten der Hanse, Lübeck 1983

Schildauer, J.: Die Hanse. Geschichte und Kultur, Stuttgart-Leipzig 1984

## Wirtschaft/Verkehr

*Die Ostsee als Wirtschaftsraum der Anrainerstaaten*

Industrie- und Handelskammer Lübeck (Hrsg.): Ostsee-Jahrbuch, Lübeck, verschiedene Jahrgänge

Krämer, H. R.: Die Stellung der EWG im Bereich der Ostsee, Europa-Archiv 1979, S. 221 ff.

Münch, I. v.: Die gegenwärtige Situation der Ostsee und die Zusammenarbeit zwischen den Anliegerstaaten, Archiv des öffentlichen Rechts Bd. 103, 1978, S. 522 ff.

Platzöder, R.: Völkerrechtliche und politische Auswirkungen der Dritten Seerechtskonferenz der Vereinten Nationen auf Nord- und Ostsee, Ebenhausen bei München 1978

*Verkehr auf der Ostsee*

Alexandersson, G.: The Baltic Straits. In: International Straits of the World, (hrsg. von Mangone, G. J.), Den Haag 1982

Danish Administration of Navigation and Hydrography: Route T, 17 meters Transitroute, Skagen-Gedser N. E., Kopenhagen 1976

Industrie- und Handelskammer Lübeck (Hrsg.): Strukturwandel im Ostseeverkehr, Ostseejahrbuch 1977, Lübeck (1977)

Sikkerhedspoltisk studiegruppe, Östersöen: Geografi, Historie, Ökonomi, Havret, Forsvar, Sikkerhed, Kopenhagen 1979

Vigarie, A.: Ports de commerce et vie littorale, Paris 1979

## Geologie/Geographie

*Die Entstehung der Ostsee*

Gripp, K.: Erdgeschichte von Schleswig-Holstein, Neumünster 1964

Gudelis, V. und Königsson, L.-K.: The Quaternary History of the Baltic, Uppsala 1979
Köster, R.: Junge eustatische und tektonische Vorgänge im Küstenraum der südwestlichen Ostsee, Meyniana 11, S. 23–81, Kiel 1961
Magnusson, N. H., Lundquist, G. und Regnell, G.: Sveriges Geologi, Stockholm 1963
Sauramo, M.: Die Geschichte der Ostsee, Helsinki 1958

*Bernstein – Schatz aus der Vergangenheit*

Andrée, K.: Der Bernstein, das Bernsteinland und sein Leben, Stuttgart 1951
Bismarck, R. von: Bernstein – Gold des Nordens, Neumünster 1972
Reineking von Bock, G.: Bernstein. Das Gold der Ostsee, München 1981
Schlee, D.: Bernstein. Staatliches Museum Schloß Rosenheim, Stuttgart 1978
Weitschat, W.: Leben im Bernstein, Bielefeld 1981

*Küstenformen der Ostsee*

Behrens, S.: Küstentypen in Schweden mit besonderer Berücksichtigung des Einflusses der Grundgebirgsstruktur, Geographische Berichte H. 10/11, S. 78–84, Berlin 1959
Gudelis, V.: Die morphogenetischen Küstentypen der Ostsee (Dtsch. Zusammenfassung). Baltica 3, 123–145, Vilnius 1967
Hupfer, P.: Die Ostsee. Kleines Meer mit großen Problemen, Leipzig 1981
Hurtig, Th.: Die naturräumlichen Großeinheiten des Ostseeraumes und ihre Bedeutung für die Entwicklung der unterschiedlichen Küstenformen (Erkenntnisse und Probleme) Baltica 1, S. 80–100, Vilnius 1963
Liedke, H.: Die Nordischen Vereisungen in Mitteleuropa, Forschungen zur Deutschen Landeskunde Bd. 204, Trier 1981

*Hydrographische Besonderheiten der Ostsee*

Dietrich, G., Kalle, K., Krauß, W. und Siedler, G.: Eine Einführung in die Ozeanographie, Berlin 1975
Magaard, L. und Rheinheimer, G.: Meereskunde der Ostsee, Berlin-Heidelberg-New York 1974

*Sturmfluten und Küstenschutz*

Führböter, A.: Sandbewegung im Küstenraum. Rückschau, Ergebnisse und Ausblick. DFG-Forschungsbericht, Boppard 1979
Kiecksee, H.: Die Ostsee-Sturmflut 1872, Heide 1972
Petersen, M.: Das deutsche Schrifttum über Seebuhnen an sandigen Küsten. Die Küste 9, S. 1–57, 1961
Rodloff, W.: Über den Einfluß des Fremdenverkehrs auf die Schutzanlagen der Ostseeküste Schleswig-Holsteins und die daraus zu ziehenden Folgerungen, Die Wasserwirtschaft H. 12, S. 395–403, 1966. – Hydrologische Betrachtungen zur Ostseesturmflut vom 12./13. November 1872, DGM H. 6, S. 153–158, 1972
Scherenberg, R.: Die Fortschreibung des Generalplanes Deichverstärkung, Deichverkürzung und Küstenschutz in Schleswig-Holstein, 1977, Wasser und Boden, S. 271–275, 1978

*Klima und Wetter*

Defant, F.: Klima und Wetter. In: Meereskunde der Ostsee (hrsg. v. Magaard, L. und Rheinheimer, G.), S. 19–32, Berlin-Heidelberg-New York 1974
Köppen, W.: Die Klimate der Erde, Berlin-Leipzig 1928
Langey, R.: Ostseehandbuch. Klima und Wetter, Seewetteramt Hamburg, DWD, Deutsches Hydrographisches Institut, Hamburg 1967

## Küstenlandschaften

*Die dänischen Inseln – Stapfsteine nach Norden*

Geographische Rundschau H. 11, 1956
Glässer, E.: Dänemark, Stuttgart 1980
Imber, W. und Stockholm P.: Dänemark, Bern 1981
Schon, A. und Antonson, Kr.: Die Nordischen Länder, Braunschweig 1974
Tietze, W.: Luftbildatlas Nordischer Länder, Neumünster 1981

*An Pommerns Küste*

Die Bezirke der Deutschen Demokratischen Republik, Ökonom. Geographie (hrsg. v. *Kohl, H.* u. a.), Gotha-Leipzig 1974
Kohlhoff, K. F.: Neue Heimatkunde von Pommern auf geologischer Grundlage, Köslin 1918
Meyers Reisebücher: Pommern, Leipzig 1931
Piskorski, C.: Pomorze Zachodnie. Mały przewodnik, Warszawa 1980
Wehrmann, M.: Geschichte von Pommern, Frankfurt/Main 1981 (Neudruck d. Ausgabe 1904/1906)

*Die Schären – eine eigenartige Inselwelt*

Skärgårdsboken, Nordenskiöld-samfundet i Finnland, 1948
Hedenstierna, Stockholms skärgård. Geografiska Annaler, 1949
Atlas över Skärgårds-Finnland, Nordenskiöld-samfundet i Finnland, Atlas und Textbuch, Helsingsfors 1974
Skärgård i Omvandling, Nordenskiöld-samfundet i Finnland, Helsingfors 1974
Thornström, C.-G.: Bakom stagnationen, Uppsala 1978

## Große Inseln

*Fehmarn – Bauern- und Ferienland*

Düring, K.: Das Siedlungsbild der Insel Fehmarn, Forschungen zur deutschen Landes- und Volkskunde 32, S. 1–136, Leipzig 1939
Möller, H.-G.: Sozialgeographische Untersuchungen zum Freizeitverkehr auf der Insel Fehmarn, Jahrbuch der Geographischen Gesellschaft zu Hannover für 1974, Hannover 1977
Möller, H.-G.: Zur freizeitorientierten Inwertsetzung des ländlichen Raumes auf Fehmarn: Die Integration des Freizeitverkehrs in Siedlung und Wirtschaft der Landgemeinden Fehmarns. In: Agglomeration und Freizeitraum (hrsg. v. Schnell, P. und Weber, P.), S. 149–165 (= Münsterische Geographische Arbeiten 7), Paderborn 1980

*Rügen – Deutschlands größte Insel*

Dwars, F. W.: Die Entwicklung des Ostseebades Binz auf Rügen, Geographische Rundschau H. 7, Braunschweig 1979
Ewe, H. und Oehler, H.: Rügen, Tourist Wanderatlas, Berlin 1979
Kramm, H.-J.: Rügen. Ökonomisch-geographische Exkursionen, Geographische Bausteine 3, Gotha-Leipzig 1968
Schmidt, K.: Neue Entdeckungen auf Rügen und Hiddensee, Leipzig 1985
Weinitschke, H.: Handbuch der Naturschutzgebiete der Deutschen Demokratischen Republik Bd. 1. Naturschutzgebiete der Bezirke Rostock, Schwerin und Neubrandenburg, Leipzig 1980

*Bornholm – Strand, Wald und Klippen*

Trap, J. P.: Danmark, Bornholms Amt, 1955
Böcher, S. B. & Kampp, A. H.: Verdens Geografi I, 2. edition, 1975
Blemsted, K.: Nordbornholm , Topografisk Atlas Danmark, 1976
Tietze, W.: Luftbildatlas Nordischer Länder, Neumünster 1981

*Gotland – im Zentrum der Ostsee*

Ekstam, U., Jacobsen, R., Mattson, M. und Porsne, T.: Ölands och Gotlands växtvärld. En ekologisk och kulturhistorisk flora. Natur och kultur, Stockholm 1984
Falck, W., Nylen, E., Nylen, K., Schönbäck, B. und Svahnström, K.: Arkeologie på Gotland. Gotlandica nr. 14, Nykoping 1979 (deutsche Zusammenfassungen)
Halfar, W.: Gotland. Glück und Unglück einer Insel, Husum 1981
Lagerlöf, E. und Svahnström, G.: Gotlands Kyrkor. En vägledning, Uddevalla 1973
Verkehrsverein von Gotland: Visby und seine Denkmäler, Visby 1955

## Städte

*Ostsee-Städte – Entwicklung und Merkmale*

Brandt, A. v.: Die Stadt des späten Mittelalters im hansischen Raum. Hansische Geschichtsblätter 96, 1978
Eimer, G.: Die Stadtplanung im schwedischen Ostseebereich 1600–1715. Mit Beiträgen zur Geschichte der Idealstadt, Stockholm 1961
Friedland, K.: Lübeck – Typ der Ostseestadt. Fragen und Feststellungen zur prägenden Kraft neuer Gemeinschaftsformen. In: Veröffentlichung IX. des Senats der Hansestadt Lübeck (hrsg. v. Amt für Kultur), Lübeck 1976
Hroch, M.: Handel und Politik im Ostseeraum während des 30-jährigen Krieges, Prag 1976
Odén, B.: Human Systems in the Baltic Area, Ambio 9, S. 116–119, 1980

*700 Jahre Flensburg*

Gesellschaft für Flensburger Stadtgeschichte (Hrsg.): Flensburg, Geschichte einer Grenzstadt, Flensburg 1966
Stadt Flensburg (Hrsg.): Flensburg, 700 Jahre Stadt. Bd. 1: Flensburg in der Geschichte. Bd. 2.: Flensburg in der Gegenwart, Flensburg 1984
Weigand, K.: Stadt-Umlandverflechtungen und Einzugsbereiche der Grenzstadt Flensburg und anderer zentraler Orte im nördlichen Landesteil Schleswig, Schriften d. Geogr. Inst. der Universität Kiel, 1966

Weigand, K.: Flensburg-Atlas. Die Stadt Flensburg in der deutsch-dänischen Grenzregion in Geschichte und Gegenwart, Flensburg 1978
Weigand, K.: Grenzüberschreitende Reiseströme an der deutsch-dänischen Grenze, Flensburg 1982

*Schleswig – ein wechselhaftes Stadtschicksal*

Christiansen, Th.: Schleswig 1936–1945, Schleswig 1981

*Kiel und seine Beziehungen zur Ostsee*

Bähr, J. (Hrsg.): Kiel 1879–1979. Entwicklung von Stadt und Umland im Bild der topographischen Karte 1 : 25000; Kieler Geographische Schriften Bd. 58, Kiel 1983
Bock, B.: Kiel. Die Geschichte seines Hafens, Kiel 1969
Jensen, G.: Seestadt Kiel. Geschichte und Gegenwart, Neumünster 1975
Stewig, R.: Die Entwicklung der Fährverbindungen Kiels. Eine verkehrsgeographische Betrachtung, Die Heimat, 72. Jahrgang, S. 348– 354, Neumünster 1966
Stewig, R.: Kiel. Einführung in die Stadtlandschaft, Kiel 1971

*Hansestadt Lübeck*

Endres, F.: (Hrsg.): Geschichte der freien und Hansestadt Lübeck, Lübeck 1926
Hasse, M.: Lübeck. Aufnahmen von Wilhelm Castelli, München 1963
Hoffmann, M.: Geschichte der freien und Hansestadt Lübeck, Lübeck 1889
Verschiedene Verfasser: Lübecker Schriften zur Archäologie und Kulturgeschichte, Lübeck 1978, 1979, 1984
Verschiedene Verfasser: Kunst und Kultur Lübecks im 19. Jahrhundert. Hefte zur Kunst und Kulturgeschichte der Hansestadt Lübeck 4, Lübeck 1981

*Mein Rostock*

Richter, M. (Hrsg): Entwicklung der Siedlungsstruktur im Norden der DDR, Gotha-Leipzig 1975

*Rostock und sein Hafen*

Benthien, B.: Die Industrie des Rostocker Raumes, Geogr. Berichte 12, 1967

*Stettin – im Zentrum der Odermündung*

Białecki, T.: Szczecin. Rozwoj miasta w Polsce Ludowej (Stettin. Die Entwicklung der Stadt in Volkspolen), Poznań 1977
Piskorski, C.: Szczecin (Stettin) und Umgebung. Stadtführer, Warszawa 1977
Reepel, M.: Stettin und Umgebung. Ein Führer, Stettin 1939
Schulze, H.: Der Stettiner Hafen. In: Jahrbuch der Hafenbautechnischen Gesellschaft, Stettin 1922/23
Wehrmann, M.: Geschichte der Stadt Stettin, Frankfurt/Main 1979 (Neudruck d. Ausgabe Stettin 1911)

*Danzig/Gdańsk*

Bogucka, M.: Das alte Danzig, Leipzig 1980
Ciéslak, E. (Hrsg.): Historia Gdańska/Danzigs Geschichte Bd. 1, bis zum Jahre 1954, Gdańsk 1978; Bd. 2, 1454–1655, Gdańsk 1982
Epp, W.: Danzig. Schicksal einer Stadt, Esslingen 1983
Simon, P.: Geschichte der Stadt Danzig Bd. 1–3, Danzig 1913–1914, bis zum Jahre 1926

*Gedanken zum Wiederaufbau Danzigs*

Keyser, E.: Danzig. Aufgenommen von der Staatl. Bildstelle, Berlin 1928
Keyser, E.: Die Baugeschichte der Stadt Danzig. In: Ostmittleleuropa in Vergangenheit und Gegenwart 14 (hrsg. v. E. Bahr), Köln-Wien 1972
Ruhnau, R.: Die Freie Stadt Danzig 1919–1939, Berg am See 1979
Vollack, M.: Erlebtes Preußenland. Stationen einer bemerkenswerten Reise durch Pommern, die Neumark, West- und Ostpreußen, Husum 1985

*Königsberg – eine Erinnerung*

Dehio/Gall: Handbuch der Deutschen Kunstdenkmäler – Deutschordensland Preußen (bearb. unter Mitwirkung v. B. Schmid u. G. Tiemann), S. 360–396, München-Berlin 1952
Gause, F.: Geschichte der Stadt Königsberg (3 Bde), Würzburg 1965–69
Peitsch, H.: Wir kommen aus Königsberg, Leer/Ostfriesld 1980
Scharloff, W.: Königsberg – damals und heute. Bilder aus einer verbotenen Stadt, Leer/Ostfriesld 1982
Weise, E. (Hrsg.): Handbuch der historischen Stätten – Ost- und Westpreußen, Stuttgart 1966

*Tallinn (deutsch: Reval) – Hauptstadt der Estnischen SSR*

Pullat, R.: Eesti linnad ja linlased XVIII sajandi lõpust kuni 1917. aastani, Tallinn 1972. (Städte und Stadtbewohner Estlands vom Ende des 18. Jh. bis zum Jahre 1917. Mit einem Resümee in deutscher Sprache)
Pullat, R. (Hrsg.): Tallinna ajalugu kuni 1860. aastani. Tallinn 1976. (Geschichte Tallinns bis zum Jahr 1860)
Pullat, R. und Mereste, U.: Über die Formierung der Tallinner Stadtbevölkerung im 18. Jh. und die Rekonstruktion der Zeitreihen in der geschichtlichen Demographie (anhand der Kirchenbücher). Kölner Vorträge und Abhandlungen zur Sozial- und Wirtschaftsgeschichte H. 3, Köln 1982
Pullat, R.: Tallinn through the Ages, Tallinn 1982
Pullat, R. (Hrsg.): Istorija Tallinna s natschala 60. godov XIX stoletija do 1970. goda. Sostavitelj Raimo Pullat. Tallinn, 1972. (Geschichte Tallinns von 1860 bis zum Jahr 1970)

*Riga – Handelsstadt zwischen Deutschland und Rußland*

Benninghoven, F.: Rigas Entstehung und der frühhansische Kaufmann, Hamburg 1961
Lenz, W.: Die Entwicklung Rigas zur Großstadt, Kitzingen 1954
Ligers, Z.: Geschichte der Baltischen Städte, S. 27–98, Bern 1948
Mettig, C.: Die Geschichte der Stadt Riga, Riga 1897
Noltein, E. von: Riga, ein Reiseführer, Pfaffenhofen 1984

*Leningrad – Schlüssel zum Westen*

Doroschinskaja, J. und Krutschina-Bogdanow, W.: Leningrad und Umgebung, Moskau 1980
Luber, S. und Rostankowski, P.: Die Agglomeration Leningrad – Gegenwärtige und zukünftige Entwicklung, Hannover 1978 (= Beiträge der Akademie f. Raumforschung und Landesplanung, Bd. 25)

*Helsinki – Finnlands Metropole*

Åström, S.-E.: Samhällsplanering och regionalplanering i kejsar-tidens Helsingfors, Helsinki 1957
Helsingfors stads historia, 8 Bde., Helsinki 1950–67
Lilius, H.: Esplanaden, Helsinki 1984 (Text auch in Deutsch)
Suolahti, E. E.: Helsingin neljä vuosisataa, Helsinki 1972
Wickberg, N. E.: Senatstorget, Helsinki 1981 (Text auch in Deutsch)

*Stockholm – alles begann in Gamla Stan*

Högberg, St.: Stockholms Historia, Stockholm 1981
Lundén, Th.: Om Stockholm, Stockholm 1983 (Kulturgeografiska institutionen Stockholms universitet. Preliminary version in English)
Sankt Eriks Årsbok 1903
William-Olsson, W.: Stockholms framtida utveckling, bilaga: Huvuddragen av Stockholms geografiska utveckling 1850–1933, Stockholm 1937, 1941 (Neudruck 1984)
William-Olsson, W.: Stockholm, Structure and Development, Stockholm 1960

*Kopenhagen – Kaufmannshafen*

Andersen, H. T.: Urban industrial areas. Geografisk Tidsskrift, 1984
Böcher, S. B. und Kampp, Aa. H.: Verdens Geografi I, 1975
Fransen, K.-E., Kampp, Aa. H. und Larsen, K.: Valby, 1983
Kampp, Aa. H. et al.: Norden i tekst og kort, 1976
Tietze, W.: Luftbildatlas Nordischer Länder, Neumünster 1981

## Freizeit

*Freizeit und Fremdenverkehr an der Ostsee*

Benthien, B.: Das Erholungsgebiet Ostseeküste – ein Schwerpunkt ökonomisch-geographischer Regionalforschung in den nördlichen Bezirken der DDR. In: Wissenschaftliche Veröffentlichungen des Deutschen Instituts für Länderkunde, NF 23/24, Leipzig 1966
Industrie- und Handelskammer Lübeck (Hrsg.): Trends im Ostsee-Fremdenverkehr, Lübeck 1979
Newig, J.: Große Seebäder an Nord- und Ostsee und ihre Strände. In: An Nord- u. Ostsee, Schleswig-Holsteins Küsten (von Hassenpflug, W., u. a.), Husum 1985
Ritter, W.: Fremdenverkehr in Europa, eine wirtschafts- und sozialgeographische Untersuchung über Reisen und Urlaubsaufenthalte der Bewohner Europas, Leiden 1966
Der Minister für Wirtschaft und Verkehr des Landes Schleswig-Holstein (Hrsg.): Entwicklungsperspektiven für den Fremdenverkehr in Schleswig-Holstein, Kiel 1981

## Tiere/Pflanzen

*Leben am Meeresboden*

Arndt, E. A. (Hrsg.): Zwischen Düne und Meeresgrund, Leipzig-Jena-Berlin 1969
Gessner, F.: Meer und Strand, Berlin 1957

Remane, A. und Schlieper, C.: Die Biologie des Brackwassers, Stuttgart 1958 (Ecology of Brackish Water, Stuttgart-New York 1971)
Theede, H.: Tierwelt I. Ökologie. In: Meereskunde der Ostsee (hrsg. v. Magaard, L. und Rheinheimer, G.), Berlin-Heidelberg-New York 1974
Voipio, A. (Hrsg.): The Baltic Sea, Amsterdam-Oxford-New York 1981

*Schwebende Organismen im Wasser – das Plankton*

Arndt, E. A.: Tiere der Ostsee, Stuttgart 1964
Gessner, F.: Meer und Strand, Berlin 1957
Pankow, H.: Algenflora der Ostsee. II. Plankton (einschl. benthischer Kieselalgen), Jena 1976
Magaard, L. und Rheinheimer, G. (Hrsg.): Meereskunde der Ostsee, Berlin-Heidelberg-New York 1974
Voipio, A. (Hrsg.): The Baltic Sea, Amsterdam-Oxford-New York 1981

*Fische – Robben – Wale*

Arndt, E. A.: Tiere der Ostsee, Wittenberg Lutherstadt 1964
Hempel, G. und Nellen, W.: Fische der Ostsee. In: Meereskunde der Ostsee (hrsg. v. Magaard, L. und Rheinheimer, G.), S. 215–232, Berlin 1974
Ojaveer, E., Lindroth, A., Bagge, O., Lehtonen, M., Toivonen, J.: Fishes and Fisheries. In: The Baltic Sea (hrsg. v. Voipio, A.), S. 276–350, Amsterdam-Oxford-New York 1981
Möbius, K. und Heinke, F.: Die Fische der Ostsee. Wiss. Meeresuntersuchungen 1, S. 193–296, 1884
Remane, A.: Ökologie des Brackwassers. In: Die Biologie des Brackwassers (von Remane, A. und Schlieper, C.). Die Binnengewässer 22, S. 1–216, Stuttgart 1958

*Fischerei – früher und heute*

Gulland, J.: The Fish Resources of the Ocean. FAO Fisheries Technical Paper 97, Rome 1970
Lepiksaar, J. und Heinrich, D.: Untersuchungen an Fischresten aus der frühmittelalterlichen Siedlung Haithabu, Berichte über die Ausgrabungen in Haithabu 10, Neumünster 1977
Ojaveer, E., Lindroth, A., Bagge, O., Lehtonen, H., Toivonen, F.: Fishes and Fisheries. In: The Baltic Sea (hrsg. v. Voipio, A.), Amsterdam-Oxford-New York 1981
Radtke, Ch.: Bemerkung zum mittelalterlichen Fischfang mit Heringszäunen in der Schlei, Berichte über die Ausgrabungen in Haithabu 10, Neumünster 1977
Thurow, F.: Fischerei. In: Meereskunde der Ostsee (hrsg. v. Magaard, L. und Rheinheimer, R.) Berlin-Heidelberg-New York 1974
Thurow, F.: Growth production of Baltic fish community. Rapp, P.-v. Réun. Cons. int. Explor. Mer. 183, 170–179. 1984

*Vögel an der Ostseeküste*

Curry-Lindahl, K. (Hrsg.): Våra Fåglar i Norden, Bd. I, II, III, Stockholm 1957–1961
Curry-Lindahl, K. (Deutsche Bearb. E. u. E. Bezzel): Das große Buch vom Vogelzug, Hamburg-Berlin 1982
Glutz von Blotzheim, U. u. Bauer, K. M., (Hrsg.): Handbuch der Vögel Mitteleuropas, Frankfurt a. M. 1966–1980
Haftorn, S.: Norges Fugler, Oslo-Bergen-Tromsö 1971
Ornithologische Arbeitsgemeinschaft f. Schleswig-Holstein und Hamburg: Vogelwelt Schleswig-Holsteins, 1. Bd., Kiel 1974 (Weitere Veröffentlichungen der Ornithologischen Arbeitsgemeinschaft in der Zeitschrift „CORAX")

*Pflanzenwelt der Ostseeküste*

Eklund, O.: Über die Ursachen der regionalen Verteilung der Schärenflora Südwest-Finnlands, Acta. Bot. Fenn. 8, 1931
Englund, B.: Die Pflanzenverteilung auf den Meeresufern von Gotland, Acta Bot. Fenn. 32, 1942
Jaatinen, St.: Bidrag till kännedomen om de Ålandska Sjöarnas Strandvegetation, Acta Bot. Fenn. 47, 1950
Paul. K.-H.: Morphologie und Vegetation der Kurischen Nehrung, 1. Gestaltung der Bodenformen und ihre Abhängigkeit von der Pflanzendecke, Nova Acta Leopoldiana Halle Bd. 13, Nr. 96, S. 218–275, 1944
Vartiane, T.: Succession of island vegetation in the land uplift area of the northernmost Gulf of Bothnia, Finnland, Acta Bot. Fenn. 115, 1980
Anmerkung: Der Verfasser dankt der Witwe Dr. H. Raabe für die Überlassung unveröffentlichter Notizen von Prof. E. W. Raabe.

## Ökologie/Naturschutz

*Das Ökosystem Ostsee*

Elmgren, R.: Trophic dynamics in the enclosed, brackish Baltic Sea, Rapp. P.-v. Cons. int. Explor. Mer. 183, S. 152–169, 1983
Jansson, B.-O.: The Baltic – a system analysis of a semienclosed sea. In: Advances in oceanography (hrsg. v. Charnock, H. und Deacon, Sir G.), 1978
Jansson, B.-O.: Natural Systems of the Baltic Sea, Ambio 9, Heft 3–4, S. 129–136, 1980
Jansson, B.-O., Wulff, F. und Wilmot, W.: Coupling the subsystems – The Baltic Sea as a case study. In: Flows of energy and materials in marine ecosystems (hrsg. v. Fasham, M. J. R.), 1984

*Naturschutz an der Ostseeküste*

Berichte des Vereins „Natur und Heimat" und des Naturhistorischen Museums zu Lübeck, Lübeck, verschiedene Jahrgänge (Schriftenreihe mit monographischer Darstellung von Großlebensräumen unter dem Aspekt des Naturschutzes)
Heydemann, B. und Müller-Karch, J.: Biologischer Atlas Schleswig-Holstein, Neumünster 1980
Naturschutz heute. Zeitschrift des Deutschen Bundes für Vogelschutz, Kornwestheim
Seevögel. Zeitschrift des Vereins Jordsand zum Schutze der Seevögel e. V., Hamburg

*Naturschutzgebiete im Bereich der schleswig-holsteinischen Ostseeküste*

Meier, O. G. (Hrsg.): Die Naturschutzgebiete in Schleswig-Holstein (eine nach Landschaften gegliederte Reihe in 12 Bänden), Heide in Holstein
Minister für Ernährung, Landwirtschaft und Forsten des Landes Schleswig-Holstein, Pressestelle der Landesregierung: Handbuch für Naturschutz in Schleswig-Holstein (Schutzgebiete, Artenschutz, Biotope, Organisation), Kiel 1982
Mitteilungen der Arbeitsgemeinschaft Geobotanik in Schleswig-Holstein und Hamburg, Kiel (zahlreiche Hefte zur Floristik Schleswig-Holsteins)

*Ist die Ostsee ein sterbendes Meer?*

Dybern, B. I. und Fonselius S. H.: Pollution. In: The Baltic Sea (hrsg. v. Voipio, A.), S. 351–394, Amsterdam-Oxford-New York 1981
Gerlach, S.: Probleme der Meeresverschmutzung, Berlin-Heidelberg-New York 1976 (Erweiterte englische Ausgabe: Marine Pollution, 1981)
Larsson, U., Elmgren, R. und Wulff, F.: Eutrophication and the Baltic Sea: Causes and Consequences, Ambio 14, Heft 1, S. 9–14, 1985
Leppäkoski, E.: Man's Impact on the Baltic Ecosystem, Ambio 9, Heft 3–4, S. 174–181, 1980

*Internationale Zusammenarbeit im Ostseeraum*

Dybern, B. I.: The organizational pattern of Baltic Marine Science, Ambio 9, Heft 3–4, S. 187–193, 1980

*Maßnahmen zum Schutz der Ostsee – die Helsinki-Konvention*

Assessment of the Effects of Pollution on the Natural Resources of the Baltic Sea, 1980; Baltic Sea Environment Proceedings No. 5A and 5B, Helsinki 1981
Guidelines for the Baltic Monitoring Programme for the Second Stage, Baltic Sea Environment Proceedings No. 12, Helsinki 1984
Convention on the Protection of the Marine Environment of the Baltic Sea Area (Helsinki Convention), Helsinki 1974
Hägerhall, B.: International cooperation to protect the Baltic, Ambio 9, Heft 3–4, S. 183–186, 1980

## Bildnachweis

Herausgeber und Verlag danken auf diesem Wege allen aufgeführten Autoren und Institutionen für hilfsbereite und freundliche Überlassung von Bildmaterial:
Vorderes Umschlagbild: K.-J. Hofer, Halle
Vorsatzblatt: Mejer/Danckwerth, Newe Landesbeschreibung . . . , 1652
S. 2: Georg Westermann Verlag, Braunschweig
S. 7: M. Dwars
S. 9: C. Knupp-Uhlenhaut
S. 10: Altonaer Museum, Hamburg, © 1985 by COSMOPRESS, Genf
S. 12 o.: Galerie Gunzenhauser, München, © 1985 by COSMOPRESS, Genf
u.: Städtisches Museum Flensburg. Foto: Altonaer Museum Hamburg
S. 13, o.: Staatl. Mus. Preußischer Kulturbesitz, Nationalgalerie, Berlin
u.: Museum Folkwang, Essen, © 1985 by COSMOPRESS, Genf
S. 14, o.: Städtisches Museum Flensburg. Foto: Altonaer Museum, Hamburg
u.: Stiftung Pommern, Kiel
S. 15, o. und u.: Altonaer Museum, Hamburg
S. 16: Stiftung Oskar Reinhardt, Winterthur (Schweiz)
S. 19: Fremdenverkehrsverband Schleswig-Holstein e. V., Kiel
S. 20, o. und u.: J. C. de Vries, Kiel
S. 25: T. Buchholz, Kiel
S. 26: Fremdenverkehrsverband Schleswig-Holstein e. V., Kiel
S. 27: Kurverwaltung Heiligenhafen, Stuttgarter Luftbild Elsäßer, Freigabe-Nr. 9/40812 vom 1. 8. 75
S. 28: Sakari Ekko, Turku
S. 30, Abb. 5: W. Lahn, Deutsches Schiffahrtsmuseum, Bremerhaven
S. 32, o. und M.: Landesmuseum für Vor- und Frühgeschichte, Schleswig
u.: Deutsches Schiffahrtsmuseum, Bremerhaven
S. 33, o. li.: Raymond Hejdström, Klintehamn
u. li.: Statens Sjöhistoriska Museum, Stockholm
u. re.: Raymond Hejdström, Klintehamn
S. 34: T. Buchholz, Kiel
S. 35/36: K. W. Struve
S. 37–40: W. Filipowiak
S. 42: aus: H. Jankuhn: Haithabu und Danewerk, Karl Wachholtz Verlag, Neumünster 1960
S. 43: K. W. Struve
S. 44: Archiv
S. 45: P. Dollinger: Die Hanse, Alfred Kröner Verlag, Stuttgart 1981
S. 47: R. Italiaander/K. Friedland: Die große Zeit der deutschen Hanse, Husum 1981. Gemälde: Beta
S. 49: Archiv
S. 50, Abb. 2: Texaco, Hamburg
Abb. 3: H. R. Krämer
S. 51: Texaco, Hamburg
S. 52/53: Foto: E. Selke, Fa. Dr. Hell, Kiel
S. 54, o. und u.: T. Buchholz, Kiel
S. 56: G. Alexandersson
S. 58, o.: E. Mempel, Kiel
u.: Deutsche Presse Agentur, Frankfurt
S. 59: aus: H. Schön: Die Gustloff-Katastrophe, Motorbuch-Verlag, Stuttgart 1984 (49 DM)
S. 60, o. und u.: T. Buchholz, Kiel
S. 61, o.: O. Rönnberg, Turku
u.: J. C. de Vries, Kiel
S. 63: R. Köster
S. 65, o.: Sakari Ekko, Turku
M.: K.-J. Hofer, Halle
u.: Sakari Ekko, Turku
S. 66: aus: F. Dörr u. W. Kerl: Ostdeutschland . . . , Südwest Verlag, München o. J.
S. 67: aus: K. Rudat: Bernstein, ein Schatz an unseren Küsten, Husum 1985
S. 68: R. von Bismarck
S. 69, o. li. und re.: aus K. Rudat: Bernstein, ein Schatz an unseren Küsten, Husum 1985
u. re.: R. von Bismarck
S. 71: H. Klug
S. 74–78: aus: Diercke Weltraumbild-Atlas, Georg Westermann Verlag, Braunschweig 1981
S. 79, Abb. 1: nach G. Dietrich und R. Köster, aus: L. Magaard und G. Rheinheimer, 1974
S. 81: Univ. of Dundee, Electronics Lab.
S. 83: aus: W. Rodloff: Hydrologische Betrachtungen, DGM, Dezember 1972
S. 85: aus: E. Hoefer, 1880/81
S. 86–87: M. Petersen
S. 88, Abb. 1: F. Defant
S. 92, o.: T. Buchholz, Kiel
u.: Sakari Ekko, Turku
S. 96: V. Hansen
S. 97, o.: J. C. de Vries, Kiel
M.: D. Stypmann, Kiel
u.: V. Hansen
S. 98/99: Foto: T. Nebbia, Dänisches Fremdenverkehrsamt, Hamburg
S. 102–104: M. Vollack
S. 104, M. re.: Graphik aus: Pommern, 8. Jg., H. 1, 1970
S. 105: St. Jaatinen
S. 107: Sakari Ekko, Turku
S. 108, o.: E. Bonsdorf, Turku
u.: E. Leppäkoski
S. 109: O. Rönnberg, Turku
S. 110, o.: E. Leppäkoski
u.: E. Bonsdorf, Turku
S. 111: H.-G. Möller
S. 113, o.: H.-G. Möller
u.: J. C. de Vries, Kiel
S. 115: aus: E. Hoefer, 1880/81
S. 116: K.-J. Hofer
S. 117: K.-J. Hofer
S. 118, o. li.: K.-J. Hofer
o. re.: K. Bitterling, Göhren
u.: K.-J. Hofer, Halle
S. 120: Archiv
S. 121, o. li.: A. H. Kampp
o. re.: B. Federau, Hamburg
u. re.: A. H. Kampp
S. 122/123: B. Federau, Hamburg
S. 125: Raymond Hejdström, Klintehamn
S. 126, o.: aus: W. Halfar: Gotland, Husum 1981
Foto: W. Halfar
M.: R. Hejdström, Klintehamn
u.: aus: W. Halfar: Gotland, Husum 1981
Foto: Historisches Museum, Stockholm
S. 128/129: aus: K. Weigand: Flensburg Atlas, Flensburg 1978
S. 130/131, o.: Lithographie von T. B. Wilms
u.: G. Remmer, Flensburg
S. 133, o. li.: Th. Christiansen
o. re. und u.: Fremdenverkehrsverband Schleswig-Holstein e. V., Kiel
S. 134: Archiv
S. 135: aus: Braun-Hogenberg: Civitates Orbis Terrarum IV, 1590
S. 136: o.: T. Buchholz, Kiel
u.: Presseamt der Stadt Kiel
S. 137, o. li. u. re.: Fremdenverkehrsverband Schleswig-Holstein e. V., Kiel
u.: T. Buchholz, Kiel
S. 138, o.: Fremdenverkehrsverband Schleswig-Holstein e. V., Kiel
u.: T. Buchholz, Kiel
S. 139: aus: Führer zu vor- und frühgeschichtlichen Denkmälern, Bd. 14, Hansestadt Lübeck, Ostholstein, Kiel. Philipp von Zabern Verlag, Mainz 1968
S. 142: J. C. de Vries, Kiel
S. 144: Archiv
S. 145: T. Buchholz, Kiel
S. 147: aus: G. Zschocke u. G. Drommer Mecklenburg – ein Reiseverführer, Lizenzausgabe, Husum 1985
S. 149, o.: aus: M. Vollack: Erlebtes Preußenland, Husum 1983
u.: Stiftung Pommern, Kiel
S. 150: Archiv
S. 151: aus F. Dörr u. W. Kerl: Ostdeutschland . . . , Südwest Verlag, München o. J.
S. 152, o.: D. Stypmann, Kiel
u.: M. Vollack
S. 153: aus: A. Miegel: Mein Bernsteinland und meine Stadt, Gräfe und Unzer Verlag, Königsberg 1944
o.: Foto: O. Stork

S.153, M.: Foto: H. Loerzer
u.: Foto: H. Weißleder
S. 154, o.: M. Vollack
u.: I. Paulsen
S. 156: aus: A. Miegel: Mein Bernsteinland und meine Stadt, Königsberg 1944
o. und M.: Foto: O. Stork
u.: Foto: P. Hofstötter
S. 157: aus: Sebastian Münster: Cosmographia, Basel 1550
S. 159: Archiv
S. 160: Archiv der Inspektion der Architekturdenkmäler der Stadt Tallinn, Rat der Stadt Tallinn, Erik Raiküla
S. 162: Archiv
S. 163, o.: M. Vollack
u.: Reproduktion: M. Vollack
S. 165: St. Jaatinen
S. 166, o.: Finnish Tourist Board (MEK), Helsinki
© Sky – Foto Helsinki
u.: Finnish Tourist Board, Helsinki
S. 168: Archiv
S. 169: T. Lundén
S. 171: Archiv
S. 172/173: J. C. de Vries, Kiel
S. 174: Burmeister & Wain (B 8606)
S. 176/177: J. Newig
S. 179, o. li.: Finnish Tourist Board, Helsinki
o. re.: Finnish Tourist Board, Helsinki
M. li.: M. Vollack
M. re.: Finnish Tourist Board, Helsinki
u.: J. C. de Vries, Kiel
S. 180, o.: Pressebild Damp 2000, Fremdenverkehrsverband Schleswig-Holtein e. V., Kiel
M.: M. Vollack
u.: Sakari Ekko, Turku
S. 181, o.: Sakari Ekko, Turku
M.: J. C. de Vries, Kiel
u.: Fremdenverkehrsverband Schleswig-Holstein e. V., Kiel
S. 189: J. Köhler-Kaeß, Flintbek/Kiel
S. 190, o. li.: H. Fischer, Kiel
o. re.: J. Kinzer, Kiel
u.: K. Beldzik, Kiel
S. 191: H. Schwenke, Kiel
S. 192, o. und M.: H. Knudsen, Helsingør
u.: B.-O. Jansson
S. 193: nach H. Möller (1984), verändert
S. 194/195: nach F. Gessner (1957), verändert
S. 197, o.: J. Lenz
M. und u.: H. Möller, Kiel
S. 199: nach Ojaveer et al. (Ambio 9, 1981), verändert
S. 202: K. Beldzik, Kiel
S. 203: H. Enzingmüller, Kiel
S. 204, o. und M.: H. Knudsen, Helsingør
u.: K. Beldzik, Kiel
S. 205: aus: Olaus Magnus: Historia de gentibus septentrionalibus, Basel 1567
S. 206: W. Nellen
S. 207: nach ICES, 1977
S. 208: W. Nellen
S. 209: nach F. Thurow (Ambio 9, 1981), verändert
S. 210, o. li.: T. Buchholz
o. re.: T. Buchholz
u. li.: Fremdenverkehrsverband Schleswig-Holstein e. V., Kiel
u. re.: T. Jäger, Kiel
S. 211, o.: B. Federau, Hamburg
u.: K. Beldzik, Kiel
S. 213: D. König
S. 215: D. König
S. 216, o.: D. König
M.: S. Ekko, Turku
u.: D. König
S. 217: D. König
S. 218, o. und M.: D. König
u.: H. Theede
S. 220: K.-T. Schreitling
S. 222, o. li.: J. C. de Vries, Kiel
M.: E. Leppäkoski
u.: J. C. de Vries, Kiel
S. 223, o. li.: H.-J. Hofer, Halle
o. re.: T. Schreitling
u. li.: T. Schreitling
u. re.: B. Federau, Hamburg
S. 224, o.: J. C. de Vries, Kiel
m.: T. Schreitling, Kiel
u.: M. Vollack, Kiel
S. 226, Abb. 1: B.-O. Jansson
S. 227, Abb. 2: aus: B.-O. Jansson (1978)
S. 228, Abb. 3: nach A. Hagström und U. Larsson (1984)
Abb. 4: B.-O. Jansson, nach Daten von Neumann (1982)
S. 229, Abb. 5: B.-O. Jansson, nach R. Elmgren (1983) sowie U. Larsson et al. (1985)
S. 230: B.-O. Jansson
S. 236, o.: K. Dürkop, Luftbild-Freigabe Nr. SH 296/6
M.: M. Diehl
u.: K. Dürkop
S. 237, o. und M.: J. C. de Vries, Kiel
u.: T. Buchholz, Kiel
S. 238/239: E. Leppäkoski, nach verschiedenen Quellen
S. 240: E. Leppäkoski, nach U. Larsson et al. (1985)
S. 241: E. Leppäkoski, nach M. Olsson (1982)
S. 242/243: K.-D. Schmidtke, Kiel
S. 244, o. und M.: E. Leppäkoski
u.: J. Köhler-Kaeß, Flintbek/Kiel
S. 245: B. I. Dybern
S. 248, o.: E. Mempel, Kiel
u.: A. Eisele, Kiel
Hinteres Umschlagbild: T. Buchholz, Kiel

SCANDIA, Ptolemæo, Scandinavia
Plinio, Insula eidem dicta incompertæ magni,
tudinis, Baltia seu Basilia Græcis vetustiori,
bus, Scanzia. Jornandi Sconia M. Adamo
Bremensi peninsula est, non Insula, uti
quoque Finningia cuius Incolæ Fenni seu Finni.
Mons SEVO ipse ingens, nec Riphæis minor collibus
initium Germaniæ facit. Hunc Ingevones tenent,
a quibus primis post Scythas nomen Germani,
cum Consurgit. Solinus.
Maxima omnium Insularum Nerigon,
ex qua in Thulen ( Islandiam ) navigatur.
Plinius
Lupiones Sarmatæ in Tab. Itineraria Riphaci,
bus sive Russis dicuntur Loppi, Danis
Suedis ac Norvagiis Lapper, Cæteris
Germanis Lappen. Cluverius.
Arctic.
SEVO mons hoc loco terminus sive initium Germaniæ
Sevo mons
NERIGON
SWIONES
GUTÆ
SITONES
Bergi
CIMBRI
Cim.
bri
ca
Cher
so
ne
sus
Codani
Fauces Sinus
Co
da
no
nia
SI
SA
XON
Insulæ Saxonum
SINUS CODANUS
Mela et Plinio
MARE SUEVICUM
MARE BALTICUM
Oli
par
Sinu
Codan
habit